中国科学院研究生教学丛书

现代生态学

戈 峰 主编

科学出版社
北 京

内 容 简 介

本书为中国科学院研究生院生态学专业研究生教材。按照生态学从微观到宏观发展的层次，分述分子生态学、生理生态学、种群生态学、群落生态学、生态系统生态学、景观生态学、系统生态学和应用生态学。简要阐明生态学的基本原理，介绍生态学研究的基本方法，系统论述国内外最新研究进展，指出生态学未来发展方向。本书始终贯穿理论与方法结合，基础与前沿并重，着眼于提高分析问题与解决问题的能力。

各章包括学习要点、基本概念、正文、思考题和参考文献5个部分。书末收录中国科学院研究生院生态学课程考试试题。

图书在版编目(CIP)数据

现代生态学/戈峰主编.—北京:科学出版社,2002.10
(中国科学院研究生教学丛书/白春礼主编)
ISBN 978-7-03-010756-5

Ⅰ.现… Ⅱ.戈… Ⅲ.生态学-研究生-教材 Ⅳ.Q14

中国版本图书馆CIP数据核字(2002)第060804号

责任编辑:刘 丹 李 锋 盖 宇/责任校对:宋玲玲
责任印制:赵 博/封面设计:槐寿明

科学出版社 出版
北京东黄城根北街16号
邮政编码:100717
http://www.sciencep.com
北京凌奇印刷有限责任公司印刷
科学出版社发行 各地新华书店经销

*

2002年10月第 一 版 开本:787×1092 1/16
2025年 5 月第八次印刷 印张:30
字数:682 000

定价:138.00 元

(如有印装质量问题，我社负责调换)

《现代生态学》编写人员

主　编　戈　峰

副主编(按书中出现顺序)　李典谟　王德华　郝树广
蔡晓明　欧阳志云

编写者(按书中出现顺序)

李典谟	研究员	中国科学院动物研究所
张德兴	研究员，博士	中国科学院动物研究所
王德华	研究员，博士	中国科学院动物研究所
蒋高明	研究员，博士	中国科学院植物研究所
戈　峰	研究员，博士	中国科学院动物研究所
蒋志刚	研究员，博士	中国科学院动物研究所
于顺利	副　研，博士	中国科学院植物研究所
郝树广	助　研，博士	中国科学院动物研究所
蔡晓明	教　授	北京大学生命科学学院
欧阳志云	研究员，博士	中国科学院生态环境研究中心
于贵瑞	研究员，博士	中国科学院地理科学与资源研究所

《中国科学院研究生教学丛书》序

在21世纪曙光初露，中国科技、教育面临重大改革和蓬勃发展之际，《中国科学院研究生教学丛书》——这套凝聚了中国科学院新老科学家、研究生导师们多年心血的研究生教材面世了。相信这套丛书的出版，会在一定程度上缓解研究生教材不足的困难，对提高研究生教育质量起着积极的推动作用。

21世纪将是科学技术日新月异，迅猛发展的新世纪，科学技术将成为经济发展的最重要的资源和不竭的动力，成为经济和社会发展的首要推动力量。世界各国之间综合国力的竞争，实质上是科技实力的竞争。而一个国家科技实力的决定因素是它所拥有的科技人才的数量和质量。我国要想在21世纪顺利地实施"科教兴国"和"可持续发展"战略，实现邓小平同志规划的第三步战略目标——把我国建设成中等发达国家，关键在于培养造就一支数量宏大、素质优良、结构合理、有能力参与国际竞争与合作的科技大军。这是摆在我国高等教育面前的一项十分繁重而光荣的战略任务。

中国科学院作为我国自然科学与高新技术的综合研究与发展中心，在建院之初就明确了出成果出人才并举的办院宗旨，长期坚持走科研与教育相结合的道路，发挥了高级科技专家多、科研条件好、科研水平高的优势，结合科研工作，积极培养研究生；在出成果的同时，为国家培养了数以万计的研究生。当前，中国科学院正在按照江泽民同志关于中国科学院要努力建设好"三个基地"的指示，在建设具有国际先进水平的科学研究基地和促进高新技术产业发展基地的同时，加强研究生教育，努力建设好高级人才培养基地，在肩负起发展我国科学技术及促进高新技术产业发展重任的同时，为国家源源不断地培养输送大批高级科技人才。

质量是研究生教育的生命，全面提高研究生培养质量是当前我国研究生教育的首要任务。研究生教材建设是提高研究生培养质量的一项重要的基础性工作。由于各种原因，目前我国研究生教材的建设滞后于研究生教育的发展。为了改变这种情况，中国科学院组织了一批在科学前沿工作，同时又具有相当教学经验的科学家撰写研究生教材，并以专项资金资助优秀的研究生教材的出版。希望通过数年努力，出版一套面向21世纪科技发展、体现中国科学院特色的高水平的研究生教学丛书。本丛书内容力求具有科学性、系统性和基础性，同时也兼顾前沿性，使阅读者不仅能获得相关学科的比较系统的科学基础知识，也能被引导进入当代科学研究的前沿。这套研究生教学丛书，不仅适合于在校研究生学习使用，也可以作为高校教师和专业研究人员工作和学习的参考书。

“桃李不言，下自成蹊。”我相信，通过中国科学院一批科学家的辛勤耕耘，《中国科学院研究生教学丛书》将成为我国研究生教育园地的一丛鲜花，也将似润物春雨，滋养莘莘学子的心田，把他们引向科学的殿堂，不仅为科学院，也为全国研究生教育的发展作出重要贡献。

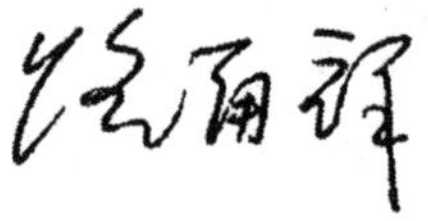

前　　言

生态学作为一门研究生物与环境相互关系的科学，自20世纪60年代人类面临人口、资源、环境等一系列问题以来，它已成为一门应用性很强，由多学科交叉的综合性的基础学科。

近年来，编者一直在中国科学院研究生院讲授生态学。该课程多次被中国科学院研究生院评为优秀课程，2000年又荣获了“华为奖教金”。学习生态学的研究生也越来越多。据统计，2000年之前，中国科学院研究生院每学期选修生态学课程的硕士生、博士生为60～80人，2000年上升为126人，2001年达到202人。他们对生态学研究生教材的渴求，促使我们萌发编写研究生教材的愿望。的确，编者在教学过程中，深感缺乏一本符合当代生态学专业研究生教学需要的、能体现21世纪生态学发展趋势的简明教材。为此，在中国科学院研究生教学丛书编委会支持下，我们在繁重的科研工作同时，通过大量的收集和浏览国内外重要生态学文献和书籍，结合自己多年来从事生态学研究与教学的体会，分工编写了本书。

本书是按照生态学从微观到宏观发展的顺序，依次以分子生态学、生理生态学、种群生态学、群落生态学、生态系统生态学、景观生态学为主线，辅以系统生态学和应用生态学两个应用性较强的分支学科，简明扼要地阐明现代生态学的基本原理，科学地分析生态学研究的基本方法，系统地论述国内外最新研究进展，提出了未来生态学发展的方向，整个内容体现了生态学的基础性、方法性、前沿性和启发性。

为了便于研究生的学习，本书在每章的编写过程中，包括学习要点、基本概念、正文、思考题和参考文献5个部分。其中：每章(个别节)之前的学习要点，介绍了该章学习的重点和掌握的要点；基本概念相当于名词解释，对该章重要的概念进行论述；每章之后，附有思考题和参考文献，供研究生们学习思考，以拓宽他们的生态学知识。读者对象为生态学专业研究生。编写时力求简明扼要，提纲挈领，是本书的另一特点。

本书以承担中国科学院研究生院“生态学基础”课程的教师为主编写，其中戈峰博士撰写种群生态学第四、五、六、七章各节和应用生态学的第二十六章、第三十章各节，李典谟研究员撰写绪论、系统生态学的各章节和应用生态学的第二十八章各节，王德华博士撰写动物生理生态学各节，郝树广博士撰写群落生态学各章节，蔡晓明教授撰写生态系统生态学各章节，欧阳志云博士撰写景观生态学各节和应用生态学的第二十七章各节，张德兴博士撰写分子生态学各节，蒋志刚博士撰写行为生态学各节，蒋高明博士撰写植物生理生态学各节，于顺利博士撰写植物种群生态学各节，于贵瑞博士撰写应用生态学的第二十九章各节。最后由戈峰博士负责组织统稿。本书编者都具有博士学位或高级职称，多年来一直从事生态学研究与教学工作，具有丰富的生态学理论知识和生态学研究经验，并且在生态学某一领域有较深的造诣，了解生态学发展的趋势，知晓生态学学习与研究的方法。因此本书始终贯穿理论与方法结合，基础与前沿并重，着眼于提高读者分析问题与解决问题的能力,这是本书的又一特点。

正因为如此,本书取名为《现代生态学》。她并不是一门什么新的生态学科,而是倾注着编者对21世纪生态学内涵与发展的一些初步见解,旨在于抛砖引玉。此外,尽管本书编者多年来一直从事生态学的研究与教学,但编写研究生的教材尚属首次。在编写和统稿过程中,也难免存在着这样或那样的缺点与错误。敬请有关专家和读者批评指正。

本书得到中国科学院研究生教材出版基金的资助。中国农业大学沈佐锐教授在百忙之中审阅了本书初稿,在此表示衷心感谢!

戈 峰

2002.6.18

目　　录

第四篇　群落生态学

第六篇　景观生态学

第七篇　系统生态学

第八篇　应用生态学

绪　论

学习要点

1. 理解生态学的定义。

2. 了解生态学的发展过程。

3. 掌握现代生态学发展的趋势。

一、生态学的定义

生态学一词由希腊文 oikos 衍生而来，oikos 的意思是“住所”或“生活所在地”。因此，从字义来看，生态学是研究“生活所在地”的生物，即研究生物和它所在地关系的一门科学。

赫克尔（Haeckel　1869）首先对生态学作了如下的定义：生态学是研究生物有机体与其周围环境（包括生物环境和非生物环境）相互关系的科学。我国著名的生态学家马世骏先生根据系统科学的思想提出：生态学是研究生命系统和环境系统相互关系的科学。奥德姆（E.P.Odum）在其著名的著作《生态学基础》引言中提到：“从长远来看，对这个内容广泛的学科领域，最好的定义可能是最短的和最不专业化的，例如‘环境的生物学’。”综上所述，尽管生态学这个名词的提出已有 100 多年的历史，然而“生态学是研究生物及其环境关系的科学”的论断，是普遍被科学家们所接受的。

在人类历史的早期，朴素的生态学思想已经萌芽，亚里士多德（Aristotle）和古希腊时代其他哲学家的著作，实际上都包含了某些生态学内容。自第二次世界大战以后，科学技术的飞速发展促进了工业的快速增长，人类的物质文明也达到了新的高峰；与此同时，工业发展、经济增长也带来了资源竞争、工业污染及生态环境的恶化。协调人与自然的关系，寻求全球持续发展的途径已成为当今社会面临的迫切问题。1992 年各国首脑聚集在巴西，召开了著名的“环境与发展大会”，发表了“里约热内卢宣言”，宣言序言中庄严宣告：“人类处于普受关注的可持续发展问题的中心。他们应享有以与自然相和谐的方式过健康而富有生产成果的生活的权利”。联合国组织及各国政府，已把生态学的基本原则看作是社会可持续发展的理论基础。这无疑对当代生态学的发展是一个严峻的挑战。

二、生态学的研究对象、分支学科与研究方法

1. 研究对象与分支学科

生态学本是生物科学的一个分支学科，在 20 世纪 60 年代人类面临一系列挑战性问题后，一跃而成为世人瞩目的、多学科交叉的综合性学科。传统的生态学认为，“生态学是研究以种群、群落、生态系统为中心的宏观生物学。”“生态学研究的最低层次是有

机体”（孙儒泳　2001）。然而由于1992年《分子生态学》杂志的创刊，标志着生态学已进入分子水平。因此现代生态学研究的范畴，按生物组织水平划分，可从分子、个体、种群、群落、生态系统、景观、直到全球。

若按研究的对象分类，生态学又可分为动物生态学、植物生态学、微生物生态学等；若按栖息地类型分，又可分为森林生态学、草地生态学、海洋生态学、淡水生态学等；若按生态学与其他学科相互渗透、交叉形成新的分支学科，于是又可分为数学生态学、化学生态学、生理生态学、经济生态学、进化生态学等；按生态学应用的门类来分，我们又可以分成农业生态学、资源生态学、污染生态学等；最后，若按研究方法分，还可以分成理论生态学、野外生态学、实验生态学等。

2．研究方法

当今生态学已发展成为庞大的学科体系，特别是近十几年来，它的一个显著特点是向微观和宏观两个方向发展。因此生态学的研究方法也越来越繁杂，且有许多与邻近学科相同。本书将介绍主要的研究方法，重点是生态学所独有的特殊方法。

（1）野外观察和定位站：从生态学发展史来讲，野外研究方法是首先产生的，并且是第一性的。至今，在生态学研究中，野外研究无疑仍然是主要的。在这方面，过去长期存在着争议，一些学者认为生态学只有通过实验研究，才能从描述性的阶段，发展为实验性的，从而能够获得可重复的、科学性的结论；另一派学者则认为动物在自然状况下的生活完全不同于在实验室里，经过人工捕捉、操作，动物的生理、生态和行为特征有很大的改变，因此实验研究法对于生态学是完全不适用的。近代生态学的发展，越来越表明野外观察和实验室研究是促进生态学发展的两个最基本的手段。它们是相辅相成的，正是它们的有机结合促进了生态学的飞跃发展。

自20世纪80年代开始“国际地圈-生物圈计划”（International Geosphere-Biosphere Programme，IGBP）启动以来，全球变化已成为生态学研究的热点。研究全球变化需要较大的时间和空间的尺度，这就需要在大范围里分别建立长期定位观察站。美国首先建立了长期生态研究网络［U. S. Long-Term Ecological Research（LTER）network］。这个研究网络的主要目的是在较大的地理区域里促进不同学科的合作研究。美国长期生态研究网络覆盖的区域包括热带森林、极地苔原、温带森林和沙漠。这些定位站的海拔高度从海平面一直延伸到4000 m以上，范围从南极到北极。1993年召开了第一次国际长期生态研究学术讨论会，会议的目的是促进科学家和数据、资料的交流，以及全球尺度上的比较和建模。从80年代开始，中国科学院也开始启动了“中国生态系统研究网络”的项目，在全国选择了包括农田、森林、草原、湖泊和海洋生态系统等29个野外定位站，组成了网络。这个网络的主要目的是对这些生态系统及其环境因子进行长期监测，研究这些生态系统的结构、功能和动态，以及自然资源的持续利用。

（2）实验方法：生态学中的实验方法主要有原地实验和人工控制实验两类。原地实验或野外实验是指自然或半自然条件下通过某些措施，获得某些因素的变化对生物的影响。例如我们可以通过围栏研究放牧和不放牧对草原蝗虫群落结构的影响，又如在田间通过罩笼研究自然条件下棉铃虫的发育和死亡。人工控制实验是在受控条件下研究各因子对生物的作用，例如应用人工气候箱研究不同的温湿度对昆虫发育和死亡的影响等。

由于分子生态学的发展，各种分子标记技术越来越多地应用到实验生态学研究中来，20世纪60年代出现了同工酶（islozyme）标记，80年代出现了多种DNA分子标记，90年代，高度可变微卫星位点（hyper variable microsatellite）的大量发现，由于其具有单位点、共显性、高灵敏度等优点，使得微卫星分子标记成为遗传标记中又一强有力的工具。分子标记方法已在生态学中有广泛应用。应用之一是阐明种群迁移、扩散的路线，确定种群的源（source）和汇（sink），例如Zhang DX和Herritt GM（1996）用线粒体和细胞核DNA标记的序列分析证实，欧洲大陆的沙漠飞蝗种群来自两个不同起源地，即非洲和中东地区，指出了它们的迁移路线和交汇中心。应用之二是研究动物的性行为，例如英国Bell博士用分子标记方法研究兔子性行为，发现下一代成熟的雄性都离窝出走，而雌性多半都留在窝里，用这种方式避免了它们之间的近亲交配。

（3）数学模型与数量分析方法：著名生态学家皮洛（E.C.Pielou）在其著作《数学生态学引论》（E.C. 皮洛著，卢泽愚译 1978）前言中曾说，“生态学本质上是一门数学”。当然这句话有其片面的地方，然而却指出数学模型与数量分析方法在生态学中的地位。

20世纪60年代以后，有两个重要因素对生态模型的发展起到了至关重要的作用。一个是电子计算机技术的快速发展；另一个是工业化的高速发展，人们日益认识到保护生态环境的重要性，对环境治理、资源合理开发、能源持续利用越来越关心。面对这些复杂生态系统的研究，只有借助于系统分析及计算机模拟才能解决诸如预测系统的行为及提出治理的最佳方案等问题。70年代，在国际生物学计划（IBP）的促进下，20多年来，经过K.E.Watt，G.M.Van Dyne，C.S.Holling，H.T.Odum，B.C.Patten等生态学家的创造性的工作，形成了一门新兴的生态学分支学科——系统生态学。系统生态学的产生，被著名生态学家E.P.Odum誉为“生态学中的革命”。诺贝尔奖得主朱棣文预言：“在今后的几十年中，一部分物理学将会和一些生命科学结合起来——这意味着系统分析和数学模型将占有越来越重要的地位”。

在生态学试验和数据分析中应用广泛的是生物统计方法。W.Gosset 1908年以“Student”笔名将“t-检验”发表在“Biometrika”上，他在这篇文章中说：“任何实验可以作为是许多可能在相同条件下做出的实验的总体中的一个个体。一系列的实验则是从这个总体所抽得的一个样品”。因此，可以说每一次实验和观察，都离不开统计处理，生态学的实验，特别是野外实验，由于可控性较差，因而带来的误差也较大，所以正确地运用生物统计方法对得到科学的结论是十分重要的。生物统计方法已有很多专著介绍，读者可参阅有关著作。

三、生态学的发展

我们可以把生态学的发展分为经典生态学和现代生态学两个时期，它们的分界线可以说是在20世纪60年代。

1. 经典生态学

经典生态学经历了建立前期和成长期两个阶段。

公元前5世纪到公元16世纪欧洲文艺复兴时期是生态学思想的萌芽期。人类在和自然的斗争中，已认识到环境和气候对生物生长的影响，以及生物和生物之间关系的重要性。例如《诗经》里动物之间关系的描述，古希腊哲学家亚里士多德对动物不同类型栖息地的描述，都孕育着朴素的生态学思想。

然而生态学的真正成长期是从17世纪开始的，鲍尔（Boyle）1670年发表了大气压对动物影响效应的试验，是动物生理生态学的开端。法国的雷莫（Reaumur）1735年发表了6卷昆虫学著作，记述了许多昆虫生态学的资料；其后，马尔萨斯（Malthus 1803）发表了著名的《人口论》，阐明了人口的增长与食物的关系。Liebig（1840）发现了植物营养的最小因子定律；达尔文（1859）发表了著名的《物种起源》，赫克尔（1869）提出了生态学的定义，后来德国的摩比乌斯（Mobius 1877）提出生物群落的概念；1896年斯洛德（Schroter）首先提出个体生态学和群体生态学的概念。这些开创性的工作为现代生态学奠定了基础。

20世纪初，生态学有了蓬勃的发展，亚当斯（Adams 1913）的《动物生态学研究指南》，可以说是第一本动物生态学教科书。同期较著名的著作还有华尔得和威伯尔（Ward & Whipple 1918）的《淡水生物学》，约丹和凯洛（Jordan & Kellogg 1915）的《动物的生活与进化》。在这一时期，生态学的发展已不再停留在现象的描述上，而是着重于解释这些现象；同时，数学方法和生态模型也进入了生态学，这时最有名的数学模型有洛特卡（Lotka 1926）和Volttera（1925）的竞争、捕食模型、Thompson（1924）的昆虫拟寄生模型、Streter-Phelps（1925）的河流系统中水质模型，以及Kermack-Mckendrick（1927）的传染病模型。

20世纪30年代到50年代，生态学已日趋成熟。成熟的标志之一是生态学正从描述、解释走向机制的研究，例如40年代湖泊生物学者伯奇（Birge）和朱岱（Juday）通过对湖泊能量收支的测定，发展了初级生产的概念。R. Lindeman提出了著名的“百分之十定律”。从他们的研究中，产生了生态学的营养动态的概念。成熟的标志之二是生态学已从学科范围里构建了自己独特的系统，有关生态学的专著不断出版，其中较有名的是美国查普曼（Chapman 1931）以昆虫为重点的《动物生态学》；前苏联卡什卡洛夫（Kamkapol 1945）的《动物生态学基础》，以及美国阿利和伊麦生等（Allee, Emerson et al. 1949）的《动物生态学原理》。此时，中国也出版了第一部生态学专著——费鸿年（1937）的《动物生态学纲要》。

2. 现代生态学

现代生态学发展始于20世纪60年代。这一方面是生态学自身的学科积累已经到了一定的程度：形成了自己独有的理论体系和方法论；第二方面是高精度的分析测定技术、电子计算机技术、高分辨率的遥感技术和地理信息系统技术的发展，为现代生态学的发展提供了物质基础及技术条件；第三方面是社会的需求。人类迫切希望解决经济发展所带来的一系列的环境、人口压力、资源利用等问题，这些问题的解决涉及到自然生态系统的自我调节、社会的持续发展及人类生存等重大问题，探索解决这些问题的途径极大地刺激了现代生态学的发展。

现代生态学的发展特点和趋势主要有下面几个方面：

(1) 生态学的研究有越来越向宏观发展的趋势。早期的发展主要是个体生态学，然后向种群生态学、群落生态学方向发展，可以说生态系统生态学、景观生态学、全球生态学的产生和发展是现代生态学的重要标志。近几十年来，一系列国际性研究计划大大促进了以生态系统生态学为基础的宏观生态学的发展。20 世纪 60 年代的“国际生物学计划”（International Biological Programme，IBP），70 年代的“人与生物圈计划”（Man and the Biosphere Programme，MAB），以及 80 年代的“国际地圈－生物圈计划”（International Geosphere-Biosphere Progroamme，IGBP）。这些研究都是以生态系统为基础，通过生态系统生态学和景观生态学方法，研究生态系统的结构、功能以及人类活动对生态系统的影响，特别是最近 20 年来，把全球气候变化和生态系统的研究紧密联系起来，例如关于海洋生物地球化学过程对气候变化的影响、全球气候变化对陆地生态系统的影响等研究，形成全球生态学理论，把生态系统生态学提到了一个更为重要的地位。

(2) 系统生态学的产生和发展。是现代生态学在方法论上的突破，是划时代的认识论的提高，被称为是“生态学领域的革命”。

现代生态学所要解决的社会、环境、资源等大问题，已不能用经典生态学中的试错法或一个问题、一个答案的经典方法去解决，只能用整体的、形式体系化的研究方法——系统方法去解决。此外，大型、快速计算机的出现也是系统生态学产生和发展的物质基础。

生态模型是系统生态学的核心。它和经典生态学中的模型最主要的区别：① 经典生态学中的模型变量很少，是使用分析方法求解，系统生态学中的变量往往很多，是通过计算机求解；② 经典生态学中的模型往往是线性的，而现代生态学中的模型很多是非线性的，往往包含着时滞、突变、反馈等机制，这些模型有时甚至不能用简单的数学公式所表达，只能通过计算机来实现模型的整合和模拟。

(3) 一些新兴的生态学分支如进化生态学、行为生态学、化学生态学等的相继出现。生态学、行为学和进化论相结合，形成了一门新兴学科——进化生态学。进化生态学最早由 Orians（1962）提出，并在 20 世纪 70 年代得到了明显的发展。和进化生态学紧密相关的一门学科是行为生态学，它主要研究生态学中的行为机制和动物行为的存活价值（survival value）、适合度（fitness）和进化的意义。1981 年第一本比较全面系统介绍行为生态学理论和内容的专著“An Introduction to Behavioural Ecology”问世。其后又出了第二版，该书综合了大量文献资料，对推动行为生态学的进一步发展发挥了重要作用。

化学生态学形成是基于种内和种间相互作用的原理上的，生物通过化学信息物质相互传递信息。1959 年 Butenandt 鉴定了第一个昆虫信息物质的分子结构，之后经 20 余年生物学家和化学家的协力研究，化学生态学的概念渐趋完整，第一本是 Sondheimer 等（1969）的《化学生态学》。1984 年 Bell 主编的《化学生态学》一书，从理论上奠定了生态学的这门新兴分支学科。

(4) 分子生态学的兴起是 20 世纪末生态学发展的最重要特征之一。分子生态学是以分子遗传为标志研究和解决生态学和进化问题。1992 年《分子生态学》（Molecular Ecology）创刊，标志着这门分支学科的建立。用分子生物学的方法来研究生态学的现象，大大提高了生态学的科学性。例如应用 DNA 指纹谱的方法研究三棘鱼雄性的繁殖策略。研究者随机抽取17个三棘鱼的巢，分析每一巢中守卫的雄鱼及随机抽取的10个鱼苗的DNA指纹谱，计算BSI（Band-sharing indices）。发现在170对中只有147对BSI在0.4～0.77之间，说明它们是亲子关系；而其他的23对BSI在0.09～0.34之间，说明它们不是亲子。这就十分可靠地证明了雄性三棘鱼繁殖策略中的偷窃（stealing）行为和收养（adopting）行为。此外，最近十几年来，转基因生物释放后的生态效应也成为分子生态学研究的热点之一。

（5）应用生态学的迅速发展也是现代生态学的重要特色之一。自20世纪60年代以来，人口危机、能源危机、资源危机、农业危机、环境危机等已引起世人的瞩目，而生态学被认为是解决这些危机的科学基础。生态学与人类环境问题的结合，大约是70年代后应用生态学中最重要的领域。很多新的交叉学科如环境生态学、保护生物学、毒理学、经济生态学、城市生态学等应运而生。这里最值得一提的是生物多样性科学（陈灵芝等 2001）。生物多样性是人类生存与发展最为重要的物质基础，近年来，不断加剧的经济活动，对生物多样性造成了严重的破坏，这已引起社会各界广泛的关注。1992年联合国环境与发展大会通过了"生物多样性公约"，该公约目前已成为环境领域签署国家最多的公约。90年代初，全球性的生物多样性研究项目（DIVERSITAS）开始启动，在该项目研究方案不断完善的过程中，在90年代中期提出了生物多样性科学的概念，而"生物多样性的生态系统功能"又是生物多样性科学的核心问题。因此我们也可以把生物多样性科学看作是应用生态学的一门分支，当然生物多样性科学还会包含其他的一些重要学科。

思考题

1. 生态学研究与人类社会发展有何关系？
2. 生态学主要研究方法有哪些？它们之间有什么关联？
3. 现代生态学发展的特点和趋势。

参考文献

孙儒泳编著. 2001. 动物生态学原理. 北京：北京师范大学出版社

陈灵芝，马克平主编. 2001. 生物多样性科学：原理与实践. 上海：上海科学技术出版社

常 杰，葛滢编著. 2001. 生态学. 杭州：浙江大学出版社

第一篇 分子生态学

第一章 分子生态学

学习要点

1．了解分子生态学产生的历史背景。

2．初步掌握对分子生态学研究具有重要指导作用的理论知识。

3．理解分子生态学与其他学科的关系及其地位。

4．初步了解分子生态学的研究方法、手段和特点。

5．正确看待我国分子生态学研究现状。

基本概念

1．中性突变（neutral mutation）：大多数分子水平的遗传变异（如DNA序列中的碱基取代），在选择上是中性的，即它们并不影响生存适度（fitness），其命运主要是由随机遗传漂变而不是自然选择决定的。这些遗传变异被称为中性突变。这一进化理论被称为中性理论。中性理论是解释分子进化的理论，不适于解释其他层次的进化现象，例如，大多数形态、生理、行为性状差异的形成应该都是通过自然选择而实现的。

2．负选择和正选择（negative selection & positive selection）：能降低生存适度的突变称为有害突变（deleterious mutation），它们在选择中处于劣势，因而自然选择向将其从种群中淘汰的方向进行，这种选择称为负选择。偶尔也会发生能提高生存适度的突变，称为有利突变（advantageous mutation）；有利突变在选择中处于优势，因而自然选择倾向于把它们在种群中固定下来，这种形式的选择叫正选择。

3．固定（fixation）：指等位基因在种群中的频率达到1，即种群的所有个体在该位点上都是同一等位基因的纯合体。

4．位点（locus）：遗传学上泛指染色体上为一个基因所占据的位置；在分子生态学中指染色体上为一个DNA分子标记（不管编码与否）所占据的位置。

5．谱系（lineage）：指具有连续共同进化历程、享有共同祖先的一个支系；它可以是一组亚种群，可以是一个物种，也可以是一组物种。

6．单倍型（haplotype）：具有独特遗传特征的、连锁的DNA序列；一个位点的每个等位基因即是一个单倍型，不同位点的、位于同一条染色体上的等位基因也组成一个单倍型。对于线粒体DNA，单倍型通常被称为线粒体型（mitotype）。

7．基因流（gene flow）：指基因通过个体迁移或其他途径在种群间的传播、交换。

8．随机遗传漂变（random genetic drift）：指种群中等位基因频率或基因型频率受随机抽样误差影响在世代间的波动，又简称遗传漂变。

9．搭载效应（hitchhiking effect）：指一个等位基因频率的改变不是因为它本身受选择影响，而是因为与它连锁的另外一个位点受到选择而被‘牵连’的现象。

10. 非同源相似（homoplasy）：指性状的等同状态是通过不同进化途径形成的巧合。趋同进化、平行进化、回复突变等都可以导致非同源相似。

11. 协同进化（concerted evolution）：指在进化中保持基因家族成员间核苷酸序列等同的分子进化机制。也就是说，服从协同进化规律的基因家族，其成员的序列组成在进化中会保持等同一致。为减少混乱，作者认为生态学中描述种间相互适应、相互呼应进化关系的“co-evolution”译为“互应进化”似更合适（目前也被译为协同进化）。

12. 假基因（pseudogene）：指一个基因的失去功能活性的拷贝。

13. 新达尔文主义（neo-Darwinism）：20 世纪上半叶发展完善的进化学派，认为突变向种群中引入新的基因，因而为进化提供原料，进化就是种群中基因频率的改变，自然选择是改变种群基因频率的最重要机制。个别学者甚至认为自然选择是惟一的进化机制。又称为现代综合派（ the Modern Synthesis），Fisher，Wright 和 Haldane 是这一学派最重要的奠基人。

14. 其他重要概念：中性理论、哈德－温伯格原理、种群分化、溯祖理论等请参见正文中的解释。

近 10 多年以来，许多宏观生态学问题，特别是种群生态学、进化生态学、行为生态学和保护生态学问题的研究，从理论机制到实际操作等方面都取得了长足的进展，这在很大程度上归功于分子生态学研究方法的全面引入。可以说，分子生态学的兴起，正在引发一场种群生物学和进化生物学研究的革命。由于篇幅的限制，在此很难对分子生态学这一学科领域进行详细介绍，因而只能对其核心部分作一纲要性概述。希望通过阅读本章，读者能对分子生态学的范畴、理论、研究方法和特点有一个初步了解，从而为更深入地学习形成一个基本思维框架。

第一节　分子生态学的学科发展历史

一、分子生态学的概念

传统的教科书编写方法一般都首先对所讨论的学科作一个定义，即概念解释，然而对“分子生态学”进行定义却是一个难题，因为分子生态学是一个复合型学科（注意，这里用“复合”而不是“综合”一词，指分子生态学是若干相关学科的一个总称，是多门学科的分支学科这一特点）。该学科的内涵是不能通过“顾名思义”而理解的，它不是“分子生物学技术＋生态学”的集合。因此，我们建议读者不必急于寻求定义，而是在阅读和理解了本章以后，自己给它下一个定义。

分子生态学是多学科交叉的复合学科（图 1-1-1），从研究角度概括而说，就是运用分子进化和群体遗传学的理论、分子生物学的技术手段、系统发生学和数学的分析方法以及其他学科的知识（如地学、古气候学等）去研究种群、进化、生态、行为、分类、生物地理演化、生物保护等学科领域的各种问题，比如自然种群的时空结构和动态、种群的进化历史、表型变异的遗传基础和生态适应、物种间相互影响、家族结构和婚配行为、濒危与遗传多样性的关系、生物灾害暴发的遗传学基础、物种形成和分化、GMO（genetically modified organism）的生态效应等等。分子生态学研究的最典型特色是运用分子遗传标记来检测研究对象的遗传变异特征，以揭示事物所隐含的演化规律。

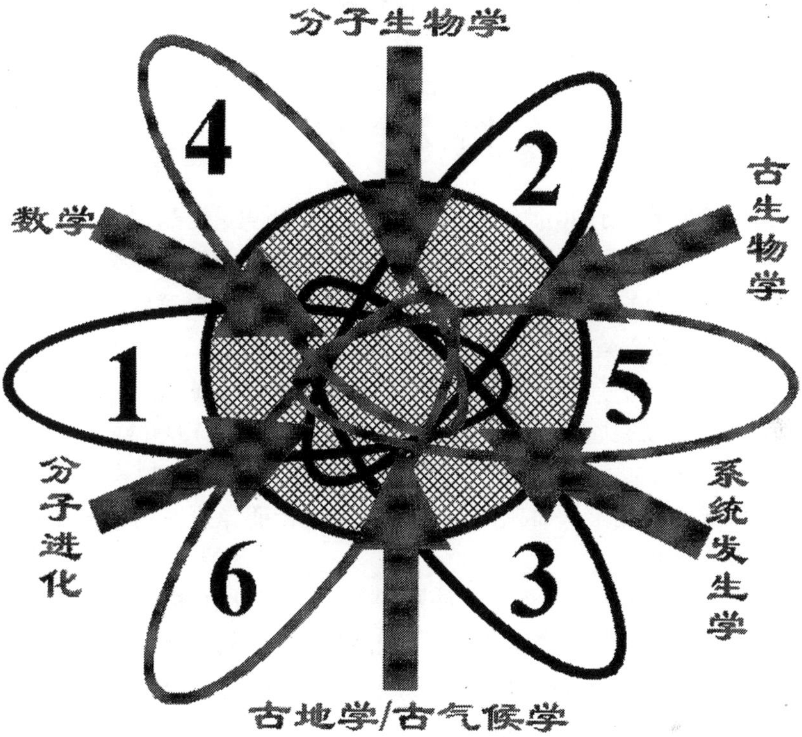

图 1-1-1　分子生态学的多学科交叉性和复合性

图中心阴影圆所覆盖的研究领域都属于分子生态学的研究范畴。数字的含义为：1＝群体遗传学；2＝生态学；3＝进化生物学；4＝生物地理学；5＝行为生物学；6＝保护生物学。箭头表示主要支撑性学科的渗透、融合。“复合”指分子生态学是若干相关学科的一个总称，是多门学科的分支学科

二、分子生态学的起源

国内已有不少介绍分子生态学的文章和资料，并几乎一致以 1992 年为“分子生态学”的诞生年，因为“Molecular Ecology”杂志该年在英国正式创刊。其实，这是一个莫大的误解。从前一段的解释可以看出，“分子生态学”这一术语从字面上不能涵盖本学科领域的全部研究内容，因而并不是一个合适的名称。实际上，分子生态学所覆盖的不少领域的研究早在 20 世纪 50 年代后期就已开展（见后述），并用近 40 年的时间形成了一个综合的理论、技术、分析体系，为 1992 年以后的发展奠定了扎实的基础。可以说，分子生态学研究渊源于早期的分子水平的群体遗传学研究和进化生物学研究，它只是在 1992 年因“Molecular Ecology”创刊而得到了一个并不恰当的“俗名”并以此而广泛流传。

特别想提醒读者注意的是，本章所讨论的“分子生态学”，在概念上与向近敏等人

(1996) 所提出的同名概念是完全不同的。他们的定义是："分子生态学是研究生物活性分子显示其生命活动有关的分子环境条件的规律性的科学"。向近敏等人的研究对象是"生物活性分子"而不是"生物与生物以及生物与环境的关系"，因而似乎是对"生态学"的曲解。以作者有限的知识水平看，向近敏等人的"分子生态学"似乎更接近于"微生理学"或"分子细胞生物学"的研究内容。

三、学科发展历史简介

分子生态学研究萌芽于20世纪50年代，其发展历史就是运用分子遗传标记研究宏观生物学问题的历史，也就是分子生物学、群体遗传学、分子进化交叉融合的历史。促成和不断加深这一融合的因素一方面是分子生物学技术的不断突破，另一方面是分子进化理论和数据处理方法的建立和改进。下面通过列举20世纪50年代以来有关领域一些里程碑性的成就来回顾分子生态学研究发展的历史。

50年代中期，淀粉凝胶电泳技术发明（Smithies 1955），并随之建立了蛋白质组织化学染色方法（Hunter & Markert 1957）。二者结合使得大规模、快速、定性的蛋白质多态性分析成为可能，从而掀起了自然种群遗传变异研究的第一个高潮，即60、70年代的同工酶分析时代。

20世纪60年代中后期，有两大事件即：① 分子进化的中性理论诞生（Kimura 1968），为怎样认识遗传多态性数据提供了理论指导；② 限制性内切酶被发现（Linn & Arber 1968；Meselson & Yuan 1968），为限制性内切酶片段长度多态性（RFLP）分析提供了必要的酶学工具。

20世纪70年代有四大成就，对分子生态学的发展有重大影响。① DNA转膜杂交技术的建立（Southern 1975）；② 动物线粒体DNA遗传变异性的发现（Brown & Vinograd 1974；Avise et al 1979）；③ DNA序列分析技术的发明（Sanger et al 1977；Maxam & Gilbert 1977）；④ DNA克隆技术的建立（体外重组）（Maniatis et al 1978）。

20世纪60、70年代的突破，催生了遗传变异分析的RFLP时代，特别是动物线粒体DNA的RFLP分析时代，并使从最基本层次分析遗传变异——即DNA序列分析进入群体遗传学研究计划中。70、80年代的遗传变异分析主要是同工酶多态性和DNA的RFLP多态性分析，并集中于对模式动物果蝇和人的研究。

真正推动分子生态学研究（分子群体遗传学研究）走向大众化，得以在众多实验室普遍开展的，是20世纪80年代的划时代发明和发现，包括① DNA聚合酶链反应（PCR）的发明；② 热稳定DNA聚合酶的发现（Saiki et al 1985，1988）。PCR的发明预示着一场DNA分析革命来临，而热稳定DNA聚合酶的发现正是促成这次革命的"东风"。从此，研究人员不通过分子克隆就可以从微量样品出发制备大量用于后续操作的DNA样品，并在很短时间内进行大规模样品分析。在这种时代背景下，"Molecular Ecology"杂志酝酿创刊，赋予了有近40年研究历史的一系列研究领域一个通俗的总称——"分子生态学"，这些研究领域也在90年代全面进入一个革命性的时代——PCR时代。我们正处在这一研究时代的高潮之中。

以上介绍的主要是贯穿分子生态学学科领域发展过程并在其中起举足轻重作用的分子生物学技术方面的突破。“技术”只是分子生态学赖以发展的保障之一，除此之外，尚需另外两个保障，即理论和分子标记方面的保障。

第二节　分子生态学的理论基础

在讨论分子生态学的理论基础之前，想重复强调如下一点，即分子生态学不仅仅是生态学的一个分支学科，也是群体遗传学、进化生物学、行为生物学、保护生物学、生物地理学、生物多样性科学的分支学科。图 1-1-1 形象化地描述了这种关系。分子生态学研究的核心内容可概括如下：检测遗传变异、分析和解释遗传变异、揭示遗传变异所反映的规律性东西，从而进一步阐明生物以及生物和环境之间是如何相互作用的，并推测生物演化到现今状态的历史过程以及未来可能的演变趋势。

分子生态学是建立于群体遗传学理论、分子进化理论和系统发生学理论等理论支柱之上的实验性和理论性都很强的科学。因此，分子生态学并非没有自己的理论，而是将各交叉学科的理论融汇合成一个崭新的理论体系，并在此基础上把它们向前推进发展。下面我们从六个方面对一些基本理论知识做简要介绍。

一、选择中性是分子水平大多数变异的共同特征

中性理论是“分子进化的中性理论（the neutral theory of molecular evolution)”的简称，于 20 世纪 60 年代末期提出，经过 30 多年的发展和完善，现在已成为被国际学术界广泛接受的 20 世纪最为重要的进化理论。日本学者木村（Kimura）是该理论的核心奠基人。

1. 中性理论的内容

中性理论的核心内容可概括如下：分子水平上的绝大多数突变是选择上中性的，因而它们在进化中的命运是由随机遗传漂变，而不是由自然选择所决定的。“选择上中性”应该这样理解：一个新出现的遗传变异（新等位基因），与其他已经存在的等位基因相比，在选择上是等同的，或几乎等同的，因而不同的类型所承受的选择压力几乎是一样的。这里的“中性”并不特指没有任何功能。

“在进化中的命运”指等位基因在后续的进化过程中是被淘汰，还是被固定。由于不同的等位基因之间不存在选择压力的差别，因而它们的去留问题是由取样误差随机决定的。

读者应该注意的是，中性理论是解释分子进化的理论，不适于解释其他层次的进化现象，例如，大多数形态、生理、行为性状差异的形成应该都是通过自然选择而实现的。

所以，中性理论与新达尔文进化学派的冲突之处不是在于承认自然选择与否，而是在于对自然选择在进化中的地位与作用的认识上的不同。新达尔文学派（即现代综合论，the Modern Synthesis）认为自然选择是改变种群基因频率的最重要的进化机制，中

性理论则认为随机遗传漂变是改变种群中中性等位基因频率的最重要的进化机制。中性理论承认自然选择的存在，认为自然选择是适应性进化的主导力量，但它不是分子进化的主要力量。

2．中性理论对种内遗传变异的解释

种内遗传变异是分子生态学研究的核心内容之一，因而如何从理论上认识种内变异至关重要。中性理论认为，分子水平上的绝大部分种内遗传变异，即遗传多态现象，是选择上中性的，遗传多态型在种群中的存亡主要是由突变速率和随机遗传漂变的程度决定的。因而，从物种进化的时间长河来看，遗传多态现象体现的是分子进化中的过渡状态，也就是说多态现象是暂时的和不稳定的（遗传多态现象最终都将是从种群中消失）。为了更好地理解这一具有极高重要性的理论，下面就以东亚飞蝗的微卫星多态性为例作进一步说明。研究表明，C67微卫星位点（locus）在飞蝗中具有高度多态性。C67是一个GT二相重复微卫星位点，表示为（GT）n；n 代表GT重复的次数，因而 n 的大小体现了本位点等位基因的大小。从河北白洋淀东亚飞蝗种群内已检测出8种C67等位基因，n 值分别为12、13、14、15、19、20、21、23。依据中性理论，这8个C67等位基因是选择上中性的，因而它们在后续进化过程中的命运将主要受突变和随机遗传漂变因素的影响。因为突变速率一般较低，为简单起见，其作用在此予以忽略不计，因此这8个等位基因的命运将主要由随机遗传漂变决定。白洋淀种群繁殖三代以后，由于随机取样误差，可能 $(GT)_{15}$ 和 $(GT)_{19}$ 将被淘汰，只剩下其余6种等位基因；再经过10代，可能又有三种被淘汰，仅剩下 $(GT)_{12}$、$(GT)_{13}$ 和 $(GT)_{23}$ 三种；那么再过50代，有可能只有其中一种，比如 $(GT)_{13}$ 存在，其余的都被淘汰了。这时，C67位点的遗传多态性便消失了。

中性理论的一个重要特点是，它可以通过随机过程理论对等位基因在种群中的命运作出量化描述，再结合群体遗传学理论，我们便可能对种群的一些重要参数、进化过程和演化趋势作出推断。

3．中性突变与自然选择的辩证关系

怎样看待中性突变与自然选择的关系是解决中性理论与经典进化论争论的症结所在，其实二者并不相互矛盾。首先中性理论不否认自然选择在适应性进化中的主导作用，而只是认为它不适于解释大多数分子进化现象。

其次，中性理论强调绝大多数突变的选择中性，但并不否认不同的突变型间可能存在选择压力上的潜在差别。相反，中性理论认为，当新的环境条件改变时，某个或某些突变型（多态型）可能会变得在选择上具有（微弱）优势。因此，中性理论认为，选择上中性的遗传多态型，尽管在当前的环境条件下没有适应性意义，但它们为将来环境变化以后，在新的生态环境下的适应性进化储备了宝贵的资源。这也正是遗传多样性保护的进化学和遗传学依据。

其三，中性突变本身不受选择压力影响，但是由于遗传连锁的存在，中性突变位点会因非中性的相邻位点而受选择的影响，因此，总体上造成中性突变位点等位基因间选择压力的失衡。这就是所谓的突变固定的“搭载效应”（hitchhiking effect），这种因搭

载效应而导致中性等位基因被淘汰的现象亦称为选择扫荡（selective sweep）。

其四，中性理论使自然选择由抽象变得具体，为验证自然选择的存在提供了一个“解消假设”（无效假设，null hypothesis）。一旦实验或观察数据推翻了这个解消假设，研究者就有可能通过找出其背后的原因而发现一些新的机制和规律。在此，我们举一个易于理解的分子进化方面的例子：由于昆虫线粒体 DNA 的非编码调控区（即 A + T 富集区，A + T-rich region）的大部分区段不具备任何已知功能，根据中性理论，这一区域的大部分碱基点（nucleotide position）在进化中应该是不保守的。但是通过比较不同蝗虫和果蝇的这一区段的核苷酸序列，研究人员发现存在一个非常保守的发卡式（hairpin）二级结构（图 1-1-2）。由此可以推断，这一保守的二级结构很可能具有某种重要功能，因而是受选择影响的；综合分析相关的研究成果，推测此二级结构可能是线粒体 DNA 的复制起点。

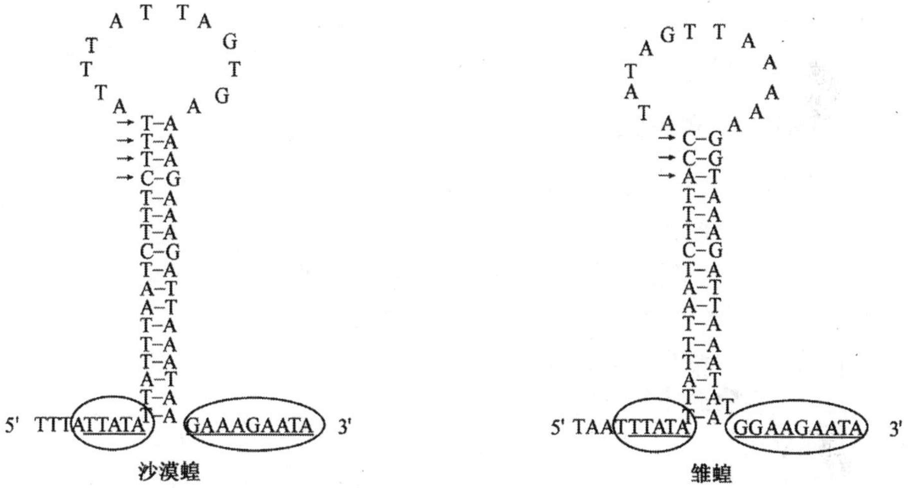

图 1-1-2 蝗虫线粒体 DNA 的非编码调控区（A + T 富集区）的一个非常保守的发卡式（hairpin）二级结构（依 Zhang et al 1995 修改）

4. 中性理论对分子生态学研究的指导意义

种群的相互关系和演化过程是受多因子影响的复杂问题，这些因子包括选择、突变、随机遗传漂变、迁移、自然灾难、社会结构、种群统计参数（出生率、死亡率、婚配比例等）等。为了便于从遗传学上进行分析，所选择的研究体系需尽可能地简单，主要影响因子越少越好。例如，欲从遗传上研究我国东亚飞蝗各地理种群的遗传结构和相互关系，需要考虑的影响因子首先可以简化为 4 个即选择、突变、随机遗传漂变和迁移。其中，第 4 个因子“迁移”正是我们所要探索的问题（种群的相互关系）的一个方面，这样在余下的 3 个因子中，“突变”的影响可以忽略不计，因为突变速率一般都很小，在所感兴趣的时间尺度内不足以显著地改变种群的遗传结构。那么剩下来所需要考虑的便是选择和随机遗传漂变两个方面了。尽管如此，问题仍然十分复杂，因为选择的作用方式、程度等是进化生物学中最难弄清的问题，所以，必须避开“选择”的影响。那么最有效的捷径是使用选择上中性的分子标记，这样我们就不必去考虑由选择压力差别所产生的影响了。“中性分子标记”是开展大多数分子生态学研究所必须满足的条件，这就是为什么说，是否有一套合适的分子标记是分子生态学研究能否取得满意成果的关键。

一旦问题简化为“随机遗传漂变”过程，在获得足够的具有代表性的分子数据以后，我们便可以利用群体遗传学理论来作深入分析，探索我们的问题的可能答案。以下几节将对一些关键群体遗传学理论作简要介绍。

二、基因频率和基因型频率是反映种群动态变化的基本参数

生物进化论在20世纪转变成一门可以追踪、检验、证明的科学得力于对其基本作用过程的阐明——进化表现为种群中基因频率的改变。因此，基因频率和基因型频率成为反映种群动态变化的最基本的参数。群体遗传学的奠基性原理之一，哈德-温伯格原理（Hardy-Weinberg principle）就是关于种群基因频率和基因型频率变化规律的原理，几乎所有其他有关有性生物种群进化的遗传学理论都是在其基础上建立起来的。

1. 哈德-温伯格原理：群体遗传变异研究的核心理论

哈德-温伯格原理（Hardy-Weinberg principle）可以简明地表达为：在满足下述假设条件的前提下，不管群体的初始基因型频率如何，经过一代的随机交配，等位基因频率和基因型频率将达到平衡，即在以后的世代中保持不变。换句话说就是，有性生殖不改变种群的等位基因频率和基因型频率。假设条件是：

- 生物进行有性繁殖且随机交配；
- 等位基因在雌雄两性中随机分布；
- 种群足够大（理论上可视为无穷大）；
- 世代没有重叠；
- 没有自然选择、突变和迁移。

对于具有世代重叠的生物，或两性中基因分布不等同的情况（如性染色体上基因），基因型频率和等位基因频率同样会达到哈德-温伯格平衡，但需要若干代的随机交配。

2. 哈德-温伯格原理对分子生态学研究的意义

首先，就像中性理论是检验是否存在“选择力量”的解消假设一样，哈德-温伯格模型是检验种群演化过程中是否存在其他进化力量的解消假设。哈德-温伯格原理实质上解释的是生物有性繁殖的规律，当研究发现某个种群不处于哈德-温伯格平衡时，我们就可以推测其他进化力量可能在起作用，如可能存在种群间迁移、种群在前一世代可能经过了瓶颈效应、所研究的遗传位点可能受选择影响等等。值得注意的是，如果前述的各项假设条件得到满足，有关位点将表现出哈德-温伯格平衡，但如果观察到一个位点符合哈德-温伯格平衡，我们并不能据此断定上述假设条件都得到满足。例如，很弱的自然选择力量，通常并不影响观察数据符合哈德-温伯格平衡。还须指出的是，X^2 检验方法有时难以检测出观察数据与期望值间的偏离。

其次，哈德-温伯格原理揭示的一个极为重要方面是当没有其他进化力量作用时，群体的基因频率和基因型频率将永远保持衡定，因此孟德尔遗传本身能够保存种群的遗

传多样性，这便是其深远意义之所在。正是在这样一个保证下，突变、选择、基因流等进化力量才能使生物不断地向更加丰富多彩演化。

哈德-温伯格原理隐含的另一个重要方面是，稀有等位基因主要以杂合体的形式存在于种群中。其意义为，即使该稀有基因对生物体是有害的，它也能得以在种群中保存较长时间（纯合体很容易被淘汰）。假设某个位点有几个等位基因，即 a_1、a_2、……a_n，令 p_i 为第 i 个等位基因在群体中的频率，假设 a_r 是稀有等位基因，亦即 p_r 在（p_1、p_2……p_n）中最小，则杂合体 a_ra_i（$i \neq r$）与纯合体（a_ra_r）在群体中的比率 $h = \frac{1}{p_r} - 1$，由于 $p_r \ll 1$，所以可以看出杂合体 a_ra_i 的数量远大于 a_ra_r（若令 $p_r = 0.01$，则 $h = 99$）。

许多因子会影响哈德-温伯格平衡，从而影响哈德-温伯格原理在实际问题中的适用性，建议有兴趣的读者自己继续深入探索，本章末给出了可供参阅的文献。

三、种群分化是生物进化的必要途径

为了杜绝混淆，我们首先对两个术语的含义进行规范化约定。种群（population）是指一个物种所有个体的集合，亚种群（subpopulation）指受特定地理环境、生态环境或生活习性等等影响而相对独立的一个繁殖区内的个体的总和，有时也称“地理种群（local population）”。所以，可以说“种群”是所有“亚种群”的集合。

由于生态地理环境的差别、生活习性的差别或天然屏障的隔离，几乎所有生物的种群都会发生“分化”，即都会形成若干个亚种群，我们把一个物种种群分化成几个亚种群的现象称为种群分化（population subdivision）。种群分化必然导致各亚种群间遗传组成上的差别，即等位基因频率上的差别，这一过程称为种群的遗传分化（genetic differentiation）。发生遗传分化的种群往往具有层次性结构（hierarchical structure），即整个种群是由若干个有序的亚种群组成，而亚种群又由若干个更低级的有序单元组成，依次类推；“有序”在此指同一层次的同类单元间相对独立，且其所包含的更低级的单元间也相对独立。

1. 种群分化的后果

种群分化的进化后果是导致新亚种或新物种的形成。生物进化的质变在于新种的形成，种群分化是向形成新的物种所迈出的第一步。所以弄清种群分化的过程、机制及其影响因子对于从本质上认识生物演化非常重要。

种群分化的生态学后果因具体情况不同而异，它有可能提高物种的适应性，也能加速其灭亡。

种群分化在遗传学上所表现出的一个显著特征是种群的杂合度降低，因为发生种群分化以后，近交的机会增加了。读者可根据前述哈德-温伯格原理，自己推导一下这个结论。利用这一特征，我们可以检验种群是否发生了遗传分化，这涉及到下一部分所要介绍的著名的赖特 F 统计方法（Wright’s F statistics）。

2. Wright's F 统计方法

发生遗传分化的种群（即具有层次性结构的种群）包括三个不同的研究层次，即个体、亚种群和整个种群。我们把相对应这三个层次的、哈德-温伯格平衡下的平均杂合度分别表示为 H_I，H_S 和 H_T。

下面我们引入群体遗传学中一个非常重要的概念：Wright 的固定系数（fixation index）F，初学者可能感到比较难于理解 F 的含义以及为什么称之为固定系数。我们从不同的角度予以解释如下：

从种群杂合度的角度理解，F 代表在随机交配的条件下一个层次单元（比如亚种群）相对于更高级层次单元（比如整个种群）杂合度期望值减少的程度。

从近交的角度理解，F 代表相对近交系数，即一个层次单元相对于更高级层次单元的近交程度。

从基因在种群中的分布的角度理解，F 近似地代表着等位基因在种群中被固定的相对可能性，因此，F 被 Wright 称为固定系数。

现在我们定义 F_{ST}为亚种群相对于整个种群的近交系数，则有

$$F_{ST} = \frac{H_T - H_S}{H_T}$$

类似地，F_{IS}为个体相对于它所属于的亚种群的近交系数，F_{IT}为个体相对于整个种群的近交系数，于是有

$$F_{IS} = \frac{H_S - H_I}{H_S}$$

$$F_{IT} = \frac{H_T - H_I}{H_T}$$

这三个层次性统计参数之间具有如下关系：

$$(1 - F_{IS}) \times (1 - F_{ST}) = (1 - F_{IT})$$

Wright 的 F 统计法是检测种群分化的最常用的方法，其中 F_{IT}反映了种群整体趋异的程度，而 F_{ST}是检测种群分化程度的重要参数。

值得指出的是，上述三个 F 参数的估计数值因研究体系而异，即不同物种之间 F 参数的估计值可能会有很大差异，因而没有绝对可比性；同时对同一物种而言，不同遗传位点的估计值亦会有很大差异，因而也缺乏可比性。所以，在比较不同研究的结果时，应注意研究体系间的差别。

另外，F 统计方法是基于等位基因频率数据而计算的，对于其他遗传数据，如 DNA 序列数据，或微卫星 DNA 标记数据，可以根据具体情况，对 F 统计方法作适当修正，比如 Lynch 和 Crease 的 N_{ST}或 Slatkin 的 R_{ST}方法。

3. 影响种群分化的因子

很多生物和环境因子会促进种群分化，增加亚种群间的遗传差异，这些因子包括自然屏障引起的隔离、距离隔离、交配制度、自然选择、突变、遗传漂变等等。从群体遗传学和进化的角度去看，各种形式的隔离（自然屏障隔离、距离隔离等）的效果都是阻

断或降低了基因流，加强了近交程度；特殊的交配制度［如选型交配（assortive mating）、等级制度等］和自然选择都是通过破坏了种群的随机交配而加速亚种群间的遗传分化；突变通过直接增加遗传变异而加大亚种群间的遗传差异，而遗传漂变通过随机减少现有的遗传变异而加大亚种群间遗传组成上的差别。由于这些因子的作用方式不一样，所以它对一个给定种群影响也不一样，比如，大小不同的种群对它们的敏感性不一样，读者可以自己作进一步分析。

四、随机遗传漂变是种群分化的重要进化动力

在没有任何其他进化动力存在的情况下，两个起始状态完全等同的地理种群，在完全等同的生态地理环境中经过若干世代的繁殖，如果两个地理种群间不发生任何基因交流，则这两个地理种群也会发生遗传变化。促使其发生分化的动力是随机遗传漂变，即由随机性取样误差所引起的等位基因频率在不同世代间的波动。种群中等位基因频率的随机波动，最终必将导致一个被固定而其他被淘汰，在两个起始状态完全等同的种群中，由于相互独立（即彼此间不存在基因交流），最终被固定下来的等位基因也会不尽相同，因而造成两个种群遗传组成的差别，即遗传分化。

由随机遗传漂变引起的种群进化具有如下特点：

（1）小种群比大种群发生漂变的速度快，因而等位基因在小种群中被固定的平均时间比大种群短。

（2）在任何时间，一个等位基因被固定的概率等于该等位基因此时在种群中的频率，所以稀有基因更容易被淘汰，但它仍有一定的概率在种群中固定。

（3）随机遗传漂变会降低种群的遗传多样性，在没有其他具有相反效应的进化动力的作用时，随机遗传漂变最终会导致种群遗传多样性的消失。

（4）新产生的突变在种群中被固定下来的概率等于它在种群中的频率，因此，新突变在小种群中被固定的可能性大于其在大种群中的可能性。

（5）对于一个联种群（metapopulation）来说，若各局部种群（local population）间没有基因交流，则局部种群越小遗传多样性丧失得越快，局部种群间的遗传分化也越大。

（6）随机遗传漂变的另一个重要特点是，它同时作用于所有的遗传位点，因此，理论上在没有其他进化动力影响时，不同的中性位点应该揭示出相同的演化规律。

五、溯祖理论是追溯谱系演化历史的核心理论

溯祖理论（coalescent theory）可以说是20世纪后半叶理论群体遗传学的里程碑性成果，对分析分子生态学研究中的分子数据极为重要。溯祖理论的数学基础就是并合理论，其论述比较复杂，有兴趣的读者可以阅读 Hudson（1990）的综述以及那里给出的相关文献。现在我们从进化研究的角度，特别是种群研究的角度进行简要的讨论。

1. 溯祖理论

溯祖理论实质上是关于谱系在历史演化过程中相互关系及其动态变化的理论，它指出在经过一系列“溯祖事件”后，最终所有的谱系都归结于一个共同的祖先，这个过程称为溯祖过程（coalescent process）。溯祖过程可以被看作是“分支过程”（branching process）的逆过程。

下面以一个假想的例子来对溯祖过程作进一步说明。假想图 1-1-3 是青蛙线粒体基因的谱系在 t 个单位时间（世代）内的演化关系图，最上部即代表当前种群中所观察到的线粒体基因谱系（即 $t=10$ 时,）共有 11 个谱系；最下部为 10 个世代前即 $t=0$ 时种群的遗传谱系组成情况，即共有 7 个奠基谱系（2 个 a_1 型、4 个 a_2 型、1 个 a_3 型）。如果我们从 $t=10$ 开始逆时倒推现有谱系的传递过程，可以看到所有这些谱系均来源于 $t=0$时的同一个 a_2 谱系，即如图中加粗的黑线所示。也就是说所有现存基因 a 的谱系均“溯祖”于 10 个世代以前的一个共同祖先 a_2。从图 1-1-3 可以看出，在 $t=7$ 时，群体中尚存 5 个不同的谱系，在 $t=5$ 时，有 3 个谱系。在 $t=0$ 时曾存在的其他谱系，在种群演化过程中均相继被淘汰，对现今所观察到的线粒体 DNA 遗传谱系没有任何直接贡献。

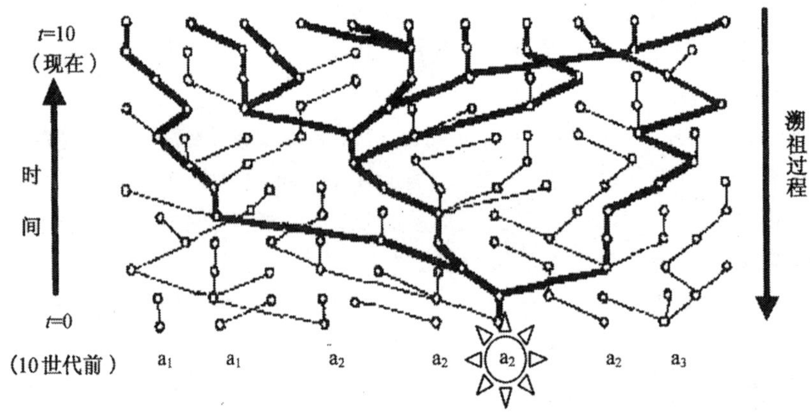

图 1-1-3　溯祖过程示意图，是假想的青蛙线粒体基因的谱系在 t 个单位时间（世代）内的演化过程

注意图中连线代表世代传递关系，连线的交叉不代表任何进化过程，而仅仅是为了节省制图空间。10 个世代前共有 7 个奠基谱系（2 个 a_1 型、4 个 a_2 型、1 个 a_3 型），现在（即 $t=10$ 时）共有 11 个谱系。如果我们从现存的 11 个谱系逆时回推，可以看到所有 11 个谱系最终回归于 10 个世代前的一个共同祖先谱系 a_2，而其他 6 个奠基谱系在进化中均先后消亡。生物谱系终会溯祖到一个共同的祖先是一个具普遍意义的规则（从 Avise　2000 修改）

不难看出，溯祖过程所需要的时间与种群大小有关。我们选择一个最简单的种群演化模型对此作进一步的量化分析，即随机遗传漂变是惟一的影响因子。假设种群在各世代都保持一个恒定的体积，使得每一世代都包含 N 个拷贝基因 a，可以算出种群中任意一对基因 a 在 t 个世代以前溯祖的概率为

$$P=\frac{1}{N}\cdot\left(1-\frac{1}{N}\right)^{t-1}$$

这一分布的均值即是种群中任意对基因溯祖的平均时间，对于单倍体来说为 N 个世代，对于二倍体则为 $2N$ 个世代。相应地，种群中所有基因 a 拷贝溯祖到一个共同祖先的平均时间，对于单倍体生物为 $2N$ 个世代，对于二倍体则为 $4N$ 个世代。显然，种群越小溯祖过程进行得越快。通过反向思维我们可以看出这一结论的另一个重要意义，即小种群，由于随机遗传漂变是主导影响因子，会很快丧失现有的遗传多样性。

2．样本的溯祖分析

细心的读者从上面段落中不难看出，溯祖过程与随机遗传漂变过程有某种内在联系。实质上，二者是时间上互为逆向的分析过程，是从不同的角度研究同一个问题。随机遗传漂变分析探讨种群中一个基因最终被固定下来所需要的时间（或其概率），而溯祖分析研究种群现有的等位基因若干世代以前享有一个共同祖先的可能性。

溯祖分析在种群进化分析中的重要性在于在该理论的指导下，我们可以建立一些非常有效的数学算法，通过对种群的样本的各种分子遗传数据的分析，而对种群的演化历史进行推测，揭示影响种群进化的可能的主导因子或特征，比如随机遗传漂变是否是最主要的影响因子，是否有自然选择的存在，若存在，是正选择（positive selection），或负选择（negative selection），亦或平衡选择（balancing selection）？在历史演化过程中，种群大小是恒定的还是不断增大的，以及祖先种群的大小、自交率等等。有效的溯祖分析要求有遗传谱系数据，这些数据可以是种内多态性数据，也可以是种间遗传分化数据。由于分子水平的遗传数据，特别是 DNA 序列数据，隐含着所研究的样本间的同祖关系（ancestral relationships），是最深层次上的遗传谱系数据，所以特别适宜于溯祖分析。

由于我们只能对一个样本而不是种群的所有个体进行研究，所以样本的大小对溯祖分析的可靠性有重要影响，当样本过小时，所估计的溯祖时间会偏小；同样，不同的分子标记的进化过程有差别，依赖于少数几个分子标记所进行的溯祖分析亦会有很大的误差。

不同的因子对溯祖过程有不同的影响，因而研究中须根据具体情况使用不同的数学模型。这些因子包括种群增长、随机遗传漂变、自然选择、重组、近交程度等。数学模型的建立是溯祖分析重要领域之一，计算机模拟已被广泛用于检验数学模型的可靠性，一旦确立了置信度较好的理论模型，则可以根据观察数据估计一系列因子参数，如重组率、近交率、种群遗传多样度、种群增长模型、溯祖时间等。

六、分子系统发生分析是重塑生物类群进化关系的重要工具

种群差别的研究是同中求异，属于比较棘手的问题。而系统发生分析（phylogenetic analysis）则是异中求同，即在已知所研究的类群不同的情况下，揭示类群间的历史进化关系。但是，随着分子水平研究的渗入，种群差别分析与系统发生分析相互交叉融合的趋势不断加强，系统发生分析方法也被用于种群研究之中。另外，分子系统发生分析也开始被广泛用于物种分类的研究，形成所谓分子分类学（molecular taxonomy）或分子系统学（molecular systematics）方法。

分子系统发生分析建立于几个重要原则之上，包括：

(1) 所使用的分子标记服从中性进化规律，即是选择上中性的。

(2) 在所感兴趣的时间幅度内，该分子标记在不同类群中的进化速率是恒定的，即符合“分子钟”假设。

(3) 所使用的分子标记在所有研究类群中都是直向同源的（orthology），不能是并行同源（paralogy）或外源同源（xenology）的关系。

(4) 分子标记具有合适的遗传变异度，即变异性既不能太低也不能太高。

从方法论上看，分子系统发生分析包括以下几种：距离法（distance method）、简约法（parsimony method）、最大似然法（maximum likelihood method）和贝斯法(Bayesian method)。每种方法各有其优缺点，分别简要介绍如下。读者须仔细阅读其他有关文献资料，以便正确掌握它们的使用方法。

1. 距离法

距离法通过计算不同单元（taxon）之间的两两进化距离而对它们的相对进化关系进行比较，进化树是依据每对单元间的进化距离数值而建立的。距离法有很多种不同的算法，各种算法的表现和准确性也不同，在此不做详细介绍。一般说来，读者在使用各种距离算法时应考虑如下几点：

(1) 各单元间的进化距离与所观察到的突变数量是否成线性关系。

(2) 距离算法的标准误差的大小。

(3) 应使用不同的算法分别计算，如果算法之间在距离数值上没有显著差别，则算法越简单可能越可靠。

(4) 距离法有一些自身的缺陷，即当把DNA序列数据转化为进化距离数据时，相当一部分有用的信息便被丢失了。因此距离法仅使用了分子数据中的部分信息。一个典型的例子便是不同的数据组可以产生同一个距离矩阵，但由距离矩阵却不能推算出相应的数据组。

2. 简约法

我们介绍简约法中的最大简约法（maximum parsimony)。该方法的理论依据是如下哲学观点：解释一个过程的最好假说应是假设条件最少的假说。因此，对于分子数据(DNA序列数据)，该方法计算在最少的碱基替换条件下能够解释整个进化过程的拓扑结构（系统进化树)。

最大简约法也有若干不同的算法，相对距离法而言，最大简约法基本上不依赖任何模型，所以受假设条件的影响较小。理论上，在没有非同源相似（homoplasy）影响、所分析的核苷酸总数足够大的情况下，最大简约法可以找到正确的进化树。但在实际运算中，情况并不如此简单，长枝吸引（long-branch attraction）现象便是最大简约法可以产生错误结果的典型例子。

尽管简约法充分运用性状分析（character analysis）来寻找最好的拓扑结构，但像距离法一样，它也并不能完全利用观察数据中所包含的所有信息。例如对于DNA序列数据而言，只被观察到一次的核苷酸替换点（称作孤频点，singleton site）对于简约分析没有意义，因而被忽略不计。另外，当类群很多而性状差别很小时，最大简约法的可靠性会大大降低。

3. 最大似然法

最大似然法所考察的是那种进化历史模型（即拓扑结构）能更好地符合所观察到的数据，其所遵循的原则是“具有最大可能性符合所观察到的数据的模型应是最合理的模型”。在一个给定的碱基替换模型下，最大似然法对观察数据符合每种拓扑结构的可能性进行最大化计算，可能性最大的拓扑结构被选为终解进化树。这里可能性最大化处理所考虑的是枝长（branch length）而不是拓扑结构本身。与距离法和简约法相比，最大似然法一般被认为更稳定、更可靠，但其计算量很大，当分析类群比较大时，此法实际上难以运用；即使进化树计算本身可以进行，后续的置信统计检验也难以进行。

最大似然法算法本身隐含一些问题，主要在于可能性最大化估计的对象不是拓扑结构本身，因而最后被选为终解的拓扑结构的可能性是间接计算出来的——即通过对其枝长的估计而推断出的。

4. 贝斯法

生物进化、种群演化等都是非常复杂的问题，我们可能永远都无法弄清楚有关影响因素的确切作用过程。近来，贝斯法被认为对分析类似的复杂问题具有特殊价值。贝斯法充分运用观察数据本身所含有的先验信息，或理论上建立起来的已被其他数据证明的模型［即先验分布（prior distribution）］，来对观察数据进行指导性分析，对未观察到的有关参数进行估计［即后验分布（posterior distribution）估计］，有关结论则是基于后验分布而推断出来。

与传统统计方法相比，贝斯法是从正面直接研究有关问题，即对某一复杂事件或某一具有很大不确定性事件的概率进行直接估计，而不像传统统计分析那样对一个解消假设进行检验，例如，我们需要研究一个种群是否处于哈德-温伯格平衡，传统的方法则首先假设种群处于哈德-温伯格平衡，然后用观察数据检验这一解消假设是否受到支持，而贝斯法则去检验观测数据与哈德-温伯格平衡的偏离是否大到否定平衡的存在，或者现有数据是否足以用于作出有关结论（Shoemaker et al　1998）。

最后需要指出的是，用距离法、简约法或最大似然法计算出进化树后，还需要对进化树的置信度进行估计，常用的方法有自举法（bootstrapping）和自减法（jackknifing method，又译为大折刀法）。对于种群水平的分析，则不能仅仅依赖于这些方法，通常还需要用计算机模拟来估计结果显著性。另外，大多数系统发生分析方法遵循“二歧分枝”原则处理类群间的系统进化关系，这对于种内谱系是不适宜的，种内谱系间的进化历史是不能用简单系统发生分析的方法进行概括的，而必须采用谱系溯祖分析、频率分析和系统发生分析相结合的方法（例如网络法，network method）。

第三节　分子生态学的研究方法

分子生态学是理论和实验相互结合的交叉学科领域。就实验研究本身（即撇开实验设计、数据分析和理论诠释），分子生态学研究有两个核心部分，即分子标记的建立和分子数据的获取，其中分子标记的建立具有核心基础性。人们通常所说的“分子工具”(molecular tools) 实际上就是对以上两部分的概括，等于“分子标记加上遗传变异的检测方法”。

一、分子标记

分子标记包括各种蛋白质（同工酶）标记系统和 DNA 标记系统，在此仅对有关 DNA 分子标记作一简要介绍。

从基因组属性划分，DNA 分子标记有三种类型，即细胞核 DNA 标记（nuclear DNA)、线粒体 DNA 标记（mitochondrial DNA，即 mtDNA）和叶绿体 DNA 标记 (chloroplast DNA，即 cpDNA)；从功能和组成特点划分，分子标记包括编码区（coding region)、非编码区（non-coding region)、微卫星 DNA（microsatellite DNA）和小卫星 DNA（minisatellite DNA）等；从拷贝数量划分，有单拷贝核 DNA 标记（single copy nuclear DNA，即 scnDNA)、核糖体 DNA 标记（ribosomal DNA，即 rDNA）等。

在实际研究中，如何选择、选择哪些 DNA 标记，则取决于具体问题的性质和研究目的，包括研究对象的类别、标本材料的形式、欲研究问题的时空跨度等等。

1. 线粒体 DNA 标记

线粒体 DNA 标记被广泛用于后生动物的各类研究中，在其众多的优点中最为重要的三点是：① 母性遗传，缺乏重组；② 容易设计保守性通用引物；③ 有效单倍性，即细胞中的众多线粒体 DNA 拷贝在遗传组成上是等同的。在哺乳动物中，线粒体 DNA 的进化速率很高，约是核 DNA 的 10 倍以上。文献中有许多关于线粒体 DNA 标记的综述，1996 年以前的大多数综述在 Zhang 和 Hewitt（1997a）中均有引用，有兴趣的读者可以查阅。有关通用引物的文献报道，主要有 Simon 等（1994)、Kocher 等（1989)、Zhang 和 Hewitt（1997b）等。

与动物中的情况相反，植物线粒体 DNA 作为分子标记的使用价值很小，因为其进化速率很低且基因重组频繁。

近来发现，在不少物种的核基因组中存在线粒体假基因，即在生物进化过程中由线粒体转移到细胞核基因组中的线粒体 DNA，它们与线粒体 DNA 是外源同源（xenology）的关系。这些假基因会对线粒体 DNA 标记的使用造成很大干扰，以致于在有些生物类群中，如很多蝗虫中，线粒体 DNA 无法被用作分子标记。研究人员务必注意检查在其研究对象中是否有线粒体假基因的干扰。建议读者进一步参考这方面的两篇综述文章：Zhang 和 Hewitt（1996)、Bensasson 等（2001)。

2. 叶绿体 DNA 标记

对于植物而言，叶绿体 DNA 作为分子标记的价值犹如线粒体 DNA 之于后生动物。叶绿体在很多植物中都是母性遗传（也有父性遗传或双亲遗传的例子）。但由于叶绿体 DNA 的进化速率较小，作为分子标记，它更适合于种以上水平的系统发生研究；它在种内遗传变异研究方面的作用和有效性，则因植物类群而异。关于叶绿体 DNA 保守性引物，可参阅 Taberlet 等（1991）、Demesure 等（1995）。

3．细胞核 DNA 标记——单拷贝核 DNA 标记

单拷贝核 DNA（scnDNA）标记指细胞核基因组中拷贝数为 1 的 DNA 序列。每一个多态性 scnDNA 标记实际上包含一到多个相互连锁的 SNP（single nucleotide polymorphism，单核苷酸多态性）点。scnDNA 标记对于运用溯祖理论进行谱系进化分析非常重要，但是其有效使用在目前尚受到限制，主要因为：① 通用的 scnDNA 标记较少，也比较难于寻找，因而研究人员往往需要为每一研究对象建立一套 scnDNA 标记系统；② 由于二倍体或多倍体的杂合性的存在，scnDNA 标记的单倍型分析很困难（即缺少适合于大规模分析的、行之有效的、从杂合体中区分或分离不同等位基因的方法）；③ 核基因组中基因重组的广泛存在，增加了 scnDNA 数据分析的难度。

4．细胞核 DNA 标记——核糖体 DNA

核糖体 DNA（rDNA）是重复序列，在基因组的拷贝数可达数千，但却是目前最为广泛使用的细胞核 DNA 分子标记，这主要是因为它服从协同进化（concerted evolution）规律，因而表现出有效单倍性。由于 rDNA 簇（单元）是由一系列编码区和非编码区嵌合而成，所以可以设计出进化上非常保守的通用引物，用以在不同物种中扩增变异性较高的非编码区（比如被转录的内间隔区，internal transcribed spacer，缩写为 ITS）。下列文献给出了许多 rDNA 保守引物，Hillis 和 Dixon（1991）、Schlotterer（1996）。

使用 rDNA 标记时，有两点值得注意：①就目前的情况来看，rDNA 标记对于种内变异研究的价值因物种而异，甚至因种群而异，其变异性相对线粒体 DNA 则低很多；②并不是在每个物种中 rDNA 都遵循协同进化规律，研究人员必须首先对此进行检验以确定其适用性。

5．细胞核 DNA 标记——微卫星 DNA 和小卫星 DNA 标记

微卫星 DNA 和小卫星 DNA 有时统称为简单重复 DNA（simple sequence repeats，SSR）。前者通常指重复单位的核苷酸长度为 1～6 个的 DNA 序列，如 GTGTGTGTGTGTGTGTGTGT，表示为 $(GT)_{10}$；后者重复单位的长度通常是十几到几十个核苷酸。二者的共同特征是变异性很高。微卫星 DNA 主要表现为重复单位拷贝数的变化，主要突变机制是复制滑动错位（replication slippage）。目前的发展趋势是，在分子生态学研究中，小卫星 DNA 标记由于其长度较大，基因型自动分析不方便，使用的频率（相对比例）在降低。微卫星 DNA 标记则是越来越广泛地被应用。这里主要介绍微卫星 DNA 标记的有关情况。图 1-1-4 显示的是东亚飞蝗的一个 $(GT)_n$ 微卫星位点。

微卫星标记的使用大体上有三种不同方法。最原始的方法是从多位点小卫星指纹分析衍生出来的多位点微卫星指纹分析法，即用微卫星 DNA 为探针与经过内切酶消化的总量 DNA 进行杂交，从而检测出遗传变异。这一方法虽然灵敏度较高，但存在与小卫星指纹分析相同的问题，即难以对数据进行深度进化遗传学分析，对 DNA 质量和数量要求很高，难以对每个条带进行量化处理等。PCR 技术普及以后，演化出另一种多位

点微卫星分析法，即以微卫星序列为PCR引物，对总量DNA进行扩增，根据所扩增出的条带的差异来检测遗传多态性。该方法虽然简单易行，容易操作，能找出很多带型差异，但却隐含许多不确定性，主要表现为PCR的重复性、带型有效性、条带同源性等方面，例如同一个模板DNA样品，在不同的PCR条件下可以扩增出不同的带型；一般说来，该方法不宜用于种群的遗传进化研究。第三种方法，位点特异性微卫星分析，是经过反复验证、目前被公认的方法，又称为单位点分析法。它是通过对每一个微卫星位点分别进行特异性变异检测而实现的。原理如下：许多微卫星DNA两侧的区域（称为侧翼区域，flanking region）是非重复的、单拷贝DNA，因而可以在侧翼区域设计特异性引物，通过PCR而扩增出该特定位点上的微卫星DNA，然后对其进行基因型鉴定。微卫星单位点分析法特异性强，结果稳定，能对座落于该位点上的所有等位基因进行精确基因型鉴定。通过荧光标记法和错落搭配法，研究人员可以同时对若干个不同的微卫星位点进行特异性分析（图1-1-5）。

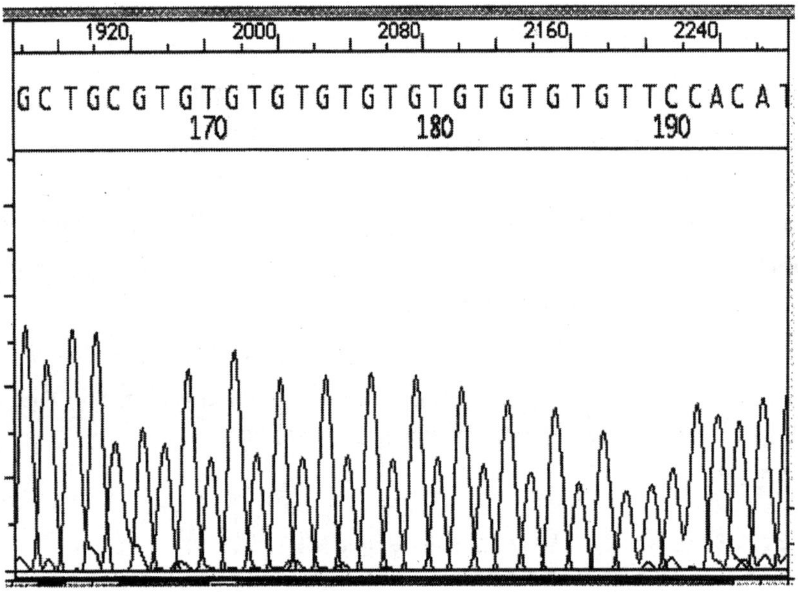

图1-1-4　东亚飞蝗的一个（GT）$_{11}$微卫星位点序列示意图

微卫星DNA标记也存在许多问题，首先是其分子突变机制尚不完全清楚，其突变速率受等位基因长度的影响，并且可能有方向性；其次，由重复突变（recurrent mutation）或平行突变（parallel mutation）引起的非同源相似（homoplasy）在种间和种内都存在；再者，等位基因的祖先状态（ancestral state）难以确定，因此，影响对有关数据进行谱系分析；另外，PCR引物在不同物种间的保守性较差，因此，研究人员通常需要为自己的研究系统开发一套特异微卫星标记，这无论在技术难度上还是在经费上要求都很高。

6．细胞核DNA标记——AFLP标记

AFLP（amplified fragment length polymorphism，扩增片段长度多态性）是1993年

由 Zabeau Marc 和 Vos Pieter 创立的一种技术通用型多态性标记。其原理是把 RFLP 与 PCR 相结合，对多态性片段进行选择性检测。在这种方法中，首先用限制性内切酶把基因组 DNA 切割成大小不等的片段，再把双链人工接头接到基因组 DNA 的酶切片段两端，然后，以此为模板，用标记的具有不同选择强度的特异引物（引物选择强度由附接于 3′端的与接头不互补的 1～3 个选择碱基控制）进行 PCR 扩增。遗传多态性通过扩增出来的限制性片段的差别体现出来。AFLP 反应所需 DNA 量少，得到的条带丰富，分辨率高，快速高效。它与下面将要介绍的 RAPD 标记相比，具有多态性丰富、重复性好、条带稳定等优点。但该技术对样品 DNA 质量要求较高，多态片段中有的显性表达有的则共显性表达，并且有些多态片段是不相互独立的。

7．细胞核 DNA 标记——RAPD 标记

随机扩增 DNA 多态性（random amplified polymorphic DNA，RAPD）是于 20 世纪 90 年代初在两个实验室分别独立建立的。其原理和实验程序均很简单，因为基因组中随机分布着很多寡核苷酸序列，所以用 10bp 左右的寡核苷酸随机单引物对基因组 DNA 进行 PCR 扩增，便可扩增出有个体特异性的产物，然后通过电泳分离可检测扩增产物的多态性。RAPD 的优越性在于：① 技术通用性，引物无种属特异性，一套引物可用于不同物种的研究；② 技术“简单、高效、快速”；③ 所需样品量少。然而，RAPD 技术却同时存在一些重要的缺陷，如：重复性较差，对实验条件极其敏感；有假阳性或假阴性结果；为显性标记，不能提供完整的遗传信息等等。所以 RAPD 分子标记，看似“简单、高效、快速”，实际并非如此，在进行实验时，应采用标准的反应条件，建立系统性实验对照，慎重对待实验结果。

二、遗传变异的检测方法

电泳技术是最基本的实验技术，大多数遗传变异检测方法都应用到它，而上述 AFLP 标记和 RAPD 标记更是将它融为一体。从所揭示的遗传变异信息的类型和层次上看，遗传变异的检测方法不外乎两类：序列分析（sequence analysis）和片段分析（fragment analysis）。序列分析指直接对 DNA 标记的核苷酸组成进行分析；片段分析指通过检测多态片段的长度或构象来区分不同的基因型，所以，片段分析有时也被称作基因型分析。

1．序列分析

遗传信息的分子表现形式为 DNA 序列（或 RNA 序列）。因此，通过 DNA 序列分析，可以获得生物遗传变异最确切、最深层次的信息（图 1-1-4 是对一个 $(GT)_{11}$ 微卫星位点的序列分析）。随着生物技术的长足进步，DNA 序列分析已经全面自动化，并成为分子水平遗传研究的常规手段。DNA 序列数据与其他遗传变异数据相比还有如下优点：所包含的进化信息最全面、含有确切的共祖信息、序列差异程度的衡量标准比较统一、能够揭示从个体间到物种间不同层次的遗传差别等。目前，DNA 序列分析的实验成本仍相对较高，因而研究位点的大小和数量往往很受限制。但对于研究许多进化问题，序列分析往往是不可替代的手段。

2. 片段分析

目前，已有许多成熟的片段分析方法，它们所依据的原理或者是长度差异本身，或者是分子构象的差异。下面主要介绍四种不同的方法，其中，长度分析，如 GeneScan，属于对等位基因长度的直接分析，SSCP 和 DGGE 属于根据构象差异而区分不同等位基因，DHPLC 则可从上述两个方面进行分析（因具体情况而异）。

（1）长度分析：大多数学者把这种分析方法直接称为“片段分析”，以微卫星 DNA 的 GeneScan 为例。GeneScan® 本是 Applied Biosystems 公司发展的一套用于微卫星 DNA 标记片段分析的软件，由于它被广泛使用，GeneScan 已代表一种分析方法。它利用荧光素对微卫星引物进行标记，然后用荧光标记的引物对目的片段 PCR 扩增，随后在 DNA 序列自动分析仪上测出目的片段的长度。由于它可以同时测定出杂合体中两个等位基因的大小，所以，在分析的同时也检测出个体的基因型。目前，DNA 序列自动分析仪基本上都可以进行基因型分析，所以这类仪器的正式名称已逐渐变为“自动化遗传分析系统”。图 1-1-5 是通过 GeneScan 同时对东亚飞蝗三个不同微卫星位点进行基因型检测的例子。

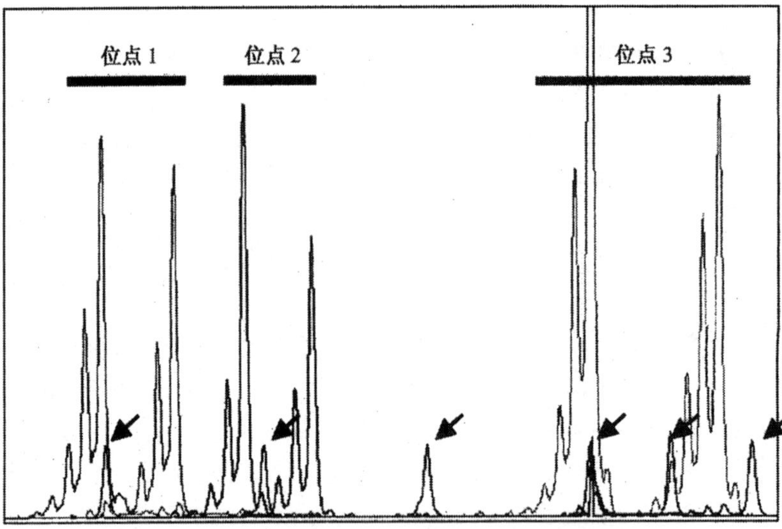

图 1-1-5　用 GeneScan 的方法同时对东亚飞蝗三个不同微卫星位点进行基因型检测
用于测试的个体在这三个微卫星位点上都是杂合体。基部的矮峰（箭头所指者）为相对分子质量内标。这三个微卫星位点用不同的荧光素进行标记

（2）SSCP 分析：单链构象多态性（single-strand conformation polymorphism，SSCP）检测方法是 Orita 等于 1989 年建立的。其原理在于，在非变性条件下，DNA 单链分子可以形成具有序列特异性的构象；在非变性电泳条件下，不同构象的单链分子表现出不同的迁移率，因而根据迁移率的差别即可检测出遗传变异。SSCP 的基本特点是，目的片段上所发生的突变，甚至单个碱基的替换、缺失或插入等微小变化，也将导致其单链构象改变，并在电泳迁移率上表现出来。SSCP 检测有一定的适用范围，200～400bp 最

理想，当产物太大时，则检测灵敏度会变得很低。SSCP分析需要对实验条件作一定优化，因为实验条件因DNA片段而异，且受电泳温度、缓冲液和电泳凝胶的配方等影响较大。在最优条件下，SSCP可以达到很高的分辨率。

(3) DGGE和TGGE：变性梯度和温度梯度凝胶电泳（DGGE，denaturing gradient gel electrophoresis；TGGE，temperature gradient gel electrophoresis）方法由于其较高的分辨率而越来越受重视，并开始用于点突变检测和等位基因的分离。这一方法的理论原理是，一个DNA分子的不同区段往往具有不同的动力学特性，表现为解链温度（Tm）的不同，因而其解链温度曲线具有序列专一性。如果DNA分子中发生了突变，突变点所在的那个区段的Tm就会被改变，从而改变解链温度曲线，因此可把突变型分子与野生型分子区别开来。

这一方法的技术原理如下：DGGE所用的聚丙烯酰胺凝胶的不同部位的变性强度不同，一般从左到右或从上到下变性强度连续性递增。当双链DNA分子在凝胶中沿着由低到高的变性梯度迁移时，Tm最低的区段将在适当的位置优先解为单链，形成一个局部变性的枝状或叉状DNA分子，从而降低DNA分子在电泳凝胶中的迁移速率。如果在这一变性区段发生了突变，其Tm也会改变，在变性梯度电泳凝胶上表现出不同的迁移特征，因而可以被检测出来。

DGGE所用的电泳凝胶的变性梯度是通过化学变性剂（如尿素、甲酰胺）的浓度的梯度性变化来实现的，而TGGE的电泳凝胶具有均一的变性强度，其变性梯度是通过空间上或时间上的连续性温度梯度来实现的。目前应用较广泛的是DGGE，它可以检测出单个或多个碱基的差别，在优化的条件下，分辨率可达到95%以上。

(4) DHPLC：DHPLC是变性高效液相色谱（denaturing high performance liquid chromatography）的缩写，是近三四年才逐渐发展成熟的核酸分析技术。其原理是异源双链分析（heteroduplex analysis）。异源双链（heteroduplex）指由不完全互补的两条DNA单链形成的双链DNA，同源双链（homoduplex）指由完全互补的两条DNA单链形成的双链DNA。简略说来，异源双链与同源双链对介质有不同的亲和力，因此，它们从介质中被洗脱下来的条件有差别。利用这一特性，可以把二者区分开来。所以，把一个未知样品（例如一未知mtDNA片段）同一个已知样品（即已被定性分析的mtDNA片段）混合后，让它们形成足够比例的异源双链，通过分析是否有异源双链吸收峰便可以知道这两个样品是否等同。对于核DNA，纯合体只有同源双链吸收峰，而杂合体则除有同源双链吸收峰外，还有异源双链吸收峰。

DHPLC可以快速高效地对核酸片段进行半自动化分析，并可以对样品进行自动化回收。该技术允许在完全变性、部分变性或非变性条件下分析核苷酸片段，已被广泛用于核酸片段分离、突变检测、基因型分析、PCR引物纯度分析和纯化、SNP分析等方面，单核苷酸突变检测准确率稳定在96%以上。在最佳条件下，该技术甚至可以对有些杂合体的两个等位基因进行分离。其缺点是，要求有特定分析仪器，对每一类样品，要通过反复实验摸索出最优条件，对于较大DNA片段的分析不够灵敏。图1-1-6显示的是DHPLC对棉铃虫的一个微卫星DNA位点的突变检测情况。

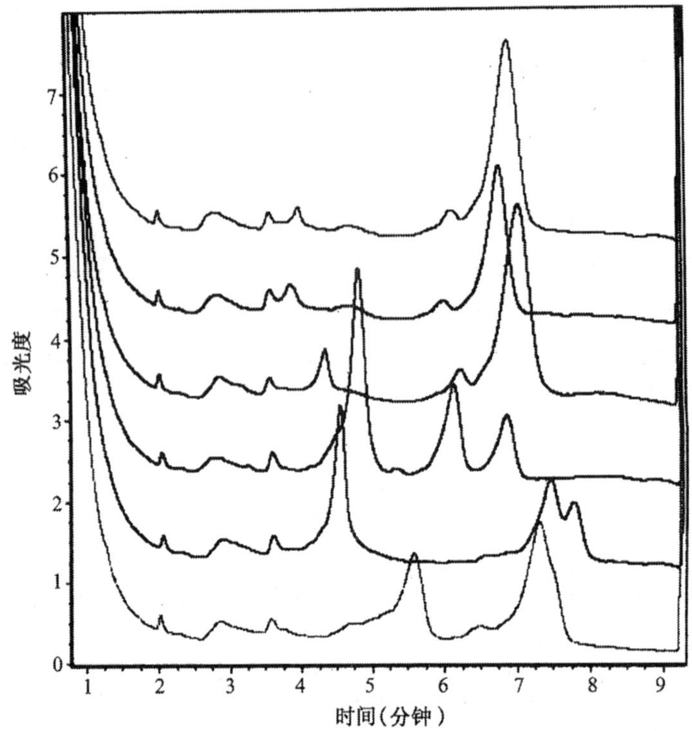

图 1-1-6　一个棉铃虫微卫星 DNA 位点的 DHPLC 突变检测

上面三个个体为纯合体，下面三个分别为等位基因长度相差 5、2、1 个重复单位的杂合体

三、分子生态学研究的特点

综上所述可以看出，分子生态学研究是理论跨度大、实验技术性很强的交叉性复合学科，根据作者自己多年的切身体会，现将其研究特点概括为如下七条：

（1）起点高：可以获得最深层次（DNA 序列组成）上的遗传变异信息，因而可以达到很高的分辨率。

（2）揭示能力强：分子生态学研究方法在解决各种进化问题、历史演化问题方面有其他方法难以比拟的揭示能力。

（3）技术集成大：分子生态学研究的有效开展，要求有较全面的分子生物学及分子进化等方面的技术方法，属于技术密集型研究。

（4）学科复合性强：为了发现相应的主要影响因子，往往需要从多学科、不同的角度去研究同一问题，因此要求研究人员具有多学科的知识积累。

（5）持续型研究：由于本学科研究的问题是非常复杂的宏观问题，正确解决任何一个问题都需要用多套相互独立的分子标记系统进行持续性研究，因此研究的周期一般较长，对前期工作积累依赖性大，研究者决不可草率地依据少量分子数据对问题下定性结论。

（6）风险型研究：投入与产出未必成比例，研究结果经常与预期的不相符，研究进度经常比预期的慢，因此，不可急于求成。

(7) 两面性研究：好的数据和客观的结论能有效推动有关研究领域的健康发展，坏数据和片面的结论则对外行具有很大欺骗性，从而误导他人。后一点尤其应引起我们足够的重视。

第四节　分子生态学的研究现状及发展趋势

一、我国分子生态学研究的现状

“Molecular Ecology”杂志创刊已经整10年，分子生态学被正式介绍到国内（康乐1996）也已近7年，我国分子生态学研究进展到底如何呢？

我国分子生态学研究水平与发达国家相比有很大差距。让我们看一个简单的事实：虽然在过去7年中，我国各类科技期刊和著述中关于分子生态学的文章的数量呈直线上升，但自“Molecular Ecology”创刊至今的10年中，如果港台不计在内，我国未曾以第一完成单位在该杂志发表过文章（注意：请勿把2001年创刊的Molecular Ecology Notes与Molecular Ecology混淆）。然而，至今几乎所有的文章仍一致声称“我国的分子生态学研究与国际先进水平差距较小”。在近期内，我国也许能在“Molecular Ecology”上实现零的突破，但在相当一段时间内我国的整体研究水平与国际先进水平的差距只会拉大而很难缩小，其原因很简单，即我国的前期积累很小，整体基础很差，研究在低水平上重复或徘徊。

二、分子生态学的未来发展趋势

分子生态学研究方法将继续向所有与生态、种群和进化有关的学科领域全面渗透，并不断取得开拓性成果，这已成为学科发展的时代大趋势。分子生态学在未来的发展仍将依赖于理论和分析方法上的突破和分子技术上的进步，在若干重要领域的进展会再次显示出多学科综合交叉的优势。

从学科领域的全局看，分子生态学研究的热点将体现在复杂宏观问题的系统研究方面，如全基因组水平的遗传变异分析，较大时空范围内生物生态地理演化的规律和影响因子的研究，遗传多样性与群落及生态系统稳定性，家系结构、行为特征对种群分化和物种形成的影响，物种间的相互作用，生物保护以及种群控制等，这些问题一般都需在较好的研究系统下，经过较长时间的研究积累，才能取得突破。但分子生态学涵盖庞大的研究空间，任何其他方向，只要能取得实质性进展，均可成为新的热点领域。我国勿须盲目追踪国际潮流，而应结合自己的优势，开辟适合我国实际情况、满足国家发展需求的研究领域，例如有害生物的种群结构和动态方面、生物生态地理演化方面等。

从技术手段方面看，近期的热点将是发展高效、快速的遗传变异检测、筛选方法，以便能达到从全基因组的水平进行遗传变异分析。这方面将主要在现有的模式生物中进行，特别是人、果蝇、拟南芥、水稻等，因为这些生物的基因组测序计划已基本完成，有大量可供选择的各种DNA标记如微卫星DNA标记、SNP标记等。

从分子标记方面看，微卫星 DNA 仍将是核 DNA 标记中最受青睐的标记，并且其分子进化机制方面的研究会继续加深；scnDNA 标记将是下一类热点标记，它有望使分子生态学研究迈上一个新的台阶；相应地，scnDNA 多态性检测技术急待取得突破，以便能够克服单倍型分离或鉴定方面的难题。

从进化分析角度看，遗传谱系分析将变成主流，这将主要依赖于 DNA 序列数据和其他能较容易推测出祖先状态的单倍型数据。频率分析、溯祖分析、最大似然分析和贝斯分析方法将愈加融合成一体，在具体模型和算法上以及软件开发上可望不断取得突破。

结束语

本章的论述主要出自作者自己的体会，大多数手稿现在还未发表。由于时间仓促，同时日常工作实在太繁忙，对许多论点未能给出详细的出处，在深感不安的同时，谨向有关作者表示歉意，向读者表示遗憾，并请大家体谅。由于篇幅的限制，作者难以列举详细的研究实例。本章只是给分子生态学这一博大的学科领域粗粗地绘了一个轮廓，希望将来能对之予以充实。

本章中的大部分英文术语汉译名称均采用科学出版社《英汉生物学词汇》（第二版）所列的标准名词译法。

本章是利用春节假期赶写的，疏漏错误之处难免，恳请读者予以指正。重要错误将及时在作者的网页上（http://www.ioz.ac.cn/department/zhangdx.html）进行更正。

思考题

1. 通过阅读本章，您可否自己给“分子生态学”下一个定义？分子生态学是怎样“一门”学科？
2. 谈谈随机遗传漂变对于生物进化的意义。
3. 请推导一下溯祖概率方程
$$P=\frac{1}{N}\cdot\left(1-\frac{1}{N}\right)^{t-1}$$
4. 在存在自然选择或基因流的情况下，溯祖时间会有怎样的变化？
5. 在各种进化动力中（自然选择、随机遗传漂变、基因流、近交、突变等），哪些会增加种群的遗传多样性，哪些会降低种群的遗传多样性？为什么？
6. 选择 DNA 分子标记时，应考虑哪些方面？
7. 试谈分子水平的研究与宏观研究的关系。能否举例加以说明？
8. 本章哪些地方条理不清、陈述混乱？您有何改进建议？请能告诉作者。

参考文献

向近敏，向连滨，林雨霖．1996．分子生态学．武汉：湖北科学技术出版社

康　乐．1996．分子生态学及其在未来生态学发展中的地位和作用．科学通报，41（增刊）：36～46

Avise JC．1994．Molecular Markers, Natural History and Evolution．Chapman & Hall, New York

Avise JC．2000．Phylogeography：the History and Formation of Species．Harvard University Press, Cambridge

Bensasson D, Zhang D-X, Hartl DL, Hewitt GM. 2001. Mitochondrial pseudogenes: evolution's misplaced witnesses. Trends in Ecology and Evolution, 16:314～321

Carvalho GR (ed). 1998. Advances in Molecular Ecology. IOS Press, Amsterdam

Demesure B, Sodzi N & Petit RJ. 1995. A set of universal primers for amplification of polymorphic non-coding regions of mitochondrial and chloroplast DNA in plants. Molecular Ecology, 4: 129～131

Hartl DL & Clark AG. 1997. Principles of Population Genetics. 3rd edtion. Sinauer Associates, Sunderland, MA

Hillis DM & Dixon MT. 1991. Ribosomal DNA: molecular evolution and phylogenetic inference. Quarterly Reviews of Biology, 66: 411～453

Hillis DM, Moritz C & Mable BK. 1996. Molecular Systematics. 2nd edition. Sinauer Associates, Sunderland

Hudson RR. 1990. Gene genealogies and the coalescent process. Oxfaod Surveys in Evolutionary Biology, 7: 1～44

Kimura M. 1968. Evolutionary rate at the molecular level. Nature, 217: 624～626

Kimura M. 1983. The Neutral Theory of Molecular Evolution, Cambridge University Press

Kocher T, Thomas W, Meyer A, Edwards SV, Pääbo S, Villablanca FX & Wilson AC. 1989. Dynamics of mitochondrial DNA sequence evolution in animals: Amplification and sequencing with conserved primers. Proceedings of the National Academy of Sciences (USA), 86: 6196～6200

Li WH. 1997. Molecular Evolution. Sinauer Associates, Sunderland, MA

Molecular Ecology 期刊（月刊），由 Blackwell Science Ltd. 出版发行. 建议读者常翻阅该刊物以便了解分子生态学研究的最新动态

Schierwater B, Streit B, Wagner GP & DeSalle R (eds). 1994. Molecular Ecology and Evolution: Approaches and Applications. Birkhäuser Verlag, Basel

Schlotterer C. 1996. Ribosomal DNA probes and primers. In "Molecular Tools for Screening Biodiversity: Plants and Animals" (eds. Karp A, Isaac PG & Ingram DS), Chapman & Hall, 267～276

Shoemaker J, Painter I & Weir BS. 1998. A Bayesian characterization of Hardy-Weinberg disequilibrium. Genetics, 149: 2079～2088

Simon C, Frati F, Beckenbach A, Crespi B, Liu H & Flook P. 1994. Evolution, weighting, and phylogenetic utility of mitochondrial gene sequences and a compilation of conserved polymerase chain-reaction primers. Annals of the Entomological Society of America, 87, 651～701

Taberlet P, Gielly L, Pautou G & Bouvet J. 1991. Universal primers for amplification of three non-coding regions of chloroplast DNA. Plant Molecular Biology, 17: 1105～11-9

Trends in Ecology & Evolution 期刊（月刊），由 Elsevier Science Ltd. 出版发行. 该刊物是生态和进化领域影响因子最高的杂志，经常发表一些对相关学科领域发展有深远影响的综述文章和展望文章.

Zhang DX , Hewitt GM. 1996. Nuclear integrations: Challenges for mitochondrial DNA markers. Trends in Ecology and Evolution, 11: 247～251

Zhang D-X & Hewitt GM. 1997a. Insect mitochondrial control region: A review of its structure, evolution and usefulness in evolutionary studies. Biochemical Systematics and Ecology, 25: 99～120

Zhang D-X & Hewitt GM. 1997b. Assessment of the universality and utility of a set of conserved mitochondrial COI primers in insects. Insect Molecular Biology, 6: 143～150

第二篇　生理生态学

第二章　动物生理生态学

学习要点

1. 了解不同的环境及变化的环境如何影响有机体的生理学过程。
2. 理解在不同环境条件下，有机体的主要生理反应。
3. 掌握影响有机体生理学的环境变量的测定方法。
4. 能够计划和实施生理学实验，收集和分析生理学数据，撰写科技报告。

生理生态学就是通过有机体生理学的研究，利用生理学的数据，回答与生存和繁殖相关的生态学问题。其核心内容包括：有机体的一般生理学原理；有机体如何与其环境相互作用；有机体生存的环境范围的刻画；主要环境因素如温度、光照、水、盐、pH、呼吸气体等对有机体的影响。涉及内分泌学、繁殖生理学、热生物学、水盐平衡、尺度、代谢、活动能量学等领域。本章不包括生理生态学的所有内容，只是对生理生态学的主要方面进行简要的介绍，重点对生理生态学的理论、学科思想、科学方法和一些新的发展进行论述。

第一节　生理生态学概述

学习要点

1. 掌握生理生态学的定义及研究的范畴。
2. 了解生理生态学在生态学中的地位。

基本概念

动物生理生态学（Animal physiological ecology）：是研究有机体的功能与其环境相互关系的科学

一、生理生态学的范畴

生理生态学（Physiological ecology）的同义语很多，以下这些术语有时在文献中是交互使用的，如生态生理学（Ecophysiology or Ecological physiology）、比较生理学（Comparative physiology）、环境生理学（Environmental physiology）、生态相关生理学（Ecologically relevant physiology）、进化生理学（Evolutionary physiology）、功能生态学（Functional ecology），甚至生物物理生态学（Biophysics）等，这些学科许多内容是与生理生态学的内容相似的，但每个学科还是有自己的学科重点的。这些名称覆盖了当今生理生态学的范畴，也反映了学科发展和进化过程中不同的研究途径及研究的兴趣和侧重点，归纳起来主要有三个方面：①生理机制的分析；②生理学的变化如何影响有机体的时空分布；③生理变化的模式和过程的进化与持续等。

生理生态学的学科范畴是很广的，以动物为例，动物对环境的适应进化策略方面包括：动物对热环境的适应、动物对冷环境的适应、动物对地下环境的适应、动物对水环境的适应、动物对高海拔寒冷环境的适应等，这些适应包括生理、行为和形态上的调节变化，如产热能力、水盐代谢、能量收支、繁殖调节等。

二、生理生态学的定义

关于生理生态学的定义有很多，以下列出了一些主要的定义：

“是对所有环境影响的研究，这些影响连续不断且共同对动植物产生作用，动植物等对这些影响进行反应和调节以使自己在胁迫条件下维持生存”。

“是对有机体对其物理环境的结构适应功能调节的研究”。

“是对有机体在自然或模拟条件下生命过程的研究”。

“是与环境胁迫有关的生理适应性研究，可解释有机体在自然界中的分布”。

“是研究有机体的功能与其环境相互关系的科学”。

“是涉及有机体和其环境相互作用的科学，包括有机体对环境反应的描述性研究和生态学相关的生理机制的原因分析”。

“是理解有机体如何根据自然环境和进化历史而进行设计的科学”。

还有些学者将有机体对资源的获取和分配，利用优化方法，以进化适应的角度研究生活史理论和行为生态等，以构成生理生态学的框架。

三、生理生态学在生态学中的地位

对环境适应的概念是生理生态学的核心，进行生理生态学研究可以在生物组织的不同层次上进行，从分子、细胞、组织、器官、个体，到种群、群落、甚至生态系统等都可以进行有关的研究，但研究的焦点是有机体本身，也就是说在个体水平上，无论哪个尺度的研究都要围绕个体的基本性能（performance）表现进行。个体是自然选择的主体，个体层次起承上启下的作用（图 2-2-1）。因此生理生态学的学科地位是：

有机体以上层次（体外）
- 生态系统
- 群落
- 种群

有机体

有机体以下层次（体内）
- 器官
- 细胞
- 细胞器
- 分子

图 2-2-1　生物学中的一些整合层次

(1) 理解种群、群落和生态系统功能的基础。

(2) 宏观与微观生物学研究的结合点。

(3) 个体水平以下研究成果的证明和理解等。

应该强调的是个体性能的差异已成为生理生态学研究的焦点。

第二节　适应与进化

学习要点

1. 理解适应和进化的内涵。

2. 理解自然选择的概念。

基本概念

1. 适应（adaptation）：适应是对周围陌生环境变得熟悉的一种状态；是在新条件和新环境中的一种功能性改变；是自然选择产生的特征。所有有机体的适应性特征，应该对于其生存和繁殖是有利的。它包括表型适应和进化适应两种类型。

表型适应（phenotypic adaptation）：描述的是有机体在个体水平上的变化，包括生理、行为、形态等方面，时间尺度相对较短，变化的特征是可逆转的。

进化适应（evolutionary adaptation）：指的是多个世代的变化，时间尺度比较长，有些特征是不可逆转的，是可遗传的。

2. 适合度（fitness）：适合度是生物个体产生能够存活的后代，并能够对未来世代有贡献的能力的一个指标。

3. 自然选择（natural selection）：自然选择强调的是过程，这个过程对于生物的进化适应是重要的。一个种群中存活能力强和繁殖最有效的个体适合度（fitness）高，对未来世代的贡献大，比适合度低的个体产生的后代数量多。适合度的差别如果含有遗传的成分，则后代的遗传组成将会有所改变，最适合的个体所携带的基因将越来越普遍，而最低适应的个体所携带的基因将越来越稀少。这个过程就是自然选择，也即最适者生存。

生存（survival）和繁殖（reproduction）是所有有机体的两大目的。生存是第一位的，但繁殖后代、种族延续是最终目的。有机体只有自身能够生存下去，才能保证正常的生理活动和繁殖等重要的生物学功能。这两个概念是十分重要的，生物有机体的所有生理、行为和形态解剖等方面的调节，都是围绕这两个方面进行的。

一、适应（adaptation）

适应的定义很多，也很复杂。不同的学科有不同的理解，不同的学者有不同的认识和看法，因此，很难有一个统一的定义。但从文献和有关著作中的描述来看，一般主要有两种类型的适应，即表型适应（phenotypic adaptation）和进化适应（evolutionary adaptation）。表型适应描述的是有机体在个体水平的变化，包括生理、行为、形态等方面，时间尺度相对较短（如实验室驯化、季节或野外驯化等），变化的特征是可以逆转的；进化适应指的是多个世代的变化，时间尺度比较长，有些特征是不可逆转的，是可遗传的。可以认为：① 适应是对周围环境变得熟悉的一种状态；② 适应是暴露在新条件和新环境后的一种功能改变；或者③ 适应是自然选择产生的特征。有机体的适应性特征，对于生存和繁殖应是有利的。

在分析有机体的适应时，应理解两个概念，适应性趋同（adaptive convergence）或趋同适应和适应性趋异（adaptive divergence）或趋异适应。前者的情况如不同物种在相似的大环境条件下，可能在生理、行为和形态等方面会表现出相似性，像沙漠干旱区的动物，面对昼夜温差大、水分和食物缺乏的环境，代谢水平一般较低，节水能力较强等。而后者主要是指在不同的环境条件下，同一个物种面对不同的生态压力和选择压力，在生理、行为和形态等方面可能会有不同的调节，如个体大小的变化、体温的变化、取食节律的变化等。

在此解释两个术语，驯化或室内驯化（acclimation）和气候（野外）驯化或季节驯化（acclimatization）。

驯化或室内驯化（acclimation）：有机体面对环境条件变化而进行的生理性调节，尤其是对温度的升高和降低。这个术语在植物中一般指对冷耐受性的季节变化，但在动物研究中则一般指在实验室条件下的短期调节。通常是对单因子的反应。

气候（野外）驯化或季节驯化（acclimatization）：季节性或长期的生理性调节，一般用于描述在自然环境条件下，生物在生命过程中面对自然气候因子的胁迫而产生的适应性生理反应。通常是对多个因子的反应。

二、进化与自然选择（Evolution and Natural selection）

适合度（fitness）是一个重要概念。所谓适合度是生物个体产生能够存活的后代、并能够对未来世代有贡献的能力的一个指标。个体的相对适合度是有变化的，这种变化由两方面决定，部分取决于个体的遗传区别，如好的基因可以导致高的适合度；部分取决于环境的影响。如果有机体能够生产数量较多的后代，同时自身的繁殖又很有成效，那么这个有机体就具有较高的适合度。但是后代数量多并不一定适合度最大，如果存活率较高，数量少、个体大的后代，也具有较高的适合度。

自然选择（natural selection）是生物进化适应的一个重要过程。种群中具有最高适合度的个体（也就是存活能力强和繁殖最有效的个体），将会对未来世代的贡献也大，比适合度低的个体要产生更多的后代数量。如果适合度的差别含有遗传的成分，则后代的遗传组成将会改变，最适的个体所携带的基因将越来越普遍，而最低适应的个体所携带的基因将越来越稀少。这个过程就称为自然选择，也就是最适者生存。

达尔文的进化论是非常伟大的理论，对于我们理解复杂多样的生物界提供了有力的理论依据和指导思想。进化的思想是生理生态学中特别强调的，应特别引起注意。不了解进化论，对于生理生态学中的一些现象和原理将无法理解。著名遗传学家和进化生物学家杜布赞斯基曾说过："如果没有进化之光，生物学的一切将变得无法理解"（Nothing in biology makes sense except in the light of evolution）。

达尔文的自然选择理论有以下几个要点：

(1) 物种是可变的。现有的物种是从别的物种变来的，一个物种可以变成新的物种。

(2) 所有的生物都有共同的祖先。分子生物学的证据表明所有的生物都使用同一套密码；生物化学的研究也揭示了所有的生物在分子水平上具有高度的一致性。

(3) 自然选择是进化的主要机制。

(4) 生物进化过程是渐变的。

第三节　动物的能量代谢

学习要点

1. 掌握动物能量代谢的测定原理。

2. 了解动物能量代谢测定的实验室内和野外方法。

3. 了解啮齿动物的能量对策特征。

4. 掌握个体大小与异速生长的关系。

基本概念

1. 生态能量学（Ecological energetics）：能量在生命系统和环境系统之间的流动规律，在各营养级之间的流动和转换规律。

2. 生物能量学（Bioenergetics）：有机体对能量的获得和分配策略，可以理解为是有机体的能量经济学（Energy economics）。

3. 异速生长（allometry）：有机体的生物学变量与其个体大小的依赖性关系。

能量学（Energetics）或称力能学是动物生理生态学中的一个重要部分，也是早期生理生态学中的主要研究内容。动物生物学的许多方面都是以能量学为基础的，生态能量学（Ecological energetics）这一新途径对于理解野生动物的生态学、行为学及其进化等提供了很有效的方法。能量学原理已在动物资源管理等诸多方面得到应用，它对于洞察种群动态、环境管理等方面提供了有用的工具，同时也是评价动物在生态系统中的地位的一个有效手段。

研究动物的能量动态，包括动物对能量的摄取、收支与分配等问题，具有重要的理论和实践意义。动物的能量学特征是其行为和生理适应综合作用的结果，也是我们理解动物适应和进化的关键之一。整个生物界的进化过程可以理解为是有机体对资源的摄取、利用和分配对策的选择过程，要正确理解这一过程，就必须研究各类动物的取食对策、消化对策、能量收支及分配对策等一系列问题。

在有机体水平上，生物能量学（Bioenergetics）可以理解为是有机体的能量经济学（Energy economics）。能量对于有机体是至关重要的，其利用能量进行自身的维持、运动、逃避天敌、觅（取）食、繁殖及生长等。能量的存在方式也是各种各样的，而最令动物能量学工作者感兴趣的是热能及化学潜能。一个动物的能量收支包括能量获得速率和散失速率，以及由这些动力过程所维持的体温水平。动物所利用的几乎所有的能量均来源于食物的化学潜能，因此动物的可利用性能量受食物的质量以及长期或季节性的匮乏所限制。测定动物能耗的方法主要分为实验室测定与野外测定两大类。以下主要论述这些方法的比较，并对其精确性进行简单评价。论述过程中主要以恒温动物为对象。

一、动物能量代谢的测定原理及方法

1. 实验室测定法

能量测定的方法主要包括直接测定（direct calorimetry）和间接测定方法（indirect calorimetry）两类。直接测定热量的方法是将动物放在呼吸室中，过一段时间后直接测定这个动物散发出的总热量的方法。首先使用这个方法的是200年前著名的法国生理学家Lavoisier。Lavoisier的测定装置是冰浴热量计（ice calorimeter），由一个小呼吸室和两层冰组成(图2-2-2)。当被测定的动物放入呼吸室后，动物的体热会使内层的一些冰融化，冰融化后形成的水可以定量测定，这样通过计算冰转化成水所需要的热量就可以计算出整个动物在一定时间内的产热量。外层的冰是防止外部的热量对内层冰产生影响。

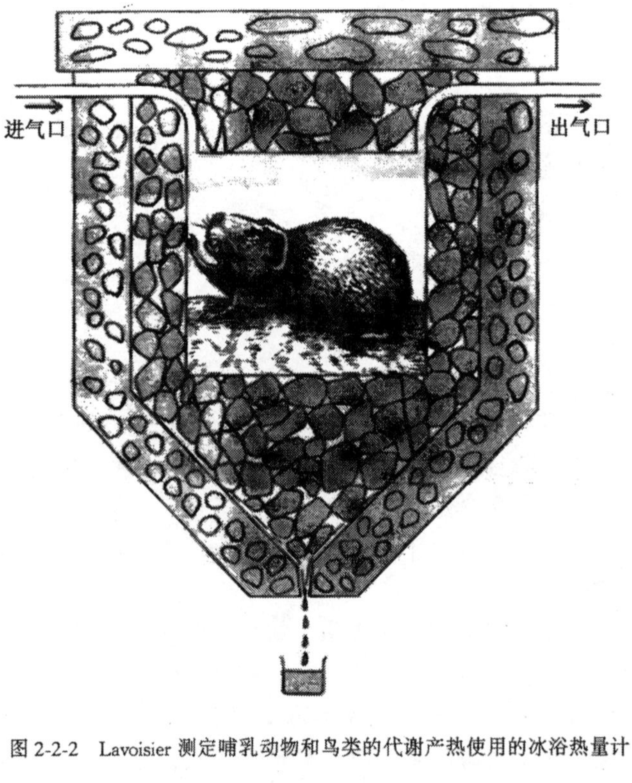

图 2-2-2 Lavoisier 测定哺乳动物和鸟类的代谢产热使用的冰浴热量计

现在实验室内研究动物的能量代谢主要是间接测定法，主要采用呼吸测定及食物消耗两个途径。利用间接法测定动物的能量消耗或代谢率，主要从以下四个方面获得：①从摄入的食物能量减去排出废物的能量；②从动物利用的氧气量（或产生的二氧化碳量）计算；③从产热量计算；④从产生的代谢水的量计算。由于氧气是最容易测定的，因此耗氧量（oxygen consumption）是生理学研究中代谢率测定的常规度量。

（1）呼吸测定法：呼吸测定系统分为封闭式系统和开放式系统两类。

封闭式测定系统（图2-2-3）主要根据物理学的气体定律设计，测定在一定的温度和压力下，气体体积（一般是氧气）的变化量，如Morrison呼吸计、Kalabukhov-Skvortzov流体压力呼吸计等。

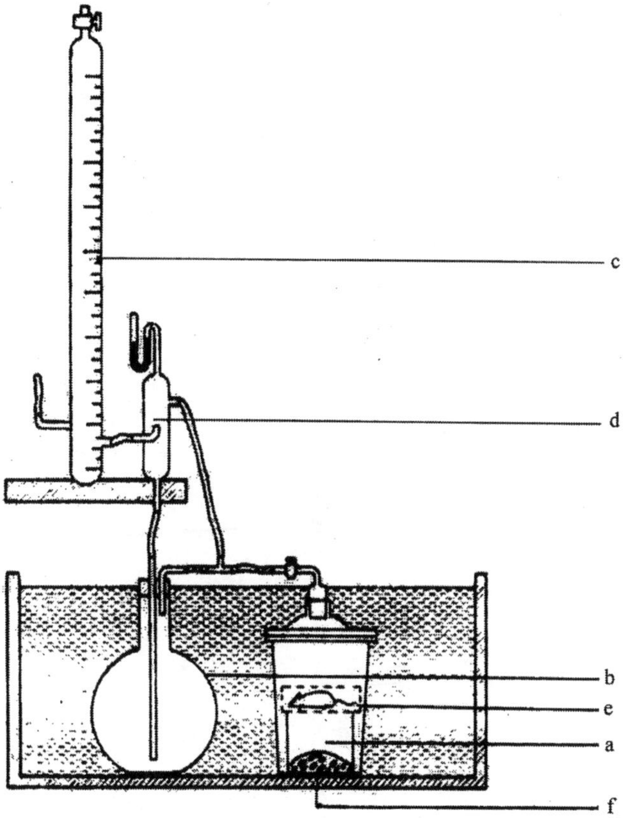

图 2-2-3 Kalabukhov-Skvortzov 流体压力呼吸计剖面图

a. 玻璃干燥器——动物呼吸室；b. 氧气容器；c. 滴定管；
d. 压力调节器；e. 铁网笼；f. 二氧化碳吸收剂

开放式测定系统（图 2-2-4）是根据流进流出呼吸室的气体中的氧浓度，计算氧气消耗，如 Beckman 公司的顺磁式氧气分析仪、Columbus 仪器公司的 OXYMAX 全自动气体分析仪等。

呼吸法可以测定动物的许多维持能量学和产热能力的参数，如基础代谢率（basal metabolic rate，BMR）、静止代谢率（resting metabolic rate，RMR）、平均每日代谢率（average daily metabolic rate，ADMR）、最大代谢率（maximum metabolic rate，MMR）、活动代谢率（active metabolic rate）、非颤抖性产热（nonshivering thermogenesis，NST）等。关于封闭式呼吸系统的具体操作程序王祖望和孙儒泳（1982）曾在《动物学杂志》上作过介绍，一些科技期刊上的有关文章也有介绍。开放式系统一般按仪器说明书操作，具体控制条件、计算方法等许多文献已有介绍，且往往根据动物的实际情况来设定条件，在此从略。

封闭式系统较易操作，但要求控温条件严格，而且气体浓度达到较低水平时会影响动物的代谢；开放式系统操作方便，反应迅速，准确性高，但影响因素较多，如进出呼吸室气体中 CO_2 的清除问题等，这些因素对于计算动物的耗氧量影响较大。

封闭式呼吸系统测定的是一个累积量，动物的活动情况不好控制；开放式测得的是一个瞬时值，且动物的活动情况与耗氧量可以同时记录。

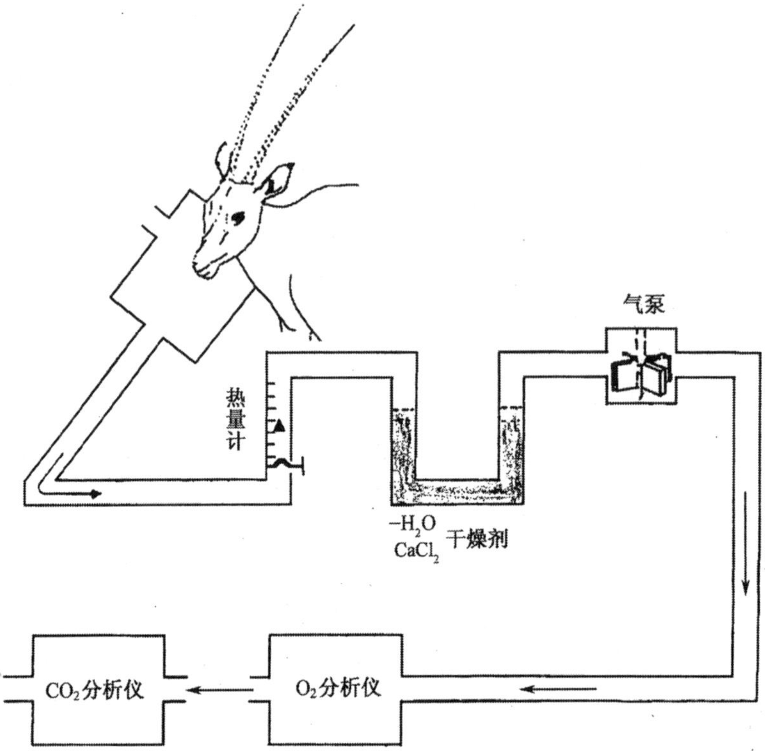

图 2-2-4 测定氧气消耗的开放式系统

(2) 食物消耗法：亦称平衡法，是利用代谢笼测定动物的食物消耗量、排出粪便及尿量（图 2-2-5），并利用热量计测定其热值，这样就可得出动物对食物的消化率、同化率、消化能和可代谢能等参数，从而可算出对初级生产的利用及自身维持、活动及繁殖等能耗（图 2-2-6）。假定消化能为 D（digested energy），粪便损失能为 F（faeces），可代谢能为 ME（metabolizable energy），尿液损失能为 U，则：

消化能 $D=C-F$

消化率（DE）$=100\times(C-F)/C$

代谢能（ME）$=D-U=C-F-U$

同化率（AE）$=100\times(ME/C)=100\times(C-F-U)/C$

实验室测定可得到许多有用的能学参数，利用这些参数可对能量消耗的生理因素之间的相互作用进行分析，但遗憾的是不能直接应用于野外的估计，由于呼吸室内的物理化学条件及动物由于受到限制而表现出的行为与在野外情况是不同的。因此，许多情况下还得依靠野外测定能量消耗的方法。

2. 野外测定方法

野外测定动物能量的方法有许多种，主要介绍两种。

(1) 时间-能量收支法（Time-energy budget，TEB）：通过室内测定各种活动的维

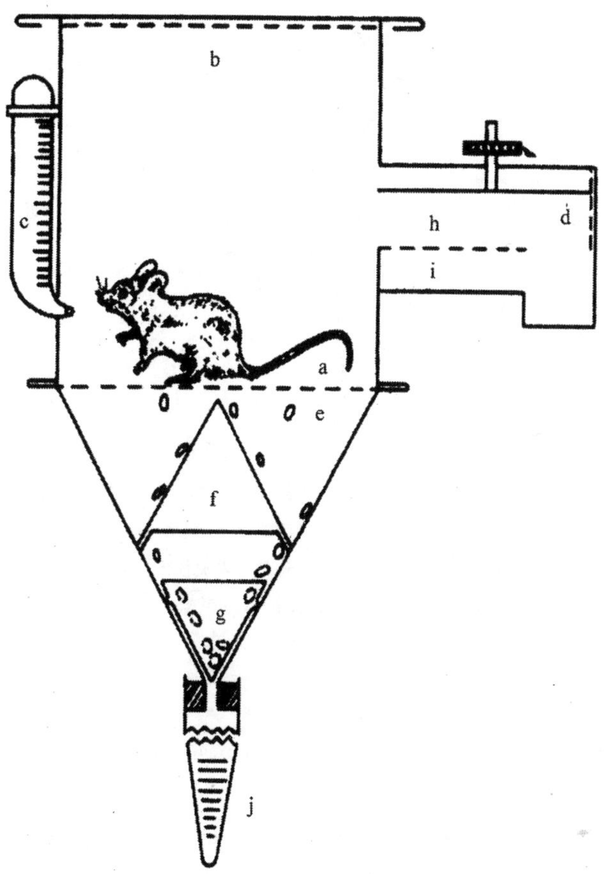

图 2-2-5 啮齿动物代谢笼的略图

a. 底部；b. 顶部；c. 饮水瓶；d. 食槽；e. 漏斗；f，g. 粪便杯；
h. 可调节的“动物通道”；i. 食物收集器；j. 尿定量管

持消耗与野外花费在这些活动上的各种行为比例相结合以估测动物的能量收支的方法称为时间-能量收支估测法，即 TEB 法。这种方法是 Pearson 于 1954 年首先提出的，以后应用比较广泛。用此法估计的能量消耗一般是标准代谢率（SMR，standard metabolic rate）或 BMR 的 2～4 倍。Nagy（1989）以双标水（doubly labled water，DLW）法的测定结果作为标准值与其他方法进行比较，表明在鸟类的能量学研究中，TEB 模型对于代谢能产生的平均误差为 44%～57%，但也有一些研究结果与 DLW 法结果相似。在一些物种中较为准确的模型而在一些种类可能产生误差，即因种而异，最基本的误差可能是由于对动物的热环境测定不够准确所致。小型鸟类对热环境的代谢反应可能比大型鸟类更加敏感，因此 TEB 法在大型鸟类测定中可能较为准确。在哺乳动物中，无论什么生境、什么季节，各种研究的 TEB 结果均比 DLW 法低，利用 TEB 测定的食物消耗也比 DLW 值低（Nagy　1989）。

迄今 TEB 法尚不能给出比较准确的野外代谢率（field metablic rate，FMR），此法的优点是在野外应用比较容易，经济耗费不大，在野外观察收集数据时，对动物没有破坏性和侵害性，不足之处是工作量太大。将来的 TEB 研究应包括利用动物剥制标本、

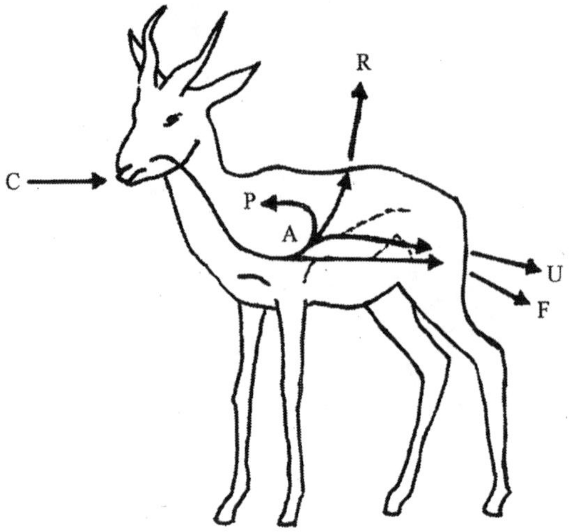

图 2-2-6　通过一个哺乳动物的能量流动的主要途径
C. 摄入食物的总能量；P. 能量积累和组织生长；F. 随粪便丧失的能量；U. 随尿损失的能量；R. 呼吸丢失的能量或热量；C－F＝A. 是同化的能量（即可代谢能）

野外测定有效环境作用温度（operative environmental temperature，Te）、动物生存的微生境的风速等参数，即与生物物理生态学方法结合起来，可获得较为满意的结果。

（2）双标水（DLW）法：DLW 法说起来也算是一种比较新的方法。Lifson 等于 1955 年发明了用 DLW 法测定 CO_2 产量，避免了动物在实验室内受限制造成的误差，此可谓是一大进展。利用此法不仅可对动物在野外情况下直接测定其能量消耗，同时也可以对其他野外方法的准确性进行验证；LeFebrre 于 1963 年用 DLW 法对鸽子进行了研究，成为第一个在生理生态学领域应用此法的人，其后对美洲燕也用此法进行了能耗分析，但与 TEB 法的结果相差甚大。DLW 法广泛应用到小型鸟兽的能量预算中还是近几年的事情，许多研究者开始应用此法时都失败了，多数原因是由于同位素浓度测定的微小误差造成的。在进行同位素测定时微小的误差可能导致结果较大的不准确性，可谓差之毫厘，谬以千里。现在应用此法测定野外能耗的人越来越多，同时方法上也有许多简化和改进，如用 ^{3}H 替代 D 等，但每一个改进都有其假定和局限性，Nagy（1987）总结了鸟兽这方面的工作，并提出了 FMR 与体重的经验公式。从现在结果看，与实验测定的结果比较，鸟兽 CO_2 产量的精确性为 ± 4%，迄今为止，还没有一个方法能证明 DLW 法的准确性。目前此法对于测定野外自由生活状态下动物的能量消耗可谓是相对比较准确的，这种方法的缺点是双标记水价格比较昂贵，分析仪器比较复杂，同时得到的结果只是一个 FMR，代谢率的其他组分看不出来，如生长和繁殖的数据等也无法得到，失掉许多有用的信息。

3．方法的综合

动物在自然状态下的能量消耗是一个非常复杂的过程，环境（包括生物环境和物理化学环境）的多样性及动物本身生理性能的多样性导致了其能耗的复杂性和多样性。从前述可知，各种测定方法各有千秋。一些学者尝试用动物的个体大小来描述动物的能耗（如 Grodzinsky 等 1975；Kleiber 1961；Nagy 1987；Peter 1983；Schimidt-Nielson 1984），即异速增长，几乎动物的所有生理性能都可用体重的函数来表示，即可表示为 $Y=aX^b$ 的形式（详细见尺度与异速生长一节的论述），但动物野外能耗与体重的异速增长关系掩盖了上述的复杂性（McNab 1989），一般认为理想的野外分析能耗的方法是在室内控制条件下和在野外的各种物理、行为的条件的研究结合起来，野外的能耗可根据研究的深度和广度分解为不同的组分，此时的能量支出就综合了测量过程中影响能耗的所有因子，包括物理条件、体重、脂肪存积、换毛、活动水平、行为和繁殖等。实际上动物的能量消耗的复杂多样性各有千秋，如两个体重相同的个体可能具有相同的能耗水平，但原因可能不同，或许一个是由于剧烈活动所致，而另一个是由于本身的身体维持能耗高所致，也可能由于各种原因，虽体重相同却具不同的能耗，同样两个体重不同的个体也可具相同的能耗，如鸟类在繁殖季节进出巢频繁，此时的能耗与非繁殖期相比可能要高；同样，飞行的能耗比行走时要高，因此鸟兽野外能耗的任何差异可以反映繁殖消耗、维持价的季节差异或飞行、行走的能耗差异等，并非只是反映 BMR，亦非只是意味着分类单元不同时（McNab 1989）。

那么这些复杂性是否可以避免呢？至少可以综合时间能量支出与野外能耗而降低，如果已知环境温度、湿度、辐射、风速等，在野外测定 Te，于实验室内可以得到动物自身维持较为准确的能量消耗数据，也可以从利用 DLW 法获得的总能量收支中减去，剩余者可进一步分解为时间和运动消耗。如果时间和护域能耗、育幼消耗及其他活动的消耗从野外总能耗中分离出去，不管这些活动消耗的时间和能量值是直接测定的，还是通过从野外总能耗中减去所得的结果，一个野外能量支出就可以分解为理论上决定的组成成分，诚然，惟一的困难就是所有活动的能耗总和必须与野外测定的能耗结果相同，McNab（1989）用下式表示这个观点：

$$\sum\nolimits_{\mathrm{dlw}} = \sum_{i=1}^{n} b_i t_i$$

式中 $\sum_{\mathrm{dlw}}$ 为双标水法测定的野外每日能耗（kJ）；b_{i} 为与第 i 能量支出成分相等的能耗率（kJ/h）；t_i 为在 i 成分上消耗的时间；$\sum_{i=1}^{n} t_i = 24\mathrm{h}$。

野外总能耗的每个成分毫无疑问受体重、食性、气候以及其他因素的影响，因此用野外能量消耗分析季节性和行为的影响是比较理想的途径，并且也可以验证一些生态学的假说。野外能耗是有季节性差异的，如所有环境中的繁殖期和非繁殖期、温带或极地纬度上的冷热时期以及热带的干湿时期等，但是由于前述的复杂性，除了可能野外能量支出的等价成分比较外，进行种内比较是有限制的，如环境温度对能耗的影响，与取食、运动、繁殖等一样，是个体大小的一个复杂函数，但是除了将野外能耗分解外，由于功能性的等价特征，运用室内的测定结果可以较好地进行种内比较，如体核温度、BMR、最小热传导等。应该注意的是，即使在简化的标准状态下，体重对能耗的影响与其他因素的影响是很难分离开的。

室内测定与野外测定的综合统一，可以提高动物能学参数和自由生活能耗估算的准确度，尤其在实验室内很难模拟的情况下，显得更为必要。对实验能量学的这种分析途径可以促进其功能成分在进化生物学理论基础中的作用。

二、啮齿动物的能量对策

生活史特征在分析动物的能量收支和适应策略等方面是应该考虑的一个重要因素。波兰学者 Koteja 和 Weiner (1993) 将鼠科中 90 种啮齿动物的基础代谢率与食性、气候、栖息地和生境等生活史特征进行了分析，将其划分为 3 种对策：“鼠”对策（mouse strategy)、“仓鼠”对策（hamster strategy）和“田鼠”对策（vole strategy)。“田鼠”对策者的代谢率最高，“鼠”对策者次之，“仓鼠”对策者最低。“田鼠”对策者主要栖息于寒冷地区，其食物分布广但质量较低；“鼠”对策者主要喜栖在湿润、潮湿、肥沃的地区，但食物资源比较分散；“仓鼠”对策者则主要在沙漠开阔的干旱环境中生存。“鼠”对策者和“仓鼠”对策者更多的依赖于选择性取食和比较温暖的气候条件。但“田鼠”对策者和“鼠”对策者的代谢率为什么比“仓鼠”对策者高呢？这主要是由于“田鼠”对策者主要利用不易消化的食物、高代谢率与食物消化过程的额外消耗有关，也可能是肠道中的共生菌团所致，或者二者共同作用所致；“鼠”对策者在选择营养成分高但分布稀少的食物时，活动性必然增加，因此高代谢率可能与运动和感觉活动有关。这样，“田鼠”对策者可能具有较大的肠道，而“鼠”对策者则可能具有较大的肌肉或大脑，或二者都较大。

三、动物繁殖期的能量收支

动物的繁殖是一个复杂而耗能的过程。动物在繁殖期间获得的能量主要用于母体自身的维持，即维持能（Energy of maintenance)，和用于后代的生存，即生产能（Energy of production)。对于哺乳动物而言，在繁殖期一个母体的每日能量消耗主要包括休息、警觉、活动、体温调节、母体生长和用于繁殖的能量等方面。其中休息、警觉、活动、体温调节属于维持能，而母体生长和用于繁殖的能量属于生产能。

小哺乳动物在妊娠期能量摄入增加较少，一般比维持能高 10%～30%，哺乳期平均高 45%～200%。早成兽妊娠期的能量需求要高于晚成兽。哺乳是繁殖过程中能量消耗最多的阶段，能量需求急剧增加。哺乳期能量摄入的增加一般是非妊娠期、非哺乳期雌体的 65%～200%，最高水平可达到非繁殖雌体的 250%～500%。在鼠类及其他一些小哺乳动物中，这个百分比更高，如小家鼠（*Mus musculus*）达到 400%，鼩鼱（*Sorex coronatus*）甚至高达 800%。有些动物在食物摄入增加的同时，消化效率并没有下降。有研究表明，繁殖期（特别是哺乳期）母体的消化道形态发生改变，如长度增加、重量增加等，这样就提高了食物的吸收和同化效率。

哺乳期的能量需求大大超过妊娠期，而且大多数哺乳雌体能量消耗的增加是为了满足泌乳的能量需要。许多小哺乳动物哺乳期能量摄入随胎仔数增加而增加，因此胎仔数是影响哺乳期雌体能量收支的主要因素。哺乳期的能量消耗与非繁殖雌体的基本维持能相比，肥沙地鼠（*Psammomys obesus*）哺乳 1～3 仔时代谢能增加 85%，4～5 仔时增加 118%，6～8 仔增加 138%；松田鼠（*Microtus pinetorum*）哺乳 2 仔时代谢能增加

44.5%，3 仔增加 68%；白足鼠（*Peromyscus leucopus*）哺乳 2 仔时代谢能增加 74%，3 仔则增加 94%。Kenagy 等对丽色黄鼠（*Spermophilus saturatus*）的研究表明，动物的总能量需求主要通过食物摄入来平衡，只有很少的一部分（小于 4%）来自体内储存。实际上，恒温小哺乳动物一般通过增加食物摄入就能满足繁殖期的能量需要；当食物充足时，像松田鼠和丽色黄鼠等小型哺乳动物靠增加摄食即可保持能量平衡，另外一些动物则通过增加能量储存来满足需求，如马岛猬（*Echinops telfairi*）；还有些物种由于不能同化足够的能量而必须利用身体的能量储备，如黑线毛足鼠（*Phodopus sungorus*）。如果能量吸收不能满足母体维持能和哺乳的需要时，母体要么保持维持能不变而乳汁量减少，此时幼体生长率较慢，但母体体重保持恒定；要么维持能降低而乳汁生产维持正常，此时母体利用体内储存来弥补哺乳能量的短缺，幼体生长迅速，而母体体重减少；要么维持能与乳汁均减少，此时幼体生长缓慢，且母体体重减少。

胎仔数与后代生存的权衡关系包括胎仔数与后代大小之间的关系，及后代体重与繁殖潜力的权衡。在后代大小与数量的权衡中，选择可能直接作用于个体大小，这样后代的个体大小比胎仔数可能更受能量所限制。当母体出现能量短缺时，权衡朝向幼体的大小，而这种权衡的差异在幼体独立生活后表现得尤为突出，包括后代断乳时的年龄、体重大小及胎仔数之间的权衡。欧䶄（*Clethrionomys glareolus*）在断乳时幼体的体重与其以后的性成熟显著相关，断乳时个体小的幼体相对大的幼体的生存的可能性要小，繁殖潜力要低。这种权衡表现为，① 减少胎仔数，维持断乳后代的个体大小及断乳年龄；② 减少断乳的个体大小，但保持胎仔数及断乳年龄；③ 延迟断乳年龄，维持胎仔数和断乳个体大小。

四、个体大小和异速生长

Bonner 在《大小与周期》(Size and cycle, 1965) 一书中指出，“让我们在形态或结构中加入大小……结构是定性的，而大小是定量的……大小在一个属中的两种动物之间可能是一个重要的差异，其结果会影响到动物的生态学、繁殖活动、进化过程、发育和生理活动等。实际上，大小与形态同样重要。”的确，个体大小（体型）是有机体最重要的特征，它影响到有机体所处的环境、食物资源和捕食者以及有机体对这些环境条件的反应等。有机体其他的功能特征包括其解剖学、繁殖代价、运动方式等都随有机体的个体大小而变化。这些特征与个体大小存在着某种定量关系，即这些特征参数随个体大小的变化而产生定量的变化，这就是尺度关系的概念（scaling）。这种与有机体个体大小的依赖性关系称为异速生长关系（allometry）。

现在研究发现，几乎有机体所有的生物学的结构和功能变量都与其个体大小相关。这种相关关系可以用以下数学表达式表示：$Y=aX^b$，Y 为生物学变量（如动物的代谢率、脑的重量、心率等）；X 为个体大小（一般用动物的体重表示）；a 为常数；b 为幂（也称为尺度因子）。这种关系一般有以下规律：

(1) 如果生物学变量与个体大小是线性关系，则 $b=1$。

(2) 当个体大小对变量没有影响时，则 $b=0$。

(3) 在非线性关系中，如果生物学变量的改变比例小于个体大小改变的比例，$0<$

$b<1$。

（4）当变量改变的比例大于个体大小改变的比例时，$b>1$。

异速增长公式在以下两方面被广泛应用：

（1）在没有测定的有机体中预测有关特征的变化。

（2）将测定的结果与预测的结果（个体大小相同）进行比较。

当有机体的体重很容易测定时，第一方面的用途是很方便的；第二方面的用途经常用于解释有机体的适应。

自从 Huxley (1924, 1932) 在提出一个幂函数描述相对生长时第一次引入了异速增长之后，不同领域的研究者们提出了大量的异速生长经验公式，有关这方面也有许多专著出版，Peter (1983) 的《个体大小的生态学意义》(The ecological implications of body size)；Calder (1984) 的《个体大小、功能和生活史》(Size, Function, and Life history)；Schmidt-Nielsen (1984) 的《为什么动物的个体大小如此重要?》(Why is animal size so important?) 等。

如基础代谢率 (BMR) 与体重的异速生长关系，体重是影响 BMR 的主要因素，与大多数生理特征（如单位体重散热表面积等）一样，体重较小的动物其单位体重的 BMR 相对较大。Brody 和 Kleiber 提出著名的"鼠-象曲线"(或称 Kleiber 曲线，图2-2-7，图 2-2-8)，即动物整体的 BMR 是体重的 0.75 次方。他们分析了 26 种动物的 BMR (W) 与体重 (kg) 的关系，发现关系式为：BMR (W) $=3.39M_b^{0.75}$。无论单细胞生物、变温动物还是恒温动物，代谢率与体重的关系都是以 0.75 次幂变化（图 2-2-9）。

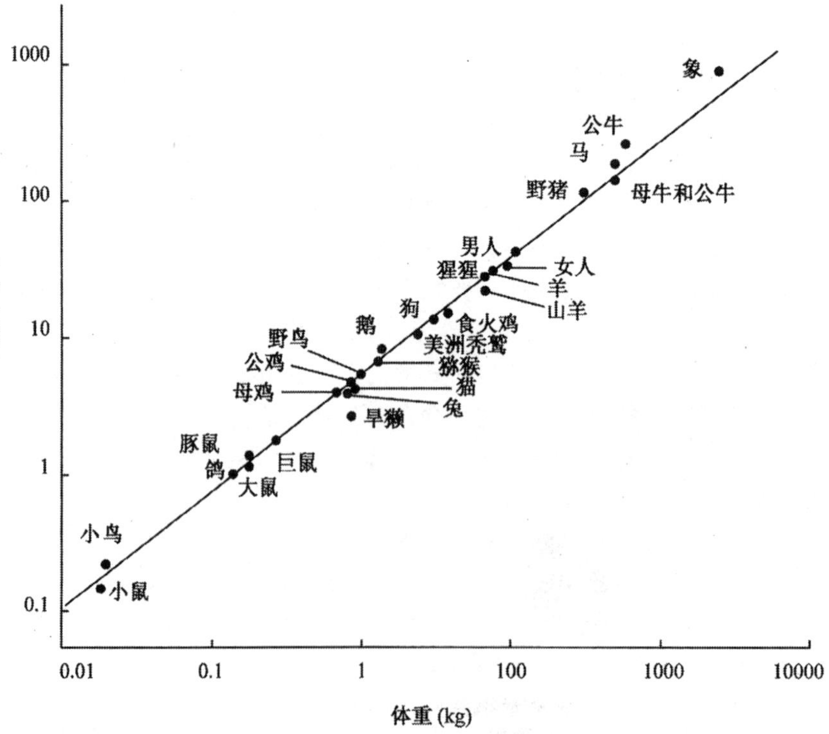

图 2-2-7　鸟类和兽类代谢率的对数与体重的对数关系图

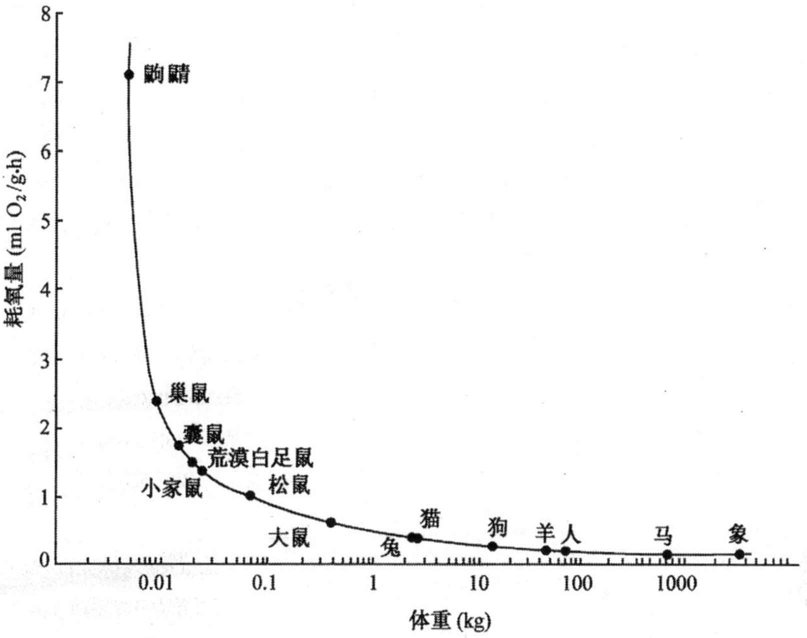

图 2-2-8　单位体重哺乳动物的耗氧量与体重的对数关系图
（引自：Schmidt-Nielsen）

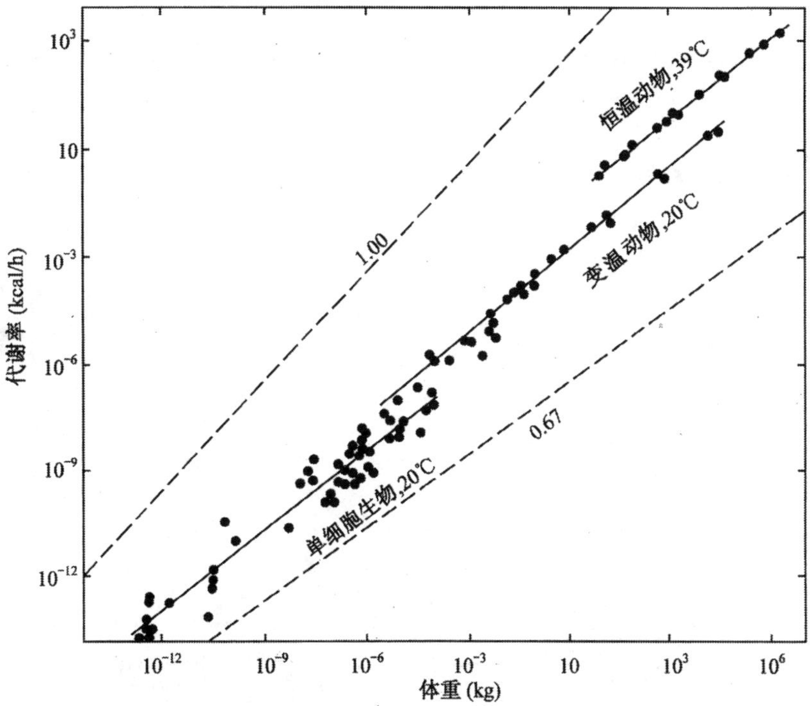

图 2-2-9　不同个体大小的各种有机体的代谢率（双对数图）。
总耗氧量随个体大小增加而增加（引自：Schmidt-Nielsen）

后来 Heusner 又发现 BMR 与体重之间实际上存在两种异速增长关系，第一种包括了363种哺乳动物，体重范围从2.5g到407kg，异速增长指数是0.68；第二种关系由不符合第一种关系的25种动物组成，指数也是0.68；但当将所有的动物合起来分析时，指数是0.71。他进一步指出：只对小型哺乳动物（<20kg，$n=262$）进行回归分析时，指数是0.66，只分析大型动物（>20kg，$n=29$）时，指数是0.79。BMR与体重间异速增长指数的机制仍不十分清楚，只用热散失的代偿是很难解释的。

第四节　动物的体温调节与适应

学习要点

1. 掌握动物的体温调节及产热类型。

2. 了解动物对寒冷和沙漠干旱环境的适应特点。

基本概念

1. 体温调节（thermoregulation，body temperature regulation）：是动物通过物理（行为）或生理方式，将体温维持在一定的范围内的过程。

2. 基础代谢率（basal metabolic rate，BMR）：是恒温动物在空腹、清醒、静止状态下于热中性区内的最低代谢率。

一、热交换和体温调节

所有的动物都从它们的环境中得到热量，同时也将身体产生的热量散失到它们的环

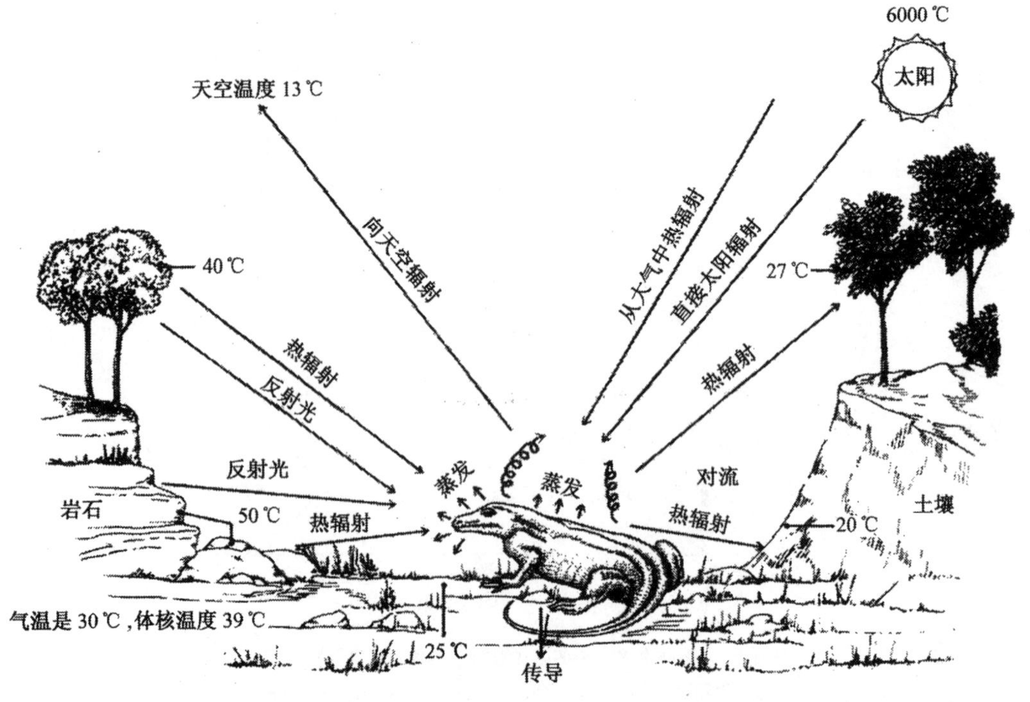

图 2-2-10　在一典型陆地环境中陆栖爬行动物与环境的传导、对流、辐射和蒸发等热交换方式

境中。动物会采用各种生理学和行为学机制来调节体温。体温调节（thermoregulation, body temperature regulation）是动物通过物理（行为）或生理方式，将体温维持在一定的范围内的过程。恒温动物（或内温动物）的体温不受环境因素的控制，但变温动物（或外温动物）尽管也具有生理和行为调节机制，但其体温仍明显随环境条件的改变而改变。动物与环境间的热量交换途径见图 2-2-10 所示。

根据动物的体温调节过程而将动物进行的简单分为恒温动物（homeotherm）、内温动物（endothermy）和变温动物（poikilotherm）、外温动物（exothermy）。当环境温度变化时，恒温动物不受其环境温度的影响而将体温维持在一个高而相对较窄的范围内，这类动物过去又称温血动物（warm blood animal）；而变温动物的体温则随环境温度的变

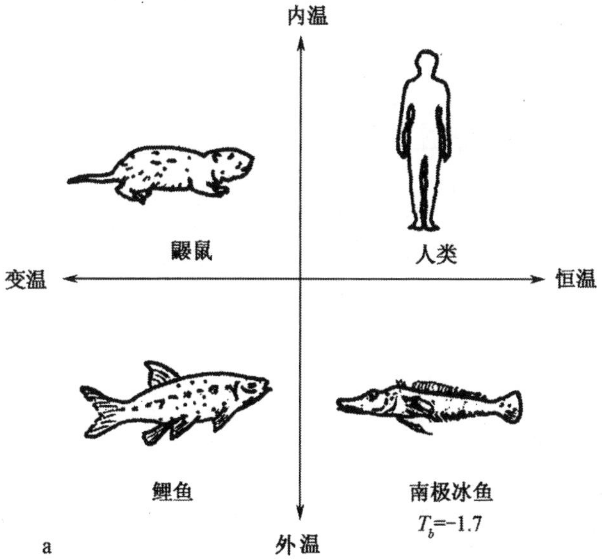

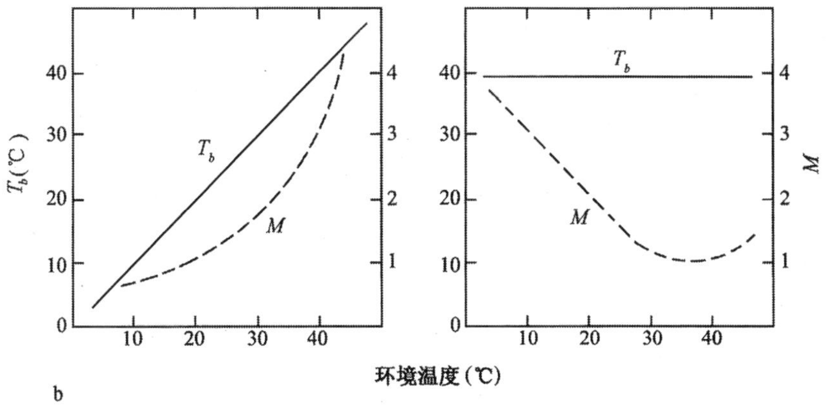

图 2-2-11　体温调节能力分类图

a. 动物的体温调节能力分类及其典型代表动物；b. 典型的异温的外温动物（左图）和恒温的内温动物（右图）的体温（body temperature, T_b）和代谢率（metabolic rate, M）与环境温度的关系

化而改变，有时也可通过吸收太阳光等方式进行行为体温调节，这类动物过去又称冷血动物（cold blood animal）。但这种分类也有一个问题，有些恒温动物也有经历降低体温的时期，如冬眠、蛰伏等。因此文献和书籍中又有外温动物（endotherm）和内温动物（poikilotherm）的划分。外温动物在很大程度上依赖于外来的热源来提高自己的体温，鱼类、两栖类和爬行类动物以及昆虫、原生动物等都属于这一类。内温动物是能够依靠自身体内产生的热量来升高（或维持）体温的有机体，如鸟类和哺乳动物等属于这一类。实际上，有些外温动物在适合的环境中，也具有一定的恒温性，但没有真正的恒温的外温动物。有关这几个术语，图 2-2-11 可以说明的比较形象、清楚。

二、代谢率（metabolic rate）

代谢率是经常测定的生理指标之一，是动物在单位时间内总能量代谢的衡量指标，是动物适应性和性能比较研究中常用的指标。基础代谢率（basal metabolic rate，BMR）是指恒温动物在空腹、清醒、静止状态下于热中性区内的最低代谢率。动物的禁食时间对大动物来说需要几天，对于小型兽类和鸟来说则需要较短的时间。所谓热中性区（thermoneutral zone or thermal neutral zone，TNZ）就是一个环境温度范围，在这个温度范围内，内温动物用最小的代谢消耗以维持恒定的体温。此时的代谢率称为基础代谢率。因此，热中性区就是恒温动物通过热量获得和散失的被动调节而能够维持其基础代谢率的温度范围，在此温度范围内，动物的代谢率与环境温度无关。环境温度离热中性区越远，动物维持恒定的体温所消耗的能量也越多。

下临界温度（lower critical temperature）是环境温度低于恒温动物基础代谢产热所能维持的温度，通过被动方式不能维持正常的体温，此时动物必须通过“颤抖性产热”

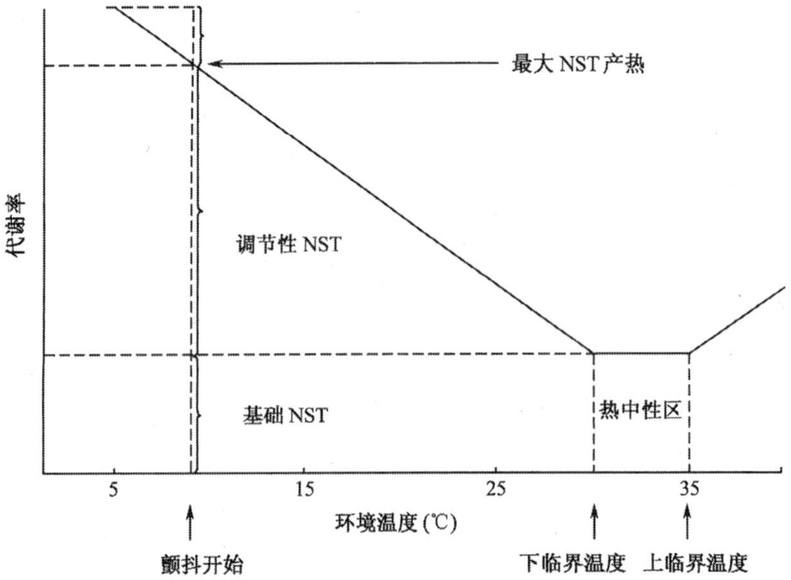

图 2-2-12　冷暴露条件下小哺乳动物的产热机制

和“非颤抖性产热”来增加产热能力以维持身体的热平衡时的温度。上临界温度（upper critical temperature）是环境温度高于动物蒸发失水散热的体温调节机制所能维持的温度，此时动物必须通过增加蒸发失水或出汗等方式以维持其身体的热平衡。这些概念见图 2-2-12 表示。

三、行为体温调节

行为体温调节是动物十分重要的体温调节方式，主要包括活动节律、选择温暖的微环境、聚群及共同筑巢等，如蜥蜴类体温的行为调节是比较典型的。对于小哺乳动物而言，由于其体表面积与体积的比率相对较高，在严冬和低温环境中，为了减少热散失，活动时间明显减少，绝大多数时间待在温暖的巢中。在行为体温调节中，聚群是一个重要的方式，聚群有许多优势，一般认为有，① 避免和防御被捕食；② 提高获取食物的效率；③ 创造舒适的越冬场所；④ 减少热能消耗，保存体热和水分；⑤ 食物匮乏时共同享用食物资源。但也有许多不利之处，如容易暴露目标、造成食物竞争、传染病等。聚群和共同筑巢可以减少能量消耗，提高隔热性能等。

四、动物的产热类型

Himms-Hagen (1989) 将产热归为两大类型，即专性产热（obligatory thermogenesis）和兼性产热（facultative thermogenesis)。专性产热包括 BMR（产生于所有器官）和食物的热效应（产生于小肠、肝脏及白色脂肪)，兼性产热包括活动性引起的产热（产于骨骼肌)、寒冷引起的颤抖产热（骨骼肌)、冷诱导的 NST（产生于 BAT）和食物诱导产热（DIT，产于 BAT)。产热的适应意义早就引起人们的注意，哺乳动物产热包含三个不同的成分：BMR、颤抖产热及 NST。非颤抖性产热（nonshivering thermogenesis，NST）是恒温动物中没有肌肉活动而增加产热能力的方式。相应地，颤抖性产热（shivering thermogenesis）是恒温动物中通过不随意性的肌肉收缩而增加产热能力的方式。冷暴露期间，小哺乳动物首先运用的机制是 NST，颤抖产热只是在极度寒冷时作为附加热源。如冬季的黑线毛足鼠（*Phodopus sungorus*），在很大的温度范围内（20～36℃）可以利用 NST 产热，只有当温度低于 -36℃ 时，才发现颤抖强度有逐渐增加（Heldmaier 1986)。动物体重超过 3kg，NST 的重要性即很小，在小哺乳类，尤其 200g 以下者，NST 比颤抖的地位要重要得多（Heldmaier et al 1990)。

褐色脂肪组织（brown adipose tissue or brown fat）是在动物体内具有特定分布区的一类特殊的脂肪组织，具有高密度的线粒体，因此氧化速率高，产热能力强。褐色脂肪与白色脂肪在结构和功能上都有较大的差异；褐色脂肪的颜色呈褐色（从黄色到浅褐色或略带红色)，与单空泡的白色脂肪细胞相比（由于在组织切片显微观察时，通过脱水、脂肪滴成为空泡，白色脂肪只有一个空泡，因此称为单空泡脂肪，而褐色脂肪具有多个脂肪滴，脱水后成为多个空泡，称为多空泡脂肪)，它的颜色深浅取决于线粒体细胞色素的含量和分布在多空泡中的脂肪数量。褐色脂肪似乎仅分布于哺乳动物，特别是体型较小的哺乳动物和冬眠动物，但实际上在包括人类在内的大型哺乳动物的新生幼体内也有分布。褐色脂肪的主要功能是调节产热，但也许这不是它的惟一功能。它的产热能力与不受细胞 ATP 分解所抑制的脂肪酸氧化速率相关。BAT 的这种特性与线粒体内膜上的一种分子质量为 32kDa 的多肽有关，这种多肽称为解偶联蛋白（uncoupling protein, UCP）。UCP 的存在建立了绕过氧化磷酸化的质子旁路。BAT 的活性受神经系统和儿茶酚胺的控制。BAT 产热受交感神经的控制。在实验测定时，一般通过给动物注射去甲肾上腺素的方法诱导产热，以估计动物 BAT 的产热能力，即非颤抖性产热的能力。关于 BAT 产热的分子生物学机制是当今的一个研究热点，有关细节和进展涉及问题比较专业和深入，在此不多介绍。

五、动物对寒冷环境的适应

动物对环境的适应，尤其是对极端环境的适应是生理生态学中的一个非常重要的内容。有关这方面的研究已经积累了大量的文献资料。其中动物在冷环境和热环境中的生理调节是比较受重视的两个方面。

动物对寒冷环境的适应对策包括两大类：逃避对策和抵抗对策。逃避对策包括：① 迁徙；② 利用小环境气候；③ 冬眠或蛰伏（torpor）；④ 增加皮毛隔热性能等。抵抗对策主要是增加产热能力，如增加基础代谢率、非颤抖性产热、颤抖性产热和活动产热等。逆流热交换（图 2-2-13）和局部异温性（图 2-2-14）是恒温动物面对严酷的低温而采取的重要方式，主要是血液循环的调节，二者是结合在一起的。聚群和共同筑巢也是节省能量的重要对策，前已述及。

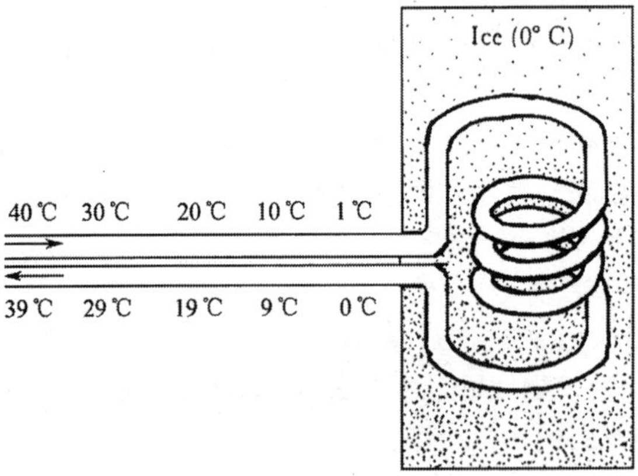

图 2-2-13 逆流热量交换器模型
当鸟类站立在冰上时就类似这种模型

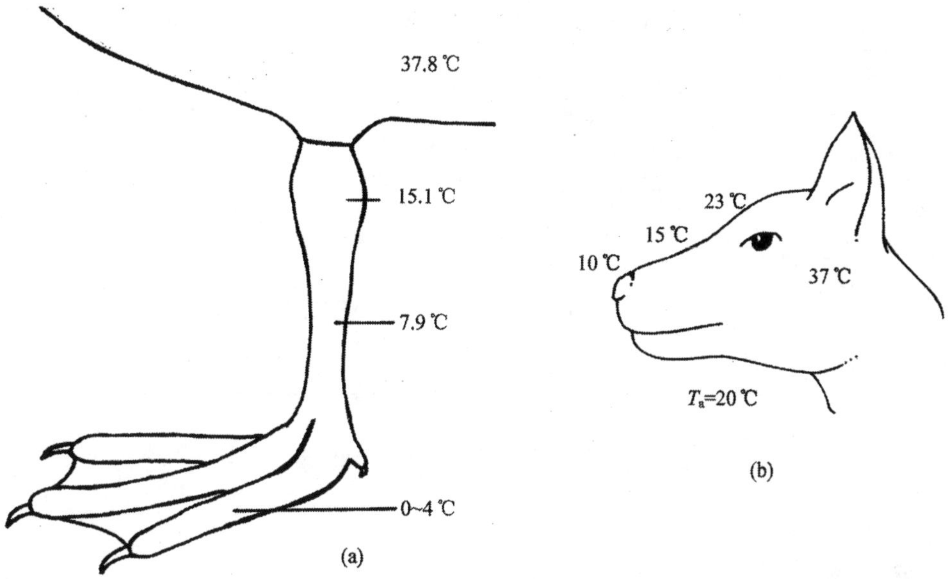

图 2-2-14 鸟站立在冰上腿部的局部异温性（a）和狗的鼻子的局部异温性；（b）局部异温性是由于外周血液流动调节和逆流热交换导致的

六、动物对沙漠干旱环境的适应

动物对沙漠等干旱环境的适应，许多文献和著作中已有比较详细的论述。Nagy（1994）对沙漠地区的黑尾兔（*Lepus californicus*）、白尾羚松鼠（*Ammospermophilus leucurus*）和梅氏更格卢鼠（*Dipodomys merriami*）等动物对环境的适应对策进行了概述。黑尾兔是严格的夜行性植食者，可耐受适度的低体温和高体温，降低水分蒸发，降低从粪尿中失水，降低每日总水分需求。夏季选择含水量高的植物以维持水分平衡。由于夏秋季节的食物质量较差，动物营养缺乏，死亡率增加，因此动物在比较适合的季节采用暴发性繁殖以平衡比较高的死亡率。而白尾羚松鼠是典型的昼行性动物，在取食时通过储存热量以保存水分（可以耐受 42～43℃的体温），通过蒸发散热使体温降低；在冬季则通过降低体温和聚群保存热能。白尾羚松鼠的能量和水分需求较低，主要通过异温和聚群以及减少活动时间等来降低对能量的需求。德国 Springer 出版社出版了《沙漠生物的适应》系列，到 1998 年已经出版了 15 本，包括节肢动物、两栖爬行动物、鸟类、兽类、植物等。如 Degen（1997）在他的著作《沙漠小型哺乳动物的生态生理学》（Ecophysiology of small desert mammals）（Springer）中对沙漠干旱区小型哺乳动物的适应对策进行了比较详细系统的论述和总结。

高温、缺水、生产力低下是所有沙漠环境所共有的特征，沙漠动物面对共同严酷的环境条件，不同的物种会具有共同的适应策略——适应性趋同；另一方面，动物的水分和能量收支可以通过各种方式来平衡，如降低需求量或增加资源获得以满足自身的需求，或两者并蓄。因此不同的物种又各具不同的适应方式——适应性趋异。表 2-2-1 综合了这三种动物在沙漠环境中的生存机制。

表 2-2-1　几种沙漠小型兽的生存机制（引自 Nagy　1994）

物　　种	水分平衡	能量平衡
黑尾兔 (*Lepus californicus*)	低水分需求、降低蒸发失水、干粪便、食物选择、适当低体温	野外代谢率低、适当高体温、食物选择
白尾羚松鼠 (*Ammospermophilus leucurus*)	低水分需求、食物选择、低体温、穴居习性、蒸发失水低、干粪便、高浓度尿	低能量需求、高体温、昼夜活动、冬季聚群、觅食时间短、穴居
梅氏更格卢鼠 (*Dipodomys merriami*)	水分需求非常低、蒸发失水低、尿浓度高、干粪便、穴居、植食性、利用吸湿性种子的水分	野外代谢率低、穴居、植食性、基础代谢率低

第五节　生物气候规律

学习要点

掌握表面积规律(surface rule)、贝格曼规律(Bergman's rule)、艾伦规律(Allen's rule)、葛洛格规律(Gloger's rule)等生物气候规律。

基本概念

1. 表面积规律（surface rule）：个体较大的动物比个体小的动物具有较小的体表面积与体积的比率。

2. 贝格曼规律（Bergman's rule）：内温动物在冷的气候地区，身体趋向于增大，在温和的气候条件下，趋向于减小的特征。

3. 艾伦规律（Allen's rule）：内温动物身体的突出部分，如四肢、尾巴、外耳等在气候寒冷的地方有变短的趋向。

4. 葛洛格规律（Gloger's rule）：在干燥寒冷的地区，动物的体色较淡，而在潮湿温暖的地区，其体色较深。

个体大小（size）、形态（shape）和隔热（insulation）性能是决定内温动物热量交换的重要因素。因此，内温动物对寒冷气候的适应可以反映这些形态学方面的变化。许多年来，人们提出了许多生物气候规律以解释动物的形态学特征随气候变化而产生的适应性变化。这些规律是很有趣的，也具有很重要的生物学意义和进化意义，它们反映了热量交换的适应性调节机制。应该注意的是，这些规律有些并不具有普遍意义，只是反映了某些特殊类群的动物的特定适应性。

1. 表面积规律（surface rule）

1839 年 Sarrus 和 Rameaux 提出了表面积规律，即个体较大的动物比个体小的动物具有较小的体表面积与体积的比率。因此，个体大的内温动物其单位体重的热量损失较少。这在寒冷环境中是具有适应意义的。

2. 贝格曼规律（Bergman's rule）

内温动物在冷的气候地区，身体趋向于增大，在温和的气候条件下，趋向于减小。

根据此规律，在沙漠地区，随着干旱程度增加，动物体重应趋于降低。这个变化趋势，与动物与环境的热交换原则有关。大动物的表面积与体重的比率小，热效率高，有利于贮存热量，这对冷环境的动物是有利的。相反，小动物的表面积与体重的比率大，散热面积大，这对于温暖气候地区的动物是有利的。动物体重的这种变化趋势已在许多哺乳动物中发现。如非洲棘毛鼠（*Acomys cahirinus* 和 *A. russatus*）随降雨和纬度的降低、气温的增加，体重趋于降低。地下活动的鼹形鼠（*Spalax ehrenbergi*）也随干旱程度增加，体重降低（Degen 1997）。但是，许多学者对此规律提出质疑，由于有许多物种并不符合此规律。在一些食肉类和食种子的动物中，早就发现与贝格曼规律的预测是一致的，但这些物种的这种变化并不是由于热交换造成的，而是食物可利用性导致的结果。随干旱程度的增加，动物的个体大小降低，可能是对食种子的物种的种子可利用性和对于食肉动物的猎物可利用性的一个简单反映。

3. 科普氏规律(Cope's rule)

这个规律是与动物个体大小的进化历史相关的。在某些分类单元内，动物个体大小的进化趋势是趋向于个体增大。

4. 艾伦规律(Allen's rule)

内温动物身体的突出部分，如四肢、尾巴、外耳等在气候寒冷的地方有变短的趋向。如沙漠干旱区的野兔和狐狸与非干旱区的同类相比，都具有较大的耳朵。关于对分布于不同地区狐狸的研究是一个很好的例子。在狐狸身上，有效的体温调节表面积主要是脸部、鼻子、头的后部、耳廓、腿的下部和爪等部分，这些地方的特点是在所有的季节毛发都很稀少。在所有的狐狸种类中基本都是这样的，但明显的差别在于面积的相对大小，在干旱区的种类中这些面积趋于增大。如生活在极端寒冷地区的北极狐（*Alopex lagopus*），其体温调节的有效面积占总体表面积的 21.6%；在生活于温带地区的赤狐（*Vulpes vulpes*）是 32.9%，在生活在炎热沙漠地区的沙狐（*V. macrotis*）是 38.2%，几乎是北极狐的 2 倍（Klir and Heath 1992）。寒冷地区主要减少散热（如个体增大，身体表面积与体积的比率将减小，因此散热减少）。北极狐与沙漠地区的狐相比，耳朵要小（图 2-2-15）；沙漠地区的狐具有最大的耳朵，温带地区的耳朵大小居中。

图 2-2-15 不同气候条件下狐狸耳朵大小的变化

同样，北极兔的耳朵也比沙漠地区的兔子小得多。

5．威尔逊规律（Wilson's rule）

这是一个与皮毛隔热性能相关的规律。北极地区的物种比热带地区的物种皮层厚。毫无疑问，较厚的隔热层对于生活在寒冷气候中的内温动物是有适应价值的。同时，许多北极地区的动物的皮毛层也具有季节变化，夏季薄，冬季厚。

6．乔丹规律（Jordan's rule）

鱼类的脊椎数目在低温水域中比在温暖水域中多。主要是由于低温使鱼类的生长和发育速度变慢，延长了其性成熟时间，从而产生更大的个体，其脊椎的数目也较多。

7．葛洛格规律（Gloger's rule）

在干燥寒冷的地区，动物的体色较淡，而在潮湿温暖的地区，其体色较深。一般来讲，荒漠和草原中的啮齿类毛色都比较浅，而热带和亚热带森林中的栖居者体色都较深。主要原因可能是在高温度环境下，产生色素的酶的活性提高。动物的体色具有许多不同的功能，但可以影响热量交换。

8．戴耐尔现象（Dehnel phenomenon）

全北区（holoarctic）哺乳动物的体重在冬季趋于降低的现象。这是在恶劣的非繁殖期内小型哺乳动物减少食物需求的一个有效方式，小个体动物比大动物需要的绝对能量摄入要少。这种降低能量需求的对策是首先在鼩鼱中描述的（Dehnel 1949）。体重的季节性变化在许多啮齿动物中都有发现，这种变化的可能的原因主要有：① 在不利的季节作为降低能量需求的一种适应对策；② 种群年龄结构的重新分布和（或）符合“年轻保护”原则（youth conservation principle）；③ 对食物资源波动性的一种反应。

第六节　食草动物的消化对策

学习要点

1．掌握化学反应器理论（chemical reactor theory）和类型。

2．理解最优消化对策（digestive strategy）。

基本概念

1．化学反应器模型（chemical reactor Model）：根据动物的消化道结构及消化方式，可将化学反应器分为三种类型：一次性反应器（batch reactors）、连续流动搅拌槽式反应器（continuous-flow, stirred-tank reactors, CSTR）和栓式流动反应器（plug-flow reactors, PFR）。

2．最优消化对策（digestive strategy）：在最短的流通时间内，最小的消化道容积及最大的消化效率，使能量和营养的净获得速率最大。

一、化学反应器理论

能量的获得与分配对于动物的生存是至关重要的，所以动物通常以最优消化对策即在最短的流通时间内，最小的消化道容积及最大的消化效率，使能量和营养的净获得速率最大。因此动物的消化道结构在动物的消化对策中起着关键作用。为了定量地预测食物摄入量、消化效率、滞留时间以及消化道容积之间的相互关系，Penry 和 Jumars 根据动物的消化道结构及消化方式提出了三个化学反应器模型：一次性反应器（batch reactors）、连续流动搅拌槽式反应器（continuous-flow，stirred-tank reactors，CSTR）和栓式流动反应器（plug-flow reactors，PFR）（图 2-2-16）。利用化学反应器理论，可帮助人们对动物的消化策略的理解。

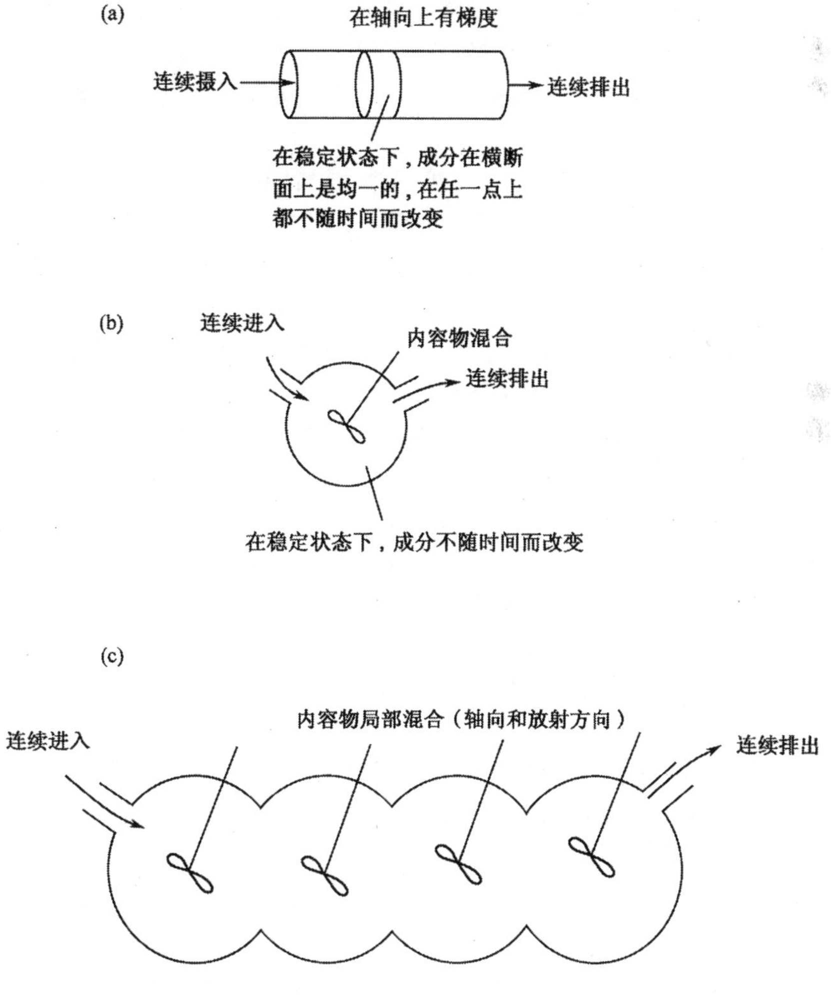

图 2-2-16 (a)理想的化学反应器；(b)连续流动搅拌槽式反应器和(c)改进的活塞式反应器

Sibly 根据消化对策模型预测动物的最优消化对策为：① 最优消化时间随食物质量的不同而变化，低质量食物比高质量食物最优消化时间长，因此，食用低质量食物的动物其消化道容积应该较大。如果消化道容量有限，最优对策是通过选择高质量食物使消化速率最大。② 如果食物摄入量一定，动物应该使食物的滞留时间最大，从而使获能速率最大。化学反应器理论可以清楚地阐述动物的消化对策，尤其是食草动物的消化对策。

1．理想的化学反应器模型

（1）一次性反应器：在一次性反应器中，反应物一次性进入反应器，充分混合、反应之后，反应终产品完全排出反应器，完成一次反应循环。然后新的反应物进入反应器，进行第二次反应循环。由于在一次反应循环过程中，物质既没有流入也没有流出（输入＝输出＝0）。

在一次性反应器中，所摄入食物的消化程度完全由保留时间所决定，要使反应速率达到最大，消化道容积应该最大，这样可以在相同的保留时间内加工更多的食物。具有一次性反应器消化道的动物包括水螅、水母、海葵、珊瑚等，这些动物能量需求很低，通常以非常易消化的物质为食。

（2）栓式流动反应器（PFR）：在栓式流动反应器中，反应物连续流入一管状反应器，反应物密度、反应速率在反应器入口处较高，随着管状反应器的延长而减小。食物呈纵向放射状充分混合，而沿着流动路径的混合忽略不计。食物颗粒在反应器中的滞留时间必须是相同的。

（3）连续流动搅拌槽式反应器（CSTR）：在连续流动搅拌槽式反应器中，反应物连续流入球形的反应器，在反应器中充分混合和反应。反应物进入 CSTR 后立即被反应器中残留物所稀释，使得反应速率降低。在稳定状态下，物质的组成在反应器中保持均匀，并且整个反应过程都不变。

后肠发酵的草食性哺乳动物，其较大的盲肠近似于 CSTR。另外，骆驼的前胃、反刍动物的网状瘤胃、大袋鼠的囊状前胃等都近似于 CSTR。而在某些动物中，盲肠可能更接近于一次性反应器。另外，如果多个 CSTR 型反应器连在一起，反应器系统的行为则更像 PFR。

2．化学反应器模型的比较

假设反应物的体积等于消化道容积，且在反应过程中容积变化不大，那么理想的一次性反应器和栓式流动反应器的功能方程可以互换，对于给定的任何反应，一次性反应器的保留时间和栓式流动反应器的流通时间相等，两种反应器容积也相等。两者的差异在于，反应物在离散反应中非连续流动，而在 PFR 中连续流动；前者为周期性反应，而后者为连续性反应。要想和 PFR 具有相同的反应速率，一次性反应器必须有较大的消化道容积。因此，食物连续消化的消化道反应器结构（PFR）较一次性反应器更为理想。

在 CSTR 中，反应速率随着反应物密度的下降而减小，要达到一定的转化量，需要的流通时间比 PFR 完成相同的功能所需时间要长（如果流通速率一定，则需要较大容积的反应器)。所以 PFR 比 CSTR 更为理想。PFR 最适于催化反应，因为它维持了反应物的密度梯度，即在反应器入口处反应速率较高，在出口处则较低。而在 CSTR 中，较高的反应物密度一进入 CSTR 就立即被其中的残余物所稀释。

应用消化道反应器模型描述消化道内容物的流动方式具有重要的生物学意义。消化道容积、食物的摄入量、食物组成以及内容物的通过率等因子都会对食物的消化效率产生重要的影响，这些因子都可以作为消化道反应器模型中的变量。利用化学反应器理论分析动物的消化过程，不仅可以得到具有生物学意义的变量，而且还可以通过反应器功能方程，描述各变量之间的相互关系以及动物的消化对策。

二、动物的消化对策

1. 前肠发酵动物和后肠发酵动物

通常根据纤维性食物在食草动物的消化道内发酵部位的不同，把食草动物分为前肠发酵动物（foregut fermenters）和后肠发酵动物（hindgut fermenters)。

(1) 前肠发酵动物：前肠发酵动物分为反刍动物和非反刍动物，它们都具有膨大的前胃，在后肠中还有第二个发酵腔。这些动物包括偶蹄目的牛科（Bovidae)、长颈鹿科(Giraffidae)、鼷鹿科（Tragulidae)、叉角羚科（Antilocapridae）等反刍动物以及骆驼科的骆驼（*Camel*)，袋鼠科的袋鼠（*Macropus* spp.)，贫齿目的树懒（*Bradypus* spp.）以及灵长目的疣猴（*Colobus* spp.）和吼猴（*Alouatta* spp.）等。

前肠发酵动物的前胃在长期的进化过程中膨大成囊状前胃或管状前胃。在囊状前胃中，新摄入的食物与前胃内的残渣充分混合。反刍动物的网状瘤胃和骆驼的前两个消化分室与此相似。在管状前胃中，新摄入的食物只和前胃中小部分残渣混合，消化道内容物在前胃中滞留时间较短。食物的消化通常分为两个阶段，催化消化阶段和发酵消化阶段。对这些动物而言，摄入的食物进入胃以后，先行发酵，然后再催化消化发酵产物。所以对于摄入的食物而言，发酵应该是最优的，对于发酵产物和残渣而言，催化消化应该是最优的。因此它们的消化道反应器结构属于 CSTR-PFR 类型。

(2) 后肠发酵动物：后肠发酵动物的发酵部位为前结肠或盲肠，分别称为结肠发酵动物（colon fermenters）和盲肠发酵动物（caecum fermenters)。结肠发酵动物包括偶蹄目的猪，奇蹄目的马、斑马和驴，有袋目的袋熊科动物，长鼻目的大象（*Loxodonta* spp.)，灵长目的类人猿、人等；盲肠发酵动物包括啮齿目 24 科的动物，兔形目的野兔、穴兔、高山鼠兔（*Ochotona alpina*)，有袋目的树袋熊（考拉）（*Phascolarctos cinereus*)、帚尾袋貂（*Trichosurus* spp.)、奇卷尾袋貂（*Pseudocheirus* spp.)，灵长目的鼬狐猴（*Lepilemur mustelinus*）等。

在结肠发酵动物中，盲肠只是结肠的延伸部分。所有的结肠发酵动物体重都较大(>20kg)，大多群居且以粗糙食物为食（如大象、马、犀牛)。而盲肠发酵动物的体重一般较小（<10kg)，盲肠的容积大小制约着发酵速率，所以它们通常选择高质量食物。这些动物的消化过程与前肠发酵动物不同，它们先催化消化所摄入的食物，然后对催化消化的残渣进行发酵，反应器类型属于 PFR-CSTR。

化学反应器理论的局限性：无疑化学反应器理论在描述和分析动物的消化道结构和

消化对策等方面有着广泛的前景，但尚存在一定的局限性。因为没有任何一种动物的消化道结构与理想的化学反应器是完全相吻合的，化学反应器模型只能近似模拟动物的消化道结构。另外，在描述动物的消化对策的过程中，这些模型主要针对不易消化的结构碳水化合物即纤维素和半纤维素的微生物的发酵，而没有考虑细胞内容物如果胶、脂类、非淀粉贮藏多糖等物质的发酵是否与化学反应器理论相符。

2．结肠分离机制

大型后肠发酵动物（体重＞25kg）的主要发酵部位是前结肠，Hume 和 Warner（1980）称之为“结肠发酵动物”（colonic fermenters）；小型后肠发酵动物（体重＜10kg）的主要发酵部位是盲肠，称之为“盲肠发酵动物”（caecum fermenters）。多数食草动物都不能依靠自身的消化酶完全消化纤维食物，而植物的大部分结构和营养贮存部位都含有大量的纤维素和半纤维素，动物自身不易消化这些化合物，只能通过与某些微生物（细菌、真菌等）共生，使得这些化合物在消化道中发酵，动物才能利用。大型后肠发酵动物的消化道容量较大，并且食物在消化道中的滞留时间较长，所以微生物有充足的时间发酵。而小型食草动物一般都具有很高的代谢率，需要迅速地从食物中吸取营养，因此食物在消化道中的滞留时间很短，尤其是食物质量很低时，滞留时间更短。所谓平均滞留时间（mean retention time，MRT）是指消化道内容物在消化道某一器官中混合、消化、发酵和吸收所需要的时间。而在小型食草动物中，发酵所需时间几乎总是比食物的平均滞留时间长。为了解决发酵时间和食物的平均滞留时间之间的矛盾，小型食草动物通常从解剖结构和生理适应性方面形成一种机制，称为结肠分离机制（colonic separation mechanism，CSM）。结肠分离机制是指消化道内容物在前结肠中发生分离，小颗粒（包括细菌）和水溶性物质通过结肠的逆蠕动流回盲肠，而粗糙的大颗粒向后结肠方向移动，排出体外，从而使得食物的平均滞留时间延长，微生物有足够的时间进行发酵。许多盲肠发酵动物，如兔形目动物、多数啮齿目动物及一些树栖有袋类如树袋熊（*Phascolarctos cinereus*）等都具有结肠分离机制。

食草动物通常采用以下两种基本策略，提高食物中营养物质的利用率：① 消化道内容物发生分离，易消化的食物颗粒随微生物和水滞留在前结肠中，回流进入盲肠，消化率低的纤维物质迅速通过消化道，排出体外；② 消化道内容物在分离时，只有微生物滞留在前结肠中，回流进入盲肠，使盲肠中的微生物密度增大，从而提高发酵速率，而其他流体物质和颗粒物质向后结肠方向移动，经消化后排出体外。

结肠分离机制不仅和动物的个体大小有关，随物种的不同以及消化道解剖结构的不同，动物所采用的 CSM 也不同。如旅鼠前结肠的第一部分为壶腹形，像盲肠一样宽，但很短。第二部分变窄，形成一个双螺旋。第一部分前结肠纵向折叠成一个窄通道和一个主通道，窄通道的末端通过一个竖套与结肠壁中的小沟及折叠相连（图 2-2-17）。盲肠内容物和主通道的内容物由细菌（大约 50％）和食物残渣组成，而窄通道几乎全部由细菌和黏液组成。细菌-黏液混合物在长套中通过逆蠕动进入窄通道，并流回盲肠，即上面介绍的第二种策略。野兔的前结肠没有形成螺旋，而是有许多袋状结构，前结肠中的内容物不断地受到袋状结构的逆蠕动，使得小颗粒和流体物质与粗糙颗粒分离；前者由袋状结构逆蠕动流回盲肠，和其内容物混合，多余的水分被吸收，后者向后结肠移动，形成硬便，排出体外，即前面介绍的第一种策略。

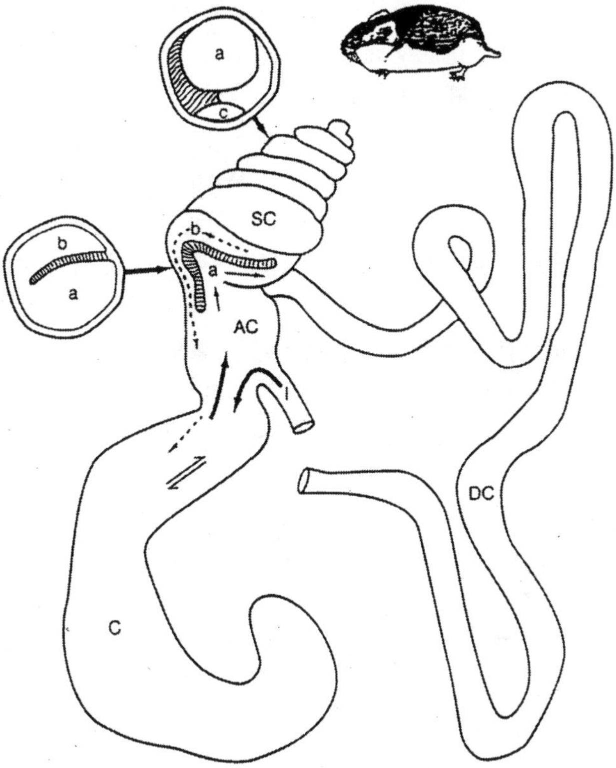

图 2-2-17　旅鼠的大肠

AC. 壶腹形结肠。C. 盲肠。DC. 后结肠。I. 回肠。SC. 螺旋形结肠：a. 第一部分前结肠中的主通道；b. 第一部分前结肠中的窄通道；c. 倾斜折叠部分形成的螺旋形结肠中的竖套，图中只展示了部分折叠；实箭头表示消化物的流动方向；虚箭头表示细菌和黏液的回流方向（引自 Bjornhag　1994）

3. 食粪行为

由于食物迅速通过消化道，使得大量营养物质，如细菌和小颗粒等营养物质随粪便排出而丢失。许多小型盲肠发酵动物通常重新摄入所排出的粪便，与消化道内容物混合后在消化道中再次消化和吸收，以充分利用食物中的营养物质，这种行为通常称之为食粪行为（Corprophagy）。小型食草动物利用结肠分离机制及其食粪行为使得消化效率最大，以满足它们较高的代谢需求。

尽管小型食草动物摄入的食物通过消化道的速率较快，但它们对高纤维食物通常具有很高的消化率。如专门以植物叶子为食的田鼠，它们的体型小，代谢率高，虽然食物通过消化道的速度较快，但是田鼠对干物质的消化率却很高，一般为 74%，而家畜对干物质的消化率只有 50%～60%。

兔子等动物通常形成两种粪便，一种是硬便（hard faeces），另一种为软便（soft faeces）。取食粪便的行为统称为食粪行为，但有些动物从肛门处取食盲肠内容物称为食软便行为（Caecotrophy）。这些行为使动物能重新利用发酵产物，否则有些营养物质就会随粪便丢失；同时还可以通过延长总的平均滞留时间而使能量获取最大。软便和硬便都来源于盲肠内容物，它们是在前结肠中开始分化的。在硬便形成期间，液体及小颗粒与大颗粒发生分离，大颗粒向肛门方向移动排出体外，大部分液体及小颗粒通过逆蠕动收缩流回盲肠。在软便形成期间，这种分离机制停止，所以，软便通常是由黏液包围的几乎未改变的盲肠内容物组成的。野兔的软便团是圆形的并且外包一层黏液，而高山穴兔的软便通常是2～3cm的小块儿，并且无黏液层，但它仍然很黏，能粘到其他的物质上。很难精确测定软便和硬便的数量，因为前面一部分软便通常粘到最后一部分硬便上。

软便和硬便在组成上有很大差异。软便含有大量的水分，只有30%是干物质，而硬便含有50%的干物质；软便含有约30%的酸性洗涤纤维（acid detergent fibre，ADF），硬便中的ADF含量达55%左右；同时软便中钙、磷、镁、钾及粗蛋白等的含量也明显高于硬便。

食物摄入量相同时，食粪的野兔体重稍微增加，而禁止食粪的野兔体重则下降。以相同的食物为食时，干物质、有机物质、粗蛋白、ADF和NDF的表观消化率，在食粪的野兔中比禁止食粪的野兔中高，但半纤维素的消化率在这两类野兔中无明显差异。以大颗粒食物为食时食粪和禁止食粪的野兔对纤维的消化率无明显差异，但以小颗粒食物为食时，不食粪的野兔比食粪的野兔对纤维的消化率低。取食大颗粒食物时，在禁止食粪的野兔中，颗粒标记物和流体标记物的滞留时间无明显差异，而取食小颗粒食物时差异显著；另外，禁止食粪，可缩短流体标记物和颗粒标记物的滞留时间。

第七节　动物能量学与种群生物学

学习要点

1．了解动物能量代谢对种群参数的影响。

2．掌握动物能量学与生态对策关系。

一、动物代谢对种群参数的影响

能量的获取效率和能量的贮存能力可以限制动物的能量消耗，那么有限的能量消耗在限制动物本身的维持和繁殖消耗这两个矛盾的方面是否有差异呢？影响代谢率的因子很多，如个体大小、食性、活动性、气候条件等。虽有许多深入的研究，但仍然有些问题不清楚，如动物具有较低的代谢水平就能有效地维持内温性（像沙漠干旱区的种类和地下生活的种类等），为什么还有一些种类（如田鼠类和兔类）具有较高的代谢水平呢？除了进化上的原因外，可能与动物的种群动态有些联系。能量分配与繁殖输出的关系是很重要的。这里简单介绍动物能量学对种群动态的影响。种群生态学中一个重要的参数是内禀增长率（r），这个参数与净繁殖率 R_0 和世代时间（T）有关，关系式为：$r=\ln R_0/T$；其中 R_0 和 T 随环境条件改变而改变，但 R_0 最大、T 最小时，r 即为最大内禀增长率 r_m。在哺乳类，R_0 是胎仔数和雌体生产仔数的函数，T 随妊娠时间和达到性成熟时间而增加。那么，代谢率的变化是否会影响胎后生长，并影响妊娠时间和净生殖率，进而影响 r_m?

由于代谢作用对胎后逻辑斯谛生长常数（K）和妊娠时间的影响，世代时间 T 对代谢率的变化非常敏感，K 对新生个体达到性成熟年龄所需时间影响较大，与体重成负相关，而与单位体重代谢率成正相关。如在啮齿类中，生长常数 K 按下列次序递减：更格卢啮齿类＜仓鼠类＜田鼠类，这个顺序与基础代谢率（BMR）的变化次序相同。不管啮齿类属早成性还是晚成性，妊娠时间随体重而增加，体重一定时，随 BMR 增加而降低。妊娠时间随代谢率增加而缩短，表明子宫内胚胎生长率像胎后生长率一样，与代谢率成正相关，代谢率增加明显缩短了世代时间。

BMR 同样也影响胎仔数及窝数，而不受体重影响，如白足鼠（*Peromyscus truei*）的胎仔数低于该属动物的正常值，这在栖息于沙漠种类中是常见的，*P. truei* 在高山沙漠地区 BMR 较底。进一步讲，许多非冬眠鼠类的胎仔数与纬度和海拔密切相关，从而与 BMR 相关，由于冷驯化导致 BMR 增加。有关温度对种群生物学的影响，广泛深入的研究较少，寒冷与有限的能量可利用性，对于动物生存和成功是一大障碍，温度是限制动物种群分布及丰富度的主要原因子。

McNab (1980) 认为，高代谢率者，r_m 大，如田鼠类、兔类等；体重相同而代谢率低者，r_m 小，如地下生活种类及更格卢啮齿类等；另一些种类如白足鼠属动物是中间类型。同样，r_m 与体重也成负相关。r_m 与代谢率和体重的关系，从单细胞动物、多细胞外温动物、内温动物中已得到证明（Fenchel 1974)。

r_m 与 BMR 的相互关系表明，密度较大且有周期性变化的种群，要比波动小的种群代谢率高，就上面讨论的三类小哺乳动物而言，更格卢啮齿类种群的变化幅度最低，仓鼠类居中，田鼠和兔类幅度最大，这个顺序也与 BMR 的大小顺序一致。当然，就某一物种而言，在不同环境、不同时间内种群变动幅度明显不同，因此代谢率可能是限制最大幅度的重要因子，但不能决定幅度的大小。这种关系比较复杂，像鼩鼱类，BMR 非常高，但幅度却不显著，原因尚不清楚，要定量地预测体重、代谢率及 r_m 的关系，现在还比较困难。旅鼠种群一般变化幅度较大，旅鼠（*Lemmus*）的变动幅度比环颈旅鼠（*Dicrostonyx*）幅度大得多，旅鼠类代谢率也较高，前者远大于后者（McNab 1980)。

一般而言，代谢率随体重、食物而变化；生长率、妊娠期、后代数量随体重和代谢率而变化；r_m 随体重、生长率、妊娠时间、后代数而变化；种群波动幅度随 r_m 和代谢率而变化。McNab (1980) 认为这种基本关系是，一个动物的代谢率由体重和食物的时空数量和质量所决定，代谢率和体重的关系影响到生长率、妊娠时间、后代数及 r_m。如果一个物种体重较大但代谢率低，其种群趋于稳定，但如果体重小，代谢率高，则种群变化较剧烈。

r_m 增加的方式很可能就是通过增加代谢率，但这必须是以体重一定、其食性能维持该种群增加为前提。那么，一些哺乳动物代谢率较高，并非是由于体温调节需要增加，而是由于繁殖后代增加，从而导致 r_m 增加；体温调节水平和准确性的增加，或许只是高 r_m 选择的次生结果（Hennemann 1983; McNab 1980)。

当哺乳动物的能耗达到或接近环境资源允许的最大值时，其分配于维持和繁殖之间的能耗是极度经济的，因此动物不是代谢率高、体温高、产仔少，就是代谢率低、体温低及高繁殖率；但是后代数目与代谢率之间及 r_m 与代谢率之间的关系表明：这种被迫的分配方式实际上并不多见，哺乳动物的繁殖输出随着用于稳态维持的消耗而增加，当然这种进化模式并不否定在繁殖时期、能源严重缺乏时可能迫使个体在繁殖与维持之间作出选择。

McNab（1980）和 Hennemann（1983）认为，哺乳动物宁愿牺牲稳态消耗而将能量用于繁殖，但 r_m 不增加的原因可能是，代谢率是有机体内化学合成速率的度量，如果一个动物代谢率降低，可能也降低了胚胎的分子合成，同样每胎的数量也要减少。尽管在胎仔数和世代时间之间作出权衡是可能的，但是如果 r_m 对合成速率的这种依赖性是正确的话，那么，体温较低的哺乳动物，r_m 较低的原因就很清楚了；幼体的合成，与所有化学反应一样受体温制约。r_m 对代谢率的明显依赖性，进一步赋予了从外温性到内温性的进化意义，现在已经认识到，这种进化与体重小时的体温调节及夜行性动物能量获得相联系（McNab 1980），r_m 代谢率和体重之间的这种关系表明，内温性的一个重要优势是 r_m 明显增加。

二、动物能量学与种群生态对策关系

MacArthur 和 Wilson（1967）提出了 r 对策和 k 对策的概念，Pianka（1970）给予了详尽的解释。那么，动物的能量学与生态对策有什么关系呢？McNab（1980）认为生态对策与代谢率的关系是比较复杂的，所有 r 选择物种可能具有高代谢水平，但并不是所有具高代谢率的物种都是 r 选择者。从代谢率与食性的相互关系可知，通过生态对策对哺乳动物分组，首先应考虑食性，牧食性田鼠类啮齿动物，如草原田鼠等，趋向于大 r_m，而以种子为食的更格卢鼠类和小囊鼠类趋向于小 r_m，白足鼠属则居中。当然，若将所有田鼠类归为一个生态群或将所有更格卢鼠归为一类都是不妥的，因为类群内部也具有明显的生态差异。如林棘鼠（*Heteromys*）比同体重的其他更格卢鼠具有高的代谢水平和繁殖率；同样，食树叶的兔尾鼠（*lagurus*），树鼲（*Phenacomys* 等）及专食松针叶的赤树鼲（*Arborimus longicaudus*）与旅鼠（*Lemmus*）和环颈旅鼠（*Dicrostonyx*）及大多数田鼠类在能量学上有明显差异的。

一般而言，共同享用丰盛资源的两个物种，代谢率和 r_m 高者要比低者占优势。在高密度时尽管物种间食物资源重叠不大，但存在竞争；而两个物种食物资源尽管有较大重叠，但不一定存在竞争。那么，在一个生境中，代谢率较高的物种是否能取代代谢率较低的相似种呢？Grant（1972）通过分析啮齿动物间的竞争关系，认为“获胜者”一般比“失利者”代谢率高，如果代谢率相似，则胜者体重较大些。实际上，竞争结果受许多环境条件的制约，如在干旱环境中，高山田鼠趋向于排挤草原田鼠，但在湿润的环境中，草原田鼠趋于优势种类，如果从体重和代谢率的关系看，这两种田鼠基本相同。

一些哺乳动物具有较低代谢率，反映了这些物种竞争关系的类型。这些种类具有高代谢率和 r_m 也是可能的，只是由于许多原因，其能耗率被限制在比较低的水平。因此，如果在长期或季节性环境资源限制期间，代谢率超过能量获得能力时，代谢率较高的物种可能被低代谢率的相似种所取代，这也可能就是低代谢率物种所采取的方式。

因此，鼠类的能学的参数与种群的生长和消长之间存在复杂而密切的关系。动物具高代谢水平无疑是有益的，但这需要食物资源的时、空数量和质量的维持，这样可使繁殖力达到最大，了解这些关系，对于决定控制对策是有利的。

r 选择者，密度经常变动激烈，导致种群的不稳定性，不易灭绝，低密度时可通过迅速繁殖而恢复到高水平，这样大量消耗资源使生境遭到破坏，同时 *r* 选择者具有较大的扩散和迁移能力，这样对生境破坏就更趋于严重。

第八节　动物生理生态学的发展趋势

学习要点

1. 掌握动物生理生态学的主要成就及发展趋势。
2. 了解持续能量收支的限制因子及有关假说。
3. 了解新的时期，生理生态学发展的机遇和机会。

基本概念

1. 动物的持续代谢率（sustained metabolic rate）：是指动物在足够长的时间内，能量摄入与能量消耗相平衡而体重保持不变的平均代谢率。在此期间内，动物的能量来源于食物摄入，而不是体内贮存。持续代谢率与基础代谢率的比率称为持续代谢范围（sustainable metabolic scope）。

2. 对称性形态构成（symmorphosis）：什么是对称性形态构成呢？它是动物身体结构设计的一种状态，结构组分的形成调节到一个适宜的程度但并不超过功能系统的需求。结构的形成和维持是为了满足功能的需求。

3. 外周限制假说（peripheral limitation hypothesis）：认为外周器官对能量的实际消耗能力制约着动物的持续能量收支，如物理运动时骨骼肌的工作特性、哺乳期乳腺的产乳能力或对限制性营养成分的利用、冷暴露期间褐色脂肪组织产热或骨骼肌产热能力等。在这些情况下，消化道和其他供能器官提供能量更快些，从而并不构成制约，而那些耗能器官将能量转化成可利用功或热量则可能慢些。这样，一个动物在不同能量消耗方式下的代谢极限可能不同，其变化依赖于动物的骨骼肌、乳腺或褐色脂肪的产热特征。

4. 中心限制假说（central limitation hypothesis）：认为中心供能器官是主要制约因素，这些器官的作用是为所有耗能器官获取、处理和分配能量，如消化道对食物消化和吸收的能力、肝脏处理营养物质的能力、肺摄入氧呼出二氧化碳的能力、心脏对承载氧气或营养物质的血液循环起泵作用的能力，以及肾脏排泄废物的能力等。在这些情况下，如果身体供给营养和排泄废物更快些，则肌肉做功和乳腺泌乳能力会加强。根据这个假说，在不同方式的能量消耗方式下，动物的能量代谢极限应该是相同的。

一、动物生理生态学的主要成就

动物生理生态学在生态学中占有重要地位，并取得了很大的成就。Feder 等（1987）总结认为，动物生理生态学主要成就表现在以下六个方面：

（1）能量是对动物功能的一个重要限制因素；如能量学、生态学、行为学、生活史理论及取食理论等学科和领域的研究，都证明了这一点。

（2）体温调节在时间和能量上是昂贵的，温度顺应使所有生理过程变化。

（3）个体大小（body size）几乎影响所有的生物变量。

（4）行为在功能调节上（对环境）是一个重要的成分。

（5）有机体是一折衷物，是自然选择的产物，很适合但不完美。

（6）动物是适应其环境的。

可以说进化生物学许多理论的核心是来自生理生态学。

二、生理生态学在新的时期发展的机遇

现代学科或技术的发展，又为生理生态学的进一步发展，提供了新机遇。

（1）分子生物学：如特定动物模型、环境转导（transduction）、转基因生物等，这些方面会引起一些新的科学问题，许多是生理生态学问题。如转基因生物在环境中的释放和生存等需要生理生态学的研究。

（2）生物多样性：如灭绝的因子和机制等，导致物种绝灭的环境因子及其作用机制涉及许多生理生态学的问题。

（3）全球气候变化：对特定地区关键生物类群的生理生态研究可以得到许多有益的信息，从而可以预测环境的变化，如对北极动植物的研究，显示了极地群落对全球气候变化的反应。

（4）保护生物学：如应用和管理方面。这些工作如果以动物的生理生态特征为基础，会作出更加合理可行的管理决策。

（5）有害动物的防治：有害生物的生理生态学研究是自然控制的基础。以前的研究中对一个种群在环境中的生存对策等方面的工作较多，而对动物在一个环境中为什么不能生存下去没有引起足够的注意。一般而言，有机体的大部分是不能繁殖成功的，一个种群、物种及高分类单元的大部分个体是不能持久的，这是生理生态学的达尔文基础。那么为什么有些类群会维持或繁殖得较好而有些则不能呢？这些问题也是应引起重视的。

（6）种群动态及调节机制：如 Brown（1984）提出局部丰富种也是广泛分布种，由于其可以耐受较大范围的气候条件，与局部分布稀有种相比，可以得到较多的资源，即具较宽的生态位。对一个物种的生存和繁殖等因素的深入了解，毫无疑问对于阐明种群动态及其调节机制是十分有利的。

以上工作都需要对环境因子的变化如何影响物种、种群的分布和丰富度的理解，近几年以个体为基础的种群动态模型和群落结构的机制性模型受到广泛的重视。生理生态学在对物种或种群绝灭特征上，已有广泛的了解，生物物理生态模型已精确预测在变化的气候范围内动物的维持需要、生长和繁殖等。

三、生理生态学发展中的几个重要方面

1. 生理生态、生物物理及种群生态的界面

生活史结构和转化，可用以下关系间简单表示：基因型（genotype）→表现型（phenotype）→习性表型（ethotype）→统计表型或适合度（demotype/fitness），这样从基因到种群就结合起来了。Dunham 等对陆生外温脊椎动物蜥蜴的时间和能量分配的研究是界面研究的很好的例子，他们分析了环境因素包括生物物理环境、资源环境、社群环境和天敌环境等对生活史特征三个方面的影响：① 有效时间资源的分配特点，即日总时间中分配给体温维持、取食、社群相互作用和对付天敌等各组分的比例；② 被同化吸收的资源（水、能量、微量元素和蛋白质）的分配特点，即分配给维持消耗、生长、生殖和贮存等组分的比例；③ 生殖分配，即分配给产卵数、产卵频次和对后代关怀等方面的比例。通过按季节的分析和综合生活史的这些特征，观察其对存活率、生育力等决定种群密度动态的参数的影响，密度变动又通过密度依赖性反馈作用而影响资源、社群和天敌环境。这样，通过生活史途径，将生物物理学、生理生态学和种群生物学等方面的研究，有机地结合起来了。能量学与种群生物学的结合在前面已经介绍。

2. 持续能量收支的生理限制

动物的持续代谢率（sustained metabolic rate）是指动物在足够长的时间内，能量摄入与能量消耗相平衡而体重保持不变的平均代谢率。在此期间内，动物的能量来源于食物摄入，而不是体内贮存。对持续代谢率的研究始于 Drent 和 Dann（1980）的工作，他们提出一个“谨慎”的母鸟，其繁殖的能量消耗不会超过其最小维持消耗的 4 倍，即低于基础代谢率（BMR）的 4 倍（图 2-2-18）。Kleiber（1961）早就指出家养动物的能量消耗低于 6 倍的基础代谢率。Kirkwood（1983）对 12 种鸟和 9 种哺乳动物的总结结果表明，最大可代谢能的摄入为基础代谢率的 3～6 倍。持续代谢率与基础代谢率的比率称为持续代谢范围（sustainable metabolic scope）。Hammond 和 Diamond（1997）对 50 种动物（包括 23 种哺乳动物、22 种鸟和 5 种爬行动物）和人类（如自行车赛手和哺乳的妇女等）的持续代谢率和持续代谢范围进行了分析，发现这些动物的持续代谢范围为 1.3～7.0，所有被研究物种的持续代谢范围都低于 7.0，表明 7.0 可能是个极限值。

持续代谢率、最大同化能（maximum assimilate rate，或称最大可代谢能量摄入 maximum metabolizable energy intake）和最大代谢率（maximum metabolic rate）等是比较常用的有机体的生理表现性能的指标；前两者是反映动物在较长时间内的能量代谢情况，能量必须最终通过摄取食物进行平衡；后者是短时间内的结果，可以利用自身的身体储存。需要指出的是，瞬时代谢率（几分钟或几小时），如最大代谢率，鸟兽可达 5～25×BMR。这方面的研究有什么意义呢？主要有以下两个方面的意义：

（1）决定动物在极端环境条件下的生存（寒冷、天敌）。

（2）限制动物个体或种群的生产和繁殖。

最大能量消耗和代谢速率受多方面的因素限制，主要有：

（1）环境中食物的可利用性。

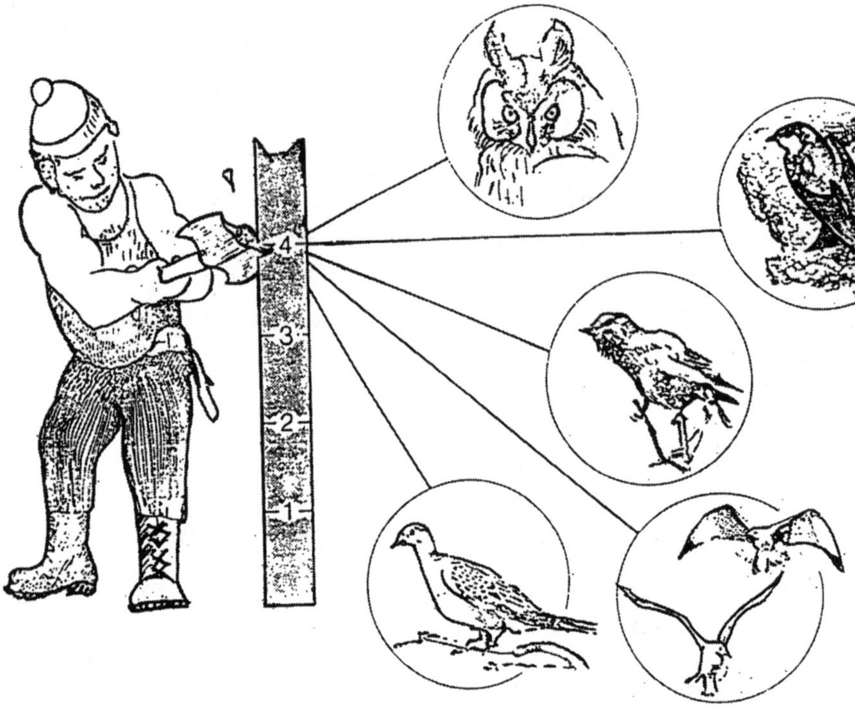

图 2-2-18 几种鸟类在照料幼鸟时和人类最大负荷工作时的最大持续性能量消耗，
能量消耗以基础代谢率的倍数表示

(2) 取食的可利用时间。

(3) 取食时食物的采集速率。

(4) 食物的消化速率。

(5) 营养或氧气输送到组织的能力。

(6) 种组织的工作能力。

概括起来即两类限制因子：

(1) 资源获得速率的限制：取食率及消化、吸收率等，这些因素是依次起作用的。

(2) 消耗的限制：产热、活动、组织生长等，这些因素是平行和叠加起作用的（图 2-2-19）。

关于限制持续代谢率的因素已有一些学说，引起重视和争论的主要有外周限制假说（peripheral limitation hypothesis）和中心限制假说（central limitation hypothesis）。外周限制假说认为动物的能量收支极限与动物个体本身有关，与动物的能量消耗方式相联系，外周器官对能量的实际消耗能力制约着动物的持续能量收支，如物理运动时骨骼肌的工作特性、哺乳期乳腺的产乳能力或对限制性营养成分的利用、冷暴露期间褐色脂肪组织产热或骨骼肌产热能力等。在这些情况下，消化道和其他供能器官提供能量更快些，从而并不构成制约，而那些耗能器官将能量转化成可利用功或热量则可能慢些。这样，一个动物在不同能量消耗方式下的代谢极限可能不同，其变化依赖于动物的骨骼肌、乳腺或褐色脂肪的产热特征。中心限制假说与外周限制假说相对应，认为中心供能

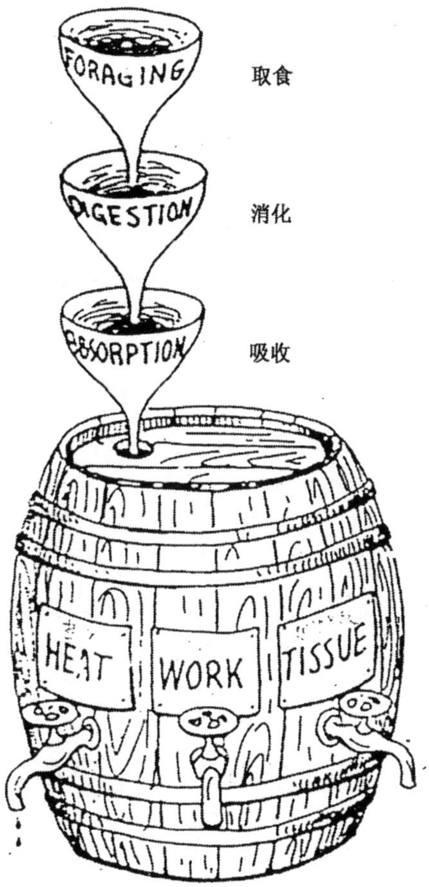

图 2-2-19 一个有机体能量平衡的“桶模型”

能量的摄入、消化和吸收的结构设计的限制是连续的；能量的输出如产热、机械作功、组织生长等是平行进行的并且互相独立控制。如果能量输出的总和与能量的输入不平衡，将利用系统的储存能力来进行平衡。注意图中第一个龙头（产热）是始终滴漏的（有机体的基本热量损失）。（引自 Weiner 1989）

器官是主要制约因素，这些器官的作用是为所有耗能器官获取、处理和分配能量，如消化道对食物消化和吸收的能力、肝脏处理营养物质的能力、肺摄入氧呼出二氧化碳的能力、心脏对承载氧气或营养物质的血液循环起泵作用的能力，以及肾脏排泄废物的能力等。在这些情况下，如果身体供给营养和排泄废物更快些，则肌肉做功和乳腺泌乳能力会加强。根据这个假说，在不同方式的能量消耗方式下，动物的能量代谢极限应该是相同的。另外还有两个学说，食物可利用性假说（food availability hypothesis）和对称性形态构成假说（symmorphosis limitation hypothesis）。食物可利用性假说认为代谢极限是由食物的可利用性制约的，而与动物个体本身的特征无关。但是，在野外研究过程中，很难排除食物的影响。有些学者认为，如果有更多的食物可供利用的话，动物的能量收支可能会更高些。对称性形态构成假说认为动物潜在制约因子的能力彼此相一致，即对称性形态构成（symmorphosis）。什么是对称性形态构成呢？它是动物身体结构设计的一种状态，结构组分的形成调节到一个适宜的程度但并不超过功能系统的需求。结构的形成和维持是为了满足功能的需求。即：结构是优化设计的，以满足功能的需要。这样，动物完成某一功能时，各器官组织的能力都是优化的（Weible 等 1998），例如消化道吸收营养物质的能力、肺吸入氧以及进行氧化的能力以及肌肉将能量转化为功的能力等大体协调一致。

3. 能量等价定律（energetic equivalent rule）

种群的密度与动物体重的关系是：种群密度（population density）$\sim BW^{-0.75}$；个体能量消耗与体重的关系式为（energy consumption）$\sim BM^{+0.75}$；因此，一个种群的能量消耗（population energy use rate）与体重的关系为：$BW^{-0.75}\times BW^{+0.75}=1$；即与体重无关，这就是能量等价定律，说明了在一个生态系统中，每种动物在能量消耗上是等价的。这可以部分说明：① 为什么没有丰富度高而个体大的物种；② 为什么没有个体小而稀少的物种。当然，在自然界中，肯定会有一些例外，这就引发了第三个问题，即③这种变化模式在自然界中是否真正存在，这个问题是需要资料积累和长期的研究的。有关这些方面的研究可以对解决以下的问题有所贡献：① 物种的耐受性；② 生态位宽度；③ 获得资源的效率；④ 对有益物种的保护、有害动物的控制的理论性解释等。但需要注意的是：许多物种的丰富度并非只是由生理过程和尺度定律所决定的，也受到竞争者、天敌和疾病等因素的相互作用以及环境干扰、迁徙、扩散的方式等等因素的影响。

四、生理生态学的几个发展领域

近年来，生理生态学正在朝以下几方面渗透发展：

（1）最优化模型、分配原理：主要是从机制上对生理生态学进行更加深入的阐述。

（2）进化生理学：这是近几年来生理生态学研究思路的一个重要转变。将进化的思想应用到生理学的研究中，除了阐明动物如何适应环境、生存和繁殖外，更要注重动物为什么会采纳这些策略，除了阐述机制外，也要阐明进化原因。

（3）与种群生物学联结：生理生态学注重的是个体水平的研究，个体水平是承上启下的地位。种群是由个体组成的，因此每个个体的性能表现直接影响种群的统计学参数。个体的生理状态、能量代谢水平等对种群参数会有重要的影响。有些内容前面已经述及。

（4）有机体性能及其对适合度的实际结果的测定：适合度是通过动物的繁殖成功率来体现的，有机体的表现性能及其对适合度的影响如何结合起来进行测定是应该引起重视的。在野外条件下进行测定，需要新的设计和新的研究思路。

（5）分子生物学技术手段的运用：这是非常明显的一个趋势。分子生物学是当今生物学的主流，但是其他学科的不可替代性，决定了分子生物学不能决定一切。分子生物学技术的发展开阔了人们研究的视野，提供了有力的工具，使许多问题可以从分子水平上进行机制性阐述。动物生理学与其他学科一样，受到了分子生物学的强有力的冲击，但应该充分利用分子生物学提供的技术手段，进行有关生理生态学中许多重大科学问题的研究。实际上，世界上各国的生理学家或生态学家，已经利用分子生物学技术开展了许多重要的工作，做出了许多突出的成绩。如褐色脂肪组织产热的分子机制、产热蛋白的基因表达、冬眠的分子机制等等。宏观生物学与微观生物学的结合是生理生态学工作者应该大力提倡和发展的。

（6）应用生理生态学：这些方面是发展较快的，有生态毒理学等。

小　　结

本章主要是对动物生理生态学的几个方面进行了介绍，包括学科的定义和范畴、能量代谢的测定方法、繁殖能量消耗、产热和体温调节、消化对策及发展趋势等。前已述及，生理生态学的学科范围很广，涉及能量代谢、体温调节、营养吸收、水盐代谢、繁殖等多个方面，本章尽管没有对各个方面进行论述，但需要指出的是，生理生态学的每个方面都是非常重要的，希望学习时引起注意。一些基本内容可以参阅孙儒泳著《动物生态学原理》（第三版）（北京师范大学出版社　2001）中的“有机体与环境部分”。

思考题

1. 生理生态学的定义是什么？包括哪些主要内容？与哪些学科的研究内容相重叠？
2. 适应的概念是什么？有哪些类型的适应？如何理解适应的概念在生理生态学中的重要性？
3. 什么是自然选择？
4. 动物的能量代谢有哪些测定方法？各个方法有何优缺点？
5. 如何理解内温动物和外温动物及恒温动物和变温动物？它们的体温调节与环境条件是什么关系？
6. 什么是体温调节？有哪些方式？
7. 动物有哪些产热类型？非颤抖性产热的定义及其产热机制是什么？
8. 褐色脂肪组织与白色脂肪组织的区别有哪些？其功能是什么？
9. 什么是逆流热交换和局部异温性？
10. 基础代谢率的定义是什么？测定条件有哪些？理解热中性区和临界温度的概念。
11. 动物对寒冷环境和干旱环境有哪些适应方式？
12. 异速生长和尺度的概念是什么？
13. 什么是生物气候规律？主要有哪些规律？提出这些规律的主要目的是什么？这些规律有普遍性吗？为什么？
14. 动物的能量学特征与种群生物学有何关系？
15. 什么是最优消化对策？
16. 动物的消化道可以与哪些化学反应器类型相似？简述化学反应器理论在解释动物的消化对策中的应用。
17. 动物生理生态学的主要成就有哪些？
18. 分子生物学的发展对生理生态学的研究有哪些促进作用？
19. 持续能量代谢或持续能量消耗的定义是什么？有什么生物学或生态学意义？有哪些限制因素？

20．如何理解能量等价定律？这个定律有什么进化意义？

参考文献

王祖望，王德华．1996．害鼠的能量生态，鼠害治理的理论与实践（王祖望、张知彬 主编）．北京：科学出版社 77～105

孙儒泳．2001．动物生态学原理（第3版）．北京：北京师范大学出版社

孙儒泳．1991．动物生理生态学的发展趋势，中国生态学发展战略（马世骏 主编）．北京：中国经济出版社

Bonner J T. 1965. Size and cycle. Princeton: Princeton University Press

Brown J H. 1984. On the relationship between abundance and distribution of species. American Naturalist, 124: 255～279

Calder W A III. 1984. Size, function, and life history. Cambridge: Harvard University Press

Calow P. 1987. Evolutionary Physiological Ecology. Cambridge University Press

Cotgreave P. 1993. The relationship between body size and population abundance in animals. Tree, 8: 244～248

Dunham A E, Grant B W and Overall K L. 1989. Interface between biophysical and physiological ecology and the population ecology of terrestrial vertebrate ectotherms. Physiological Zoology, 62: 335～355

Eckert R, Randall D, Augustine G. 1988. Animal physiology. 3rd edition, W.H. Freeman and Company Schmidt-Neilsen K. 1990. Animal physiology: adaptation to environment. 4th edition. Cambridge University Press

Feder M E, Bennett A F, Burggren W W and Huey R B. 1987. New Directions in Ecological Physiology. Cambridge University Press, Cambridge

Feder M E and Block B A. 1991. On the future of animal physiological ecology. Functional Ecology, 5: 136～144

Fenchel T H. 1974. Intrinsic rate of natural increase: the relationship with body size. Oecologia, 14: 317～326

Gnaiger E.1987. Optimum efficiencies of energy transformation in anoxic metabolism. The strategies of power and economy. In: Calow P. Ed. Evolutionary physiological ecology. Cambridge: Cambridge University Press. 7～36

Hammond K A and Diamond J. 1992. An experimental test for a ceiling on sustained metabolic rate in lactating mice. Physiol Zool, 65: 952～977

Hennemann III W W. 1983. Relationship among body size, metabolic rate and intrinsic rate of natural increase in mammals. Oecologia, 56: 104～108

Karasov W H. 1981. Daily energy expenditure and the cost of activityin a free-living mammal. Oecologia, 51: 253～259

Kirkwood J K.1983 A Limit to metabolizable energy intake in mammals and birds. Comp Biochem Physiol, 75A: 1～3

Kleiber M.1961. The fire of life. Wiley, New York

Koteja P and Weiner J. 1993. Mice, voles and hamsters: metabolic rates and adaptive strategies in muroid rodents. Oikos, 66: 505～514

McNab B K. 1980. Food habits, energetics, and population biology of mammals. American Naturalist, 116: 1106～124

Nagy K A. 1994. Seasonal water, energy and food use by free-living, arid-habitat mammals. Australia Journal of Zoology, 42: 55～63

Ricklefs R E.1991.Structures and transformations of life histories. Functional Ecology, 5: 174～183

Szarski H.1983. Cell size and the concept of wasteful and frugal evolutionary strategies. J Theor Biol, 105: 201～209

Weible E R et al. 1997. Diversity in biological design. Cambridge University Press, Cambridge

Withers P C. 1992. Comparative animal physiology. Saunders College Publishing

第三章　植物生理生态学

第一节　植物生理生态学概述

学习要点

1. 掌握植物生理生态学的定义及研究的内容。

2. 了解植物生理生态学的发展历史。

基本概念

1. 植物生理生态学（Plant Physioecology）：是研究植物随环境因子变化而发生的生理现象的科学。

2. 限制因子的定律：某种物种受到数种因子影响时，其速度受到最少提供的因子所决定。

一、植物生理生态学的概念

植物生理生态学或植物生态生理学（Plant Ecophysiology）概念基本相同。不过，两者所强调的内容策略有所不同，前者更强调生态，而后者更强调生理。

植物生理生态学是植物生态学的一个分支，它主要是研究随环境因子变化而发生的植物生理现象。因此，它研究生态因子以及植物生理现象之间的关系，即生态学与生理学的结合。植物生理生态学研究的问题包括：①“植物与环境”系统内的相互作用和基本机制；② 植物的生命过程；③ 环境因素影响下的植物代谢作用和能量转换；④ 以及有机体适应环境因子改变的能力。

由于植物生理生态学可以给许多生态学问题以生理机制的上的解释，因而得到日益广泛的重视。从20世纪60年代开始，在IGBP（国际地圈与生物圈计划）和MAB（人与生物圈计划）的推动下，这门学科得到迅速发展。近20年来，植物生理生态学的研究日新月异，其研究从细胞到生态系统各个组织层次放大的同时，又重新将重点集中到个体水平。研究对象从过去的作物和常见种为主转向生物多样性和全球变化的关键植物种类。当前植物生理生态学组织的新动向是植物适应和进化的机制，对有限资源的合理利用，植物在全球变化中的行为表现，光、温、水、气、营养等多种环境因子的相互作用对植物行为的影响，植物的抗逆性潜能和植物生长过程的自动监测和动态模拟等。

二、植物生理生态学研究方法

从萌芽阶段开始，植物生理生态学的方法已经历了五个阶段。

1．思辨方法和准实验方法阶段

在古代社会生产力低下的条件下，人们只能依靠感官进行表面观察所获得的不充分的事实，进行简单的逻辑推理及非逻辑的构思，得出一些带有猜测性的笼统的普遍结论。

2．观察与描述方法阶段

在植物生态创始阶段，Haberlandt（1884），Schimper（1898），Warming（1896）和 Clements（1907）等人就分别从植物解剖学、植物地理学和植物生态学的观点，提出了植物对生境条件的反应和适应性方面的一系列重要的猜测和假说，在很大程度上是由于他们善于观察，所以不可否认，观察是生态学研究的一种重要方法（罗汉军 1982）。

在 20 世纪前 25 年中，生态学研究基本上停留在描述阶段，而生理学研究则大部分局限在实验室内，植物生理生态学仍未从其双亲学科中脱离出来。一些先驱者开始尝试把生理学实验搬到野外去，如卡内基学院沙漠研究实验室 Fitting（1911）和 Shreve（1914），澳大利亚的 Wood（1925），欧洲的 Huber（1935），Stocker（1928）和 Walter（1931），前苏联的 Maximov（1923）和美国的 Daubenmire（1947）等。Billings（1957）最早把植物生理生态学看作是一门独立的学科（Lange et al 1982）。早期存在的主要问题是研究手段的缺乏。在与生理活动相应的小尺度上测定气候因子很困难，成为植物生理生态学发展的一个限制因子。直到最近，才有了精确测定植物叶温、光合有效辐射的技术；CO_2 交换和水汽的现代测定技术使我们可以在自然条件下对气孔活动、蒸腾和光合速率进行连续的监测。

尽管有了较先进的仪器设备，但由于目前的生理生态学研究主要在野外条件下进行，大部分试验条件难以控制，所以不管观测手段如何先进，所用方法仍属于观察方法。观察方法有很多缺点和局限性：① 研究结果具有不确定性；② 只能得到关于事物本质的某些现存现象，而某些现象往往时过境迁，不能自发重现，限制了进一步深入研究；③ 只能得到事物整体综合的表面现象，无法了解原因。生命现象是自然界最复杂的运动形式，生态学过程尤其复杂，仅仅运用观察方法远远不能解决深入的问题，必须采用实验方法。

3．实验方法阶段

狭义的实验方法是使用仪器有意识地控制自然过程条件，模拟自然现象，避开次要矛盾，突出主要因素，在特定条件下探索客观规律的认识方法。实验方法与观察方法的不同在于：① 有人为干预，突出了主要因素，使研究对象以纯粹的、更便于观察和分析的形态表现出来；② 实验结果能够反复再现，重复研究。

作为植物生理学与植物生态交叉学科，植物生理生态学也是植物生态学中实验内容最强的分支学科。早在 20 世纪初，Blackman（1970）就根据实验提出了有关限制因子的定律：某种物种受到数种因子影响时，其速度受到最少提供的因子所决定。虽然后来发现该定律的准确性有些问题，但它对于理解植物的生理活动仍然具有重要意义。其后，植物对各主要环境因子的反应关系，如植物的光补偿点、光饱和点、CO_2 补偿点以及植物对温度、水分等环境因子耐受能力等，均进行了一定程度的研究，取得了有意义的成果。但这些研究大部分是在室内进行，与自然环境差别较大，并且主要是单个因子，故仅能从某个侧面反映植物的生理生态特性，无法表现在自然环境中综合因素作用下植物的功能特点。

20 世纪 50 年代以来，测试技术得到迅速发展，精确的测定植物代谢与其微环境变化成为可能，也为人工气候室内自然环境的仿真模拟奠定了基础。60～70 年代以来，植物生理生态学家开始越来越多地进行较全面的实验研究。如研究多种限制因素的相互作用对植物行为的影响、阳生叶片和阴生叶片的比较研究（Bjorkman et al　1972），对 C_3 和 C_4 代谢的研究（Bjorkman et al　1970）等。但是就总体来看，具有良好设计的实验的比例仍很小。

尽管研究手段较以前有明显的改进，但距离植物生理生态学实验研究的要求还很远。目前，只能对草本植物和木本植物的幼苗进行控制部分环境条件的试验，并且自然环境的模拟技术也还很不够。例如，如何在生长室中模拟风速的涡动效应，至今仍然没有解决。在水生生态系统中，光、涡流以及碳交换的测定都还只是初步的形式。植物地下环境及植物地下过程测定方法相当缺乏。虽然我们对植物的气孔控制和失水方面的理解已经取得了很大进展，但植物细胞水分关系中的有关参数，如膨压、渗透势的测定仍然相当困难。在植物-离子关系方面，情况也相似（Lange et al　1982）。

4．理论方法与综合方法阶段

进入 20 世纪以后，自然科学呈现出日益联结成一个统一发展整体的趋势。在这种形势下，作为科学研究的工具，运用单一的研究方法已经不符合需要了。研究对象和研究方法之间的关系已经发生了根本变化，从“一种对象一种方法”的单值性发展成为“一种对象几种方法”的多值性关系，从而使科学方法呈现出交叉化 、多元化、综合化的发展趋势。

植物生理生态学主要发展于 20 世纪，其研究方法的演变不可能再走与其他古老学科（如物理学和化学）的同样的路。自然科学，甚至一些社会科学的先进的方法和理论无时不渗透进来。50 年代以来，植物生理生态学中理论方法开始长足发展，特别是电子计算机的广泛采用使模型方法得到广泛的运用。如 Monsi 和 Saeki（1952），Gaastra（1959）对气体进出 叶片阻力的研究，Gates（1962）和 Raschke（1956）对叶片能量平衡的研究，及 Monteith（1972）的植物干物质生产-气候模型等，奠定了定量研究环境对植物代谢影响的理论基础（缪世利　1992；Monsi and Saeki　1953）。60 年代末以后，植物生长模型研究进入繁荣时期，影响较大的有 Brouwerde 和 de Wit（1969），de Wit 等（1978）的农作物同化、呼吸的蒸腾作用的系统性模拟模型，Penning de Veries 等（1982）的作物生长与生产的模拟模型等。80 年代，植物生理生态学家又发展了建立在生物化学反应基础上的光合作用模型及气孔调节模型（Farquhar et al, Sage　1990；Sharker　1985）。在这时期，系统科学的原理和方法，如系统论、控制论、耗散结构理论、分形理论等也广泛应用进来（常杰等　1995）。

第二节 光的生态作用

学习要点

1. 掌握光合作用的定义及其几种光合途径。

2. 举例说明自然界中植物光合生产的生态类型。

3. 了解光合作用的测定方法。

基本概念

1. 光合作用的能量转换效率（efficiency of photosynthesis）：是光合作用固定太阳能的效率。

2. 光合有效辐射（photosynthetically active radiation，PAR）：是指对植物光合作用和生长发育有直接关系的太阳光辐射。

3. C_3 植物：在光合作用暗固定过程中，CO_2 首先结合于 RuBP 受体（1，5-二磷酸核酮糖）在 RuBP 羧化酶（rubisco）的催化下进行羧化，一个 6 碳分子的羧化产物立即分解成两个分子的 3-磷酸甘油酸（PGA）。这些最初固定的有机分子均含有 3 个碳原子，故此过程称为 CO_2 同化的 C_3 途径，具 C_3 途径的植物为 C_3 植物。

4. C_4 植物：在光合作用下固定过程中，所固定的最初产物不是 3 碳分子，而是草酰乙酸，即具有 4 个碳原子的二羧酸，是由磷酸烯酸式丙酮酸（PEP）的 β-羧化形成的，故称 C_4 途径，具 C_4 途径或以此为主的植物称 C_4 植物。

5. CAM 植物：具景天酸代谢途径的植物，多为多浆液植物。在夜间通过开放的孔吸收 CO_2，然后借助 PEP 羧化酶与磷酸烯醇式丙酮酸结合，形成草酰乙酸，然后在苹果酸脱氢酶（NADPH）作用下还原成苹果酸，进入液泡并积累变酸（从 pH5～3）；第二天光照后苹果酸从液泡中转运回细胞质和叶绿体中脱羧，释放 CO_2 被 RuBP 吸收形成碳水化合物。

6. 叶绿素荧光：叶绿素分子在接收到一定波长时间光照辐射后处于激发态，激发态的叶绿素分子能发出短时间内以能量形式存在的波长较长的荧光，这种效应称为荧光效应，波长较长的光称为叶绿素荧光。

侯学煜（1985）将影响植物生长（个体生态或生理生态）以及植物分布（群落）的主要环境因子分为六大类：即日光、温度、水分、矿物质、氧气、二氧化碳。在上述六个因素中，以大气中的氧气和二氧化碳含量在地面上的分布比较稳定，各地差异不大；日光强度和温度一般则因所处的纬度位置不同而不同；大气水分状况则主要受制于海陆关系的位置及其所联系的洋流、风向、气团和高大山脉走向等因素；矿物质则与地面岩石性质及其风化壳所形成的土壤有关。上述气候、土壤条件在同一地区又因大地形和局部地形而不同。下面就这些环境因子的特性及对植物的影响以及植物的反应进行介绍。

一、辐射能与光合作用

太阳辐射是地球上绿色植物可利用的惟一能源。辐射能通过直射、反射和散射等不同的能量传播途径进入植物群落。

光合作用使太阳能转成富能（energy-rich）的碳水化合物，构成生态系统中一切生物能的最初来源。太阳辐射波谱中约 20％的入射太阳能被大气中的成分（CO_2、H_2O 等）选择吸收并使能量降解。光合有效辐射（photosynthetically active radiation，PAR）是指对植物光合作用和生长发育有直接关系的太阳光辐射，PAR 约占太阳照射到地球表面入射光的 44％。绿色植物依赖叶绿素获取光能，而实际上对光合作用有效的辐射波长 380～710nm 之间。其他植物，如低等植物可以利用 PAR 以外的波段，光合细菌的特殊的色素系统细菌色素（bactochlorophyll）可利用 800nm 和 890nm 的光谱。

二、能量转换效率

光合作用的能量转换效率（efficiency of photosynthesis）是光合作用固定太阳能的效率，光合作用产生的自由能，可通过下面的化学平衡式得出：

$$6CO_2 + 12H_2O \Rightarrow C_6H_{12}O_6 + 6O_2$$

光合作用合成产生 1mol 的 $C_6H_{12}O_6$ 需要 24 个电子，每个电子需激活 2 次（一次在 PSI，一次在 PSII），故共需要 48 个光量子。这些光量子最长的波段可能在 720nm 处，每摩尔的光量子产生 172kJ 的能量，因此光合作用所需的 24 个电子，约含能量 172×24×2＝8240kJ，故能量转换效率为：

2872kJ（葡萄糖中的化学能）/8240kJ（48 个光量子中的能量）＝35％

然而，上述计算是个理论的数据。实际上，因为影响光合作用的因素很多，大部分植物对光能的利用效率仍很低，如大田作物为 1.5％～2.0％左右。与理论值相比，提高植物的光能利用效率仍有很大的潜力。

三、不同植物光合能力

在自然界中，不同植物功能型（plant functional types，PFTs）的光能利用效率，存在很大的差异。在光合作用的碳同化途径上，依据固定 CO_2 的最初产物的不同具有 C_3、C_4 和 CAM 途径，它们的光合能力以及光能利用效率也明显不同。

（1）C_3 植物：在光合作用暗固定过程中，CO_2 首先结合于 RuBP 受体（1，5-二磷酸核酮糖）在 RuBP 羧化化酶（rubisco）的催化下进行羧化，一个 6 碳分子的羧化产物立即分解成两个分子的 3-磷酸甘油酸（PGA）。这些最初固定的有机分子均含有 3 个碳原子，故此过程称为 CO_2 同化的 C_3 途径，具 C_3 途径的植物为 C_3 植物。

（2）C_4 植物：在光合作用下固定过程中，所固定的最初产物不是 3 碳分子，而是草酰乙酸，即具有 4 个碳原子的二羧酸，是由磷酸烯酸式丙酮酸（PEP）的 β-羧化形成的，故称 C_4 途径，具 C_4 途程或以此为主的植物称 C_4 植物。

（3）CAM 植物：具景天酸代谢途径的植物，多为多浆液植物。在夜间通过开放的孔吸收 CO_2，然后借助 PEP 羧化酶与磷酸烯醇式丙酮酸结合，形成草酰乙酸，然后在苹果酸脱氢酶（NADPH）作用下还原成苹果酸，进入液泡并积累变酸（从 pH5～3）；第二天光照后苹果酸从液泡中转运回细胞质和叶绿体中脱羧，释放 CO_2 被 RuBP 吸收形成碳水化合物。

四、自然界中植物光合生产的生态类型

一种植物的机体组成水平和生活型，决定着许多不同的光合产物生成的模式，这些模式控制着它的生产和生长、它的竞争力以及它对特殊生境抑制的反应。

1．群体生长的生产——扩展型

光能自养单细胞生物就碳而论是自身供养的，而不必供应其他细胞。在细胞内部，在光合产物的生产区隔和消费区隔之间有一个适宜的比率，如在小球藻（*Chlorella*）中，色素体约占原生质体积的一半。产生这种优越性是在只要有充足的养分和光供应时，藻细胞就能积累大量光合产物的余量，迅速地达到最大体积并进行分裂。由此，光能自养单细胞生物使用它的碳来增加个体数量，即繁殖。强大的正碳平衡导致群体密度的快速增长。由于光合速率和每日分裂数之间有直接相互关系，浮游植物的生长速度便可以群体密度的增加或单位时间内分裂的数目来有效地表示。

2．快速碳增加——投入型

植物投入的特征是高光合能力和在其总量中具有高比例的光合活性组织（至少为50%）。在生长期间，植物的碳收入主要用于产生叶，叶又用于增加植物的碳量。在开花期和开花后，光合产物的分配转向繁殖器官，而对植物其他部位的供应量降低到仅够用于维持目的的需要量而已，老一些的叶甚至枯萎而死亡。因此，在生活周期的进程中，植物的叶、茎轴结构、根系和繁殖器官增加有相当大的变化。

一年生植物是植物投入型的最好例证。它们必须以一种在尽可能短的时间内形成大量组织的方式来利用它们的光合产物，这一阶段植物具有高的净光合速率。在有利的环境条件下，同化产物的这种转化的方式，既保证了繁茂的生长，又保证了丰硕的果实。反之，当局部条件不利时，特别是当水分供应短缺，或当土壤养分贫瘠时，迫使植物建立起一个庞大的根系。

3．安全贮存——保守收支型

两年生和多年生的草本植物，它们的光合产物的收支以采用这种方法，即获得的净碳收入较低，所以它们的生长要比投入型的植物慢得多，一般净光合速率较低。另一方面，它们能够在干旱或寒冷的生境，或土壤养分贫瘠的不利条件下得以生存。首先它们的发育类似于一年生植物，然而当它们的营养体结构形成之后，在进行花形成之前它们才积累贮藏供应物。在接近第一个生长季结束时，光合产物分配到地下部分，该部分可发育成块状贮藏器官。只有当植物已经积累了足够的“资本”以后，花才开始形成。

第一年贮存的光合产物在次年首先用于扩展地上茎轴系统，由于地下贮藏物主要用于地上部的维持和为植物生长提供物质基础，其结果是光合速率和生长速度都较低。

在与草本植物的竞争中，木本植物的长期优越性可被其较慢生长速率和光合产物分配的复杂形式等不利因素所抵消，有时这种不利因素甚至胜过其优越性。由于树木不易

调节并适应周围环境的变化，所以它们受环境约束的影响比草本植物要严重的多。这就是为什么沿着某环境梯度，木本植物比草本植物消失较早的原因。极地、高山和荒漠地区由于不利的碳平衡的逐渐加剧，它们的生产力、生长和繁殖能力在较早的生长期内就开始下降。

4. 木本植物光合产物——季节性分配型

在落叶树叶片开始展开不久，贮存的碳水化合物将逐步被消耗，同化物首先被运向芽，然后又运向新梢。大约有 1/3 的贮藏物质用于叶的展开。展开的叶很快就开始光合作用，并为新生叶和枝条的进一步形成提供所需的营养。在以后的生长过程中，光合产物优先供应花和正在发育的果实，其次是形成层，最后才是新形成的芽并在根部和树皮中贮藏淀粉。花芽分化不仅受外源和内源信号的控制，而且也受贮藏的碳水化合物量的控制。在生长末期，剩余的光合产物被运输到分枝、树干和根的木质组织以及树皮中，并贮存起来。在热带和干旱地区，树木的这种生长与储藏过程反复几次，如对无花果树来说为 4 次。

在有利的生长时间不够长的情况下，植物不能为营养生长以及花和果实的发育提供充足的同化产物。还有些植物因为开花很早，新长出的叶光合生产所提供的营养物质供不应求，在这些情况下，多年生植物就具有优越性。例如，春季地下芽植物，它们之中有许多是在叶展开之前便已开花了。高山植物和北极植物必须在短的夏季完成开花和种子的成熟过程，它们的光合产物的增加受到许多不确定因素的影响。这种情况也适用于草原植物，它们利用冬季寒冷和夏季干旱之间的时间来完成它们的生活周期。所有这些植物都需要具备贮藏器官，诸如根茎、块茎、块根或鳞茎。此外，这些植物经常发展成一个庞大的根系。对于高山植物，它们以茎叶和花的生长为代价来发育根系，虽然叶量与总植物量的比率几乎保持不变。

5. 通过寿命增加生物量——寿命增加型

树木以其高度的形态分化和增加的寿命来支配其碳供应量。木本植物花费大量的光合产物用于支持组织和运输组织的生产。支持组织的高投入是构建树木生长所必需的。在年同化时期足够长的地区，它们比草本植物具有明显的竞争优势。在这种情况下，草本植物逐渐的被比它们高的木本植物所遮盖，而被迫生长在树木和灌木形成的林下阴暗环境下。

在生命形成的第一年，树木的叶重量可以占到整个树总干物重的一半，但随着成长的延长，叶重与茎重的比率发生变化。叶重量仅有较少增长，而树干和树枝却稳定地加粗。热带的常绿木本植物在冬眠期过后并不立即产生新梢，因为它们仍有上一年的叶或针叶。如果天气合适，这些针叶或叶会在晚秋、冬季和早春继续吸收 CO_2（虽然数量较少）。当芽开始展开时，这些老器官吸收的碳，在春天可满足大部分的需要，其余的来自茎和根中的贮藏物质。由于常绿木本植物延长了它们的同化期，因此，无论是在漫长的冬季，还是干旱的夏季，或在生长季受限制的地方（如在北方森林带以及干旱地区），常绿木本植物通常具有超越落叶种的优势。仅在不利季节尤其是生态环境特别恶劣的地区（亚北极、东西伯利亚、荒漠），落叶树和灌木才成为超优势种。

五、光合作用的测定

1. 光合作用测定

光合作用（photosynthesis，Pn，$\mu mol\ CO_2\ m^{-2}s^{-1}$）是绿色植物在光照条件下吸收光能，同化 CO_2，合成有机物质并释放 O_2 的过程。光合作用是植物最重要的生理生态指标，研究光合作用的意义在于：① 了解植物的进化与生态适应；② 判断植物的光合碳同化途径；③ 研究植物的抗逆性及污染物对植物的危害；④ 进行遗传育种和退化生态系统恢复中的先锋植物筛选；⑤ 研究全球变化中的植物对于 CO_2 和温度的响应。

早期的植物光合作用测定方法为半叶法，后来发展了气流法和红外 CO_2 气体分析仪法（或光合作用测定仪法）。

近年来，国际上开发了便携式的光合作用测定系统，如 LI-6400（美国，由 LI-6000、LI-6200 发展而来）、LCA-4（英国，由 LCA-2、LCA-3 发展而来）、PP（英国）等，则在测定速度、精度、适应范围、数据记录的电脑化及相关参数（如光合有效辐射、大气温度、大气湿度、叶面温度、露点水汽压降、环境 CO_2 浓度等）的自动记录与贮存等方面做了革新，成为非常流行（尤其前二者）的光合作用研究仪器。

另外，这些新开发的光合作用测定系统可同时测定：蒸腾作用（$mmol\ H_2O\ m^{-2}s^{-1}$）、气孔导度（$mol\ H_2O\ m^{-2}s^{-1}$）、胞间 CO_2 浓度（$\mu mol\ mol^{-1}$）、暗呼吸作用（$\mu mol\ CO_2\ m^{-2}s^{-1}$）、水分利用效率 WUE（$\mu mol\ CO_2/mol\ H_2O$）等，不再专门介绍。

2. 植物叶绿素荧光的测定

叶绿素分子在接收到一定波长时间光照辐射后处于激发态，激发态的叶绿素分子能发出短时间内以能量形式存在的波长较长的荧光，这种效应称为荧光效应，波长较长的光称为叶绿素荧光。植物光合作用速率的改变会大大影响叶绿素荧光的释放。在一定的外界环境温度下，绝大多数叶绿素荧光是在光系统 II 的转动过程中释放的，健康的叶子经过一段时间的黑暗处理后突然照光，可观察到随时间变化的叶绿素荧光的产生，这一现象称为 Kautsky 效应（荧光感应），这时荧光强度与光照强度成正比。通常情况下，健康植物约需 10～30 分钟来适应黑暗处理。

照光后，荧光（fluorescence，F）迅速上升至 F_0（又称 O），紧接着达到峰值 F_p（又称为 P），然后慢慢下降到最终状态 F_s（又称为 T）。只要设计出适当的仪器，这些荧光信号均能被观察到。

最初的荧光 F_0 照光开始后即可达到，这是植物完全适应黑暗环境后的基础荧光水平。在这种状态下，大多数光系统 II 反应中心是开放的，且原初电子受体 Q_A 库被大量消耗，此为光合作用强度降低所致（叶绿素捕获的未被利用的能量以荧光形式释放）。光照越强，Q_A 库减少越快，直到可变荧光 F_v 达到最大值，植物处于光饱合状态，此时的荧光峰值定义为 F_m。

荧光超出 F_p 后，电子开始从 Q_A 流出，导致光化学反应再度上升，意味着越来越少的能量被释放，叶绿素荧光下降到 F_s 水平，达一稳定状态，称为荧光抑制（fluorescence quenching）。

确切测定 F_0 及 F_m 需要一种快速转变的测定装置及强光刺激。这样，可变荧光 F_v 就计算出来（$F_v = F_m - F_0$），比值 F_v/F_m 也因此得出，其代表光系统 II 量子产量或量子效率。

F_v/F_m 与光化学作用的产量成正比，并且与净光合作的产量也密切相关，而净光合作是验证光能有效性的最好方法。相反，在黑暗条件下，F_v/F_m 下降程度的差异，能够指示逆境条件（如干旱、盐分胁迫及环境污染植物等）对植物光合作用系统抑制的程度。测定叶绿素荧光 F_0 与 F_m 曲线之间的面积，还可提供光系统 II 中电子受体库信息。当反应中心到质体醌库之间的电子传递被堵塞时，该面积将大大减少，这种情况可见于环境污染及施用除草剂后植物的荧光反应。因此，测定叶绿素荧光，实际上是对植物生理生态性能的综合诊断。

用于测量植物释放的叶绿素荧光的仪器称为叶绿素荧光仪（chlorophyll fluorescence meter）。植物在光合作用过程中释放的叶绿素荧光一系列荧光值 F_0，F_l，F_p，F_m，以及由这些值而计算的光系统 II 量子产量（F_v/F_m）、光化学淬灭（qP）、非光化学淬灭（qN）等可由仪器给出。英国 Hansateck 公司生产的叶绿素荧光仪又称植物效能计，因其可对掌握的生长状态进行综合的分析，并可测得 F_0，F_l，F_p，F_m，量子产量（F_v/F_m）等指标，该公司的新一代产品 PMFS2/2 以及德国生产的 Walze 2000 则可以测定除这些指标外的光化学淬灭、非光化学淬灭等参数。

3. 叶绿素荧光测定在植物生理生态学中的作用

（1）植物生理生态学研究：通过测定植物随光照强度、黑暗处理、除草剂等环境因子的影响而发生的叶绿素荧光的变化，获取植物光合作用强度、光合有效辐射、电子受体库大小等生理系数，从而深入研究植物光合作用及其相关的光化学反应等生理过程。在盐渍环境下，可测定不同盐分浓度下的叶绿素荧光量，以揭示与之相应的光合作用变化；在其他逆境条件（如干旱、低温、高温、风暴等）下，也可以利用该技术进行相应的生理生态学研究。

（2）农业科学研究：通过植物叶绿素荧光测定，选择植物适宜的生长环境（尤其是光环境），排除可能对植物光合作用产生抑制的环境条件，从而达到提高产量的目的。在农业化学方面，运用该项技术筛选对植物光合作用系统破坏最有效的除草剂；在遗传育种方面，筛选对某些除草剂具抗性的作物品种；在农学方面，早期预报环境压力及养分的缺乏状况。所有这一切，植物叶绿素荧光技术均可能提供一种理想的研究手段。

（3）森林科学研究：用叶绿素荧光研究森林生态系统中优势树种光合作用的变化，从而预报虫害、干旱气候及火灾等引起森林衰退，便于及早采取措施。在正常的森林生态系统中，研究不同树种的叶绿素荧光特征值，也是一项十分重要的基础生态学和背景值研究。

（4）大气污染及全球变化研究：环境中的大气污染如 SO_2、NO_X、O_3、HF、Cl_2 等对植物的叶绿素成分产生破坏，使光系统 II 中电子受体受损，电子传递因此受阻，光合作用下降，从而使植物释放荧光强度发生变化；另外，叶绿素的破坏可造成植物释放荧光的实际面积减少，测定该面积的叶绿素荧光变化可以用来有效地指示大气污染对植物的危害程度。在全球变化生态研究方面，测定高 CO_2 浓度及温度上升植物叶绿素荧光的变化，还可以探讨植物对全球变化光能利用方面的特点。

第三节　自然胁迫环境与植物

学习要点

1. 掌握自然胁迫环境的类型。

2. 了解自然胁迫环境危害性。

基本概念

1. 胁迫环境：一个地区永久的或暂时的多种不利但不立即使植物致死的环境条件如高温、低温、强光、弱光、干旱、盐渍化等环境，一般称为胁迫环境。

2. 胁迫因子：是指胁迫刺激生命体生长发育的因子。

3. 胁迫反应或胁迫状态：是指对刺激的反应或适应的即刻状态。

植物在其生长地，遭受多种限制发育乃至生存的胁迫。地球上的大部分地区，如干旱区、盐渍化区、南极、北极和高山地区，适宜植物生长的条件即使有也是很短暂的。即使环境条件适宜大多数植物生长的地方，很繁茂的植物对群落中的其他植物也不利。如密林中林冠下部光照严重缺乏，致使下部的植物生长受抑制；在任何郁闭的植物群落中，弱小的植物种和个体在空间竞争中都会受到抑制；而且，密集植物群体还会诱生寄生虫和真菌病。

一、胁迫环境

一个地区永久的或暂时的多种不利但不立即使植物致死的环境条件如高温、低温、强光、弱光、干旱、盐渍化等，一般称为胁迫。胁迫因子是指胁迫刺激生命体生长发育的因子；胁迫反应或胁迫状态是指对刺激的反应或适应的即刻状态。

胁迫被认为是高度特异性因子所引发的定向活动。研究目的在于了解胁迫因子产生胁迫效应的途径。通常，外部因子不以原始强度立即到达胁迫反应的最终部位（原生质）。因为植物具有多种保护机制，以延迟甚至防止环境和细胞内部之间热力学和化学平衡的失调。只有在原生质内引起胁迫状态和原始推敲的组分需要忍耐。在原生质内，多种过程能防止或避免失调。所有这些保护和缓冲抗性机制，目的是实现对胁迫的“躲避”，而原生质抗胁迫的能力代表“耐性”（如耐盐性）。用分析方法，从胁迫效应得到的对因子特异性机制的性质和导致抗性的理解，对分子生物学、生理生态学和应用研究都具有特别价值。

另一方面，胁迫被认为是一种功能状态，换句话说，就是整个生物体的动力学反应。研究并不局限在胁迫因子的特异性效应，也包括非特异效应。胁迫响应引起的反应形式，是特定胁迫的综合症状，也包括抑制抗性的过程。这些过程具有使体内平衡的特性，旨在使植物生活机能正常化和提高植物抗性的能力。胁迫响应是原生质中努力适应和潜在致死两个过程之间的竞争。因此，胁迫动力学包括不稳定、破坏性组分（损坏）和促进再稳定、抵抗对策组分（安定）。胁迫 、适应和抗性是整个过程中相互联系的部分，有害反应和保护反应的相对胜负，决定着胁迫是仅引起轻微而渐进偏离于正常的状态，还是引起严重和永久损害。

环境胁迫是受太少或太多的能量输入（如光能）、过快或过慢的物质循环、或不适宜和异常的外部影响而引起的，在自然环境胁迫中以非生物胁迫为多，其中又以气候因子引起的占大多数，如高或低的辐射胁迫；过高或过低温度、缺雨和干旱、强风等；土壤因子次之，如高浓度的盐或矿物质、矿质缺乏、土壤的过酸或过碱、不稳定的土壤流沙和径流水、紧密土壤或缺氧等。

生物胁迫在密集的植物群中特别普遍，生物包括动物、微生物等。人类的影响更大，尤其在工业密集的地区。由人类活动引起的植物对环境污染的影响将专门一章介绍。

二、自然界中主要的胁迫环境及其危害

1. 强光胁迫

过量的光合有效辐射和增加紫外辐射在植物中产生光胁迫。在这两种情况下，光能过程都被包括在内。植物的光合器官能有效地吸收和利用可见光。然而，强光给叶提供超过光合作用所利用的光化学能，光合过程的超负荷引起更低的量子利用和更低的光合产量（光抑制）。极高的辐射破坏光合色素和类囊体结构（光损伤）。在栅栏薄壁组织的最上层，单个叶绿体的光损伤经常发生。光损伤使老叶光合能力下降。此外，含叶绿体组织的严重损伤也很普遍，并可从向阳面的褪色斑点来确认。

许多隐花植物（藻类、阴地植物和地衣、苔藓、一些蕨类植物）、水生茎叶植物、显花植物中的所有阴地植物，无论是遗传的还是适应性的均对光敏感（光不稳定的），即使暂时暴露在中等强度光照下也都可发生光损伤。浮游植物对强光的反应是下沉到深水。到达地面或岩石表面的藻类和水草在午前逐渐变为光抑制。因此，它们的碳同化在一天的早期就开始下降。连续几个阴天后，直射阳光抑制处于水合状态的地衣的光合作用和森林下部生长的植物，如果对它们突然临时曝光（由于风折或由于采伐）则遭光击（休克）。穿透树冠的太阳斑点，也会对树枝造成刺激。作用的通常规律是，光合色素复合体捕获入射光的效率愈高，这种植物对强光辐射愈敏感。

生长在开阔地带的植物，如高山、荒漠、海岸、休闲地和作物未成熟的农田，适应强光，并能忍耐高强度的辐射，它们一般是光稳定的。然而，如果因某种原因，如卡尔文循环的电子转移被阻断或延迟，即使这样的植物也能发生光抑制和光损伤。如果植物以前曾受过胁迫，或另外的胁迫发生，特别是热、冷、干旱、过量盐、矿质营养（尤其是氮和微量元素）供应不足，或受有害生物侵染及受毒性物质胁迫，这类情况就会发展。基本上可以认为，如果光合作用的第二过程不能以正常速度进行，则在强光辐射存在条件下光抑制一直发生。光抑制组分也包括光合的中午降低、干旱及休眠期的光合性能的降低。

2. 紫外线辐射

通过大气层太阳光中含部分紫外光，包括全部长波 UV-A（315～400nm）和部分

UV-B（280～315nm）。自然界中，UV-B 仅有很低强度，但若使平流臭氧层过滤效应显著减弱，则 UV-B 的强度提高。由于氮和卤化烃的氧化物散发物的结果，UV 强度随着海拔高度增加和纬度降低而提高。

穿透细胞的紫外辐射大部分被吸收，高量子能引起急性损伤。长波 UV-A 主要是光氧化；UV-B 除其光氧化作用外，也引起光损伤，特别是生物膜损伤。紫外光对原生质损伤的分子机制是切断蛋白质分子的二硫键和 DNA 的二聚性胸嘧啶基，造成转录中断。此外，紫外光抑制紫黄素－脱环氧酶，以致在极强光下叶黄素循环不能充分完成其保护功能。紫外光对植物损害可通过酶活性改变（增加过氧化物酶活性，抑制细胞色素氧化酶）、细胞不良能量状态（胞质环流停止）、低光合产量和干扰生长（降低伸长、生长和花粉管伸长）加以鉴定。

由于 UV 被表皮蜡质和溶于细胞液中的类黄酮有效吸收，高等植物细胞的原生质则避免辐射伤害，保护性色素合成被 UV 诱导，并随 UV 胁迫的增加而积累。

3．极端温度

热和冷是热力学状态，分别以分子的高或低动力能为特征。热加速分子运动，大分子内的键是疏松的，生物膜的脂层变得更加流动。相对而言，低温下生物膜变得更加坚硬，因而激活生物化学过程所需的能量增加。冷冻是水向固体状态的转变，因此是植物主要生命过程最严重的事件。

热和冷，依据其强度和持续期，损伤植物代谢活动、生长和生活力。由此确定了某物种的分布界限。在活性界限水平，生命过程被可逆地降低到最低速度。休眠阶段，如干孢子和变水植物处于干燥状态都不敏感，以致在极端温度下仍能存活而不变损伤。在致死界水平，不仅同一种，而且不同器官和组织也会出现永久损伤特征。当超过临界温度阈值时，说明结构和细胞功能突然损伤，以致原生质立即死亡。在其他情况下，损伤渐渐发展，随着一个或多个过程失去平衡和受害，直到生命的重要功能停止和机体死亡。

（1）高温：引起生物膜物理化学状态和蛋白质分子构型的可逆变化。因为类囊体膜对热特别敏感，光合作用失调是热胁迫的初始指标。最初，光合系统 I 受抑，此后，碳代谢逐渐失去平衡。叶绿体损伤的结果是光合作用受到抑制，最后导致细胞的死亡。因光合系统 II 也受光抑制影响，热和辐射的结合有一加合效应。在热带草本豆科植物[紫黑大绒豆（*Macroptilium atropurpureum*）、具爪豇豆（*Vigna unguiculata*）]叶片中，热依赖型光抑制在 42℃开始，而在黑暗下它们仅在 48℃以上遭受损害。在其他胁迫因子（如干旱）存在下，30℃以上就有早期光合作用受抑制的迹象。

光合作用失活与致死损伤相关，只在后来才明显表现出来。光合作用失活的可逆和不可逆临界阈值可用体外叶绿素荧光方法测定。如果许多热不稳定的酶失活、核酸和蛋白质代谢中断、生物膜微结构解体、选择性膜运输和线粒体呼吸停止，则最后细胞死亡。

（2）低温胁迫：随温度降低，化学反应速度变慢，导致平衡反应向能量释放方向明显转移（Le Chatelier 原理）。因此，低温下有效代谢能减少，水分和养分吸收受限制，生物合成减少，同化作用降低和生长停止。低温时间越长，发生越频繁，温度越低，对植物的影响就越严重。

各种细胞功能对温度的敏感性存在差异。低温的第一个可测定结果是胞质流动停止，这是直接依赖呼吸过程产生的能量供应和高能磷酸盐（ATP）有效性的生命现象。光合作用立即削弱，这在早期可用气体交换和用体外叶绿素荧光探测。此两种均被认为是早期预警方法。当温度升高时，仅有很少植物能从冷胁迫状态立即恢复。寒潮期间或紧接寒潮之后，强辐射促进叶绿体损伤，延迟甚至阻止恢复；在冷敏感的植物中，则存在光氧化毁坏叶绿素的危险。在一些情况下，代谢活性的温度系数在临界温度范围内偏离正常值。这可从阿伦尼乌斯（Arrhenius）图解的斜率变化明显表示出来。冷胁迫后，有时出现呼吸的暂增加。

低温可直接引起植物细胞损伤。冷敏感植物在冰点以上几度的温度下即遭受致死损伤。与热胁迫一样，冷胁迫致死是生物膜损伤和细胞能量失调的结果。冰点以上冷不敏感植物在冰点温度下受损害是冰形成的结果。而冰冻敏感组织中一旦冰形成，组织即刻死亡。耐冰冻植物组织在大量冰形成前能成活，然后逐渐死亡。

4．冻土、雪和冰

如果土壤结冰（冻土），即使蒸发损失小，植物也不再能吸收足够的水分以供应自身需要。对植物而言，结冰土地意味着干旱土地。冬季条件下，施加于水分平衡的限制可能因干化对植物造成损伤，这被称作“霜冻干化”或“冬季干化”。

在零度以上的低土温下，因土壤与根系间转运阻力增加，营养和水分缺乏或根系生长受抑制等原因而使根系吸收的营养和水分减少。温度对水分吸收的影响似乎是植物对生境的土壤温度的适应。北极冻原和高山的植物及北方森林的树木能在近零度以上甚至能从部分冻土中吸收水分，而较温暖地区的植物在10℃以下就难以吸收水分，实际上在未冻土上冬季干化的症状已被观察到，例如，柑橘（*Citrus*）当深层土壤出现结冰时，无雪被位点的冬季干化是最为常见的。

冰或雪长期覆盖下的有害效应：虽然雪的覆盖为植物提供了防止低温、风和冬季干化的保护，但雪下植物必须支持雪的重量，而且得不到光照。根据覆盖的密度，仅1%～15%的光穿过20 cm深雪的覆盖层。

一种特别的危险产生自“薄冰层”和紧密雪下CO_2和O_2的低渗透性，其结果是被封闭着的植物的气体交换受到很大阻碍。植物和微生物呼吸放出的CO_2达到最高度，同时氧气浓度降低到不正常水平。这种条件与淹水引发的缺氧相似，毒性物质通过不正常的代射途径积累。特别有害的是乙醇和高浓度CO_2的结合。从细胞学角度，这种异常状态以内质膜的增生和生物膜同心束的形成表达。这种衰弱的植物对霜抵抗力很小并易被嗜冷真菌所侵袭。

5．干旱胁迫及植物的适应

在适宜的热力学状态（温度适应）下，如果有效水分太少，则干旱引起植物胁迫。这种情况由多种原因发生，如强烈蒸发、盐水中水分的渗透制约，以及冻土等。逐渐增加的干旱胁迫也可能是因适宜根系发育的土壤太浅而植物吸收不足的结果。与许多其他胁迫事件相比，干旱引起的胁迫，不是突然发生而是缓慢发展，并延干旱的持续强度而增加。因此，时间在植物干旱胁迫下的存活状态起重要的作用。

“干旱”术语表示在无相当大降雨量的一段时间内，土壤含水量降低到植物感到缺水的程度。时常，但并不总是，土壤干旱由空气干旱和高强度辐射引起的强烈蒸发相联系。然而，仅降雨量短缺不足以引起干旱。例如，寒冷极地，尽管降雨量很低，但由于蒸发量低而避免了干旱。在干旱地区，稀疏植被的根系达到近地下水或河流附近的永久湿润层（例如，峡谷森林和河岸植被）。

大规模的干旱是由低降雨和高蒸发所致。在干旱区，旱灾是如此经常持续发生，以致于年蒸发量可超过年总降雨量。相对于多余降雨地区的湿润气候，这样的气候被称为干旱。大约地球的陆地面积的1/3缺雨，地球的大陆面积的1/2（约12%的土地面积）是如此干旱，以致年降雨量低于250mm，这甚至不足于1/4的潜蒸发量。广大干旱地区，主要在北纬15°至南纬30°之间，以及能挡截暴风雨的高山的背风面。离海洋或少雨的山区地带愈远则气候越干旱。从湿润气候，通过偶尔或一段干旱期的半干旱中间地区，到永久干旱和土壤中含盐增加为特征的地干旱地区，是一个逐渐的转变。

年降雨量和年蒸发量之间的相互关系，仅作为一个地区的湿润或干旱性质的指标。就植物生长而言，与植物生长关系密切的是保证生长季植物最大需水量的水分供应。

相对湿润和相对干旱季节图，能从气象站记录描绘出的气候图解中得出。在这样一种图中，温度曲线作为一年中大气蒸发能力渐进变化的指示器，一年中降雨量曲线低于温度曲线的时段是不能被灌溉和不能利用地下水的大多数植物的干旱时间。这一程序为具有有效蒸发或辐射资料的试验站的使用提供了方便。然而，气候图解不能被应用于所有地方，例如，蒸发量随着海拔高度而增加和降雨的地表径流均未被考虑在内的地区。

缺水导致细胞体积变小、细胞液浓度增加和原生质的逐渐脱水。所有生命过程都受水势降低的影响。缺水的最初和最敏感反应是膨压的降低和与此相连的生长过程的缓慢降低（特别是伸长生长）。蛋白质代谢和氨基酸合成均很快受到影响。作为缺水的一个结果最强列被抑制的酶是硝酸还原酶。很短时期的负水分平衡即造成硝酸还原酶值降低20%，较长时期缺水甚至降低50%。这就是为什么干旱导致施肥处理的植物氮含量增加的原因。豆目（Fabales）植物根瘤中氮素固定对干旱也很敏感，尽管这种干旱效应能被共生VA菌根的存在而减弱。蛋白质代谢合成的降低抑制细胞分裂，甚至中度干旱胁迫使有丝分裂慢下来，S阶段受影响最大。如果水分胁迫发生在花粉发育阶段，减数分裂显示染色体异常，特别是中期和后期失调。因此，干旱降低花粉能育性。

初步缺水：膨压降低、生长缓慢、蛋白质代谢受阻，硝酸还原酶抑制

中度缺水：脱落酸（根中）形成，叶中ABA启动气孔关闭，衰老加速

萎蔫：细胞收缩、细胞内溶质、离子浓度增加、光合作用次级反应受阻；
线粒体呼吸受阻、叶绿体破坏、核膜扩张与多糖分解

中度缺水就足以触发根中从类胡萝卜素合成脱落酸。作为一种信号运送到植物的不同部位并引起多种效应，在叶中ABA启动气孔关闭。根和叶对干旱反应是在激素合成的影响下同化物分配发生改变，和冠/根生长比率发生过程提前。如果脱水增加，分解过程占优势，衰老加速，老叶干枯并脱落。

上述过程起初完全都是可逆的。对不同过程的定时观察已提示保护性反应和破坏性过程相继发生，并在某种程度相重叠。当膨压开始降低时，渗透调节开始启动。有机氮化合物的合成和淀粉向可溶性碳化合物转化的结合，导致细胞区隔与细胞液内低分子有机物的累积，因此，促进水的渗透流入量。这就帮助保持了细胞体积，也延迟了叶肉细胞及气孔保卫细胞膨压的损失，这就意味着气孔保持开放时间较长，增加碳同化时间。

如果植物萎蔫，植物的细胞收缩（细胞起皱现象），并伴随着细胞体积成比例减少，在原生质内各种细胞区隔萎缩。细胞内溶质，特别是离子的浓度增加，首先损伤光合的次级反应和线粒体呼吸。在细胞破坏的最后阶段，中心液泡分裂成许多小碎屑状液泡，叶绿体中的类囊体和线粒体脊首先膨胀，然后破裂，核膜扩张和多糖分解。如果在这一系列变化进行过甚之前发生再水化，一些植物（特别是抗旱植物种和种子的胚）就通过恢复其膜结构和细胞区隔化。因此可以认为，脱水后一个细胞的命运由其膜结构的损坏程度和对所受损伤的修复能力所决定。生物膜的黏着和崩解最终导致细胞的死亡。

6. 含盐生境

盐胁迫可能是地球上生物进化期间所遭遇到的第一个化学胁迫因子。最古老的生物是海洋生物。迄今，含盐的群落生境定植于海边而不是淡水中。因此，在最初，生物必须发展离子调节和稳定原生质结构的有效机制。在细胞内形成了对盐适应的能力和涉及整个生物体的其他调节能力之后，盐生植物才能适应在高盐生境存活。盐土面积约占陆地表面的 6%。

含盐生境是指一种易溶性盐含量异常高的环境。海洋、盐湖和盐池是水生盐生境；湿润和干旱气候条件下陆地的盐土也是盐生境。在湿润地区、潮汐区的浪花冲溅地带、沙丘和沼泽地带的土壤变为盐化是可能的。含盐环境也能在与盐沉积源相接触的附近地带发现。以烟雾形式，一些海洋盐靠风和云被运送到 100km 或更远的内陆地区。而且，土壤含盐量可通过浪花、灰尘及冬天不结冰含盐水的沿路径流而增加。

只有开阔海洋中盐浓度保持恒定（平均 480 mmol NaL^{-1}，560 mmol $Cl^{-}L^{-1}$）。潮间区盐浓度变动范围很大（红树地带为 290～810 mmol Na L^{-1}），含盐沼泽地带 Na 浓度时常高到 600～1000 mmol L^{-1}。

生长季期间，作为蒸发和蒸腾的剩余物，盐在树冠中累积。叶和其他部分死亡后，落到地面，盐被雨水淋溶出来并返回到土壤。每年在土壤蒸发远大于渗入土壤降雨量的干旱地区，土壤含盐度大大增加。特别是在地下水位高、无排水的洼地（盐滩）及灌溉水中含盐高且排水不畅、频繁灌溉地区的洼地大量积累盐。

高盐浓度对植物的影响是由于水的渗透保持和特异离子对原生质的效应所致。水是不渗透性在盐溶液中，以致随盐浓度增加水分难以渗透到体内。原生质中 Na^{+} 是过量的，甚至在很大程度上 Cl^{-} 的过量，导致离子平衡失调（K^{+} 和 Ca^{2+} 对 Na^{+}）及离子对酶蛋白和膜的特异效应。结果，光合磷酸化及呼吸链上的磷酸化产生能量太少，氮同化受损，蛋白质代谢失调，二胺如腐胺和尸胺及多胺发生累积。

如果吸收盐的有害渗透和离子特异效应超过植物的耐性水平，则出现功能失调和损伤。光合作用受到损伤，不仅气孔关闭，盐也对叶绿体，特别是对电子传递和次级过程有影响。呼吸作用，特别是在根系中，受盐的影响而增加或减少。似乎糖酵解和三羧酸循环中的酶系统比交替代谢途径的酶系统更敏感。当土壤中 NaCl 含量高时，矿质营养的吸收，特别是 NO_3^-、K^+ 和 Ca^{2+} 吸收就降低。

极度盐胁迫导致植株矮小和抑制根生长，芽舒展延迟，茎生长受阻，叶片小；在根、芽、叶缘和茎尖出现细胞死亡和枯斑；生长季结束之前叶变黄和变干，最后茎的所有部分干枯。低水平的细胞分裂素与增加的脱落酸和乙烯数量与这种早期衰亡有关。

第四节　植物生理生态学的发展趋势与展望

学习要点

1. 了解国内外植物生理生态学的发展趋势。
2. 了解有哪些学科与植物生理生态学相渗透。

一、国外的发展趋势

从个体水平研究植物与环境相互关系和植物适应性的机制是植物生理生态学研究的基础。植物生态学从个体、种群、群落和生态系统等层次上研究植物与环境间关系，在这些研究层次中，植物与环境的物质、能量和信息变换中个体与环境的交换是具体的、最终的和最根本的，其他更高层的情况多属积累的和统计学的。植物生理生态学是当今植物生态学发展的三极之一（另两种是生态系统生态学、群落生态学），是个体生态学的核心，它研究植物的生理功能与环境的关系，生理适应使植物在资源不足或不良环境下得以生存、发展，因而是研究的热点。具体地，植物生理生态学在国际上的发展趋势有：

(1) 对各种极端环境的适应性和胁迫生理生态学研究：高温、低温、强辐射、干旱、高盐度等特殊环境条件，极地、高地、荒漠、盐碱地、深海等极端生境，还有人类活动造成的各种污染，对动植物的正常生长发育和生理功能造成种种胁迫（stress）。而长期生活于这些环境的植物，具有明显的抗逆性和各种生理生态适应性特征。例如，随水分胁迫的加剧，植物的 RNAase 活性降低，可用来判断植物的抗旱性。另外，随着植物生理生态学研究的深入，其预测与指导实践的作用日益增强，从而为农业育种、作物栽培、林业经营、污染控制等许多领域提供管理决策的依据。

(2) 植物分子生物学与植物生理生态学相结合，形成了植物分子生态学的新领域。1992 年英国生态学创办了第一个分子生态学刊物，它以报道有关分子适应、分子种群生物学和分子环境遗传学研究为宗旨，植物分子生态学的重要意义还在于它为植物分子生物学和整体有机生物学之间的缺口建立起一个桥梁。

(3) 生物物理生态学是另一个重要新领域，它根据物理学原理，把生物与环境之间的能量和物质交换作为一多变量交换过程来对待，以阐明那些非生物因素限制植物从环境中获得能量和其他有限的资源。

(4) 全球变化中的植物生理生态研究：全球气候变化是指大气成分如 CO_2、CH_4、N_2O、CFC_S（氯氟碳化物 Cholorofluorocarbons，CFCs）等温度气体增加及其可能造成的全球性大气升温及其他可能变化。全球气候变化可能会导致一系列的植物生态学效应，是当今全球性关注的热门课题之一。围绕着全球变化对陆地生态系统的影响，尤其CO_2浓度升高对植物的直接影响，国内外植物生理生态学者开展了大量的研究。最近10多年来，有关CO_2浓度升高对植物的直接影响方面的论文就达数千篇之多。这些研究大部分在温室模拟状态下或室外田间环境控制下进行，取得了不少重要的进展。研究的植物生理生态指标有：光合速率、暗呼吸速率、气孔导度、水分利用效率、生物量及产量、关键蛋白质及酶活性、非结构碳水化合物（TNC）含量、元素含量（N、S等）、根及花的发育等。

另外，在全球变化中的生态系统生理学研究中，植物碳素平衡方面也开展了不少重要的研究，大范围大尺度上碳的源（source）和库（sink）关系都需要植物在个体水平上的碳吸收和释放方面的数据。

（5）植物遗传生理学研究：植物的生理生态性能是生态和进化过程的基础，是植物个体变异的后果。目前已成为生态学研究的一个热点，其特点是把生理生态学研究与遗传进化研究结合起来。其研究是多学科的，包括以下几点植物组织水平的研究，即观察描述植物遗传变异的生理学和生物化学后果；描述植物个体水平上的生理性能的差异及其机制；分析这些植物个体生理性能区别与达尔文进化适合度区别的关系。

（6）植物生理生态学与种群生态学的“界面”研究：把植物个体生态学（包括生理生态、行为生态和生态形态研究）作为分析植物种群和群落生态的理论基础，这个方向是植物生理生态学和种群生态学的综合。研究植物繁殖与防卫的资源分配对策，就是当前植物生理生态学与种群生态学结合的例子。植物进行营养生长与繁殖，面临着对资源的最佳分配选择，这种最佳选择受植物生活史特点、资源环境、形态特点和生长速率的影响。例如，生长在开阔生境的植物需要非常高的生殖能力，而在植物密集的生境里，植物间竞争能力的提高就很重要。同样，一年生和多年只生殖一次的植物，应当比多次生殖的多年生植物具有较高的繁殖对策。植物资源分配的研究，是把植物生理生态学与群落生态学和生态系统生态学有机联系起来，为群落的演替和生态系统动态寻找机制性的解释。

（7）有机体生物学的研究：Feder（1987）在其《生理生态学新方向》中指出，生理生态学已发展成熟，其中心思想是对环境的适应性。但如果要使生理生态学得到继续发展和繁荣，就必须有新的概念和思想。他认为这个新方向已经产生，即把与生理生态学有关的学科如功能形态学、比较内分泌学、行为生物学（克隆、非克隆植物），发展成为一个更大更综合的有机体生物学（Organismal Biology）。其中心问题是如何解释复杂多样的有机体的进化。植物生理生态学家过去多注重于了解组成有机体各种适应性各自的机制研究，现在提出的方向则要求对有机体整体的进化进行解释。植物生理生态学研究也正逐渐从器官水平转向个体水平的研究，着重于各种生理功能之间的相互联系和调节，以及植物个体适应多种环境资源的机制。

二、植物生理生态学在国内的发展

我国在植物生理生态学方面研究始于20世纪30年代，当时一些前辈如钱崇澍、李继侗等在国外的工作，涉及植物生长发育与土壤理化性状、水分的关系，是早期的启蒙性工作。如果把当时分散在农、林、草各学科的生理生态工作综合来看，也有一定的基础。但由于当时学科范围的限制，没有独立发展成为植物生理生态学。如涉及作物、林木和牧草生理生态学的研究，有小麦、水稻等作物的抗旱性、抗寒性，杉木、杨、柳的生长分布与环境条件的关系；穿心莲北移后光温处理，促进开花结实；罗芙木生长发育、生物碱含量与光照强度的关系；羊草大针茅草原群落的单叶光合生理生态研究。

60～80年代，以“群体生理”名义开展的大田光合生理研究，对传统的群落光合模型作了修订。以兴安岭和长白山红松针阔混交林、内蒙古草原、亚热带杉木针阔混交林结构与光合生产的研究也是群体水平的工作。这些工作与IGBP研究中光合生产、矿质营养元素循环的目标一致，成为群体光合生理生态的一个特殊领域。此外，从70年代开始，我国生态学者围绕着大气和水质污染开展了植物与环境污染物质关系的研究，分别就SO_2、NO_x、HCl、Hg以及Cu、Pb、Cd等重金属的吸收积累与分配及其净化功能也进行了研究。对大气和污水排放标准的制定，污灌对作物质量的影响以及建立生物净化带等提供了依据。

80～90年代，植物生理生态学研究零星分散，由于实验观测仪器设备落后陈旧，开展的植物生理生态学研究则近乎空白。

最近，由于仪器的更新，尤其是中国生态系统研究网络（CERN）和中国生物多样性项目（BRIM）的实施，以中国科学院和中国林业科学研究院为主的研究队伍购置了大量的植物生态生理仪器（室内和野外），已开展了不少研究。如在野生植物或大田作物的不同植物光合生理、水分生理、抗性生理方面取得了不少进展。

思考题

1．植物生理生态学作为一个学科是如何演变的？
2．植物的生长和分布受哪些因子影响？
3．举例说明什么是植物功能型。
4．什么是植物的光补偿点、光饱和点、CO_2补偿点？
5．自然界中植物光合生产的有哪几种生态类型？
6．什么是光合作用、蒸腾作用？
7．什么是荧光效应？什么是荧光感应？
8．为什么在低温湿润的环境下植物还会出现缺水现象？
9．环境胁迫有哪几种类型？
10．什么是全球气候变化？

参考文献

王　毅．1993．植物抗寒性的研究进展，植物科学总论（林金安主编）．哈尔滨：东北林业大学出版社
中科院上海植物生理研究所、上海市植物生理学会编．1999．现代植物生理学实验指南．北京：科学出版社
刘友良．1992．植物水分逆境生理．北京：农业出版社
宋纯鹏．1998．植物衰老生物学．北京：北京大学出版社
娄成后．1993．汤佩松论文选集．北京：中国世界语出版社
曹宗巽，吴相钰．1980．植物生理学（上、下册）．北京：人民教育出版社
蒋高明．2001．当前植物生理生态研究的几个热点问题．植物生态学报，25（5）：514～519

蒋高明．2001．在应用实践中不断发展的植物生理生态学．植物生态学报，25（5）：513
葛培根．1991．光合作用-光子、激子、电子、质子、离子与光合膜之间的相互作用．合肥：安徽教育出版社
彭永宏．1993．果树光合作用研究进展，植物科学总论（林金安主编）．哈尔滨：东北林业大学出版社

第三篇　种群生态学

第四章　种群生态学概述

学习要点

掌握种群、异质种群的概念、特征，了解种群生态学的发展及其在生态学中的作用。

一、种　　群

种群（population）是指生活在一定空间内、同属一个物种的个体的集合。它具有以下四个特征：

（1）数量特征：这是种群的最基本特征。种群是由多个个体所组成的，其数量大小受四个种群参数（出生率、死亡率、迁入率和迁出率）的影响，这些参数继而又受种群的年龄结构、性别比率、内分布格局和遗传组成的影响，从而形成种群动态。

（2）空间特征：种群均占据一定的空间，其个体在空间上分布可分为聚群分布、随机分布和均匀分布，此外，在地理范围内分布还形成地理分布。

（3）遗传特征：既然种群是同种的个体集合，那么，种群具有一定的遗传组成，是一个基因库，但不同的地理种群存在着基因差异。不同种群的基因库不同，种群的基因频率世代传递，在进化过程中通过改变基因频率以适应环境的不断改变。

（4）系统特征：种群是一个自组织、自调节的系统。它以一个特定的生物种群为中心，以作用于该种群的全部环境因子为空间边界所组成的系统。因此，应从系统的角度，通过研究种群内在的因子，以及生境内各种环境因子与种群数量变化的相互关系，从而揭示种群数量变化的机制与规律。

二、异质种群（metapopulation）

也称为集合种群，Levins 1969 年首次提出这一概念，将其定义为“一组种群构成的种 群”（a populatin of populations)。并且为了区分上述种群概念，用局域种群（local population）来表示传统意义上由一群个体组成的种群，用集合种群（metapopulation）表示一组局域种群构成的种群。

一个典型的集合种群需要满足以下四个条件：

条件 1：适宜的生境以离散斑块形式存在，这些离散斑块可以被局域繁育种群（local breeding population）占据。

条件 2：即使是最大的局域种群也有灭绝风险，否则，集合种群将会因最大局域种群的永不灭绝而可以一直存在下去，从而形成大陆-岛屿型集合种群。

条件 3：生境斑块不可过于隔离而阻碍局域种群的重新建立。如果生境斑块过于隔绝，就会形成不断趋于集合种群水平上的灭绝（metapopulation wide extinction）的非平衡态集合种群。

条件 4：各个局域种群的动态不能完全同步，如果完全同步，那么集合种群不会比灭绝风险最小的局域种群续存更长的时间。这种异步性足以保证在当前环境下不会使所有的局域种群同时灭绝。

三、种群生态学

种群生态学（population ecology）是研究种群数量动态与环境相互作用关系的科学。

种群生态学起源于人口统计学、应用昆虫学和水产资源学。Lotka-Volterra（1925, 1926）的模型是理论生态的一个里程碑，并由此进入了黄金时代。20 世纪上半叶由一门以描述为主的学科发展成为一门实验性的、定量的、理论性的学科。1957 年冷泉港的国际会议有关种群调节理论的讨论，标志着种群生态学已成为生态学的主流。此后，随着生态系统生态学的发展并成为主流，种群生态学在理论上、方法上仍是生态学中最为发展、最为活跃的一个领域。种群作为一个系统，它与物理环境相互作用，其时空动态规律和调节机制，其遗传组成和进化、行为适应等的深入研究是了解群落和生态系统的结构、功能、动态和调控的基础。

植物种群生态学自 Harper（1977）提出的以植物生活史为纲的植物种群动态模型，标志植物种群生态学的出现，继后 Solbring（1979）、Mortimer（1981）和 Silvertown（1982）和 Hedrick（1984）的有关植物种群生态学著作相继问世，使这门新兴学科迅速发展。

现代种群生态学研究的内容包括种群的时空动态、种群之间的相互作用过程和种群的调节机制，仍然是生态学研究的核心和基础。

思考题

1. 比较种群和异质种群的异同。
2. 通过查找文献，论述种群生态学的发展趋势和在生态学中的作用。

第五章　种群的空间生态学

学习要点

1．掌握应用三种常见的方法进行种群的空间图式的研究。

2．了解集合种群的分析方法。

基本概念

1．空间生态学（spatial ecology）：研究空间对于种群动态和多种群（群落）的结构、动态、多样性以及稳定性影响的一个生态学分支。

2．空间分布图式（spatial distribution pattern）：指种群的个体在其生存空间的分布形式。

3．平均拥挤度（mean crowding）：同一个样方中，平均每个个体拥有多少个其他个体。

空间生态学（spatial ecology）是近年来发展较快的一个生态学分支。按 Tilman 等（1999）所著的《空间生态学：空间在种群动态和种间相互作用中的作用》一书的定义，空间生态学是研究空间对于种群动态和多种群（群落）的结构、动态、多样性以及稳定性的影响。可见其覆盖的范围较广。本节主要介绍包括与种群有关的空间生态学，如种群分布型、异质种群，着重于分析空间对单个种群的作用。

第一节　种群的空间分布图式

种群的空间分布图式（spatial distribution pattern），指种群的个体在其生存空间的分布形式。它包括两个含义：分布是数理统计学上变量的分布，可分为 poisson 分布、正二项分布和负二项分布三种类型；图式是指有机体在空间定位所表现出来的图式，可分为随机分布、均匀分布和聚集分布三种类型。两者之间存在着对应的关系。可用图 3-5-1 表示。

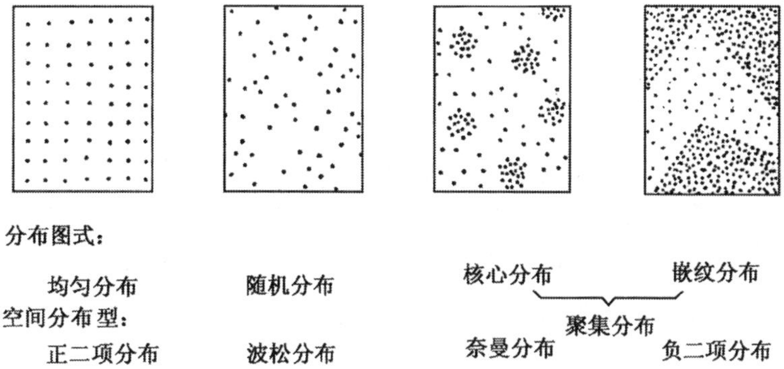

图 3-5-1　昆虫种群空间分布图式的模式图　（仿徐汝梅　1987）

一、空间分布型的理论拟合

既然空间分布的图式符合数理统计学上变量的分布，因而可通过田间调查的实际分布数据与概率统计分布的理论值进行卡方测验，分析三种理论分布型与实际观察值的差异，来判断其空间分布型。其方法为：

1. 田间资料整理

将田间调查的该种群数量的样方数（即频次）及每样方的种群数量数据列成表。

2. 配合波松分布

波松（Poisson）分布的概率公式是：

$$P\ \{\xi=r\}\ =\frac{m^r}{r!}\cdot e^{-m}$$

m 为种群平均数，以 $\bar{X}$ 为估值；$P\ \{\xi=r\}$ 表示每个样方中具有 r 个个体的概率（$r=0,\ 1,\ 2,\ \cdots$），因此，具有 r 个个体的 Poisson 理论频次分布值为：

$$NP_r=N\cdot e^{-m}\frac{m^r}{r!}$$

为了更好的分析，计算时往往用递推公式：$NP_r=\frac{m}{r}N\times\left[\frac{m^{r-1}}{(r-1)!}e^{-m}\right]=\frac{m}{r}NP_{r-1}$

由此计算出种群的频次分布理论值，与田间调查的实际分布数据进行 χ^2 检验，获得 χ^2 检验值。对波松分布，自由等于 $n-2$（n 为项数）。查卡方表，可得出 $\chi^2_{0.05,df}$ 值。如果计算出的 χ^2 检验值比 ${\chi^2}_{0.05,df}$ 小，表明该种群的分布符合波松分布；否则，该种群的分布不符合波松分布。

3. 配合负二项分布

负二项分布是动物空间分布中适合范围最广的一种分布。其理论表达式为：

$$N\cdot(q-p)^{-k}$$

$$P\ \{\xi=r\}\ =\frac{(k+r-1)!}{r!\ (k-1)!}q^{-k-r}\cdot p^r$$

其中 p，k，q 负二项分布参数，有：

$$p=V/\bar{X}-1$$

$$k=\bar{X}/p$$

$$q=1+P$$

$P\ \{\xi=r\}$ 表示每个样方中具有 r 个个体的概率（$r=0,\ 1,\ 2,\ \cdots$），因此，具有 r 个个体的负二项分布理论频次分布值为：

$$NP_r\ =N\frac{(k+r-1)!}{r!\ (k-1)!}q^{-k-r}\cdot p^r$$

$$=\frac{K+r-1}{r}\cdot R\cdot N\cdot P_{r-1}$$

由此得出负二项分布理论频次值，进行 χ^2 检验。同样，如果计算出的 χ^2 检验值比 $\chi^2_{0.05,df}$小，即该种群的分布符合负二项分布；否则，不符合负二项分布。

相似地，还可以分析正二项分布等其他空间分布型。

二、空间分布图式的测定方法

（一）方差（V）与平均密度（M）来测定

1.David 和 Moore（1954）方法

由概率统计分布的理论可知，种群为随机分布时，$V/M=1$。因此，V/M 是否等于 1 可以作为聚集的度量。David 和 Moore 建议用以下 I 值作为聚集指标。

聚集度指标 $I=\frac{V}{M}-1$

$I=0$，随机分布

$I>0$，均匀分布

$I<0$，聚集分布

2.Taylor 方法

Taylor（1961，1965，1978）从大量的生物资料中总结出方差（S^2）与均数（m）的经验公式，发现二者之间成幂指数关系。

$$S^2=a\cdot m^b \quad (a,\ b \text{ 为常数})$$

$$\lg S^2=\lg a+b\lg m$$

因此，根据不同样方调查，可得到多组的方差（S^2）和均值（m），然后通过直线回归方法，可获得参数 a，b 值。其中 b 的生物学意义为种群的聚集度对密度的依赖程度。

它们有如下的分布特征：

当 $\lg a=0$，$b=1$，$S^2=m$，随机分布。

当 $\lg a>0$，$b=1$，$S^2/m=a$，聚集分布，但不依赖于密度。

当 $\lg a>0$，$b>1$，$S^2/m=am^{b-1}$，聚集分布，依赖于密度。

当 $\lg a<0$，$b<1$，均匀分布。

（二）以平均拥挤度为指标

1.Lloyd（1969）方法

平均拥挤度（mean crowding）为同一个样方中，平均每个个体拥有多少个其他个体。即平均每个个体与多少个其他个体在同一样方中。如果用 m^* 表示平均拥挤度指标（index of mean crowding），则有：

$$m^* = \left[\sum_{j=1}^{Q} X_j(X_j - 1)\right] / \left(\sum_{j=1}^{Q} X_j\right)$$

式中，Q 为样方数，X_j 为第 j 个样方中的个体数。以平均拥挤度（m^*）与平均密度（m）的比值（m^*/m）作为聚集度指标

$m^*/m=1$，随机分布

$m^*/m<1$，均匀分布

$m^*/m>1$，聚集分布表

2. Iwao 的 m^*-m 方法

Iwao，S（岩俊一）发展了 Lloyd 的方法。他发现 m^* 可适用对各种生境、样本单位种群空间分布的测定。且对同一物种的多个种群，其 m^* 与 m 关系一般可用下列简单线性回归方程式来描述：

$$m^* = \alpha + \beta m$$

参数意义：α 为分布基本成分的平均拥挤度。

$\alpha=0$，基本成分是个体。

$\alpha>0$，基本成分是个体群。

$\alpha<0$，基本成分是个体。

β 为基本成分的空间分布型。

$\beta=1$，为随机分布。

$\beta>1$，为聚集分布。

$\beta<1$，为均匀分布。

3. 三种方法的比较

上述频次比较的方法、Taylor 的方法和 Iwao 的方法是常用的用来计算种群图式的方法，其主要的优缺点如下：

(1) 频次比较的方法：此法已有较长的研究历史。方法成熟，对资料代换、抽样技术、序贯分析等都有较全面的论述。其主要缺点为：

1）理论模型甚多，计算起来十分费力。

2）理论分布型与空间图式之间很难绝对地一一对应。这个问题，在 Taylor 的方法中部分地得到了解决，在 Iwao 的方法中则比较全面的解决了。

3）这种方法是以概率分布为基础的，因此，它只能说明种群的空间分布聚集与否。除此以外，对种群的空间结构、造成这种分布的机制等，则不能提供更多的信息，故应用在生态学研究中有局限性。

(2) Taylor 的方法

1）这种方法很简单。先求出各样本的平均数和方差，再以平均数的对数为横坐标，以方差的对数值为纵坐标作图，并求出截矩和斜率。

2）聚集度指标 $\lg a$ 和 b 反映了有关有机体的内在属性。

3）此方法对抽样要求不严，且作 $\lg V - \lg M$ 回归时，经常是拟合得非常好，相关系数高。

(3) Iwao 的方法：此方法计算较简单，克服了频次分布方法的缺陷，应用广泛。尤其对种群空间图式的机制和种群空间结构提供了信息。这就为理论生态学的研究提供了有力的工具。

但是，在实际拟合时，m^*-m 间有时不呈 $m^*=\alpha+\beta m$ 的线性关系。因此在实际应用时，由于以线性关系代替非线性关系使参数估值有较大偏离，从而影响了对种群空间图式的评定。为了克服这一局限性，徐汝梅等（1984）将 β 作为种群密度的函数来处理：

$$\beta=\varphi(m)=\beta'+\gamma m$$

这样，改进的 Iwao 模型就是

$$m^*=\alpha'+\beta' m+\gamma m^2$$

其中，α'：每个基本成分中个体数的分布的平均拥挤度；β'：在低密下基本成分的分布的相对聚集度；γ：基本成分分布的相对聚集度随种群密度而变化的速率。

若种群属于随机分布或近似于随机分布时（$\alpha'\to 0$，$\beta'\to 1$，$\gamma\to 0$），改良模型可以被原 Iwao 模型所代替或近似。若在某些种群中，种群密度对基本成分的相对聚集度没有影响（即 $\gamma=0$），则改进模型就是原 Iwao 模型。新的方程所表达的数学模型既可用于 m^*-m 呈线性关系时，也同样可适用于 m^*-m 呈非线性关系时，因而更具一般性。

第二节　种群空间格局的地统计学分析

自然界种群的空间的分布生境，有些是均匀一致的，但大部分是空间异质的，由多个斑块组成。空间异质性（spatial heterogeneity）是指生态学过程和格局在空间分布上的不均匀性及其复杂性，一般可以理解为空间的斑块性（patchness）和梯度（gradient）的总和。

上述描述种群的空间分布格局的方法，如比较频次分布、聚集度指标、扩散型指数等，都是假定在均匀的生境之中，因而，其方法有以下不足：①简单地将样点值延伸到某一区域，作为该区域的平均值，结果导致实际值与估计值之间存在系统偏差；②只注意统计样方值的频率分布，不考虑各样方的空间位置，不能反映聚集强度在空间的变化；③都假设任一已知数据独立于整体，并且都有相同的分布，忽视了生态环境之间、生物之间存在的明显的相关性。

为此，生态学家们将地统计学（geostatistics）应用于种群的空间分布和时空动态研究。地统计学是在地质分析和统计分析互相结合的基础上形成的一套分析空间变量的理论和方法，它以区域化变量理论为基础，以变差函数为主要工具，研究那些在空间分布上既有随机性又有结构性的自然现象的科学。

当一个变量在空间上与其位置有关时称为区域化变量。区域化变量在空间上因其相互之间的位置关系或空间相关性而存在一定的规律性变化，即空间变异。地统计学就是定量的描述并模拟这种空间变异规律的科学，或者说是通过测定区域化变量分隔等距离的样点间的差异来研究区域化变量的空间相关性和空间结构的科学。

空间相关是基于这样一种假设：同相距较远的样本比较，距离相近的样本间具有更为相似的值。即在空间上某一位置的变量值总与附近位置的值接近或相似，大值的周围总是大值，而小值周围也多为小值。从本质上说，空间相关主要是因空间相互作用而产生，而空间相互作用是与空间位置信息如空间坐标、空间方向有着密切联系。将这种因空间位置（距离）不同而导致的不同的相互作用称为空间相关。在大尺度的生态系统中，种群间的空间相关性主要受空间异质性的影响，而在相同或很相似的小生境中，种群内或种群间的空间相关除空间因素外，还受密度制约作用或种内、种间相互作用的影响，对同一个区域内种群的空间格局进行相关分析时，常用变差函数（semivariance）来分析。变差函数是指区域化变量$z(x)$和 $z(x_i+h)$的增量平方的数学期望，即区域化变量增量的方差。变差函数既是距离 h 的函数，又是方向 α 的函数。其计算公式如下：

$$\gamma(h)=\frac{1}{2N(h)}\sum_{i=1}^{N(h)}[z(x_i)-z(x_i+h)]^2$$

式中 $\gamma(h)$为变差函数值，变差函数曲线图(semivariogram)是变差函数 $\gamma(h)$对距离 h 的坐标图形。$N(h)$是被 h 分隔的数据对的数量，$z(x_i)$和 $z(x_i+h)$分别是在点 x_i 和 x_i+h 处样本的测量值，h 是两分隔样点的距离。

计算区域化变量不同方向、不同距离的变差函数值并应用一定的模型进行模拟，可以将这些值及其模拟值绘制成如下所示的曲线图（如图 3-5-2）。从图 3-5-2 可以直观地分析变量在不同方向的空间变异特征，包括空间分布的结构或空间相关类型、空间变异的范围等。对于一个典型的聚集分布，变差函数一般随着距离的增大而增大，亦即区域化变量的空间变异愈来愈大，空间相关性逐渐减小，但增加至某一值时，变差函数不再增加而是保持稳定，这表示样点间已不存在空间相关关系。将变差函数值不再增加时的距离称为空间依赖范围（range of spatial dependengce），简称变程或相关程（range），用 α 表示。此时的变差函数值称为基台值（sill），用 C 表示。变差函数曲线在 y 轴上的截距称为区域不连续性值，亦成称块金（nugget）系数，用 C_0 表示。C_0 的大小可以反映区域化变量的局部随机性大小。(基台 - 块金）/基台［即（$C-C_0$）/C］的大小可以反映空间变异在总变异中所占的比例，或用随机程度（块金/基台，即 C_0/C）的大小反映研究范围内不是由种群的空间自相关引起的那部分变异在总变异中所占的比率，也就是种群随机性和结构性所占成分。

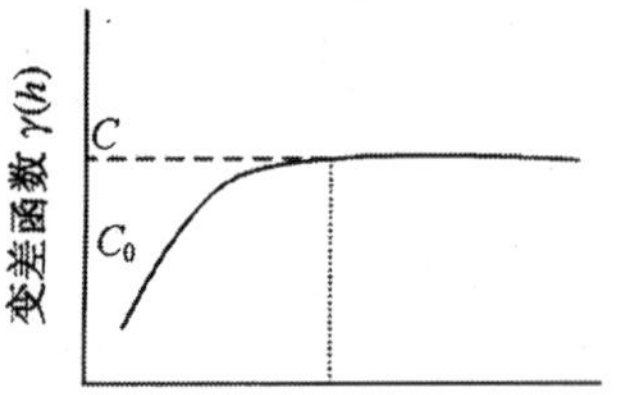

图 3-5-2　变差函数模式图
C_0：块金，α：变程，C：基台值

计算实验数据的变差函数值并用合适的曲线拟合，通过对变差函数值和模拟曲线形状特征进行分析就可以判断表征种群数量特征的变量的空间分布类型，同时揭示样点间空间相关的范围和强弱。一般地，球型、指数型、抛物型和高斯型的变差函数表明的数据是聚集的，但不同的曲线所揭示的空间结构却存在很大变异。如球型模型的聚集分布所表明的空间结构是当样点的间隔距离达到变程之前时，样点间的空间依赖性随距离增大而逐渐降低，抛物型的聚集分布所表明的空间结构是当样点的间隔距离较小时样点值有较好的空间连续性（或一致性）［即 γ（h）较小］，而在距离较大时，空间连续性急剧下降［即 γ（h）较大］。非水平状直线型的变差函数所表明的数据是中等程度的聚集分布，其空间依赖范围超过研究尺度。直线型（水平或稍有斜率）的变差函数

表明的数据为随机或均匀分布，即表明数据呈无规律变化、样点间无空间相关性存在。如果拟合直线的相关系数较小而方差较大，说明数据为随机分布；相反，如果相关系数较大而方差较小则表明数据呈均匀分布。

利用地统计学，可以定量区域化变量的空间相关性。如 Liebhold 等（1991）根据不同尺度的变差图，证明舞毒蛾［*Lymantria dispar*（L.）］卵块在 25 m 到 50 km 的尺度范围聚集；Kemp 证实蝗虫在 1～100 km 范围的距离存在空间相关性。还可以在空间相关分析基础上，对未取样点的进行插值或估值。这不仅克服了因资料不足给分析带来的困难，而且通过表面插值了解整体的分布情况。如 Kemp 等（1989）用普通克立格方法估计山地蝗（*Rangeland grasshopper*）的虫口密度分布地图；Hohn 等（1993）和 Gribko 等（1995）用克立格法形成舞毒蛾发生分布地图，进而建立失叶预报模型。此外，Schotzko 等（1989）用变差图比较豆荚草盲蝽（*Lygus hesperus*）的空间相关性后发现，该虫在田间的群集性强度一般早期比中期高，可能是早期群集交配所致；中期则由于产卵前期的扩散而使种群分布更加均匀。Liebhold（1991）在大尺度下，依据各年发生地图，研究舞毒蛾的空间相关性后发现，处于上升期的种群，其相关性一般比较高，爆发后的种群，其相关性就比较低。从而也可以利用地统计学分析种群动态的时空规律性。

第三节　集合种群分析

集合种群研究，作为空间生态学的一种研究途径，已经被越来越多的事实证明，是迄今为止使理论用于实际种群研究方面最为成功的。它的核心是将空间看成是由生境斑块（habitat patch）构成的网络，探讨这些斑块网络中的多个种群的空间结构和动态。其最基本的理论为 Levins 模型。

Levins 模型（1969，1970）基于局域种群灭绝和空斑块的重新占据（局域种群重建）的随机平衡上的集合种群的持续存在。所有的局域种群都趋于灭绝，只有在集合种群的水平上才能续存，集合种群续存的可能性随着生境斑块和局域种群数目的增大而增加。

该模型假定：①有无限多的空间分离的生境斑块；②生境斑块大小相同；③这些斑块被均等的联系在一起；④生境斑块只分被占据和未占据的，局域种群的实际大小忽略不计。所以，Levins 模型适合应用于斑块相对较小、局域种群可以迅速达到容纳量的系统。

考虑到集合种群是存在于一个相对较大的斑块网络（patch network）中的多个局域种群的集合，Levins 用时刻 t 被占据斑块的比率 $P(t)$来表示整个集合种群大小的变化率。假定所有局域种群有恒定的灭绝风险，斑块被占据的概率与已经被占据斑块的比率（P）及 t 时刻未被占据斑块比率（$1-P$）成正比，故 P 的变化率为：

$$\frac{dP}{dt} = cP(1 - P) - eP$$

其中 c 和 e 分别表示局域种群的重建率和灭绝率。P 的平衡值为：

$$P = 1 - \frac{e}{c}$$

虽然 Levins 模型是建立在局域种群的随机灭绝的基础上，比较简单，但它仍然给出了集合种群变化率的确定性描述，可以反映集合种群动态的基本属性：①平衡时，被占据斑块的比率随着 e/c 值的减小而增大，只要 $e/c<1$，即局域种群的重建速率高到足以补偿灭绝速率，集合种群就能持续生存下去（$P>0$）；②平衡时 P 随生境斑块的平均大小及密度的减小而减小，如果斑块面积太小或彼此相距太远，集合种群都会灭绝（$P=0$）；③$e/c<1$ 还暗示一个被空白斑块包围的局域种群在它的一生（$1/e$）中必须至少建立一个新的种群才能保证集合种群的续存。

近年来，有关集合种群的研究受到重视，研究的文献也迅速增加。主要原因是，①集合种群把种群的数、时、空有机地结合，分析种群动态，并具有一定预测价值；②集合种群研究提供比较简单而有效的方法，分析研究较大尺度空间、多斑块中局域种群的消亡、定居等生态过程；③集合种群研究也是新兴空间生态学的一个特殊分支，但其理论与方法仍需进一步完善。其具体的研究方法可阅读 Hanski（1999）的《集合种群生态学》（Metapopulatin Ecology）。

思考题

1. 比较三种常见方法的优缺点。
2. 如何进行动态的空间分布型分析。
3. 如何应用地统计学分析种群空间分布型分析。
4. 结合自己的研究，讨论集合种群的研究方法。

参考文献

丁岩钦 .1994. 昆虫数学生态学 . 北京：科学出版社 .15～17

孙儒泳编著 .2001. 动物生态学原理（第三版）. 北京：北京师范大学出版社

张大勇等著 .2000. 理论生态学研究 . 北京：高等教育出版社

侯景儒，尹镇南，李维明等 .1998. 实用地质统计学 . 北京：地质出版社

徐汝梅编著 .1987. 昆虫种群生态学 . 北京：北京师范大学出版社

Brown J H, Mehlman W and Stevens G C.1995.Spatial variation in abundance.Ecology 76：2028～2043

Caughley G, Short J, Grigg G C, and Nix H. 1987.Kangaroos and clmate：an analysis of distribution. Journal if Animal Ecology 56：751～761

Hanski I. 1994a. Patch-occupancy dynamics in fragmented landscapes. Trends in Ecology & Evolution, 9：131～135

Hanski I. 1994b. A practical model of metapopulation dynamics. Journal of Animal Ecology, 63：151～162

Hanski I. 1997a. Habital desreuction and metapopulation dynamics. Pages 217～226 In：Pickett, S., T, Ostfeld, R., S, Shachak, M. and Likens, G., E (eds.), The Ecological Basis of Conservation：Heterogeneity, Ecosystems, and Biodiversity. Chapmann & Hall, New York

Hanski, I. A. 1998. Metapopulation Ecology. Oxford University Press, Oxford

Hanski I and Gilpin M E (eds.) . 1997. Metapopulation Biology：Ecology, genetics, and Evolution. Academic Press, San Diego

Hohn M E et al. 1993. Geostatistical model for forecasting spatial dynamics of defoliation caused by the gypsy moth (Lepidoptera：Lymantriidae) . Environ Entomol, 22 (5)：1066～1075

Liebhold A M, Zhang X, Hohn M E et al. 1991. Geostatistical analysis of gypsy moth (Lepidoptera：Lymantriidae) egg mass population. Environ Entomol, 20 (5)：1407～1417

Liebhold A M, Elkinton J S, Zhou G et al. 1995. Regional correlation of gypsymoth (Lepidoptera：Lymantriidae) defolia-

tion with counts of eggs, pupae, and male moths. Environ Entomol, 24 (2): 193～203
Liebhold A M, Luzader E, Reardon R et al. 1998. Forecasting gypsy moth (Lepidoptera: Lymantriidae) defoloation with a geographic information system. J Econ Entomol, 91 (2): 464～472
Kemp W P. 1987. Probabiling of outbreak for rangeland grasshopper (Orthoptera: Acrididae) in Montana: application of Markwvian principle. J Econ Entomol, 80 (6): 1100～1105
Kemp W P, Kalaris T M and Quimby W F. 1989. Rangeland grasshoppers (Orthoptera: Acrididae) spatial variability: macroscale population assessment. J Econ Entomol, 82 (5): 1270～1276
Murdoch W W. 1994. Population regulation in theory and practice. Ecology, 75 (20): 271～287
Phillips D L and MacMahon J A. 1981. Competition and spacing patterns in desert shrubs. Journal of Ecology, 69: 97～115
Root T. 1998. Atlas of Wintering North American Birds. Chicago: University of Chicago Press
Rossi R E, Mulla D J, Journel A G et al. 1992. Geostatistical tools for modeling and interpreting ecological spatial dependence. Ecological Monographs, 62 (2): 277～314

第六章 种群的数量动态

学习要点

1. 了解种群密度的估计方法。

2. 掌握生命表的构建与分析方法。

3. 掌握并了解种群指数增长、逻辑斯增长的数学模型。生物学参数及 r、K 对策者特征。

4. 了解种群数学模型学习的方法。

基本概念

1. 绝对密度 (absolute density)：指单位面积（或体积）空间中的生物个体数量。

2. 相对密度 (relative density)：衡量生物数量多少的相对指标。

3. 标志重捕法 (mark-recapture methods)：在调查区域中，捕获一部分个体进行标志，然后放回原来的自然环境，经过一段时间后再进行重捕。

4. 生命表 (life table)：生命表是按照种群的年龄阶段（以时间为单位或以发育阶段为单位）系统地观察并记录种群的一个世代或几个世代之中各年龄阶段的种群初始值，再分别记录或计算出各个阶段的年龄特征生育力和年龄特征死亡率、生命期望值，按一定的格式而编制成的统计表 .

5. 存活曲线 (survival curves)：是以生物的相对年龄（绝对年龄除以平均寿命而得到）为横坐标，再以各年龄的存活率 Lx 为纵坐标由此所画出的曲线，表示种群的存活率 Lx 随时间变化的过程 .

6. 种群的内禀增长率 (r_m) (innate capacity for increase intrinsic rate of natural increase)：是指在食物、空间和同种其他动物的数量处于最优，实验中完全排除了其他物种时，在任一特定的温度、湿度、食物的质量等的组合下所获得的最大增长率。

7. 种群指数增长 (geometric and exponential population)：在资源空间无限的环境条件下，种群增长的一种形式。

种群在 t 时间的变化率＝种群瞬时增长率×种群密度

$$dN/dt = r \times N$$

8. 种群逻辑斯缔增长 (Logistic population growth)：在空间与资源有限的环境条件下，种群增长的一种形式。

种群在 t 时间的变化率＝种群瞬时增长率×种群密度×密度制约因子

$$dN/dt = r \times N \times (1 - N/K)$$

9. 环境容纳量 (carring capacity)：空间被该物种所饱和时种群密度，简称为 K。

10. $r-K$ 对策 (r、K strategists)：有利于发展较大的 r 值的选择称为 r 选择，有利于竞争能力的增加的选择称为 K 选择。r 选择的物种成为 r 对策者，K 选择的物种称为 K 对策者。

第一节　种群密度的估计

种群密度（density）是指单位面积（或体积）空间中的生物个体数量。它是一个随环境条件和调查时间而变化的变量。所调查的密度为特定时间和特定空间时的密度，它反映了生物与环境的相互关系。

根据调查方法的不同，密度可以分为绝对密度（absolute density）和相对密度（relative density）两种。绝对密度是指单位面积（或体积）空间中的生物个体数量。相对密度则只是衡量生物数量多少的相对指标。

一、绝对密度的常用调查方法

（一）数量调查法（total count）

将一个地方所有个体直接计数，由此得到种群密度的方法。常见有人口统计调查法。对于其他生物种群，总数量调查法需要花费大量的人力、物力和财力，因此，很少采用。

（二）取样调查法（sampling methods）

通过在几个地方或一个地方取几点计数种群的一小部分，由此估计种群整体的密度，这一类调查方法称为取样调查法。常用的取样调查有三种：

1. 样方法（use of quadrats）

样方法的方法繁多，依生物种类、具体环境而有所不同。首先，将要调查的某一地区划分成若干样方；然后，随机地抽取一定数量的样方；接着，计数各样方当中的全部个体数；最后，通过数理统计，利用所有样方的平均数，对总体数量进行估计。

例如，假设随机抽取样方 n 个，每个样方的生物个体数为 X_1，X_2，X_3，$\cdots X_n$，则样本平均数 $X=\sum X_n/n$；接着，计算标准差 S_D，和标准误差 S_E。

标准差表示每个变量 X_n 离开平均数的范围，即变异范围，$S_D^2=\sum(X_n-X)^2/(n-1)$。

标准误差是指样本平均数与总体平均数 μ 的差异范围，$S_E^2=S_D^2/n$。

有了 S_E 以后，就能够计算出样本平均数作为总体平均数估计值的可信程度。在95%可置信限条件下，总体平均数估计值 $\mu=X\pm t_{0.05,df}\times S_E$；同样地，在99%可置信限条件下，$\mu=X\pm t_{0.01,df}\times S_E$。当 $df>30$（$df=n-1$），查表可得 $t_{0.05}\approx1.96$，$t_{0.01}\approx2.58$，由此可以对总体数量进行估计。

进行抽样时，还要确定理论抽样数。抽少了，不能满足一定的统计要求；抽样多了则人力所不及或太浪费人力。一般地说，理论抽样数的多少，依赖于下列三个因素：

空间分布图式：种群的聚集度越高，所需抽取样本越多。

置信水准和允许误差：置信水准越高（$t=1.96$；置信概率为 0.95）、允许误差越小（准确度越高）所需的抽样数越多。

种群密度：当聚集度、置信水准和允许误差相同时，种群密度越高，需抽取的样本数越少。

在田间进行种群的抽样调查时，一般抽出样本后不再放回，称为无放回抽样。

有放回抽样的标准误差 S_E 为：

$$S_E=\sqrt{S^2/Q}$$

而无放回抽样的标准误差应校正为：

$$S_E=\sqrt{\frac{S^2}{Q}\left(1-\frac{Q}{N}\right)}$$

在进行种群田间调查时，一般的总体样本数 N 均甚大，因而 Q/N 可忽略不计。现以不同的空间分布图式来说明理论抽样数的确定。

(1) 总体呈波松分布时的理论抽样数。

设 d' 为允许误差，以允许误差的种群数量来计算。

已知　$d'=t\cdot S_E=t\sqrt{S^2/Q}$

对波松分布　$S^2=\bar{X}$

$\therefore\quad d'=t\sqrt{\bar{X}/Q}$

$\therefore\quad Q=(t/d')^2\bar{X}$

当种群密度不同时，确定了置信水准（t）及允许误差（d'）后，即可计算出应抽取的样本数 Q。

(2) 总体呈负二项分布时的理论抽样数。

对负二项分布，已知参数 $k=\bar{X}^2/(S^2-\bar{X})$；$S^2=(\bar{X}k+\bar{X}^2)/k$

$d'=t\cdot S_E$

$\therefore\quad Q=\left(\frac{t}{d'}\right)^2\left(\frac{k\bar{X}+\bar{X}^2}{k}\right)$

此式即为 Karandinos（1976）提出的公式。

若以允许误差百分比表示：$D=(d'/\bar{X})$，并以小数表示，则

$$Q=\frac{t^2\left(\frac{1}{\bar{X}}+\frac{1}{k}\right)}{D^2}$$

此式即 Southwood（1976，1978）提出的公式。从这个公式可以很清楚的看出，理论抽样数的多少依赖的三个因素：聚集指标（k）、置信水准（t）和允许误差（D）以及种群密度（$\bar{X}$）。

(3) 按 Iwao 的 $m-m^*$ 关系确定理论抽样数。

已知　$S^2=(\alpha+1)\bar{X}+(\beta-1)\bar{X}^2$

$d'=t\cdot S_E=t\cdot\sqrt{S^2/Q}$

$\therefore\quad \hat{Q}=\frac{t^2}{d'^2}\left[(\alpha+1)\bar{X}+(\beta-1)\bar{X}^2\right]$

若定义 D 为允许误差百分比；

则 $\hat{Q}=\frac{t^2}{D^2}\left[\frac{(\alpha+1)}{\bar{X}}+\beta-1\right]$为理论抽样数。

2. 标志重捕法（mark- recapture methods）

在调查区域中，捕获一部分个体进行标志（设标志个体数为 M），然后放回原来的自然环境，经过一段时间后再进行重捕（设重捕的个体总数为 n，其中已有标志的个体数为 m），根据总数 N 中标志比例与重捕取样中标志比例相等的原则，即$N: M=n: m$，可得：$N=M\times n/m$。该方法是由林可（Lincoln）首先提出，所以也称为林可指数法（Lincoln index）。计算出 N 以后，N 只是种群总数的估计值，因此，和样方法一样，必须测定该估计值的可信程度，其中 $(S_E/N)^2=(N-M)\times(N-n)/[Mn(N-1)]$。有了 S_E 以后，就可以求出在 95% 或 99% 可置信限条件下的种群总数估计值。

显然，标志重捕技术，应满足下列假设：

(1) 对标记的个体不应影响其行为和期望寿命。标记也不应丢失。

(2) 被标记的个体应完全混合在种群之中。

(3) 被标记的个体与种群中的其他任何一个个体的被捕捉的概率应完全相等。它包含两个含义：第一，被捕捉的昆虫的性比、年龄组成应与实际情况相同；第二，不论个体在哪里，它们被捕捉的机会相同。

(4) 在离散的时间间隔抽样，抽样本身所占的时间应相对的短。若仅捕捉、释放一次即回收计算，尚须满足：种群是封闭的，若不是，则迁入量及迁出量应可测量或估计；抽样间没有死亡或出生，若有，应予扣除。

事实上，进行种群标志重捕时，不满足于一次估值，可以是连续几个月或几年进行的一系列的标记—释放—回收，以研究种群动态。此方法不仅可以估计种群数量，而且可以估算出增加的数量（出生或迁入）或丢失的数量（死亡或迁出）。

3. 去除取样法（removal sampling）

这种方法是在样方中连续几次捕捉动物，样方中的动物数量由于捕捉而日益减少。然后，以每日捕捉的个体数为纵坐标，以捕获积累数为横坐标作出直线，当捕捉的个体数趋于零时，也就是直线与横坐标相交点，意味着样方当中的各部个体都被捕获，因此，这一点上的捕获积累数也就是样方中种群数量的估计值。

显然，去除取样法也有两个假定：①每次捕捉时，对于每个动物受捕的概率是不变的；②在调查期中，无出生、死亡，也无迁入和迁出。实际上，去除取样法就是标志重捕法的一个简单化变形。但其计算效果不如标志重捕法好。因此，只有在标志重捕法难以应用，或作为狩猎管理事业中允许猎取时及定时捕猎计划的副产品时，可以应用去除取样法。

Zippin 提出，如果第一、第二次的捕捉数量较大，也可以将去除取样法公式化。

二、相对密度的调查方法

(1) 动物计数（counts of animals）：以单位时间内或单位距离内的动物数量作为衡

量种群数量多少的相对密度指标。例如，每小时见到的飞过的鸟类数量、每公里见到的动物数量、每昼夜 100 个鼠夹捕获的动物数量（即以百夹日为单位，也可以用捕获百分率为单位）、单位时间内黑光灯诱捕成虫、陷阱捕捉地面动物或张网捕捉鸟类的数量等。

(2) 动物痕迹的计数（counts of animal signs）：即根据动物痕迹的数量与种群数量的多少成正比的关系间接估计种群数量。动物痕迹包括足迹、粪便、脱落的角或皮、鸣叫声、被啃食的植被、放弃的窝巢等。

(3) 单位努力捕获量（catch per unit effort）：这种方法较少使用，只能用于一些经济动物，如鱼类种群，或用于标本采集等。例如，每天每艘船的捕鱼量、每天每人的狩猎量、每天每人的钓鱼量等。

(4) 毛皮收购记录（pelt records）：通过分析长期的毛皮收购记录，分析种群密度。

显然，上述相对密度调查的结果是相对的，但这些结果作为更直接的数量统计资料的补充，往往是极为有用的，可为分析种群动态变化提供依据。

此外，生物可分为单体生物（unitary organism）和构件生物（modular organism）。单体生物由一个受精卵发育而成，每个个体的形态结构基本一致。大多数动物和一些低等植物属于单体生物。如，同一种鸟类都有两只脚等其他形态结构。构件生物是由一个合子发育而成、由一套构件组成的个体。个体之间由于构件数的差别而表现出不同的形态结构。如，一棵树有许多树枝，树枝是树的构件。不同环境条件下生活的同一种树，其构件数量将随着环境条件而有所不同。因此，在分析构件生物种群密度时，除了要了解个体数量以外，还应当了解个体中组成结构的构件（modular）数目的变化。这也就是植物生态和动物生态研究的一个重要区别。

第二节　种群数量变动的参数

一、种群的基本参数

种群的大小由种群出生率、死亡率、迁入和迁出四个基本参数来决定。

种群变化 = 出生率 − 死亡率 + 迁入率 − 迁出率

1. 出生率（natality）

种群的出生率为单位时间内种群新出生的个体数。

出生率有生理出生率与生态出生率之分。所谓生理出生率是指种群在理想的条件下（即无任何生态因子限制，只受生理状况影响）种群的最高出生率，这是一个理论常数。所谓生态出生率也称为实际出生率，是指在特定的生态条件下种群的实际出生率。

2. 种群的死亡率（Motality）

种群死亡率为单位时间内种群死亡的个体数。

与出生率一样，死亡率也有生理死亡率或称最低死亡率与生态死亡率（实际死亡率）之分。前者表示在最理想的条件下，种群每个个体都因“年老”而死亡时的种群死亡率。后者表示在实际条件下种群的死亡率。对于一个特定的种群，最低死亡率是一个常数，而生态死亡率则依生态条件不同而异。

3. 迁入和迁出

种群常有迁移扩散现象。种群的迁出或迁入，影响着一个地区种群的数量变动。种群的迁移率就是指一定时间内种群的迁出数量与迁入数量之差占总体的百分率。目前对种群迁移率的测量方法研究尚少，尤其是要把种群的迁出与死亡区分开，把迁入与出生率分开则更为困难。前面介绍的标志重捕法可以测定种群丧失率（死亡加迁出）和添加率（出生加迁入）。

二、年龄结构与性比例

1. 年龄结构

种群的年龄结构（age structure）又称为年龄分布（age distribution），是指种群中各年龄期个体在种群中所占的比例。

种群的年龄结构常用年龄锥体（或称年龄金字塔）（age pyramids）来表示。根据生态年龄（ecological age），即生物的繁殖状态，通常将生物的年龄分为三个时期：繁殖前期（prereproductive period）、繁殖期（reproductive period）和繁殖后期（postreproductive period），以此可将年龄锥体划分为三种基本类型（图 3-6-1）：

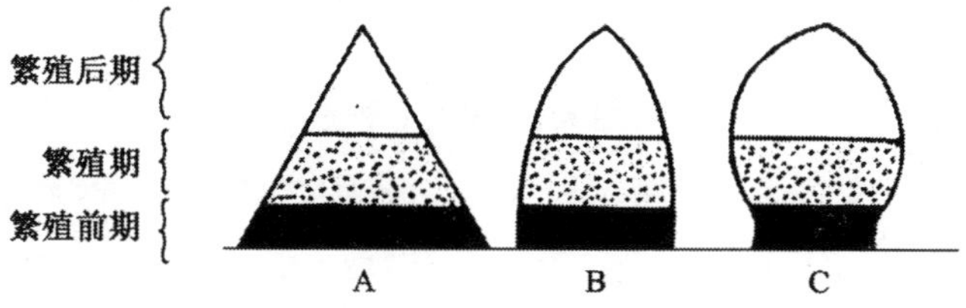

图 3-6-1　年龄锥体的三种基本类型　（仿 Kormondy　1976）
A. 增长型种群；B. 稳定型种群；C. 下降型种群

（1）增长型锥体（expanding population）：呈典型的金字塔，锥体的底部宽，越向上越狭窄。表示种群当中的幼体数量大，而老年个体却很少。这种年龄结构反映出该种群有高出生率和低死亡率，说明种群处于增长时期。

（2）稳定型锥体（stable population）：呈倒钟形。种群的幼年、中年和老年个体数量大致相等。种群的出生率和死亡率基本平衡，因此种群的数量处于稳定状态。

（3）下降型锥体（contracting population）：呈壶形，锥体底部狭窄而顶部较宽。种群的幼体数目少而老年个体数目却相对较多，种群的死亡率大于出生率，种群数量处于下降状态。

因此，研究种群的年龄结构有利于了解种群的发展趋势，也有利于指导生产或合理开发利用生物资源。

2. 性比例

性比例（sex ratio）是指种群中雄性与雌性个体数的比例。通常用每 100 个雌性的雄性数来表示。如果性比例等于1，表示雄雌个体数相等；如果大于1，表示雄性多于雌性；如果小于1，表明雄性少于雌性。不同物种种群具有不同的性比例特征。人、猿等高等动物的性比例为1；鸭科等一些鸟类以及许多昆虫的性比例大于1；蜜蜂、蚂蚁等社会昆虫的性比例小于1。

性比例影响着种群的出生率，因此也是影响种群数量变动的因素之一。对于一雌一雄婚配制的动物，种群当中的性比例如果不是1，就必然有一部分成熟个体找不到配偶，从而降低了种群的繁殖力。对于一雄多雌、一雌多雄婚配制以及没有固定配偶而随机交配的动物，一般来说，种群中雌性个体的数量适当地多于雄性个体有利于提高生殖力。

第三节　生命表特征及生命表分析

一、生命表的格式

生命表（life table）是按照种群的年龄阶段，系统地观察并记录种群的一个世代或几个世代之中各年龄阶段的种群初始值、年龄特征死亡率、年龄特征生育力和生命期望值，以一定的格式而编制成的统计表。

如 Conell（1970）通过对藤壶（*Balanus glandula*）的调查资料，编制了如下的生命表3-6-1。

表 3-6-1　藤壶生命表

年龄（年）x	各年龄开始时存活的数目（n_x）	各年龄开始的存活百分数（l_x）	各年龄死亡个体数（d_x）	各年龄死亡率（q_x）	生命期望值（e_x）
0	142	1.0	80	0.563	1.58
1	62	0.437	28	0.452	1.97
2	34	0.239	14	0.412	2.18
3	20	0.141	4.5	0.225	2.35
4	5.5	0.109	4.5	0.290	1.89
5	11.0	0.077	4.5	0.409	1.45
6	6.5	0.046	4.5	0.692	1.18
7	2	0.014	0	0.00	1.50
8	2	0.014	2	1.00	0.5
9	0	0	—	—	—

生命表有若干栏，每栏都用符号代表，有其含义：

x：取样时的年龄分段；

n_x：阶段 x 开始时的存活个体数；

l_x：阶段 x 开始时的存活分数；

d_x：在该阶段 x 中的死亡数；

q_x：在该阶段 x 中的死亡率；

e_x：阶段 x 开始时的平均期望寿命。

生命表中的各栏都是有关系的，只有 n_x、d_x 的实际观察值，其他各值就可以计算出来。

植物的生命表是以植物各发育阶段为 x 做成，一个典型的植物生命表如表 3-6-2 所示：

表 3-6-2　一种景天属植物自然种群生命表

x	n_x	l_x	d_x	$100q_x$	e_x
种子产量	1000	1.0	160	16	4.4
种子可得数	840	0.84	630	75	0.9
种子萌发数	210	0.21	177	84.3	1.1
实生苗定株	33	0.033	9	27.3	3.3
实生苗生长	24	0.024	10	41.3	2.2
成株植物	14	0.014	14	100	1.0

二、生命表的类型

生命表从形式上可以分成两大类：特定年龄（或水平）生命表和特定时间生命表(垂直生命表)。

（一）特定年龄生命表（水平生命表）

它以一群同年龄个体为起始点，始终跟踪着它们，并记录下它们的繁殖和死亡，直到第二代的同一年龄阶段为止。这种生命表做起来较难，但结果准确，适用于一般种群。由于昆虫种类繁多，繁殖速度快，易观察组建生命表。为此，以 Harcourt 在晚白菜上做的小菜蛾（*Plutella maculipennis*）典型生命表作分析（表 3-6-3）。

表 3-6-3　小菜蛾第三世典型生命表（Harcourt　1969）

X	l_x	d_xF	d_x	$100q_x$	S_x
卵（N_1）	1154	未受精	14	1.2	0.99
幼虫（一期）	1140	下雨	536	47.0	0.53
幼虫（二期）	604	*M. plutellae*（寄生）	140	23.2	
		下雨	77	12.7	0.64
预蛹	387	*D. Insularis*（寄生）	198	51.2	0.49
蛹	189	*D. plutellae*	53	28.2	0.72
蛾	136	性比（40.1%）	27	19.9	0.80
♀×2（N_3）	109	光周期	52.4	48.1	0.52
“正常♀”×2	56.6	成虫死亡	48.1	85.0	0.15
			-	-	
世代总和			1145.5	99.3	

期望卵量：56.5/2×216＝6113（216：每只雌蛾最高产卵量）；

实际卵量：918（N_2）；

$I=N_2/N_1=918/1154=0.80$，$S_G=N_3/N_1=0.094$。

本表与藤壶生命表参数类似，但有两点区别：①增加 d_xF 为死亡原因。略去期望寿命 e_x。②$100q_x$ 为死亡百分比乘以 100。表中：

（1）卵：产卵完毕后查卵数，得该年龄阶段的 l_x，又记为 N_1。每代同时饲养 200 粒卵，估计因未受精而未孵化的部分。

（2）一期幼虫：从孵出到四龄中期。

l_x：由上阶段推算而来。

d_xF：主要因子是下雨，其他因子略去。

d_x：二期幼虫的 l_x 减去一期幼虫的 l_x 得来。

（3）二期幼虫：从四龄中期到茧形成。

l_x：直接计数。寄生率：饲养二期幼虫而获得。

因雨死亡数：通过扣除而获得。

（4）预蛹：l_x 可直接计数。d_x：饲养得出。

（5）蛹：l_x 可直接计数。

（6）蛾：l_x 羽化为成虫的蛹数。

性比用羽化成虫来统计。因雄虫可多次交配，故雌虫比例大有利于种群增长。相反，性比有利于雄虫时按死亡因子处理。

雌蛾：以 N_3 表示，加倍以维持生命表的平衡。

正常雌蛾：l_x 代表能产生足够的卵量的雌虫数。经测定，每只雌蛾仅产 112 粒卵；与最高产卵量 216 相比，得：

$$100q_x = 48.1$$

期望卵量：正常雌×216，这是期望的数值。

实际卵量：下一代的卵量，由田间调查获得。可大于或小于期望卵量。

这是由于成虫迁飞、交配失利、雌虫死亡……。在此例中则为不利的气候因子。实际卵量以 N_2 表示。

（二）特定时间生命表（垂直生命表）

它所考虑的仅仅是静态的种群，即下一时刻的种群与前一时刻的种群之比等于一。在此假设下，在某一瞬间取样，以样本中各相继年龄组成之间的差当做年龄特定死亡数。用这种方法来取得生命表资料当然容易一些，但显然应用有限。

对于寿命长的动物，或者世代重叠的动物，往往难于追踪一群同年龄个体。这时，可以使用特定时间生命表。

最著名的例子是，Murie（1944）对一种山羊 *Ovis dalli* 所作的生命表。他收集了大量的头骨，并假定该种群是静态的、稳定的，即后一时刻与前一时刻种群之比为 1；又假设年龄分布也是稳定的。这样，死于年龄 x 到 $x+1$ 的头骨数可以作为 d_x 的良好估值（见表 3-6-4）。表中 C_x 代表各年龄组个体在种群中所占比例。

表 3-6-4　山羊 Ovis dalli 生命表资料（Murie　1944）

年龄（年）	X	d_x	l_x	q_x	c_x
0～1	0	0.199	1.000	0.199	0.132
1～2	1	0.012	0.801	0.015	0.106
2～3	2	0.013	0.789	0.016	0.104
3～4	3	0.012	0.776	0.0155	0.102
4～5	4	0.030	0.764	0.0395	0.101
5～6	5	0.046	0.734	0.0623	0.097
6～7	6	0.048	0.688	0.0699	0.091
7～8	7	0.069	0.640	0.108	0.084
8～9	8	0.132	0.571	0.231	0.076
9～10	9	0.187	0.439	0.426	0.058
10～11	10	0.156	0.252	0.619	0.033
11～12	11	0.090	0.096	0.937	0.013
12～13	12	0.003	0.006	0.500	0.008
13～14	13	0.003	0.003	1.000	0.004
>14	≥14	—	0	—	0

注：$l_x = l - \sum_{i=0}^{X=1} d_x$　　$q_x = d_x / l_x$

这个方法的关键在于年龄鉴定。在某一时刻取样，对所有的个体进行年龄鉴定。设最幼小的年龄组的个体数为 l（$l_x=1$）、100 或 10 000。其他年龄组的个体数相应也可以化为 l_x 值，表中其他各项均可求出。

（三）图解生命表

图解生命表具有清晰直观的特点。如用于高等植物，图 3-6-2 所示 3 个方块内表示一年生高等植物的种子、幼苗和成株三个时期，三角形内表示 3 个时期间的转化系统，如 P 为存活率，F 为结实籽。

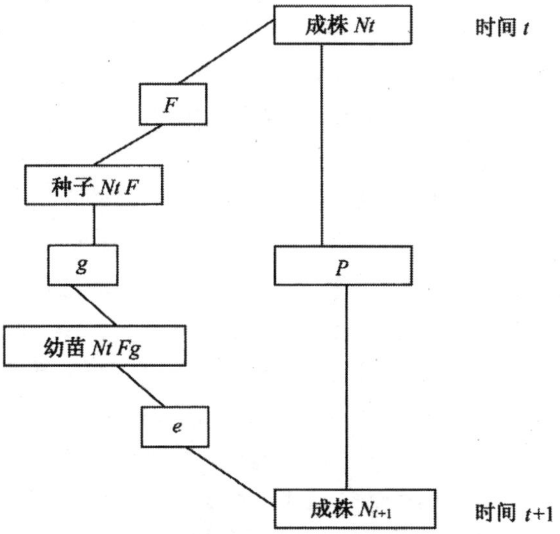

图 3-6-2　高等植物的典型图解生命表

F. 为每株的结籽数；g. 为发芽率；

e. 为幼苗存活率；　P. 为成株存活率

$N_t+1=N_t \times P+N_t \cdot F \cdot g \cdot e$

三、生命表分析

（一）种群的存活曲线

存活曲线（survival curves）是以生物的相对年龄（绝对年龄除以平均寿命而得到）为横坐标，再以各年龄的存活率 l_x 为纵坐标由此所画出的曲线，表示种群的存活率 l_x 随时间变化的过程。它可归纳为三种类型（图 3-6-3）。

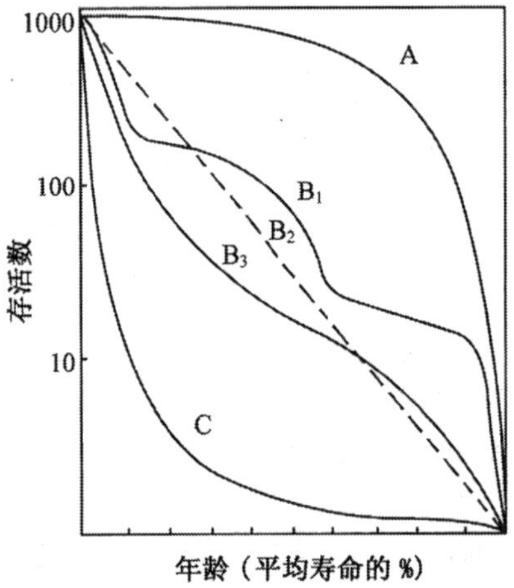

图 3-6-3 存活曲线的类型 （仿 Odum 1971）

A 型——凸型（convex curve）的存活曲线。种群在达到生理寿命之前只有少数个体死亡，大部分个体都能活到生理寿命，因此，在生命末期死亡率才升高。人类和一些大型哺乳动物的存活曲线属于此类。这类动物一生的产仔数不超过 10～20 只。

B 型——对角线型（diagonal straight line）的存活曲线。B_2 型：种群各年龄期的死亡率基本相似，如水螅。B_1 型：即阶梯型，在生活史的各个时期，存活率相差很大，具有完全变态的昆虫（如蝴蝶）属于这一类，曲线当中比较陡的这几段分别是高死亡率的卵、孵化和成虫阶段，比较平滑的线段则是较低死亡率的幼虫和蛹时期。B_3 型：即 S 型，幼年期的死亡率较高，而成年以后的死亡率则降低，如许多爬行类、鸟类和啮齿类属于这一类。具有 B 型存活曲线的动物，其一生的产仔（卵）数为 10～100 只（个）。

C 型——凹型（concave curve）的存活曲线。幼体的死亡率很高，只有极少数个体能够活到生理寿命。大多数鱼类、两栖类、海洋无脊椎动物和寄生虫的存活曲线属于这种类型。如牡蛎，其自由游泳的幼体期死亡率极高，一旦固着到合适的基质，死亡率便很低。具有 C 型存活曲线的动物，其一生的产卵数为 $10 \sim 10^6$ 个。

（二）种群的内禀增长率

1. 种群的内禀增长率概念

种群的内禀增长率（r_m）（innate capacity for increase intrinsic rate of natural increase）是指在食物、空间和同种其他动物的数量处于最优，实验中完全排除了其他物种时，在任一特定的温度、湿度、食物的质量等的组合下所获得的最大增长率。

由此可知在确定 r_m 时，环境因子可分为两类：

（1）最优的：食物或营养的数量；空间；密度。

（2）不一定最优，但被控且特定：食物或营养的质量；温度、湿度、光等。

因而，r_m 值是特定于某一试验条件所观察到的最大增长率。它可以用于和自然界中观测到的实际增长率相比较。

2. 种群的内禀增长率的测定

生命表显示，种群的增长依赖于种群的年龄结构（x），各个特定年龄结构下的存活率（l_x）及生育力。

以某假想孤雌生殖的动物为例说明 r_m 测定过程。该动物孤雌生殖，它在 1 岁时产 2 个幼体，2 岁时产 1 个幼体，3 岁时没有生产，三年后全部死亡，由此得出以下孤雌生殖生命表 3-6-5。

表 3-6-5　某一模式动物的孤雌生殖生命表

X	l_x	m_x	$l_x m_x$	$x\,l_x m_x$
0	1.00	0	0	0
1	1.00	2.0	2	2
2	1.00	1.0	1	2
3	1.00	0	0	0
4	0	-	-	-

表中：m_x 为某一特定年龄组 x 中平均每个雌体的产雌仔数。应特别注意的是，如果 l_x 项中或 m_x 项中不完全是雌体的话，应全部转化成雌体。计算步骤：

（1）计算 R_0（净生殖率，net productive rate）

$$R_0=\frac{\text{第 } t+1 \text{ 世代的雌性幼体出生数}}{\text{第 } t \text{ 世代的雌性幼体出生数}}$$，即世代倍增率。

$R_0 = \sum l_x m_x$，此例中 $R_0=3$，即经一世代后，个体数是原来的 3 倍。

（2）求平均世代长度（T）：以母世代生殖到子世代生殖的平均时间来度量的。由于后代不是同时出生的，发育也不整齐，可通过下式得到其近似值。

$$T=\frac{\sum l_x m_x x}{R_0}$$

在此例中，$T=4/3=1.33$（年）。

（3）内禀增长率 r_m

$\because \frac{dN}{dt} = r_m N$

$N_t = N_0 \cdot e^{r_m \cdot t}$

设 $t = T$，$N_T / N_0 = e^{r_m \cdot t}$

$\therefore \ln R_0 = T \cdot r_m$

$r_m = (\ln R_0) / T$

r_m 为瞬时速度（T 期限中速度未变，∴平均速度＝瞬时速度）。单位为每时间单位（在此例中为年），本例中 $r_m = (\ln(3))/1.33 = 0.824$。

(4) 计算 λ（周限增长率，finite rate of increase）

$$\lambda = e^{r_m}$$

在此例中，$\lambda = e^{0.824} = 2.2796$/年。即今年的每一个动物到明年可发展为 2.2796 个。此即为 Leslie-Birch（1949～1953）求 r_m 的近似值的方法。

r_m 的精确计算方法则需要解方程。Lotka（1922）曾指出，若种群的出生率和死亡率都是常数，种群就会达到稳定年龄分布，一旦种群达到稳定后，将维持此年龄分布。因而，在年龄结构稳定的条件下，可用下列方程，更精确地计算 r_m 值（Birch 方法，1953）。在上述条件下，

$$\int_0^{\infty} e^{-r_m x} l_x m_x d_x = 1$$

可近似地用差分方程：

$$\sum_{x=0}^{\infty} e^{-r_m x} l_x m_x = 1$$

按上例，给以 $r_m = 0.824$，$\sum e^{-r_m x} l_x m_x = 1.070$。若不断改换 r_m 值计算，最后当 $r_m = 0.881$ 时，$\sum e^{-r_m x} l_x m_x = 1.0004$，较近似于 1。

此时：$\lambda = e^{r_m} = e^{0.8812} = 2.413$

各年龄级个体所占总种群的比例 C_x 为：

$$C_x = \frac{\lambda^{-x} l_x}{\sum_{i=0}^{\infty} \lambda^{-i} l_i}$$

若种群达到固定大小，即出生率＝死亡率，亦会达到稳定的年龄分布。在此情况下，由于 $b = d$；$r = b - d$；$\lambda = e^0 = 1$。

（三）关键（主导）因子分析

关键因子（key factors）是指对下代（或经历一般时间后）种群数量变化起主导作用的因子。

关键因子分析主要有两种方法，前者按 K（世代总死亡力）与 k（k 亚死亡力，指作用于各个年龄间隔的死亡力）的相关关系来决定关键因子，后者以图解的方法和回归系数来决定关键因子。其方法如下：

(1) 先求出各年龄间隔的亚死亡力 k：

$$k = \lg N - \lg N_s$$

N：死亡力作用前的个体数。

N_s：从死亡力作用下存活下来的数目。

(2) 再求出世代总死亡力 K：

$$K = k_1 + k_2 + k_3 + \cdots\cdots$$

即，世代总死亡力等于各亚死亡力之和。

(3) 确定关键因子，有两种方法：

1) 绘图、目测的方法（Varley 和 Gradwell 的图解法）：以世代或年份（时间段）为横坐标，以对数标度为纵坐标，分别画出 K 及各个 k 值的曲线。哪一条 k 值的曲线与 K 值的曲线最相似（长降一致），则该 k 为关键因子。

2) 确定关键因子的简单数量方法（Podoler 和 Rogers 的回归法，1975）：将各个亚死亡力（k 值）分别放在 y 轴上，以 K 值放在 x 轴上，求出各个 k 值与 K 值的回归系数 b。斜率 b 最大的亚死亡力，按定义为关键因子。各回归系数之和应接近 1。各死亡因子对世代种群密度变化的相对重要性亦可由 b 值看出。由于它克服了方法（1）的两个缺陷，因而此方法在当前更为通用。

（四）种群趋势指标

种群趋势指标（population trend index，I）指新一代的卵量与上一代卵量的比值。

$$I = N_2/N_1$$

$I>1$ 为上升趋势；$I<1$ 为下降趋势。

世代存活率（S_G）表示可以发育、最后羽化为成虫的卵所占的比例。$S_G = N_2/N_1$。

种群趋势指标（I）也可以通过将诸 S_x 连乘，并乘以种群最高产卵量而得到：

$$I = S_{x1} \cdot S_{x2} \cdot S_{x3} \cdot \cdots\cdots S_{xn} \cdot (\text{每雌最高产卵量}/2)$$

第四节　种群增长的数学描述

一、概　述

种群增长型在一定空间里，种群随时间序列所表现出的数量变化形式。它的增长有两个基本形式，即 J 型和 S 型增长。

为了更好地理解各种生物与非生物因子对种群的影响，通常使用数学模型。所谓数学模型是指用来描述现实系统或其性质的一个抽象的简化的数学结构。

一个理想的数学模型应有高度的普遍性、精确性、真实性、简便性。但事实上，这四性很难统一。在种群数学模型之中，更强调它的普遍性、简便性和一定的精确性。

在种群中，数学模型有二种类型：一是离散种群数学模型，用差分方程表示，通式为：$N_{t+1} = N_t f(N)$；二是重叠种群数学模型，用微分方程表示，通式为：$dN/dt = f(N)N$。

二、模型的构建

种群模型的构建，首先是对种群行为反应的观察，在此基础上再推论（演绎）出产生该行为的特征结构，参照已有的数学模型，获得该种群的“原始”模型。然后，对该模型在一定条件下的行为与类似条件下真实系统的行为进行比较（有效性分析），有效则止，无效则从头再来，一步步地改进，直至最后理想的种群模型（见下图 3-6-4）。

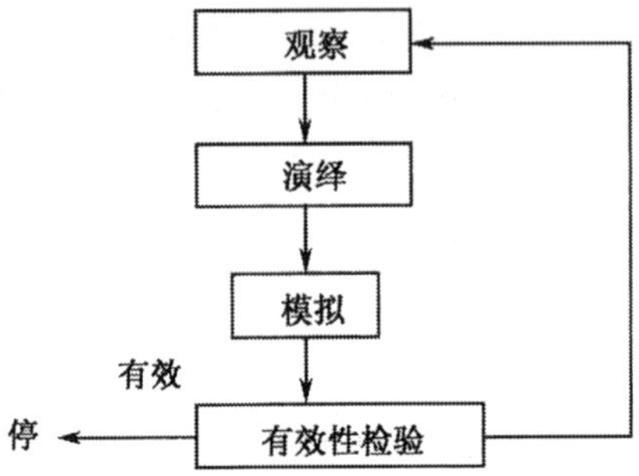

图 3-6-4　模型构建的一般过程

三、模型的行为分析

1. 稳定性分析

对于种群模型来说，当种群增长为 0 时，即 $dN/dt=0$，为种群平衡点。若系统受到少许扰动后离开平衡点，而后又回到那个平衡点，则该平衡点为邻域稳定性。若无论系统起始自何处，它都能达到某一平衡点，则称为全局稳定性。

2. 灵敏度分析

在分别改变种群模型各个参数的量度时，分析哪一个参数对系统（种群）的整体输出和动态影响最大，这个参数的灵敏度就高。如在 Hassell 和 Bailey 模型中，相互干扰系数 m 值一个微小变化，均会对整个寄生物-宿主种间关系的行为产生极大影响，它的灵敏度非常高。

四、种群模型的学习要点

尽管种群（包括种间作用）模型较多，但都有其共性，在学习中应着重从以下五个方面去考虑：模型的构建及其假设、模型中参数的生物学意义、模型行为（稳定性、灵敏度）分析、模型（室内与野外）的验证、模型的改进。

第五节　种群的指数增长

种群的指数增长又称为“J”型增长，是种群中常见的二个模型之一。

1. 模型的假设与构建

离散型模型：对于离散型种群来说，假设有四个条件：①在无限的环境（空间、资源）中增长；②世代不重叠；③无迁入迁出；④无年龄结构时，则 $t+1$ 世代的种群 N_{t+1} 与世代 t 种群 N_t 可用差分方程构建其模型为：

$$N_{t+1}=\lambda N_t \quad 或 \quad N_t=N_0\lambda^t$$

λ 为周限增长率，指单位时间（如一个世代或年月日）内种群的增长率。

连续性模型：假设条件同前但连续，即模型构建为：

$$dN/dt=\mathrm{r}N \quad 或 \quad Nt=N_0e^{rt}$$

2. 模型中参数的生物学意义

对于种群离散型增长模型中，参数 λ（周限增长率）的生物学意义：

$\lambda>1$	种群上升
$\lambda=1$	种群稳定
$0<\lambda<1$	种群下降
$\lambda=0$	种群灭绝

连续型增长模型中，r（瞬时增长率）与 λ（周限增长率）的关系为：$\lambda=e^{\mathrm{r}}$。因此，可用下表来表示 r 的生物学意义。

$\lambda>1$,	$r>0$	种群上升
$\lambda=1$,	$r=0$	种群稳定
$0<\lambda<1$,	$r<0$	种群下降
$\lambda=1$,	$r=-\infty$	种群灭绝

3. 模型的行为

离散型种群指数增长模型行为，为台阶形的 J 型；而连续型的行为为光滑的 J 型，当 $dN/dt=N=0$ 时，要么 $r=0$，种群稳定在某一点上，要么 $N=0$，即种群灭绝。

4. 模型的验证

室内与野外试验证明，很多昆虫、细菌种群增长为指数增长。人口种群增长也是指数增长。

5. 模型的改进

在离散性种群增长模型 $N_{t+1}=\lambda N_t$ 中，认为周限增长率 λ 与密度无关。但大多数动物种群的周限增长率 λ 不是不变的，而是与密度密切相关。因此，必须考虑密度改变对增长率的影响，需要对原有的模型进行改进。

(1) 假设与建模：在 $N_{t+1}=\lambda N_t$ 模型中，假设种群的周限增长率 λ 与密度成线性关系，且随密度增加而下降，则 λ 与 N 的关系式为：

$$\lambda=1.0-B\ (N_t-Neq)$$

代入上式为：　$N_{t+1}=N_t\ [1-B\ (N_t-Neq)]$　（Neq 为种群平衡密度，B 为参数）

（2）参数 B 表示种群密度每偏离平衡密度一个单位，种群增长率 λ 改变的比例。

（3）模型行为：假设 $N_0=10$，$Neq=100$，$B=0.018$，$B=0.025$，$B=0.029$ 时，可得到以下图 3-6-5 的模型行为。

该图说明，通过模型的改进，改变了种群的动态类型和行为，表现出了从稳定点

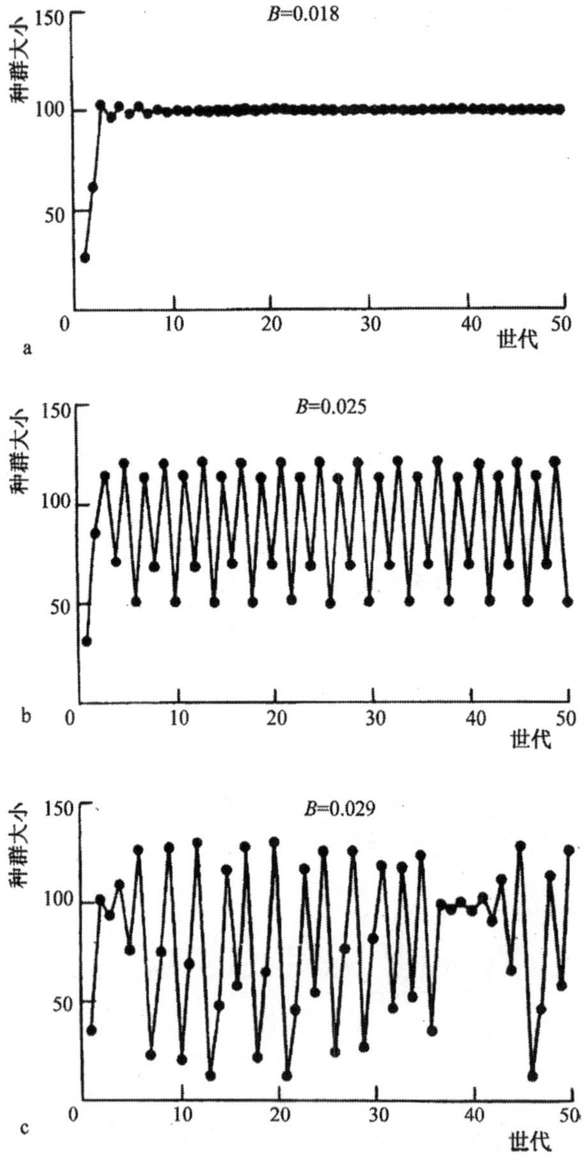

图 3-6-5　具世代不相重叠，增长率是密度线性函数的种群的增长，初始密度 $N_0=10$，平衡密度 $Neq=100$，三个例子的直线斜率不同，a. 当 $B=0.018$ 时，种群平滑地向平衡密度上升；b. 当 $B=0.025$ 时，种群连续地振荡（oscillation），周期为两个世代；c. 当 $B=0.029$ 时，种群表现为不规则的振荡　（仿 Krebs　1994） (stable equilibrium point)、稳定环境（stable cycle）直到杂乱（chaos）的不规则波动过程。而且参数 B 值的灵敏度非常高，它的微小变化都影响着模型行为。

B 值的大小决定了模型的行为。May（1974）进一步总结了 B 值变化的规律。设 $L=B\,Neq$

当 $0<L<1$	种群趋向于平衡点，不产生振幅
$1<L<2$	种群为趋向于平衡点的减幅的振荡
$2<L<2.57$	种群为周期性振荡
$L>2.57$	种群为无规律的波动

（4）模型的进一步改进：由于种群密度增加而带来的降低种群增长率的效应，并不始终都是立即发生的，在许多情况下，往往是有时滞（time lags）的。所谓时滞，就是从给予一个刺激或采用一项措施到获得反应或反响之间的时间延搁。为此，对上述模型进一步做有时滞的改进。

1）假设种群的时滞为一个世代，即 N_{t+1} 种群的发生与 N_{t-1} 种群有关。则上述模型可以改写成：

$$N_{t+1}=[1-B(N_{t-1}-Neq)]N_t$$

2）参数 B 同前。

3）模型行为：假设 $N_0=10$，$Neq=100$，$B=0.011$，有时滞的模型行为为图 3-6-6。

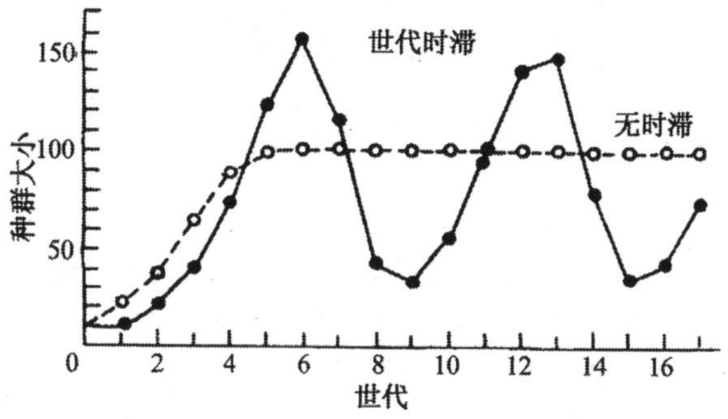

图 3-6-6　世代离散增长率是密度的线性函数的种群，在有时滞和无时滞情况下的种群动态比较。$N_0=10$；$B=0.011$；$N_{eq}=100$　（仿 Krebs　1994）

该图表明，有时滞的种群模型行为表现出周期为 6～7 个世代的振荡，这与无时滞模型所表现出的平滑趋向平衡密度相比，区别很大。时滞能使稳定的种群增长型变成有周期性的振荡或不稳定。

May 总结了具有时滞的种群离散增长模型的一般规律。设 $L=BN_{eq}$

当 $0<L<0.25$，	种群为稳定的平衡，不产生振幅
$0.25<L<1.0$，	种群为减幅的振荡
$L>1.0$	种群为周期性振荡

以上也就是种群模型学习的一般方法。

第六节　种群的逻辑斯谛增长

在自然界，种群不可能长期地指数增长。当种群在一个有限的空间中增长时，随着种群密度的上升，对有限空间资源和其他生活必需条件的种内竞争也增加。

1. 模型的构建及其假设

假设条件：①有一个环境条件下所允许的最大种群值，称为环境容纳量（carrying capacity）K；②种群的增长随密度上升而逐渐地、按比例地减少，即 $f(N)=(K-N)/K$

从而构建模型有：

$$dN/dt = rN(K-N/K)$$

积分式为：

$N_t = K/(1+e^{a-rt})$

式中 r，K 为参数

2. 参数的生物学意义

K：空间被该个体所饱和时的密度（环境容纳量）。

r：每个个体的种群增长率（瞬时增长率）。

l/r 称为自然反应时间 T_R。

3. 模型行为

种群增长曲线为“S”型。它常划分为 5 个时期：①开始期，也可称潜伏期，由于种群个体数很少，密度增长缓慢；②加速期，随个体数增加，密度增长逐渐加快；③转折期，当个体数达到饱和密度一半（即 $K/2$ 时），密度增长最快；④减速期，个体数超过 $K/2$ 以后，密度增长逐渐变慢；⑤饱和期，种群个体数达到 K 值而饱和。

4. 模型的验证

Crombie（1945）人工饲养小谷蠹（*Rhizopertha dominica*）。在 10 g 麦粒中，先从养一对甲虫开始。因雌虫只在麦粒的裂缝中产卵，麦粒均经压挤。每周可将麦粒过筛一次，并用新鲜压裂的麦粒将其补足到 10 g。这样，食物资源是大致不变的。用这类昆虫作种群试验很理想，因为食物是死物质，易于控制。而且成虫与幼虫取食同样食物。

实验的结果表明，该成虫种群稳步上升，直到一个成虫平均值为 338 头的稳定水平为止。符合“S”型增长曲线。

野外种群不可能长时期地、连续地增长。许多动物生活于具季节性变化的环境中，在每年有利的季节才出现种群增长。长寿命的动物很少出现明显的种群增长。因此，在自然界中，像实验种群一样，由少数个体开始而装满“空”环境的情况是很少见到的，只有在把动物引入海岛或某些新栖息地，然后研究其种群增长的少数实例，才能够见到。如绵羊引入澳大利亚马尼亚岛以后，增长初期显出一个“S”型曲线，1850 年后在

170 万头上下作不规律波动。

5. 方程的拟合与应用

在实验室或野外对种群数量动态观察后，可测定其是否为逻辑斯谛增长，方程的拟合方法如下：

(1) 将积分式转为回归式

$$N = K/(l + e^{a-rt}) \longrightarrow \ln(K - N/N) = a - rt$$

(2) 采用目测法、三点法和平均值法求 K 值。

(3) 通过直线回归估算 a，r 值。

(4) 得出 Logistic 方程。

6. 模型的改进

(1) 假设与构建：假设种群增长过程中，从环境条件改变到引起种群增长的改变之间有一个反应时滞 (reaction time lag)，将改变逻辑斯谛方程中的 $(K - N)/K$ 项，构建改进的模型为：

$$dN/dt = \mathrm{r}N\ (K - N_{t-T})\ /K$$

式中，T 为反应时滞，其他参数同 Logistic 模型。

(2) 模型的行为：逻辑斯谛曲线有了这种时滞之后，变化很大。如图 3-6-7 所示，当 rT 为 0.35 时，种群增长呈平滑地趋向于一个稳定点（即 K 值，图中是 1.0 的水平线）；rT 为 0.7 时，呈 S 型增长；当 rT 增大时，就产生振荡，先是减幅或阻尼振荡，以后是稳定的周期性振荡。

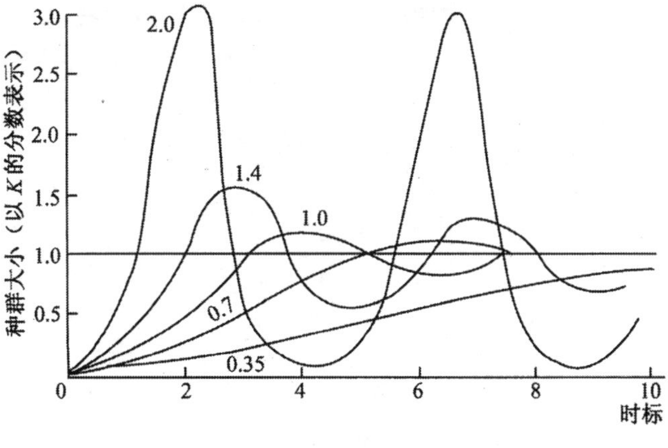

图 3-6-7 具不同时滞值的逻辑斯谛方程所产生的各种种群增长。曲线边的数字是种群增长率 r 与时滞值 T 的乘积，时滞越长，一般数量越不稳定 （仿 Krebs 1978）

该系统的稳定性依于 T/T_R，即 $r \cdot T$ 值。$r \cdot T$ 值小，即时滞短、速度慢，系统稳定；$r \cdot T$ 值大，即时滞长、速度快，系统不稳定。

当$0 < rT < e^{-1}$，种群增长呈单调阻尼，达平衡点。

$e^{-1}<rT<\pi/2$，阻尼振荡。

$\pi/2<rT$，呈极限环。

一旦 $rT\geqslant\pi/2$，振荡的幅度、周期也就决定了，周期大约为 $4T$。

第七节 r，K 对策

在长期的协同进化过程中，生物逐渐形成了其对环境适应的生态对策。根据生物的进化环境和生态对策把生物分为 r 对策和 K 对策两大类。有利于发展较大的 r 值的选择，称为 r 对策；有利于竞争能力的增加的选择，称为 K 对策。

r 对策者适应于不可预测的多变环境（如干旱地区和寒带），具有能够将种群增长最大化的各种生物学特性，即高生育力、快速发育、早熟、成年个体小、寿命短且单次生殖多而小的后代。一旦环境条件好转，就能以其高增长率 r，迅速恢复种群，使物种能得以生存。

K 对策者适应于可预测的稳定的环境。在稳定的环境（如热带雨林）中，由于种群数量经常保持在环境容纳量 K 水平上，因而竞争较为激烈。K 对策者具有成年个体大、发育慢、迟生殖、产仔（卵）少而大但多次生殖、寿命长、存活率高的生物学特性，以高竞争能力使自己能够在高密度条件下得以生存。

因此，可以说在生存竞争中，K 对策者是以“质”取胜，而且 r 对策者 则是以“量”取胜；K 对策者将大部分能量用于提高存活，而 r 对策者则是将大部分能量用于繁殖。在大分类单元中，大部分昆虫和一年生植物可以看作是 r 对策者；大部分脊椎动物和乔木可以看作是 K 对策者。在同一分类单元中，同样可作生态对策比较，如哺乳类的啮齿类大部分是 r 对策者，而象、虎、熊猫则是 K 对策者。

Pianka（1970）列出下表 3-6-6，总结了 r 选择和 K 选择的有关特征。

表 3-6-6　r 选择和 K 选择的有关特征的比较

特征	r 对策者	K 对策者
栖息地气候条件	多变的，不确定的	稳定的，较为确定的
死亡率	灾变的，非密度制约	密度制约
种群密度	多变的，低于 K 值	在 K 值附近
种内竞争	不紧张	激烈的
选择有利于	1. 快速发育	1. 缓慢发育
	2. 高 r_m 值	2. 高竞争力
	3. 提早生育	3. 延迟发育
	4. 体型小	4. 体型较大
寿命	短	长

思考题

1. 如何进行种群数量的样方调查？

2. 标志重捕法的原理是什么？

3. 以某一生物种群为例，构成种群的生命表。如何进行生命表分析？并计算出各个重要生命参数，说明生命表在分析种群动态中的意义。
4. 种群的增长受哪些种群参数的影响？
5. 存活曲线主要有哪些类型？不同生物的存活曲线特点。
6. 请举例说明种群年龄结构对预测种群的兴衰的作用。
7. 种群中的 r 与 r_m、λ 与 r 的关系和区别。
8. 比较种群指数增长模型和逻辑斯谛增长模型，哪些类型生物种群适合于指数理论，哪些适合于逻辑斯谛曲线增长，两者如何转化？
9. Logistic 增长曲线有何理论意义和现实意义？
10. 根据种群增长的影响因素，如何合理地控制人口？
11. r、K 对策者产生的机制及特征。$r-K$ 选择理论在生产实践中具有什么指导意义？

参考文献

丁岩钦 . 1994. 昆虫数学生态学 . 北京：科学出版社

孙儒泳编著 .2001. 动物生态学原理（第三版）. 北京：北京师范大学出版社

陈品健，陈小麟 .1996. 动物生态学 . 厦门：厦门大学出版社

李博 .1990. 普通生态学 . 呼和浩特：内蒙古大学出版社

徐汝梅编著 . 1987. 昆虫种群生态学 . 北京：北京师范大学出版社

伊藤嘉昭（日）.1982. 动物生态学（上、下册）. 北京：科学出版社

May R M. 孙儒泳等译 .1980. 理论生态学 . 北京：科学出版社

Begon M, Mortimer M.1981 Population ecology. Blackwell Scientific publications.

Begon M, Harper J L, Townsend C R.1990. Ecology, Second Edition. Boston: Blackwell Scientific Publications.560～606

Bennett K.D. 1983. Postglacial population expansion of forest trees in orfolk, UK.Nature 303: 164～167（本文提供了构建植物种群增长的范例）

Colinvaux.P.1993.Ecology. John Wiley & Sons

Heron A C.1972.Population ecology of a colonizing species: the pelagic tunicate Thalia democratica Ⅰ. Individual growth rate and generation time. Oecologia, 10: 269～293（本文种群动态分析的范例）

Heron A C. 1972. Population ecology of a colonizing species ; the pelagic tunicate Thalia democratica Ⅱ, population growth rate. Oecologia, 10: 293～312（本文种群动态分析的范例）

Immelmann K.1980.Introduction to ecology. Plenum Press

Jones M L, Swartz S L and Leatherwood S.1984.The Gray Whale Eschrichtius robustus. New York: Academic Press（本文是研究种群（鲸）增长的范例）

Krebs C.1978.Ecology: the experimental analysis of distribution and abundance (2nd ed) . Harper &Row publisher

Leverich W J and Levin D A.1979.Age-specific survivorship and reproduction in Phlox drummondii.Amercian naturalist, 113: 881～903

Lincoln R J et al.1982, A dictionary of ecology.evolution and systematics. Cambridge Universuty Press

Mackenzie A, Ball A S, Virdee S R.1999.Instant notes in ecology. 科学出版社

Putman R J, Wratten S d.1984.Principle of ecoloy.Croom helm Ltd

Reilly S B, Rice D W and Wolman A A. 1983.Population assessment of the gray whale, Eschirichtius robustus, from California shore censuses , 1967～1980.Fishery Bulletin 81: 267～281（本文是详细地研究了灰鲸种群增长）

Ricklefs R E.1990. Ecology. Third Edition. New York: W.h. Freeman and Company. 473～506

Silvertown J W.1982.Introduction to Plant Population Ecology. London: Longman Inc., N. Y

第七章　种间的相互作用

学习要点

1. 了解种间相互作用类型。

2. 掌握种间竞争、捕食、寄生作用的数学模型的构建、行为及改进。

3. 了解生态位与竞争排斥原理和概念。

4. 掌握捕食作用过程和两种反映。

5. 了解协同进化的原理和意义。

基本概念

1. 似然竞争（apparent competition）：指两个物种通过有共同捕食者而产生的竞争，与两个物种通过对资源利用所产生的资源利用性竞争在性质上类似的竞争。

2. “高斯假说”或“竞争排斥原理”（Competition exclusion principle）：生态位相同的两个物种不能共存。竞争的结果使生态位的分离，达到共存。

3. 功能反应（functional response）：指每个捕食者的捕食率随猎物密度变化的一种反应，即捕食者对猎物的捕食效应。

4. 数值反应（numerical response）：指捕食者摄食猎物后，对自身种群数量影响的动态关系。

5. 最佳摄食理论（optimal foraging theory）：动物的任何一种行动都会给自己带来收益，同时动物也会为此付出一定的代价（投资）；自然选择总是倾向于使动物从所发生的行为中获得最大的收益（收益——投资）。

6. 边际值原理（marginal value theorem）：捕食者在一个斑块的最佳停留时间为捕食者在离开这一斑块时的能量获取率（即这一斑块的“边际值”）。

7. 协同进化（co-evolution）：是一个物种的性状作为对另一个物种性状的反应而进化，而后一个物种的这一性状本身又是对前一物种的反应而进化。

第一节　种间相互关系

种间相互作用包括两个或多个物种之间的竞争、捕食、寄生作用等多种类型。其研究内容包括：①两个或多个种群在种群动态上的相互影响，主要用数学模型描述；②两个种群之间的相互作用过程分析，如竞争排斥原理、捕食作用过程；③两个物种在进化上的相互适应、协同进化（co-evolution）机制。

一、种群的相互作用类型

种间关系（interspecises interaction）是指不同物种种群之间的相互作用所形成的关系。两个种群的相互关系可以是间接的，也可以是直接的相互影响。这种影响可能是有害的，也可能是有利的。如果用“+”表示有利，“-”表示有害，“0”表示既无利也无害，那么，种群之间的关系可以总结为下表3-7-1。

表3-7-1　两种种群之间的各种相互关系

种间关系类型	物种		主要特征
	1	2	
中性（neutralism）	0	0	彼此互不影响
竞争（competition）	-	-	相互有害
偏害（amensalism）	-	0	种群1受害，种群2无影响
捕食（predation）	+	-	种群1（捕食者）有利，种群2受害
寄生（parasitism）	+	-	种群1（寄生者）有利，种群2受害
偏利（commensalism）	+	0	种群1有利，种群2无影响
互利（mutualism）	+	+	彼此都有利

二、主要类型概述

上述的相互作用类型可以简单地分为三大类。

（一）中性作用

即种群之间没有作用。事实上，生物与生物之间普遍联系的，没有相互作用是相对的。

（二）正相互作用

正相互作用（positive interaction）可按其作用程度分为偏利共生、原始协作和互利共生三类。

1. 偏利共生（commensalism）

在自然界较常见，其主要特征为种间相互作用仅对一方有利，而对另一方无影响。附生植物和被附生植物之间是一种典型的偏利共生关系，如地衣、苔藓等附在树皮上，但对附生植物种群无多大影响。动物的例子很多，如某些海产蛤贝的外套腔内共栖着豆蟹（Pinnotheres），它在那里偷食其宿主的残食和排泄物，但不构成对宿主的危害。

可用以下微分方程表示：

$$\frac{dN_1}{dt}=r_1N_1\left(1-\frac{N_1}{K_1+\alpha N_2}\right)$$

$$\frac{dN_2}{dt}=r_2N_2\left(1-\frac{N_2}{K_2}\right)$$

即当两个种群不在一起时，均按逻辑斯谛曲线增长；而两个种群在一起时，对 N_1 来说，由于 N_2 的存在，改进了 N_1 的环境，使 N_1 的生长型生长更有利。而对 N_2 的种群生长无影响。

平衡密度：$N_1^* = k_1 + \alpha k_2$

$N_2^* = k_2$

α 为种群 N_2 对种群 N_1 的偏利系数。

2. 互利共生（mutualism）

互利共生多见于需要极不相同的生物之间，其主要特征为两物种长期共同生活在一起，彼此互相依赖、相互共存、双方获利。如果离开了对方就不能生存，如白蚁及其肠道内的鞭毛类的共生。鞭毛类以白蚁吞入的木质作为食物和能量的来源，同时它分泌出能消化木质素的酶来协助白蚁消化食物。如果没有鞭毛类的共生，白蚁就消化不了木质素。实验说明，用人工除去白蚁肠道里的鞭毛类，它们就会活活饿死。

May（1976）提出如下二种群共生的数学模型：

$$\frac{dN_1}{dt} = r_1 N_1 \left(1 - \frac{N_1}{K_1 + \alpha N_2}\right)$$

$$\frac{dN_2}{dt} = r_2 N_2 \left(1 - \frac{N_2}{K_2 + \beta N_1}\right)$$

即假设每个种群均遵从 Logistic 方程，但由于另一个种群存在，增加了它的容纳量 K。式中，α、β 分别为种群之间的共生系数。

3. 原始协作（protocooperation）

可以认为是共生的另一种类型，其主要特征为两种群相互作用，双方获利，但协作是松散的。分离后，双方仍能独立生存。如蟹背上的腔肠动物对蟹能起伪装保护作用，而腔肠动物又利用蟹作运输工具，从而得以在更大范围内获得食物。又如某些鸟类啄食有蹄类身上的体外寄生虫，而当食肉动物来临之际，又能为其报警，这对共同防御天敌十分有利。

（三）负相互作用

负相互作用（negative interaction），包括竞争、捕食、寄生和偏害等。前三者将在后面详细介绍。

偏害作用（amemsalism）：在自然界很常见。其主要特征为当两个物种在一起时，由于一个物种的存在，可以对另一物种起抑制作用，而自身却无影响。异种抑制作用和抗生素作用都属此类。异种抑制一般指植物分泌一种能抑制其他植物生长的化学物质的现象。如胡桃树（*Juglans nigra*）分泌一种叫做胡桃醌（juglone）的物质，它能抑制其他植物生长，因此，在胡桃树下的土表层中是没有其他植物的。抗生作用是一种微生物产生一种化学物质来抑制另一种微生物的过程，如青霉素就是点青霉菌所产生的一种细菌抑制剂，也常称为抗生素。

其数学模型为：

$$\frac{dN_1}{dt} = r_1 N_1 \frac{K_1 - N_1 - \alpha N_2}{K_1}$$

$$\frac{dN_2}{dt} = r_2N_2\left(1 - \frac{N_2}{K_2}\right)$$

即当两个物种不在一起时，每个物种种群均遵从 Logistic 模型生长，当两个物种在一起时，N_2 仍遵从 Logistic 模型增长，而 N_1 由于 N_2 的抑制作用，其种群生长受到抑制。α 为 N_2 对 N_1 的抑制系数。

平衡种群：$N_1^* = K_1 - \alpha K_2$

$N_2^* = K_2$

第二节　种间竞争

当两个或两个以上物种共同利用同一资源而受到相互干扰或抑制时，称为种间竞争。

其中，当物种由于共同资源短缺而引起的竞争称为资源利用性竞争（exploitation competition)；当物种在寻找资源过程中损害其他个体而引起的竞争，称为相互干扰性竞争（interference competition)。

此外，不同营养层间的物种还存在着似然竞争（apperent competition)。当一个捕食者捕食两种物种，也即是两个物种共享相同捕食者时，一个物种个体数量的增加将会导致捕食者种群个体数量增加，从而加重对另一物种的捕食作用。这种两个物种通过有共同捕食者而产生的竞争，与两个物种通过对资源利用所产生的资源利用性竞争在性质上类似的竞争，称为似然竞争。

一、种间竞争模型

1. 模型假设及构建

洛特卡-沃尔泰勒（Lotka-Volterra）方程，就是描述种间竞争的模型。

假设 1：种群 1 和种群 2 单独存在时，均符合逻辑斯谛增长规律，即

$$\frac{dN_1}{dt} = r_1N_1\left(\frac{K_1 - N_1}{K_1}\right) \qquad \text{种群 1}$$

$$\frac{dN_2}{dt} = r_2N_2\left(\frac{K_2 - N_2}{K_2}\right) \qquad \text{种群 2}$$

假设 2：种群 1 和种群 2 为两个互相竞争的种群，两个种群的竞争系数为 α 和 β。α 表示在种群 1 的环境中，每存在一个种群 2 的个体，对种群 1 的效应；β 表示在种群 2 的环境中，每存在一个种群 1 的个体，对种群 2 的效应。其数学模型为：

$$\frac{dN_1}{dt} = r_1N_1\left(\frac{K_1 - N_1 - \alpha N_2}{K_1}\right) \qquad \text{种群 1 竞争方程}$$

$$\frac{dN_2}{dt} = r_2N_2\left(\frac{K_2 - N_2 - \beta N_1}{K_2}\right) \qquad \text{种群 2 竞争方程}$$

2. 模型的生物学参数

r_1，r_2 为种群 1 和种群 2 的瞬时增长率。

K_1，K_2 为种群 1 和种群 2 的环境容纳量。

α，β 为种群 1 对种群 2 和种群 2 对种群 1 的竞争系数。

3. 模型的行为

当 $dN/dt=0$ 时，

$$\frac{dN_1}{dt}=\frac{dN_2}{dt}=0$$

$$K_1-N_1-\alpha N_2=0$$

$$K_2-N_2-\beta N_1=0$$

即对 N_1 种群来说，当 $N_1=0$ 时，$N_2=K_1/\alpha$；当 $N_2=0$ 时，$N_1=K_1$；对 N_2 种群来说，当 $N_1=0$ 时，$N_2=K_2$；当 $N_2=0$ 时，$N_1=K_2/\beta$，由此将上述两个模型合并，即可得到图 3-7-1 中的四种结局。

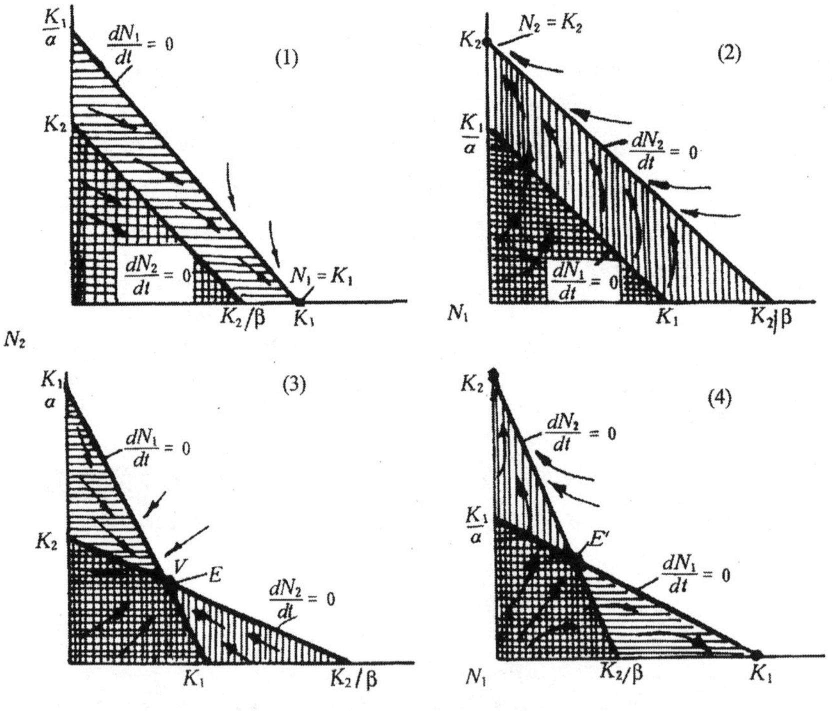

图 3-7-1 两个物种之间竞争可能产生的四种结局 （仿 Smith 1980）

（1）N_1 取胜；（2）N_2 取胜；（3）稳定的平衡（两种共存）；

（4）不稳定的平衡（两种都有可能取胜）

（1）当 $K_1>K_2/\beta$，$K_2<K_1/\alpha$ 时，由于在 K_2，K_2/β 右边这个面积内，种群 2 已超过最大容纳量而不能增长，而种群 1 仍能继续增长，因此，种群 1 取胜，种群 2 被挤掉。

（2）当 $K_2>K_1/\alpha$，$K_1<K_2/\beta$ 时，在 K_2，K_1/α，K_1，K_2/β 这块面积内，种群 1 不能增长，而种群 2 能继续增长，因此，种群 2 取胜，种群 1 被挤掉。

(3) 当 $K_1 < K_2/\beta$ 和 $K_2 < K_1/\alpha$ 时，两条对角线相交其交点 E 即为平衡点。由于 $K_1 < K_2/\beta$，在三角形 $K_1 E K_2/\beta$ 中，种群 1 不能增长，而种群 2 继续增长，箭头向平衡点收敛。同样，因为 $K_2 < K_1/\alpha$，在三角形 $K_1/\alpha E K_2$ 中，种群 2 不能增长，而种群 1 增长，箭头也向平衡点收敛，从而形成稳定的平衡，两个物种共存。

(4) 当 $K_1 > K_2/\beta$，$K_2 > K_1/\alpha$ 时，两条对角线相交，出现平衡点，但它是不稳定的。因为 $K_1 > K_2/\beta$，在三角形 $K_1 E' K_2/\beta$ 中，种群 2 不能增长，种群 1 能增长，箭头不收敛。同样因为 $K_2 > K_1/\alpha$，在三角形 $K_2 E' K_1/\alpha$ 中，种群 1 不能增长，种群 2 能增长，箭头也不能收敛。因此，平衡是不稳定的。

4. 模型的验证

(1) 室内种群的竞争实验

1) Gause（1932，1934）两种酵母的竞争试验：Gause 所做的两种酵母的竞争试验具有重大影响，被作为经典的试验，这里简单扼要介绍。他以啤酒酵母的提取液、水和糖为培养基，饲养了两种酵母 *Saccharomyces cerevisiae*（酿酒酵母）和 *Schizosaccharomyces kephir*（裂殖酵母）。当单独培养时，两个物种均呈 S 形增长，配以逻辑斯谛曲线，其参数 K 值分别为 13.0 和 5.8；r 值分别为 0.22 和 0.66。

当把两种酵母养在一起时，则如图 3-7-2 所示。

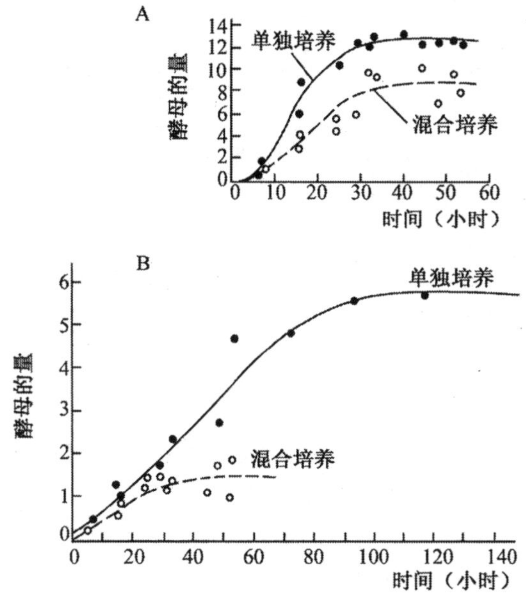

图 3-7-2 单独培养与混合培养时的酵母增长曲线

（自 Gause 1932； Krebs 1978）

A. 酿酒酵母单独培养——和与裂殖酵母混养 - - - -；

B. 裂殖酵母单独培养——和与酿酒酵母混养 - - - -

根据上述试验，可以计算出转换（竞争）系数 α 和 β。其公式为：

$$\alpha = [K_1 - (dN_1 \cdot K_1/dt)/r_1N_1 - N_2]/N_2$$
$$\beta = [K_2 - (dN_2 \cdot K_2/dt)/r_2N_2 - N_2]/N_1$$

α和β随时间而变，取的是三次试验的平均值，得出$\alpha = 3.15$，$\beta = 0.439$。

对照竞争模型行为的四种结局，检验模型的动态结果为：

$K_1 = 13.0$，$K_2/\beta = 13.21$；$K_1 < K_2/\beta$（$\beta = 0.439$）

$K_2 = 5.8$，$K_1/\alpha = 4.127$；$K_2 > K_1/\alpha$（$\alpha = 3.15$）

即属于模型行为中第二种情况（$K_1 < K_2/\beta$，$K_2 > K_1/\alpha$），N_2取胜，N_1绝灭。如果用不同培养年龄时的α和β值计算，分别属于第四、第二，第一种情况，均不能达到稳定的共存。显然这引起结果与上图 3-7-2 的两个物种共存的结果是不吻合的。这主要是由于 Lotka Volterra 的模型及其分析都过于简单所致。

2）米象（*Calandra oryzae*）和谷蠹（*Rhizoporha dominica*）的竞争试验：*Birch*（1953）在不同温度下进行了米象与谷蠹的竞争试验，结果表明：在 29℃时，米象一定取胜，谷蠹绝灭。在 32℃就反过来了，谷蠹永远取胜，米象绝灭。而这些结果是由于不同温度下两个物种的内禀增长力变化而造成的（见表 3-7-2）。

表 3-7-2　不同温度下米象、谷蠹内禀增长率和竞争结果

	29.1℃	32.3℃
米　象	0.77*	0.50
谷　蠹	0.58	0.69*

* 取胜者

3）杂拟谷盗（*Tribolium confusum*）和赤拟谷盗（*T.castaneum*）的竞争试验：Park（1948，1954，1964）进一步研究了不同气候因子、寄生物和品系对杂拟谷盗的作用。发现：

①气候因子的影响：空间、初始密度、食物固定，在排除寄生物的情况下改变温、湿度组合。发现在高温高湿时，赤拟谷盗必胜；在低温低湿时杂拟谷盗必胜；其他情况下则各有一定取胜概率。

②寄生物 Adelina（孢子虫纲，原生动物门）的影响：在有寄生物 Adelina 存在的情况下，杂拟谷盗通常（89%）取胜。因为 Adelina 对赤拟谷盗影响大。但当移去寄生物 Adelina 时，赤拟谷盗取胜的机会（67%）更多一些。

③与品系的关系：由于该二个物种内不同品系之间的死亡率和生育力是不同的，这些不同的品系具有极不相同的竞争能力，主要是由赤拟谷盗的品系决定了竞争的结果。例如，赤拟谷盗的 CⅠ品系永远取胜，CⅢ永远失败。

综上所述可知，Lotka-Volterra 的竞争模型可以反映种间竞争的一些情况，但过于简单。Gause 有关酵母的经典试验的目的在于论证 Lotka-Volterra 的竞争模型，但对竞争系数的测定与实际的竞争结果是不符合的。Birch 和 Park 的试验进一步说明，种间的竞争受多种因子的影响。种群参数（如 r_m）、气候条件、天敌等均能影响竞争的结果。此外，在自然界，这种线性的竞争关系可能是不多见的。非线性的表达可能更合理。

（2）田间种群的竞争观察：红圆蚧（*Aonidiella aurantii*）是美国加州南部的一种

柑橘害虫，大约在 1900 年，偶然地从地中海地区输入一种寄生天敌蔷薇轮蚧小蜂（*Aphytis chrysomphali*）。这种寄生蜂很快扩散，并成为蚧壳虫的有效天敌，在南部加州某地区分布非常普遍。1948 年从中国南部引进一种岭南小蜂（*Aphytis lingnanisis*），并在蔷薇轮蚧小蜂发生的所有地区繁殖和定居下来，到 1958 年蔷薇轮蚧小蜂几乎在整个区域被岭南小蜂完全取代。到 1961 年，蔷薇轮蚧小蜂只在两个地区保留下来，分别占总的小蜂种群的 32.6% 和 14%。1956 年和 1957 年，同属的另一种小蜂（*A. melinus*）从印度引进，这些地区年气候变化与南部加州柑橘生产区非常相似，引入 *A. melinus* 是希望改善柑橘区的生物防治。1957～1959 年，*A. melinus* 在南部加州的柑橘区释放，很快在内地较热的地区取代了岭南小蜂。但在海边却没有，在最初释放地，*A. melinus* 排除岭南小蜂的竞争转换过程，发生在一年之内，或经历了 8～9 代，到 1961 年在加州内地大部分柑橘区，*A. melinus* 占总的小蜂（Aphytis）种群的 94%～96%，这种竞争结果，导致了两个种生活在柑橘生产区的两个不同地方，即内地和海边。这是一个典型的田间种群的竞争例子。

5. 模型的改进

（1）包含稀释项的竞争模型：设两个种群均以同一速率移去一些个体（如非选择性捕食），可以有下列稀释项的竞争模型。

$$\frac{dN_1}{dt} = r_1N_1\left(\frac{K_1 - N_1 - \alpha N_2}{K_1}\right) - mN_1$$

$$\frac{dN_2}{dt} = r_2N_2\left(\frac{K_2 - N_2 - \beta N_1}{K_2}\right) - mN_2$$

（2）有时滞的竞争模型：按 Lotka-Volterra 竞争模型，分别加入物种 1 和物种 2 的时滞 τ_1 和 τ_2，得出具有时滞的竞争模型为：

$$dN_1/dt = r_1N_1\ [\ (K_1 - N_1 - \alpha N_2)\ /K_1]_{(t-\tau_1)}$$

$$dN_2/dt = r_2N_2\ [\ (K_2 - N_2 - \beta N_1)\ /K_2]_{(t-\tau_2)}$$

（3）多种群的竞争模型：若有两个以上的种群竞争，第 i 种有几个竞争者，则竞争模型为：

$$dN_i/dt = r_iN_i(K_i - N_i - \sum_{i \neq j} \alpha_{ij}N_j)/K_i$$

式中竞争系数 α_{ij} 表示第 j 种对第 i 种的竞争作用。上式 $dN_i/dt = 0$，对于几个共存种的平衡种群可用下式表示：

$$N_i^* = K_i - \sum_{j \neq i} \alpha_{ij}N_j^*$$

二、生态位与竞争排斥原理

1. 生态位

有关生态位（niche）的定义很多。最初，Grinnell（1917）定义生态位为最终的分布单位。每一个生态位仅能被一个特种占据。强调的是空间和位置。

Elton（1927）认为："一个动物的生态位表明它在生物环境中的地位及其与食物和天敌的关系"。他强调的是动物在群落中的作用。

Hutchinson（1958）对生态位的概念重新予以考虑。首先从二维变量考虑到有两个独立的环境变量 X_1 和 X_2，设允许物种 S 存活和繁殖的极限值分别对 X_1 和 X_2 是 X'_1、X''_1 和 X'_2、X''_2。这样就确定了一个区域（面积）。若引入另一变量 X_3，则成三维空间中的一个体积。再加入 X_4、X_5…… X_n 直至与 S_1 有关的所有生态因子都被包含进来，这时就限定了一个 n 维的超体积（n-dimensional hypervolume）。其中各点是允许物种无限生存的环境组合。这个超体积 N_1 就是物种 S_1 的基础生态位（fundamental niche）。同样，对物种 S_2，S_3，同样有 N_2、N_3……，这些超体积 N_2、N_3 就是物种 S_2，S_3 的基础生态位。

Hutchinson 的生态位既包括物种空间位置，也包括在生物群落中的功能，被称为超体积生态位。尽管它考虑较全面，且可以用数学模型来表示，但它在实际应用时是有困难的。首先，生态位的维数是无穷多的。第二，要满足一切环境变量的线性排列和可测性是困难的。第三，这是静态的，尚不能反应竞争的动态过程。

MacArthur（1968）提出了解决这些困难的办法：只局限于讨论生态位中一维或二维的差别。另外，为了明确概念，Whittaker 等（1973）建议区别以下两个定义：

生态位：一个有机体在群落中的作用。这是 Hutchinson 和 Elton 对生态位的概念。

生境（habitat）：物种存在的环境域。符合 Grinnell 的概念；它基本上是一个有关分布的概念。

有关生态位的概念及计算可参考群落部分。

2. 竞争排斥原理

Gause（1934）通过一系列的竞争试验和对 Lotka-Volterra 模型的分析，认为竞争的结果，使两个相似的物种难得能够占有相似的生态位，即生态位相同的两个物种不能共存。它们将彼此置位，使得各自能够占有一些特定的食物和生活方式，使之在这些方面比其竞争者更为有利。后人（Hardin　1960）将之归纳为"完全的竞争者不能共存"，称为"高斯假说"或"竞争排斥原理"（competition exclusion principle）。自高斯假说提出后，不少生态学家通过对自然界现象进行了论证。

（1）支持竞争排斥理论：在自然界，确实观察到物种的竞争排斥过程。如美国加州橘园黄蚧壳虫与红蚧壳虫竞争排斥问题。DeBach（1978）发现黄蚧壳虫（*Aonidiella citrina*）在 San Gabriel 地区 1880 年代就有记载，并在 Los Angeles 是重要害虫，在 1910 年该虫在整个加州南部橘园都有记载，到 1913 年在许多地区成为主要害虫，到 1950 年该虫分布缩小。红蚧壳虫（*Aonidiella aurantii*）系从澳大利亚传入南部加州，并很快在一些地区就成为严重的柑橘害虫，但 San Gabricl 地区除外。这两种蚧壳虫都有同样的生态位，即在特定的栖境中，具有同样的食物、空间与习性要求，这样，当两个种在一起时，就存在着竞争排斥问题。两种蚧壳虫在分布与多度方面的变化（见图 3-7-3），从图中即可说明其竞争排斥过程。

一般在 1890～1920 年这段期间，在图中用 1910 年作为代表，此时黄蚧壳虫较红蚧壳虫广泛的分布在南加州，但沿海与中部则红蚧壳虫占优势。到 1930 年，在 Ventura 地带开始发现，San Bernardino 地区亦较前数量增多，而在 Orange 黄蚧壳虫消失。到 1940 年，在 Ventura 地区数量增多，而优势种仍为黄蚧壳虫，其他地区两种变化不大。到 1950 年，两个种的分布变化较大。在 Ventura 地区，红蚧壳虫与黄蚧壳虫两个种的分布与多度几相等；在 Los Angeles 黄蚧壳虫完全消失，而红蚧壳虫成为普遍分布与优势种。到 1960 年，黄蚧壳虫子在东部地区消失，即 San Bernardion 和 Riverside 地区。到 1970 年黄蚧壳虫从 Ventura 完全消失，即在整个南加州地区被红蚧壳虫所替代。在经历了 80 年的时间里，一个物种通过竞争替代了另一物种。

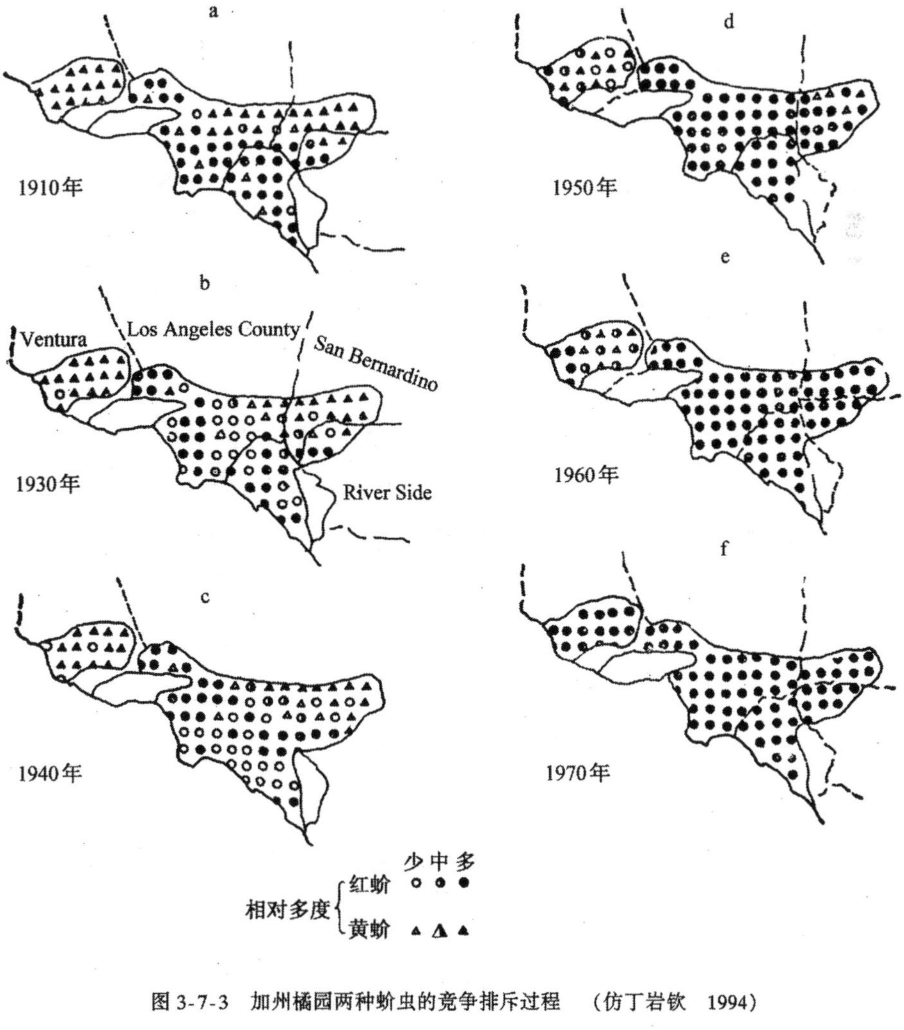

图 3-7-3　加州橘园两种蚧虫的竞争排斥过程　（仿丁岩钦　1994）

(2) 有关竞争排斥理论的争论：在野外，经常可以见到近缘的物种生活在同一环境中。这似乎与生态位相同的二个物种不能共存的理论不一致。因此野外工作者对竞争排斥理论争议较大。

Ross (1957) 发现在伊利诺斯州的悬铃木叶子上有 6 种斑叶蝉（*Erythroneura*）。这些斑叶蝉是同属的近缘种，其生态位基本一致，但却可以共存。这是一个被许多人公认的“不同物种可以利用同一生态位而共存”的著名例子。McClure（1974）重新分析了这一事例。他发现斑叶蝉（共8种）可以通过不同的方式来达到对食物资源利用上的分离。如在叶片的不同部位取食，以及在不同地理区域中的悬铃木上取食。后者示于表3-7-3。即大多数物种的分布的峰值（斜体字表示）均与其他物种不重叠。

表3-7-3 斑叶蝉在不同纬度上的分布 （自 Price 1975）

物种	地带（°N）							
	北						南	
	43～42	42～41	41～40	40～39	39～38	38～37	37～36	36～35
E. arta	21.9	6.0	0.5	4.4	8.0	15.7	**29.3**	23.8
E. bella	0	0	0	0	10.3	16.4	**29.7**	43.6
E. hymettana	0	0	0	0	0	0	**29.3**	70.7
E. ingrata	0	0	0	8.3	0	**66.7**	**25.0**	0
E. lawsoni	8.3	24.5	**33.0**	22.1	5.5	3.5	2.9	0.2
E. morgani	0	2.0	2.1	35.2	28.3	24.1	6.9	1.4
E. torella	1.1	50.0	16.7	13.2	1.8	13.8	3.4	0
E. usitata	0	0	0	12.4	47.1	22.2	13.2	5.1

因此，在人们深入地研究近缘种的共存时，发现了许多以前未曾找到的生态位差别，使得竞争排斥原理仍能得以解释。

另一个例子是两种划蝽（Corixidae）均为北密西根州湖中的优势种。它们每年发生的高峰期是错开的（图3-7-4）。一个种繁殖的早一些，一个晚一些，从而可以共存。各自的高峰期不同以达到生态位分离。

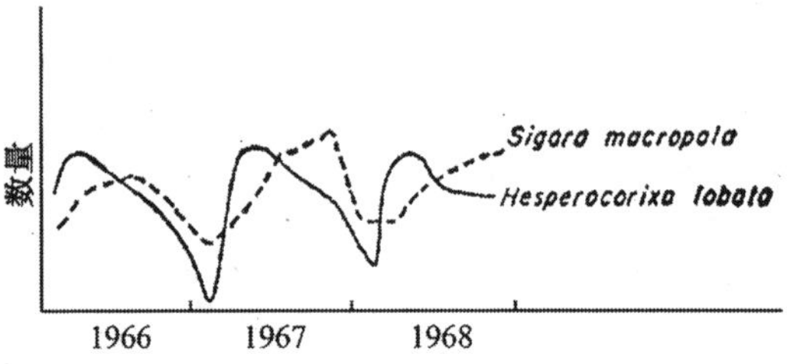

图3-7-4 两种划蝽的发生动态 （自 Istock 1973； Price 1975）
各自的高峰期不同以达到生态位分离

由此可知，高斯的假说或竞争排斥原理应用有一定限度，不能认为时时、处处都在发生着竞争排斥的现象。正如 Hutchinson 所说，在①环境不稳定，物种之间不能达到平衡；②资源不是限制因子，物种间不存在对资源的激烈竞争；③环境波动，在某物种绝灭之前已改变竞争方向等情况下，就可能不会出现竞争排斥的现象。

高斯的竞争排斥原理，即“生态位相同的物种不能共存”这个假说是正确的。但在自然竞争压力下，经过选择和进化，以及不同物种的特化和多样性的发展，所以物种的绝灭不是普遍的，也是不容易观察到的。物种通过生态位的分离，避免了排斥现象，从而达到共存。

第三节　捕食作用

捕食（predation）是指某种生物消耗另一种其他生物活体的全部或部分身体，直接获得营养以维持自己生命的现象。前者称为捕食者（predator），后者称为猎物（prey）。广义的捕食关系包括四种类型：①食肉动物（canivore）：捕杀其他动物并以后者为食物，狭义的捕食关系就是指这种类型，食肉动物因此也称为真捕食者（true predator）；②昆虫拟寄生者（parasitoid）：杀死其宿主。昆虫拟寄生者（parasitiod）是指某此昆虫，如寄生蜂，其成虫是自由生活的，成虫产卵于宿主（卵、幼虫、蛹等），待卵孵化为幼虫后便从宿主获得营养，直到宿主死亡为止。它与真寄生虫（如血吸虫）的主要区别是最终总是要杀死其宿主；③食植动物取食绿色植物，在这种关系中，植物不一定全部被吃掉因而可能只受损伤；④同类相食（cannibolism）：捕食者和被食者都是属于同一物种。

一、捕食作用模型

捕食作用模型又称为 Lotka-Volterra 模型。

1. 模型的构建与假设

假设 1：对于猎物(N)，如果没有捕食者(P)，它的种群将按指数式方式进行增长：

$$\frac{dN}{dt} = r_1 N \qquad (\text{I})$$

假设 2：对于捕食者(P)，如果没有猎物(N)，它的种群将按指数式方式进行减少：

$$\frac{dP}{dt} = -r_2 P \qquad (\text{II})$$

其中 N、P 为猎物和捕食者的密度；r_1、r_2 分别为猎物和捕食者的增长率。

如果捕食者和猎物共存于一个有限的空间，那么，猎物的种群增长率就会随着捕食者的增加而降低。根据这个原理，我们可把方程(I)改写如下：

$$\frac{dN}{dt} = (r_1 - \varepsilon P)N$$

其中 ε 是猎物所受的被捕食压力常数；ε 越大，表示猎物所受的压力越大；$\varepsilon = 0$ 表示猎物完全不受捕食者的影响。

同样，捕食者种群的增长率也将受猎物种群密度的影响，即：

$$\frac{dP}{dt} = (-r_2 + \theta N)P$$

捕食者方程中的 θ 是捕食者捕杀猎物的捕杀效率常数；θ 越大，捕食效率就越大，捕食者种群的增长也就越快。

2. 模型参数

r_1、r_2 分别为猎物和捕食者的瞬时增长率，而 ε、θ 分别为猎物被捕食的压力系数和捕食者捕食猎物的效率常数。

3. 模型行为

在上述模型中，$dN/dt=0$，则 $P=r_1/\varepsilon$（如图 3-7-5a）；$dP/dt=0$，则 $N=r_2/\theta$（如图 3-7-5b）。将图 3-7-5a 和图 3-7-5b 合并，形成了图 3-7-5c、d、e。由此可知模型的行为：捕食者-猎物种群联合的周期性振荡，其中捕食者种群发生落后于猎物种群 1/4 周期。

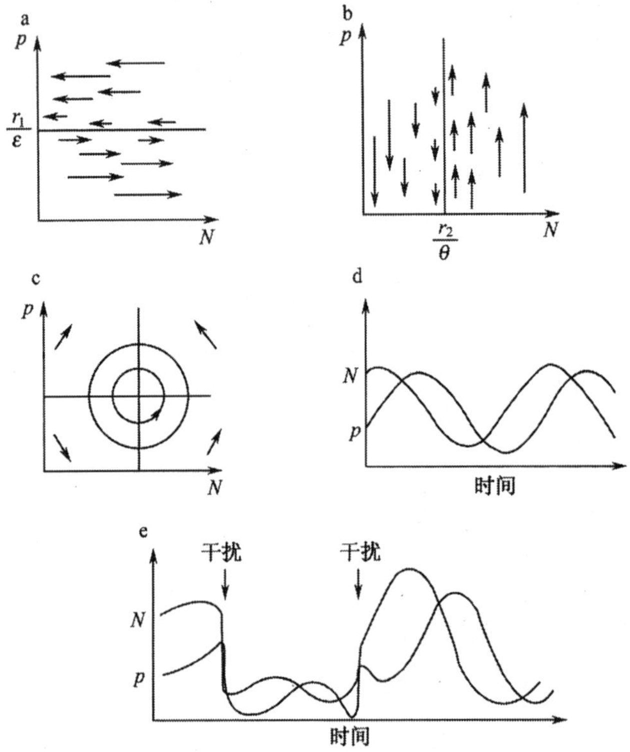

图 3-7-5　Lotka-Volterra 的捕食者-猎物模型

a. 猎物零增长线。捕食者（P）密度低时，猎物密度（N）增加，P 高时，N 减少；b. 捕食者零增长线，N 高时，P 增加，N 低时，P 减少；c. 当捕食者和猎物零增长线叠合在一起时，结局是捕食者-猎物密度的联合周期性振荡，如 d 所示。这种周期具中性稳定性特征，即如果没有外界干扰，它将是无限的，如果受到外界干扰，将把封闭环推到一个新的位置，开始一个新的中性稳定的封闭环（e）（仿 Begon　1986）

4. 模型验证

（1）实验室验证：Gause（1934）用燕麦培养液饲养草履虫（*Paramoecium caudatum*）和它的捕食者–栉毛虫（*Didinium nasutum*）以测定 Lotka-Volterra 模型的捕食者–猎物关系。

测定结果图 3-7-6 表明，在一般情况下，捕食者栉毛虫总是把猎物草履虫捕食完，而后自己饿死，没有出现 Lotka-Volterra 模型行为的周期性波动［见图 3-7-6（A)］。为此，他在培养液中保留一些栉毛虫不能进入的沉积物，让草履虫有“避难所”。在这种条件下，栉毛虫捕食完上清液中的草履虫而后死亡，藏在沉积物中的草履虫则增长。最后猎物增多，而没有捕食者，仍不能得到 Lotka-Volterra 模型行为的周期性振荡［见图 3-7-6（B)］。

Gause 进一步人为地造成“迁入”，即每 3 天在系统中加入一个草履虫和一个栉毛虫，以增加该捕食者-猎物系统的复杂性。最后两种群波动结果出现了周期性振荡［图 3-7-6（C)］，但维持的时间长短不一。这种振荡不是捕食者——猎物自身相互作用的结果，而是由于外来干扰。所以说，Gause 的试验与 Lotka-Volterra 模型的动态行为是不一致的。

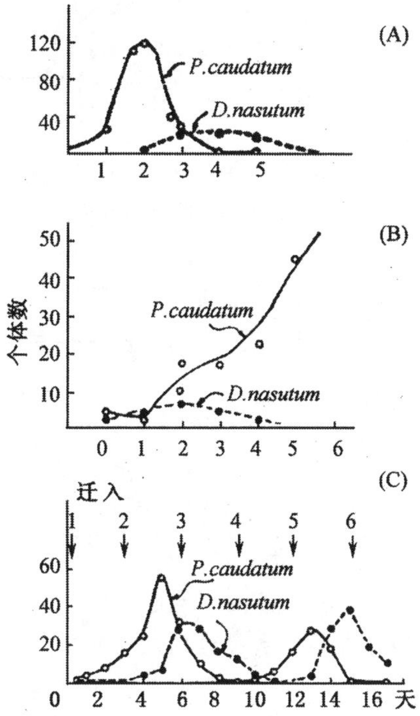

图 3-7-6　Gause 测定 Lotka-Volterra 模型的三个试验

(A) 均匀介质；(B) 有沉积物作为草履虫的“避难所”；

(C) 每 3 天“迁入”一个草履虫和一个栉毛虫

(自 Gause　1934；Price　1975)

Huffaker（1958）认为 Gause 的捕食者-猎物系统还是太简单。他通过在卵盘上安放柑橘（猎物螨的食物）和橡皮球，以观测猎物六点始叶螨（*Eotetranychus sexmaculatus*）——捕食者捕食性螨（*Typhlodromus occidentalis*）系统行为。

首先，安置 4 个相互紧靠相连的食物区（各区占 1/2 个柑橘大小），形成一个 4 个柑橘的分布区，其中有 2 个柑橘的取食区。接着，在引入猎物之后的第十一天接入此捕食者。由于捕食者寻找猎物十分容易，以致猎物数量下降，使捕食者由于饥饿而绝灭，而后猎物种群又上升。

Huffaker 进一步通过减少食物单位的大小、稀释食物的密度来增加环境的复杂性。但甚至当取食单位减少为 1/10 柑橘时，在 20 个柑橘的分布区内总共有 2 个柑橘的取食面积时，捕食者与猎物种群也不能共存。

最后，他总共用了 120 个柑橘。在每 120 个柑橘分布区内，以 1/20 柑橘面积为单位，组成 6 个柑橘取食面积。柑橘周围设置了石蜡的阻断，以增加扩散的困难。他还加进了一些小柱子，使猎物可以通过吐丝扩散。又用一个电扇来造成小的气流。他在每 120 个柑橘的分布区内放一个六点始叶螨，5 天后均匀地引入 27 个雌性捕食者。在这些条件下，捕食者与猎物种群才形成了三次振荡（见图 3-7-7）。最终因猎物的稀少而使捕食者绝灭。

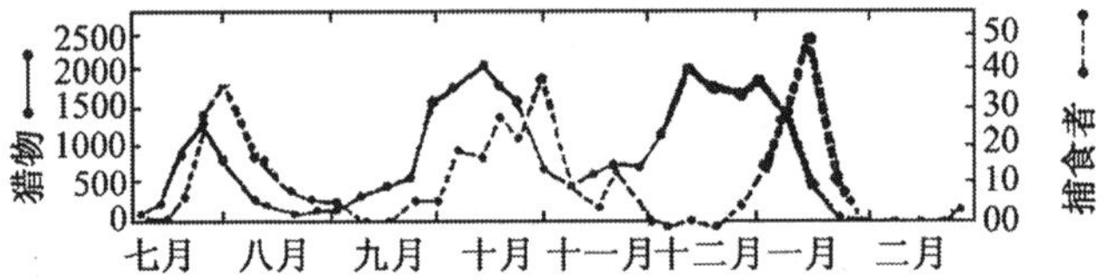

图 3-7-7　在复杂环境条件下，捕食者与猎物种群形成了三次振荡

（Huffaker　1958；Price　1975）

由此可以看出，两个物种能以维持三个周期长度的共存，在于使环境大而复杂，使捕食者与猎物不能同时在一切位置上接触。但既然在这样复杂的条件下，两个物种也未能长期共存，说明仅是环境的复杂性还是不够的。

Price（1975）认为：①环境的异质性；②捕食者与猎物的空间关系；③捕食者与猎物相对扩散率；④猎物的食物质量变化等影响捕食者和猎物相互作用稳定性的因子。

（2）野外验证：在捕食性天敌对猎物作用系统中，人们应用最经典的为澳洲瓢虫（*Radolia cardinalis*）对其猎物吹绵蚧壳虫（*Icerya purchasi*）的捕食作用。吹绵蚧壳虫是美国加州柑橘的主要害虫，为了防治该虫，科学家们从它的原产地澳大利亚引进了它的捕食性天敌澳洲瓢虫。将该捕食性天敌释放到加州柑橘后，它很快就定居下来，并很好地控制了吹绵蚧壳虫的危害，从而也成为了成功的生物防治的典范。

另一方面，捕食者能否决定被食者的密度问题，还可以通过从系统中去除捕食者的实验中得到说明。如太平洋鲑鱼（*Salmo salar*）是重要的经济鱼类，资源的减少已经成为一个严重问题。捕食性鸟类（尤其是秋沙鸭和翠鸟）捕杀很多幼鲑。怀特（White）于 1937～1938 年在加拿大玛格丽（Margree）河去除了 154 只翠鸟和 56 只秋沙鸭，使入海的幼鲑由 1937 年的 1834 尾增加到 1938 年的 4065 尾。埃尔森（Elson）重复了这个实验，在 10 英里长的河上连续 6 年去除翠鸟和秋沙鸭。结果说明，去除害鸟能使入海的鲑鱼增加。说明了捕食者和猎物之间的相互作用关系。

当然，由于自然界中，捕食者与猎物之间相互作用的复杂性，很难用像 Lotka-Volterra 这样一个简单的模型来描述，二者的相互关系不可能像该模型所预测的两种群周期性波动的一种结局加以总结。尽管如此，该模型从理论上证明了，在一个捕食者和一个猎物的简单系统中，由于两个种群的相互作用，就有可能产生捕食者－猎物联合的周期性数量波动变化规律。

5. 模型的改进

Lotka-Volterra 捕食模型较简单，对于解释自然界中复杂而多种的捕食者-猎物种群相互作用的规律是不完全的，离客观实际还有相当大差异，为此，一些生态学家对该模型进行了改进。

（1）Leslie 和 Gower（1960）模型

$$\frac{dN}{dt}=(r_1-b_1N-c_1P)N$$

$$\frac{dP}{dt}=(r_1-c_2\frac{P}{N})P$$

上式中，当无捕食者时，猎物种群呈 Logistic 曲线型增长，即增加一上限到猎物密度中去，式中 $b=r_1/K$，K 是 Logistic 模型中的饱和密度．即（$1-N/K$）rN 的 Logistic 项。

本方程考虑了猎物（寄主）种群内部的密度制约性即 $-bN_2$ 项，亦考虑了 N 对 P 种群增长的影响。当 P 种群数量多而 N 数量不足时，P/N 项目数值就大，这样，捕食者种群增长即慢。相反，猎物种群数量（N）充足时，P/N 项即小，则对捕食者（或寄生物）的增长的束缚很小。

（2）Holling-Tanner（1973，1975）模型

$$\frac{dN}{dt}=(r_1-b_1N-\frac{WP}{D+N})N$$

$$\frac{dP}{dt}=(r_2-b_2\frac{P}{N})P$$

该方程既考虑猎物（寄主）种群自身的干扰，亦考虑了猎物（寄主）对捕食者（寄生物）的逃避能力（D），即 N 不会在密度很低时绝灭。并且当猎物密度很高时，捕食者有一捕食（或寄生）的上限（W）。

当猎物密度很大时，$W/$（$D+N$）项作用很小，作用主要为 $-bNP$ 项，即自身密度的影响。如果 N 比 D 大很多时，则主要为 N 起作用，即猎物的饱和作用。

二、捕食作用分析

为了定量地分析捕食者与猎物的相互作用关系，将捕食作用分为功能反应和数值反应二大类。

1. 功能反应

功能反应（functional response）是指每个捕食者的捕食率随猎物密度变化的一种反应，即捕食者对猎物的捕食效应。功能反应可以分为三种类型（图 3-7-8）：

（1）Ⅰ型反应（图 3-7-8A）：又称线性反应。捕食者的捕食量随猎物密度增加，开始直线上升，之后达到一个平衡值。捕食率在前一阶段因捕食量与猎物成正比而不变，直到食物多于捕食者能取食的水准而下降。大多见于滤食者如大型溞（*Daphnia magna*）对藻类和酵母的取食。

数学模型为：$Na = a'TsN \quad (N < Nx)$

$$Na = a'Ts\,Nx \quad (N \geqslant Nx)$$

a'：捕食者对猎物的瞬间攻击率；Ts：寻找时间；N：猎物密度；Na：被捕食猎物数。

(2) Ⅱ型反应（图 3-7-8B)：又称凸型反应或“无脊椎动物型”或负加速型。捕食者的捕食量随猎物密度增加而上升，直到饱和水平。捕食率的负加速出现是由于在高猎物密度下饥饿程度降低了，搜索成功的比率降低了，用于搜索的时间（“消化间歇”，digestive pause）增大所致。

数学模型为：

$$Na = a'TN/(1 + a'ThN)$$

Th 为处置时间；T 为实验的总时间，其他参数同前。

(3) Ⅲ型反应（图 3-7-8C)：又称“脊椎动物型”或 S 型。捕食者的捕食量随猎物密度增加呈 S 形变化。捕食率开始时有正加速期，接着是负加速期而后达到饱和水平。其负加速期的出现同于无脊椎动物型。早期出现正加速期，是因为系统中多了一个学习成分。在猎物密度极低时，捕食者与猎物接触太少，它们不能建立条件反射以很快地发现和识别食物。随密度上长，频繁的接触使捕食者通过学习反应变快。

数学模型为：

$$Na = bNT/(1 + cN + bNTh)$$

b，c 为常数，可通过直线回归估计。其他参数同前。

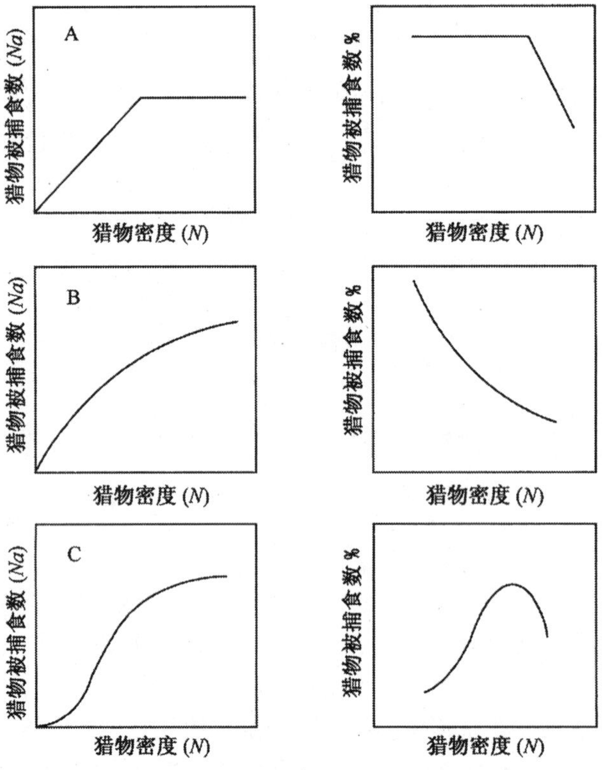

图 3-7-8 捕食作用功能反应的类型（Holling 1959）

2. 数值反应

数值反应（numerical response）是指捕食者摄食猎物后，对自身种群数量影响的动态关系。

（1）数值反应类型：以横坐标为猎物的种群密度，纵坐标为捕食者的种群密度，捕食者的数值反应也有三种不同的类型，反应捕食者的数量随猎物的数量变动的特征。

Ⅰ型为正密度反应：捕食者的数量随猎物的数量增加而增加。

Ⅱ型为无密度反应：捕食者的数量随猎物的数量增加而不变。

Ⅲ型为负密度反应：捕食者的数量随猎物的数量增加而减少。

（2）捕食者数值反应的数学模型

1）猎物密度对捕食者发育率（V）的影响

$$V=1/D=\alpha\ (I-\beta)\ =\alpha\ (kNa-\beta)$$

D 为捕食者发育天数；I 为食物摄取率；α，β，k 为常数。

2）猎物密度对捕食者生殖力（F）的影响

$$F=\lambda/e\ (kNa-c)$$

λ，k，c 为常数；Na 为被捕食的猎物数；e 为每卵的生物量。

3. 总反应

功能反应与数值反应相结合即为捕食作用的总反应。

捕食者的功能反应与数值反应间不一定有直接关系。但当捕食者在搜索猎物时互不干扰，两者的联合作用可以用两种作用的乘积来表达总反应。

如一种鼩鼱（*Sorex* sp.）在捕食叶蜂（*Neodiprion sertifer*）茧时，在猎物密度为 600 000 茧/英亩时，每头捕食 100 个茧，此为功能反应（图 3-7-9B）。在此猎物密度下，捕食者增加到 18 头/英亩，即为数值反应（图 3-7-9A）。

由于叶蜂茧要在土壤中生活 100 天后才羽化成叶蜂，在此期间，鼩鼱总共要捕食叶蜂的茧数＝100 茧/鼩鼱/天×18 头/英亩×100 天＝180000 茧/英亩。

叶蜂茧被鼩鼱捕食率＝180 000/600 000＝30％，这就是总反应（图 3-7-9C）。也即是，捕食者鼩鼱对叶蜂茧的捕食率为 30％。

在图 3-7-9 可以看到，总的反应有上升阶段和下降阶段。在上升阶段，当猎物密度上升时，被捕食的百分比也增加了。此时，捕食作用可以减缓甚至停止猎物种群的增长。在下降阶段，猎物密度越高，捕食者造成的损失率越小。说明当猎物达到这个密度以后，它们就逃出了捕食者可能予以控制的范围。这对于捕食者-猎物系统的生物防治有指导意义。

三、捕食行为生态学理论

动物的捕食行为包括对猎物的搜寻（searching）、捕获（capturing）、处理（handing）和进食（ingesting）四个方面。影响捕食动物收益的因素包括以下三个方面：①猎物的含能值；②搜寻猎物的时间：发现猎物以前所花费的时间；③处理猎物的时间：从

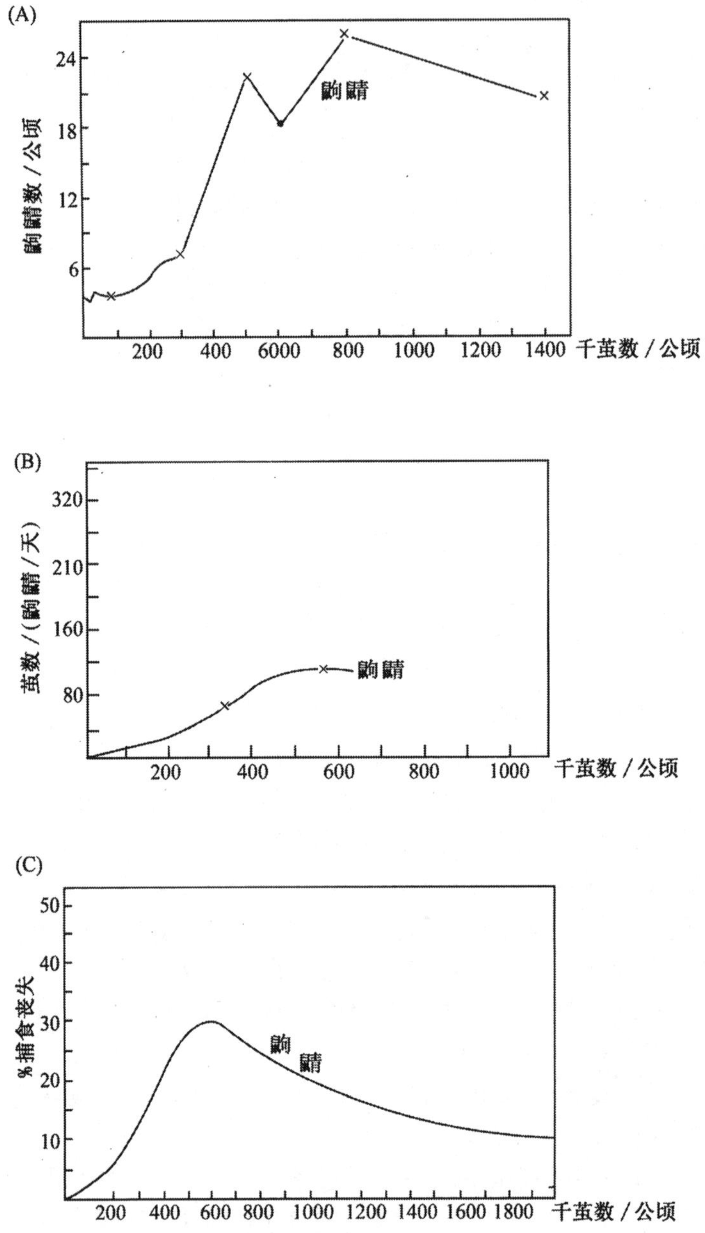

图 3-7-9　鼩鼱捕食叶蜂茧的总反应（仿 Krebs　1978）

（A）数值反应；（B）功能反应；（C）总反应

发现猎物到完成摄食所花费的时间，其中包括捕获、处理和进食。

从经济学角度分析，动物的任何一种行动都会给自己带来收益，同时动物也会为此付出一定的代价（投资）；自然选择总是倾向于使动物从所发生的行为中获得最大的收益（收益——投资），这就是最佳摄食理论（optimal foraging theory）的主要思想。

捕食者觅食和选择猎物的行为是动物的最基本的捕食行为。在长期的协同进化过程中，捕食者逐渐形成了一系列捕食策略，生态学家们将捕食者的行为发展为一系列理论。这里介绍其中的两个模型。

1. 食谱宽度模型

当同一个生境中存在着几种不同类型的猎物时，对于一个专食性捕食者，它将花费大量的时间和能量搜索它所喜欢的食物；而对于一个广食性捕食者，它只需花费相对较少的时间和能量搜索食物，但获取的食物质量却参差不齐。自然选择的结果将使捕食者从现有的几种不同类型的猎物中选择在单位时间内获得最大能量的猎物。

食谱宽度模型考虑的是，若一捕食者的食谱中已经有了几种很好的食物，它是否会进一步将遇到的下一种猎物（第 i 种食物）也纳入食谱，从而扩大其食物范围、减少觅食时间？设 $\bar{E}$ 为捕食者现有食谱中食物的平均能量含量，$\bar{h}$ 为食物的平均处理时间，$\bar{s}$ 为食物的平均搜索时间。当捕食者遇到了食物 i 时，有 E_i 为第 i 种食物的能量含量，h_i 为处理食物的时间，则 E_i/h_i 为第 i 种食物的获利程度，即单位处理时间可获得的能量。如果捕食者决定吃它，其能量摄入率的期望值为 E_i/h_i；如果捕食者决定放弃它而去寻找价值更高的食物，可以推测它将大约再搜寻 $\bar{s}$ 时间，然后再花 $\bar{h}$ 时间处理它。这样它总的搜寻和处理猎物的时间为 $\bar{s}+\bar{h}$，因而其决定放弃食物 i 的期望能量摄入率为 $\bar{E}/(\bar{h}+\bar{s})$。显然，捕食者的最优觅食对策应该选择吃食物 i 的条件是：

$$E_i/h_i \geqslant \bar{E}/(\bar{h}+\bar{s})$$

因此，如果上述条件得到满足，捕食者将不断地拓宽其食谱，以便最大限度地提高总能量摄入率，$\bar{E}/(\bar{h}+\bar{s})$。

根据该理论，可以得出以下的推论：①任何捕食者都不捕食不利的猎物，不论该猎物的可获得性如何之高；②搜索精明（searching-intensive）的捕食动物应当是泛化者（generalist），否则它们将有花费长时间搜索猎物的不利；③处理精明（handling-intensive）的捕食者动物一定是专化者（specialist），由此有利于减少处理猎物的时间；④高生产力的环境有利于专化者，因为搜索更为容易，而非高生产力和环境（搜索需要高消耗）则有利于泛化者。

2. 边际值原理

前面研究的是在同一个斑块之中或同质的环境之中，但在自然界，绝大部分物种的个体的空间分布都呈集团分布，在不同生境斑块将有不同数量的种群个体。因此，捕食者如何分配它在不同生境斑块内的觅食时间至关重要。而觅食时间的分配，取决于每一斑块对捕食者而言的确切获利程度、从一斑块转移到另一斑块的成本以及整个生境的平均获利程度等。

Charnov（1976）建立了理论模型来预测捕食者最优觅食行为，提出了边际值原理（marginal value theorem），即捕食者在一个斑块的最佳停留时间为捕食者在离开这一斑块时的能量获取率（即这一斑块的“边际值”）。

现以图 3-7-10 说明 Charnov 边际值原理模型。当一个捕食者觅食时，它所处的环境具有异质性，即食物资源在斑块间的分布是非均一的。而它在斑块间的旅行时间为 t_t。为了达到优化觅食，它不仅要使其在资源斑块内那段时间的能量摄入达到最大，而且还要包括整个时间段内（包括 t_t 和 s，其中 s 为在资源斑块内觅食的时间）的能量摄入。若它到达一个资源斑块又迅速离开，即 $t_t + s_{short}$很短，相应的能量摄入（E_{short}）亦小。在时间段 $t_t + s_{short}$中的能量获取率由图 3-7-10 中的斜率 E_{short}/（$t_t + s_{short}$）表示，即 OS 连线。相反，若觅食者在资源斑块停留很长时间 s_{long}，它将获取更多的能量 E_{long}，但是整个期间的能量获取率将不会有太大的改变（图 3-7-10 中的斜率 OL）。为了使整个时间段 $t_t + s$ 中的能量获取达到最大，觅食者必须在图中从 O 到能量获取曲线某一点 P 的斜率达到最大时离开，此时为觅食者在资源斑块中的停留时间为最优时间（s_{opt}）。因此，当能量获取率等或相当于 OP 斜率时，觅食者将在 P 离开觅食资源斑块。

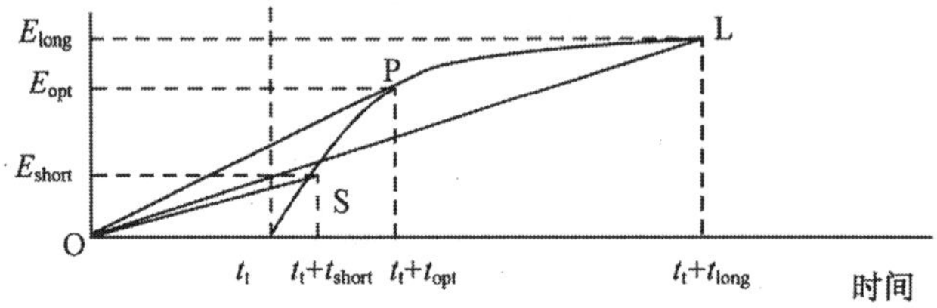

图 3-7-10　边际值原理图解

根据边际值原理，我们可以有以下几个推论：

（1）最优觅食者在优质资源斑块里停留的时间比劣质资源斑块里的停留时间更长。

（2）若资源斑块间的旅行时间越长，觅食者在资源斑块中的停留时间则越长。

（3）若整个环境的质量较差，觅食者在一资源斑块里的停留时间相应延长。

第四节　寄生物-寄主相互作用

一种生物从另一种生物的体液、组织或已消化物质获取营养并造成对宿主危害，称为寄生（parasitism)。以寄生方式生存的生物称为寄生物，被寄生的生物称为宿主。与捕食者不同是，捕食者通常杀死猎物，而寄生物依附于宿主生存而生活，多次地摄取宿主的营养，一般不“立即”或直接杀死宿主。但广义的捕食者-猎物系统也包括了寄生的关系，其一般理论模型对寄生物-宿主系统是通用的。同样这里所涉及的理论与模型等也适用于捕食者-猎物关系。因此，有些作者将本部分并入到捕食者-猎物系统中介绍。

一、寄生作用模型

1. Nicholson-Bailey 模型的假设与构建

Nicholson 和 Bailey（1933，1935）考虑离散世代的宿主-寄生者模型，以差分方程来表达，其基本假设如下：

假设 1：寄主与寄生物各世代分离且同步，寄生物寄生的比率与宿主密度成正比，且对每一个宿主只产 1 个卵寄生，即：

猎物种群：$N_{t+1} = FN_t \cdot f\ (P_t)$；

寄生物种群：$P_{t+1}=N_t\cdot f\ (P_t)$。

式中 N_{t+1}、P_{t+1}、N_t、P_t 分别为宿主、寄主 t 代和 $t+1$ 代的种群密度，F 为宿主种群的繁殖率，$f\ (P_t)$ 为寄生物寄生宿主的比例。

假设 2：一个寄生物一生中搜索的平均面积（发现域）为常数，用 a 表示。

假设 3：宿主是均匀分布的。因此，当宿主分布于某一区域 A 面积中，有：

寄生率为 a/A；

未被寄生的概率为 $1-a/A$。

假设 4：寄生物搜索寄主是随机的。

令 P 为雌寄生蜂的密度（个/单位面积），则面积 A 内所有寄生蜂 PA 都没有寄生某一特定宿主的概率为：

$$f(P)=(1-a/A)^{\mathrm{PA}}$$

即

$$f(P)=\left[\left(1-\frac{a}{\mathrm{A}}\right)^{-a/A}\right]^{-ap}$$

当 $A\longrightarrow\infty$，由极限值可知：$f(P)=e^{-ap}$

从而构建了公式：$N_{t+1}=FN_t\cdot e^{-aP_t}$

$$P_{t+1}=N_t\cdot(1-e^{-aP_t})$$

2. 模型的参数

a 为寄生物发现域，a 值越大，表明寄生物的寄生作用越强。它一般通过野外或实验数据计算出来：

$$a=\frac{1}{P}\times\ln\frac{N}{S}\text{或}a=\frac{1}{P}\ln\frac{N}{S}$$

这里需要测定宿主的 N，寄生物的密度 P，和宿主中未被寄生的密度 S，有了这三个值，就可以估计出发现面积值 a，即期望的被寄生率。

3. 模型的行为

今假定宿主增殖率 $F=5$，初始条件 $N_0=100$，$P_0=80$，从而得出了图 3-7-11 中宿主种群和寄生物种群动态图。

由图 3-7-11 可知，在最初几个世代里，宿主和寄生者种群的密度是稳定的，但是随着出现偏离，两个种群产生振荡，而且振幅加大。

4. 模型的验证

伯内特（Burnett 1958）以他的关于温室粉虱（*Trialeurodes vaporariorum*）及其寄生小蜂（*Encarsia forniosa*）的实验结果，检验了尼科森-贝利模型。当以 $a=0.068$ 和 $F=2$ 代入时，计算结果与实测结果大致相符。但从实测值与按尼科森-贝利模型的预测值相比较，后者更不稳定，在 12 代以后，预测值波动幅度更大一些。尼科森-贝利模型的特点就是这样：在每一特定的宿主增殖率 F 和发现面积 a 的组合中，都有一个寄生者与宿主相平衡的密度，但是它是不稳定的平衡，只要寄生者或宿主稍微一离开这

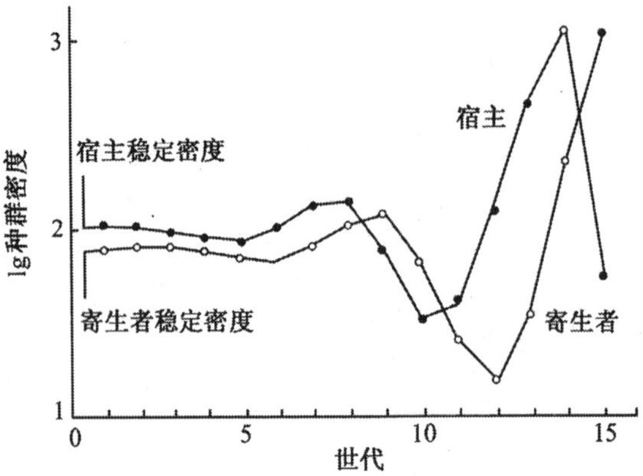

图 3-7-11　按尼科森-贝利模型的一个假设寄生物-宿主系统的种群变动。$N_0=100$；$a=0.02$；$P_0=80$；$F=5$（仿 Varley et al.　1973）

个平衡密度，就会引起两个种群的振荡，而且振幅逐渐增加。这同大部分成对的寄生者与宿主种群相互作用、长久存在的事实是不相符的。

5. 模型的改进

(1) Hassel 和 Varley (1969) 模型：哈塞尔等（Hassel & Varley　1969）在研究姬蜂（*Nemeritis*）攻击其宿主粉螟（*Ephestia cautella*）时的某些行为中发现，当两个进行搜索的寄生者相遇时，它们中间的一方（或双方）有离开相遇地的倾向。这种寄生者之间的相互干扰现象，必然使搜索效率降低，并且这种干扰效应将随着寄生者密度的增加而增加。为此，Hassel 和 Varley 对 Nicholson 和 Bailey 模型提出改进：认为发现域 a 不是常数，是随寄生者的种群密度而变化的。

即　$\lg a=\lg Q-m\lg P$

亦即　$a=QP^{-m}$

其中，Q 为搜索常数（当 $P=1$ 而无密度制约作用下的发现域）。m 为相互干扰常数（mutual interference comstant)，它就是这个关系式中的斜率。显然，相互干扰常数的值越大，随寄生者密度上升而搜索效率的下降速率越快。因此，m 是度量相互干扰对于降低搜索效率的效应的指标。

如果我们以 $a=QP^{-m}$ 代入尼克森-贝利模型中，则有

$$N_{t+1}=FN_t\cdot e^{-QP_t^{1-m}}$$

$$P_{t+1}=N_t\cdot(1-e^{-QP_t^{1-m}})$$

如果 $m=0$（即寄生物的搜索效率没有相互干扰的效应），那就等于回到了尼科森-贝利模型。换句话说，尼科森-贝利模型就是当 $m=0$（相互干扰不存在）时更普遍的哈塞尔-瓦利模型的特例。

模型行为：本模型由于包括“相互干扰”这一因素，模型的稳定性随值 m 的增大而增加。图 3-7-12 表示相互干扰常数 m 值由 0.3 到 0.6，稳定性增加的情况。即当 m

$=0.3$ 时，振幅增加最快，到 $m=0.4$ 时，振幅有适当减少，当 $m=0.5$ 时，两个振幅多少有周期性振荡，当 $m=0.6$ 时，两个种群逐渐趋向于稳定。这显然与尼科森-贝利模型行为不同。相互干扰有利于模型的稳定。

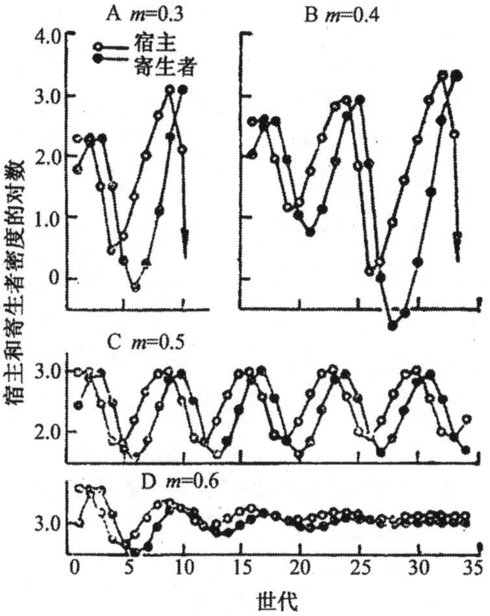

图 3-7-12 根据哈塞尔-瓦利模型，当相互干涉常数 m 由 0.3 到 0.6 时，寄生者-宿主系统的种群稳定性增加情况 （仿 Varley et al 1973）

(2) 非随机搜索模型：在考虑寄生物的聚集性和宿主的非均匀分布对种群动态的影响，可用以下通式：

$$N_{t+1}=N_tFf(N_t,P_t)$$

$$P_{t+1}=N_n[1-f(N_t,P_t)]$$

$$f(N_t,P_t)=\sum_{i=1}^{n}[\alpha_i\exp(\alpha_p\beta_iP_t)]$$

指宿主分布于 n 个斑块中，α_i 为第 i 个斑块中的宿主的比例，β_i 为第 i 个斑块中的寄生物比例（$\sum\alpha_i=1,\sum\beta_i=1$），$\alpha_p$ 为宿主在斑块内的搜索效能。

二、寄生行为

寄生性天敌寄生行为主要包括以下几个方面：①寄生性天敌是如何找到适宜寄主并完成产卵与发育的？即寄生性天敌的寄主选择行为（host selection behavior）问题；②寄生性天敌在找到的寄主斑块（patch）中将停留多长时间？即寄生性天敌的寄主块离开行为（patch-leaving behavior）问题；③寄生性天敌在其接受的寄主上将产多少卵？即窝卵数（clutch size）理论；④为什么不同寄生性天敌间的寄生行为有些存在很大的相似性，有些又存在很大的差别？形成寄生性天敌寄生行为的驱动力是什么？即寄生性天敌寄生行为的进化问题。

1. 寄主选择行为

寄生性天敌的寄主选择行为是一个等级的系列过程，除与寄主有关外，还与寄主的栖境（植物等）有关。一般包括寄主栖境定位、寄主定位、寄主接受和寄主适宜性。在这整体的寄主选择行为过程中，寄生性天敌通过探测与寄主直接和间接相关的各种信息，识别寄主与非寄主，并判断不同寄主栖境与不同寄主间的收益性（profitability），最终对最适宜的寄主栖境和寄主作出选择。

寄生性天敌在寄主选择行为过程中所利用的信息，主要包括化学与物理信息（表3-7-4）。这些信息大多与寄主植物和寄主本身有关。一般地，与寄主植物相关或与寄主间接相关的信息，由于其可探测性高而可靠性又相对较低，因此主要在寄主栖境定位中起作用；而与寄主直接相关的信息，尽管可靠性很高，但往往由于生物自身的进化而导致可探测性较低，因此主要在寄主定位及以后的各步骤中起作用。

表 3-7-4　寄生性天敌在寄主选择行为中所利用的信息

行为过程	化学信息	物理信息
寄主栖境定位	健康的和受危害（寄主、微生物等）的寄主植物挥发物；寄主和与寄主相关的其他生物的挥发物；寄主信息素	寄主植物的颜色；寄主植物（或某一部位）的形状；寄主的危害状
寄主定位	寄主及其产物中的化学物质；寄主标记信息素	寄主产生的声音、振动；寄主的运动；寄主为害产生的热传导或辐射；寄主的危害状
寄主接受	寄主表面的分泌物；寄主内部的化学物质	寄主的大小、形状和质地；寄主的运动

2. 寄生物离开寄主斑块行为

同捕食行为研究相似，寄生性天敌行为的理论基础仍是行为生态学中的最优取食理论（optimal foraging behavior）。其中重要的一方面是通过行为观察来分析寄生性天敌离开寄主斑块的行为。从已有的研究结果看，寄生性天敌离开寄主斑块行为是符合最优取食理论的，如寄生性天敌在较高密度的寄主斑块中将停留更长时间产卵。此外，寄生性天敌还可以按照寄主总体的环境信息（如植物信息化合物），即时地估计所在寄主斑块及栖境中其他寄主斑块的质量，从而决定什么时候离开寄主斑块。这方面最主要的研究结果有 Waage 增加机制模型（Waage' s incremental mechanism model）和 Driessen 下降机制模型（Driessen' s count-down mechanism model）。这些行为机制模型能很好地解释在特定的寄主斑块系统（大多在实验室条件下）中寄生性天敌的寄主斑块离开行为。

第五节　协同进化

协同进化（co-evolution）是一个物种的性状作为对另一个物种性状的反应而进化，而后一个物种的这一性状本身又是对前一物种的反应而进化。因此物种间的协同进化，可产生在捕食者与猎物物种之间，寄生者与宿主物种之间、竞争物种之间。

一、竞争物种间的协同进化

从理论上来说，物种通过生态位的分离可以用图 3-7-13 来表示。①两个物种对资源谱的利用曲线完全分开。这样就有一些中间资源没有被利用。谁能开发出这一个资源带，对谁就有利（图 3-7-13（a））。②若重叠太多，两个物种所需的资源几乎相同，即生态位基本重叠，竞争就会十分激烈（如图 3-7-13（c））。③竞争的结果使两个物种均能充分利用资源而又达到共存（图 3-7-13（b））。

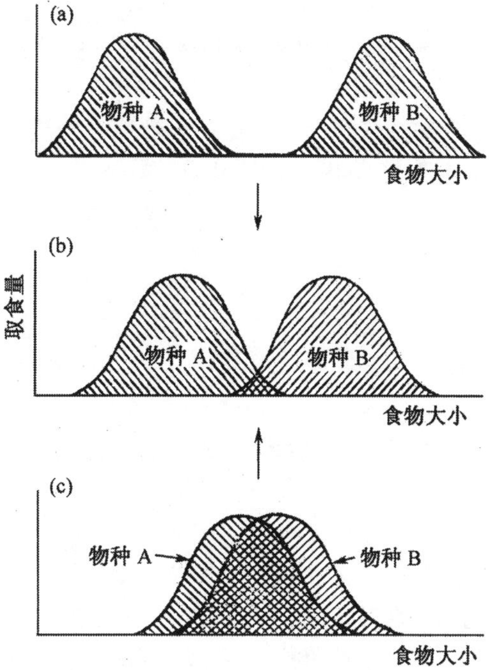

图 3-7-13 两个物种对资源利用的假想曲线 （自 Krebs 1978）

物种生态位分离可用图 3-7-13 的食物曲线来反映，动物吃的最多的食物就是它最喜欢吃的食物，称为喜好位置。除了最喜欢吃的食物以外，它也吃一些不是很喜欢的其他食物，这种变化范围称为喜好位置的变异度。那么，两个共存竞争种之间的生态位重叠极限应当是多大？根据 May 的研究，这个极限就是种间的平均分离度 d 超过种内的标准变异 ω，即 $d/\omega=1$ 大致作为相似性的极限。其中，种间平均分离度 d 是指两个物种的喜好位置之间的距离；种内标准变异 ω 为每一物种喜好位置的变异度（图 3-7-14）。d/ω 值大，生态位充分地分离。d/ω 值小，生态位高度重叠。

考虑到 Lotka-Volterra 的竞争模型是基于逻辑斯谛方程的，其基本参数为 r 及 K。其中，K 对策者主要受到种内和种间竞争的压力，其选择的压力驱使有机体更好地利用其资源。但在 Lotka-Volterra 模型中除 K 值外，还有竞争系数 α 和 β。任何能防止竞争者获取有限资源的机制均可通过增加 α 值（或 β 值）来增加竞争能力。这就涉及到大

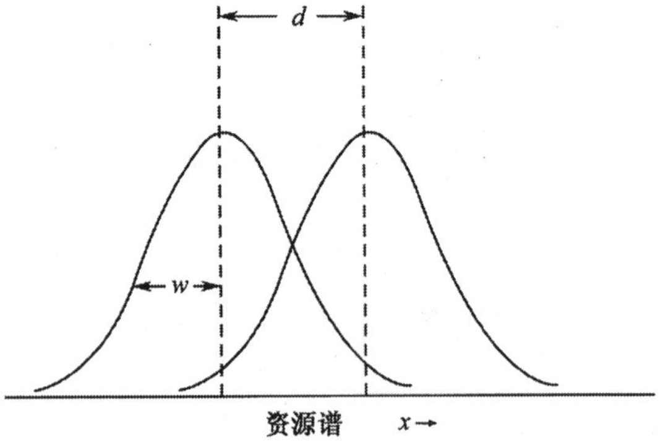

图 3-7-14　生态位重叠极限的 d 和 ω　（仿 May　1978）

多数的相互干扰现象。如鸟的占区行为和植物中异株克生物质的产生等。这种基于相互干扰的竞争选择称之为 α 选择（α-selection）。由此，一个理想的进化梯度为：

低密度 —— 建立种群和增长　　　　r 选择
↓
高密度 —— 资源竞争　　　　K 选择
↓
高密度 —— 相互干扰机制以防止资源竞争　　　　α 选择

二、捕食者与猎物的协同进化

捕食者-猎物系统（predator-prey system）的形成是二者长期协同进化的结果。

捕食者在进化过程中发展了锐齿、利爪、尖喙、毒牙等工具，运用诱饵追击、集体围猎等方式，以更有利地捕食猎物；另一方面猎物相应地发展了保护色、拟态、警戒色、假死、集体抵御等种种方式以逃避捕食者，二者形成了复杂的协同进化关系。

在二者的关系中，自然选择对于捕食者在于提高发现、捕获和取食猎物的效率；而对于猎物在于提高逃避被捕食的效率。这两种选择是对立的，显然猎物趋向于中断这种关系，捕食者则维持这种关系。

在多种捕食者捕食多种猎物的系统中，一种被食者可能通过隐藏来躲避捕食者，另一种可能以快速飞跑来逃避捕食者，而捕食者就难以在进化中同时获得这两种相互矛盾的捕食能力。对于捕食者来说，自然选择有利于逃避捕食者，但多种捕食者各具不同的捕食策略，因此被捕食者也难以获得适合于逃脱所有捕食者的行为和本能。

Slobodkin 还提出了精明的捕食者（prudent predators）的观点，认为捕食者在进化过程中，能够形成自我约束能力，对猎物不造成过捕（overharvesting）。

三、植物和食草动物的协同进化

植物是生态系统的生产者。尽管有大量的食草动物的危害，但世界仍然是绿色的。其中重要的原因是植物和食草动物之间存在着协同进化关系。

（一）植物对危害后的反应

植物受到危害后，并不是完全被动的，而会产生各种补偿机制和防卫反应。

1. 补偿作用

如：①植物的一些枝叶受损后，将降低对其他叶子的遮阴，提高其光合作用效率，改善整株植物光合与呼吸间的平衡；②受损植物可以利用贮藏于各组织和器官内的主要的碳水化合物得到补偿；③受损植物可能改变光合产物的分布，以维持根/枝比的平衡；④动物啃食可能刺激单位面积光合效率的提高。

2. 植物的防卫反应

（1）植物化学防卫：植物本身有防卫能力，它在受到动物取食的压力胁迫后，还将产生次生代谢物质（plant secondary substance）等诱导防卫能力来对付动物的取食。

（2）其他防卫反应：如：①机械防卫：植物的枝叶特化为刺和棘，可以阻碍植食动物的取食；②生殖抑制：一些植物如冷杉含有昆虫激素的衍生物，这些衍生物被昆虫吸收后能阻止幼虫脱皮，减少昆虫的繁殖输出；③大量结食（masting）：植物产生大量的种子，提高部分种子存活的概率；④缺乏化学引诱剂：一些植物能通过不产生草食动物的需要的化学引诱剂，而使动物不能发现自己，达到阻止被采食的目的。

（二）食草动物对植物反应的适应

在进化过程中，植物发展了防卫机制，食草动物则随之产生相关的适应性，如对付植物防卫机制的方法可能表现为发展特殊的酶进行解毒，或者调整取食时间以避开植物的有毒化合物。于是二者之间就形成了紧密的协同进化关系。

植物和食草动物之间的协同进化，是彼此相互适应对方的过程。通过偶发的突变和重组，被子植物产生了一系列与其基本代谢没有直接关系，但对正常生长并非不利的化合物。偶尔某些化合物具有防卫食草动物的优越性，通过自然选择巩固下来，随辐射进化而扩展为一科或一群相近科的特征。另一方面，食草动物在进化过程中也发展了解毒和免疫的功能。由于没有其他食草动物的竞争，就有更多的机会来发展多样性；反过来，食草动物多样性又促进了植物多样性。这就是 Ehrlich 和 Reven 所认为的：“植物-食草动物两者之间的界面可能是产生陆生生物相互作用多样性的主要区域”。

四、寄主-寄生物间的协同进化

寄生物与其寄主间紧密的关联，经常会提高彼此相反的进化选择压力，在这种压力下，寄主对寄生物反应的进化变化会提高寄生物的进化变化，这是一种协同进化。结果可引起“军备竞赛”，当寄主提高防御机制，遇到了寄生物为克服这些防御而发展的进攻机制的反击时，“军备竞赛”不断加强。如大豆（*Glycine clandestine*）与其真菌寄生物锈菌（*Phakospora pachyrhizi*）之间的协同进化，就发展成了寄生物的毒性基因与寄主的抗性基因间的对等关系，称之为基因对基因（gene for gene）协同进化。

思考题

1. 何谓种内与种间关系？种间关系有哪些基本类型？种内竞争和种间竞争有何区别？
2. 你是如何理解共生这一概念的？共生有何生物学意义？
3. 如何理解并掌握种间关系模型？如何通过种间关系模型了解种间关系？
4. 论述种间关系模型中各生物学参数的意义？
5. 如何理解捕食作用中的两种功能反应？
6. 什么叫生态位？竞争排斥原理？二者的关系如何？
7. 论述协同进化的意义和过程。
8. 什么是他感作用？研究他感作用有什么重要意义？

参考文献

丁岩钦 .1994. 昆虫数学生态学 . 北京：科学出版社

孙儒泳编著 .2001. 动物生态学原理（第三版）. 北京：北京师范大学出版社

孙儒泳，李博等 .1993. 普通生态学 . 北京：高等教育出版社

李博等 .1993. 普通生态学 . 呼和浩特：内蒙古大学出版社

郑师章，吴千红等 .1994. 普通生态学原理、方法和应用 . 上海：复旦大学出版社

徐汝梅编著 .1987. 昆虫种群生态学 . 北京：北京师范大学出版社

Connell J H. 1961. The influence of interspecific competition and other factors on the distribution of the barnacle Chthamalus stellatus. Ecology，42：710～723

Connell j H. 1983. On the prevalence and relative importance of interspecific competition：evidence from field experiments. Amercian Naturalist，122：661～696

Goldberg D E. and Barton A M. 1992. Patterns and consequences of interspecific competition in natural communities：a review of field experiments with plants. American naturalist，139：771～801

Gurevitch，Morrow L，Wallace A，and Walsh J S. 1992. A meta-analysis of competition in field experiments. American Naturalist，140：539～572

Heske E J，Brown J H，and Mistry S. 1994. Long-term experimental sudy of a Chihuahuan Desert rodent community：13 years of competition. Ecology，75：438～445

Huffaker C B. 1958. Experimental studies on predation：dispersion factors and predator-prey oscillations. hilgardia，27：343～383

Huffaker C B，Shea K P，and herman S G. 1963. Experimental studies on predation：cimplex dispersion and levels of food in an acarine predator-prey interaction，hilgaradia，34：305～330

Hutchison G E. 1957. Concluding rmarks. Cold Spring Symposia on Quantitative Biology，22：415～427

Moore J. 1984. Parasites that change the behavitor of their host. Scientific American，250：108～115

Schoener T W. 1983. Field experiments on interspecific competition. American naturalist，122：240～285

Utida S. 1957. Cyclic fluctuations of population density intrinsic to the host-parasite system. Ecology，38：442～449

Wiens J A. 1997. On competition and variable environments. American Scientist，62：590～597

第八章　行为生态学

学习要点

1. 了解行为生态学的基本原理。

2. 熟悉经典的动物行为生态研究。

3. 学会用进化思想分析行为生态学问题。

基本概念

1. 行为的适应意义：行为是动物适应生态环境的主要手段。自然界动物通过行为寻找适宜的生境、寻觅食物、寻觅配偶，动物还利用行为来与其他个体通讯，交流信息。动物行为的多样性和可塑性为动物适应自然环境提供了可供选择的方式。

2. 节律行为：是动物对周期性变化的生态环境的一种适应机制。行为节律有的以年为周期的，如动物的繁殖活动。有的以月为周期的，如一些鱼类随潮汐涨落，游向海岸，回游大海。还有的以昼夜为周期。节律行为受到基因和神经内分泌系统的调控。动物还能根据它们所处的社会环境调节它们的节律行为。

3. 行为的遗传基础：动物的行为具有遗传基础。有关行为遗传的研究多是在种内进行的。相近种的行为差异比种内的行为变异大，可以视为不连续变量。通过杂交实验可以测度遗传变量的方差。在那些相近种的比较行为研究可以揭示行为差异的遗传基础。

4. 行为策略及其进化稳定性（evolutionarily stable strategy，ESS）：动物的行为策略是在特定环境条件下动物的动作或一系列动作。行为策略分为两大类：一类是与种群密度有关的行为策略，另一类是与种群密度无关的行为策略。利用博弈论模型，人们对行为策略的进化稳定性进行了探讨。行为策略的进化稳定性指某一行为策略集在一定环境条件下的不可入侵性。

5. 适合度概念：适合度是基因型在特定环境条件下的一种性质，指一种基因型个体的平均生存率和繁殖率。这种适合度仅仅指一个世代的适合度。如果环境条件变化，适合度也会发生变化，于是，人们应用终生交配率和繁殖率作为适合度的测度。个体的广义适合度包含直接适合度和间接适合度两个组分，前者指个体直接繁殖，后者指个体通过利它行为帮助有亲缘关系的个体繁殖。利它行为如果是进化适应的话，那么持这种策略的个体由于利它行为而牺牲的直接适合度必须小于这种利它行为获得的间接适合度，这一规则称为 Hamilton 规则。

6. 行为的优化：成功繁殖的前提是成功生存，成功生存要求动物以较少的时间和体能获得较多的营养丰富的食物。现存的生物形态结构和行为都是自然选择的结果，这其中包括采食行为。研究动物的行为适合度离不开对动物短期策略的理解。从长远来看，动物优化采食行为和繁殖行为，有利于提高适合度。在自然界，动物往往需要综合平衡采食效益和被捕杀风险。

7. 社会行为的定义及一般规律：社会行为是动物个体在觅食、繁殖、防御天敌、保护领域等方面的集体行为。出现社会聚群行为的前提条件是社会聚群带来的利大于弊。合作育幼是社会行为的主要特征。那些具有低级社会性昆虫并不具有社会等级，而高等社会性昆虫具有严格的社会等级，前者的繁殖分工不明显、通讯机制不发达；后者有明确的繁殖分工，发达的化学通讯机制。不同的动物社会群体中个体牺牲的繁殖机会多少不一样。可以利用群体中繁殖个体终生成功繁殖率的变异程度，即繁殖偏倚来测度社会性。膜翅目昆虫的雄性是单倍体，而雌性是双倍体。在膜翅目昆虫中，姐妹之间的亲缘系数高于母女之间的亲缘系数。工蜂、工蚁通过帮助那些具有繁殖潜力的姐妹比它们自己繁殖带来的广义适合度更高。这是为什么社会性昆虫的雌性个体常常放弃自己的繁殖机会。这一解释称之为膜翅目昆虫单双倍体假说。个体之间的优势序位是灵长类动物社会结构的基础，家庭是灵长类动物群体结构的单元。

8. 行为进化：动物行为的差异是导致生殖隔离、形成物种的重要机制。人们已经发现许多近缘物种之间的基因交流障碍是由于繁殖信号传递的阻断和繁殖行为的差异。尽管这种障碍可能是在种内偶尔产生的，了解行为的进化是理解动物物种形成过程的中心内容。研究行为的系统发生受到研究材料的限制。利用 DNA 技术能比较群体乃至个体之间 DNA 系列相似性，可以构建系统树，提供了行为系统发生图相互比较的研究材料。

行为是动物适应生态环境的手段，研究动物行为的适应与进化有着特殊的意义。动物以适当的行为来获得食物营养、逃避天敌、繁殖生育后代。动物行为的形成经历了个体发育和系统发育。达尔文在《物种起源》一书中曾专门为动物行为写作了一章。现代有关动物行为的研究，大多数仍是受到达尔文的启迪而展开的。最近 10 多年来，行为生态与行为进化领域的研究十分活跃，出现了许多令人鼓舞的新进展。

第一节　行为的生态适应意义

人们发现自然界动物以各种各样的巧妙方式适应生态环境。其中行为是动物适应环境的主要手段。

1. 动物行为与环境

动物行为指动物在一定环境条件下，为了完成摄食排遗、体温调节、生存繁殖以及满足其他生理需求而以一定姿势完成的一系列动作。行为有三个要素：姿势、动作和环境（图 3-8-1）。

蒋志刚等（2001）定义动物行为为动物与生态环境相互作用的结果。姿势决定行为的体位、指向和目的，动作除决定行为的指向和目的外，还决定行为的强度和频次。不同的姿势、动作与环境因子相组合，形成了我们所见到的形形色色的动物行为。我们曾记录到有关麋鹿的姿势、动作和行为达 200 多种。动物行为的多样性决定了动物适应生态环境的能力。

动物生存的生态环境是影响其行为形成的关键因素。当一个物种表达某一种行为，而在该物种近缘种中没有发现这种行为时，自然选择一定影响了这种种间差异的形成。

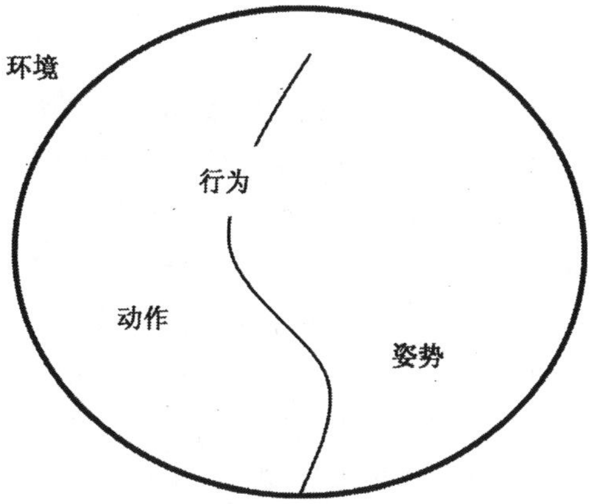

图 3-8-1 行为结构的三要素：姿势、动作和环境
（蒋志刚等　2001）

Cull（1957）通过对比研究在海岸悬崖营巢的三趾鸥（*Rissa tridactyla*）与在地面营巢的黑头鸥（*Larus ridibundus*）和银鸥的营巢习性，她发现环境对海鸥行为有深刻的影响。三趾鸥将营巢地点选择在陡峭的海岸，这样，使得捕食者不易接近。三趾鸥不再伪装自己的巢，它们将白色的粪便排在巢的四周，而黑头鸥却小心翼翼地不将粪便排在巢边，因为白色的粪便会暴露巢和卵，引来捕食者。并且黑头鸥的卵被覆着保护色，三趾鸥产下的卵尽管仍保留了部分保护色，但是已经失去了伪装保护的意义，只是其祖先地面营巢习性的痕迹。

2. 动物行为与反捕食

捕食者捕获猎物的过程分为察觉、攻击、捕获和啖食等四个阶段。那些能够成功逃避捕食者的动物，提高了自己的生存概率，从而具有较高的适合度。动物产生了一系列逃避捕食的行为机制。

为了不让捕食者跟踪群体中的某个特定个体，动物群体会围哄、驱除捕食者。Kruuk 发现（1964）海鸥发现入侵者后，会大声鸣叫报警，当入侵者继续靠近，一大群海鸥会飞向入侵者，一边高声鸣叫，一边朝入侵者拉粪便。这种围哄行为对于保护海鸥巢，特别是那些位于群体内部的海鸥巢有明显的效果。

由于捕食压力，可能导致动物产生一些看来似乎并不适应的行为。在中美洲的池塘中生活着一种泡蟾，*Physalaemus coloradorum*，雄泡蟾在繁殖季节鸣叫，吸引雌泡蟾前来交配。泡蟾会发出几种不同的鸣声。Ryan 等人（1990，1992）发现，雌泡蟾对单一尖叫声没有反应。只有当雄泡蟾先发出一声类似哀鸣的尖叫声，然后发出几声大声的蛙鸣时，这种鸣声组合才会吸引雌泡蟾。那么在繁殖季节，雄泡蟾在池塘中应先发出一声尖叫，然后发出大声的蛙鸣，事实却相反，池塘中的雄泡蟾只发出尖叫，而不发出大声蛙鸣。为什么？Ryan 等人发现原来大声的蛙鸣会招来天敌——缨唇蝠。单只泡蟾或在小群体中泡蟾在池塘中只发出短促的尖叫，只在很大的群体中，泡蟾才发出大声鸣叫。这是平衡繁殖机会和捕食风险的一种策略，是自然选择的结果。

3. 动物行为与生殖隔离

不同的鸟类发出的鸣声不同，如黄莺和黄喉莺的鸣声截然不同。根据鸟的叫声，我们不难分辨鸟的种类。其实，自然界鸟类就依靠鸣声来分辨同类。人们发现处于繁殖状态的雌鸟对同一种类雄鸟的鸣唱有强烈反应，而对其他种类的雄鸟鸣唱一般无反应。

产生这种差异的原因，一方面可能来自于群体中日积月累的随机漂变；另一方面，自然选择可能决定了不同地域中雄鸟鸣声的差异。当种群之间存在地理隔离时，由于雌性对雄鸟的某一频率鸣声的偏好，或者由于在某些生态环境中某一频率的鸣声更能有效地传递信息，于是，这些选择压力导致了鸣声的差异。如在欧洲、中东和北美，森林中树木的密度不同，影响了大山雀鸣声传播的媒介，于是，生活在这些地点的大山雀的鸣声不同。

第二节　行为的遗传

行为具有遗传的基础。个体遗传结构的不同会导致动物行为的差异。自然发生或人工诱导的基因突变可能导致个体遗传结构的变化，从而使个体行为发生改变。研究那些阻断或改变个体行为模式的突变有助于理解基因如何影响行为。首先，这些突变提供了分离影响行为模式的基因或基因产物的手段。例如，对于研究记忆和学习来说，鉴别那些影响和控制神经发育的酶的基因显得特别重要。其次，基因突变相当于外科手术，对于那些很难用基因敲除手术切除的性状，可以利用基因突变型个体开展研究。

1. 果蝇的学习行为

一系列基因突变影响果蝇，*Drosophila melanogaster* 的学习行为。Tully 和 Quinn (1985) 曾利用条件反射来研究果蝇的学习行为。他们给果蝇一种嗅觉信息，随后给果蝇一个电击。果蝇会主动回避这种电击。当果蝇形成条件反射后，实验中提供嗅觉信息

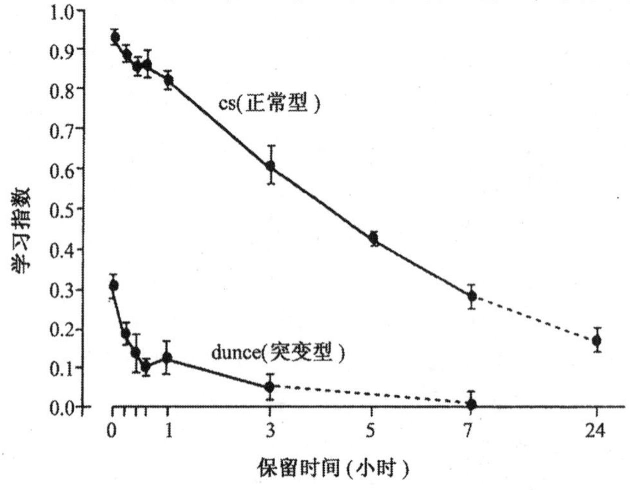

图 3-8-2　正常果蝇（cs）和突变果蝇（dunce）对学习的遗忘过程　（自 Tully 和 Quinn　1985）

之后即使没有电击，果蝇也会主动回避这种嗅觉信息。但是，果蝇很快会遗忘这种条件反射，所以需要不断地通过条件反射来强化记忆。Tully 和 Quinn 发现如果位于果蝇 X 染色体上的 dunce 基因位点发生突变，那些突变果蝇个体将很难形成条件反射，并且遗忘的过程加快（图 3-8-2）。

Tully 和 Quinn 还发现 dunce 突变型的磷酸二氢酯酶活性低。果蝇中其他几种影响记忆的基因也已经鉴别出来，这些基因都决定特定的蛋白酶。人们希望通过这一研究发现有关人类记忆的基因。Davies 和 Dauwalder（1988）在哺乳动物中发现了与 dunce 基因相当接近的基因，这些基因也决定合成磷酸二氢酯的密码。但是，有关记忆与遗传物资之间的关系有待进一步探讨。

2. 大家鼠的构巢行为

大家鼠在自然界中利用枯草筑巢，在实验室里利用棉花筑巢。通过称筑巢的棉花重量可以测度大家鼠筑巢行为的强度。Lynch（1980）选择建立了具有较强筑巢能力和较弱筑巢能力两组大家鼠纯系，他测得在筑巢能力较强的大家鼠中筑巢能力的遗传力为

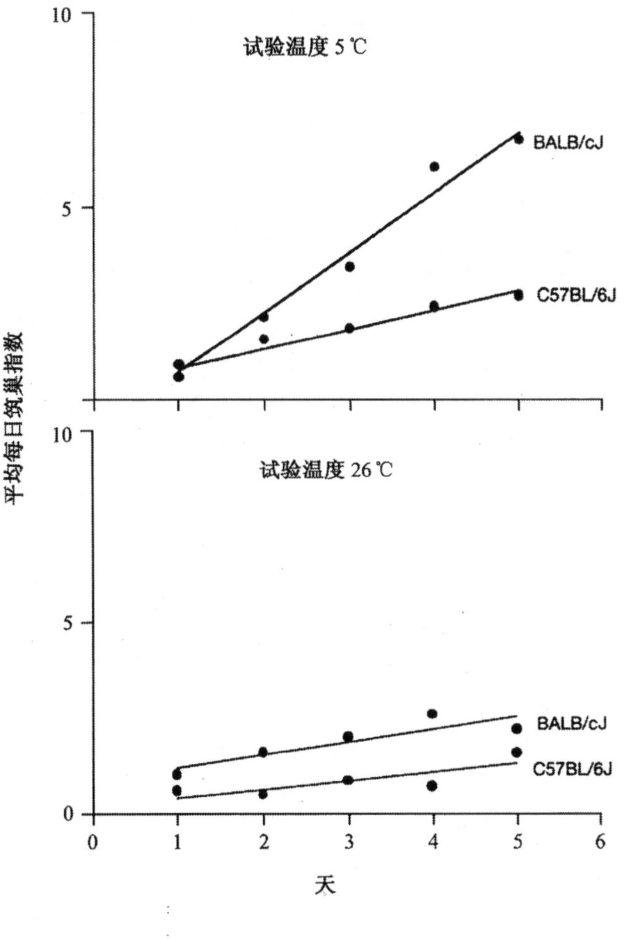

图 3-8-3 不同温度下大家鼠近交系构巢行为的差异 （自 Lynch 1980）

0.15，筑巢能力较弱大家鼠中筑巢能力的遗传力为0.23，说明遗传对于筑巢能力的影响较弱。1984年，Lynch和Sulzbach利用这些纯系开展杂交实验，发现了纯系之间存在显著的加性遗传方差。

研究大家鼠的筑巢行为可以用以研究基因与环境的相互作用，特别是当不同基因型之间的行为差异程度与测定的环境有关时。在一系列不同环境条件下比较不同近交系的行为，更容易发现基因与环境的相互作用，环境温度为5℃时，大家鼠的两个近交系构巢行为的差异比26℃时的差异更明显（图3-8-3）。不同纯系的行为差异表明基因与环境之间存在强相互作用。如果要将实验室结果外推到自然环境，应当在一系列环境条件下测度基因对纯系数量性状的影响。由于基因与环境的相互作用，遗传力和其他遗传参量会发生变化，不应视为常量。

两个大家鼠近交系（BALB/Cj和C57BL/6J）在不同环境温度下构巢行为的差异，构巢指数指每只大家鼠每天用于构巢的棉花克数。

第三节　行为的节律

动物的行为存在周期性节律，节律行为是动物对周期性变化的生态环境的一种适应机制。

1. 昼夜节律

自从人们开展动物的行为节律研究以来，科学界存在两种学说，一种学说认为动物的行为节律是内生的，动物体内存在一个定时装置，控制动物的节律活动；另一种学说则认为动物的行为节律受环境因素的控制，McFarland（1993）认为动物的活动节律同时受内源因子与外源因子的控制。

人们在脊椎动物中寻找控制行为节律的时钟，发现了与无脊椎动物相似的机制。人们发现脊椎动物的节律活动与下丘脑有关，而下丘脑的上交叉神经是一对交叉的神经细胞束，接受来自视网膜的电信号。于是，人们推测上交叉神经与脊椎动物的节律活动有关。

近年来，Foulkes等（1996）和Stehle等（1993）报道了人们在了解松果体中特定基因是如何控制松果体的活动方面取得的进展。从上交叉神经细胞产生的化学信号激活了松果体中的一类特殊基因CREM。这种基因产生的蛋白质（ICER）可能参与褪黑激素的合成。当细胞中ICER积累到一定的量，ICER反过来会抑制CREM基因的活动。CREM基因对ICER蛋白质的敏感程度与昼夜光照长度有关。那些处于8小时黑暗环境中的实验动物体内，CREM基因活动在关灯后6小时时达到高峰。当实验动物处于12小时黑暗环境之中，两周后，实验动物体内CREM基因活动在关灯后10小时左右达到高峰。于是，松果体具有根据近期动物经历的光照条件调节活动的能力。在季节性光照条件下，松果体调节动物的节律行为，以适应季节变化。

2. 年节律与月节律

影响动物行为的日周期和年周期的自然现象有日出、日落，北半球春分后白昼的增长，秋分后白昼的缩短等。不同物种对自然环境变化的响应不同。太阳与月亮的引力场使地球的海洋产生周期为 14.7 天的潮汐周期。在一年一些月份中，当满月或新月海洋涨潮时，成群的银鲑，一种银色的小鱼来到加利福尼亚和墨西哥的海滩交配产卵。雌鱼将下半身埋在湿沙中产卵，雄银鲑将精液排在雌鱼产下的卵上。退潮时，海水将银鲑带回海洋，将受精卵埋在沙滩上。半个月后，海潮再一次淹没沙滩，冲走覆盖受精卵的沙子。这时银鲑受精卵孵化为小鱼，退潮的海水将小鱼带回海洋。尽管目前我们还不知道是什么机制决定银鲑游向海岸，但是银鲑可能具有一种以两周为周期的时钟控制它的繁殖周期。当温度、光照和气温的季节变化明显，动物产生了与季节有关的生长、繁殖节律。在季节变化不明显的赤道地区，动物的繁殖周期性与季节的关系却不明显。Marshall (1970) 发现好几种水鸟，如褐鲣鸟（*Sula leucogaster*）、乌燕鸥（*Sterna fuscata*）的繁殖周期为 8～10 个月。这些鸟类可能在任何季节繁殖，表明在赤道鸟类没有固定的繁殖季节。那么，赤道的鸟类为什么不连续繁殖呢？可能因为鸟类需要一定的时间积累养分，才能保证成功繁殖的营养需要。

3. 节律与社会环境

除了物理环境因素外，动物还能根据它们所处的社会环境调节它们的行为。Thomas (1990) 在实验室里将红翅交嘴雀分为两组，一组红翅交嘴雀与原来的配偶呆在一起，而另一组红翅交嘴雀只留下雄性，将雌雀移走。这组单身汉红翅交嘴雀能听见邻近鸟笼中有配偶的红翅交嘴雀的鸣唱，能看见它们的交配。经过冬季的繁殖休眠后，与有配偶的红翅交嘴雀相似，那些单身汉红翅交嘴雀的睾丸也会慢慢地长大，进入繁殖状态。说明环境条件会影响动物的周期节律行为。

4. 节律行为与激素

物理环境因素和动物社会环境因素的变化通常通过内分泌激素来调节。激素是联结环境与行为中枢的介质。在白冠带鹀中，日光照长度刺激松果体——脑垂体，产生激素，影响性腺的发育，启动繁殖行为。性腺又产生自身的激素，作用于脑垂体，反馈调节垂体激素的分泌，影响白冠带鹀的行为。这种，环境与内分泌以及内分泌激素之间的反馈作用，使得白冠带鹀在适宜环境、社会以及生理条件下繁殖。脊椎动物的繁殖行为与性激素有密切的关联。如在雄性变色蜥是一个典型的例子。伴随血流中睾酮浓度逐渐上升，雄性精子首先成熟，然后开始占区，炫耀求偶，最终与雌性交配。

多数动物的性行为除与性激素有密切的关联外，还有一部分动物的性行为与性激素无关联。Moore 和 Kranz (1983) 发现那些切除睾丸的白冠带鹀幼鸟长大后，只要暴露在长光照条件下，仍会爬跨雌鸟，试图进行交配。在这一点上，白冠带鹀与大多数鸟类不一样。其他鸟类的雄鸟去势后丧失性行为。因为雄性失去睾丸后，也失去了睾酮，睾酮在脑部转化为雌激素，使雄性产生爬跨交配行为。没有睾酮，雄性就缺少雌激素，从而，失去了爬跨交配能力（Owens and Short 1995）。雄性日本鹌鹑去势后丧失性行为，但只要给去势鹌鹑注射睾酮或雌激素，去势鹌鹑又会重新获得性行为。如果睾酮是白冠带鹀产生性行为的必要因素，那么将白冠带鹀去势后，白冠带鹀失去了产生睾酮的主要器官。去势的白冠带鹀却不需要补充睾酮，仍能产生性行为。在自然环境中，野生白冠带鹀通常与配偶交配产生第二、第三窝，这时，雄性白冠带鹀血浆中睾酮浓度很低，却仍能顺利进行交配。

根据上述现象，Wingfield 和 Moore（1987）推测在白冠带鹀中，睾酮的主要作用是强化攻击性而不是产生性冲动。对于白冠带鹀来说，雄鸟的攻击性在繁殖期前期是保护领域、看护配偶所必需的。而在繁殖期后期，雄鸟的领域已经建立，雄鸟的攻击性会产生负效应，甚至干扰育幼行为。

第四节　社会行为

社会行为指许多同种动物个体生活在一起，这些个体在觅食、繁殖、防御天敌，保护领域等方面表现出集体行为。许多动物，特别是一些昆虫都发育了程度不同的社会行为。

1. 社会行为及其测度

动物的社会行为是动物表现出一种利它与互利的群体行为。Crespi 和 Yanega（1995）发现自然界中动物的社会性并不一样，从棕头鸥的简单繁殖期聚群到蚂蚁的真社会行为，到灵长类动物的社会组织，表现出多种多样的形式。目前已经在许多动物类群中发现了社会行为（表 3-8-1）。具有社会行为比例最高的动物类群是蚂蚁和等翅目昆虫，目前人们已经发现的蚂蚁和等翅目昆虫种类全部是社会性的；而哺乳动物中社会行为并不多见，除了灵长类动物之外，只有裸鼠具有社会行为。在研究动物社会行为时，人们还常常谈到真社会行为。Wcislo（1997）将一个动物社会群体中，连续一个世代以上，一些动物自身不繁殖，仅仅照料非亲生后代的现象称为真社会行为。蚂蚁和等翅目昆虫都是真社会性动物。

表 3-8-1　社会性动物的类群及其遗传系统

类　群	总种数	社会性种数	遗传系统
蚂　蚁（Hymenoptera：Formicidae）	8800	8800	单倍二倍体（haplodiploid）
蜜　蜂（Hymenoptera：Apoidea）	30 000	1000	单倍二倍体
胡　蜂（Vespids）（Hymenoptera：Vespidae）	910	880	单倍二倍体
细腰蜂（Sphecids）（Hymenoptera：Sphecidae）	6000	1	单倍二倍体
等翅目 Isoptera（Hymenoptera）	2200	2200	二倍体
蚜　虫（Hemiptera：Aphidoidea）	4400	40	克隆
甲　虫（Bark beetles）（Coleoptera：Platypodinae）	2500	4	单倍二倍体
甲壳纲（Crustacea）（Coleoptera：Decapoda）	550	1	二倍体
米　虾 Snapping shrimp（Caridea）	2000	1	二倍体
裸　鼠（Mole-rats）（Mamalia：Bathyergidae）	12	3	二倍体

（1）社会性动物的特点：由于大部分社会性动物是昆虫。它的社会性有如下特点：

1）同一居群中的个体共同哺育后代。在蚂蚁和蜜蜂的居群中，工蚁和工蜂承担了哺育所有幼虫的工作，蜂王或蚁后专司繁殖之职。

2）同一居群中存在世代重叠，蜂王或蚁后一生中能繁殖许多代子代，这些子代共同生活在同一居群中。

3）同一居群的非繁殖个体和繁殖个体分工承担繁殖义务，蜂王或蚁后专司产卵，工蚁和工蜂承担哺育幼虫、养护巢穴和寻觅食物的工作。

由此可见，社会性昆虫的主要特征是合作育幼。Sherman 等人（1995）认为，合作育幼是社会行为的主要特征，具有不同社会行为的动物中，合作育幼的程度形成一个连续统，不同社会性的动物的主要差别是群体中个体牺牲的繁殖机会多少不一样。

（2）社会性测度：Sherman 等人（1995）提出用社会群体中繁殖个体终生成功繁殖率（lifetime reproductive success，LRS）的变异程度，即繁殖偏倚（reproductive skew，S）来测度社会性：

$$S=(N_b v+N_n)/(N_b+N_n) \tag{8-1}$$

式中：N_b 是群体中的繁殖个体数；N_n 是群体中的非繁殖个体数；v 是繁殖个体数繁殖后代数目的方差。

繁殖偏倚，S，在 0～1 之间取值。当 $S=1$，群体中仅有一个个体繁殖后代，当 $S=0$，群体中的所有个体平均承担繁殖后代的责任。Crespi 和 Yanega（1995）认为造成繁殖偏倚的因素很多，如由于捕食者对子代的捕杀，个体子代的被捕杀概率不同，可能导致群体中个体的繁殖偏倚，因此繁殖偏倚并不是社会性的最好测度。于是，Keller 和 Perrin（1995）提出了社会性指数作为繁殖偏倚的补充测度方法：

$$E=\left(\sum_{i=1}^{N}|fi-gi|\right)/2 \tag{8-2}$$

式中：fi 是个体 i 对成功繁殖的子代基因库的贡献份额，gi 是个体 i 对成功繁殖子代所需能量的贡献份额。

社会性指数 E 也在 0～1 之间取值，但对繁殖子代的死亡模式不敏感。需要指出的是，社会性指数并不能取代繁殖偏倚指数，而只能作为繁殖偏倚指数的补充指数。Crespi 和 Yanega（1995）发现蚂蚁和蜜蜂的繁殖偏倚指数和社会性指数值都很高。

（3）产生社会行为的机制：社会行为最大的益处是能降低被天敌捕食的概率。当遇到响尾蛇的攻击时，聚群生活的加州黄鼠会群起围攻来犯者，直至将来犯者赶出群体的领域为止。鸥类在繁殖期围攻驱赶来犯其巢区的乌鸦，保护了正在孵化中的鸥蛋。非洲大草原上的狮群较单只狮子能更有效地保护其觅食领域。在南极洲的巨大冰盖上，成群的雄企鹅挤在一块，这样在天寒地冻的环境中有效地保存了能量，这些雄企鹅聚在一起，100 天内不进食仍能将卵孵化。

然而，自然界具有社会行为的动物只是很少一部分种类，为什么大多数动物种类并不是社会性的呢？这是因为社会性社会既能为社会成员带来利益，又会给社会成员带来害处（表 3-8-2）。首先，社会生活，由于聚群的密度高，导致群体成员对食物的激烈竞争。其次，在那些具有社会等级结构的动物社会中，低序位的个体的利益常常被高序位的个体侵占，例如狮群中雌狮猎获猎物后常常被雄狮挤开，不能享用自己的猎物。增加了干扰繁殖的可能性，橡树啄木鸟通常集体繁殖，一个繁殖群多达 3 只雌鸟，4 只雄鸟。这些雌鸟在一个树洞巢产卵，但是，繁殖群体中产下的第一枚卵总是被群体中的其他个体推出树洞外。这种毁卵行为会一直持续到其他成员都同时产卵为止，然而，到此时繁殖季节中大约三分之一的卵已经被毁掉。

表 3-8-2 社会行为的利弊

社会生活的有利方面
有利于发现天敌，减低天敌捕杀风险
有利于捕获大型猎物
有利于保护食物或生存空间
有利于集体育幼
社会生活的不利方面
增加了对食物、配偶的竞争
增加了感染传染病和寄生虫的概率
增加了骗取育幼或干扰育幼的概率

从理论上分析，社会组织结构越复杂，社会组织结构的可靠性越高。假设在一个群体中要正确完成一项任务，必须完成 t 个环节的工作。那么，我们看一看在单线式和网络式的结构有何差异。单线串联式组织结构的可靠性取决于各个环节的可靠性，并联串联式组织结构的可靠性要高一些，串联并联式组织结构的可靠性最高（图 3-8-4）。在蜜蜂和蚂蚁这样的社会昆虫中，其社会组织相当于串联并联式组织结构方式。众多的工蚁和工蜂同时承担高风险的采食活动，即使许多工蚁和工蜂由于天气灾害、天敌捕杀等原因不能完成采食任务，但是只有其他工蚁和工蜂能采回食物，就能保证群体的食物供应，这一串联并联式结构保证了群体的生存。

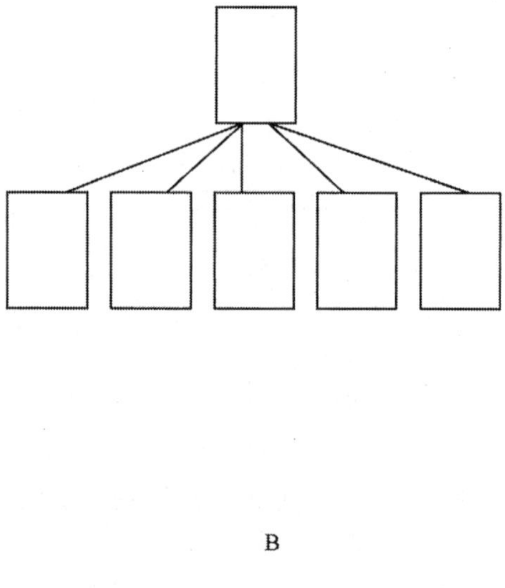

图 3-8-4 社会结构可靠性分析

A. 代表直线式社会结构，如果任何一个环节出现问题，则整个结构破坏，这种结构可靠性差；B. 代表复合式社会结构。如蜜蜂，一只蜂后．许多工蜂，即使一些工蜂死去，并不影响群体的生存，这种结构可靠性高

2. 社会行为的遗传基础

社会性昆虫的雌性个体常常放弃自己的繁殖机会。这个奇特的进化现象似乎违背了生物规律。达尔文曾经试图解释这一问题，他认为大多数昆虫的群体是一个大家庭。通过帮助近亲繁殖，那些不育的个体能够帮助家庭的延续。

膜翅目昆虫的雄性是单倍体，只拥有一套染色体，而雌性是二倍体，通过卵子和精子结合形成受精卵发育而来，拥有两套染色体。如果一只雌虫与一只雄虫交配的话，它得到的精子的遗传组成是一样的，结果产生的雌性后代的基因组成中将具有一半来自父方的相同基因，还有50%可能来自母亲的相同基因。从统计平均数来看，双倍体雌性产生的卵携带50%的来自母方的基因。当膜翅目昆虫的卵子与精子结合时，受精卵的遗传组成的75%是相同的（图3-8-5）。

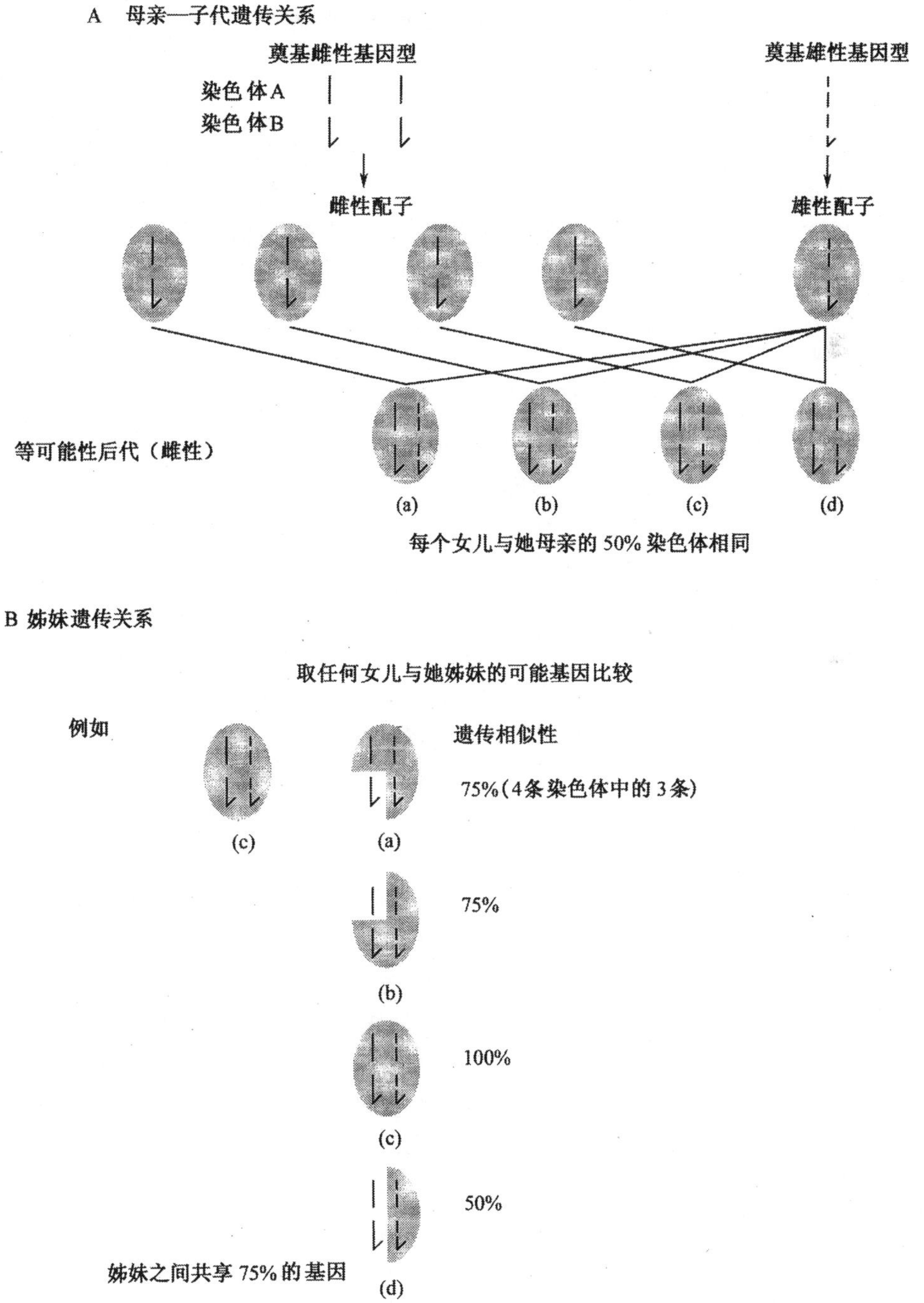

图3-8-5 膜翅目昆虫的单倍二倍体遗传结构与亲缘系数

由于这种单倍二倍体遗传结构，在膜翅目昆虫中，姐妹之间遗传组成非常相似，亲缘系数高达0.75，高于母亲与子女之间的亲缘系数。这样高的亲缘关系，有助于产生真社会行为。由于膜翅目昆虫特殊的性别决定机制，工蜂、工蚁通过帮助那些具有繁殖潜力的姐妹比它们自己繁殖带来的广义适合度更高。这一解释称之为膜翅目昆虫单倍二倍体假说。

根据这一假说，真社会学昆虫的雌性将会更多地帮助姐妹而不是兄弟，因为姐妹之间的亲缘系数可达0.75，而雌性个体与兄弟之间的亲缘系数只有0.25。这样，工蜂或工蚁应以3:1的比例将育幼投资分配给姐妹和兄弟。蜂王或蚁后将同样对待所有子女，因为它们之间的亲缘系数都是0.5。

事实上，在社会性昆虫中，这种冲突的确存在。当大型的社会居群中，当蜂王与工蜂就如何给蜂王的儿子和女儿分配食物而意见不一时，这时工蜂起决定性作用，因为蜂巢太大，蜂王不可能巡视每一个角落。如果工蜂要优化自身的广义适合度的话，更多的食物将应饲喂给雌性幼虫。Trivers 和 Hare（1976）系统查阅了文献，发现社会性昆虫工蜂或工蚁的确将较多的育幼投资给雌性个体。

但是，当蜂王和蚁后并不是只与一只雄性个体交配时，蜂王和蚁后产生的后代的亲缘系数将不会高至0.75，因为那些与蜂王和蚁后交配的雄性个体之间可能没有亲缘关系。Strassmann（1989）总结了黄蜂居群中雌性个体之间的平均亲缘系数，有的黄蜂种类的亲缘系数高达0.75，但大多数黄蜂种类的亲缘系数居于0.25～0.75之间。

仅仅当蜂王和蚁后只与一只雄性交配时，工蜂和工蚁才将育幼投资向雌性同胞倾斜。若蚁后曾与多只雄蚁交配过，工蚁与雌性幼虫或雄性幼虫之间的亲缘关系相似，这时工蚁育幼投资不应当再向雌性同胞倾斜。在一种蚁属（*Formica*）蚂蚁中，一些蚁后常与2只以上的雄性交配，这一种类为检验膜翅目昆虫单倍二倍体假说提供了研究材料。Sundstrom（1994）发现，若当蚁后仅仅与一只雄性交配过，工蚁会将更多的食物喂给正在发育中的姐妹，而当那些蚁后与多只雄性交配过的居群中，工蚁并不偏爱雌性幼虫，而是将育幼投资均匀地分配给雌性和雄性幼虫。

真社会行为并不只限于单倍二倍体生殖方式的膜翅目昆虫，一种二倍体哺乳动物——裸鼠也是一种真社会动物。Lacey 和 Sherman（1991）发现裸鼠的居群成员有时多达60～70只，生活在结构复杂的洞道中。裸鼠洞道的中央生活着一只鼠后和几只鼠王，专司生殖。裸鼠居群中除鼠后以外的其他雌性裸鼠不生育，甚至不排卵，只在居群中作为工鼠，承担掘洞、觅食和育幼的职责，除鼠王以外的大多数雄鼠也是工鼠。Reeve 等人（1990，1992）发现裸鼠居群中存在着高度近交。通过DNA指纹分析发现，同一居群中的裸鼠的亲缘系数很高，而不同居群之间的裸鼠的亲缘系数却很低。同一裸鼠居群的个体亲缘系数高，说明居群中的工鼠通过助亲行为能获得较高的间接适合度。

3. 聚群行为

聚群生活是动物的一种社会行为。生活在开阔原野上的有蹄类动物常常聚群生活。同性聚群（sexual segregation）指同性个体形成群体，在一起觅食、休息和运动。Clutton-Brock 等人（1987）、Jiang 等人（2000）、Lei 等人（2001）已经在红鹿（*Cervus elaphus*）、加拿大盘羊（*Ovis canadensis*）、驯鹿（*Rangifer tarandus*）、非洲野牛

(*Syncerus caffer*)、美洲野牛、白尾鹿(*Odocoileus virginianus*)、麋鹿、普氏原羚等有蹄类动物中发现了这种聚群现象。如在空间异质性高的环境中，同性聚群现象明显，而在空间同质性高的环境中，同性聚群现象不明显。同性聚群现象还存在季节变化。

Main 和 Coblentz (1990) 分析了有蹄类动物同性聚群现象，认为同性聚群现象是两性间繁殖对策差异造成的。自然选择压力选择那些摄入食物快、生长速率高的雄性个体，而在雌性中则选择那些能降低子代被捕食风险、保证子代存活的个体。为了获得食物，雄性会去被捕食风险高的地点觅食，雌性与子代则呆在被捕食风险低的地点。两性繁殖对策造成了同性聚群。此假说称为繁殖对策假说(reproductive strategy hypothesis)。Beier (1987), Clutton-Brock 等 (1982) 和 McCullough (1979) 则认为同性聚群现象可以用营养生理因素解释。雄性个体大，代谢能需高，能采食粗纤维多、分布广的食物；而雌性个体选择觅食那些粗纤维含量低、高营养的食物以满足妊娠和泌乳的需要，因此，雄性与雌性个体选择不同的生境采食，从而分布在不同地点。此假说称为营养对策假说(nutritional strategy hypothesis)。Beier 和 McCullough, (1990), Geist (1982) 认为同性聚群现象是由于社会行为的作用。同性个体为了学习繁殖技巧而聚群生活，练习角斗技巧、在发情期前的玩耍打斗中确立优势序列等。同性聚群现象也有可能是由于雌性对雄性的攻击行为所导致的。这一假说被称为社会因子假说(social-factor hypothesis)。

聚群行为是一种社会行为。不仅有蹄类动物存在同性聚群现象，在灵长类、有袋类中也存在这种现象。非繁殖季节动物同性别个体的异域分布早就引起了人们的注意。我们发现，当应用同性聚群强度指数来测度时，麋鹿的同性聚群程度最高的时期是发情交配季节，而不是像 Main 和 Coblentz (1990) 描述的那样，同性聚群主要发生在非繁殖季节。Clutton-Brock (1989) 指出动物界存在各种各样的一雄多雌交配制度。当优势雄性能够击败其他雄性个体，垄断交配机会时，会产生明显的繁殖偏倚(reproductive skew)，也会产生明显的同性聚群现象。

4. 灵长类社会行为

灵长类动物通常聚群生活，因为社会性生活有利于灵长类动物的生存和繁衍。灵长类的群居生活有四个优点：

1) 有利于察觉、防御天敌：De Ruiter (1986) 报道群居生活有利于察觉捕食者，由于群体中的个体报警和群体集体行动时对捕食者的干扰，捕食者更难捕获群体中的个体。对于群体中的个体而言，用于瞭望和警戒捕食天敌的时间随着群体的增大而减少。与那些生活在大群体中的卷尾猴相比较，生活在小群体中的卷尾猴要花更多的时间观察周围环境。

2) 有利于保护领域：Dunbar (1988) 指出对于群居的动物来说，保护采食领域是群体生活的重要内容。许多灵长类种类有明显的领域性，保护这些领域不受其他群体的侵犯是群体成员的共同责任。而在那些非领域性的种类，群体的大小是不同群体之间为占有关键生活资源的发生冲突时，赢得冲突的重要前提条件。一些种类中，群体大小受食物资源的限制，对食物的竞争是群体中个体成功繁殖的条件。

3) 有利于提高采食效率，增加了合作育幼的机会：但是，Dunbar (1988) 指出灵长类动物中由于群体生活而增加的采食效率和育幼机会相对于其他种类而言要低。肉食动物的采食效率随着群体大小增加而显著增加（Macdonald 1983），但在非人类灵长类中，群体大小与采食效率的关系相对不明显。协助育幼是形成群居鸟类的一个重要因素，在哺乳动物中，育幼不是形成社会群体的条件，尽管幼仔可能受到与其父母结盟的成年个体共同的保护。

4）有利于子代的行为发育：社会生活为灵长类动物的行为发育提供了社会环境。灵长类动物的早期社会生活经历对其成年后的社会行为有显著的影响。Spencer-Booth 和 Hinde（1971）发现将幼猕猴出生后与母亲分离 7 天，这种分离产生的影响在两年以后仍很显著。那些在与其他群体成员隔离环境中长大的猕猴，成年后，不能表现正常的社会行为和繁殖行为（Swartz and Rosenblum 1981）。灵长类社会群体成员的行为对幼体的行为发育有明显的影响。

生活在群体中也有不利的一面。Dunbar（1988）记载了较大的群体需要较多的时间来协调行动。随着猕猴群体的增大，一天中在采食地之间运动的时间增多。另一方面，随着群体的增大，个体之间的竞争强度增加，群体中劣势个体将受到优势个体的骚扰。

许多灵长类种类的个体竞争各种各样的资源：如食物、水、梳理伙伴和休息地点。这些资源与繁殖成功密切相关。雌性的生育数与领域的质量，特别是食物的供应有关。当食物有限时，社会等级高的个体将在竞争中占优势。Whitten（1983）发现在一组野生黑长尾猴中，社会序位高的雌猴的体重较社会序位低的雌猴高。

De Waal（1977）曾研究了性比对相同性别长尾猴之间争斗的影响（表 3-8-3）。当猕猴群体中性别偏雌时，雌性个体之间的打斗增加，而性比趋向 1:1 时，群体中的大部分打斗发生在雄性之间。这表明社会群体的大小影响群体成员之间的社会相互作用。群体的成员越多，那些社会序位较低的个体受到的威胁越多。另一方面，每个个体的社会活动时间是有限的，个体之间的相互作用时间随着群体的增大而减少。

表 3-8-3　性比对两组猕猴同性个体之间争斗频次的影响

	平均争斗频次/小时		
	成年性比（雌:雄）	雄性之间	雌性之间
A　组	1.3	0.389	0.173
B　组	3.0	0.175	0.448

与狒狒不一样，那些生活在森林中的大猩猩生活的群体较小。但是其中有两种类型：那些单婚配制的狒狒和一雄多雌婚配制的大猩猩的群体较稳定，而猩猩和黑猩猩的群体较不稳定。导致猩猩形成单婚配制的机制与鸟类相仿。大猩猩生活在固定的群体之中，优势雄性是一只背部着银色毛的大猩猩，雄性之间的争斗十分激烈。大猩猩不需要搜寻很大的面积去寻找食物，热带雨林提供了丰富的食物。

第五节　行为的优化

现存的生物形态结构和行为都是自然选择的结果。这些类型可以视为一种旨在基于某些标准而进行优化设计过程的结果，有时也称为优化设计原则。优化设计原则通常指一个系统在选择压力下，具有不断调整的能力，直至进化到优化的构型。动物的采食策略是一种与密度无关的策略。许多研究发现，动物在觅食时总是以较少的时间和能量耗费去获得较多高质量食物。从长远来看，动物优化采食行为，有利于提高适合度。耗费较少的时间觅食，将有更多的时间寻找配偶，哺育后代，节约了采食的能量耗费，将意味着更多的能量可用于保护领域、繁殖。这其中自然选择起了重要的作用。

1. 猎物选择模型

由于动物的觅食过程与经济过程十分相似。一批原来应用于经济分析和决策的数学模型被借用于行为决策和行为的效益分析。Krebs 和 Kacelnik（1991）认为利用数学模型研究行为有两个优点：①有关模型结构的假设前提明确；②利用模型可以导出清晰的预言，并给出了经典采食模型的假设前提和预言（表 3-8-4）。

表 3-8-4　经典采食模型的假设前提和预言　（据 Krebs and Kacelnik，1991 修改）

假设前提
食物的价值以净能测度
处理食物的时间是常量
处理食物和搜索食物不能同时进行
食物能准确无误地即时识别
猎物依顺序出现，捕食者遇到猎物的事件是随机的
预言
捕食者不会放过那些高质量、处理时间短的猎物
捕食者会放过那些质量低、处理时间长的猎物

最简单的猎物模型是只有两类猎物的模型。当两类猎物的能量含量分别为 E_1 和 E_2，处理猎物的时间分别为 h_1 和 h_2 时，那么，捕食者选择猎物 1 的前提是：

$$\frac{E_1}{h_1} > \frac{E_2}{h_2} \tag{8-3}$$

即若单位时间内从猎物 1 中获得的能量高时，捕食者应当选择猎物 1。式中的能量可以进一步分解，如食物的总能量可分解为可消化能和不可消化能，此时，捕食者的目标是使可消化能的摄入最大。可消化能可以进一步分解为可代谢能和不可代谢能，此时，捕食者的目标使可代谢能的摄入最大。

如果猎物的类型多，那么根据不等式，可以将食物的价值排序。猎物模型有 3 个基本预言：

（1）猎物的可利用价值可按其单位时间内猎物获得的能量高低排序。

（2）捕食者捕食一类猎物的原则是 0～1 原则，要么全吃，要么全不吃。

（3）捕食者不应放弃可利用价值高的食物，而是否利用那些价值较低的食物取决于可利用价值高的猎物丰度。

因为猎物模型是一个极为简化的模型。如果研究对象的行为符合模型的预言，则模型的假设前提和有关决策的限制因子是生态环境中限制研究对象行为的主要因子。如果研究对象的行为不符合模型的预言，则可能模型的假设前提和有关决策的限制因子过于简化，需要构建更复杂的模型来研究限制对象行为的因子。增加模型参量，使模型更能说明问题。

2. 斑块模型

食物在自然界通常是呈斑块状分布的。当采食者刚进入一个食物斑块时，食物丰度高，单位时间内的采食效率高，食物丰度随着采食者在一个食物斑块中停留采食的时间增加而降低。当食物的丰度降低到一定的程度，采食者继续在该食物斑块中觅食的话，其觅食效率将大大降低，因为要搜索很长的时间，才能获得食物。这时采食者会离开此食物斑块去寻找新的食物斑块。这其中涉及到一系列问题：寻找新的食物斑块的时间与在一个食物斑块中停留多长时间之间有何关系？什么时候放弃一个食物斑块？

在图 3-8-6 中，当动物在食物斑块中的采食速率一定时，相应于斑块之间的旅行距离，存在着一个优化的斑块停留采食时间。这一原理不仅仅应用于研究采食行为，也应用探讨其他动物行为，如繁殖行为。只要动物行为所获得的适合度曲线是一种递减曲线，那么就可以将斑块之间的旅行时间和斑块采食时间换为更为一般的搜索代价和投资代价即可。

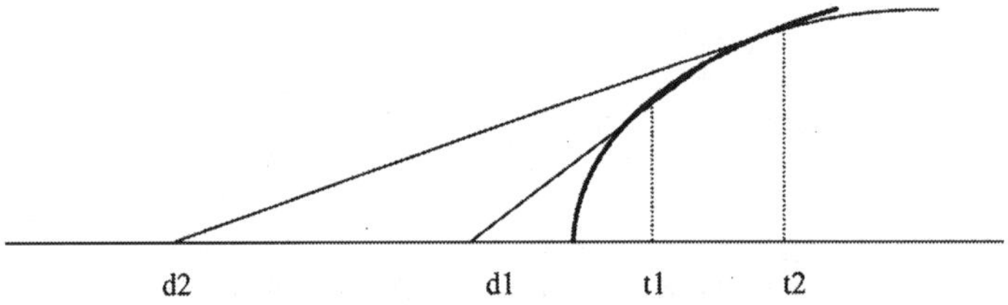

图 3-8-6 斑块间旅行距离与恰当的斑块停留采食

图中的曲线为斑块采食收益曲线，随着采食者在食物斑块中停留采食的时间增长，采食收益递减。但是，随着采食者在斑块间的距离（*d*）增大，采食者在斑块间旅行时间增长，采食者在斑块中最佳采食时间（*t*）增长。

Parker 和 Stuart（1976）利用斑块模型研究了牛粪蝇（*S. stercoraria*）的交配行为。牛粪蝇的雌蝇在新牛粪堆上产卵，雄蝇在牛粪堆旁等待雌蝇的到来，雄蝇拦截前来产卵的雌蝇，与之交配。雄蝇与雌蝇交配的时间越长，它产生的后代越多。但是交配时间并不是越长越好，交配时间长度与产生的受精卵数目之间存在着相当于投资报酬递减的关系。经过细心的野外工作，Parker 和 Stuart 发现一只雄蝇找到一堆新鲜牛粪的平均时间为 156.5 分钟。根据野外数据建立的模型，他们预言牛粪蝇的最佳交配时间长度为 41 分钟，而野外实测的数据为 36 分钟，仅存在 5 分钟的差异。

3. 放弃觅食原则

以往的采食行为研究多以食物斑块明确的为研究题材。蒋志刚等（1993）研究了美洲马鹿（*Cervus elaphus nilsonii*）在草地上采食时放弃在一个斑块采食的时间问题。有蹄类动物的采食活动以采食周期为基础。一天中有蹄类动物有几个采食周期，一个采食周期由搜寻－采食－搜寻－采食等环节构成。动物搜寻食物丰富的草地斑块。采食活动又由采食站组成。一定的时间后动物会放弃采食站或食物斑块，开始寻找下一个食物斑块。什么时候放弃一个食物斑块？经发现美洲马鹿在不同斑块层次中放弃采食的准则不一样。现定义采食站作为一级斑块，草地上采食活动的起止作为高一层次的草地斑块。发现在草地斑块中美洲马鹿放弃采食的准则与边际效益原理的预言一致，当在连续3个采食站上的摄食速率低于平均值时，美洲马鹿会离开该草地斑块去寻找新的草地斑块(图3-8-7)。对麋鹿的研究再次证实了这一规律。

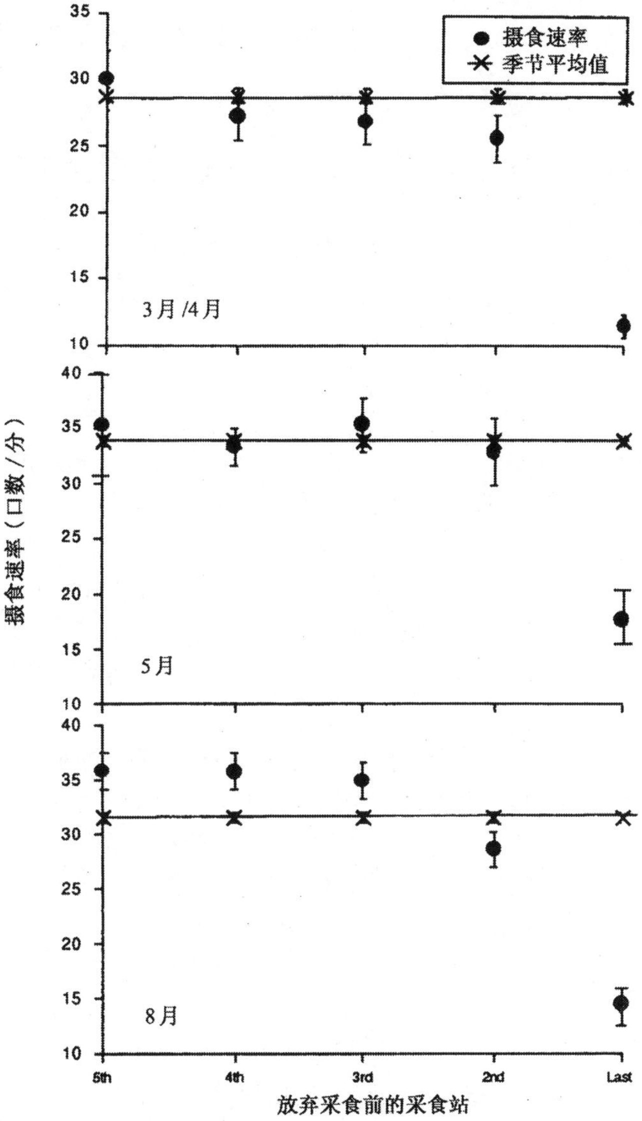

图3-8-7　美洲马鹿放弃一个草地斑块
当在连续3个采食站上的摄食速率低于平均值时，美洲马鹿会离开该草地斑块去寻找新的草地斑块

4. 被捕食风险

上述研究都是假设不存在捕食者的前提下，若存在捕食者，那么动物的觅食规律将

会发生改变。这时，用以描述动物行为的模型亦应相应地修正。进入 20 世纪 90 年代，人们对动物的觅食过程的研究开始考察那些能量和时间以外的限制因子。

鼓甲靠捕食水面的小昆虫为生，鼓甲在水面聚集成团。如果鼓甲仅仅优化能量的摄入的话，那么它应当远远地离开群体去搜寻食物，但是这种甲虫很少离开群体。一只甲虫可能离开群体一会儿，捕获一只猎物，便匆匆返回群体，而且，甲虫总是设法挤到群体的中心。为什么？Rohwer（1995）发现，原来水面上存在捕杀这些鼓甲的天敌。离开群体太远去搜寻食物有被捕杀的风险。所以鼓甲总是抓获食物后即匆匆回到群体之中，并且挤到最安全的位置上。对于鼓甲来说，保证生存能比摄取更多的食物带来的适合度更大。

第六节　行为策略及其进化稳定性

行为策略是在特定环境条件下动物的动作或一系列动作（Harvey　1994）。行为策略可以分为两大类：一类是与种群密度有关的行为策略，另一类是与种群密度无关的行为策略。

1. 适合度

什么是适合度？在研究行为策略时，由于行为是由基因型所决定的，不同的行为策略将决定将来世代中基因型频率。因此，我们必须测度适合度。在通常条件下，测度适合度十分困难，于是，人们研究一些与适合度相关的变量。验证早期的采食行为模型时，人们广泛应用能量的收支作为模型的货币。Clutton-Brock（1988）指出现在较复杂的模型，一般应用终生交配率和繁殖率作为适合度的测度。Parker（1984）指出，尽管如此，这样测定的参数不一定与适合度紧密相关，因为适合度指的是群体中基因型的适合度。

一些行为策略的获益与群体中其他个体的行为策略无关，如采食决策。另一类行为策略，其获益与群体中的其他个体的行为策略有关，如一个个体的攻击性，如果群体中具有强攻击性的个体少，那么攻击型行为策略将具有较高的适合度，如果群体中具有强攻击性的个体多，那么这些个体将有可能在相互攻击中受伤，乃至死亡。这样攻击型行为策略的适合度与群体中持该策略的个体数目有关。

2. 策略的进化稳定性

Maynard Smith 和 Price（1973）的工作是关于进化稳定策略（evolutionary stable strategy，ESS）的经典研究。他们利用博弈论模型探讨了群体中“鹰-鸽”策略的进化稳定性。假设在一个群体中存在两种行为模式：“鹰”策略——当其与其他个体发生冲突时，会全力出击对方，“鸽”策略——当其与其他个体发生冲突中，若遇到攻击型个体则立即后退，若遇到其他行为个体则展示炫耀。当个体在冲突中获胜时，它的适合度增加 V 单位，当个体在冲突中受伤时，它的适合度损失 C 单位。

最初，群体中有 p 个“鹰”策略者，$1-p$ 个“鸽”策略者。模型的假设是群体中的个体之间发生冲突是随机的，并且，在一个世代中，一个个体只发生一次冲突。为了进一步简化模型，假定个体是双倍体，并且是无性繁殖的。

两种行为策略者相遇，发生冲突后不同行为策略者的预期收益是：

“鹰”策略者－“鹰”策略者：当两个“鹰”策略者相遇时，其获胜和受伤的概率各为50%，其预期收益是 $(V-C)/2$。

“鸽”策略者－“鹰”策略者：“鹰”策略者立即发起攻击，“鸽”策略者立即后退，结果“鹰”策略者的预期收益为 V，“鸽”策略者预期收益为零，但没有受伤。

“鸽”策略者－“鸽”策略者：两个“鸽”策略者相遇时，相互展示炫耀，但不打斗。这时，“鸽”策略者的预期收益是 $V/2$。

根据上述假设和规则，可以建立鹰－鸽模型的收益矩阵：

	“鹰”策略者	“鸽”策略者
“鹰”策略者	$\frac{V-C}{2}$	V
“鸽”策略者	0	$\frac{V}{2}$

收益矩阵通常简写为 $E(D, H)$，其中：D 为“鸽”策略者，H 为“鹰”策略者。这一矩阵可以用来研究行为策略的进化过程。

设 $W(H)$ 和 $W(D)$ 分别为“鹰”策略者和“鸽”策略者的适合度，当个体在群体中随机相遇时：

$$W(H)=W_0+pE(H, H)+(1-p)E(H, D) \tag{8-4}$$

$$W(D)=W_0+pE(D, H)+(1-p)E(D, D) \tag{8-5}$$

其中：W_0 是本博弈模型所没有考虑的个体的基本适合度 (D, H)，那是个体通过群体行为所获得的，这里假定 $W0$ 对所有的个体都相同。

平均适合度 W：

$$W=pW(H)+(1-p)W(D) \tag{8-6}$$

假定群体中“鹰”策略者的比例 P'：

$$P'=\frac{W(H)}{W} \tag{8-7}$$

当群体中所有的个体都是一种策略型，I 时，其收益矩阵为 $E(I, I)$。如果群体中产生了一个突变子，J，如果 $E(J, I)>E(I, I)$，则 J 策略型的频率将在群体中上升。如果 $E(J, I)=E(I, I)$，则 J 策略型的频率将不会在群体中上升，因为 J 策略的适合度不高于 I 策略者。但是 J 策略型的频率有可能由于随机漂变在群体中上升。如果 $E(J, I)<E(I, I)$，则 J 策略型将会在群体中消失。

如果策略型 I 为进化稳定策略，必须满足下列两个条件之一：

$$E(J, I)>E(I, I) \tag{8-8}$$

或：如果 $E(I, I)=E(J, I)$，那么 $E(I, J)>E(J, J)$ (8-9)

这是 EES 的基本条件。现在让我们考察在上述的鹰-鸽模型，当 $V>C$ 和 $V<C$ 时：

(1) $V>C$。$V=4$，$C=2$，获益矩阵为：

	“鹰”策略者	“鸽”策略者
“鹰”策略者	1	4
“鸽”策略者	0	2

在这种情形下，鹰策略是一种进化稳定策略。一个全部由鸽策略者组成的群体中，如果产生了突变子——鹰策略，那么由于鹰策略的频率将会上升，直到整个群体都为鹰策略者。而在一个全部由鹰策略者组成的群体中，突变子——鸽策略将无法侵入。这个例子说明，自然选择并不总是使群体的适合度趋于增大。一个全部由鸽策略者组成群体的平均适合度是 W_0+2，而一个全部由鹰策略者组成群体的平均适合度是 W_0+1，低于鸽策略者群体的平均适合度。但是，鹰策略是一种进化稳定策略。

（2）$V<C$。$V=2$，$C=4$，获益矩阵为：

	“鹰”策略者	“鸽”策略者
“鹰”策略者	−1	2
“鸽”策略者	0	1

这时，$E(D, H) > E(H, H)$，并且 $E(H, D) > E(D, D)$，“鹰”策略者和“鸽”策略者都不是 *EES*。“鹰”策略者和“鸽”策略者组成的混合群体却是进化稳定的。在这样一个群体中，每一种策略具有相等的适合度。可以从以下计算推算群体中“鹰”策略者的比例：

$$W(H) = W(D) \tag{8-10}$$

$$pE(H,H) + (1-P)V = P \cdot 0 + (1-P)V/2 \tag{8-11}$$

$$p = V/C \tag{8-12}$$

当 $V=2$，$C=4$ 时，50%“鹰”策略者和 50%“鸽”策略者组成的混合群体是进化稳定的。

在自然界，那些拥有杀伤性武器的动物通常是“鸽”策略者，如长角羚羊（*Oryx gazella*），长有一对尖锐的长角，一般长角羚羊用角来对付捕食者。当长角羚羊之间发生冲突时，它们只是象征性地用角冲撞，很少用角刺向对方的腹部。眼镜蛇（*Crotalus*），有毒牙。但是眼镜蛇之间发生冲突时，眼镜蛇并不咬对方，而是相互缠在一块，设法将对方压在地面上（图 3-8-8）。

自然界中，“鹰”策略者并不常见，但是一些动物在争夺交配机会时会是“鹰”策略者，特别当繁殖机会较少、个体的寿命较短时。如无花果黄蜂（*Idarnes*）的雄性为了争夺与雌性交配，在无花果里拼死争斗，无花果黄蜂的雄蜂长有很大的颚，能一口将对手咬成两段。Hamilton（1979）在一只无花果中发现了 15 只雌蜂，42 只已经死亡或受重伤的雄蜂，还有 12 只没有受伤的雄蜂。Wilkinson 和 Shank（1979）发现分布在北美的麝牛，每年发情期由于争夺配偶，10% 的雄牛死于角斗。

3. 多策略集的稳定

假如群体中出现一种新的行为策略：报复策略（R），当与其他个体相遇发生冲突

图 3-8-8 眼镜蛇的争斗（眼镜蛇争斗时，并不咬对方，而是竭力试图将对手压在下面）

时，若对方炫耀，则自己也炫耀，若对方攻击时，则自己也回击对方。当报复策略者与“鸽”策略者相遇时，若十分之一的情形下，报复策略者发现“鸽”策略者只会炫耀而不会攻击，于是发起攻击，这时“鸽”策略者会退却，报复策略者不战而胜，这样，E（R，D）略有增加，而 E（D，R）略有降低，在“鹰”-“鸽”策略集中增加这一种策略后，博弈模型的获益矩阵为：

	H	D	R
H	$\frac{V-C}{2}$	V	$\frac{V-C}{2}$
D	0	$\frac{V}{2}$	$\frac{V}{2}\times 0.9$
R	$\frac{V-C}{2}$	$\frac{V}{2}\times 1.1$	$\frac{V}{2}$

从获益矩阵中可以看到，若 $V>C$，则有 E（R，R）$>E$（D，R）$>E$（H，R），R 是一种进化稳定策略。即使 $V<C$，R 也是一种进化稳定策略。

假如个体并不持一种固定的行为策略而是持一种变化的行为策略 I：以 $p=V/C$ 的概率持“鹰”策略，以 $1-p$ 的概率持“鸽”策略，那么当 $V=2$，$C=4$，$p=0.5$ 时，E（I，I）$=0.5$，E（R，I）$=0.05$。这表明当群体具有两个以上的策略时，可能存在多于一个 ESS。

4. 非对称性博弈模型

在自然界，个体之间常常存在差异，如发育期长短、食物供应的多少等。这些差异往往导致成年个体体型大小的差异。个体之间存在能力的差异，存在着某些与适合度不直接相关的特征差异，个体之间对某一资源的接近程度也不一样。Parker（1984）将非对称性分为三类：

（1）资源价值的非对称性：对于竞争的双方来说，资源的价值不同。

（2）资源控制能力的非对称性：竞争双方在打斗能力和其他方面能力的差异影响它们的保护资源的能力。

（3）无相关的非对称性：竞争双方存在着与获益无关的任意非对称性，如领域的控制者和领域的入侵者。

在“鹰”－“鸽”策略集中增加一种策略：“有产者”，简称 B 策略。“有产者”的策略是如果拥有领域，则持“鹰”策略，如果没有领域，则持“鸽”策略。若群体中的个体拥有领域的概率为 0.5 并且是否拥有领域与个体所持的行为策略无关，那么获益矩阵如下：

	H	D	B
H	$\frac{V-C}{2}$	V	$\frac{3V-C}{4}$
D	0	$\frac{V}{2}$	$\frac{V}{4}$
B	$\frac{V-C}{4}$	$\frac{3V}{4}$	$\frac{V}{2}$

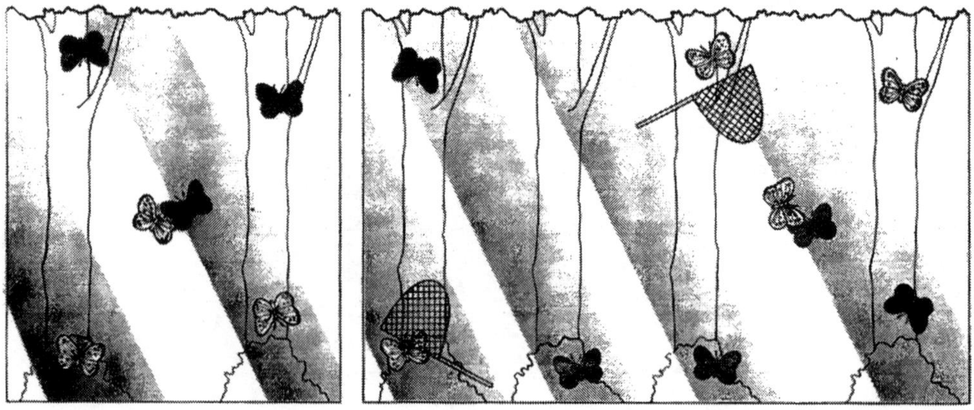

图 3-8-9 领域对 speckled wood butterfly 个体冲突的影响（自 Davies 1978）

(a) 当一只 speckled wood butterfly 在其领域中受到入侵者的挑战，发生冲突时 (b)，冲突的结果是领域所有者胜利 (c)；当领域所有者被移走 (d)，另一只 speckled wood butterfly 成为领域的所有者时 (e)，这时再将原来的领域所有者放回来 (f)，一场新的冲突发生了 (g)，结果是新的领域所有者胜利 (h)。

在整个博弈模型中，如果 $V<C$，则 B 是一种进化稳定策略。这表明任意的非对称性可以解决争端，而不会导致冲突升级。在自然界，争斗双方中拥有领域的个体具有较大的获胜概率。在自然界 speckled wood butterfly (Pararge aegeria) 即是一个具有“有产者”策略的种类，Davies (1978) 研究了 speckled wood butterfly 群体中拥有领域对争斗结果的意义（图 3-8-9）。

第七节　行为的系统发生

动物个体的行为模式具有变异性和可塑性。这种变异性和可塑性是动物适应生态环境变化的基础。如果动物行为随着环境的变化而变化，那么行为的谱系将是不明确的。对行为的系统发生的研究主要探讨两个问题：①一种行为是怎样进化的；②一种行为受环境和系统发育影响的相对程度。

1. 行为的系统发生

Gittleman 和 Decker (1994) 指出探讨行为系统发生需要首先确定独立的进化来源的行为特征，然后，确定行为特征的进化方向，最后，确定一个分类单元中相对其他分类单元出现一种行为性状的进化时间长度。

Prum (1990) 研究了鸬鹚的炫耀行为。在 manakins 的不同种属中，炫耀行为的变异很大，如在不同地方炫耀、不同的领域利用方式、不同的打斗和炫耀方式等等。Prum 研究了 21 种 manakins 的 44 种炫耀行为。他进行了三种分析：①仅利用炫耀行为数据进行分析；②同时利用炫耀行为和发声器官特征进行比较分析；③利用炫耀行为数据得到的系统树与研究发声器官特征得到的系统树相比较。前两种分析的结果与研究发声器官得到的系统树相似（图 3-8-10）。

将这一系列的鸬鹚行为联系起来，可以得到一个从简单到复杂的鸬鹚行为系列：①准备飞翔动作；②直颈朝天动作；③慢速振翅动作；④快速振翅动作。van Tets (1965) 将鸬鹚的这些行为连接成为行为系统树（图 3-8-10B）。van Tets 的研究仅仅得出了一个假说，如果这个假说成立，那么，与鸬鹚的祖先具有慢速振翅动作，更早的祖先具有直颈朝天动作，最早的祖先具有准备飞翔动作。

Kennedy 等人 (1996) 利用 DNA 技术比较了这些鸟类的 DNA 序列相似性，构建了这些鸟类的系统树，这种由 DNA 相似性得出的系统树与 31 年前 van Tets 构建的行为系统发生图十分相似。海鸬鹚和长鼻鸬鹚（*Phalaocorax ariceps*），是遗传结构相似的鸟类，而鹈亚目鸟类和蛇鹈是另一组遗传结构相似的鸟类，这两类鸟类具有共同的祖先（图 3-8-10）。

2. 社会行为的演化

蚂蚁、白蚁和蜜蜂是高度社会化的昆虫，代表了社会行为的一个极端。自然界还存在许多其他社会化程度不同的昆虫（图 3-8-11）。这些社会性昆虫之间的社会组织结构差异很大。可以分为低级社会化习性的昆虫与具有高度社会化习性的昆虫二类。具有低级社会性昆虫并不具有社会等级，而高等社会性昆虫具有严格的社会等级，前者的繁殖分

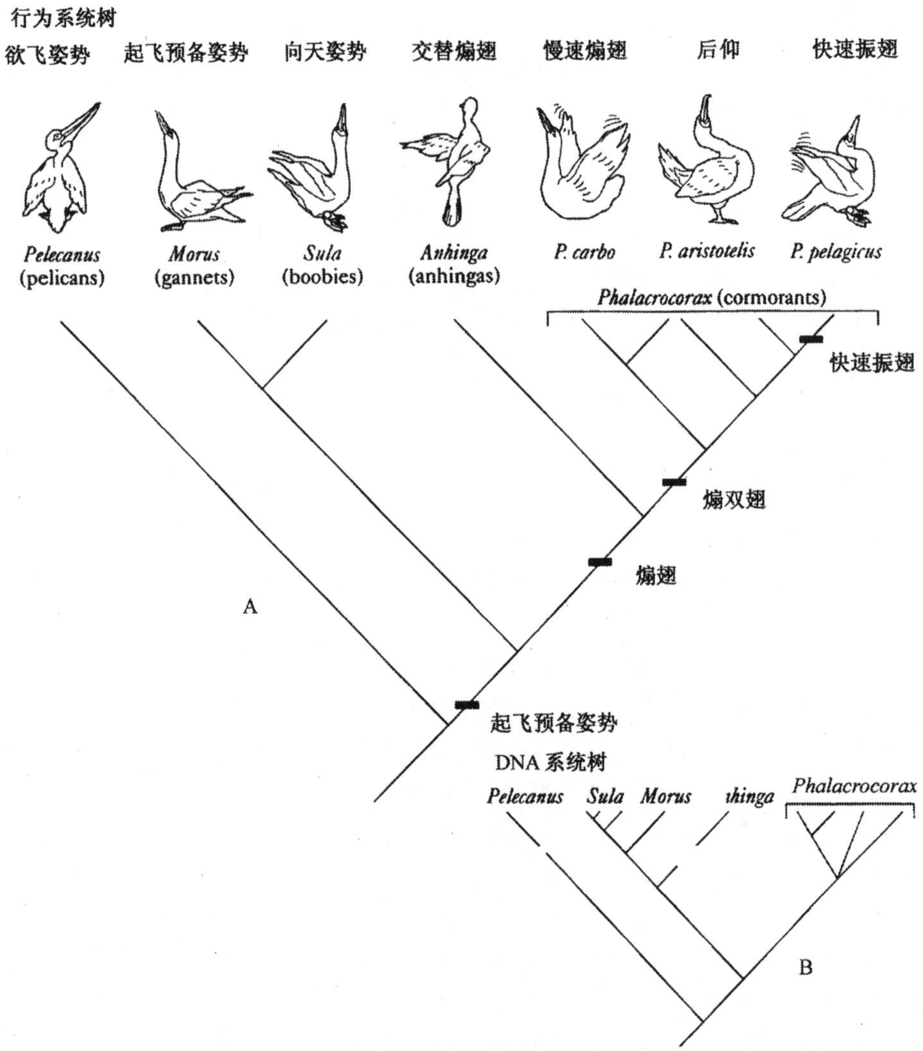

图 3-8-10 鸬鹚炫耀行为的进化（自 Kennedy et al 1996）

A. 鸬鹚的炫耀行为；B. 海鸬鹚“直颈向天快速振翅炫耀”行为的进化树与分子进化树的比较

工不明显、通讯机制不发达；后者有清晰的繁殖分工、发达的化学通讯机制(表 3-8-5)。

表 3-8-5 具有低级和发达社会化行为的昆虫的比较

初级社会性昆虫	发达社会性昆虫
无社会等级	有社会等级
一般无社会等级，即使有社会等级也在发育的晚期才决定	社会等级在发育的早期决定
社会等级由个体优势度决定	社会等级由性外激素决定
蚁后承担除产卵以外的其他工作	蚁后只负责产卵
化学通讯能力缺如或仅具有简单的化学通讯机制	具备复杂的性外激素通讯系统
居群存在年循环	居群存在年循环或多年循环
蚁巢通常单独存在	蚁巢有时成群存在

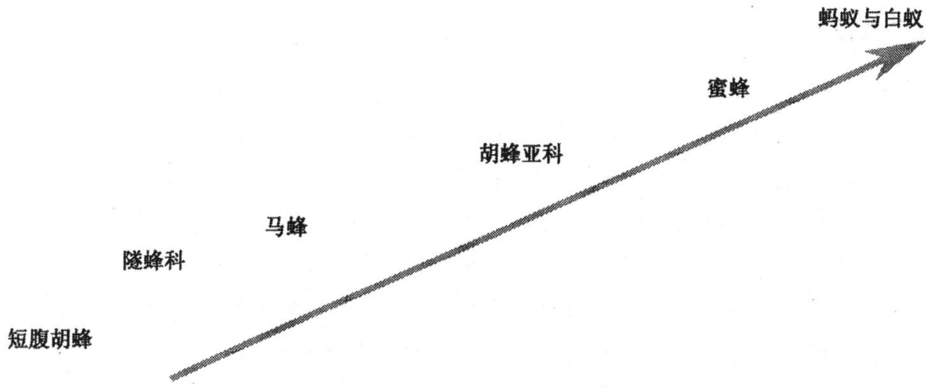

图 3-8-11　社会性昆虫的社会组织结构
图中从下到上，社会组织结构的复杂性增加

通过对社会行为的两个极端形式和那些处于中间状态的社会性昆虫的研究有助于解释社会性昆虫的进化。处于社会性的一端是一些单独生活的昆虫，如独居蜜蜂，它们中雌虫独立负责育幼，而另一端是一些真社会性昆虫如蜜蜂、蚂蚁和白蚁，处于两者之间的是一些社会性较弱的昆虫，如胡蜂属的胡蜂。

表 3-8-6　两种社会性昆虫的比较

蚂　蚁	白　蚁
不同点：	
幼体处于不能自理的状态（Endoterygote）	幼白蚁很活跃，在蚁巢参加劳动（Eopterygote）
蚁后具有控制子代性别的能力，能够不通过交配产下雄性后代（Haplodiploid）	蚁后不具备控制子代性别的能力，必须经过交配产下雄性后代（Diploid）
工蚁都是雌性个体	雌性和雄性个体都可能是工蚁
在新婚飞行（nuptial flight）中雄蚁的惟一繁殖功能是使雌蚁受精	新婚飞行后，雄蚁（蚁王）和蚁后一起生活，一起构建蚁巢，在蚁群发展过程中，不断与蚁后交配
工蚁并不具备完全的繁殖能力，但有时能产下雄性卵	许多白蚁种类中，工蚁仍保留发育完全繁殖能力的潜力
蚁群不可能永久存在	失去繁殖能力的蚁后将被替换，蚁群可能永久存在
大多数种类是捕食性的	以植物为食
相同点： 蚁巢的结构复杂，都生活在土壤之中，决定社会等级的机制相同（性外激素对白蚁作用更重要）	

然而，即使是真社会动物，它们之间的特征亦不相同。比较蚂蚁与白蚁的习性，这两种社会性昆虫具有许多不同之处（表 3-8-6）。Wilson（1976）和 Seeley（1982）发现在社会性昆虫中，不同年龄个体的义务不一样，年幼的个体在巢区的中央干一些清洁和护理蚁后的工作，随着年龄的增长，个体离开巢区的中央去饲喂幼虫、维修巢穴。随着年龄的进一步增长，个体开始离巢觅食，承担保护巢区的责任。在蜜蜂和蚂蚁这两种昆虫中，发育了相似的进化趋同，这种进化趋同是一种适应机制。

3. 行为生态学发展趋势

行为生态学作为行为学与生态学之间的一门交叉学科，尽管研究历史不长，但显示了强大的生命力，已成为一门颇受重视的热门学科。行为生态学结合生态学与行为学、遗传学和进化论，并引入经济学思想，探索新的理论和研究方法。在生活史、行为策略，觅食行为、繁殖行为、社会行为以及竞争行为等方面开展了系统的研究。从已经召开过 6 次国际行为生态学大会上交流的论文和有关学术期刊发表的论文来看，繁殖行为研究已经成为当前行为生态学中最活跃的研究领域。动物两性之间利益冲突、性选择、求偶行为、交配行为、婚配制度和亲代抚育行为、激素与繁殖行为的关系等都是研究的热点（Gross 1995）。从总体来看，行为生态学理论已走向成熟，甚至可以说超前发展，它所缺少的主要是对特定动物类群的详细、系统的研究，对特定行为深入、细致的比较研究。行为生态学今后的发展趋势将集中于繁殖行为方面的研究。

《生物多样性公约》强调对野生动物实施就地保护。由于当前人类活动的影响，残余的野生动物生境被分割成陆岛。生境狭小，生境斑块中野生动物繁殖个体少，迁移困难。生境破碎对野生动物的繁殖信息传递、配偶寻找、基因交流等方面产生了负面影响。濒危物种的繁殖力下降，人工繁育是保存物种，解决濒危物种保护及其持续利用问题的重要手段。然而，人工繁育野生动物时，人们一味强调食物、营养以及其他生理因素，往往忽视了行为因素的重要性，忽略了越是高等的动物，生理状况受心理因素的影响越大这一特点。弄清动物发情、交配所需的行为刺激条件，将有利于圈养濒危动物的顺利繁殖。行为生态学今后的发展趋势将集中在珍稀濒危物种的行为与保护方面。

思考题

1. 亲缘选择与自然选择、人工选择有何异同？如何测度适合度？
2. 为什么动物会出现社会行为？为什么有些个体会牺牲自身的繁殖机会而帮助别的个体繁殖？
3. 何谓动物的行为策略？何谓行为策略的进化稳定性？

参考文献

尚玉昌 .1998. 行为生态学 . 北京：北京大学出版社

蒋志刚. 2000. 麋鹿的行为谱与行为的编码. 兽类学报 20：1～12

蒋志刚，李春旺，彭建军，胡慧建 .2001. 行为的结构、刚性和多样性 . 生物多样性，9（3)：265～274

Alcock J. 1998. Animal Behavior, An Evolutionary Approach. 6th Edition. Sunderland, Massachusetts

Beier P. 1987. Sex differences in quality of white-tailed deer diets. J Mammal, 68：323～329

Beier P and McCullough D R. 1990. Factors influencing white-tailed deer activity patterns and habitat use. Wildlife Monographs, 109.51pp

Clutton-Brock T H, Guinness F E and Albon S D. 1982. Red Deer: Behavior and Ecology of Two Sexes. Chicago: Chicago University Press

Clutton-Brock T H, Iason H G R and Guinness F E. 1987. Sexual segregation and density-related changes in habitat use in male and female red deer (*Cervus elaphus*) . Journal of Zoology (London), 211：275～289

Clutton-Brock T H.1989. Mammalian mating systems. Pro. R. Soc. Lond. B 236：339～372. Publishers. Sunderland, Massachusetts. USA

Cockburn A. 1991. An Introduction to Evolutionary Ecology. Blackwell Publications. Oxford

Crespi B J and Yanega, D.1995. The definition of eusociality. Behavioral Ecology, 6: 109~115

Cull E. 1957. Adaptations in the kittiwake to cliff-nesting. Journal of Comparative Psychology, 99: 275~302

Davies N B. 1978. Territorial defenc in the speckled wood butterfly (*Pararge aegeria*): the resident always wins. Animal Behaviour, 26: 138~147

Davies R L and Dauwalder B. 1991. The Dorosophila dunce locus. Trends in Genetics, 7: 223~229

De Ruiter J R. 1986. The influence of group size and on predator scanning and foraging behaviour of wedgecapped captuchn monkeys (*Cebus aliveacers*) . Behaviour, 98: 240~258

De Waal F. 1977. The organization of agonistic behaviour within two captive grops of the Java-monkeys (*Macaca fasicicularis*) .Z Tiepsychol, 44: 225~282

Dudai Y. 1988. Neurogenetic dissection of learning and short-term memory in Drosophila. Annual Review of Neurosciences, 11: 537~563

Dunbar R J M.1988. Primate Social Systems. Croom Helm, London

Foulkes N S, Duval G. and Sassone-Corsi P.1996.Adaptive inducibility of CREM as transcriptional memory of circadian rhythms. Nature, 381: 83~85

Geist V. 1982. Adaptive behavioral strategies. p p .219~227. In Elk of North America: Ecology and Management (J. W. Thomas and D. E. Towell, Eds.) . Stackpole Books, Harrisburg, Pennsylvania, 698

Gittleman J L and Decker D M. 1994. The phylogeny of behaviour. 80~105. In Slater, P. J. B. nd Hallidy, T. R. (eds.) Behaviour and Evoloution. Cmbrdge University Press, Cambridge

Hamilton W D. 1979. Wingless and fighting males in the fig wasps an other insects. In Blum, M.S. and Blum, N.A. (eds.) Sexual Selection and Reproductive Competition in Insects. Academic Press

Harvey I F. 1994. Strategies of behaviour.p p. 106~149. In Slater, P. J. B. S. and Halliday, T.R. (eds.) Behaviour and Evolution. Cambridge University Press. Cambridge

Jiang Z and Hudson R J. 1993. Optimal gazing of wapiti (*Cervus elaphus*) on grassland: patch and feeding station departure rules. Evolutionary Ecology, 7: 488~498

Jiang Z, Liu B, Zeng Y, Han G and Hu H. 2000. Attracted by the same sex, or repelled by the opposite sex.? -Sexual segregation in Pere David' s deer. Chinese Science Bulletin, 45: 485~491

Keller L and Perrin N. 1995. Quantifying the level of eusociality. Proceeding to the Royal Society of London. (B) 260: 311~315

Kennedy M, Spencer H G and Gray R D. 1996. Hop, step and gape: Do social displays of the Pelecandormes reflect phylogeny? Animal Behaviour, 51: 273~291

Krebs J R and Kacelnik A.1991.Decision-making. p p .105~136. In Krebs J R and Davies N B (eds.) . Behavioural Ecology, An Evolutionary approach. Black Scientific Publication, Oxford

Krebs J R and Davis N B. 1994. Behavioural Ecology: An Evolutionary Approach. (Fouth Edition) . Blackwell Publications. Oxford

Kruuk H. 1964.Predators and anti-predator behaviour of the black-headed gull Larus ridibunus. Behaviour Supplements, 11: 1~129

Lacey E A and Sherman P W. 1991. Social organization of naked mole-rat colonies. Evidence of division of labor. In Biology of the Naked Mole-Rat, Sherman P W, Jarvis J U M and Alexander R D (eds.) . Princeton University Press, Princeton, NJ

Lei R, Jiang Z and Liu B. 2001. Group pattern and social segregation in Przewalski' s gazelle (*Procapra przewalskii*) around Qinqhai Lake, China.Journal of Zoology (London), 255: 175~180

Lynch C B. 1980. Response to divergent selection for nesting behavior inMus musculus. Genetics, 96: 757~765

Main M B and Coblentz B E.1990. Sexual segregation among ungulates: a critique. Wildlife Society Bulletin, 18: 204~210

Manning A and Dawkins M S. 1998. An introduction to Animal Behaviour. 5th Edition. Cambridge: Cambridge University

Press
Marshall A J. 1970. Environmental factors other than light involved in the control of sexual cycles in birds and mammals. In La Photoregulation de la Reproduction chez les Oiseaus et les Mammiferes. Benoit J and Assenmacher, I. C.N.R.S. Editeur, Paris
Maynard Smith J and Price G R. 1973. The logic of animal conflict, Nature, 246: 15～18
McCullough D R. 1979. The George Reserve Deer Herd: Population Ecology of a K-selected Species. University of Michigan Press, Ann Arbor. 271
McFarland D. 1993. Animal Behaviour. 2nd edition. Addison Weslay Longman Ltd. Englang
Moore M C and Kranz B. 1983. Evidence for androgen independence of male mounting behavior in white-crowned sparrows (Zonotrichia leucophrys gambelii) . Hormones and Behavior, 17: 414～423
Owens I P F and Short R V. 1995. Hormonal basis of sexual dimorphism in birds: Implications for sexual selection theory. Trends in Ecology and Evolution, 10: 44～47
Parker G A. 1984. Evolutionarily stable strategies. In Behavioural Ecology: An evolutionary approach. 2nd ed. Krebs J R and Davies N B (eds.) . p p. 30～61. Blackwell Scientific, Oxford
Parker G A and Stuart R A. 1976. Animal behavior as a strategy optimizer: evolution of resource assessment strategy and optimal emigration thresholds. American Naturalist , 110: 1055～1066
Prum R O. 1990. Phylogenetic analysis of the evolution of display behavior in the Neotropic mnakins (Aves: Pipiidae) . Ethology, 84: 202～231
Reeve H K and Nonacs P. 1992. Social contracts wasp societies. Nature, 359: 823～825
Reeve H K, Westneat D F, Noon W A, Sherman P W and Aquadro C F. 1990. DNA fingerprinting reveals high level of inbreeding in colonies of the eusocial naked mole-rat. Proceedings of the National Academy of Sciences, 87: 2496～2500
Rohwer W L. 1995. Position preferences within groups: Do whirligis select positions which balance feeding opportunities with predator avoidance? Behavioral Ecology and Sociobiology, 37: 195～200
Ryan M J and Keddy-hector A. 1992. Directional patterns of female mate choice and the role of sensory biases. American Naturalist 139: 4～35
Ryan M J Fox J H Wilczynski W and Rand A S. 1990. Sexual selection for sensory exploitation in the frog Physalaemus pustulosus. Nature, 343: 66～67
Sherman P W, Lacey E A, Reeve H K and Keller L. 1995. The eusociality continuum. Behavioral Ecology, 6: 102～106
Spencer-Booth Y and Hinde R A. 1971. Effects of brief separation from mothers during infancy on behaviour of rhesus monkeys. Animal Behaviour, 19: 174～191
Stehle J H, Foulkes N S, Molina C A, Simmonneaux V, Pevet P and Sassone-Corsi P. 1993. Adrenergic signals direct rhythmic expression of transcriptional repressor CREM in the pineal gland. Nature, 365: 314～320
Strassmann J E, Hughes C R, Queller D C, Turillazzi S, Cervo R, Davis S K and Goodnight K F. 1989. Genetic relatedness in primitively eusocial wasps. Nature, 342: 268～269
Sundstrom K A. 1994. Sex ratio bias, relatedness asymmetry and queen mating frequency in ants. Nature, 367: 266～268
Swartz K B and Rosenblum L A. 1981. The social context of parental behaviour: a perspective on primate socialisation. In Gubenick D J and Klopfer P H (eds.) . Parental care in Mammals. p p. 417～454. Plenum Press, New York
Thomas J H. 1990. Genetic analysis of defecation in Caenorhabditis elegans. Genetics, 124: 855～872
Thompson J N. 1988. Evolutionary genetics of oviposition preference in swallowtail butterflies. Evolution, 42: 223～1234
Trivers R L and Hare H. 1976. Haplodiploidy and the evolution of the social insects Science, 191: 249～263
Tully T and Quinn W G. 1985. Classical conditioning and retention in normal and mutant Drosophila melanogaser. Journal of Comparative Physiology, 157: 263～277
Wcislo W T. 1997. Are behavioral classifications blinders to studying natural variation? p p. 8～13. In Choe J E and Crespi B J (eds.) . Evolution of Social Behavior in Insects and Arachnids. Cambridge University Press
Wilkinson P F and Shank C C. 1977. Rutting-fight among musk oxen on Banks Island, Northwest Territories, Canada. Animal Behaviour, 24: 756～758

Whitten. 1983. Diet and dominance among female vervat monkeys (*Cercopithecus aethiops*) American Journal of Primatology, 5: 139～159

Wingfield J C and Moore M C. 1987. Hormonal, social and environmental factors in the reproductive biology of free-living male birds. Psychobiology of Reproductive Behavior: An Evolutionary Perspective, D. Crews (ed.) . Prentice-Hall, Englewood Cliffs, NJ

第九章　种群调节理论

学习要点

1．了解种群调节的六大学派的学术思想及争论焦点。

2．学会应用种群调节理论分析问题和解决问题。

基本概念

1．生态因子（Ecological factors）：指生物有机体周围各种因素的总称。主要包括生物因子（食物、天敌等）和非生物因子（温度、湿度、光、pH 等）。

2．密度制约因子与非密度制约因子

非密度制约因子（density-independent factor）：与种群本身密度大小无关的作用因素，即种群的死亡率不随密度变化而变化，主要是非生物因素引起。

密度制约因子（density-dependent factor）：与种群密度有关的作用因子，种群的死亡率随密度变化而变化，主要是生物因子作用。

3．种群的平衡密度：由于生态因子的作用使种群在生物群落中，与其他生物成比例地维持在某一特定密度水平上的现象叫自然平衡，这个密度水平叫做平衡密度（equilibrium population density）。

4．种群的调节与调节因素：调节（regulation）：指种群离开其平衡密度后又返回到这一平衡密度的过程。能使种群回到原有平衡密度的因素称为调节因素，它是密度制约因子。

5．变化（动态）dynamics 或波动 fluctuation：通常指无规则的或无平衡密度的变化，主要是受非密度因子的影响。

种群调节机制是种群生态学的核心。根据调节种群密度的动因，可分为内源性调节和外源性调节二大类。内源性调节是指调节种群密度的动因是在种群的内部，如内分泌调节、行为调节和遗传调节。外源性调节则是指调节种群密度的动因是在种群的外部，如捕食、寄生、种间竞争等生物因素以及气候等非生物因素。

第一节　种群调节的概述

一、影响种群波动的因子

1．生态因子

指生物有机体周围各种因素的总称。主要包括生物因子（食物、天敌）和非生物因子（温度、湿度、光、pH）二大类。生物因子中食物的作用导致了种内和种间的竞争，天敌的作用形成了种间的捕食和寄生过程。由于这些生态因子的作用，引起了种群的波动。

2. 选择性因子与灾变性因子

Howards 和 Fiske（1911）对舞毒蛾的研究发现，引起舞毒蛾种群数量变化的因素可分为二大类，一类是由于暴雨、低温、高温的作用，造成舞毒蛾种群毁灭性的影响，这些作用因子是由非生物因子所组成，其特点是总是杀死一定比例的舞毒蛾个体，与种群密度无关，称为灾变性的因子。一类是由于舞毒蛾的寄生性天敌的作用，使舞毒蛾种群密度按比例地变化，主要由生物因素引起，它与种群密度密切相关，称为选择性的因子。

3. 密度制约因子与非密度制约因子

Smith（1935）进一步明确将上述 Howards 和 Fiske（1911）的灾难性因子和选择性因子分为：

(1) 非密度制约因子：种群的死亡率不随密度变化而变化，主要由气候因子所引起，相当于上述的灾难性因子。

(2) 密度制约因子：种群的死亡率随密度增加而增加，主要由生物因子所引起，相当于上述的选择性因子。

还有另外一种情况，种群的死亡率随密度增加而减少，也是由生物因子所引起，称为逆密度制约因子。

二、种群的调节与波动

1. 种群的自然平衡与平衡密度

在自然界中，绝大部分种群处于一个相对稳定的状态。由于生态因子的作用使种群在生物群落中，与其他生物成比例地维持在某一特定密度水平上的现象叫种群的自然平衡，这个密度水平叫做平衡密度。

2. 种群的调节与调节因素

种群离开其平衡密度后又返回到这一平衡密度的过程称为调节（regulation）。能使种群回到原有平衡密度的因素称为调节因素，它是密度制约因子。

3. 种群动态（dynamics）或波动（fluctuation）

通常指种群无规则的或无平衡密度的变化，主要是受非密度因子的影响。

4. 种群限制（limitation）

使种群数量减少到最小值或不至于出现过度上升的过程。

第二节　外源性因子调节学说

一、气候学派

1. 早期的气候学派

（1）代表人物有：Bodenheimer，Uvarov 和 Chapman 等，主要以昆虫为研究对象。如以色列的 Bodenheimer（1928）通过研究低温对昆虫产卵率和发育速率的影响，认为昆虫的死亡率有 80%～90%是由于天气条件而引起；英国的 Uvarov（1931）发表巨著《昆虫与气候》，总结了气候因素对昆虫的生长率、产卵率和死亡率的影响，强调了昆虫种群波动与气象的关系；Chapman（1928）提出种群增长＝生物潜能－环境阻力的公式来表示气候因子的作用。

（2）早期的气候学派主要观点：①种群参数受气候因子的强烈影响；②种群的大发生与气象因子明显相关；③强调种群的波动，否认种群的稳定。

2. 后期的气候学派

（1）代表人物有：澳大利亚的动物学家 Andrewartha 和 Birth

在 20 世纪 30 年代，早期的气候学派受到 Nicholson 的质疑后，Andrewartha 和 Birch 通过 14 年研究蓟马（*Thrips imaginus*）的种群变化，从试验数据观察发现，冬季温度是影响蓟马种群数量的主要因子。他们认为蓟马种群无规则地波动着，引起蓟马种群波动的主要因子为气象因子，而与竞争等生物因子关系不大，密度制约因子在调节种群上是不重要的。

（2）Andrewartha 和 Birch 作为后期的气候学派，主要观点有：①反对区别生物、非生物因子，如食物，既作为食物（即生物因子），也可为庇护所（非生物因子），为取食它的生物提供避难场所。②反对将环境因子分为密度制约与非密度制约因子。事实上，所有的因子都与种群密度有关。如当种群密度较大时，占据更多的边缘生境，将经受更大的严寒作用。即严寒（非生物因子）的作用也与种群密度相关，它对大种群影响较大，对小种群影响较小。③将种群生态因子分为气象、食物、其他动物、栖息地 4 个因子，它们都能对动物的数量和分布起决定作用。

二、生物学派

1. 代表人物有

Nicholson，Smith 和 Lack 等。

2. 主要观点有

（1）Nicholson（1933）深受 Volterra 和 Lotka 理论数学研究影响，从理论角度来看，动物种群在正常情况下是处于平衡之中，并在有限的范围内活动。因此，种群是一个自我管理系统，必然会存在着一个平衡密度。而这个密度是由于生物的捕食、寄生、竞争等密度制约因子来作用的。他反对 Bodenbeimer 及 Uvwrov 的观点（气候因子决定了动物的密度），认为气候只能改变种群的密度，但决不能决定这些密度是怎样维持平衡状态的，只有密度调节因素，当密度高时，作用上升；密度低时，作用降低，才能决定种群密度。

他还提出如果昆虫个体繁殖后代 100 个，去除 98%，可以说是消灭，但不能控制，剩下 1% 的作用虽少，但可以控制或调节，因此，应区别消灭和控制（调节）等概念。所谓消灭（destruction）是使种群数量减少到最小值，而控制（control）是使种群数量减少到某一值。二者是不同的概念。

（2）Smith（1935）进一步提出了密度制约因子与非密度制约因子概念，支持 Nicholson 的学说，但他认为种群的特征是既有稳定性，也有连续变化，即种群有一个平衡密度，而该平衡密度又不断地围绕着一个“特征密度”（characterislic density）变化。

（3）Lack 的食物因素的观点：Lack（1954）支持 Nichoson 的密度制约思想，但他认为种群调节是由食物短缺、捕食和疾病等相互作用的综合过程，其中，食物因子是调节鸟类种群的最重要因素。他主要研究对象是鸟类。支持他的观点，主要有四个：①大多数鸟的成体极少死于被捕食或疾病；②食物多则鸟多；③每种鸟吃不同食物，易产生分化；④鸟为食物而格斗，尤其是冬天。其数量相对较稳定，维持稳定的原因在于密度制约因子，而且主要由食物来调节其死亡率或繁殖率。

三、折中学说

生物学派与气候学派二个学派的争论在 1957 年的冷泉会议达到高潮。很多人认为“气候决定一切”过分简单，而生物因子起决定作用又缺乏强有力的证据，于是出现了综合理论或折中学派。

1. Milne 观点

Milne（1957，1962）接受了 Thompson，Andrewartha 和 Birch，Nicholson 的部分观点，但认为 Andrewartha 的观点不完全，忽略了与密度有关的过程在决定种群数量中的作用；又认为 Nicholson 过分强调了自然界中种间竞争发生的频次，也过高估计了天敌的作用。为此，Milne 提出了影响种群动态的三种因子。

（1）非密度制约因子：包括①物理条件，主要是气象因子；②其他物种的作用：不加辨别的取食、破坏、践踏，某些捕食和寄生。

（2）不完全的密度制约因子：其他竞争物种（种间竞争）、一般的捕食、寄生和病菌等。

（3）惟一完全的密度制约因子：种内竞争（对食物、空间等的竞争）：在大多数情况下，防止数量的增加是由于非密度制约和不完全的密度制约环境因子的作用。仅在极少数情况下，它们失去了作用。但此时种群也不会无限地增长到“集体自杀”的程度。此时才是种群内个体间竞争起主要作用。防止种群降到零是完全由非密度因子所决定的。因为若该因子不及时作用（如好的气象条件）以增加种群，被不完全的密度制约因子作用后余留下来的个体将会死光。

2.Huffaker 等观点

Huffaker 和 Messenger (1964) 同样既承认密度因子对种群密度的决定作用，也承认非密度因子对种群密度的决定作用。他们认为两个学派都适用，但因环境类型不同而异。

当环境对物种适合有利时，密度制约因子起主要调节作用，它们发生在环境对该物种的分布中心区域或保持不变永久性生境。Lack 的鸟即如是。

另一极端是波动大的环境。它们常常不适于物种的存在，非密度制约因子起主要调节作用。一般发生在物种分布的边缘或不稳定的暂时生境中。如 Andrewartha 和 Birch 所研究的昆虫种群即是。

联系物种生态对策 $r-K$ 选择特点，居住在不可预测环境中的物种是 r 选择者，非密度制约因子更重要。而居住在适宜环境中的物种是 K 选择者，密度制约因子更重要。

综上所述，生物学派与气候学派二大学派争论焦点在于二个方面：一是种群是否存在着平衡密度；二是种群动态是由生物因子（密度制约因子）决定的，还是由非生物因子（非密度制约因子）决定的。生物学派承认种群存在着平衡密度，且是由生物因子的作用所决定的。而气候学派则认为种群不存在着平衡密度，并认为种群波动的关键是受气象因素的影响。

事实上，二大学派对种群的研究分析的基础、对象及地区均有一定的差异。生物学派多从理论上 Logistic 种群增长的模型为基础，研究的多是一些 K 选择者（大型动物）且较稳定的外部环境（如 Lack 的鸟类），强调的是种群的平衡，着重于对种群依赖于平衡的调节（regulation）分析。气候学派多从野外或实验室观察的现象为基础，研究的多是一些 r 选择者（小型的昆虫）且较不稳定的环境（如 Andrewath 的蓟马），强调的是种群的数量，着重于对种群无规则的波动（fluction）分析。

第三节　内源性因子调节学说

内源性因素的学说又称为自动调节学派，主要研究的是（高等动物）种内调节作用。它们认为种群有一个平衡密度，且由种群内部的因素起决定性的调节作用。这些调节因素包括行为、内分泌和遗传因素，因而又可分为行为调节学说、内分泌调节学说和遗传调节学说三派。

一、行为调节学说

由英国生态学家温爱德华（Wyune-Edwards　1962）提出。

1. 原理

包括社会等级和领域性二个行为生态学原理。所谓社会等级是指一群同种动物中，各个体的地位有一定的顺序性，其基础是支配-从属关系。可分为独霸式、单线式、循环式。而领域性是指在有限的生境区域之内动物分布的状况，如鸟类的巢。

种群中的个体（或种群）通常选择一定大小的有利地段作为自己的领域，以保证存活和繁殖。但是在栖息地中，这种有利的地段是有限的。随着种群密度的增加，有利的地段都被占满，剩余的社会等级比较低从属个体只好生活在其他不利的地段中或者往其他地方迁移。那部分生活在不利地段中的个体由于缺乏食物以及保护条件，易受捕食、疾病、不良气候条件所侵害，死亡率较高，出生率较低。这种高死亡率和低出生率以及迁出，也就限制了种群的增长，使种群维持在稳定的数量水平上。

2. 行为调节过程

通过等级制、领域性等社群行为，调节种群的密度。可用下面模型其行为调节的稳定机制：增补 + 迁入 = 不可控制的丧失 + 迁出 + 社群死亡率。

二、内分泌调节学说

由美国学者克里斯琴（Christian　1950）提出。

1. 原理

当种群数量上升时，种群内部个体之间的心理“紧张”压力，加强了对动物神经内分泌系统的刺激，影响下垂体的功能，引起生长激素和促性腺激素分泌减少，而促肾上腺皮质激素分泌增加，结果导致出生率下降，死亡率上升，从而抑制了种群的增长。克里斯琴通过对野外啮齿类的调查以及在实验室内对啮齿类的试验研究，观察到了高密度种群伴随着肾上腺增大、生殖腺退化以及低血糖等现象（图 3-9-1）。

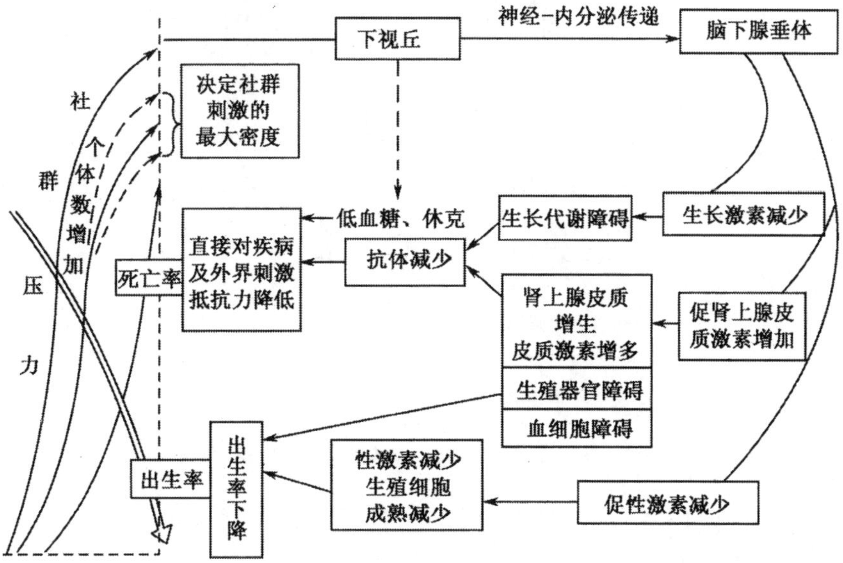

图 3-9-1　克里斯琴内分泌调节学说模式图　（仿伊藤　1976）

2. 过程

可用图 3-9-1 表示。

三、遗传调节学说

1960 年，奇蒂（Chitty）提出。

1. 原理

认为个体遗传素质的不同是决定它们的适应能力以及死亡率的主要原因，而这种遗传素质是由亲代遗传下来的，因此，种群密度高低的后果往往不是在当代就出现，而是通过改变种群自身的遗传素质，再使下一代受影响。种群当中有两种遗传，一种是繁殖低，适合于高密度条件下的基因型 A；另一种是繁殖力高，适合于低密度条件下的基因型 B。在低种群密度的条件下，自然选择有利于第一种基因型，于是种群数量上升；当种群数量达到高峰时，自然选择有利于第二种基因型，于是种群数量下降（图 3-9-2），种群就是这样进行自我调节的。

2. 过程

可用图 3-9-2 表示。

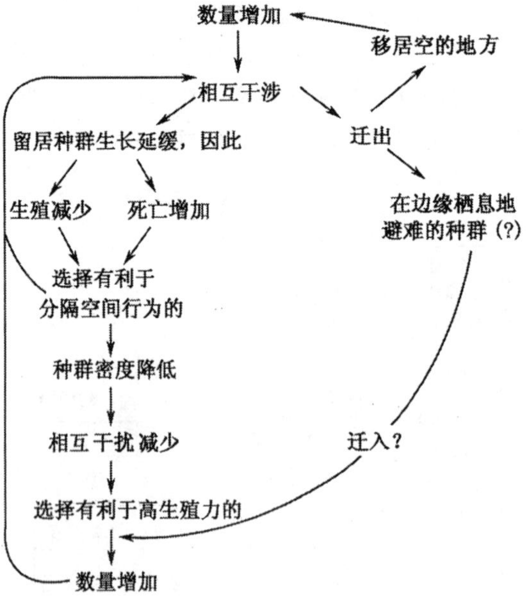

图 3-9-2　Chitty 的遗传调节学说模式图　（仿 Smith　1974）

第四节　现代种群调节的一些理论

种群调节的机制问题是种群生态学中的一个十分重要的问题，也是一个令各国种群生态学家着迷的研究课题。有关这方面的研究的综述文献很多。如，Taitt 和 Krebs（1985）和 Keith（1990）对种群周期性研究的文献综述；Lidicker（1998）关于对动物种群动态理解过程的综述；Batzli（1992）对动物种群动态及其研究思路的综述；Krebs（1996）对动物种群周期性的再思考；Woff（1997）对社群组织和行为在动物种群调节中重要性的专论等等。1996 年，32 位世界著名的种群生态学家如 Krebs，Lidicker，Tamarin，hanski，Ostfeld，Stenseth，Batzli，Getz，Erlinge 等聚集在美国北卡达大学专门讨论种群动态研究的方向和重点问题，会上比较集中的看法是多因素决定着种群的动态。从研究动态来看，目前主要有两个主流：一是强调外因的作用，热点是天敌和区域性气候的作用；另一个强调内部因素的自我调节作用，热点是行为、遗传和生理调节。

事实上，有关种群调节的机制问题，尚有很多方面仍不清楚，如：①是什么因素导致种群下降；②是什么因素阻止了种群的生长；③是什么因素决定周期的长度；④是什么因素导致动物数量的时相；⑤是什么因素影响了种群的增长率；⑥是什么因素影响了周期的幅度；⑦是什么因素决定了种群下降时相的季节性，所有这些问题是理解种群动态的关键。而且，一种假说在某些物种上或地区得到了支持，而在另一些物种上或地区却得不到验证。如天敌捕食的解释仅局限于斯堪地那维亚等少数地区，遗传调节也只在北美的一些田鼠上得到较多的证据。即使针对同一种群，现有的假说也都缺乏预测性，至今还没有一个假说能准确地预测害鼠害虫的数量大发生。

现代生态学以及相关学科的发展，为分析种群调节的机制提供了一些新的方法。如：

（1）系统生态学的引入，横向思维代替了纵向思维的方式，新系统理论渗入到种群生态学中来。人们已认识到要想从单一的外因（如生物因子或物理因子）或内因来解释种群的调节问题都过于简单了。某个种群的动态规律只能把它放在它的整个环境中去，将其所在的生态系统的网络结构、功能关系搞清楚，通过数学模型的定量描述，才能得到解释。

（2）化学生态学的发展，对种内和种间的信息物质的研究，使种内、种间的相互作用和反馈得到了进一步的阐明。它已经在动植物间相互作用和数量调节等问题上作出了很有说服力的解释。近几十年来化学信息物质的研究发展非常快，展示出了深入了解动植物行为和数量动态机制的前景。

（3）空间生态学的发展，为进一步分析空间异质性下捕食者-猎物系统的稳定性和异质种群动态提供了可能。Mordoch（1994）应用空间异质性和异质种群的方法，分析了红园蚧（*Aonidiella aurantii*）及其寄生性天敌（*Aphytis melinus*）的系统稳定性，更强调非平衡机制在种群调节中的作用。

（4）多平衡点（multiple stable points）学说，即在较低密度时，种群有一个平衡点，它受捕食者所调节；而在很高密度下，种群逃脱了捕食者的调控，出现另一平衡点，它转而受食物竞争所调节，也说明了一些种群调节的现象。

孙儒泳（2001）编著的《动物生态学原理》中，引用了 Sinclair 在其综述论文中的一些主要观点，很有启发。

（1）在未来研究中更须注意慎重应用术语，尤其是种群调节与种群限制的区别。

（2）大多数动物类群的密度制约性出现在生活史中哪些阶段仍然是不清楚的。对热带地区动物研究尤其稀少，而它们很可能与温带地区的有区别。对海洋和淡水动物的种群调节资料也相当少。

(3) 要更多注意导致密度制约性的原因，尤其是鱼类种群、较稀有昆虫、捕食者对鸟兽种群影响。要注意是单因子还是多因子的调节；如果是多因子的，各因子间是协同、对抗，还是顺序性的。

(4) 研究已开始证明，调节强度不是不变的，有时间顺序上的变化，也有空间变化，有局域的或全域的，对于这些问题，目前几乎是毫无所知。

(5) 更缺少直接干扰种群的试验研究。

(6) 目前，已有了一些概括性的，包括所有调节的近代观点的模型——曲线的、时滞的、逆密度制约的、随机的、多平衡点的等等。在未来研究中，更要注意曲线性的密度制约作用和多平衡点的原因和机制。

思考题

1. 种群调节可由密度制约因子和非密度制约因子引起，哪些学说强调密度制约因子作用?
2. 生物学派与非生物学派争论的焦点。
3. 举例并认为哪一种学说更能解释该种群的调节机制。
4. 目前有关种群调节机制学说还存在哪些不完善之处，举例说明和补充。

参 考 文 献

孙儒泳编著 .2001. 动物生态学原理（第三版）. 北京：北京师范大学出版社

徐汝梅编著 .1987. 昆虫种群生态学 . 北京：北京师范大学出版社

Anderson R M , Turner B D, Taylor L R (eds) . 1979. Population Dynamics. The 20th. Symposium of the British Ecological Society, Lond

Cold Spring Harbor Symposia on Quantitative Biology. 1957. Population studies. Animal Ecology and Demography, 22: 437

den Boer P J, Gradwell G R (eds) .1971 .Dynamics of Populations Proceedings of the Advanced Study Institute on " Dynamics of Numbers in Populations", Oosterbeek, the Nether lands , 1970. 611

Halbach U, Jacobs J (eds) . 1979. Population Ecology Symposium Mainz, 1978, 409

Pimental D. 1961. Animal population regulation by the genetic feedback mechanism. Am Nat, 881: 65~79

第十章　植物种群生态学

第一节　植物种群生态学概述

学习要点

1. 掌握并了解植物种群或居群的定义及其与物种、群落的关系。

2. 了解植物种群生态学研究的内容。

基本概念

植物种群生态学（Plant population ecology）：研究植物种群内各成员之间，及其与周围环境的生物和非生物因子之间相互关系及作用规律的科学。

一、植物种群生态学的定义及其研究的内容

植物种群生态学是关于植物种群研究的生态科学，是现代新兴起的一门自然科学。

植物种群生态学研究的基本内容是种群结构、种群分布、种群动态、种群遗传以及种群进化等。植物种群生态学研究当前较为突出的方面是：种群大小和密度的变化，或者说为什么种群个体数量会随时间和空间而变化；种群的种内和种间的相互作用，也就是为什么生物的种内和种间会存在着错综复杂的生态关系；旧种分化为新种的自然选择和适应，也就是说为什么物种在地球自然发展历史中会不断地进化发展；种群的构件理论；种群的土壤种子库特征；种群间个体他感作用。

植物种群生态学的研究涉及种群调节数量动态规律，是个很复杂的基本理论问题，同时又与许多实践问题密切相关，因此植物种群生态学研究与农、林、牧、资源开发利用和保护以及群落和生态系统研究等有极其密切的关系。

植物和动物相比，具有特殊性，植物种群生态学与动物种群生态学研究的内容即有相似性，又有特殊性，本章主要介绍植物种群生态学研究的特色方面。

二、植物空间分布方式的特殊性

植物种群中个体的空间分布均可归入随机、均匀和集群等三种分布类型中，然而植物又是构件生物，每个构件有一个生长点和茎叶等器官，在一定程度上相当于亚个体。由于构件的存在，植物的分布一般属于二次内分布型。

植物的个体不能运动，而是以搜索、逃避的形式靠控制构件生长的方向和数量来调整对空间的利用。构件包括地面枝条系统和地下根系统，它们的空间排列是一个重要的生态特征，对个体的适应和生存具有重要意义。植物个体的枝叶系统排列，决定着它对光的摄取效率，例如，可以通过改变大豆株型提高产量。土壤中根的空间分布决定着水

和营养的获得，根总是向着营养和水分生长，如沙漠植物的根为了获取更多的水分和养分往往长得很长；又如岩石缝隙中常有植物根的分布。

三、植物种群数量特征的特殊性

植物种群的数量变化模型有下述几个特点与动物种群动态模型有明显的不同，①植物是自养性生物，大部分植物种类都需要少数几种相同的资源，如光、水分和养分。有时候多达上百种植物在同一群落中同时依赖于这些营养物。②植物是营固着生活的，获得资源只能从定居地周围，因此植物间的相互作用都具有空间局限性特点。植物种群动态在本质上也与空间有密切关系，或者说，植物种群的平均增长率是空间分布的函数。同时，空间异质性对于植物种群有很大影响，甚至包括小尺度空间异质性对单个种子发芽的影响。③植物的生长具可塑性，植物间生物量相差很大，因此其产籽数量可相差若干数量级。④许多植物有进行营养繁殖的能力。⑤同一合子发育成的植株上的许多构件之间彼此有类似种群内个体间的资源竞争问题。

四、植物种群生态学研究的历史

植物种群生态学方面的第一篇有影响的论文是德国的一位植物学家 Nageli（1874）发表的。植物种群生态学的萌芽工作是英国的 A.G.Tansley（1917）、前苏联的 Suleatschew（1928）和美国的 Clements（1929）三人独立完成的。J.L.Harper 在继承动物种群一般原理的基础上发展了植物种群的基本理论和研究方法，他几乎把当前植物种群所研究的工作都归纳进去了，并提出了以植物生活史为纲的植物种群动态模型，因此 Harper 的《植物种群生物学》（1977）的出版是植物生态学划时代的标志，为植物种群生态学的理论和方法奠定了坚实的基础。继后的 D.T.Solbring（1980）的《植物种群生命统计与进化》，Moetimer（1981）的《种群生态学——动物和植物的统一研究》，J.W.Silvertown（1982）的《植物种群生态学导论》，Merrell（1981）的《生态遗传学》，Dirzo 和 Sarukhan（1984）的《植物种群生态学展望》等则是这门新兴学科的继续、发展和普及。1982 年 Harper 提倡首先研究群落和生态系统的基本组成即种群，然后把各个部分按各级水平组合成整体，达到理解和预测群落与生态系统的动态，从而开创了在种群水平上进行群落和生态系统研究的新局面。国外植物种群生态学的发展滞后于动物和昆虫种群生态学，而国内植物种群生态学更滞后于动物种群生态学，因为动物种群生态学已有较强的研究基础。

我国 20 世纪 50 年代作过水稻（丁颖　1961）、大豆（王金陵　1956）、大麦（丁守仁　1961），小麦（金善宝　1958）等遗传生态学工作。乐天宇（1965）的《植物生态型学》的出版，则是我国有关植物种群内容的最早的专著。殷宏章、王天铎（1957，1958）做过群体光合作用，70 年代至 80 年代有仲崇信的大米草研究，周纪纶（1980）的《种群的基本特征和种群生物学进展》，阳含熙的《种群格局》，钟章成（1982）的《植物种群生态学研究进展》，特别是云南大学的《植物生态学》（1980）把植物种群生态正式列入教材，以及其后日益频繁的对外交流等，极大地推动了我国植物种群生态学的教学和研究。但所有这些，植物种群生态学在我国仅处于初始阶段，有可称之为经典阶段。

20世纪80年代至90年代以来，是我国植物种群生态学的蓬勃发展阶段，无论是在种群结构和年龄结构（林英 1983；王伯荪等 1982，1984，1987b；董鸣 1987；刘智慧 1987；杨允菲等 1991）、植物种群生命表及生存曲线（董鸣 1981；江洪 1988；刘琪景 1989）、种群的分布格局（陆阳 1982，1986，1987；杨持等 1984；杨在中等 1984；彭少麟等 1989）、种间竞争（王孝安 1984；赵学农等 1990）、种间联结（蒋有绪 1982；王伯荪等 1983，1985；彭少麟等 1987，2000）、植物种群扩散——种子散布及土壤种子库（熊利民等 1992；杨允菲等 1995；安树青等 1996；彭军等 2000；沈有信等 2001），以及种群数量动态（崔启武等 1982；董鸣 1986；王伯荪等 1987a；胡玉佳等 1992）等方面都开展了广泛而深入的研究。关于植物种群生态学的一些专著也陆续出版，如江洪的《云杉种群生态学研究》、张文辉（1998）的《裂叶沙参种群生态学研究》等，可以预见，植物种群生态学将在我国进一步迅速发展，我国植物种群生态学的研究将在我国国民经济建设中发挥其更大的作用，也必将进一步推动植物种群生态学的蓬勃发展。

思考题

1. 什么是种群？它与个体和群落有什么关系？
2. 什么是植物种群生态学？它的主要研究内容是什么？
3. 例举几个植物种群生态学发展史上的有重要贡献的几个历时人物。
4. 植物和动物相比在种群数量动态方面有什么特殊性？

第二节 植物种群生态学中的构件理论

学习要点

1. 掌握构件理论的基本内容及相关的概念。
2. 了解构件理论形成的植物种群生态学背景。

基本概念

1. 基株（genet）、基体（module）或遗传单位（genetic unity），是指种群的每一个独立的个体，基株是由构件组成的。

2. 构件（module）：或称为构体，是指每个基株上与生死过程相关的可重复的结构单位。

3. 克隆植物（clone plant）：能进行无性繁殖的植物称为无性系植物，或称克隆植物。

4. 单体生物（unitary organism）：是指一个合子经胚胎发育成熟后的生物体，其器官、组织各个部分的数目在整个生活周期中各个阶段均保持不变。

5. 构件生物（modular organism）：是指一个合子发育成幼体以后，在其生长发育的各个阶段，可通过其基本的结构单位的反复形成得到进一步发育，其组织、器官等各个部分是可以改变的。

6. 分株种群（ramets population）：是指在某一空间内，有许多根茎、匍匐茎等相连的无性系小株组成的集合，这是一个在个体水平上的种群概念。

7. 无性系种群（clonal population）：是指一个或数个无性系和基株在特定时间和一定空间内构成的一个集合，这是一个在群落水平上的种群概念。

植物与动物不同，动物一旦胚胎发育成熟后，其有机体各个器官数量不再增加，只是各组成部分大小的增长，而绝大多数植物成熟后其初生及次生组织的活动并未停止，其叶、芽、枝、花、根等基本构件单位能反复形成来实现植物的生长。因此植物种群的某些理论和研究方法如构件植物种群应有别于动物种群的的理论和方法。基于这种差异的存在，一些植物生态学工作者如 Harper（1977，1981）和 White（1979，1984）在 20 世纪 70 年代提出了植物种群统计的构件理论。

一、构件理论形成的植物种群生态学历史背景

植物种群生活史中的数量动态是植物种群生态学研究的基本内容之一，然而由于在过去相当长的时间内，植物学家们倾心于植被分类、解剖结构和植物生理等方面的工作，使得植物种群统计曾一度被人忽视。直到 20 世纪 70 年代，植物种群统计基本上仍是照搬在几十年前即由动物学家所建立的理论。由于绝大多数植物的生长发育具有高度的可塑性，因微环境的差异，种群内各个个体的大小及其根、茎、叶、花、果实和种子等的数量在异龄或同龄植株间存有很大的差异，因而在搬用动物种群统计理论时遇到了很多麻烦，使得植物种群统计学滞后于动物种群统计的研究，没有得到应有的发展。近 20 多年来，一些植物种群生态学家提出在进行植物种群数量统计时，应注意区分单体生物和构件生物的概念，强调必须同时注意基株和构件两个水平的数量动态，并发展成为适合于构件生物种群统计的构件理论，才使植物种群统计摆脱了以往的困境，并得到迅速发展。

二、构件理论的基本内容

构件理论的基本内容可概括为以下几部分：①高等植物及某些低等动物（如珊瑚）是构件生物。它们的生物体都是由重复的形态学单位或称构件单位组成的，它们的生长发育是通过其构件的反复形成而实现的。对于特定物种的某一构件单位而言，其大小的变异一般是较小的，而其数量在不同个体植株间的变异较大，具有较高的可塑性。②构件结构是多层次的，如一株树具有根、茎、叶、芽、花、枝、果实和种子，都可看作一个构件单位。根分为主根和侧根，芽分为叶芽和花芽，花分为两性花和单性花，单性花又分为雌花和雄花等，不论怎样划分，构件生物的生物体是一个多层次的构件系统。可根据研究摸底和物种特性选择适当层次的构件单位作为研究对象。③构件具有生死动态及年龄结构等种群统计特征。植物的生长发育首先表现为构件的生死动态。可把构件生物体本身看作一个由构件单位组成的亚种群（metapopulation）或构件种群（modular population）。例如一棵树上的所有芽看作一个芽种群（bud population）。因此构件生物

种群可以看作是由基株形成的个体种群和由株上的构件单位形成的构件种群两个结构水平，种群的大小和密度调节是由这两个结构水平在环境作用下综合反应的结果。环境对植物种群生活史中个体和构件的数量动态的影响是不同的，两个水平的动态相互影响、相互依赖。④构件种群的年龄分布可反映出个体构件（individual modules）的活力，特定年龄的构件对基株生长发育的贡献大小不同。⑤构件结构是一般营固着生活生物的特性之一（浮萍等浮游构件生物除外）。它们的基株面临其竞争者或捕食者不可能通过逃跑而进行躲避，只能通过降低或提高构件的出生率或死亡率而对邻体干扰等环境作用作出形态学的反应。如树木中常见的不对称树冠和克隆植物中构件的游击型（guerilla）和集群型（phalanx）分布格局即是这种反应的结果。构件结构还使得构件生物具潜在的无限生长的习性，至少在基株早期的生活中具指数式构件增长格局。

三、与构件理论相关概念的阐释

1. 基株和构件

基株（genet）或称为基体（module）或称为遗传单位（genetic unity），是指种群的每一个独立的个体。构件或称为构体，是指每个基株上与生死过程相关的可重复的结构单位，通常把离母体能独立生存的无性系小株（ramet）或分蘖（tiller），甚至把不同龄的小枝、一个叶、一个芽都作为构件看待。一般认为各个构件都具有相同的基因型，但可具有不同的表型，并可具有构件数目增长的独特规律。有人认为，根据植物种群研究的目的和内容，将构件分为两个层次较为合适，一个是广义上的，即将植物体具有潜在生存能力的形态学单元根、茎、叶、花、果实、种子和分蘖体，广义上的构件依功能可分为：光合构件（叶或一些植物的绿色茎）、繁殖构件（种子、根茎、芽等）、储藏构件（果实、块茎、球茎、鳞茎、根茎等）和支持构件（茎、枝等）；另一个是狭义上的，即植物体上具独立生存能力的单元，如根茎、鳞茎及某些植物的芽、叶等。有些构件兼具几种功能如红薯的块根和马铃薯的块茎具有繁殖和储藏两种功能。

2. 单体生物和构件生物

单体生物是指一个合子经胚胎发育成熟后的生物体，其器官、组织各个部分的数目在整个生活周期中各个阶段均保持不变，它们的生长过程只是器官、组织在大小上不可逆地增长，除非畸变，它们的形态结构是高度稳定的，如大多数动物。单体生物的种群统计，可简单计数个体数量予以表达。构件生物是指一个合子发育成幼体以后，在其生长发育的各个阶段，可通过其基本的结构单位的反复形成得到进一步发育，如高等植物和某些低等动物（如水螅）；构件生物通常都是分枝的，除其幼龄阶段有时可移动外（如种子），其生长位置一般都是固定的，少数自由漂浮的水生植物例外。

3. 无性系（clone）和克隆植物（clone plant）

自然界的植物，有的只进行有性繁殖，如大部分木本植物和部分草本植物；而有的植物除了进行有性繁殖外，还进行无性繁殖，如禾本科（Graminae）、莎草科（Cyperaceae）、百合科（Liliaceae）的一些植物及部分木本植物。能进行无性繁殖的植物称为无性系植物，或克隆植物。具有潜在独立生存能力的形态学单元称为无性系小株（ramets），如禾本科植物的分蘖及地下根茎繁殖的竹类植物等。产生于同一亲本的营养繁殖（无性繁殖）的子代或无性系小株构成一个无性系。一株植物，无论大小，以及怎样划分为无性系小株，只要起源于种子，就称为基员（genet），因为整个植物的所有部分有着相同的基因型。

4．分株种群和无性系种群

分株种群指在某一空间内，有许多根茎、匍匐茎等相连的无性系小株组成的集合。这是一个在个体水平上的种群概念。

无性系种群是指一个或数个无性系和基株在特定时间和一定空间内构成的一个集合。这是一个在群落水平上的种群概念。无性系种群这一概念是与植物种群这一概念相对应的，它强调的是由无性繁殖（也可称克隆繁殖）形成的植物种群，特别适用于一次开花结实的竹类植物等，在自然情况下，一般没有得到源于种子的补充更新。

5．异质种群（metapopulation）和构件种群（modular population）

metapopulation一词，最早是由R.Levins提出的，主要用于生物地理学和动物种群生态学的研究，这一概念所描述的是在斑块生境中、在空间上具有一定的距离，彼此间通过个体扩散相互联系在一起的许多小种群或局部种群的集合，也称为一个种群的种群，它是在一个更高层次上的一个概念。在植物生态学研究中，White提出了一个与Harper的构件生物理论相关的metapopulation的概念，将整个植物体作为一个metapopulation。构件种群指某一生境内，同一种植物体的某种构件的集合。

关于metapopulation一词在国内已有不同的译法，例如异质种群、超种群、Meta-种群和拟种群等。虽然这些译法各有理由，但在植物种群生态学研究中不甚准确，容易误解。综观Levins和White的metapopulation的概念内涵，可以发现，前者将它作为一个更高层、宏观上的种群概念，后者将它作为某种植物的形态学单元的集合，具有更微观的趋势，有人认为在植物种群生态学研究中，将metapopulation译为“微种群”，更合适。也有人认为，应将metapopulation改用另一个单词，以免发生误解。

思考题

1．构件理论的主要内容是什么？
2．Metapopulation在植物种群生态学中有哪两层涵义？

第三节　土壤种子库

学习要点

1．了解土壤种子库的概念和类型。
2．土壤种子库研究的内容、土壤种子库的研究方法及其有关的几个假说。
3．研究土壤种子库的重要意义。

基本概念

1. 土壤种子库（soil seed bank）：指存在于土壤上层凋落物和土壤中全部存活种子的总和。

2. 瞬时土壤种子库（transient soil seed bank）：是指种子在土壤中存活不超过一年就萌发。

3. 永久土壤种子库（permanent soil seed bank）：是指种在土壤中休眠期至少一年。

4. 双面下注假说（bet-hedgeing hypothesis）：其基本思想是即使给予理想的条件如适当的季节、温度、湿度和种子埋藏深度等，种子仍然保持休眠状态，等到以后几年萌发。

土壤种子库是指存在于土壤上层凋落物和土壤中全部存活种子的总和。在土壤中并不是所有的种子都能萌发，有些种子被捕食者或被分解者破坏了，另外一些由于自然的原因而丧失能力，例如种子由于年龄原因而丧失活力。土壤种子库时期是植物种群生活史的一个阶段，Harper（1977）称之为潜种群阶段。种子库动态是植物种群生态学研究中不可缺少的环节，它在种群生态对策、物种进化方面具有重要的学术价值；在高等植物占据的大多数生境中，以休眠繁殖体形式存在的个体远远超过地上植株的数量，土壤种子库的时空格局对退化生态系统的恢复和未来植被的构成至关重要。因此在植物种群生态学研究中土壤种子库问题一直受到广泛关注，种子库的研究已成为当前植物种群生态学中相当活跃的领域。

土壤种子库研究的内容可分为以下几个方面：①土壤种子库的结构和组成；②土壤种子库的分类；③土壤种子库的空间异质性；④土壤种子库的时间异质性；⑤地上植被和地下土壤种子库物种组成相似性的比较；⑥土壤种子库的永久性与种子形态与尺寸的关系。关于最后一个方面，现在颇有争论，需要对较多的群落类型进行研究。

一、土壤种子库的来源与流

土壤种子库中的每一个物种的种子都有其时间和空间上的尺度，种子也具有水平及垂直分布格局，反应了种子向土壤中的起初分布和以后的运动。土壤种子库即可以是瞬时的，即种子从最初的分布起一年内可萌发，也可以是永久的，即种子可在土壤中存活一年以上。种子库中的永久成分包含随时间累积的种群遗传潜能库，借此在自然选择中最终能遗传表达（Grime　1989）。种子库的输入受制于种子雨的散布。土壤种子库的来源与流可用图 3-10-1 表示。

二、土壤种子库的几种分类方法

简单地来说，通常土壤种子库分为两种，即瞬时土壤种子库和永久土壤种子库。瞬时土壤种子库是指种子在土壤中存活不超过一年，而永久土壤种子库是指种子在土壤中休眠期至少一年。Thompson 在 1992 年又将瞬时土壤种子库分为两种类型，类型 1 为秋天散布后马上萌发的大种子禾草，这些植物的种子随着秋雨之后迅速萌发，填充了由于

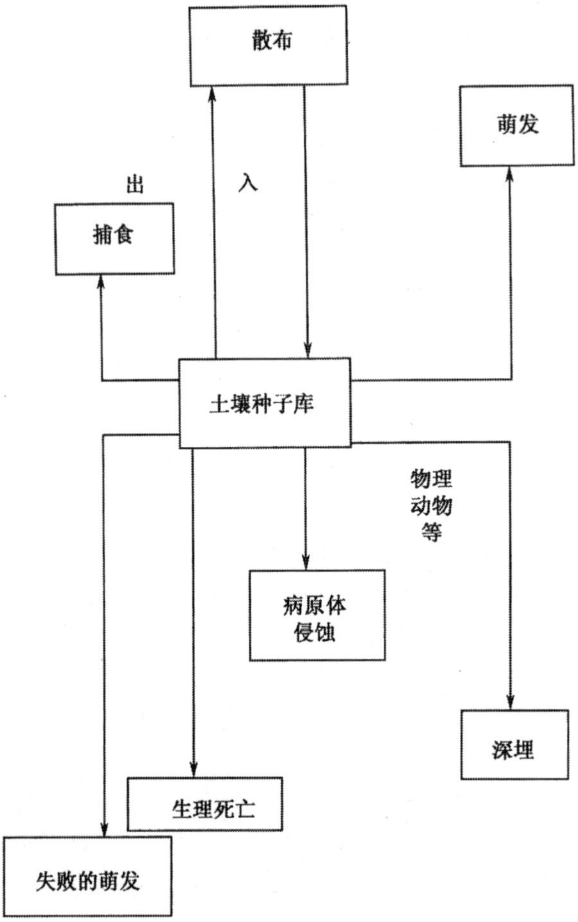

图 3-10-1　土壤种子库动态总模型（引自 Grime　1989）

夏天干旱形成的空隙，在英国属于类型 1 的很多物种是多年生植物，但是在具有更干旱夏季的地中海气候一年生植物最为普遍；类型 2 是在种子萌发之前需要春化作用（寒季），在寒温带气候，随着冬天的结束而萌发，较大种子的宽叶草本植物如 *Galium aparine*，*Heracleum sphondylium* 等就是典型的这种类型。

Nakagoshi（1985）通过研究日本温带森林群落的土壤种子库，将植物种群的土壤种子库归纳为三种类型：①在生长季节因种子萌发而不存在有活力的种子库；②在生长季节因种子萌发而仅存在少量有活力的种子库；③全年保持着基本恒定的种子数量的土壤种子库。

Garwood（1989）以种子的萌发行为及种子散布的时间格局为依据，将热带土壤种子库分为暂时性的（transient）、持久性的（persistent）、假持久性的（pseudo-persistent）、季节性暂时性的（seasonal-transient）和滞后暂时性的（delayed-transient）物种类型。

另外还有一种分类方法是 Hodgson 等人在 1995 年提出的，他们把土壤种子库分为以下三种类型：①瞬时种子库，这些种子在土壤中存在不超过一年就萌发；②短期种子库，种子在土壤中的存留期超过一年，但少于5年；③长期种子库，种子在土壤中的存留期超过5年。

三、土壤种子库的分布、组成和大小

1. 土壤种子库的分布

土壤种子库的分布可分为水平分布和垂直分布。

对沙漠生态系统的很多研究显示，土壤种子库具有很高的变异性。在沙漠生态系统，生境影响土壤种子库的水平分布，灌木林下土壤单位面积种子数目要比灌木之间的开阔地要高。每个样点种子的分布频率具有高度的克陶特克模式（Kurtotic pattern），即一些样点具有较大数目的种子，另一些样点有几个或没有种子。种子高度聚集分布对沙漠种子库来说是非常普遍的。

垂直分布，沙漠中土壤种子大部分分布在土壤表面，这些种子形成了土壤种子库。大约80%～90%的土壤种子分布在土壤上层2厘米处，这些种子大多数又分布在凋落物层或土壤上层的几毫米处；随着土壤深度的增加，单位面积种子数目下降。

2. 土壤种子库的分布、组成和大小

土壤种子库的组成和大小在不同的群落各有差异，其种子库的大小耕作农田大于草地，草地大于森林。已有的研究显示，各类森林、草地及沙漠中都存在着一个由具有活力的种子组成的土壤种子库，草本植物是土壤种子库中的优势成分，其结构和动态受各群落的类型、地上植被的物种组成以及所处演替阶段、动物捕食行为等各种因素的影响。

无论是旧大陆还是新大陆的热带森林的土壤种子库都很小，但比较起来新大陆趋于有较大的种子库，它的组成成分与大小都具有较大的变异性，此依赖森林的年龄与受干扰的距离，例如一个处于演替早期75年的次生林具有一个较大的种子库，但距林缘150米的相同年龄的样地，其种子库仅有前者的三分之一。

热带森林的土壤种子库几乎全是木本植物，而温带森林主要是草本，原因可能是温带的陆地现已被人类、农业和杂草控制了，而热带大陆依然是森林占优势地位（Thompson 1992）。热带森林的永久砍伐产生了大量的禾草和宽叶草本种子库，且显示长久存在下去的迹象（Uhl & Clark 1981）。

四、土壤种子库与地上植被的关系

通过对多年生禾草占优势的草地的研究，发现种子库和植被具有较低的相似性，这种不相似性是由于优势草本物种对种子库形成的较小贡献；这些物种一般具有较低的种子产量及种子在土壤中具有短期的寿命。最近几年，陆续发现种子库与地上植被具有密切的相似性，如Leck和Gravelline（1979）对淡水潮汐沼泽的研究；Maranon（1985）、Maranon和Bartolome（1989）、Levassor等（1991）对地中海一年生牧场的研究；Henderson 等（1988）对沙漠矮草群落的研究。这种结果往往与系统经常受不可预测的干扰相联系，群落物种一般以一年生植物为主。在多年生植物占优势的牧场，成年植物的密度与其种子库中的种子密度没有关系。

五、土壤种子库的时间动态

土壤中种子库不是一成不变的，具有季节动态，从春季、夏季到秋季、冬季，土壤中种子的物种组成和数量都会有所变化。如对地中海草地的研究发现：土壤中种子库最大在 5 月和 6 月，即牧场上植物成熟后，然后下降到最低点 3 月至 4 月。在秋季和冬季，种子的减少主要是由于萌发和种子的腐烂，当然有些种子可能被动物吃掉。

土壤种子库一般在旧种子萌发后，新种子散布之前达到最低点，随着新种子的散布，土壤中的种子库达到最高。由于年季雨量等气候因子的变化，土壤种子库还具有年季动态，种子库的变化程度一年跟另一年不同。

六、土壤种子库的研究方法

当土壤样品被采集后，为了得到土壤种子库的组成和密度，有两种技术方法被应用了，即：直接统计法和幼苗出现法。直接统计法就是常常应用漂洗、筛选以及另外一些分离方法来决定土壤中种子的总数，为了鉴定种子的活力，须用四唑（tetrazolium）染色法、直接检验胚法（具有汁液、油性及新鲜的胚的种子被认为是存活的种子）（Pake et al　1996）和萌发测验。幼苗出现法就是把土壤样品放在合适的条件下进行萌发，观察幼苗出现的数目来估测种子总数的方法，但是这些条件很少能够完全同时满足所有种子的萌发条件，因为萌发格局对光、振荡的温度、氧气的利用、土壤质地以及其他别的因子都很敏感；况且即使在合适的萌发条件下，也有一些种子处于休眠状态，暂时不能萌发，所以幼苗出现技术可能大大低估活性种子的丰富度，另外萌发法耗时太长。但直接计数法也有缺点，即费时费力，而且还需要活力测定（Grime　1989）。

七、动物和土壤种子库的关系

动物对土壤种子库的结构和动态具有重要影响。①动物与植物的相互适应，从进化的观点看，植物应该对能够有效散布种子的动物加以促进，对有破坏性的取食者加以阻挡。避免取食的一条途径是迅速广泛地散布种子或果实，使专食种子的动物难以发现它们。许多植物的种子散布机制显然如此。此外，动物取食了果实的适口部分，口或肠内携带了果实或种子，种子因此得以散布。比如许多种的种子有油质的种皮或附器，它们被蚁类等昆虫吃掉，种子则被完整无损地散布出去，还有的种子经动物的胃肠后，反而提高了萌发率。这种利益是以产生一种适口的果实为代价的。然而，如果一个物种不能产生一种有效的散布机制使种子避免被食的话，只能使种子不适口或种粒非常小。②动物能传播种子，有些动物能够埋藏某些植物的种子，有利于植物的繁衍，如鼠类习惯于将山毛榉种子埋入地下，才会有山毛榉苗的出现，又如，大山雀贮存的山毛榉果实存活率高。③动物取食种子与种子所在的立地条件、种子密度、种子大小等因素有关。研究表明，新耕地上的种子消失率较未干扰植被上低的多，在旧农用地，种子的损失率较荒漠和半干旱区小；有人认为，种子受植食者和真菌为害而死亡的风险决定于种子密度，但也有实验证实，种子密度的大小对种子被移走率影响很小。许多研究表明，鼠类倾向于取食大粒种子，原因可能在于，大粒种子容易寻觅和大粒种子为鼠类提供较高能量；在荒漠系统，蚁倾向于取食小粒种子。④受动物选择力的作用，某些种子形成了周期性结实的规律，研究普遍认为，大部分小年结的种子均被取食者全部吃光，而在丰年不会将种子全部吃光，因此，种子在丰年逃避取食的概率很大；当然，周期性结实问题存在着争论，有人提出气候适应性假说，认为周期性结实主要受气候适应性的影响。

八、研究土壤种子库的意义

Major 和 Pyott (1966) 强调在自然草地的研究中土壤种子库调查的重要性 (尤其对未休眠的部分)，自然草地土壤种子库对一年生植物来说特别重要，埋藏的种子种群可以补充正生长的植被，而成为植被组成极其重要的决定者。更进一步说，在生长季刚开始的时侯，种子库的组成和尺寸知识可以帮助我们预测牧场的生产量、生产质量及承载量，因为牧场的生产力强烈地受植物密度的影响。研究显示植物密度随着种子库中种子密度的提高而提高。

土壤种子库的时空格局对退化生态系统的恢复和未来植被的构成至关重要，研究土壤种子库的组成、动态以及它在植被恢复和演替中的作用，确实有助于对农田、森林和自然保护区的管理，可以帮助人类在环境治理方面作出合理的决策和措施。例如农田土壤种子库的知识可用于农田杂草的控制，在森林经营活动中，根据目的树种的土壤种子库特征可以确定采伐方式、采伐时间和采伐面积。

种子库中的长命种子具有重要的遗传学意义，种子库被认为是植物种群基因多样性的潜在提供者。

思考题

1. 土壤种子库中种子丧失的原因主要有哪几条?
2. 土壤种子库研究的主要内容有哪些?
3. 研究土壤种子库有什么意义?

第四节　植物的他感化学相互作用

学习要点

了解植物他感化学作用的定义、类型和生态学意义。

基本概念

1. 非共生 (amensalism)：即一个物种压抑另一个物种而对其本身无影响的相互作用。

2. 他感化学相互作用 (allelochemic interaction)：指一个物种或有机体受到另一个

物种或有机体释放于环境中的代谢产物的影响。

3. 他感作用（allelophathy）：是指植物之间的他感化学作用。

在物种之间的关系中，有一种类型为偏害作用或非共生（amensalism）的关系，即一个物种压抑另一个物种而对其本身无影响的相互作用。非共生的典型例子是植物的他感化学相互作用（allelochemic interaction），指一个物种或有机体受到另一个物种或有机体释放于环境中的代谢产物的影响，包括促进和抑制，这些代谢产物常具选择性，影响某些特定的物种而不影响其他的物种。

在自然界，植物的根能渗出化学物质如糖、氨基酸等，这些物质从根部释放于土壤中，能使每个物种下面的土壤有所不同。植物又是个易漏系统，植物受雨水冲刷而被动地将一些无机物（如铁、钙、磷、钾、氮、锰等）和有机化合物（醣、果胶质、氨基酸等）传给土壤，它们本身或其分解产物影响着土壤。

他感化学素的研究是以植物所产生的物质对草食者有抵御作用开始的，现在已知他感化学相互作用是植物与土壤生物之间、植物与植物之间、植物与草食者之间的一种重要的相互作用。

一、植物与分解者之间的他感化学作用

植物与分解者之间的他感化学作用是指植物和微生物之间的相互关系。在很大程度上，一个植物群落的土壤和枯枝落叶层的分解者是受植物种及其根系所影响。北方针叶林下的土壤呈酸性，因为它的枯枝落叶是酸性的，其分解影响了土壤的 pH 值。因此，真菌在针叶林土壤微生物区系中占优势，而细菌则在落叶林倾向于中性的土壤中占优势。不同针叶林下的土壤间也有差异，松的针叶比冷杉的针叶酸性更强，因此松林下的土壤分解者活动强度相对低下，且几乎没有蚯蚓。土壤的 pH 值、枯枝落叶分解率以及土壤营养状态等特性，不仅受森林上层树种组成所影响，而且受林下层灌木和草本混合影响。

植物的产物能够影响土壤细菌的活性。例如，有人经过研究发现，群落演替早期的野草能产生抑制固氮菌的物质。

二、植物间的他感化学作用

植物之间的他感化学作用又称他感作用（allelopathy）。虽然已有许多事例表明他感作用是农作物栽培、物种空间联结、植物分布、群落演替进程的化学控制因素，但从整体看，要揭示其重要程度仍需大量的工作。

他感作用和利用性竞争有着本质上的区别，因为他感作用是向环境中添加物质引起的，而利用性竞争是由于减少环境中的资源引起的。他感化学物质来源于植物的生活部分如根、叶所分泌或淋溶下来的化学物质。由枯死部分，主要是分解着的枯枝、落叶、碎屑所释放出来的物质而起的作用，严格地说不应属于他感作用范畴，但是要把死的植物物质与和植物的影响区别开来是极其困难的。因此，他感作用已包括这类化学相互

作用。

经验表明，农作物栽培中，在同一个土地如连续种植同样的作物，则产量下降。研究证明产生这种结果的原因，如水稻收割后残留土壤的水稻茎秆分解时的水溶提取物抑制水稻胚根的生长；韩国的茄瓜连续种植后产量降低，因为研究发现茄瓜根的提取物抑制茄瓜的生长。

在美国加利福尼亚州有一种夏季旱生的优势灌木，即蔷薇科的 *Adenostoma fasciculatum*，在其附近少有其他植物生长，因为发现这种植物的叶子释放出的物质明显地抑制草本植物的萌发和生长，而少数能在此灌木下生长的草本植物则能抵御这种物质。

值得指出的是，他感作用非常复杂。植物间的相互化学影响，可以是直接作用，也可以是通过土壤微生物而间接地起作用，即可以首先对固氮微生物起抑制影响，然后是使与之相伴的高等植物的生长因缺氮而受到抑制。例如在弃耕地上喜氮植物种的消失，是因为弃耕地演替系列早期的植物种产生的物质抑制固氮菌和蓝藻植物。

三、植物与草食者间的他感化学作用

对某一种草食者来说，不是所有的植物种都是同等可食的，有些是优先取食的植物，另一些仅是在优先可食种不存在时才吃食的，而有很多种大体上是不能吃的，即所谓的有毒植物。食物的选择性在大型草食动物是显而易见的，但像昆虫这类小型草食动物有时不很明显。不可食性对一个植物种来说具有极大的利益。

植物的某些代谢产物，无论是中间的或是最后的产物，都会影响草食者的吃食强度。有些植物受损害后的反应可以抑制草食者，如蚕豆（*Vicia faba*）因蚜虫（*Aphis craccivoron*）的胁迫产生的应激反应，能对蚜虫产生影响，最终使蚜虫种群数量下降。但是，少数草食者却能利用对其他大多数生物有害的代谢产物。千里光属（*Senecio*）植物能产生伤害肝脏的生物碱，但蠢（*Tyria acobaca*）的幼虫能在异常的情况下把这种生物碱储藏起来直到成虫，携带这种生物碱的成年蠢使多数捕食者不愿采食，而使自己得到保护。

思考题

1. 他感作用的理论基础是什么？
2. 他感作用为什么能对植物种群的空间分布格局产生影响？

第五节　植物种群生态学研究的热点及发展趋势

学习要点

了解植物种群生态学的发展及其与物种、群落的关系。

一、种群结构理论的新发展——构件理论

当代植物生态学的研究重点集中在个体和种群水平。在野外，植物几乎总是以一些

个体的形式存在，所以种群和个体的研究在基础部分是共同的。把一个植物个体看成是由结构简单的基本单位组成的一个集合的思想并不新颖，可在很多学派中找到其根源。20 世纪 70 年代前后，一批植物种群生态学者首先借用这种思想来表达植物个体的构件生长习性，并由此建立了植物种群统计学的构件理论。一个植株特定的几何形态是其各个层次的构件单位按一定的方式组合而成的，这种特殊的几何形态表达了该个体在生理、生态上对环境空间的适应和伸展能力。传统的植物分类学描述侧重了植物的花、果、叶、根、枝等基本组成单位的细节。因此，通过对构件这一基本结构单位的研究，有望将长期以来各自独立发展的植物分类学、形态学、生理学和生态学等学科有机地结合起来，以期能更有效地探讨植物种群的生存、适应对策和进化机制。构件生长习性使植物具潜在的无限生长的能力，持续的构件生长是植株在短期内得到新的资源以取得与其邻体竞争的最佳地位的惟一途径，因此从构件水平上深入研究植物与环境的相互作用，可望在对植物种群和群落动态发展演化机制的认识上有所突破。同时，构件种群统计还为研究珍稀濒危和难成功繁殖的植物等物种的生理、生态提供了一种切实可行的方法。

我国无性系植物种群生态学研究工作刚刚兴起，其前景是广阔的。其一，我国具有丰富的植物资源，如药用植物、花卉植物、绿化植物和经济植物等，它们中很大一部分具有无性繁殖的特性，这为深入开展研究提供了材料。其二，本研究领域至今仍有许多空白尚未涉足，如克隆生长繁殖的调控、生态因子对无性系生长参数的影响、无性系植物改善营养扩散和生长格局，以适应有利条件和避免不利条件的生长对策等。因此，对这些问题的研究可深入探讨无性系植物种群生态适应机制，也为开发利用提供基本理论和技术参考。

二、植物的生殖生态学及研究

关于植物的生殖生态学研究，还需在以下几个方面开展工作：①生殖对抗生长，主要研究生殖和生长之间的关系。②生活史格局，植物种群在长期的自然选择中生殖和生长通常已达到某种平衡，一年生植物常过早生殖，多年生植物可延迟生殖达几年，乔木甚至可延迟生殖几十年，有较高死亡危险的植物在生活史的任何阶段都倾向于提早生殖，探寻不同植物种群生活史的特性及其原因，一直需要进一步开展工作。③生殖配置的研究，即主要研究植物在生长发育过程中同化产物向其生殖器官分配的比例。④生殖值，主要研究平均年龄个体在其死亡前对下一代的平均贡献。⑤果实、种子、产量的关系研究。⑥生殖对策的研究。

三、植物种群生态学与生理生态学的结合

生理生态学与种群生态学是两个起源与发展均不相同的领域，在过去的 30 多年中，各自取得了很大进展。生理生态学多采用实验方法，它强调个体对环境的适应，而种群生态学却是一门理论科学，它主要是关于个体对生物因子的反应，这两者之间结合工作已有一些报道。总之，生理生态学与种群生态学的结合将会给植物种群生态学注入新的

内容，它可以从生理生态学的角度来解释种群的竞争、增长和死亡，将实验与数学理论结合起来，从而正确地预测种群的动态及其生产力。

四、环境胁迫及植物种群中生态型的发展研究

单一的基因型也许会产生一系列依赖于环境的生态型，产生不同生态型的能力缓冲了基因型的影响。不同的基因型也许可以产生相同的生态型，发展不同生态型的灵活性愈大，在不需要基因重建的条件下，与环境协调的能力愈大。

环境胁迫及植物种群中生态型的研究还需在下面几个方面开展工作：①生态适应性与环境异质性关系的研究，一方面研究不同生态型结构的生态特点及进化的意义，另一方面研究生理特性在生态型塑性变化中的作用。②啃食对生态型影响的研究，过去的研究表明，啃食对有些植被的物种组成、生态系统功能等方面产生影响，甚至有些物种种内和种间产生广泛的遗传变异，因此全面的、深入的工作还需不断开展。

五、种子散布和土壤种子库的研究

这方面的工作国外已有大量的报道，国内也正在蓬勃发展起来，作者认为以后还需在以下几个方面开展工作：①探讨研究种子散布的新方法；②继续对不同地点、不同群落类型的土壤种子库的结构组成进行调查研究；③不同群落演替阶段、不同的微环境和不同地形等土壤种子库比较；④土壤种子库中种子永久性的内在因素的研究；⑤寻求简便又准确的土壤种子库研究的新方法；⑥深入研究动物对土壤种子库的影响。

思考题

试述植物种群生态学的发展趋势。

参 考 文 献

王伯荪，李鸣光，彭少麟.1995.植物种群学.广州：广东高等教育出版社

王大力.1995.豚草属植物的化感作用研究综述.生态学杂志，14（4）：48～53

叶万辉，关文彬，刘正恩.1995.Metapopulation 的概念及其在植物种群生态学中的应用（1）Metapopulation 概念的理解和辨析.生态学杂志，14（5）：75～78

刘 庆，钟章成.1995.无性系植物种群生态学研究进展及有关概念.生态学杂志，14（3）：35～41

曲仲湘，吴玉树，王焕校.1983.植物生态学（第二版）.北京：高等教育出版社

苏智先，王仁卿.1993.生态学概论.北京：高等教育出版社

陈小勇，厉 宁.2000.Meta-种群结构及其遗传后果.生态学杂志，19（5）：71～75

郑元润，徐文铎.1990.植物种群生态学研究进展.植物科学总论

钟章成.1992.我国植物种群生态研究的成就和展望.生态学杂志，11（1）：4～8

徐宏发，陆厚基，王小明.1998.玛他种群：种群生态学理论应用于保护生物学实践的新范例.生态学杂志，17（1）：47～53

班 勇.1995.土壤种子库的结构和动态.生态学杂志，14（6）：42～47

常 杰，葛 滢.2001.生态学.杭州：浙江大学出版社

黎云祥，刘玉成，钟章成.1995.植物种群生态学中的构件理论.生态学杂志，14（6）：35～41

Barbour G, Burk J & Pitts W. 1980. Terrestrial plant ecology

Fenner M. 1987. Seed characteristics in relationship to succession. In: Gray A J, Crawly M J and Edwards P J (eds): Colonization, Succession and Stability. Blackwell Scientific Publishers. 103～114

Fenner M (ed.) . 1992. Seeds, the ecology of regeneration in plant communities. CAB International, Wallingford

Grime J P. 1989. Seed banks in ecological perspective. Edited by Leck M A, Parker V T and Simpson R L. Academic Press, Inc

Harper J L. 1977. Population Biology of Plant. Academic Press, London

Nakagoshi N. 1985. Buried viable seeds in temperate forests. In: White J. Ed. The population structure of vegetation. Dordrecht, Dr W. Junk Publishers. 551～570

Rees M. 1993. Trade-off among dispersal strategies in the British flora. Nature, 366: 150～152

Russi L , Cocks P S and Roberts E H. 1992. Seed bank dynamics in a Mediterranean grassland. Journal of Applied Ecology, 29: 763～771

Thompson K. 1992. The functional ecology of seed banks. Seeds-the ecology of regeration in plant communiries (edited by Michael Fenner) . Car International

Thomposon and Grime J P. 1979. Seasonal variation in the seed banks of herbaceous species in ten contrasting habitates. Journal of Ecology 67: 893～921

第四篇　群落生态学

第十一章　群落生态学概述

学习要点

1. 了解生物群落的概念、发展历史过程和研究内容。

2. 了解生物群落的基本特征。

基本概念

生物群落（biotic community 或 biocoenosis）：是指在特定时间聚集在一定地域或生境中所有生物种群的集合。

一 、群落的概念及发展

生物群落（biotic community 或 biocoenosis）是指在特定时间聚集在一定地域或生境中所有生物种群的集合。

在自然界中，无论是原始的还是经过人们改造过的生境内，有多种多样的植物、动物和微生物生活在一起。虽然它们在分类地位上，即在系统发育或亲缘关系上可能相差甚远，但是它们作为生境中的各种生物种群松散结合的结构单元，在其内部却存在着极其复杂的相互关系，并由于结构的复杂化而具有了新的性质。

生物群落的概念，最早由德国生物学家 K. Möbius 于 1880 年提出并开始使用。他在研究牡蛎海底群落时，注意到这种动物只有在一定的温度、盐度等条件下生活，并且与其他的鱼类、甲壳类、环节动物、棘皮动物等密切相关，并构成了一个相互联系、相互制约的有机统一体，他称之为 biocoenosis。这一术语与 biotic community 是同义的。一般来说，英、美学者习惯于使用 biotic community 一词，而德、俄学者则多用 biocoenosis。

群落生态学的产生，比种群生态学还早，曾经在相当长的历史时期内，个体生态学和群落生态学彼此独立地发展。有关群落生态学的文献相当丰富，群落生态学方面的名词和术语也相当多。经典的群落生态学是描述性的，包括对群落演替过程动态的描述。但近几十年来，现代群落生态学的发展注重于机制性研究，重点探索群落中为什么有这么多物种，物种间是如何形成群落的，它们是怎样发生相互作用的，是受哪些因素所制约的等等。

20 世纪初，群落是以“超有机体”（super organism）的概念被接受的。它的物种成员是与群落的诞生、生活、死亡和整体进化联系在一起的。这种观点已经被个体论（individualistic）的观念替代。持“个体论”观念的人认为群落是个别物种的集合，群落模式可以通过个体水平上的过程而得到解释。

二、群落生态学的研究内容及其地位

群落生态学是集中研究生态系统中有生命的部分——生物群落的科学。群落生态学研究的主要内容包括：①群落的组成与结构；②群落的性质与功能；③群落的发展及演替；④群落内的种间关系；⑤群落的丰富度、多样性与稳定性；⑥群落的分类与排序等内容。

群落与种群是两个截然不同的概念。种群是种的存在形式，是遗传因子交换及以相同生活方式为基础的实体；而群落则是多种生物种群的集合体，是一个边界松散的集合单元。

群落生态学与生态系统生态学究竟是两个不同层次的研究对象，还是同一个层次的研究对象，在近代生态学中有两种不同的看法。Odum（1971，1983），Smith（1974，1980）认为它们是两个不同的层次，在其著作中分开讨论。而 Krebs（1978，1985，1994），Whittaker（1970）和 Begon 等（1987，1996）却把它们作为一个层次来处理。

E. P. Odum 认为群落生态学是现代生态学划分中较个体生态学和种群生态学更高一级的组织层次，是连接种群生态学和生态系统之间的桥梁，而不是独立的一个学科分支。

三、群落的基本特征

群落具有一些比种群水平上更高层次的群体特征。

1. 群落是植物、动物、微生物的复杂聚合——物种多样性（species diversity）

一个生物群落中包含多种生物，虽然每种生物在结构和功能上都有其独特性，但群落中的所有物种都是彼此依赖、相互作用而共同生活在一起的有机整体。群落的整体结构功能，并不是所有物种结构功能的简单累加，而具有其独特性。因此，不能从单个种群的知识来推测生物群落的性质。Feibleman（1954）把这一法则称为整合层次理论（theory of integrative levels）。如森林群落中，上、中层的乔木为下层灌木和草本植物遮荫，并提供适合的生存环境；土壤中的微生物通过其分解作用，为乔木、灌木和草本植物等提供营养物质；动物与植物、动物与动物之间存在着捕食、寄生、竞争、共生、传粉等各种互作关系。

2. 群落中的各个成员在决定群落的结构和生态功能上作用不同——优势度（dorminance）

根据研究工作的需求，对群落内不同物种提出了优势种和从属种的概念。优势种指占据群落中主要的生物量，控制着群落中的大部分能流，在群落中占有较广泛的生境范围，利用较多的资源的物种，去除优势种，必然导致群落发生深刻的变化。

3. 群落与其环境的不可分割性

生物与环境的相互关系是生态学的核心思想。生境特征在决定群落类别上，起着基本的作用；反过来群落也肯定影响着生境的许多特性。群落与其环境有着紧密联系并相互作用，群落与其环境的不可分割的关系构成了复杂的生态系统。如热带雨林群落的成员在种类和个体数量上都比极地苔原群落的丰富，就是由环境条件的差异所决定的；造林能使局部地区的气候条件改变，空气变得清新、水土流失减少、水源涵养等；又如沙地造林，由于植被逐渐丰富，各种动物亦逐渐增多。

4. 群落的时间、空间格局（spatial and temporal patterns）

同一地段的同一群落都具有时间和空间结构上的特点。群落空间结构的最显著特点就是分层现象，不同群落的分层方式不同。时间格局则可表现为昼夜相和季节相，虽然是由组成群落的各种生物的昼夜节律和季节变动所组成，但各类群落都有其自身的特征，有其独特的规律性。同一群落中各个生物种群所表现的节律是互相关联、互相制约的。

5. 群落结构的松散性和边界的模糊性

群落的结构一般指群落的分层结构和物种组成。其结构随环境变化而变化，不像一个物种或一个个体的结构那样具体和致密，而是松散的，有时是这样，有时是那样。如以三叶草为主的牧场，其昆虫群落有时以蝗虫类为主，有时则以草地螟为主，有时两类都稀少，表现出群落的松散性。

在自然景观中，不论是垂直分布或水平分布的地段内，常可看到两类截然不同的群落，这两种群落的边界有时很明显，如水生生物群落与陆生生物群落之间的边界。有的就很不明显，有时还有很宽的过渡带，如森林群落和草原群落之间就是这样。在过渡带内，群落往往犬牙交错地混杂在一起，有时甚至会形成一个逐渐改变的连续体（contimum）。当两个群落相接触时，它们相联接的中间地带，不论其宽窄如何，被称为群落交错区（ecotone）。一般地说，群落交错区物种的数目增多，一些物种的密度增大，这种趋势被称为群落的边缘效应（edge effect）。由于有这种连续体或群落边界的模糊性，加上结构的松散性，使一些学者误认为群落仅仅是一个人为的偶然组合。其实群落是一种有机的实体，是由组成成员有规律地组织在一起的一个系统，这一点是无可置疑的。

6. 群落的演替特征

群落的组成结构随时间而变化的动态特征称为群落演替（succession）。群落演替常遵循一定的顺序，即最初出现的生物比较稀少，相互之间关联较少，决定生存的是固有的生境因子。随着种群的发展，压力增大，种群间的相互干扰、竞争使得那些竞争力弱的物种不能繁殖，并且由于外在和内在的因子变得更加严峻，终于使一些有机体被消灭，而保存下来的有机体，则彼此相互适应，物种进行更替变换，最终形成顶极群落。

四、研究群落生态学的意义

研究群落生态学的目的在于了解群落的起源、发展、多种静态和动态的特征以及群落间的相互关系，从而深化对自然界的，特别是对生态系统的认识，为人类充分合理地利用自然资源、提高生态系统生产力、推动生物群落向特定的方向发展，或保持生态系统的稳定与平衡提供理论依据。因此，群落生态学在生态科学和生产实践中具有突出的理论意义和实用价值。

群落生态学是现代生态学理论中极为重要的组成部分。群落和非生命的自然环境一起通过物质循环和能量流动构成具有特定功能的生态系统。群落概念在生态学上应用的重要性是因为“由于群落的发展而导致生物的发展”。因此，对某种特定生物进行控制的最好方法，就是改变群落，而不是“攻击”生物本身。如我国对为害几千年来的蝗害得以基本控制，其根本途径是对黄、淮、海河及内涝湖泊开展围湖造田、消灭杂草、兴修水利、开垦荒地，从而改变了自然环境条件，引起生物群落的剧烈变化，消除了飞蝗的产卵场地和生活场所。

思考题

1. 何谓生物群落？生物群落有何基本特征？
2. 研究生物群落的意义是什么？

第十二章　群落的组成与结构

学习要点

1. 了解群落的组成与结构特征。

2. 了解群落中物种间的营养关系。

3. 了解群落的命名和分类原则。

基本概念

1. 优势种（dominant species）：一般来说，群落中常有一个或几个生物种群大量控制能流，其数量、大小以及在食物链中的地位，强烈影响着其他生物种类的栖境，这样的生物种称为群落的优势种。

2. 食物链（food chain）：指群落中不同生物种群通过取食与被食的关系，形成的营养连锁结构。

3. 食物网（food web）：群落中的食物链，通过营养联系，相互交叉，形成一个错综复杂的网状结构，称之为食物网。

4. 生态锥体（ecological pyramid）：在食物网中每一物种所处的营养等级不同，如果将各营养级别上的个体数量或单位面积现存量或单位时间、单位面积所吸收的能量来作定量描述和测定，将按由低到高的顺序排列绘制成图形，可展示一个塔形图，塔基部较宽，一般称之为生态锥体或生态金字塔。

5. 同资源种团（guild）＝功能集团（function group）：以相同的方式利用共同资源的物种集团。

6. 群落交错区（ecotone）：在两个不同群落交界的区域，称为群落交错区（ecotone）。群落交错区实际上是一个过渡地带。

7. 边缘效应（edge effect）：在群落交错区中既可有相隔群落的生物种类，又可有交错区特有的生物种类。这种在群落交错区中生物种类增加和某些种类密度加大的现象，叫做边缘效应。

8. 关键种（key stone species）：物种在群落中的地位不同，一些珍稀、特有、庞大的对其他物种具有不成比例（disproportionately）影响的物种，它们在维护生物多样性和生态系统稳定方面起着重要的作用。如果它们的消失或消弱，整个生态系统就可能要发生根本性的变化，这样的物种称为关键种。

9. 冗余种（redundant species）：在一些群落中，有些种是多余的，这些种的去除不会引起群落内其他物种的丢失，同时对整个系统的结构和功能不会造成太大的影响。

10. 中度干扰理论（intermediate disturbance hypothesis）：中等程度的干扰将使多样性最高，它允许更多的物种入侵和建立种群。

第一节 群落的分类与命名

一、群落的分类

虽然生物群落的概念，一般包括某一特定生境中所有的生物种群，但是在实践中，很难能够把生境中全部生物，包括动物、植物和微生物的种群都进行研究。所以更常见的是把群落用于指某一类生物的集合体，如马尾松林群落、森林鸟类群落、荒漠蜥蜴群落、草原昆虫群落、高山草甸鼠类群落等。总之，生物群落是一个非常泛指的名词，可用来指明任何大小和自然特性的生物种群的集合体。

在群落组成上，有主要群落（major community）和次要群落（minor community）之分。主要群落是指那些具有充分大的范围，其结构有一定的完整性，能独立区分于邻近地区的群落，并能独立存在，如森林群落、草原群落等。次要群落是指那些必须依附于邻近群落，不能独立存在的生物集合体，如阴生植物群落、动物群落等。

还有自养群落（autotrophic community）和异养群落（heterotrophic community）的差异。自养群落是指那些能够独立地进行光合作用、营养循环的群落，类似于主要群落。异养群落是指那些不能进行光合作用、固定能量，其能量摄取来源于其他的群落，类似于次要群落。

由于群落之间边界的模糊性、结构的松散性特征，常有一些群落能够表现出明显的差别，可以彼此分开；而另一些群落则彼此混合，不存在明显的界限，形成了“群落交错区”。对于如何确定沿环境梯度变化的群落组成，有两个对立的学派。其争论的焦点在于明确的群落类型是否为生物学的真实体。“有机体”学派认为，沿环境梯度或连续环境的群落组成是一种不连续的、离散的变化，而群落类型是间断并明显分开的，是生物学的真实情况；“个体”学派则认为，在连续环境条件下的群落组成是逐渐变化的，因而现时不同群落类型只能是任意认定的。正是由于长期以来存在着激烈的争论，因此在群落的分类和命名上，至今没有形成一个像动物、植物、微生物等有机体分类命名那样精确统一的规则。

R. H. Wittaker（1978）曾总结各学派的分类观点，提出了群落分类的12条途径，即：①外貌及结构（群系、群系型）；②环境（生境类型）；③多因子或景观（景观类型、微景观类型、生物地理群落类型）；④生物分布区（植被地带）；⑤生物梯度分段（生物区、生物系列）；⑥优势种分布区（优势度类型）；⑦植被动态（植被型、演替群丛和植被发育类型）；⑧层或生活型的划分（层、群）；⑨层的归并（基群丛）；⑩森林生境型（林型、生境型）；⑪数码的比较（节点）；⑫植物区系单位。显然，由于不同学派各自强调以不同的特征作为分类的基础，所以群落分类的途径可能有不同的选择，这也意味着同一群落可能有不同的分类及名称。

二、群落的命名

关于群落的命名，因其在分类方法和途径上的混乱，目前尚没有一个统一的规则。

主要根据以下三方面的特征对群落命名：

(1) 根据群落中的优势种命名，如马尾松林群落、云杉林群落、毛榉-枫树群落等。这种命名方法，对于一些种类较少，并在任何时期都可表现为明显优势种的群落是较为适用，而且简单明了。

(2) 根据优势种群的生活型定名，如热带雨林群落、草甸沼泽群落等。这种方法对于优势种的种类较多，而群落的生活型有突出特点的群落较为适用。

(3) 根据群落占有的自然生境命名，如山涧溪流群落、砂质海滩群落。这种方法对水生群落较为适用。

至于人们经常提到的昆虫群落、蜘蛛群落、天敌群落等，并不属于群落命名的范畴，它完全是根据人们的研究对象属于何种类群而使用的术语。但是，如果我们指出特定的生态系统，那么这样的术语就被赋予了明确的含义，例如，稻田昆虫群落、橘园蜘蛛群落等。

第二节 群落的组成

群落的组成是指群落由哪些生物种类所构成，即组成群落的有机体种类。群落组成是影响群落特征的一个重要因素。就群落的组成而言，有两个方面的工作是必须进行的，一是确定所收集的样本的空间（区域、栖境）和时间；二是对收集到的生物个体进行分类鉴定。在此基础上考察各生物成分间的营养关系及分布状况等信息，为群落生态学的研究提供必要的条件。

一、优势种与从属种

1. 优势种（dominant species）

群落组成中的每个成分，在决定整个群落的性质和功能上并不具有相同的地位和作用。一般来说，群落中常有一个或几个生物种群大量控制能流，其数量、大小以及在食物链中的地位，强烈影响着其他生物种类的栖境，这样的生物种称为群落的优势种。优势种通常在群落中不仅占有较广泛的生境范围、利用较多的资源、具有较高的生产力，而且具有较大容量的能量，即个体数量多、生物量大等方面的特点。如果去除群落中的优势种，必然导致群落发生重要变化。

在陆地群落中，植物常常是优势种类，这不仅因为它们接收阳光、转换能量、是食物生产者，而且还由于它们为群落中的其他生物提供食物，给以掩蔽，同时又以多种不同形式改变着群落的物理环境。当然有时动物也对群落起控制作用，如草原上的啮齿类动物能以各种形式改变草原群落；过度放牧也会损害群落的结构和外貌。因此仅仅从“控制群落”的角度来确定其优势种，有时就会出现偏误。

Clements 和 Shelford（1939）对群落中生态学上的优势种曾经作过如下归纳：

(1) 优势种接受全部气候压力，即它们不需要其他有机体的保护和影响。

(2) 它们应该是一个调节气候及生态环境的种类，从其密度或生物量来说，应该是最大量的。

(3) 对气候起直接反作用，改变陆地上的水分及光线或海中的气体或盐分。

群落中优势种的多少，主要受物理因素的制约和种间竞争的影响。一般来说，能划定为优势种的种类，在北方的群落中总是比南方的要少。例如，北方的森林，可能只有一二种树即可组成森林的 90%以上；而在热带森林，则可能有不少种类在同样标准下成为优势种。可以说在自然条件极端或严酷的地区，优势种的种数就少，亦即群落中支配因素由少数物种所分担。

2. 从属种（subordinate）

除优势种外，群落中的其他物种称为从属种（subordinate）。R. Danbermir（1968）把植物群落中从属种分为两个类群。一个类群为依赖性从属种（dependent subordinates），它紧密地依赖于优势种所提供的条件，如果优势种被排除，则导致它们在生境中绝灭，如附生性植物、寄生生物、专性菌根真菌和专性阴地植物等。显然这些生物只有在优势种定居于一个地区后才能进入生境。从属种的另一个类群是指那些不论优势种存在与否，都能在该群落生境中存在的物种。这些从属种都是耐阴性的，但却不需要那些由优势种加诸于生境的特殊条件。

对于群落优势种的确定，虽然也可以遵循以上原则，但一般来说，动物（特别是高等动物）的活动性大，一两种动物常常不可能长期形成优势。因此对优势种的具体应用上，由于立足点不同尚存在着一些争论。

二、关键种（key-stone species）

1. 关键种的概念和类型

物种在群落中的地位不同，一些珍稀、特有、庞大的对其他物种具有与生物量不成比例（disproportionately）影响的物种，它们在维护生物多样性和生态系统稳定方面起着重要的作用。如果它们的消失或消弱，整个生态系统就可能要发生根本性的变化，这样的物种称为关键种（key-stone species）。这一概念最初由 Paine（1969）提出，此后在生态学中受到重视。据统计，在 1970～1989 年，有关 Paine 对关键种的论文被引用了 850 余次。

关键种的丢失和消除可以导致一些物种的丧失，或者一些物种被另一些物种所替代。群落的改变既可能是由于关键种对其他物种的直接作用（捕食）（图 4-12-1），也可能是间接作用。关键种数目可能是稀少的，也可能是很多的，对功能而言，可能只有专一功能，也可能具有多种功能。

根据关键种的不同作用方式，可以有以下一些关键种的类型：① 关键捕食者（keystone predator）；② 关键被捕食者（keystone prey；③ 关键植食动物（keystone herbivore）；④ 关键竞争者（keystone competitor）；⑤ 关键互惠共生种（keystone mutualism）；⑥ 关键病原体/寄生物（keystone pathogen/parasite）；⑦ 关键改造者（keystone modifier）。

图 4-12-1 大型的捕食动物——豹可被看作是热带雨林的关键种（M C Molles 1999）

2. 关键种理论的作用

（1）概念上的作用：关键种的概念表明，只有少数物种具有能影响群落结构的强烈作用。它对群落结构的影响同其他物种相比是十分显著的。从图 4-12-2 中可以看出，由关键种得出的群落重要性值的出现率是不对称的，只有几个物种对群落产生很大影响。然而从食物网理论上看，物种间的相互作用几乎没有差别，可假定为均匀分布。

（2）对食物网理论有重要意义：在群落食物网中，物种相互作用的强度（interaction strength）不同。关键种的研究已证明，关键种是许多系统中存在着强烈相互作用的物种。MacArthar（1972）第一个提出应该对物种相互作用的强度进行深入研究，并将强烈相互作用者定义为“其迁出能产生强烈的影响”，有的生态学家将那些因迁出而导致群落中至少有半数物种消失的物种定义为关键种。

（3）关键种在实践中受到重视：将关键种作为加强多样性保护的特定对象和优先保护种。有人提出将关键种的管理作为整个系统中群落管理的中心，要围绕关键种形成生物保护的各种策略。从系统恢复的工作角度来讲，关键种对于重建并维持生态系统的结构和稳定性是必不可少的。

（4）关键种的作用方式上：关键种发挥作用不仅仅通过消费者的作用，而且还通过诸如竞争、互惠共生、播种、传粉、病原体和改造者等的种间相互作用和过程发挥作用。

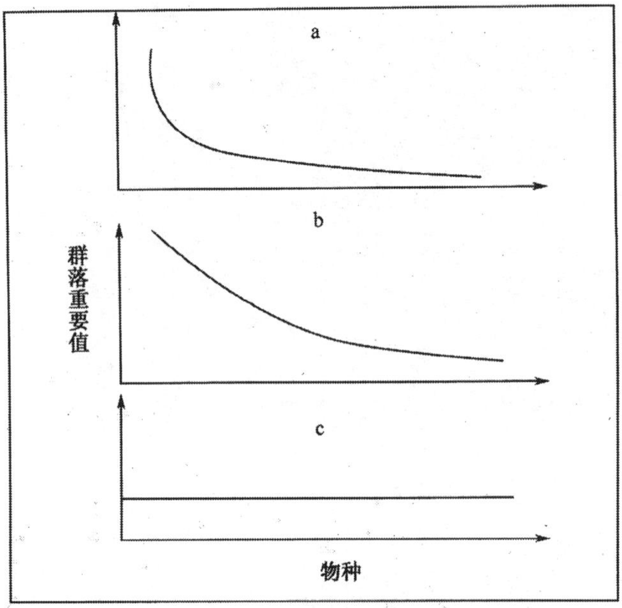

图 4-12-2　物种在群落中重要性值的分布情况（仿蔡晓明　2000）
a. 关键种模式；b. 中心模式；c. 均匀模式

3. 关键种和优势种的区别

与优势种相比，关键种有两个显著的特点：①它的存在对于维持生物群落的组成和

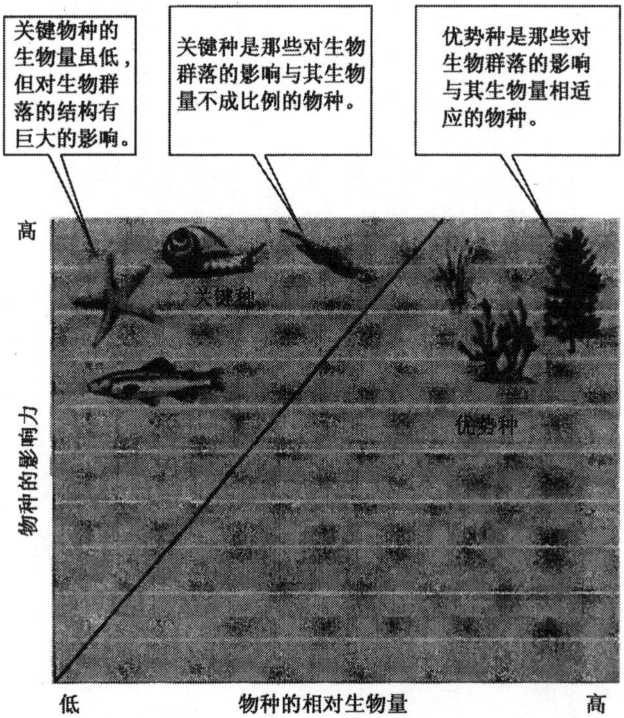

图 4-12-3　关键种与优势种的区别（仿 Power et al　1996）
对角线上方的物种具有低生物量，但对群落具有不成比例的高的影响力，称为关键种；对角线下方的物种具有高的生物量，对群落的影响力也较大

多样性具有决定性意义；②同群落中的其他物种相比，关键种无疑是很重要的，但又是相对的。许多实验表明，一些数量很少，通常被称为关键种的种类强烈地影响着群落和生态系统。

关键种与优势种的区别在于它们的影响远大于其多度所显示的水平，其影响相对于多度而言非常不成比例（图 4-12-3）。

4．人类的关键种行为

长期以来，人类通过自身的取食活动引入或排除物种对食物网进行管理，发挥着关键种的作用。

（1）狩猎行为：对于热带雨林的目前境况尽人皆知，Kent Redford（1992）指出，除极个别的例外，多数有关对热带雨林的研究都是针对人类对树木的直接影响。通过图 4-12-4Rodford 向我们展示了人类对动物的影响程度。他指出，人类已经在许多区域减少了热带雨林中动物的密度，这些动物再也不能在生态系统中发挥其关键种作用了。他称之为“生态学灭绝”。他估计由于持续性狩猎，作为当地土族人主要的蛋白质来源，每年将使 1400 万只哺乳动物、500 万只鸟类丧生，这一数据可能估计偏低。实际上可能有 6000 万只动物被杀。一般的猎人都取向于猎杀较大型的动物。这些大型动物的种

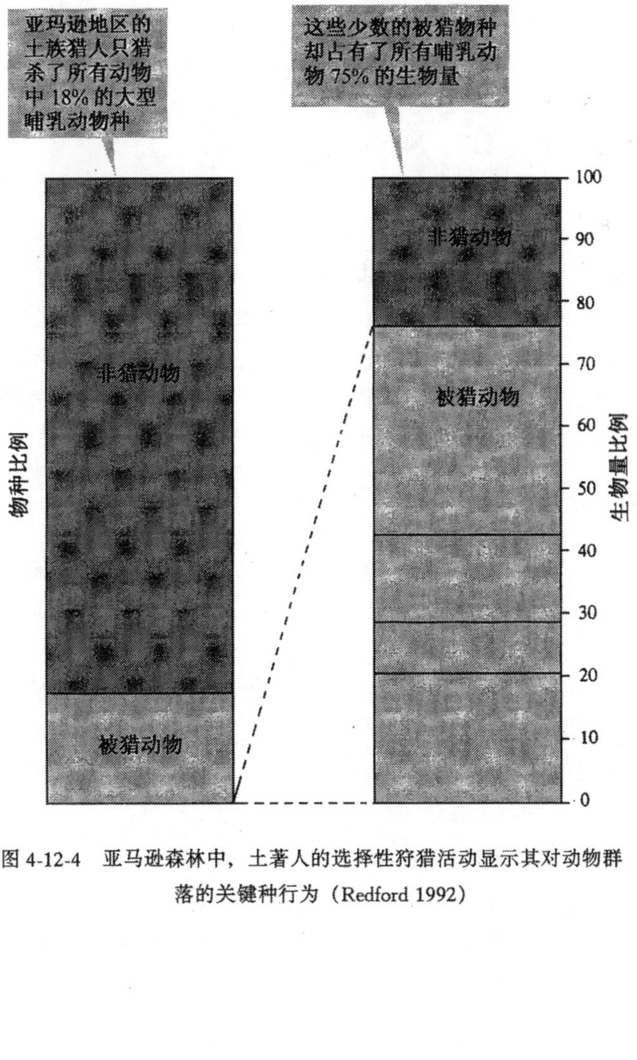

图 4-12-4　亚马逊森林中，土著人的选择性狩猎活动显示其对动物群落的关键种行为（Redford 1992）

数只占 319 种鸟类的 9%，和 67 种哺乳动物的 18%。而其生物量则占鸟类的 52%和哺乳动物的 75%。这些大型动物在亚马逊森林中是起关键种作用的。这些关键种的丧失，严重的改变了整个动物群落的结构，同时影响到植物种子的存留和苗木数量。

（2）对关键种天敌的利用：在 1700 年前，中国南方的农民就利用黄猄蚁 *Qecophylla smaragdina* 来防治柑橘害虫，通过人工喂养蚂蚁，为柑橘栽培者提供蚁源。虽然这种蚂蚁的使用可能引起其他同翅目害虫数量的增加，但其造成的危害远远小于使用化学杀虫剂造成的不良后果。因此，人类的行为是对群落中关键种的管理，其本身也起到一种关键种的作用。

三、冗余种与冗余假说

1. 冗余种（redundancy species）

冗余意味着相对需求有过多的剩余。在一些群落中，有些种是多余的，这些种的去除不会引起群落内其他物种的丢失，同时对整个系统的结构和功能不会造成太大的影响。Citary 等（1996）认为，在生态系统中，有许多物种成群地结合在一起，扮演着相同的角色，这些物种中必然有几个是冗余种（species redundancy 或 ecological redundancy）。冗余种的去除并不会使群落发生改变。

Walker（1992）首次提出冗余假说（redundancy hypothesis），认为物种在生态系统中的作用显著不同；某些物种在生态功能上有相当程度的重叠。因此，某一物种的丢失并不会对生态功能发生大的影响。那些高冗余的物种，对于保护生物学工作来说，则有较低的优先权。这并不意味着冗余种是不必要的，冗余是对于生态系统功能丧失的一种保险和缓冲。

Walker（1995）进一步强调指出，促进一个生态系统的灵活性，增加冗余种是很重要的。它不但抵御不良环境，而且它提供了未来进一步发展的机会。所以它是物种进化和生态系统继续进化的基础。在一个生态系统中，短时间看，冗余种似乎是多余的，但经过在变化的环境中长期发展，那些次要种和冗余种就可能在新的环境中变为优势种或关键种，从而改变和充实了原来的整个生态系统。

2. 冗余假说的主要依据

（1）化石方面的证据：古代的生态系统中物种丰富度比现有生态系统的物种丰富度小。地球的主要生命支持系统，如基本的生物地化循环，并没有因为这些生态系统的物种丰富度小而有运行方式上的本质差别。

（2）生物量与生产量方面：生态学提供的大量信息表明，能量的主要格局和生物量在现有生态系统中的分配对组成物种的数目不敏感，这正与物种冗余假说相一致。净初级生产量与植物的生物量和生产力之间有规律性和可预测的关系，而没有涉及组成的物种数目和种类。

（3）食物网研究方面：经过对近 200 个食物网研究中的惊人发现，它们共享一个普遍的结构而不涉及食物网中物种的数目。也就是说，每个食物网尽管不同，但其特征大多数保持着一致性。这些特征包括，顶位物种、中位物种和基位物种的平均比例；捕食物种和被捕食物种的比例；食物链的长度等。

第三节　群落的结构

群落的结构指生物在环境中分布及其与周围环境之间相互作用形成的结构，又可称为群落的格局（pattern）。E. Odum 把群落格局分为：

（1）分层格局（stratification pattern）：即群落的垂直分层现象。

（2）带状格局（zonation pattern）：即群落的水平离散现象。

（3）活动性格局（activity pattern）：又称时间格局，即群落和周期性。

（4）食物网格局（food-web pattern）：即群落中食物链的网络状组织。

（5）生殖格局（reproductive pattern）：即群落中物种繁殖方式的组合。

（6）社会格局（social pattern）：即群落中动物（鸟、兽、鱼、虫）的社会性。

（7）协同格局（coactive pattern）：即群落中物种间的竞争、抗生、共生、捕食与寄生。

（8）随机格局（stochastic pattern）：即任意或不可知力量影响群落结构的结果。

群落的结构可分为物理结构和生物结构两方面。物理结构指群落的外貌和形态，包括决定群落外貌的植物生长型、垂直分层结构和群落外貌的昼夜和季节相三方面。生物结构是指构成群落的物种组成和相对多度、种间相互关系、多样性和演替几方面。群落的生物结构部分取决于物理结构。

一、群落的外貌和生长型

群落的形态与结构一般称为群落的外貌（physiognomy）。由于陆地群落的外貌是由组成群落的植物形状所决定的（如森林与草原外貌上的明显区别），所以要描述其外貌（图 4-12-5），首先要叙述植物的生长型（growth form）。

生长型反映了植物生活的环境条件。相同的环境条件具有相似的生长型。世界各大洲的相似环境地区，如草原和荒漠，由于趋同进化生活着具有相同生长型的植物，可以称之为生态等价种（ecological equivalence）。例如生活于非洲、北美、大洋洲和亚洲的许多荒漠植物，都发展有叶子细小的特征，这是一种减少热负荷和蒸腾失水的适应。

根据生活的气候条件不同，有时又把高等植物划分为不同的生活型（life forms）：如高位芽植物（phanerophytes）、地上芽植物（chamaephytes）、地面芽植物（hemicryptophytes）、隐芽植物（crytophytes）或地下芽植物（geophytes）、一年生植物（therophytes）。

一般来说，在气候温暖多湿的热带雨林，以高位芽植物占优势；而具有较长寒冷季节的地区，如温带针叶林，以地面芽植物占优势；地下芽植物占优势的群落，反映环境较冷湿；气候干燥的地区一年生植物最丰富（图 4-12-6）。

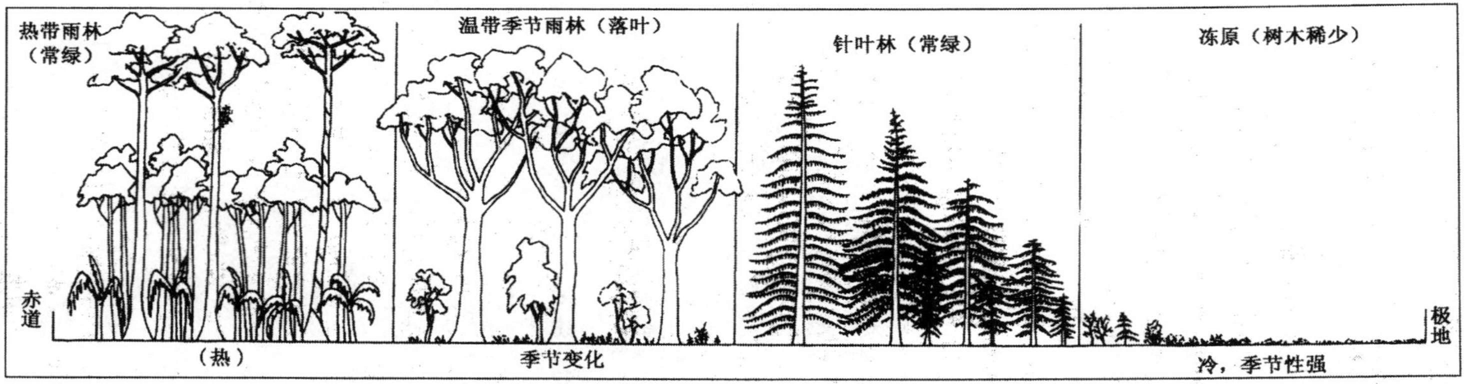

图 4-12-5　随地理纬度从赤道到极地的变化，植物群落的外貌呈四种主要的类型(仿 JL Chapman et al 1999)

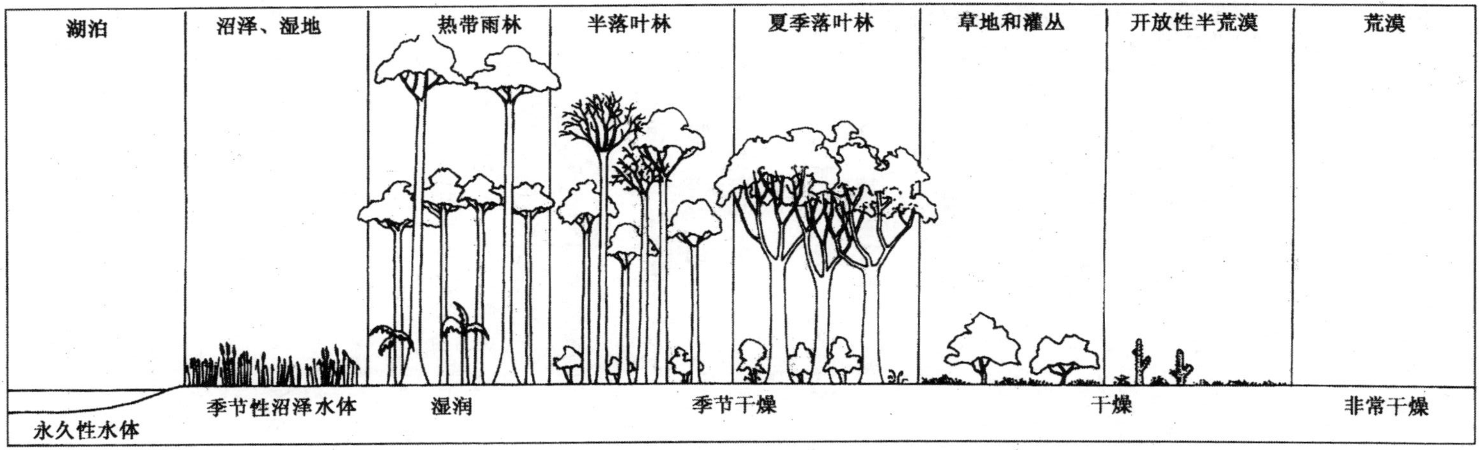

图 4-12-6　降雨量对群落结构的影响(仿 JL Chapman et al 1999)
随降雨量的增加，植被类型从干燥荒漠的稀疏、矮小逐渐向湿润环境的高大致密过渡

动物也有不同的生活型，如兽类中有飞行的（蝙蝠）、滑翔的（鼯鼠）、游泳的（鱼、海豹）、奔跑的（马、鹿），它们各有各的形态、生理和行为特征，适应于各种生活方式。但动物生活型的不同，并不能决定陆地群落的外貌和物理结构。

二、群落的空间结构

1. 垂直结构

生物群落的组成在垂直高度上的分化状况称为垂直结构，又称为垂直分层现象（vertical stratification）。群落的分层结构取决于植物的生活型——高低、大小、分枝、叶等，主要受光照强度的递减所决定。例如，森林中有林冠（canopy）、下木（understory tree）、灌木（shrub）、草本（herb）和地被（grand）等层次，还可以将根和土壤分成若干层次。林冠层直接接受阳光，是进行光合作用、初级生产的主要地方，它的发育状况对下面各层次有着直接影响。如果林冠层郁闭度大，林下灌木和地被物就发育不好；如果林冠层相当开阔，林下植物就发育良好。当然林下植物的盛衰，还取决于土壤水分条件和坡度、坡向等因素。

成层现象的生态学意义在于通过分层利用资源、减少对日光、水分、矿质营养的竞争，从而扩大群落对资源的利用范围。因此，成层越复杂，对环境利用越充分，群落成层性是评估生态环境质量的一种指标。

水体群落的分层主要决定于光穿透情况，水温和溶氧的分层，如上湖层、湿跃层和下湖层等。水生动物的分层现象也是很明显的，一般可分为漂浮生物（neuston）、浮游生物（plankton）、游泳生物（nekton）、底栖生物（benthes）、附底生物（epifauna）和底内生物（infauna）等类型。

陆地群落和水生群落，按植物光合作用的情况，都可将其分为上面的自养层（autotrophic layer）和下面的异养层（heterotrophic layer）两大层次。群落的光合作用或初级生产过程主要在自养层中进行。陆地群落的林冠和草被层，水生群落的水体上层，植物都能通过光合作用制造营养物质。异养层乃利用自养层中已制造的贮存物，并在此层进行分解作用。自养层又称绿色层，异养层又称褐色层。

在群落的每一层次中，都栖息着一些可以作为各层特征的动物，它们以这一层次的植物为食料，或以这一层次作为栖息场所。因此，动物在群落中也有分层现象。一般而言，群落中植物层次越多，动物的种类也越多，如在森林群落中，虽然大多数鸟类可以同时利用几个不同的层次，但每一种鸟类都有自己最喜欢的层次，有的喜欢在林冠层，有的喜欢在乔木层，有的喜欢在灌木层，有的喜欢在草被子层或地面层。昆虫类也是这样，食叶性鳞翅目、同翅目种类大多在树冠为害；蛀食性鞘翅目、膜翅目种类在树干上为害；弹尾目、纺足目、步甲科和蚁科昆虫常在地被植物的枯枝落叶间栖息；步甲科、叩头甲科、拟步甲科、象甲科和金龟科的幼虫，多在植物根部取食；蝼蛄科和蚁科则栖居于土壤中（图 4-12-7）。

有的学者认为群落的垂直分布格局，还应包括陆生群落不同海拔高度和水体群落不同水域深度上分布的物种和数量（图 4-12-8）。

Whittaker（1967）对美国大烟山国家公园不同高度梯度上植被状况的观察，发现从山谷到山脊每种食叶昆虫的数量分布，可用沿高度梯度而变化的钟形曲线来表示。出现这种垂直分层的原因，除了不同高度上气候的差异外，主要是由于植被不同，使食叶昆虫群落追随不同的食料而形成。

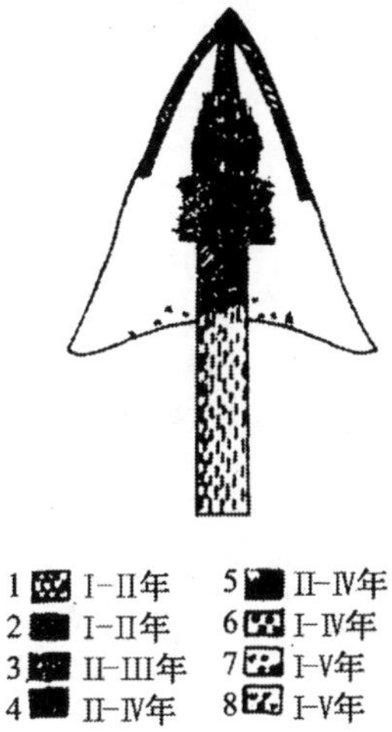

图 4-12-7 害虫在冷杉不同部位侵害和分布的序列
1. 云杉八齿小蠹；2. 云杉小四眼小蠹；3. 中穴星坑小蠹；4. 小穴细小蠹；5. 细小蠹；6. 木栓梢小蠹；7. 云杉蠹象甲；8. 棘裂小蠹
（仿 Haymob，1955）

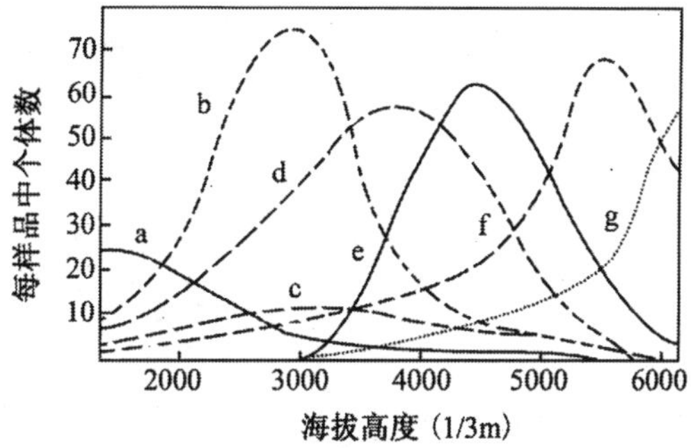

图 4-12-8 7 种食叶昆虫在中湿性生境中沿海拔高度的分布
a. 叶蝉（*Graphocephala coccinea*）；b. 啮虫（*Caecilius* sp.）；c. 叶蝉（*Agalliobpsis novella*）；d. 啮虫（*Polypsocus corruptus*）；e. 花蚤（*Anaspis rufa*）；f. 叶蝉（*Cicadella flavoscuta*）；g. 宽头叶蝉（*Oncopsis* sp.）（仿 Whittaker，1967）

Whittaker 同时观察到该公园从谷底到山脊随着高度梯度的变化，秋季景色有五种不同颜色的地带：①多色彩的小湾森林带；②深绿色的铁杉林带；③深红色的栎树林带；④红褐色的栎——石南植被；⑤山脊上浅绿色的松树林带。这种随高度梯度而变化的植被状况，主要由于不同梯度土壤、阳光、湿度的差异所决定。如果我们将这五个植被带作为一个连续体看待，从山谷到山脊的整个山坡可视为一个大群落，那么这五种不同颜色的地带就相当一个群落的垂直分层结构。如果将这五个地带加以比较，根据其优势种、环境条件等的差异，又可将它看成五个不同类型群落的垂直分化。后一种观点对于森林合理管理是有益的，因为每一类型在林木生长率、林木质量、恢复值以及对自然灾害的抗性上都有差异，就可根据不同的群落状况，采取不同的管理措施。

2. 水平结构

根据群落中组成成员的分布情况，构成了生物群落的水平格局（horizontal pattern）。

陆地群落的水平格局主要决定于植物的内在分布型（图 4-12-9）。除人工林有可能出现均匀型分布外，生长在沙漠中的灌木，因植株之间不可能太靠近，分布也比较不均匀，陆地群落大多数种类植物是成群分布的。植被的斑块状镶嵌方式就相当重要，若种子成熟后直接洒落在母株周围，就会产生成簇的幼小植物；靠风力传播（蒲公英种子）或靠鸟兽传播的（苍耳种子）种子的植物就可散布的很远；植株的荫蔽和分泌抑制异种物质，可以抑制其他植物的生长；此外，还有相互促进的正的种间关系。环境条件（土壤、地形、风、火等)、动物的选择性采食、掘土挖洞、践踏等也可以影响植物的分布，所有这些因素都有可能导致群落中植被在水平方向上出现复杂的镶嵌性（mossicism)。

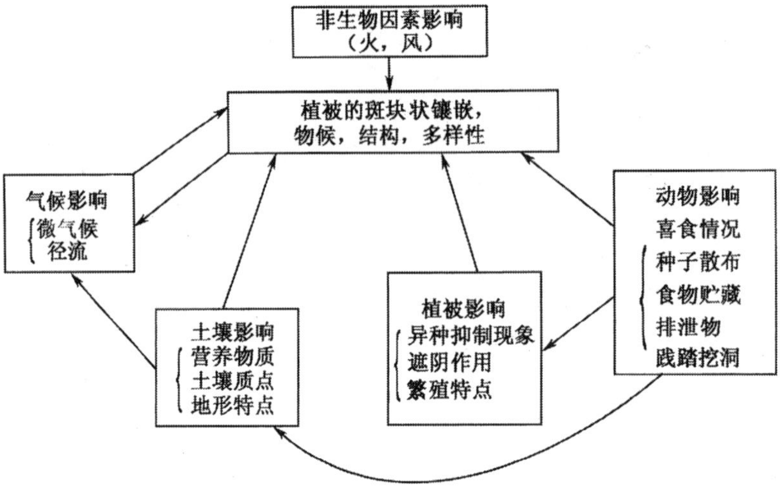

图 4-12-9 陆地群落中植被的水平格局（镶嵌结构）的主要决定因素（仿 Smith 1980)

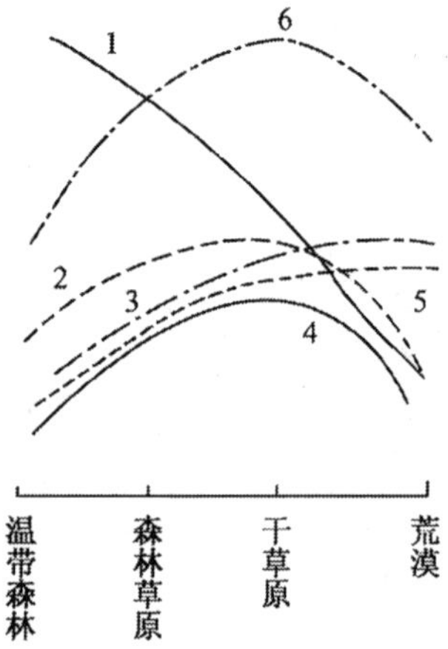

图 4-12-10 不同自然地带生物群落中动物特征变化（仿 Haymob 1958)

1. 物种数目；2. 夜出性生活方式所占的分量；3. 贮存食物种类所占分量；4. 冬眠种类所占分量；5. 迁移种类所占分量；6. 数量易变性程度

植被的斑块性（patchness）和镶嵌性都是一种空间异质性的表现，这种空间异质性对于群落的结构和演替有重要影响。

从不同地理地带看陆生群落的组成、结构和动态特征时，可以看到物理环境地带性变化引起生物群落多样性加大、丰盛度增加。气候的严厉性和易变性增加，可使群落多样性减少和结构简单化。热带群落稳定的种间关系使群落相对较稳定，温带和一些高纬度地带，则由于气候及食物的多变，使整个群落变得非常不稳定。在冻原、干草原或荒漠的群落中，由于环境较单纯，有时是单层性群落。因为生物性生存条件（敌害、寄生、竞争）的作用降低，而非生物性条件突出为首要的（图 4-12-10)。

三、时间结构

群落的时间结构是群落的动态特征之一。很多环境因素具有明显的时间节律（如昼夜节律、季节节律）的影响，群落结构表现出随时间而有明显变化的特征，称为群落的时间格局（temporal pattern)。

时间格局包括：一是由自然环境因素的时间节律引起群落各物种在时间上相应的周期变化；二是群落在长期历史发展过程中，由一种群落类型转变为一种群落类型的顺序过程，亦即群落的发展演替。可分为：

（1）昼夜相：白天活动的动物（蝴蝶、鸟类）；夜晚活动的动物（蛾类、兽类）。

（2）季节相：动物种的替代，植物的生长期、春、夏、秋、冬；热带雨林的雨季、旱季等。

群落昼夜节律的例子很多，在农田中白天活动的昆虫有蝶类、蜂类和蝇类；夜间活动的有蛾类、螟蛾类。在森林中白天可看到多种鸟类，夜间则有猫头鹰和鼠类活动。由于物种活动时间的差异，使群落结构在白天和晚上有所不同。

群落的季节性变化也很普遍，动物和植物都比较明显。在温带地区，群落变化主要受周年日照、温度条件的影响；在亚热带地区，则主要受周年内干季、湿季的交替影响；温带落叶阔叶林，在冬季树木光秃、草被枯黄、候鸟迁往南方、大多数变温动物进入休眠状态。秋冬群落与春夏群落相比较，群落面貌迥然不同。研究昆虫群落的季节变化规律，可以看出每时段昆虫群落物种组成及其数量变化特点，并进而为害虫综合治理或益虫繁殖利用提供依据。

四、营养结构（trophic structure）

营养关系是生物群落中各成员之间最重要的联系，是群落赖以生存的基础。

1. 食物链（food chain）

指群落中不同生物种群通过取食与被食的关系，形成的营养链锁结构。如：

柑橘→橘蚜→蜘蛛→雀→鹰；浮游植物→浮游动物→草食性鱼类→肉食性鱼类。

根据食物链的起始环节的情况，可将食物链分为两种类型，即食草食物链（grazing food chain）和残渣食物链（detritus food chain）。前者是以绿色植物为起始环节，经植食动物、肉食动物等取食关系组成的食物链；后者是以死的有机体（植物的枯枝落叶、动物尸体和排泄物）为起始环节，经过腐生动物或微生物逐级分解所构成的食物链。

Cohen（1978）和 Newman（1986）经过对 113 个食物网中食物链的平均长度与物种数关系的分析，建立了食物链长度理论，认为食物链的平均长度符合 Newman 分布，与物种数不成线性关系（图 4-2-11 和图 4-2-12 所示）。制约食物链长度的因素综合起来有三个假说：

（1）能量假说（energetic hpothesis）：认为食物链的长度由于受到能量在食物链中传递的损耗和捕食者的最低能量要求所限制而不能无限地增长。群落中各种生物赖以生存所需的能源，来自于植物的光合作用。由于能量沿着食物链流动，每经一级都将消耗很大的能量，所以自然界很少有超过五六个环节的食物链。

（2）动态稳定性假说（dynamic stability hypothesis）：基于生态系统的稳定数学模型发现，食物链越长，为维持系统平衡与稳定对模型参数的限制就越严格。就实际情况来说，具有较长食物链的生态系统，一旦受到内外因素的干扰，不仅易于遭到破坏，而且恢复原状的时间也长。因此具长食物链的食物网在自然界中难以长期存在。

（3）一些经验性的结论：Briand 等分析了 34 个食物网的环境系统后认为三维生态系统的食物链比二维生态系统的食物链长。

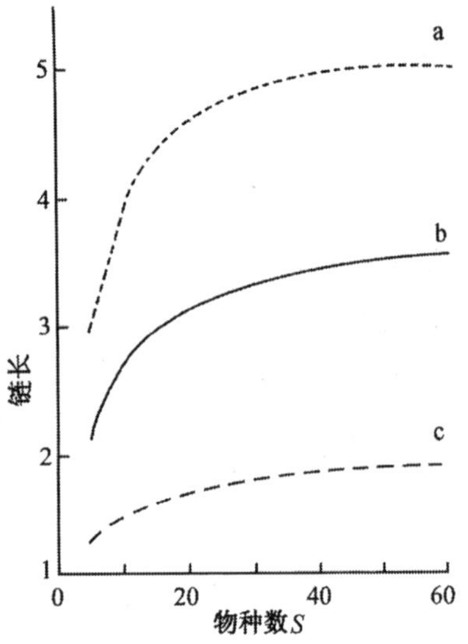

图 4-12-11　食物链平均长度与物种数的关系
a 示链长平均值 + 1 个标准差；b 示链长平均值；
c 示链长平均值 - 1 个标准差（仿赵志模　1990）

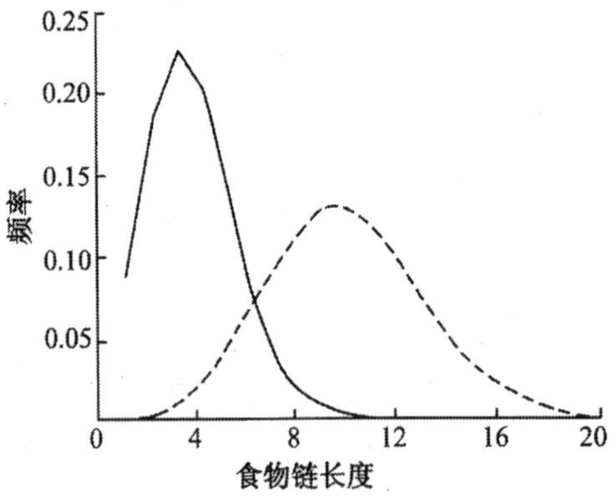

图 4-12-12　食物链平均长度的相对分布频率
——$r=3.71$；－－－－$r=10$（仿赵志模　1990）

2. 食物网（food web）

群落中各生物种间的营养关系十分复杂。例如一种害虫可取食多种植物，每种植物也可能有多种害虫，各种害虫又可能有多种天敌。从群落的食物链结构来看，一个群落可能形成多条食物链。群落中的食物链，通过营养联系，相互交叉，形成一个错综复杂的网状结构，称之为食物网（图 4-12-13）。

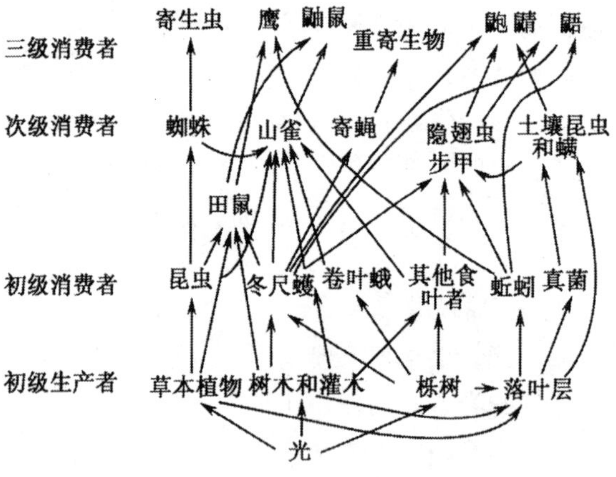

图 4-12-13　一个森林群落中的食物网结构（仿 Varley　1970）

Cohen（1984）和 Briand（1986）在统计了 63 个食物网的资料后提出了食物网结构的随机理论，用以解释食物网内营养级别和物种之间、各类型的食物链之间、食物链节数与物种数之间的关系。认为群落食物网中物种总数 S 在 3～33 个营养物种内变化时，平均猎物数、平均基位物种数和捕食者数、中位物种数、顶位物种数等与物种总数的比例维持在一个恒定的水平（图 4-12-14）。另外，对食物网中物种间能量流动的环与非环性进行了探讨。

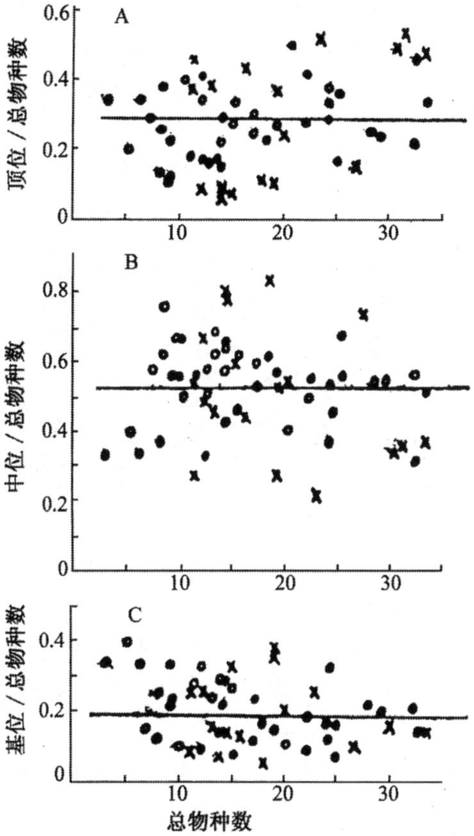

图 4-12-14　食物网中顶位、中位和基位物种数的比例（P，Q，R）与总物种数 S 的关系
A．P与S的关系；B．Q与S的关系；C．R与S的关系

对食物网结构的这些研究，在解释、描述和预测生态系统中的能量动态有重要意义。然而，当前还存在一些困难和问题，主要问题是证据不足，其一是迄今用于食物网结构分析的食物网总数不到 200 个；其二是数据质量差，包含的物种不全。

近年来，在食物网控制机制上出现了到底是上行控制效应（bottom-up effect）还是下行控制效应（top-down effect）的争论。上行控制效应（自下而上）是指较低营养阶层的密度、生物量等（资源限制）决定较高营养阶层的种群结构；下行控制效应（自上而下）是指较低营养阶层的群落结构（多度、生物量、物种多样性）依赖于较高营养阶层的物种结构（捕食者控制）。实际上二种效应是相对应的，都在控制着生物群落的结构。

3．生态金字塔（ecological pyramid）

在食物网中每一物种所处的营养等级不同，一般分为：生产者、初级消费者、次级消费者、三级消费者等。如果将各营养级别上的个体数量或单位面积现存量或单位时间、单位面积所吸收的能量来作定量描述和测定，将按由低到高的顺序排列绘制成图形，可展示一个塔形图，塔基部较宽，一般称之为生态锥体或生态金字塔。有三种锥体类型：①数量锥体（pyramid of number），以相继营养级别生物的个体数量来描述的生态锥体；②生物量锥体，以各营养级别总生物量所建立的生态锥体；③能量锥体（pyramid of energy），以各相继营养级别生物的能量或"生产力"所建立的锥体。

一般而言，生态锥体多呈塔形，尤以能量锥体最能保持塔形，但数量锥体、生物量锥体有时呈倒的塔形。

4. 营养物种（trophic species）

为了分析方便，同时也为了简化食物网结构，生态学一般把营养级别相同的不同物种或相同物种的不同发育阶段归并为一个物种对待，在这种意义上的物种称为营养物种。显然，营养物种不同于纯生物学意义上的物种，它是由取食同样猎物，或被相同捕食者猎食的，在营养级别上完全相同的一类物种所组成。

营养物种根据其在食物网中所处的位置可以区分为以下四种类型：

（1）顶位物种（top species），它是指在食物网中不被任何其他生物所取食的物种，食物链的终点。

（2）中位物种（intermediate species）至少具有一种捕食者和猎物。即：既可捕食其他物种，也可以被更高级的捕食者所食。

（3）基位物种（basal species）指不取食任何其他生物的物种，但被其他种取食。

（4）孤立物种（isolated species）在食物网中既不取食其他种，也不被其他种取食的物种。

实际上，在具体操作中，营养物种的划分也是相对的，是根据群落的范畴和所研究对象的特征而定的。

5. 同资源种团（guilds）

如果按照组成生物群落的每一个物种，来完整地研究生物群落中的营养结构和食物网，这几乎是不可能的。若按生产者、消费者、分解者和营养级来描述和研究生物群落，则组成的单元似乎又有些偏大。Root（1967）提出同资源种团的概念，表示以相同的方式利用共同资源的物种集团。如热带取食花蜜的许多蜂鸟就可以称为一个同资源种团。此外，还有食叶子、食种子、食虫的同资源种团。

同资源种团是由生态学特征上很相似的种类所组成，它们彼此之间生态位重叠很明显。因此，其种间竞争是相当激烈的。相比之下，某一同资源种团与生物群落中其他同资源种团间的关系就显得较弱。目前很多文献上使用的功能集团（functional group），按其内涵与同资源种团是同义的。

以同资源种团作为组成群落的成员，与以物种为组成成员相比较，研究会简单得多，这十分有助于研究群落或生态系统的营养结构。另外，如果组成同资源种团的物种彼此之间可以相互取代，那么它们是具有同一功能地位的等价种（equivalent species），这一假说能被更多的实例所验证的话，它将会大大地推动有关竞争和进化问题的研究。此外，同资源种团的划分，还有助于研究生物群落营养结构的稳定性。

总之，将系统中各个物种分成不同功能群，有两个优点：①是简化了复杂的生态系统（Richardson et al 1993）；②是弱化了各物种的个别作用，更加强调物种集体的作用，将物种水平提高到生态系统水平之上。应该指出，同一物种在不同过程中属于不同的功能群。

6. 群落交错区和边缘效应

在两个不同群落交界的区域，称为群落交错区（ecotone）。群落交错区实际上是一个过渡地带，例如在森林带和草原互相镶嵌着出现。

由于群落交错区的环境条件比较复杂，其植物种类也往往更加丰富多样，从而也能更多地为动物提供营巢、隐蔽和摄食的条件。因而在群落交错区中既可有相隔群落的生物种类，又可有交错区特有的生物种类。这种在群落交错区中生物种类增加和某些种类密度加大的现象，叫做边缘效应（edge effect）。

边缘效应类似于生物学中的杂种优势，其形成需要一定条件，如两个相邻生物群落的渗透力大致相似，两类环境或两种生物群落所造成的过渡地带需相对稳定，相邻生物群落各自具有一定的均一面积或群落内只有较小面积的分割，具有两个群落交错的生物类群等。边缘效应的形成需要较长的时间，是协同进化的产物。

第四节　影响群落结构的因素

群落生态学的中心问题之一就是群落的整个结构是如何形成的。近年来，通过种群间相互作用包括捕食、竞争和互利共生等研究，已经开展了形成群落组织的机制研究（mechanistic approach of community ecology），并已取得一些成就。

一、竞争对群落结构的影响

竞争对群落结构的形成有重要影响。对种间竞争在形成群落结构的作用问题上，最直接的证据可能是在自然群落中对物种进行引进或去除实验，Schoner 和 Cornell 就分别对种间竞争研究的文献进行过统计（分别达 184 和 72 例研究），平均有 90％的例证说明有种间竞争，表明自然群落中竞争是相当普遍的。他们的结果还说明，海洋生物中有种间竞争的比例较陆地生物多；大型生物间比小型生物间高；植食性昆虫中竞争比例低。绿色植物到处都有，较丰富，很少被一食而空，所以为食物资源而竞争的可能性比较少。

已有证据表明，竞争是群落形成的一个重要驱动因素。但竞争的重要性在多个群落间显然是不同的，而且常常只是影响物种之间相互作用的一小部分。那么为什么许多调查结果显示的当前竞争往往是不强烈的？一般认为：①自然选择可能已有效地通过生态位划分而避免了竞争（过去竞争的痕迹）；②在一个环境斑块中，具有强竞争力的物种共存，因为它们并不利用相同的资源；③物种也许仅仅在种群爆发、资源短缺时才发生竞争。

二、捕食对群落结构的影响

捕食对形成群落结构的影响，视捕食者是泛化种（generalist）还是特化种（specialist）而不同。对泛化种来说，捕食使种间竞争缓和，并促进多样性提高。但当取食强度过高时，物种数亦随之降低。对特化种来说，随被选食的物种是优势种还是劣势种而异。如果被选择的是优势种，则捕食能提高多样性，如果捕食者喜食的是竞争力弱的劣势种，那么随着捕食压力的增加，多样性就会随着呈线性下降趋势。

三、干扰对群落结构的影响

干扰（disturbance）是自然界的普遍现象。干扰不同于灾难（catastrophes），不会产生巨大的破坏作用，但它经常反复地出现，使物种没有充足的时间进化。

1. 中度干扰假说（intermediate disturbance hypothesis）

Cornell 等提出中等程度的干扰频率能维持较高多样性。其理由是：①一次干扰后少数先锋种入侵断层，如果干扰频繁、一再出现的话，则先锋种不能发展到演替中期，使多样性保持较低；②如果干扰间期很长，使演替过程能发展到顶极期，竞争排斥起到排斥他种的作用，多样性也不高；③只有中等程度的干扰将使多样性最高，它允许更多的物种入侵和建立种群。草地在经受动物挖掘活动后也出现断层，对其干扰频率对断层演替的研究结果，同样证明了中度干扰假说。

2. 干扰与群落的断层

连续的群落中出现断层（gaps）是非常普遍的现象，而断层经常是由于干扰而打开的。森林中的断层可能由大风、雷电、地震所引起；草地群落的干扰包括冰冻、动物挖掘，食草动物啃食、践踏，粪便堆等。干扰造成群落的断层以后，有的在没有继续干扰的条件下会逐渐地按该地区典型的顶极群落演替过程而出现可预测的有序的小演替(mini-succession)，但也有的经受完全不同的变化：断层可能被周围群落的任何一种所侵入和占有，并发展成为优势种。哪一种是优胜者，完全取决于随机因素。

四、空间异质性与群落结构

环境的不一致，导致了群落在空间上的异质性（spatial heterogenity)。

植物群落研究中大量资料说明，在土壤和地型变化丰富的地方，群落会有更多的植物种；而平坦、同质土壤的群落多样性低。Harman 研究了淡水系统软体动物种数与空间异质性的相关性，也得出栖境质类型越多，淡水软体动物种数越多的正相关关系结果。

MacArthur 等通过研究鸟类多样性与植物物种多样性和取食多样性之间的关系，发现鸟类多样性与植物种数的相关，不如与取食-高度多样性相关明显。所以对于鸟类的生活来说，植被的分层结构比物种组成更为重要。在草地和灌丛群落中，垂直结构不如森林群落明显，而水平结构，即镶嵌性和斑块性，就可能起到决定性作用。

五、平衡学说和非平衡学说

对于形成群落结构的一般理论，有两种对立的观点，即平衡学说（equilibrium theory）和非平衡学说（non- equilibrium theory）

平衡学说认为共同生活在同一群落中的物种种群处于一种稳定状态。其中心思想是：①共同生活的物种通过竞争、捕食和互利共生等种间相互作用而互相牵制；②生物群落具有全局稳定性特点，种间相互作用导致群落的稳定特性，在稳定性状态下群落的物种组成和各种群落数量都变化不大；③群落实际上出现的变化是由于环境的变化，即所谓的干扰所造成的，并且干扰是逐渐衰亡的。因此，平衡学说把生物群落视为存在于

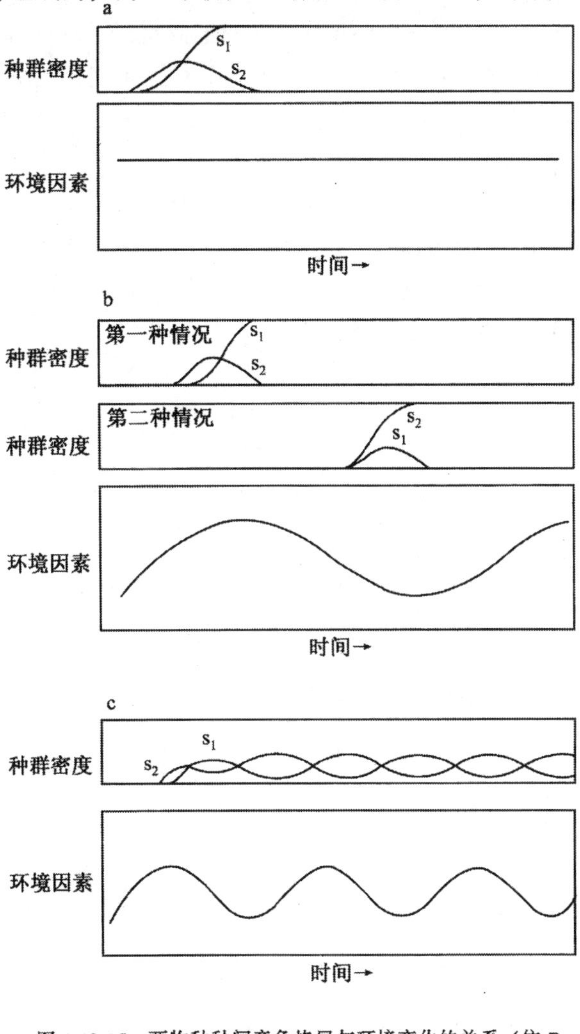

图 4-12-15 两物种种间竞争格局与环境变化的关系（仿 Begon et al 1986）
a. 环境稳定，并有利于 S_1；b. 环境变化，相隔时间长，有时有利于 S_1，有时有利于 S_2；c. 环境变化较频繁

不断变化着的物理环境中的稳定实体。

非平衡学说的主要依据就是中度干扰理论。该学说认为，构成群落的物种始终处于变化之中，群落不能达到平衡状态，自然界的群落不存在全局稳定性，有的只是群落的抵抗性（群落抵抗外界干扰的能力）和恢复性（群落在受干扰后恢复到原来状态的能力）。

图 4-2-15 中表示竞争格局与环境变化的关系：①如果环境条件稳定，而且持续时间足以使一物种排斥另一物种，则可能出现竞争排斥；②如果环境条件是变化的，并且每次变化之间隔时间较长，即频率不高，那么在对物种有利时，物种 2 被排斥；反之，物种 1 被排斥。两种情况都有可能发生；③最值得注意的是：当环境条件变化比较频繁，一物种不足以排斥另一物种，则可出现两个物种种群交替升降而得到在动态中共存的局面。显然这里指的是生态位相同的物种，它们在动态的环境中可能共存。这种结局甚至可能扩充到多个物种的系统中。

比较平衡学说和非平衡学说，除对干扰的作用强调不同以外，一个基本的区别是：平衡学说的注意焦点是系统处于平衡点时的性质，而对于时间和变异性注意不足；而非平衡学说则把注意的焦点放在离平衡点时系统行为变化过程，特别强调时间和变异性。另一重要区别是把群落视为封闭系统还是开放系统。

总之，群落生态学中最令人感兴趣的问题是群落中为什么有这么多种类的动植物，为什么它们像现在这样分布着，以及它们是怎样相互作用的。现代群落生态学强调了实验研究和理论研究的结合，着重于研究形成群落结构的机制。此外，重视干扰和空间异质性的重要作用，也是现代群落生态学发展的特点。

思考题

1. 如何确定一个群落中的优势种？
2. 举例说明生物群落的垂直结构和水平结构、季节动态。
3. 何谓关键种？与优势种有何区别？
4. 何谓功能集团和营养层，其划分有何生态学意义？
5. 何谓冗余种，简述冗余学说。
6. 论述中度干扰理论及其生态学意义。
7. 何谓边际效应和生态交错区？其研究意义。
8. 简述上行控制效应与下行控制效应原理。

第十三章　群落的演替

学习要点

1. 了解演替的含义、特征和阶段规律。

2. 了解群落演替的内外因素和演替的系列类型。

基本概念

1. 群落演替（community succession）：是指在一定区域内，群落随时间而变化，由一种类型转变为另一种类型的生态过程。

2. 原生演替（primary succession）：原生演替是从未被生物占领过的区域，从没有生物的状态开始的演替，因此又叫初级演替。

3. 次生演替（secondary succession）：次生演替是在生物曾经占领过或原来曾有群落的地方开始的演替又叫次级演替。

4. 顶极群落（climax community）：随着群落演替的进展，最后出现一个相对稳定的群落阶段，称之为顶极群落。

第一节　群落演替的概念

群落演替（community succession）又称生态演替（ecological succession ），是指在一定区域内，群落随时间而变化，由一种类型转变为另一种类型的生态过程。

"演替"一词由 John Ddlum (1806) 最先应用于生态学。Thorean (1863) 将演替描述为弃耕田向森林过渡的变化。Warming 等（1896）在研究密执安湖边的沙丘演变为森林时，提出演替学说。Clements（1916）对此加以完善，并进一步提出单顶极学说。Odum (1969)列出了群落演替的三个基本观点：① 群落的发展是有顺序的过程，是有规律地向一定方向发展，因而是能预见的；②演替是由群落引起物理环境改变的结果，即演替是由群落控制的；③它以形成稳定的生态系统，即以顶极群落形成的系统为其发展顶点。他们认为演替过程可分为若干不同阶段，称之为演替系列群落（serial communities)。依其发展程度，在演替初期的称为先锋期（pioneer stage)，在演替中期的称为发展期（development stage)，发展到最后的稳定系统称为顶极（serial climax）或顶极群落。此种观点称为机体学派或整体论，在 20 世纪 70 年代之前占优势，称为经典的演替观。

以 Gleason 为代表的个体论学派，把植物群落的演替看成是群落中各物种个体替代的结果。此种理论在 20 世纪 70 年代以前处于劣势，但后来的实验和观察资料支持了这一学派，使其逐渐兴旺起来，成为与经典演替观相对立的现代演替观。

第二节　群落演替的分类

根据不同的立足点，群落演替可以分为不同的类型。

1. 按照演替出现的起始地

可将其分为原生演替（primary succession）和次生演替（secondary succession）两类。原生演替是从未被生物占领过的区域，从没有生物的状态开始的演替，因此又叫初级演替，如发生在裸露岩石上、湖边沙丘或火山爆发后摧毁一切生命的地方上的演替。次生演替是在生物曾经占领过或原来曾有群落的地方开始的演替又叫次级演替。它的基本模式如火烧（following fire）演替、弃耕地演替（abandoned fields）、放牧（grazing）演替等。二者的区别是，原生演替的进展速度极其缓慢。

2. 按照引起演替的原因

可将其分为内因性演替（endogenetic succession）和外因性演替（exogenetic succession）。如由于海岸的升降、河流的冲积、冰川的影响等原因引起的演替称为外因性演替。大多数情况下，群落演替发生在气候条件和其他条件相对稳定的情况下，其演替原因在群落内部，这样的演替就为内因性演替。事实上，内因性演替和外因性演替划分是相对的。因为任何群落演替都在外界条件的影响下进行，由外因启动的演替阶段，也包括着群落内部成员的活动影响在内。

3. 按照演替过程的时间长短来划分

可以把群落演替分为地质演替（geological succession）和生态演替（ecological succession）。一般意义上的演替是针对生态演替而言的，在时间上可分为几十到几百年的长期演替和几年到几十年的快速演替；而地质演替则是以地质年代来划分的，时间非常长。古生态学（paleo-ecology）的兴起和发展，为研究地质演替创造了条件。

4. 按照群落的代谢特征来划分

群落可分为自养性演替（autotrophic succession）和异养性演替（heterotrophic succession）。以 P 代表群落的总生产量（光合作用固定的总能量或同化作用积累的有机物总量），以 R 代表群落的总呼吸量的情况下，当 $P/R>1$ 时，说明群落中能量或有机物增加，这时的群落演替属于自养性演替；当 $P/R<1$ 时，说明群落中能量或有机物减少，这时的群落演替属于异养性演替；当$\frac{P}{R}\approx 1$ 时，说明群落中能量或有机物收支平衡，这时的群落处于相对稳定的顶极群落的特征。

第三节　群落演替的特征

群落演替的特征是群落演替过程中所表现的共同规律性，主要表现在三个方面。

1. 演替的方向性

演替由初始的先锋期经发展期到成熟期或顶极期。Odum 提出用六个方面 24 项指标群落演替的趋势（表 4-13-1）。

表 4-13-1　生态演替可能期望的趋势（仿 Odum 1969）

生态系统的特征	发展期	成熟期
群落能量学		
1. 总生产量/群落呼吸（P/R 比率）	>1 或 <1	≈ 1
2. 总生产量/现存量（P/B 比率）	高	低
3. 维持生物量/单位能流量（B/E）	低	高
4. 净群落生产量（收获量）	高	低
5. 食物链	线形草食优势	网状，腐食优势
群落结构		
6. 有机物质总量	较少	较多
7. 无机营养物质	外生的	内生的
8. 物种多样性—种类变异	低	高
9. 物种多样性—均匀性	低	高
10. 生化多样性	低	高
11. 分层性和空间异质性	组合差	组合好
生活史		
12. 生态位特化	宽	窄
13. 有机体大小	小	大
14. 生活史	短，简单	长，复杂
营养物质循环		
15. 矿质循环	开放	封闭
16. 有机体与环境营养物交换率	快	慢
17. 营养物再生中腐屑的作用	不重要	重要
选择压力		
18. 生长势	快速生长（r 选择）	反馈控制（K 选择）
19. 生产	量	质
群落稳定性		
20. 内共生	不发育	发育
21. 营养物质保存	不良	良好
22. 稳定性（对外界干扰的抗力）	不良	良好
23. 熵	高	低
24. 信息	低	高

2. 演替的速度

演替速度是指群落演替从裸地开始，经过一系列演替阶段达到顶极群落所需的时间。原生演替的速度非常慢，次生演替的速度一般比较快。

3. 演替的效应

演替的效应是指群落内部的物种，在其自然发展过程中，在生境中产生一些对自己不利，而对其他物种有利的因素，从而在此过程中创造了物种替代的环境条件。如许多植食性昆虫，由于对植物的危害而经常破坏了自己的适宜环境，甚至毁灭了作为生境或食物的寄生植物，但同时，却又为另外一些相继营养级别的物种创造了繁盛的条件，从而导致了群落的演替过程中物种组成成分的更替。当然演替的原因是多方面的，不能完全归结于演替的效应。

第四节　群落演替的一般过程

群落演替的一般过程如下：

一、裸地形成

1. 原始裸地的产生

主要包括侵蚀（由水、风、重力、冰川所引起）、沉积（由上述原因加上钙化、泉化和硬化与沉积）、陆地上升（产生贫瘠的地面）、陆地下沉（产生贫瘠的水面）和解冻作用（产生不稳定的粉砂或石质基质和解冻的池塘）等过程。

2. 由气候现象产生大多数次生裸地

例如干旱使定居植物中多数对其敏感的植物孱弱死亡，从而形成开阔地；暴风雨推倒个别的或成群的林木；闪电、雷击产生毁灭性的火灾等。

3. 生物作用力形成次生裸地

例如人类耕作、伐木、挖掘，露天开矿、工厂释放的有毒气体、火烧、过度放牧以及昆虫、真菌、细菌等毁灭植被等。

二、生物侵移、定居及繁殖

1. 侵移

是指生物有机体的繁殖结构进入栖境或裸地的过程。如果繁殖结构是借助于空气或水进入新栖境，则称这些繁殖结构为传播体（disseminule）；如果繁殖结构是穿过一层基质或越过表面延伸，而仍然与母体连接在一起，则称为繁殖体（propagule）。一般传播体的侵移，导致栖境中零散分布的个体外貌；繁殖体的侵移则导致裸地或栖境边缘的集群侵占。

2. 定居

是指侵移体生长发育至个体成熟阶段的过程。在最初阶段，虽然可能有大量的繁殖结构到达栖境，然而只有少数强有力的先驱物种能够成功定居，这是这些物种在其生活周期的任何时刻，死亡是不可避免的。

3. 繁殖

是指侵移进来的物种增加其个体数量。这种初步建立起来的种群对以后环境的改造和其后相继侵入定居的同种或异种个体起着极其重要的奠基作用。

三、环境变化

环境变化是群落演替的一个重要过程，在演替中生境内非生命成分是同动植物的变化并行的。环境变化主要受两个方面的影响：一是自发的影响（autogenic influences），即有机体本身活动的结果；二是异发的影响（allogenic influences），即与植被覆盖无关的环境自身变化的结果。在正常情况下，这两种影响力同时发挥作用。

四、物种竞争

它是多种生物有机体对环境资源提出同样要求，或是一种有机体对另一种有机体直接或间接地造成危害的现象。竞争的结果形成和造就了生物群落中各物种成分的比例和优势度，通过竞争趋于平衡，并使得各物种的分布区域或适合的生态幅度（ecological amplitude）缩小，而呈现出物种沿环境而变化的梯度。

五、群落水平上的相对稳定和平衡

各物种通过竞争平衡而进入协同进化，使自然资源的利用更为有效，群落结构更趋完善，整个群落及其与环境之间保持相对的稳定和平衡。从以上群落演替的一般过程看出，演替中物种的相互关系经历了以下四个阶段：

1. 互不干扰（non-interactive）阶段

这是群落演替中物种从无到有的最初阶段，这时候物种数目少，种群密度低，在对自然资源的利用上没有什么竞争，对捕食性或寄生性动物来说，也还不存在开发利用这些猎物或寄生的问题。

2. 相互干扰（interactive）阶段

主要指种间竞争。在竞争中有的物种侵入后定居下来进行繁殖，而另一些物种则被排斥而趋于灭绝。

3. 共摊（assortative）阶段

在这个阶段那些能很好地利用自然资源而又能在物种互相作用中共存下来的物种得到发展。它们从不同的角度利用自然资源，共摊自然资源。

4. 进化（evolutionary）阶段

物种的协同进化使自然资源的利用更加合理有效，群落结构更趋合理，物种组成及数量维持一定比例。

第五节　顶极群落

随着群落演替的进展，最后出现一个相对稳定的群落阶段，称之为顶极群落（climax community）。它是一个与环境条件取得相对平衡的自我维持系统。

一、顶极群落的类型

顶极群落的特征和性质，取决于影响群落演替的外部环境因子和内在生物的遗传特性及其互相作用状况。Tansley（1935）根据模造顶极群落的关键因素，将顶极群落分成以下几个类型：

1. 气候顶极群落（the climatic community）

具有正常地形与土壤特性，而且其特征不为邻近所出现的外力所干扰的顶极群落，称为气候顶极或正常顶极群落（normal climatic community）或地带性顶极群落（zonal climax）。气候顶极群落最能反映大气候的特点。

2. 土壤顶极群落（the edaphic climax community）

由于土壤因素偏离正常特征使生长的植被在演替系列和顶极群落中发生特化，称这类终极的群落为土壤顶极群落。

3. 地形顶极群落（the topographic climatic community）

由于局部地形（如温带地区的阳坡和阴坡）产生一种具有特色的植被，这类植被发展的顶极群落称为地形顶极群落。通常，特定的地形、地貌特征形成特殊的土壤条件，伴随特殊的小气候，又可称地形-土壤顶极群落。

4. 动物顶极群落（the zootic climatic community）

任何群落除植被外，都会有许多直接或间接依靠植物为食或作为栖息场所的动物种群。有时一个植物群落的结构和组成为某种动物经常的、强有力的活动所制约，使原先的群落朝着这类动物所施压力相平衡的方向发展，即某种占优势的动物改变了植被，构成了一个与动物活动密切联系的动态系统，称为动物顶极群落。

二、关于顶极群落的三种学说

随着群落的演替最终出现一个稳定的顶极群落，这个事实已由深入的观察与合理的理论而获得普遍承认。但是，关于顶极群落的性质或者在解释这个事实上，却有三种不同的学说，即单顶极学说（monoclimax theory）、多顶极学说（polyclimax theory）和顶极群落-格局学说（climax-pattern theory）。

1. 单顶极学说

是美国生态学家 Clements（1916，1936）所倡导的。他认为任何一个特定的气候区，只有一个顶极群落，其他一切群落类型都朝着这惟一的一种顶极群落发展。并且各地区顶极群落是什么类型决定于那里的气候条件。

2. 多顶极群落学说

是英国生态学家 Tansley（1939）提倡的。他认为某一气候区域的物理环境远不是同一的，因此设想所有群落演替都只是处于同一顶极群落，是很不现实的。事实上任何一个地区的顶极群落都有不止一种，它们都明显处于相当平衡的状态下。

按单顶极学说的看法，这些多种多样的群落只是处于演替过程中，它们或迟或早都要演变为该地区特殊的惟一的顶极群落。于是，单顶极学说和多单顶极学说两个学派实质上的不同，就变成了对于测定群落相对稳定性时间的标准了：即以地质时间或是以生态时间为标准。但无论以什么时间为标准，气候都是在变化的，无非按照前者，气候变化更为剧烈（如地质时间上冰河期的出现）。因为演替是一个连续变化的过程，并且生物群落的变化是在气候变化的基础上进行的，所以一个气候区只有一个顶极群落的概念，就变得十分抽象。

3. 顶极群落-格局学说

是 Whittaker（1953）根据多顶极学说提出的。他认为自然群落是由许多环境因素决定的，如气候、土壤、生物等因素。他认为在逐渐改变的环境梯度中，顶极群落类型也是连续地逐渐变化的，彼此之间难以彻底划分开来。

目前多数学者倾向于多顶极学说及顶极群落-格局学说，但限于生物群落类型在地球上的情况，从大范围来看，仍有地带性分化规律。

第六节　机体论和个体论的演替观

早期的生态学家把演替规律视为对复杂的自然现象研究中的重要发现，并成为生态学研究中最重要的主题之一。对演替的看法历来就有明显的两派，也就是前面讨论群落性质中的两派，争论持续 70 多年。

以 Clements 和 Odum 为代表的机体论学派的经典演替观有两个基本论点：①每一演替阶段的群落明显不同于下一阶段的群落；②前一阶段中物种的活动促进了下一阶段

物种的建立，但在对一些自然群落的演替研究中并未能证实这两个基本点。Clements 等有机体论学派把群落视为超有机体，而把演替过程视为像有机体、个体发育一样，是经过几个离散阶段发育到顶极期的有序过程。

以 Gleason 等为代表的个体论学派，不但否定了群落有机体概念，还差不多全盘否定了 Clements 的演替观点和理论，独树一帜地提出演替的个体论-简化论学说。他提出"植被现象依赖于植物个体现象"，群落演替只是种群动态的总和，即整体 = 组分之和。他定义群落为：大致上是一个受不断变化着的环境选择的生物种群的随机集合。因此演替并非是有序的和可预见的。1975 年进而指出；"植物群落远非有机体，不过是植物的偶然聚集"。

当代个体论演替观强调各物种个体、生活史特征及其生态对策，如 *r-K* 选择对演替的影响，并以种群为中心，研究各种干扰对演替的作用。究竟演替是单向性的还是多途径的？初始物种组成对后来物种的作用如何？演替的机制如何？是当代演替观的活跃领域。

Joseph Cornell 和 Ralph Slartyer 在 1977 年总结演替机制中，认为机会种在开始建立群落中有重要作用，并提出了三种可检验的模型：促进的、抑制的和忍耐的模型（图 4-13-1）。

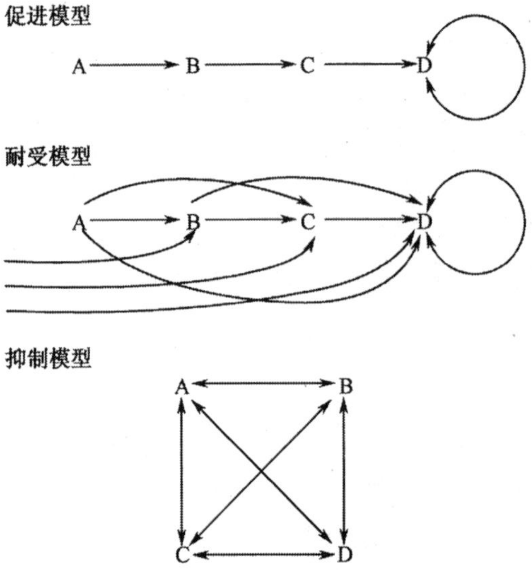

图 4-13-1　三类演替模型（Krebs　1985）
A，B，C，D 代表 4 个物种，箭头代表被替代

1. 促进性模型（facilitation model）

相当于经典演替理论，物种替代是由于先来物种的活动改变了环境条件，使它不利于自身生存，而促进了后来物种的繁荣，因此物种替代有顺序性、可测性和方向性。这类演替常出现在环境条件严酷的原生演替中。

2．抑制性模型（inhibition model）

先来物种抑制后来物种，使后者难以入侵和发育；因而物种替代没有固定的顺序，各种可能都有，其结果在很大程度上取决于哪一种先到（机会种）；演替更大程度上决定于个体生活史和生态对策，也难以预测。这个模型中，没有一个物种可以被认为是竞争的优胜者，而是决定于谁先到达该地，所以演替往往是从短命种到长命种，而不是由有规律的、可预测的物种替代。

3．忍耐性模型（tolerance model）

介于促进模型和抑制模型之间，认为物种替代决定于物种的竞争能力。先来的机会种在决定演替途径上并不重要，但有一些物种在竞争能力上优于其他种，因而它能最后在顶极群落中成为优势种。至于演替的推进取决于后来入侵还是初始物种的逐渐减少，这可能与开始的情况有关。

三个模型的共同点是：最先出现的先锋种通常具有生长快、产种子量大、有较高的扩散能力等特点。但这类易扩散和移植的种一般对相互遮荫和根际竞争强的环境不易适应，所以在三种模型中，早期进入物种都比较易于被排挤掉。

总之，整体论者强调群落的整体性、平衡性；个体论者强调群落的性质决定于个体、非平衡性。也有人将现实的各种自然群落视为个体论-机体论轴（或称 Gealson-Clements 轴）中的任何一点，即种间相互作用紧密性不同程度变化的连续谱中的点。实际上群落的原生演替过程就是一个由简单到复杂、由种间联系不紧密到紧密的发展过程。近来的生态学文献中，还出现了另一种群落分类的新标准，即把群落分为无相互作用和有相互作用群落（non-interactive 和 interactive Communities）两类，它们是连续谱中的两端，正反映了这种发展趋势。

此外，个体论演替概念的提出，还激发了许多更细微深入的群落研究，促进了新理论和新方法的形成。20 世纪 40 年代以来，美国生态学家 Curtis 最早创立间接梯度分析法，Whittaker 发展了直接梯度分析法。在此后 10 年 Whittaker 等系统地改进和发展了梯度分析理论和方法，使之成为现代生态学中一个重要方面。他认为，环境梯度会产生相应的种群空间格局或植被梯度稳态。他的这种区域顶极格局（regional climax pattern）概念，显然不同于 Clements 的单顶极概念，也不同于 Tansley 的多顶极概念。他的工作为 70 年代以来发展的一系列种群中心演替学说奠定了基础。种群中心途径忽略或根本不承认群落和生态系统的超有机体特征，认为大多数生态系统现象可以降低到种群水平来研究，并期望由此获得对系统的完整理解。

思考题

1．群落演替过程如何？与哪些因素有关？

2．顶极群落问题的三种学说如何？

第十四章　群落多样性

学习要点

1. 了解物种-多度关系、物种-面积关系。

2. 掌握岛屿物种丰富度的平衡理论。

3. 了解生物多样性的概念、测度方法、影响因素及其与系统稳定性的关系。

基本概念

1. 物种丰富度（richness）：群落中的物种数目。

2. 物种多度（abundance）：每个种的个体数量占总个体数的比例。

3. 物种多样性（biodiversity）：指群落中包含的物种数目和个体在种间的分布特征。实际上群落多样性研究的是物种水平上的生物多样性。

4. 稳定性（stability）：群落稳定性有两层含义：

(1) 群落系统的抗干扰能力（时不变平衡态），即：抵抗力（resistance）稳定性，表示群落抵抗干扰，维持系统的结构与功能保持原状的能力。

(2) 群落系统受到干扰后恢复到原平衡态的能力，即：恢复力（resilience）稳定性，表示种群遭受扰动后恢复到原状的能力。

第一节　群落丰富度及其影响因素

一、群落中物种-多度关系

群落中包含许多物种，但每个种的个体数量不同，有常见种（common species）和稀有种（rare species）之分。一般用种-多度曲线来阐明群落中各个物种个体数的分布规律。根据调查，群落中物种-多度的关系有如下规律：具有大量个体数的优势种数目很少，而数量不多的稀有种的种数却很多，其分布是一凹型曲线，称之为种-多度曲线。

对于这种关系曲线的拟合有几种方法：

1.Fisher 的对数级数

$$ax, \frac{ax^2}{2}, \frac{ax^3}{3}, \cdots, \frac{ax^n}{n}$$

其中：第一项：ax = 总捕获中仅具 1 个个体的种数；

第二项：$\frac{ax^2}{2}$ = 总捕获中具 2 个个体的种数；

余此类推，各项之和等于全部种数的个体数量。

为了更直观地理解这种对数级数，假设 a、x 为两个常数。如：$x=1$，$a=40$ 则 $ax=40$，表示具 1 个个体的种有 40 种

$\frac{ax^2}{2}=20$，表示具2个个体的有20种

$\frac{ax^3}{3}=13.3$，表示具3个个体的有13.3种

如此计算下去，可得下列对数级数

40，20，13.3，10，8，6.7，5.7……

Fisher 指出：$S=\alpha\ln(1-x)$，$S=a\ln(1+\frac{N}{a})$，$N=\frac{ax}{1-x}$

式中：S=样本中的总种数

N=样本中的总个体数

x=多样性指数

例　设灯光诱捕蛾类的结果是：$N=15\ 609$（个），$S=240$（种），则：$\lg N/S=1.81317$，查 Fisher（1934）的 $\lg\frac{N}{S}$ 与 $\lg\frac{N}{a}$ 转换表，当 $\lg\frac{N}{S}=1.81317$ 时 $\lg\frac{N}{a}=2.58864$，得 $\alpha=40.248$。因为：$N=\frac{ax}{1-x}$，得 $x=\frac{N}{N+a}=0.997428$。根据 $n_r=\frac{ax^r}{r}$，求出对数级数得各项为：

40.144，20.020，13.312，9.958，7.946，6.605……，与开始的假设很接近。

2.Preston 的对数正态分布

用 Fisher 对数级数拟合种-相对多度曲线，意味着一个个体的种数最多，但事实上，并非所有群落都是这样的。有些是中等数量个体的物种数最多。

Preston（1948）提出用对数正态分布（lg-normal distribution）来加以拟合。

$$S(R)=S_0e^{-(aR^2)}$$

其中：$S(R)$ 是离众数倍程向左或向右的第 R 个倍程的种数

S_0=分布中众数倍程的种数（众数指分布曲线中最高的一组）

a=描述分布展开的常数

$R=R'-R_0$

R_0=众数倍程

R'=每种个体数的对数

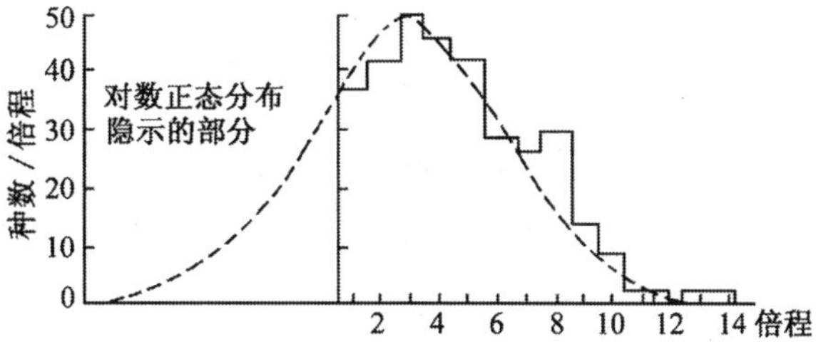

图 4-14-1　Preston 以对数正态曲线（虚线）拟合用捕虫灯诱捕飞蛾数的数据（仿 Krebs　1978）

如图 4-14-1：根据 Preston 公式对捕虫灯诱捕蛾类的数据给出的种相对度多度曲线。

$$S(R)=48e^{(-0.02(R'-3)^2)}$$

3. 物种—多度分布的三种假说

这三种假说的提出是从各物种分割群落的资源或生态位出发的。

(1) 随机生态位假说（random-niche hypotlesis）：由 MacArthur（1957）提出，假设群落中的所有物种的个体总数是常量，生态位资源也是一维的，种间的生态位不能重叠。则每个物种对生态位的占领是随机的。将每个种的生态位宽度从小到大排列，就代表了稀有种到优势种的序列。

(2) 生态位优先占领假说（niche-preention hypothesis）：由 Whittaker（1970，1972）提出，认为第一位优势种首先占有生态位空间的大部分，第二位的优势种占有余下空间的大部分。余此类推，到末位物种只能占有余下的很小生态位空间。以物种相对重要性值对物种序列作图（图 4-14-2），是一条直线。这种分布多出现在群落生境严酷种数相对较少的群落，如荒漠。

(3) 对数-正态假说（log-normal hypothesis）：认为物种对生态位的占有情形，决定于影响种间竞争的一系列条件，诸如微气候、食物资源、空间资源。由于多个因素对每一物种的影响，使物种-多度分布是对数正态函数，即 Preston 的对数-正态曲线。物种重要性值对物种序列做图处于前两种假说的中间。符合这种分布的群落多属于环境条件优越、物种丰富度高的群落。如热带雨林的昆虫群落。

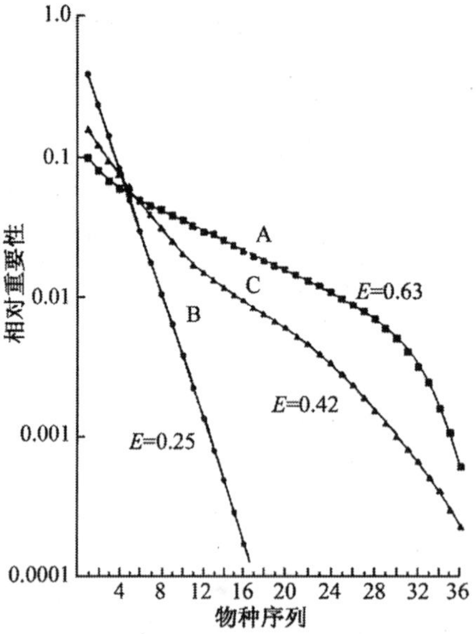

图 4-14-2 随机生态位假说（A）、生态位优先占领假说（B）、和对数正态假说（C），引出的相对重要性值-物种序列曲线。E 为 Simpson 的多样性指数的均匀指数（仿 Begon 1987）

二、群落中物种-面积关系

所谓种-面积关系（species-area relationship）是指一定面积的区域中包含的物种数与区域面积的关系。一般来说，群落占据的地理区域越大，它所包含的物种数越多。但在实际群落中，物种数目与面积并不是直线的关系。Gleason（1922），Chain（1938）用图 4-14-3 表示单倍面积上出现的物种数量。一般地，将物种数作为区域面积的函数而变化的曲线称为种-面积曲线。种-面积曲线既是决定取样调查面积单位大小的基础，又能阐明群落中物种分布的规律。因此其数学表达式是群落生态学研究的重要内容。

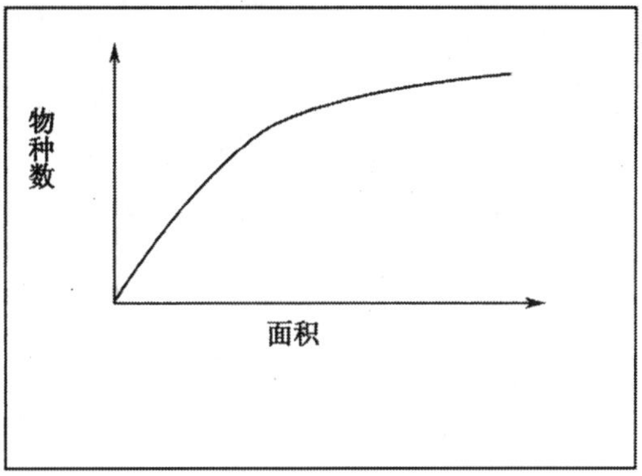

图 4-14-3　一般意义的物种-面积关系

1. Arrhenius（1921）模式

他以双对数曲线很好地表达了最普遍的种-面积关系。设 q 为调查面积，S_q 为累积物种数，$S_q = C_q^m$；

$$\lg S_q = \lg C + m \lg q,$$

其中：C 为比例常数，决定于被测面积 q 的大小和研究的类群。

m 为无维参数。

2. Romell（1920）和 Gleason（1922）模式

根据等比级数法则提出

$$S_q = a \lg q + b$$

其中：a，b 为参数

3. Kylin（1926）模式

假设①各物种的密度 P_i 相等亦即各物种具有相同的个体数；②每个种的个体都是随机分布的。

$$S_q = S_\infty(1 - e^{-mq})$$

式中：S_∞ = 总物种数；S_q，m，q 与上式同。

4. Fisher（1934）模式

设每单位面积的密度 d 相等，则可将个体数代换为密度与面积的乘积，$N = dq$，代入 Fisher 的种面积关系式得：

$$S_q = a\ln\left(1 + \frac{dq}{a}\right)$$

如果 q 充分大，有：

$$S_q \approx a\ln\left(\frac{dq}{a}\right) = a\ln\left(\frac{d}{a}\right) + a\ln q$$

在选择种-面积关系的数学模式时，除了它能很好地配合种-面积曲线外，还要看它能否满足以下两个条件：①当 $q = 0$ 时，必定 $S_q = 0$；②当 $q \to \infty$ 时，$S_q \to$ 一个极限，亦即达到某个饱和水平。比较前四个模式，Kylin 模式和 Fisher 模式的近似度较强。

用 S_q 对 $\lg q$ 作图（图 4-14-4 所示）：

Arrhenius 模式是一条指数曲线；

Romell 和 Gleason 模式是直线；

Kylin 模式是近 S 型曲线；

Fisher 模式为左边弯曲的直线。

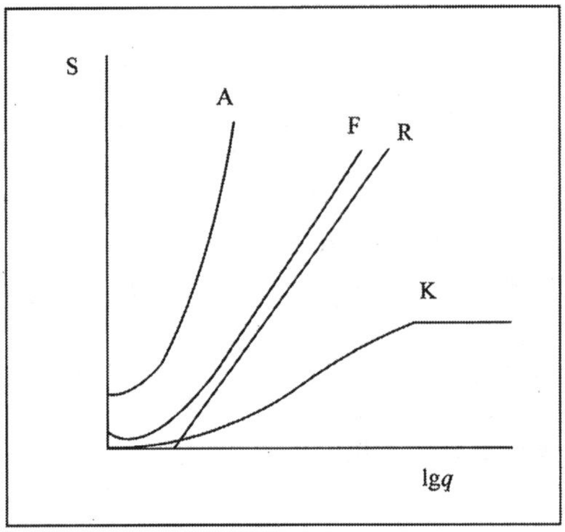

图 4-14-4　各种物种-面积曲线的 S-lg$q$ 的表现

三、岛屿与物种丰富度

岛屿（island），从广义上讲，是相对独立的一种区域，与其周围环境相对隔离。其物种丰富度受几方面因素的影响。

1. 岛屿面积

岛屿面积越大，其群落中可能包含的物种数越多，其物种数与面积的关系，可以简单描述为：

$$S = CA^z;$$
$$\lg S = \lg C + z\lg A;$$
其中：S = 物种数；z 和 C 为常数。

2. 岛屿距大陆距离

岛屿的隔离作用使其群落的物种数减少。其离大陆的距离越远，使其物种丰富度降低的效应就越明显。

3. 迁入率与死亡率

MacArthur 的平衡理论（equilibrium theory）。

岛屿上的物种数目取决于物种迁入率和死亡率之间的平衡，并且，这是一种动态平衡。即不断有物种灭绝，并由别的迁入种替代和补偿。

当岛上没有留居任何物种时，任一迁入种都是新的，因而迁入率最高。随着居留种数的增加，种的迁入率就下降。当种源库（即大陆上的物种）中所有物种在岛上都有时，迁入率为零。迁入率的高低，还取决于岛的远近和大小。近的和大的岛屿迁入率高；远的和小的岛屿，迁入率低。同样灭绝率也受岛屿面积的影响。将迁入率曲线和灭绝率曲线重叠在一起，交叉点上的物种数即是达到的平衡点，是岛屿上应存留的物种个数（图 4-14-5）。

根据平衡学说，可以预测到以下各点：

(1) 岛屿上的平衡点种数不随时间而变化。

(2) 这是一种动态平衡，即灭绝种不断被新迁入种替代。

(3) 大岛比小岛能维持更多的种数。

(4) 随岛离大陆的距离由近到远，平衡点的种数逐渐降低。

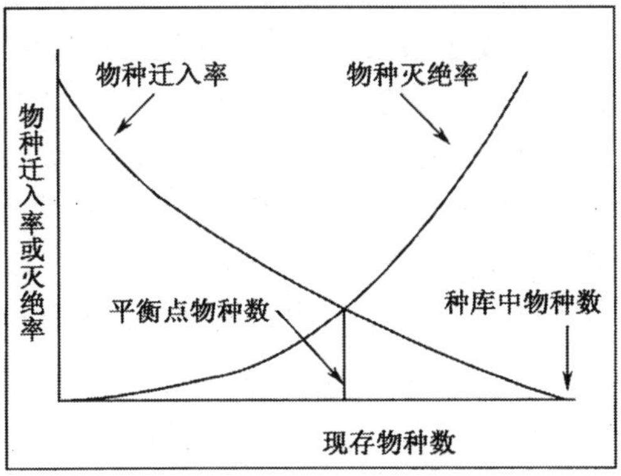

图 4-14-5　岛屿中的物种平衡模型（仿 MacArthur　1963）

该平衡模型解释了岛屿面积和距离对迁入率和灭绝率的影响，说明了近岛上的迁入率高，小岛上的灭绝率高；岛屿越小平衡物种数越低，面积越大平衡物种数越高（图 4-14-6）。

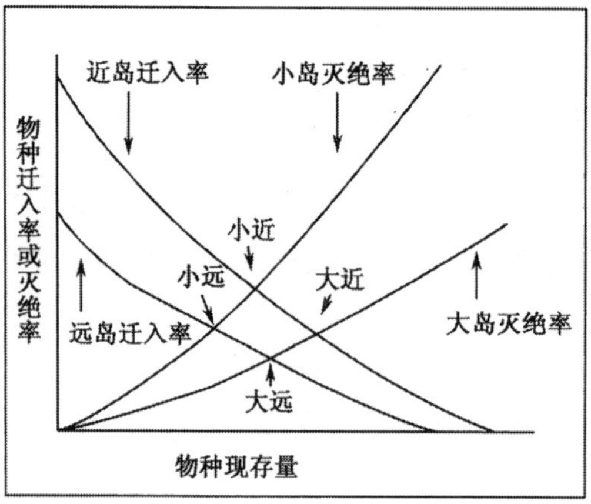

图 4-14-6　岛的距离、面积、迁入率和灭绝率对物种丰富度的作用（仿 Wilson　1963）

四、资源状况对群落丰富度的影响

生境中的资源状况是群落内调节现有物种数目的最重要因素。群落中任何一个有机体，为了生存和繁殖都需要一定数量和质量的资源。从更广的意义上讲，资源应当包含5种成分：物质（主要是食物）、能量、空间、时间、信息量。

资源的5种成分对于群落中的各个物种不是等价的，有时是不可置换的。物质、能量、空间既是种内，更是种间竞争的直接对象，它对于调节和维持物种数目以及种群密度，具有本质性的决定作用。而时间虽然不是物种竞争的直接对象，但它却是竞争得以进行的必要的外部条件。物种对于时间的种种适应表现，是物种对最有利的环境保持其调节作用的一种适应机制。至于信息量，除了以能量形式出现的负熵（entropy）可以作为竞争的对象外，物种多少，环境在结构、时间、空间上的多样性以及由此引起的风险的分散均对物种的抗逆能力产生影响，从而作用了物种数的稳定。

总的来说，资源量越大，能够保存的物种越多。但是有时大量的资源只有利于1个或2个物种，而不利于其他物种，因此群落的优势种发展了，而丰富度却降低了。

生境中资源的数量和质量的幅度，对于物种的多少似乎有一个组合的影响。结论是

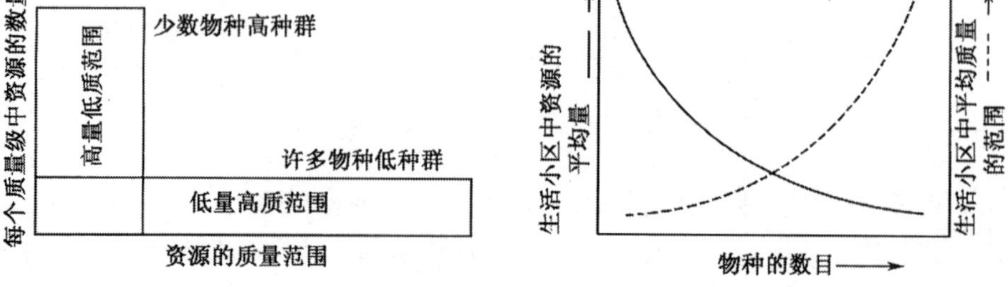

图 4-14-7　群落中资源的数量和质量之间的关系以及在该群落中可以共存的物种数量。

当资源的数量影响每个种的种群大小时，资源的质量却影响着维持的物种的数量（图4-14-7 所示）。

第二节　群落多样性与稳定性

一、生物多样性（biodiversity）的基本概念

生物多样性有着丰富的内容，是个重要的概念，包括了多个层次。主要是指：遗传多样性、物种多样性、生态系统多样性和景观多样性（马克平　1993）。

遗传多样性（genetic diversity）又称基因多样性。是指广泛存在于生物体内、物种内以及物种间的基因多样性。任何一个特定个体的物种都保持着大量的遗传型，是个基因库。遗传多样性主要包括分子、细胞和个体三个方面的遗传变异的多样性。一个物种遗传变异越丰富，它对环境的适应能力就越强，而一个物种适应能力越强，则它的进化潜力就越大。

物种多样性（species diversity）是指物种水平的生物多样性。在一个地区内物种的多样性，可以从分类学、生物地理学的角度对一个区域内物种状况进行研究。研究物种多样性的形成、演化、物种多样性受威胁的现状以及保持物种的永续性等。当前，物种多样性的编目任务是亟待加强的一项工作。现在还不能较为确切地为地球上的物种提供一个数量。此外，生物区系特点、物种的濒危（endangered）和受威胁（threatened）的状况、灭绝速率的变动及其机制、保护物种和持续利用等都是研究的重要任务。

生态系统多样性（ecosystem diversity）是指生境的多样性、生物群落多样性和生态过程的多样性。生境多样性主要指无机环境，如地形、地貌、气候、水质等，生境的多样性是生物群落多样性的基础。生物群落的多样性主要是群落的组成、结构和功能的多样性。

景观多样性（landscape diversity）是指不同类型的景观在空间结构、功能机制和时间动态方面的多样化和变异性。景观是一个大尺度的宏观系统。景观要素可分为斑块（patchness）、廊道（corridor）和基质（matrix）。斑块是景观尺度上最小的均质单元。它的大小、数量、形状和起源等对景观多样性有重要意义。廊道成线状或带状，是联系斑块的纽带。不同景观有不同类型的廊道。基质是景观中面积较大、连续性高的部分，往往形成景观的背景。景观的异质性是景观的重要属性。地球表面的景观多样性是人类与自然因素综合作用的结果。

生物多样性需在上述几个层次上都得到保护。保护的重点应是生态系统的完整性和珍稀濒危物种。生态系统多样性既是物种和遗传多样性的保证，又是景观多样性的基础，生态系统的稳定是物种进化和变异的前提。

物种丰富度会影响到生态系统的某些过程和功能。人们关心一个生态系统中应有多少物种才能维持系统的最高产量；对于不同的生态系统过程，物种的数量是怎样作用于生态系统某个过程的，这种关系又在什么点上达到饱和；物种的增加或减少又会产生多大的影响？对这些问题，目前尚难确切地回答，但也有人在探索。Field 把结论从热带雨林进一步扩展到其他生物带，他认为只要植被结构的复杂性不被削弱，年平均生产力

在 10～40 个物种内即可达到饱和。

二、群落多样性

1. 概念

群落多样性（community diversity）指群落中包含的物种数目和个体在种间的分布特征。实际上群落多样性研究的是物种水平上的生物多样性。

如果一个群落中有许多物种，且其多度非常均匀，则该群落具有较高的多样性；相反，如果群落中物种少，分布又不均匀则具有较低的多样性。因此群落多样性的高低，取决于两个独立的变量（物种数和多度分布）的性质。有时多样性的含义比较模糊，例如，一个物种少而均匀度高的群落其多样性可能与另一个物种多而均匀度低的群落相等。因此，E. C. Pielon（1969）认为“不论怎样定义多样性，它都是把物种数和均匀度混淆起来的一个单一的统计量。”

2. 群落多样性的类型

（1）α 多样性：反映群落内部物种数和种物相对多度的一个指标，只具有数量特征而无方向性。主要表明群落本身的物种组成和个体数量分布的特征。

（2）β 多样性：指物种与种的多度沿群落内部或群落间的环境梯度从一个生境到另一生境的变化速率与范围。主要用以表明群落内或群落间环境异质性的大小对物种数和相对多度的影响。

（3）γ 多样性：指不同地理地带的群落间物种的更新替代速率。主要表明群落间环境异质性大小对物种数的影响。

一般地，谈到群落多样性是指 α 多样性。

三、群落多样性的测度

由于多样性是群落水平的生态特征，涉及到群落的稳定性和生产力，与人类的生存与发展密切相关，因而成为现代生态学的中心课题之一。对多样性测度的方法很多，常用的有以下几种：

1. Simpson（1949）集中性概率指数

假设某一群落中有 S 个物种，共有 N 个个体，第 i 种有 N_i 个个体。抽取 2 个个体为同一种的概率为：

$$\lambda = \sum \frac{N_i(N_i - 1)}{N(N - 1)}$$

如果此概率大，说明群落的集中性高、多样性就低。

Greenberg（1956）提出用：$D = 1 - \lambda$，作为多样性的度量。

由于对一个很大的群落来说 N_i 和 N 是不可知的量，只能根据调查样本对 S、N_i、N 做有偏估计，$P_i = N_i/N$。因此，对于随机抽取 2 个个体为同种的概率的联合分布为：

$$\lambda = \sum \frac{N_i(N_i - 1)}{N(N - 1)} = \sum P_i^2。$$

所以，$D = 1 - \sum P_i^2$，是对多样性指数的有偏估计量。根据实际应用，Simpson 指数对于稀有种作用较小，而对普通种作用较大。

2.Shannon-Wienner 指数

借用于信息论方法，预测未来事件的不定性。如果不定性大，多样性就高。对于群落多样性，首先可以把总个体数分成 S 类，即 A_1、A_2、A_s，每个个体仅属于其中的一类。随机抽取一个个体属于 A_i 类的概率为 P_i，因此 $\sum P_i = 1$。现在希望找出一个全函数 H'（P_1，P_2，$\cdots P_s$）作为总体多样性的一个量度，并且满足如下条件：

(1) 对于已知的条件，当对所有的 i，$P_i = \frac{1}{S}$时，此函数取最大值，令 M（S）表示最大值。

$$M(S) = H'(P_1, P_2, \cdots, P_s)$$

(2) 如果假定存在着不含个体的 $S+1$ 类，$S+2$ 类，……，总体的多样性并不改变，即：

$$H'(P_1, P_2, \cdots, P_s) = H'(P_1, P_2, \cdots, P_s, 0, 0, \cdots, 0)$$

(3) 假定总体经受另一个分类过程，当其分类是独立的情况下则：

$$H'(AB) = H'(A) + H'(B)$$

当其是从 A 分类内部进行的 B 分类时则：

$$H'(AB) = H'(A) + H'_A(B)$$

可以证明，满足上述性质的惟一函数是：

$$H'(P_1, P_2, \cdots, P_s) = -C\sum P_i \log_2 P_i$$

通常设 $C = 1$，将以 2 为底的对数改为以 e 为底，即：

$H' = -\sum P_i \ln P_i$，为 Shannon-Wenner 多样性指数。

其中 S = 物种数

P_i = 第 i 种个体占总个体数的比例

H' = 多样性指数

此式的生态学意义：

(1) 对于已知物种的群落，当所有的种以相同的比例存在时（即每个种的个体数相同时），多样性达到最大值 $H' = \ln S$。

(2) 对于物种个体数完全均匀分布的群落来说，有较多物种的群落多样性高。

(3) 当考虑到分类阶元，如：科、属、种时

$$H'(FGS) = H'(F) + H'_F(G) + H'_G(S)$$

3. 均匀性指数（evenness）

根据 Shannon-Wienner 指数，Pielou（1966）定义均匀性指数为：

$$E = \frac{H'}{H'max}$$

E 的取值范围是 0～1。

4. McIntosh 多样性指数

McIntosh（1967）认为，群落可以被看成是 S 维空间的一个点，每一维的坐标由一个物种的丰盛度（即个体数）表示。这样由点到 S 维坐标系原点的距离可以表示为：

$$U = \sqrt{\sum(N_i - 0)^2} = \sqrt{\sum(N_i)^2}$$

显然对已知的 N（$N = \sum N_i$），种数越多，U 将越小。当群落中包含 1 个物种时，达到它的最大值，$U_{max} = N$。当每个个体属于不同的种时，达到最小 $U_{min} = \sqrt{N}$。U 是群落一致性的度量。因为多样性是一致性的补集。所以定义：

$$D_{mc} = \frac{N - U}{\max(N - U)} = \frac{N - \sqrt{\sum N_i^2}}{N - \sqrt{N}},$$

为多样性指数。$0 \leqslant D_{mc} \leqslant 1$。相应的均匀度为：

$$R = \frac{D_{mc}}{D_{mc}\text{最大}} = \frac{N - \sqrt{\sum N_i^2}}{N - N\sqrt{S}}$$

其中：N 为个体总数；

N_i 为第 i 种的个体数；

S 为物种数。

四、群落多样性梯度等级变化及其决定因素

张荣祖（1979）对我国的哺乳类动物作过统计，从热带、亚热带、温带、寒带，其种类数量明显地减少。联系各地区主要环境因素的变化趋势，发现如下几条规律：

1. 多样性变化的规律

（1）种数与地理纬度有关，多样性随之变化。

（2）与海拔有关。西藏喜玛拉雅山脉，随海拔升高而下降。

（3）与温度、湿度有关。

（4）与年降水量和干旱程度有关。

2. 产生多样性等级的因素

（1）进化时间学说（evolutionary time theory）：多样性的变化与群落进化时间有关。进化时间长，且环境条件稳定的热带群落，其群落的多样性高；而从地质上比较年轻的、且经常遭遇灾变性气候的温带和极地群落，其群落的物种多样性低。

（2）生态时间学说（ecological time theory）：物种把分布区扩大到尚未占有的地区，需要一定的时间。因此，温带地区是尚未饱和的群落，但从热带扩大到温带仍需漫长的时间，有的物种可能被障碍阻挡，其群落的物种多样性较低。

（3）空间异质性学说（spatial heterogeneity theory）：物理环境越复杂多样，其空间异质性越高，动植物区系就越丰富，群落的物种多样性越高。

（4）气候稳定学说（climatic stability theory）：气候越稳定，变化越小，动植物种类越丰富，群落的物种多样性越高。

（5）竞争学说（competition theory）：在物理条件严酷的地区（极地）自然选择主要受物理条件的控制，而物理条件好，气候温和、稳定的地区，物种之间的竞争是物种进化和生态位分离的动力，群落的物种多样性越高。

（6）捕食学说（predation theory）：热带捕食动物较多，捕食者的捕食使猎物数量处于较低的水平，从而减少了猎物之间的相互竞争。竞争的减少允许有更多的猎物种出现，进而又支持了新的捕食动物，群落的物种多样性越高。

（7）生产力学说（productivity theory）：环境稳定性增加，需用于调节的能量就会减少，并将有更多的净生产力，又支持了更多的物种。有更多的种群，就有更大的遗传变异性，则物种的形成过程会更快，机会更多。即生产的食物越多，通过食物网的能流量越大，种的多样性就越高。

上述时间、空间、气候、竞争、捕食、生产力对群落多样性的影响，不是孤立、分离的，这六种因素相互作用，在不同群落中产生不同的影响。

五、群落稳定性

群落稳定性（community stability）有两层含义：

（1）群落系统的抗干扰能力（时不变平衡态），即：抵抗力（resistance）稳定性，表示群落抵抗干扰、维持系统的结构与功能保持原状的能力。

（2）群落系统受到干扰后恢复到原平衡态的能力，即：恢复力（resilience）稳定性，表示群落遭受扰动后恢复到原状的能力。

这是两个相互排斥的特征。一般具有高抵抗力的群落，其恢复力较差，反之亦然（图 4-14-8）。

生态系统稳定性（ecosystem stability）与群落稳定性（community stability）是同义的，其特征也相同。

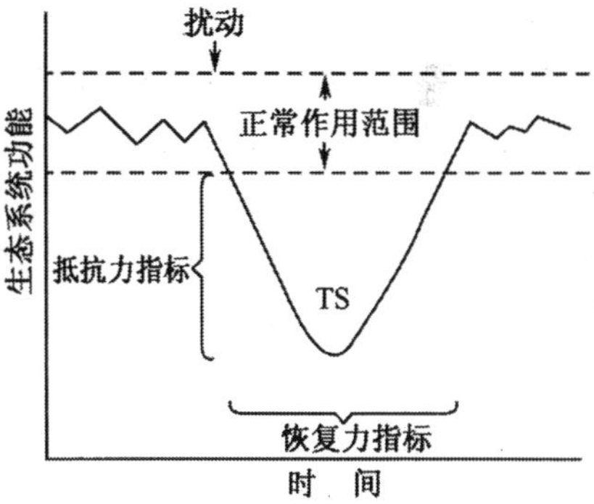

图 4-14-8 以抵抗力和恢复力关系表示的系统稳定性（仿 Odum 1983）

六、多样性与稳定性的关系

20 世纪 50 年代以来，围绕着多样性与稳定性的关系问题开展了激烈的争论，争论中把稳定性的有关概念进行延伸，涉及到了抵抗性、局部稳定性和全局稳定性等一系列概念。

有关多样性与稳定性关系的两种不同理论如下：

1. MacArthur 和 ELton 假说

MacArthur（1955）首次提出了群落的物种多样性与稳定性之间的关系。他在进行群落学研究时，发现一些群落的物种多度保持恒定，而另外一些群落中则表现出很大变化。于是他把前者称为稳定的群落，后者称为不稳定的群落。并把自然群落的稳定性归结为取决于两个方面的因素，一是物种的多少，二是物种间相互作用的大小，而物种的多少对稳定性的作用是最基本的。一个物种较多的群落就可能保持稳定，因为：①当某一物种数量极高时，为减少其对群落中其他物种的影响，须有大量的捕食者来分散过多的能量，同时又必须有大量被食者物种以保证一个物种的数量不会下降过多。当某一物种数量较少时，该物种的每一捕食者必须有大量的替代被食者，以减少压力。然而 MacArthur 并没有给出确切的稳定性定义。

ELton（1958）根据对物种入侵的研究提供了类似的结论。ELton 认为，一个相对简单的植物或动物群落易于受到毁灭性干扰，因而抵御外来种侵入的能力较弱。对此，他提出了六条证据。

（1）数学模型表明，2 种或少数物种动态的简单数学模型本身是不稳定的。

（2）实验条件下，物种组成简单的群落要比组成复杂的群落易于灭绝；要使捕食者和被食者能够共存，需要较为复杂的生物群落。

（3）岛屿生物地理学研究表明，物种较少的小岛比物种较多的大岛更容易受到外来物种的入侵。

（4）作物单一的农田生态系统更易遭受外来物种的入侵，而病虫害种群更易猖獗危害。

（5）物种极度丰富的热带群落比温带或北方群落稳定性更高，受种群波动的影响更小。

（6）为防治害虫而大量使用农药，结果捕食性、寄生性天敌少了；群落简化，导致了处于抑制状态的害虫种群的大量繁殖，从而暴发成灾。

Pimentel（1961）在研究增加植物和昆虫多样性对作物害虫暴发的可能性影响时，认为混作系统比单一系统更稳定，植物多样性和昆虫多样性对防止害虫暴发有极重要的作用。Morgalef（1963，1963）认为物种多样性具有能稳定生态系统的功能特征；在干扰的情况下，复杂系统中每个个体需要更少的维持能量。这就意味着多样性有利于生态系统的稳定性。

2. May 的挑战

生物多样性越高，稳定性越强的观点在 20 世纪 70 年代受到了挑战，几乎被否定。Gardner（1970），Goodman（1975）等先后对多样性导致稳定性的论点，提出质疑，认为随机构造的复杂系统只有在关联度的某一临界值内稳定，超过该值，系统就不稳定。从理论上说，在多样化的系统中，一个生态关系复杂的网络，可导致种群急剧波动，而不是更加稳定；从减少害虫种群暴发的意义上讲，多样性与稳定性之间并无一般的相关关系。认为 ELton 的 6 个证据不足以说明对多样性带来稳定性的推断。May（1972）进一步强调了 Gardner 等人的结论，并论述了物种数 S，种间连结 C 以及相互作用强度 β

对系统由稳定状态变为不稳定状态所起的作用。由稳定状态变为不稳定状态过程中 S、C 及 β 的作用有如下关系：

$$\beta\ (SC)^{1/2}<1$$

满足该不等式的系统被认为是稳定的系统。可实际上，系统中物种作用强度 β 是很难得到，因而通常假定 β 是一常量，即不随着物种数 S 改变。同年，May 把此观点扩展成一本专著《典型生态系统中稳定性和复杂性》（Stability and Complexity in Model Ecosystems），该书从理论上详细论述了多种模型中系统复杂性和稳定性之间的关系；并将控制论中的稳定性分析方法应用到了生命系统。May 强调作为数学上的一个常识，复杂性的增加，将不可避免地减低、削弱系统的稳定性。

3．综合的观点

生态系统稳定性是一个十分复杂的问题，也是生态系统的重要研究课题。MacArthur 和 ELton 的理论已经有许多人加以论证，还有待深入和提高；May 所提出的理论又过多地依赖于数学方法，他所使用的系统又是人工模拟为主，因而离实际相差甚远。其所模拟的也只是简单的几个物种系统，正如 Pimm 所提出的，形成多样性-稳定性关系的两种不同学说主要原因在于多样性、复杂性和稳定性有许多不同的定义和概念。

Pimm（1984）对多样性-稳定性关系作了一个总结。理论上对于一个有更多物种的群落：①要使群落更加稳定，就需要物种间的联结变得更少；②群落内种群的弹性变得更小；③当一个物种丢失以后，群落内种类成分和生物量有较大变化；④一个物种丢失以后的状态将保持更长时间。

总的概括起来，有以下几个问题，造成观点不一致：

（1）稳定性定义混乱。

（2）不真实的群落结构：物种间的相互作用方式和强度是长期进化的结果，而不是随机确定的。

（3）种群动态模型过分简化。

（4）缺乏行之有效的分析方法（线性或线性化）。

（5）随机性：当前确定性模型，用于恒定，可测环境条件下的系统动态。而生态系统存在于可变的、不可测的环境中，常碰到各种因素的干扰。

（6）过于简单的多样性指数。只包含了物种数和个体数，没有考虑功能、作用、地位，因而使得出的结论与观察经验不一致。

（7）缺乏度量稳定性的统一指标。抵抗力和恢复力相互矛盾、抵消。

（8）环境因子的不均等性。多数实验是假设除控制因子外，其他因子对系统的影响是相同的，其实非也，某些系统可能对一些因子敏感，而对其他因子不敏感。

由此可见，传统的静态的内部自调稳定性概念，难以客观地反映生态系统的动态特征。但作为参考物，它仍然有助于我们理解更复杂的动态现象。

Diamond 和 Case（1986）提出，生态学本身就是一门“多元学科”（pluralistic discipline）或异质性的学科（heterogeneous science）。在生态学的理论和方法上采用多元论观点是很必要的，而尺度-等级系统观点为生态学提供了基本概念的理论框架和总则。在多样性与稳定性的争议上，现代生态学已由强调群落或生态系统的平衡、稳定性、均质性、确定性、单尺度和小尺度现象，发展到开始重视非平衡、不稳定性、异质性、不确性、多尺度和等级特征。这种趋势说明生态学增加了活力、吸引力和挑战性，可望通过多种争论促进生态学的进展。

第三节　生物多样性与群落功能关系

对于生物多样性和群落功能之间关系的研究可以追溯到20世纪60年代。而近10年来，随着许多物种的灭绝和全球气候的变化，更多生态学家尝试去确定多样性和群落功能之间的关系。据在剑桥文摘数据库中检索统计，以“生物多样性”和“生态系统功能”为关键词的文献共189篇，而1996～2001年间就有129篇，占总数的68.3%，由此可以看出这方面研究已逐渐成为当今生态学研究的热点之一。

一、多样性对生产力的影响

越来越多的研究表明，某一营养级物种多样性越高，该营养级的生产力也越大（Kutiel & Danin　1987；Cuevas et al　1991；Hooper et al　1998；Leps et al　2001）。Tilman（1997）运用资源竞争理论，提出三个模型预测随物种多样性增加，群落资源利用和生产力的变化情况。这三个模型可以归结为两种机制，即选择效应和互补效应。

1. 选择效应（selection effect）

在均质生境中，如果所有物种均竞争同一种有限资源，那么对资源需求最低的物种会把生境的资源浓度降至最低，并最终在竞争中获胜。该物种将拥有最大的生物量和最高的生产力。在每一块样地中，群落生产力取决于这类高产物种（比如，具有更高资源利用率的物种）的生产力。群落生产力随物种多样性的增加而单调增加，最高值的渐进线由最具竞争力的物种的生产力决定。Tilman称之为“取样效应”（sampling effect），

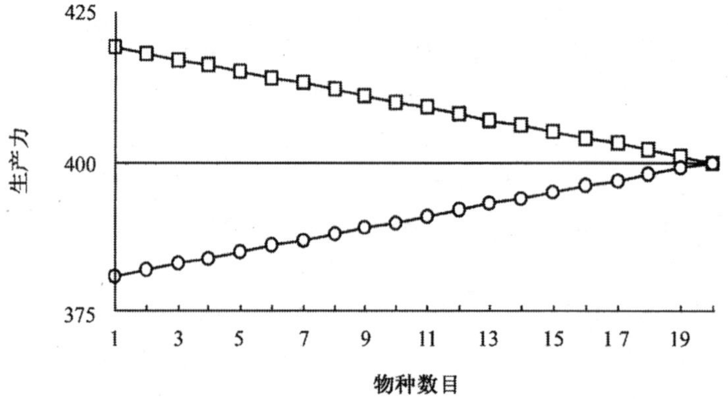

图4-14-9　各物种占有同样的生态位时，初级生产力随物种数目变化而变化
（参考Loreau　1998）

他认为取样效应是连接多样性和生态系统功能的最简单的机制。

Loreau（1998）提出了一个新的模型来说明多样性与生产力的关系（图 4-14-9）。在各物种占有同样的生态位但资源利用强度有差异时，多样性与平均资源利用率的协同变化可以分为两步：首先，物种多样性增加了物种特性的变化范围；然后，随群落演替，选择出适合物种。如果群落倾向于选择具有较高资源利用率的物种，那么生产力随多样性增大而增大。如果群落倾向于选择具有较低资源利用率的物种，那么生产力随多样性增大而降低。Loreau 建议用“选择效应”来替代以前的“取样效应”或“选择可能性效应”。

2. 互补效应（complementary effect）

在异质生境中，如果各物种获取两种或多种资源的能力有差异，或存在其他生态位差异，那么没有哪一个物种能在整个生境中都能表现出竞争优势。每一物种均可能留下足够的未消费资源，使得其他物种可能入侵并占据在那里。这样的入侵可能会降低生境的资源浓度，增加植物现存量。未被消费的但有可能被消费的资源将随多样性增加而降低，那么增加群落或生态系统中最初存在的物种数会导致群落作为一个整体具有更高的资源利用效率。所以，在物种丰富的群落中，资源的利用更加完全，故群落生产力更大。为此，Tilman 提出了与种间生态位差异及物种之间的互补有关的两个模型。

选择效应和互补效应并不是互相排斥的。拥有更多物种的群落有更高的表型特征多

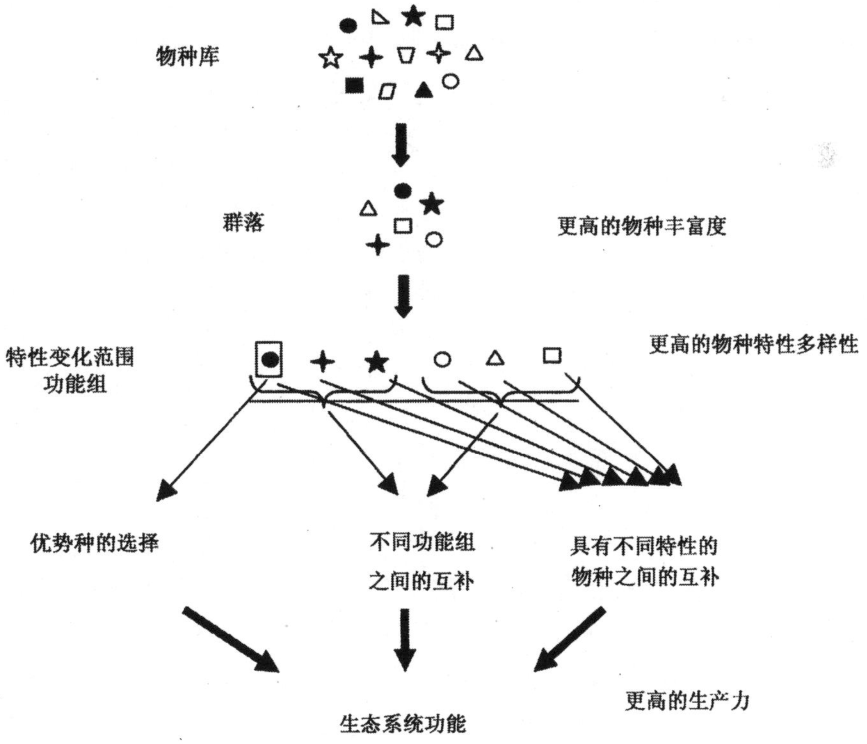

图 4-14-10 生物群落中物种间的互补效应（参考 Loreau et al 2001）

样性，而选择具有一定表型特征的物种为优势种以及具有不同特性的物种之间的互补是表型多样性对生态系统功能的两种作用方式。绝对优势和完全互补是两种极端情况，而大部分中间情况既有各物种和各功能组之间的互补，又有特定优势物种的选择（图 4-14-10）。

二、生产力对物种丰富度的影响

许多研究表明，群落或生态系统生产力影响物种多样性（Marques 2000；Dodson 2000），而且生态学家提出了多种机制来解释生产力对物种丰富度的影响（Wright 1983；Leibold 1999）。

预计生产力与多样性正相关的理论主要有种能理论（species-energy theory）（Wright 1983）等。Wright（1983）在 MacArthur 和 Wilson（1967）的种-面积关系理论上，发展出种能理论，认为当有更多的能量输入群落或系统时，支持更多物种和营养级的可能性增大。Brown 和 Davidson（1977）发现，在美国西南部荒漠地区食种子蚂蚁和啮齿类物种丰富度都与当地的降雨量呈显著正相关。在这些干旱地区，年平均降雨量与初级生产力及可利用种子资源量紧密相关。这些说明了在高生产力环境中，种子大小的范围更广或者种子量足够多，可支持更多的消费者。这肯定地证实了种能理论。

认为生产力降低多样性的机制包括竞争排斥理论（黄建辉等 2001）等。竞争排斥理论认为高生产力将降低有限资源的空间异质性，使得生境变得更为均匀，从而使得竞争排斥增加，最终导致多样性降低（Abrams 1995）。

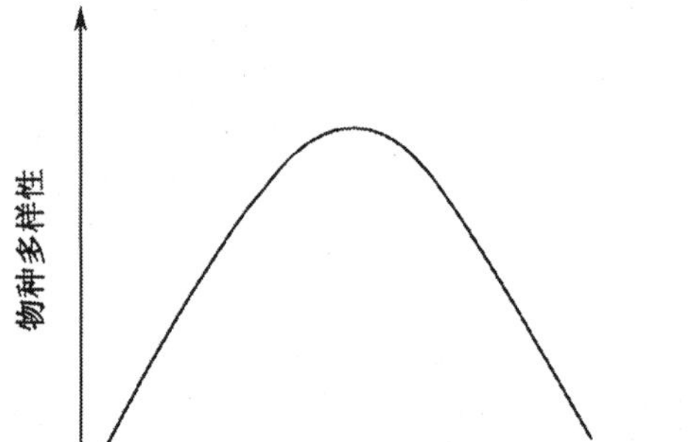

图 4-14-11 多样性与生产力之间的单峰曲线关系

有些模型预计生产力和多样性之间为单峰曲线关系（图 4-14-11），即多样性在生产力水平较低时随生产力的增加而增加，但在达到足够高的生产力水平时反而随生产力的增加而降低。相关理论包括捕食-猎物比率模型（Leibold 1999）等。捕食-猎物比率模型预计，重要的泛化捕食者使得猎物种类丰富度沿多样性梯度呈单峰模型反应。在低生产力水平下，资源竞争优势种将在猎物群落中占主导；而在高生产力水平下，不易被捕食的物种占主导。

生产力的增加导致多种因素的变化，其中有的因素使物种丰富度增大，有的因素使物种丰富度减少，有的则制造自己的单峰模型。越来越多的研究表明，物种丰富度在中等生产力水平时最高。这种生产力和多样性的单峰曲线关系是多个因素共同作用的结果。

三、生产力和多样性关系的影响因子

1. 空间尺度的问题

许多生态学家认为生产力和空间尺度是影响物种多样性的两个最重要因素。那么空间尺度的大小是否会影响多样性和生产力的关系呢？种-面积关系理论（species-area theory）（MacArthur & Wilson 1967）认为，物种丰富度与样地面积呈指数关系（$S=CA^Z$，其中 S 表示物种丰富度，A 表示面积，C 和 Z 为取对数后的截距和斜率）。Pastor 等（1996）以草地群落为例，得出 C 与生物量正性相关，Z 与生物量负性相关。Weiher（1999）探讨尺度和生产力对物种丰富度的综合影响时也得出类似结论，这些结论说明空间尺度会影响生产力-多样性关系。然而 Rapson 等（1997）的研究表明生产力-多样性关系不随样地大小的变化而变化。

2. 其他影响因子

群落的生产力受土壤肥力、气候等许多非生物因素的影响。陆地环境中随海拔高度的增加，温度和生长季长度同时下降并导致生产力下降；而在水生环境中，随着深度增加，温度和光照水平下降，生产力也随之下降。随着植物生长必需资源，如氮、磷和钾等供应速率增加，生态系统初级生产力总是随之增加。粗略地说，由于食物链基部资源水平的增加，也由于温度和其他条件的改善，动物生产力也同样遵循这些趋势（张大勇等 2000）。而群落的物种丰富度也与影响生产力的非生物因子相关。那么，这些非生物因素是通过引起生产力的变化对物种多样性产生间接影响，还是会对群落多样性产生直接影响，进而影响生产力-多样性关系呢？Loreau（1998）曾运用他提出的模型，就这个问题进行探讨。他发现，随营养物质传输速率的增大，物种多样性将减小，而生产力将增大，故营养物质传输速率的不同会导致物种多样性与生产力的负相关，这一点曾在某些自然群落中得到验证（Huston 1994）。此结果说明，非生物因素确实会影响生产力-多样性关系。

3. 发展趋势

近年来，关于物种多样性-群落功能的研究在实验和理论方面均有很大进展。但是，到目前为止，大部分的研究集中于植物群落，动物和微生物群落中的相关问题还需要进一步探讨。近期的实验通常是在小尺度上进行的，如何将小尺度上得到的模式应用到大的空间尺度，是一项非常有意义的工作。在小尺度上进行的揭示生产力-多样性关系的实验中，通常消除了其他环境因子的影响。而在大的空间尺度范围内或自然群落中，生物多样性、群落功能和非生物因子是相互作用、相互影响的。因此，要全面理解各种自然群落的结构与功能的内在关系，是一项重要而艰巨的任务。

思考题

1. 何谓生物多样性？如何计算多样性、均匀度指数？
2. 如何理解群落多样性与稳定性的关系？

3. 多样性与不同生境有何变化趋势？影响因素如何？

4. 论述群落中物种-多度分布规律。

5. 论述群落中物种-面积关系。

6. 论述岛屿物种平衡学说。

第十五章　群落分析

学习要点

了解群落数量分析的主要内容和方法。

基本概念

1. 群落排序（community ordination）：是将群落实体作为点，以属性为坐标轴，将其排列出来的方法。其目的是将群落或物种排列定位在一定的空间，使得排序轴能够反映一定的生态梯度，从而能够解释物种和群落的分布结构与环境因子间的生态联系。

2. 直接梯度分析（direet gradient analysis）：以环境因素的改变为轴，称为直接排序或直接递度分析。

3. 间接梯度分析（indireet gradient analysis）：以群落本身的属性（群落组成）为轴的排序，称为间接排序或间接梯度分析。

在群落生态学的研究中，常常涉及大量有关生物物种和环境因素的观测数据。对如此庞大繁杂的数据，要想单凭直观测定和人脑的简单综合，很难看出其内部关系和规律性。群落分析就是借助数量分析方法，从杂乱的数据中经过运算、综合，找出群落内和群落间的联系。群落分析主要包括群落排序分析和聚类分析两部分。随着几十年的发展，分析理论和算法非常多。限于篇幅的原因，这里对主要分析方法作简单的介绍。

第一节　生物群落的数量特征

（1）密度（density）：单位空间内生物个体的数量。

（2）$相对密度=\frac{某种生物个体数量}{全部生物个体数量}\times 100\%$

（3）距离（distance）：指群落中两个体或样本间的距离。

（4）盖度（coverage）：指植物地上部分垂直投影的面积占地面的比率。

（5）基面积（basal area）：植物基部的横截面积。

（6）优势度（dominance）：在动物上用相对密度表示；在植物上用重要性值表示。

（7）$重要值=\frac{相对密度+相对优势度+相对频度}{300}$

$$相对密度=\frac{某一种的个体数}{全部种的个体数}\times 100\%$$

$$相对优势度=\frac{某一种的基面积之和}{全部种的基面积之和}\times 100\%$$

$$相对频度=\frac{某一种频度}{全部种的频度之和}\times 100\%$$

日本学者诏田真（1979）认为，优势度应综合四项指标即：

$$优势度=\frac{相对多度+相对盖度+相对频度+相对高度}{400}$$

其中：$相对多度=\frac{某个种的多度}{所有种多度之和}\times 100\%$

$$相对高度=\frac{某个种的平均高度}{所有种的平均高度之和}\times 100\%$$

$$相对盖度=\frac{某个种的盖度}{所有种盖度之和}\times 100\%$$

（8）频度（frequency）：指某种生物出现的样方的频率。

$$频度=\frac{某一种出现的样方数目}{全部样方数目}\times 100\%$$

（9）存在度（presence）：物种在不同群落中出现的概率。

（10）恒有度（constancy）：物种在不同群落中出现的概率，一定面积内物种的存在度。

（11）确限度（fidelity）：指某物种局限在某一群落类型的程度。

1）特征种（characteristic species）：特别偏爱某类群落成为优势种。

2）伴生种（companion）：对群落没有明显选择。

3）偶见种（accident）：偶然出现，分布较少的种。

（12）群集度（sociability）：是分布格局的一种粗略估计，衡量物种聚集程度的指标。

（13）物种丰富度（richness）：群落中物种数目。

第二节　种间关联

在群落生态学的研究中，需要确定哪些物种趋向于生活在一起而形成群落，群落的边界在哪里？为了客观地回答以上问题，就需要测定物种之间的关联程度。用关联系数表示。

一、关联系数（coefficient of interspecific association）

两物种关联程度的测定，多采用 2×2 列联表法（表 4-15-1），其基本原理如下：根据两物种在样方中出现的情况，可以有 4 种类型，即，两种共有，a 型；两种均缺，d 型；有 A 种，无 B 种，c 型；无 A 种，有 B 种，b 型。如果绝大数样方属 a 型或 d 型，则两物种属正关联；如果绝大多数样方属 b 型或 c 型，则两物种属负关联；如果上述几种类型在样方中随机出现，则两物种无关联。

表 4-15-1　2×2 列联表法的数据格式

物种 B	物种 A	
	有	无
有	a	b
无	c	d

关联系数的计算可用下式进行（Dagnelie 系数）

$$V=\frac{ad-bc}{\sqrt{(a+b)(c+d)(a+c)(b+d)}}$$

V 是关联系数，a、b、c、d 的定义如上述表格。关联系数的取值范围从 -1 到 $+1$ 之间。一般地，$V>0$ 为正关联；$V=0$ 无关联；$V<0$ 负关联。关联系数的检验用 X^2 检验法。

$$X^2=\frac{n(ad-bc)^2}{\sqrt{(a+b)(c+d)(a+c)(b+d)}}$$

2×2 联列表的自由度为 1，因此当 $X^2>3.84$（$X^2_{0.05,\ df=1}=3.84$）则表明关联显著，达 95% 的显著水平；当 $X^2>6.64$（$X^2_{0.01,\ df=1}=6.64$）即表明关联极显著，达 99% 的显著水平。

这种方法既简单又方便，但所测定的结果有两种效应交错在一起：①物种效应，这是要测定的；②样方效应，这是应该避免的。样方效应可以通过改变样方面积大小来估计。

二、无样方取样

Pielou（1969）介绍了无样方估计方法（plotless sampling method）。无样方取样法的原理可以通过测定：物种 x 的任何一个个体的最近邻居（nearest neighbor）是物种 x 还是物种 y？如果物种 x 是成群的，则其最近邻居是 x 的可能性就大。x 种和 y 种的每个个体的最近邻居有几种情况：如果 $ad>bc$，说明两个物种是分散的，表示它们是负关联，（注意其判断与上式正好相反）；如果 $ad<bc$，表示正关联，说明两个物种生活在一起的机会多于各物种自己的个体在一起的机会。

表 4-15-2　无样方取样法的数据格式

物种	最近邻居	
	x	y
x	a	b
y	c	d

计算方法与 2×2 列联表法相同。

关联分析的目的是证明群落中每两两物种的相互关系，是正、负，还是无关联，其关联程度如何？按照机体论的观点，如果群落是自然单位或实体，群落的各物种应通过相互作用彼此有机地结合成一个生命网络，并且这种相互作用是一种必然的关联。但至今没有一个自然群落能够研究清楚其全部物种间的相互关系。

第三节 生态位理论及其测定

一、生态位的概念

Joseph Grinnell 1917 年首先应用生态位（niche）一词来描述对栖息地再划分的空间单位，他强调的是生态位的空间概念。Charles Elton（1927）强调生物在群落中的功能作用，他认为生态位指“一种生物在其环境中的地位及其与食物和天敌的关系”。Hutchinson（1958）从空间和资源利用等多方面考虑，提出了比较现代的生态位概念：考虑有两个独立的环境变量 x_1 和 x_2 可以在直角坐标系中进行测定和表达。如果有 n 个因子就构成了 n 维超体积资源空间（n-dimensional hyper-volume）。一种生物对 n 维资源利用范围组成了一个该物种的 n 维超体积空间，称为该物种的 n 维生态位。

因此可以看到 Grinnell 强调生境生态位（habitat niche）；Elton 强调功能生态位（functional niche）；Hutchinson 定义的是超体积生态位（hyper-volume niche）。从理论上讲以上的定义有三点不足之处：①大多只将物种作为生态位的利用者或占有者，而没有包括其他拥有生态位的生物组合层次（生物群落、生态系统等）；②只考虑了环境因子（食物、温度等）而忽略了时间因子；③只谈到了生态位的实际利用性，而没有考虑生态位的潜在形式和非存在形式。

根据近期的发展，将时间因子和环境因子统称为生态因子。各组织水平的生物统称为生态元（ecological unit），可导出生态位的一般性定义：在生态因子的变化范围内，能够被生态元实际和潜在占据、利用和适应的部分，称为该生态元的生态位，其余部分称为生态元的非生态位（non-niche）。

在生物群落中，能够被生物利用的最大资源空间称之该生物的基础生态位。由于存在着竞争，很少物种能够全部占领基础生态位。物种实际占有的生态位称为现实生态位（realized niche）。

二、生态位、生活小区、栖息地和生态区

这几个术语的定义和用法经常容易混淆，从而影响到对许多群落现象的解释。对此，Price（1975）进行了重新定义：生态位（niche）指群落内一个物种的资源利用；生活小区（biotope）指群落生存的环境；栖息地（habitat）指物种生存的物理环境。因此，一个物种的生存和分布决定于它的生态位和栖息地这两个可变因素，而物种所利用的总资源的所在地被认为是生态区。Odum（1952）对栖息地和生态位曾作过十分生动的比喻，他说栖息地是生物的“住所”，而生态位则是生物的“职业”。好比人类社会，如果我们要相识某个人，首先要知道他的地址才能找到他。但是要真正了解他，就必须知道他的职业、兴趣、社会关系及在社会中起的作用等。要确定某种生物在群落中的状态，还必须了解它的活动性、它的营养和能量来源，甚至它的代谢率、生长率、其他生物对它的影响以及它在生态系统中对群落功能所起的作用等。

根据对以上几个术语的解释，同时也使 Hutchinson 的生态位概念得到扩大和改进，

Whittaker，Levin 和 Root 曾提出如下建议：

（1）在一个景观或地区内构成了空间梯度的物理和化学环境的变量被定义为是栖息地多维空间的轴。一个特定物种所占有的该多维空间的一部分，就是这个物种栖息地的多维体积。该多维体积描绘了物种种群对栖息地变量的反应。

（2）在一个特定的群落中，物种在适应性上与其相关的变量，被定义为是生态位多维空间的轴。物种在其中生存的那部分多维空间，就是该物种的生态位多维体积。物种种群在它的生态位多维体积内的反应，描绘出它的生态位。

（3）栖息地变量和生态位变量相结合，被定义为生态区多维空间的轴。一个特定物种对其发生适应的那部分多维空间，就是该物种的生态区多维体积。种群在该多维体积内的反应，规定着这个物种的生态区。

三、生态位测度

1．生态位宽度（niche breadth）

指物种对资源开发利用的程度。在现有的资源谱中（resource spectrum），仅能利用其中一小部分的生物称为狭生态位种；而能利用较大部分的，则称为广生态位种。

对生态位宽度的定量方法很多。首先要把资源分为若干等级，然后调查记录物种利用各个资源等级的数值。在此基础上应用以下公式计算生态位宽度。

（1）基于 Shannon-Wienner 多样性指数的生态位宽度

$$B_i = \frac{\lg\sum N_{ij} - (1/\sum N_{ij})(\sum N_{ij}\lg N_i)}{\lg r}$$

其中　$B_i = i$ 物种的生态位宽度。

$N_{ij} = i$ 物种利用 j 资源等级的数值。

$r =$ 生态位资源等级数。

当物种利用资源序列的全部等级，并且在每个等级上利用的资源相等（即 $N_i = N_2 = \cdots\cdots N_r$），则该物种的生态位宽度最大，$B_{\max} = 1$；如果该物种利用资源序列中的一个等级，该物种的生态位宽度最小，$B_{\min} = 0$。

（2）Levins（1968）的生态位宽度指数

$$B_i = \frac{(\sum_i N_{ij})^2}{\sum_i N_{ij}^2} \text{ 或 } = \frac{1}{rg\sum P_i^2}$$

B_i，N_{ij}，r 同上式。$P_i =$ 物种利用第 i 等级资源占利用总资源等级的比例。

其变动范围 $1 \leqslant B_i \leqslant r$ 或 $1/r \leqslant B_i \leqslant 1$，$1/r$ 表示仅利用资源序列的一个等级，1 表示等比例地利用全部等级。

2．生态位相似性比例（proportional similarity）

指两个物种在资源序列中利用资源的相似程度。Cowell 和 Futuyma（1971）给出算法：

$$C_{ih} = 1 - \frac{1}{2}\sum\left|\frac{N_{ij}}{N_i} - \frac{N_{hj}}{N_h}\right| = 1 - \frac{1}{2}\sum \mid P_{ij} - P_{hj} \mid$$

其中　$C_{ih} = i$ 物种和 h 种之间的比例相似性。

$N_{ij} = i$ 种在 j 资源等级中出现的数值。

$N_i = i$ 种在所有资源等级中的数值。

$N_{hj} = h$ 种在 j 资源中出现的数值。

$N_h = h$ 种在所有资源等级中的数值。

$\left|\frac{N_{ij}}{N_i} - \frac{N_{hj}}{N_h}\right|$ 为绝对值，反映两个种之间利用资源比例之差。该指数的变化范围是，$0 \leqslant C_{ih} \leqslant 1$，0 表示完全不重叠，1 表示百分之百地重叠。

3．生态位重叠（niche overlap）

指在一个资源序列上，两物种利用相同等级资源而相互重叠的状况。

（1）基于 Levins 生态位宽度的生态位重叠指数

$$L_{ih} = B_i \sum_{j=1}^{s} P_{ij}P_{hj} = B_i \sum_{j=1}^{s} \frac{N_{ij}}{N_i} - \frac{N_{hj}}{N_h}$$

$$L_{hi} = B_h \sum_{y=j=1}^{s} P_{ij}P_{hj} = B_h \sum_{j=1}^{s} \frac{N_{ij}}{N_i} - \frac{N_{hj}}{N_h}$$

其中：$L_{ih} = i$ 物种重叠 h 物种生态位重叠指数。

$L_{hi} = h$ 物种重叠 i 物种生态位重叠指数。

$B_i =$ 以 Levins 公式计算的 i 种生态位宽度。

$B_h =$ 以 Levins 公式计算的 h 种生态位宽度。

$P_{ij} = \frac{N_{ij}}{N_i}$；

$P_{hj} = \frac{N_{hj}}{N_h}$；

当两物种在任何一资源等级上都不重叠时则 L_{ij} 和 L_{hj} 都为 0；当两物种利用资源等级完全重叠时，则 i 种对 h 种的生态位重叠正好等于 i 种的生态位宽度（$L_{ij} = B_i$）；h 种对 i 的生态位重叠正好等于 h 种的生态位宽度（$L_{hj} = B_h$）。由式中可以看到，当 $B_i > B_h$ 时，虽然两物种生态位重叠部分的绝对值一样大，但 i 种为 h 种的重叠大于 h 种对 i 种的重叠。

（2）Hutchinson（1978）的生态位重叠指数：Hutchinson 的生态位重叠指数，考虑了在资源序列中资源不等价的情况，这对于某些性质的资源是十分重要的。例如以某种猎物为资源按其大小分为 0～10mm，11～20mm……等四个等级。考虑到各个等级数量不相等，如果把各等级数量占可利用猎物总数量的比例考虑进去，是非常有意义的。

$$C_{ih} = C_{hi} = \sum_{j=1}^{s} \frac{P_{ij}p_{hj}}{P_j}$$

其中 C_{ih}、C_{hi}、j、s、P_{ij}、P_{hj} 与上同。$P_j =$ 资源系列第 j 等级的资源占所有可利用资源的比例。

③基于 Shannon-Wiener 多样性指数的生态位重叠公式

$$C_{ih}=\frac{\sum[(N_{ij}+N_{hj})\cdot\lg(N_{ij}+N_{hj})]-\sum N_{ij}\lg N_{ij}-\sum N_{hi}\lg N_{hi}}{(N_i+N_h)\lg(N_i+N_h)-N_i\lg N_i-N_h\lg N_h}$$

其中符号定义与上同，变动范围 $0\leqslant C_{ih}\leqslant 1$

4. 生态位分离和性状替换

(1) 生态位分离 (niche separation)：是指两个物种在资源序列上利用资源的分离程度。假设两个物种各自在连续资源序列上的资源利用曲线为一钟形曲线，则它们的平均分离度以 d 表示。各自的变异度以 w 表示，则生态位分离的程度为 $N_p=d/w$，当生态位充分分离时，d/w 大，当生态位高度重叠时，d/w 小。

(2) 性状替换 (character displacement)，它可以看作为由于竞争造成生态分离的证明。指两个亲缘关系密切的物种若在异域分布时，它们的特征往往很相似，甚至难以区别。但在同域分布时，它们之间的差别就明显，彼此之间必然出现明显的生态分离。这就出现了一个或几个特征的相互替换。这种性状替换现象正好说明近缘种是剧烈竞争而形成的结果。

5. 多维生态位特征的测度

上面讨论的一维生态位特征的测度方法，对于多维生态位虽然在原则上也是适用的，但由于资源维度多，这不仅使计算量成倍增加，而且在生态学上对于不同资源等级组合的取舍和解释出现很大困难。例如，在一个资源维度上有 10 个资源等级，在另一个资源维度上有 15 个资源等级，则仅仅这两个维度上就有 10×15 个资源等级组合。同时，要在野外按照一维生态位测度中提出的方法去获取数据和进行计算也是十分困难的。因此，Cody (1970) 和 May (1975) 提出了两个原则来估计在多维资源轴上的生态位特征：

(1) 当物种利用的各资源序列是完全独立时，则物种的多维生态位特征值可以用各维生态位特征值的乘积来表示。

(2) 当物种利用的资源序列是完全相关时，则可以用任何一个资源维度上的生态位特征值或它们加权的线性组合来估计。

第四节　群落排序

排序 (ordination)：是将群落实体作为点，以属性为坐标轴，将其排列出来的方法。其目的是将群落或物种排列定位在一定的空间，使得排序轴能够反映一定的生态梯度，从而能够解释物种和群落的分布结构与环境因子间的生态联系。

排序基本上是一个几何问题，利用属性来对实体进行排序的过程叫正排序 (normal ordination)；反过来利用实体对属性进行排序的过程叫逆排序 (inverse ordination)。

排序的基本思路是希望在简化的空间中反映实体的位置，而且使畸变最小。目前使用的方法很多，但各种方法基本上都要求数据具有可度量性 (metricity)、可加性 (additivity) 和直线性 (linearity)。也就是要求各种属性具有共同的测度单位，互相独立，具有线性结构。但对不同的方法选择没有一个客观的标准，同时又是一个尚有争议的问题。任何一种方法都有自己的优点和缺点，利弊兼有，很难完全理想，具体方法的选择仍须根据具体的问题和研究的目的而定。总之，无论是早期的排序方法，还是新发展起来的排序方法，对于群落生态学研究来说，它们都只能是一种手段。最重要的是用生态学的专业知识去进行分析、解释和判断。

首先使用排序技术研究群落问题的是前苏联学者拉曼斯基（Ramensky 1930），他应用一个或两个生态因素的梯度为坐标，来排列群落的变化系列，但没有引起生态学界的足够重视。由于排序的基础是认为群落组成是在环境条件的连续体上逐渐地改变的，即群落也是连续变化着的。20 世纪 50 年代前后，植被的连续性质被许多学者所强调，一些排序方法逐渐发展起来。按排序坐标轴的属性，其方法基本可以分成两类：①以环境因素的改变为轴，称为直接排序或直接梯度分析（direct gradient analysis）；②以群落本身的属性（群落组成）为轴的排序，称为间接排序或间接梯度分析（indirect gradient analysis）。

一、极点排序

极点排序（polar ordination；PO）是 20 世纪 50 年代中期由 Wisconsion 学派创立的排序方法，又称为 Bray-Curtis（1957）方法。其过程为：

1. 首先确定相似性或相异性指标

$$D_{jk} = \frac{\sum_{i=1}^{p} |x_{ij} - x_{ik}|}{\sum_{i=1}^{p} |x_{ij} + x_{ik}|}$$

其中：$i=1, 2, 3, \cdots, p$；物种数。

$j, p=1, 2, 3, \cdots, n$；样方数。

D_{jk} = 样方 j 和 k 之间的距离系数。

x_{ij}, x_{jk} = 种 i 在样方 j 和 k 中的观测值。

2. 选择 X 轴的端点

这是极点排序的重要特征。一般是选择相异性系数最大的两个样方，作为第一排序轴的两个端点，其中一个坐标值为 0，另一坐标等于相异系数。

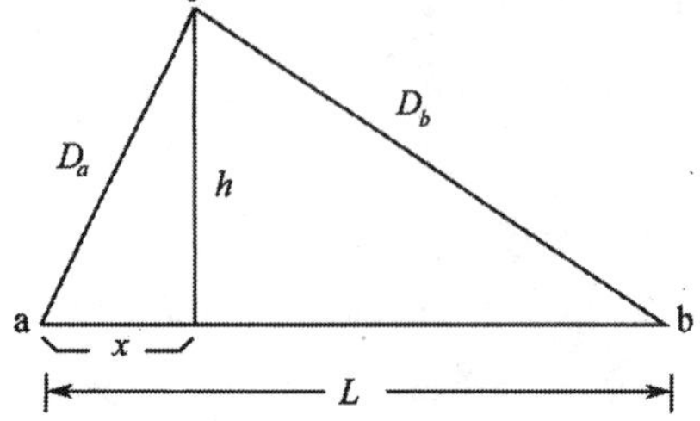

图 4-15-1　极点排序距离计算示意

3. 计算其他样方在 X 轴上的坐标和对 X 轴的偏离值

$$x = \frac{L^2 + D_a^2 + D_b^2}{2L}$$

$$h = \sqrt{D_a^2 - x^2}$$

如图 4-15-1 所示，X 为样方 C 在 X 轴上坐标值；a，b 为 X 轴的两个端点；L 为 a，b 间的距离；D_a 和 D_b 为样方 C 与样方 a 和 b 之间的相异性系数；h 为样方 C 对 X 轴的偏离值。

4．选择 Y 轴的端点

首先选与 X 轴偏离值最大的样方作为 Y 轴的端点，并使其 Y 轴尽量与 X 轴垂直。然后选取第二个端点，使其满足两个条件：一是两个端点间的相异系数最大；二是两个端点在 X 轴上的投影相差最小。

5．同样使用上述方法，计算其他样方在 Y 轴上的坐标值

6．用 X 轴和 Y 轴组成坐标图

该方法是 20 世纪 50 年代的主要方法，特点是计算简单，易做；缺点是在选择坐标轴时，加入的人为因素较多。

二、主成分分析

主成分分析又叫主分量分析（principal components analysis，PCA），是近代群落排序研究中应用较多的一种方法。该方法于 1954 年由 Goodall 引入植被数量分析中。是一个完全基于植被的结构，而不考虑环境梯度的变化。因为该方法不需要选择端点和权重。因此结果更接近实际。但其计算多杂、烦琐，要借助计算机程序才能完成，因此在 20 世纪 60 年代后才被普遍使用。其原理是将 n 维空间的 n 个点投影到低维空间中，并使点的排列受到最小的畸变。具体过程如下：

（1）对原始数据标准化，要进行 PCA 分析，必须对原始数据进行中心化处理。

$$x_{ij} = z_{ij} - \overline{z}_i$$

其中：$i=1, 2, 3, \cdots\cdots, p$（物种数）；

z_{ij}为第 i 种在第 j 样方中的原始数据，$\overline{z}_i$ 是第 i 种在所有样方中原始数据的平均值。

中心化后的数据为 $X=\{x_{ij}\}$。

（2）计算属性间的内积矩阵：S

对于 $P*N$ 维数据矩阵 X，其内积矩阵为：

$$S = XX^{\mathrm{T}}$$，这是一个 P 阶方阵。

以上两步实际为求相似系数矩阵，在 PCA 中最常用的相似性系数矩阵是协方差矩阵（原始数据中心化）和相关矩阵（原始数据离差标准化）。

（3）求矩阵 S 的特征根

解方程 $|S-\lambda I|=0$ 的 P 个根，并依次按大小排列。

（4）求特征根相对应的特征向量

$(S-\lambda I)\ U=0$，解之，得特征向量 U 矩阵。

（5）求排序坐标矩阵 Y

$$Y = UX$$

可求出 N 个样方 P 个分量的坐标。一般来说不需要计算每个分量的值，只取前 K 个主要分量（一般 $K=2$ 或 3），以利结果的图形表示。K 个主分量所含信息，可以用其特征根占所有特征根之和的比例表示。

（6）求属性的负荷量：虽然所有的属性在排序中共同起作用，但各属性的贡献率不同，用负荷量表示（Loading），即：

$$L_{ij} = \sqrt{\lambda_j} U_{ji}$$

三、主坐标分析（principal axes analysis，PAA）

主坐标分析是从 N＊N 维相异性矩阵出发，而进行的分析。主坐标建立的排序坐标系与主分量分析旋转后的坐板系一样，主坐标不仅正交，而且第一主坐标、第二主坐标依次按 N 个点在该轴的平方离差的大小顺序排列，N 个点对不同两个轴的交叉积均为0，因此可以取较少的排序坐标去描述样方，而使信息的损失最小。具体计算过程与PCA 相似。

四、对应分析（correspondence analysis，CA）

实际上是 PCA 的另一种方式。其区别是一次分析可同时进行正分析（Q 分析：对属性排序）和逆分析（R 分析：对实体排序）。在数据处理时采取了与 PCA 不同的方法，并且在进行特征分析并把特征向量转化为得分时，是同样给实体和属性分配得分，因而能产生两种排序。

五、判别分析（discrimination analysis）

判别分析是另一类排序方法，它的基本思想是对研究对象已经用某一方法进行了分类，通过建立判别函数，确定某一个成员应该属于哪一类。其关键是找出判别函数的线性组合，它使组间差异尽可能地大，组内差异尽可能地小。

六、典范相关分析（canonical correlation analysis）

一般的排序方法，所有属性都被同等看待。然而在群落生态学研究中，常涉及性质不同的几类属性构成不同的观察集合。而典范相关能够同时处理两类不同性质的属性，不仅可以求出样方的排序坐标，简化原始数据，而且能找出两类属性间的相关关系。

第五节　群落聚类分析

聚类分析就是根据各实体（或属性）间的相似（或相异）关系，将实体（或属性）归纳为若干组，使组内的实体（或属性）尽量相似，而组间实体（或属性）尽量相异，从而实现客观上分类的目的。

在聚类分析中，一般把实体作为分类的基本单位。就群落生态学而言，实体可以是样方、标地、地段，甚至整个群落。而描述实体特征的各个信息项目，诸如某种的存在与否、种的频度、个体数量、环境因子等都作为属性。不同的聚类方法只是实现分类过程的手段。

一、聚类方法的类型

下面对几种聚类方法作简要的说明：

1. 重叠的与不重叠的（overlapping or non-overlapping）

不重叠分类是指某一个被分类的成员只能属于最后被分成的某一个组，而不能同时属于两个以上的组。而重叠分类是指有些成员的最后分类结果可能同时属于两个或两个以上的组。从生态学意义上讲，在自然界中存在许多中间或过渡类型，这些类型只能说在多大程度上属于这一组，而多大程度上又属于另外一组，亦此亦彼，界线是模糊的。目前，分类上几乎都采用不重叠分类方法。

2. 内在的和外在的（intrinsic or extrinsic）

所谓内在的分类是将所有属性的数据同等对待，只用这些属性数据进行分类。外在分类是指事先知道某种外在因素，将它们与内在因素一并考虑，而在按内在属性分类的过程中，有目的的让分类结果尽量反映外在因子的影响。目前的分类多数是内在的。

3. 有序的和无序的（ordering or non-ordering）

所谓有序的分类是指在分类过程中和最后的分类结果，不破坏分类成员固有的顺序性，归类的各组中成员是由原顺序邻近的几个成员组成。无序的分类是指分类的过程和结果不考虑样本的原有顺序关系。目前多数为无序分类。

4. 等级的与非等级的（hierarchical or non-hierarchical）

在等级分类中，任何水平下的组都是较高一级水平组的再分组，从而形成一个等级的树枝状分类。非等级分类由于最终得到的分组不是由上一级组逐次划分而来，所以组间的关系不是树枝状而是呈网状。目前应用的多为等级分类。

5. 串行的或并行的（serial or simultaneous）

都属于非等级分类方法。所谓串行，是先从样方集合中找出一个组，并把它从集合中分离出去；然后再从其余样方中找出第二个组，又将它分类出去，如此继续，直到最后所有的样方都归于某一个组为止。并行分类是首先用某种方法将样方集合预分组，再用叠代过程进行调整。

6. 聚合的或划分的（agglomerative or divisive）

属于等级分类方法。聚合方法是从单个样方开始，通过逐次两两合并而最后得到包含整个样方的集合，即从底向上聚合。而划分方法则相反，是从顶向下划分。

7. 单元的或多元的（monothetic or poly thetic）

所谓单元分类是根据某一属性的有无将样方组进行一次划分，这种方法显然简单明确。多元的分类是根据全部属性或多个属性的相似性来决定样方组的划分或合并，显然它依据的信息量较多，分类的结果亦较稳定。看来多元的方法有明显的优越性，一方面它可以考虑群落的许多性质，二来它可以克服单元属性在信息利用上不经济和可能由于选择的属性在生态上并非重要而导致无价值细分的缺点。

二、系统聚类法

系统聚类法属于等级聚合方法的类型，是目前应用最多的聚类方法。这种聚类方法的基本思想是；首先将每个样本看成一类，计算它们之间的相似性系数或相异性系数，选择最为相似的两个样本归为一类，然后重新计算新类与其他样本之间的相似或相异系数，再选择最相似的两个样体归为一个新类，直到所有的相似样本都划分为一类为止。具体算法很多，其差异在于类与类之间采用何种相似或相异系数以及如何进行合并。

1. 最近邻体法

最近邻体法（nearest neighbor）也称单联（single linkage）法，以两类中相距最近的两个样方之间的距离作为两类间的距离。

2. 最远邻体法

最远邻体法（furthest-neighbor）也称全联法（complete linkage），两个类间的距离定义为类间相距最远点之间的距离。

3. 平均聚类法

其类间距离不取决于两类中各某一样方点间的极端距离，而是取决于两类中各自的平均距离或平均相似性。

思考题

1. 群落排序的含义及主要方法?
2. 梯度分析的含义与方法如何?
3. 群落分类的主要方法?

参 考 文 献

刘建国.1992. 当代生态学博论,北京:中国科学技术出版社
孙泳儒.2001. 动物生态学原理(第三版),北京:北京师范大学出版社
张大勇等, 2000. 物种多样性模式和竞争理论. 理论生态学研究.北京:高等教育出版社, 187~189
赵志模等.1990. 群落生态学原理与方法.重庆:重庆科学技术文献出版社
黄建辉,白永飞等.2001.物种多样性与生态系统功能:影响机制与有关假说. 生物多样性,9:1~7

Bronstein JL. 1994. Our current understanding of mutualism. The Quarterly Review of Biology 69:31～51
Brown JH, Mehlman DW, Stevens GC. 1995. Spatial variation in abundance. Ecolagg, 76:2028～2043
Chapman J L, Reiss M J. 1999. Ecology: principles and applications (2nd edition) The Cambridge University Press
Codispoti LA. 1997. The limits to growth. Nature, 387:237～238
Coley PD, Barone JA. 1996. Herbivory and plant defenses in tropical forests. Annual Review of Ecology and systematics, 27:305～335
Dodd MJ Silvertown, Mcconway K. et al. 1995. Community stability: a 60～years record of trends and outbreaks in the occurrence of species in the park grass experiment. Journal of Ecology, 83:227～285
Ehler L. 1985. Species-dependent mortality in a parasitic guild and its relevance to biological control. Environ. Entomol, 14: 1～6
Ehler LE. 1992. Guild analysis in biological control. Environ. Entomol, 21:26～40
Falkowski P G. 1997. Evolution of the nitrogen cycle and it influence on the biological sequestration of CO_2 in the ocean. Nature, 387:272～275
Ferguson K I, Stiling P. 1996. Non-additive effects of multiple natural enemies on aphid populations. Oecologia, 108:375～379
Fisher S G. 1990. Recovery processes in lotic ecosystems: limits of succesional theory. Environmental management, 14: 725～736
Franklin J F, Bledsoe C S and Callahan J T. 1990. Contributions of the long-term ecological research program. Bioscience, 40:509～523
Fuentes-Contreras J E, Powell E, Wadham L J, Pickett J A, Niemeyer H M. 1996. Influence of wheat and oat cultivars on the development of cereal aphid parasitoid Aphidium rhopalosiphi and the generalist aphid parasitoid Ephedrus plagiator. Ann App Biol, 129:181～187
Grant P R. 1994. Ecological Character displacement. Science, 266:746～747
Heske E J, Brown J H, and Mistry S. 1994. Long-term experimental study of a Chihuahuan Desert rodent community: 13 years of competition. Ecology, 75:438～445
Holt R D, Polis G A. 1997. A theoretical framework for intraguild predation. Am Nat, 149:745～764
Johanson K H, Vogt K A, clark H J et al. 1996. Biodiversity and the productivity and stability of ecosystem. Trend s in Ecology and Evolution, 11:372～377
Leibold M A. 1996. A graphical model of keystone predators in food webs: trophic regulation of abundance, incidence, and diversity patterns in communities. Am Nat 147: 784～812
Lonsdale W M. 1990. The self-thinning rule: dead or alive? Ecology, 71:1373～1388
Loreau M, Naeem P et al. 2001. Biodiversity and ecosystem functioning: Current knowledge and future chanllenges. Science, 294: 804～808
Loreau M. 1998, Biodiversity and ecosystem functioning: A mechanistic model. Proc Natl Acad Sci USA, 95: 5632～5636
Losey J E, Ives A R, Harmon J, Ballantyne F, Brown C, 1997. A polymorphism maintained by opposite patterns of parasitism and predation. Nature, 388:269～272
Manuel C Molles. 1999. Ecology: Concepts and applications Mc Graw-Hill Compang. Ine
Mills N J. 1994. Parasitoid guilds: Defining the structure of the parasitoid communities of endopterygote insect hosts. Environ Entomol, 23:1066～1083
Müller C B , Godfray H C J. 1999. Indirect interactions in aphid parasitoid communities. Res Popul Ecol, 41:93～106
26. Müller C B, Godfray H C J. 1999. Predators and mutualists influence the exclusion of aphid species from natural communities. Oecologia, 119:120～125
OdumE, P 生态学基础,孙儒泳等译. 1981. 北京:人民教育出版社
Polis G A, Holt R D. 1992. Intraguild pradation: The dynamics of complex trophic interactions. Trends Ecol Evol, 7:151～154
Polis G A. Myers C A, Holt R D. 1989. The ecology and evolution of intraguild predation: Potential competitors that eat each

other. Annu Rev Ecol Syst, 20:297～330

Power M E, Tilman D, Estes J A et al. 1996. Challenges in the quest for keystones. BioScience, 46:609～620

Raymond B, Darby A C, Douglas A E. 2000. Intraguild predators and the spatial distribution of a parasitoid. Oecologia, 124: 367～372

Redford K H. 1992. The empty forest. Bioscience, 42:412～422

Rosenheim J A. 1998. Higher-order predators and the regulation of insect herbivore populations. Annu Rev Entomol, 43: 421～447

RosenZweig M L. 1992. Species gradients: we know more and less than we thought. Journal of Mammalogy, 73:715～730

Rosenzweig M L. 1995. Species diversity in space and time. New York. Cambridge University press

Roy B A. 1993. Floral mimicry by a plant pathogen. Nature, 362:56～58

Schluter D. 1994. Experimental evidence that competition Promotes divergence in adaptive radiation. Science, 266:798～801

Siemann E H, Tilman D, Haarstad J, Ritchie M. 1998. Experimental tests of the dependence of arthropod diversity on plant diversity. Am Nat, 152:740～752

Sih A, Englund G, Wooster D. 1998. Emergent impacts of multiple predators on prey. Trends Ecol Evol, 13:350～355

Symstad A J, Siemann E, Haarstad J. 2000. An experimental test of the effect of plant functional group diversity on arthropod diversity. Oikos, 89:243～253

Terborgh J. 1988. The big things that run the world: a sequel to E. O. Wilson. Conservation Biology, 2:402～403

Tilman D, Wedin D, Knops J. et al. 1996. Productivity and sustainability influence by biodiversity in grassland ecosystems. Nature, 379:718～720

Tilman D, Knops J, Wedin D. et al. 1997. The influence of functional diversity and composition on ecosystem processes. Science, 277:1300～1302

Tilman D. 1994. Competition and biodiversity in spatially structured habitats. Ecology, 75:2～16

Tilmom D. 1996. Biodiversity: population versus ecosystem stability. Ecology, 77:350～363

Williams K S, Smith K G and Stephen F M. 1993. Emergence of 13－years periodical cicadas (Cicadidae: Magicicade): phenology, mortality, and predator satiation. Ecology, 74:1143～1152

Wissinger S A. 1992. Niche overlap and the potential for competition and intraguild predation between size-structured populations. Ecology, 73:1431～1444

第五篇　生态系统生态学

第十六章　生态系统的基本概念与特征

学习要点

1. 了解生态系统基本概念、模型及概念的拓展。

2. 学会运用生态系统基本概念、模型和特征的理论，分析有关的生态环境问题。

基本概念

1. 生态系统（ecosystem）：是指在一定时间和空间内，由生物群落与其环境组成的一个整体，各组成要素间藉助物种流动、能量流动、物质循环、信息传递和价值流动，而相互联系、相互制约，并形成具有自调节功能的复合体。

2. 生态系统模型（model）：是生态系统研究的基本方法。它是从系统基本成分、结构、行为出发，简要描绘出生态系统最本质的特性和行为。

3. 环境容量（environmental capacity）：是指一个生态系统能容纳污染物的一个最大负荷量。

第一节　生态系统的概念

一、生态系统的定义

生态系统（ecosystem）是指在一定时间和空间内，由生物群落与其环境组成的一个整体，各组成要素间藉助物种流动、能量流动、物质循环、信息传递和价值流动，而相互联系、相互制约，并形成具有自调节功能的复合体。

生态系统定义的基本含义是：①生态系统是客观存在的实体，有时、空概念的功能单元；②由生物和非生物成分组成，以生物为主体；③各要素间有机地组织在一起，具有整体的功能；④生态系统是人类生存和发展的基础。

生态系统范围可大可小，通常是根据研究的目的和具体的对象而定。最大是生物圈（biosphere），可看作是全球生态系统，它包括了地球一切的生物及其生存条件。小的如一块草地，一个池塘都可看作一个生态系统。

生态系统生态学（ecosystem ecology）以生态系统为对象，是研究生态系统的组成要素、结构与功能、发展与演替，以及人为影响与调控机制的生态科学。

二、生态系统概念的发展

生态系统（ecosystem）一词是英国植物生态学家 A. G. Tansley（1871～1955）于 1935 年首先提出的。他在研究中，发现气候、土壤和动物对植物的生长、分布和丰盛度都有明显的影响。于是他提出："生物与环境形成一个自然系统。正是这种系统构成了地球表面上各种大小和类型的基本单元，这就是生态系统"。

当时，前苏联植物生态学家 V. N. Sukachev（1944）提出了生物地理群落（biogeocoenosis）的概念。这是指在地球表面上的一个地段内，动物、植物、微生物与其地理环境组成的功能单元。

上述两个概念实质上是相同的。正如 1965 年在丹麦哥本哈根召开的国际学术会议上认定的那样，生物地理群落和生态系统是同义词。

生态系统的概念自 Tansley 提出来以后，作为一个理论受到许多人的赞赏。半个多世纪以来，许多生态学家对生态系统理论和实践作出了巨大贡献。

R. Lindeman（1915～1942）在学生时代就深受 W. S. Cooper 的影响，重视实践。于 20 世纪 30 年代末对塞达波格湖（Cedar Bog Lake）开展了研究工作，取得巨大成就作出了卓越的贡献。他深刻地揭示了营养物质移动规律，创建了营养动态模型，成为生态系统能量动态研究的奠基者。他以科学的数据，论证了能量沿着食物链转移的顺序，提出了著名的"百分之十定律"，开创了生态学从定性走向定量的新阶段。

R. E. Ricklefs（1979）在《生态学》一书中描绘了生态系统中物质循环和能量流动的基本格局，形象地表明生态系统中生物和非生物成分间相互作用和相互依赖的关系；它们通过物质交换而联系在一起；驱使生态系统物质循环的能量来自太阳。

F. B. Golley（1960，1968）曾对陆地生态系统中的弃耕地进行过营养结构及能量流的研究工作，较深入地揭示了生态系统能流的渠道是食物链；能量在沿着各营养阶层流动时是逐级减少的。他是陆地生态系统能量流动研究的奠基人。1990 年在日本举行了第五届国际生态学大会。他作为国际生态学会主席在开幕式上作了"生态系统概念的发展——对序（order）的探讨"的报告，强调人类活动对生态系统、生物圈和全球变化影响的研究。

此外，在谈到生态系统概念的发展时，不能不提到 Odum 家族的工作。E. P. Odum和 H. T. Odum 兄弟二人及 W. E. Odum 都是当代著名的生态学家，他们对生态系统概念的发展作出过杰出的贡献。

从 20 世纪 50 年代以来，E. P. Odum 就一贯强调生态系统研究工作的重要意义，在营养动态和能量流动方面提出了许多新思想和新方法，并创建了生态学和社会科学相结合的模式。H. T. Odum 对佛罗里达州银泉（Silver Spring）生态系统能流收支的研究，是当今生态系统水平上能量流动分析的一个范例。

他们的著作甚为丰富，E. P. Odum 的《生态学基础》不仅是一本现代生态学的教科书，而且是一部很有新意的著作。H. T. Odum 的《人和自然的能量基础》一书被誉为能量研究方面的经典著作。

E. P. Odum 提出了大小不同的组织层次谱系，进一步把生态系统的概念系统化。

生态系统可以按照图谱所示，把研究对象划分为基因、细胞、器官、个体、种群和群落等几个层次。每个层次的生物成分和非生物成分的相互作用（能量和物质关系）产生了具有不同特征的功能系统（图 5-16-1）。

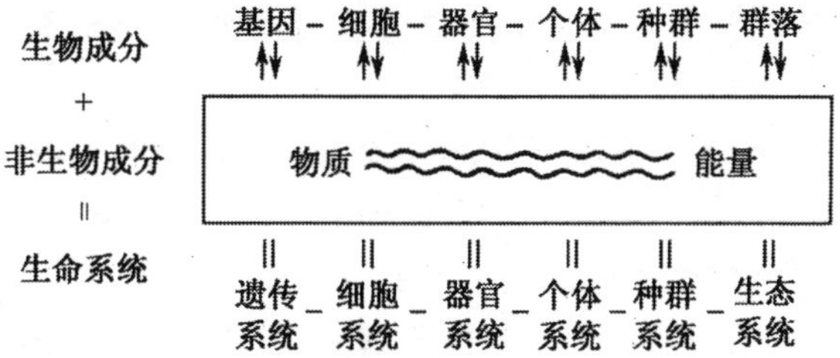

图 5-16-1　不同特征的组织层次谱系（引自 Odum 1971）

H. T. Odum (1983) 创建了一个整套能量的符号语言（表 5-16-1），来描述复杂的生态系统。

表 5-16-1　生态系统中常用的符号语言

符 号	组件名称	含 意	用 途
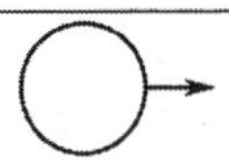	能源	圆圈表示能源	可以表示太阳能、石油、煤炭等
	流动控制组件	将各组件联系起来的通道	可以表示能量流动的多种情况
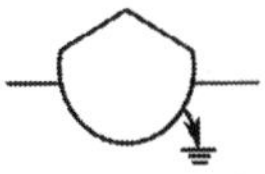	贮存库	系统中贮存能量的场所	表示能量的贮存。如油库、水库等场所
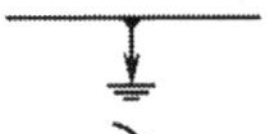	热槽	能量的耗散，不做任何功	存在于贮存库、工作门、组件中是释放的能量
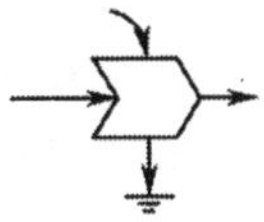	工作门	两个以上能的相互作用	可表示两个以上能的不同作用方式
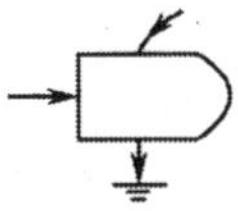	生产者	作为一个植物生产者系统，为自养生物	表示低质量能转化为高质量能
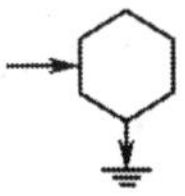	消费者	通常是为异养生物	表示动物、微生物等
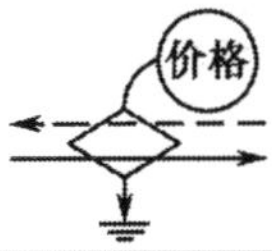	交换组件	能量和资金的流动。能量向一个方向流动，资金向另一个方向流动	表示资金、能量的流通

三、现代生态系统生态学的发展

Carson R (1962) 的名著《寂静的春天》描述了杀虫药剂所造成的严重污染，阐明污染物在环境中的迁移转化，初步揭示了污染对生态系统的影响。警示人们要限制自己的行动，不能破坏生态系统结构和功能。这种生态破坏一旦形成，几年、几十年甚至百年都难以恢复。她有力地促进了生态系统与现代环境科学的结合。Cairns, J. Jr (1995) 在人类面临着人口激增、资源短缺、土地退化、植被破坏、生物多样性丧失的诸多挑战，及时提出了水域生态系统恢复和重建。

生物多样性 (biodiversity) 是决定生态系统面貌、发展和命运的核心组成部分。对此新的假说和观点不断涌现。Paine, R. T (1969)、Ehrlich, P. R 等 (1981)、Walker, B. H (1992) 对生态系统中物种作用提出了新概念和新理论。

针对全球环境恶化、地球出现多种胁迫的现实，Costanza (1992) 和 Rapport (1985) 开展了生态系统健康 (ecosystem health) 的基本理论和评估的研究，发现现在地球上的生态系统为人类服务已不能像过去一样，而且还对人类产生了潜在威胁。呼吁人们关心全球各类生态系统的健康。

20 世纪 70 年代，有人指出，现有森林管理方法可能影响生态系统的功能 (Likens 1970)。美国一些机构，特别是环境保护局在关注建立健康生态系统的同时，强调了生态系统管理 (ecosystem management)。管理是着眼于保持和维护生态系统的结构、功能的可持续性，保证生态系统的长远健康。

随后，人们越来越关注生态系统健康，深刻认识到地球是人类目前惟一的家园。人们在审视和反思的基础上，可持续发展成为全人类生存的战略思想。在实现经济和社会发展的同时，要保证生态系统的可持续发展 (Lubchenco J et al 1991)。

在论述生态系统发展过程中，有重大意义的国际合作是：

20 世纪 60 年代，有 54 个国家合作的“国际生物学计划” (International Biological Programme, IBP)，是对生态系统大规模研究的开端。先后出版了有关生态系统的 35 本手册和论著。这为生态系统的研究开创了一个新时代。

“人与生物圈计划” (Man and the Biosphere Programme, MAB) 是 1971 年 11 月由联合国教科文组织发起，1972 年通过的长期研究计划。MAB 是人类历史上第一次将自然科学与社会科学结合起来的大型国际合作项目，是第一次把人和自然及其资源作为一个整体来研究，标志着生态系统研究的新的里程碑。

“国际地圈-生物圈计划” (International Geosphere - Biosphere Programme, IGBP) 的目的是了解控制整个地球系统物理的、化学的和生物学作用过程以及人类活动对上述基本过程、变化的影响。该计划是国际科学联合会 (ICSU) 于 1983 年开始筹备，1986 年 9 月在该会第 21 届大会上以全球变化为中心的国际研究课题而通过。在此基础上，许多生态系统研究就扩展为全球性的了。

第二节　生态系统基本特征

1. 有时空概念的复杂的大系统

通常与一定的空间相联系，以生物为主体，呈网络式的多维空间结构的复杂系统。

是一个极其复杂的由多要素、多变量构成的系统，而且不同变量及其不同的组合，以及这种不同组合在一定变量动态之中，又构成了很多亚系统。

2. 有一定的负荷力

生态系统负荷力（carring capacity ）是涉及用户数量和每个使用者强度的二维概念。在实践中可将有益生物种群保护在一个环境条件所允许的最大种群数量，此时，种群繁殖速率最快。对环境保护工作而言，在人类生存和生态系统不受损害的前提下，容纳污染物要与环境容量（environmental capacity）相匹配。任何生态系统的环境容量越大，可接纳的污物就越多，反之则越少。应该强调指出，生态系统纳污量不是无限的。污染物的排放必须与环境容量相适应。

3. 有明确功能和功益服务性能

生态系统不是生物分类学单元，而是个功能单元。首先是能量的流动，绿色植物通过光合作用把太阳能转变为化学能贮藏在植物体内，然后再转给其他动物，这样营养就从一个取食类群转移到另一个取食类群，最后由分解者重新释放到环境中。其次，在生态系统内部生物与生物之间，生物与环境之间不断进行着复杂而有序的物质交换，这种交换是周而复始和不断地进行着，对生态系统起着深刻的影响。自然界元素运动的人为改变，往往会引起严重的后果。生态系统在进行多种过程中为人类提供粮食、药物、农业原料、并提供人类生存的环境条件，形成生态系统服务（ecosystem service)。

4. 有自维持、自调控功能

任何一个生态系统都是开放的，不断有物质和能量的进入和输出。一个自然生态系统中的生物与其环境条件是经过长期进化适应，逐渐建立了相互协调的关系。生态系统自调控（self regulaton）机能主要表现在三方面：第一是同种生物的种群密度的调控，这是在有限空间内比较普遍存在的种群变动规律。其次是异种生物种群之间的数量调控，多出现于植物与动物、动物与动物之间，常有食物链关系。第三是生物与环境之间的相互适应的调控。生物经常不断地从所在的生境中摄取所需的物质，生境亦需要对其输出进行及时的补偿，两者进行着输入与输出之间的供需调控。

生态系统调控功能主要靠反馈（feedback）来完成。反馈可分为正反馈（positive feedback）和负反馈（negative feedback)。前者是系统中的部分输出，通过一定线路而又变成输入，起促进和加强的作用；后者则倾向于削弱和减低其作用。负反馈对生态系统达到和保持平衡是不可缺少的。正、负反馈相互作用和转化，从而保证了生态系统达到一定的稳态。

5. 有动态的、生命的特征

生态系统也和自然界许多事物一样，具有发生、形成和发展的过程。生态系统可分为幼期、成长期和成熟期，表现出鲜明的历史性特点，从而具有生态系统自身特有的整体演变规律。换言之，任何一个自然生态系统都是经过长期历史发展形成的。这一点很重要！我们所处的新时代具有鲜明的未来性。生态系统这一特性为预测未来提供了重要的科学依据。

6. 有健康、可持续发展特性

自然生态系统是在数十亿万年中发展起来的整体系统，为人类提供了物质基础和良好的生存环境，然而长期以来人们活动已损害了生态系统健康。为此，加强生态系统管理促进生态系统健康和可持续发展（sustainable development）是全人类的共同任务。

第三节　生态系统模型

生态系统模型（Model）是研究、分析和描述生态系统的基本方法。它是从系统基本成分、结构、行为出发，简要描绘出生态系统最本质的特性和行为。Odum（1989）提出的生态系统模型是一个较为全面、内涵丰富的模型（图 5-16-2）。图中显示了生态

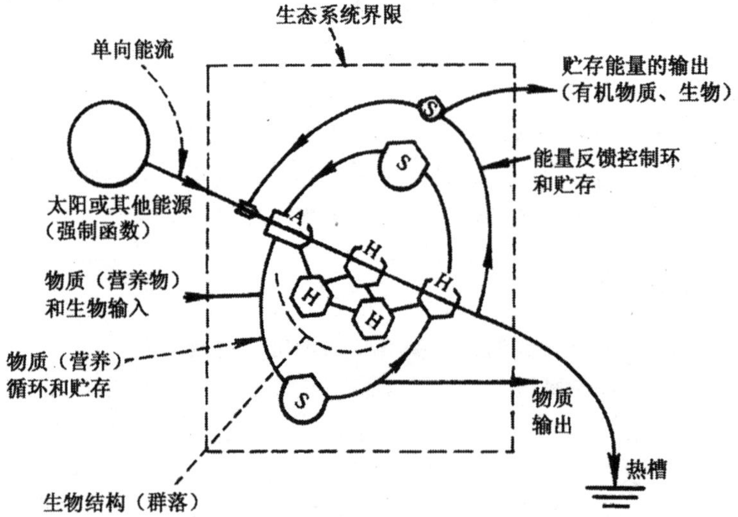

图 5-16-2　一个生态系统图解（引自 Odum E P　1989）

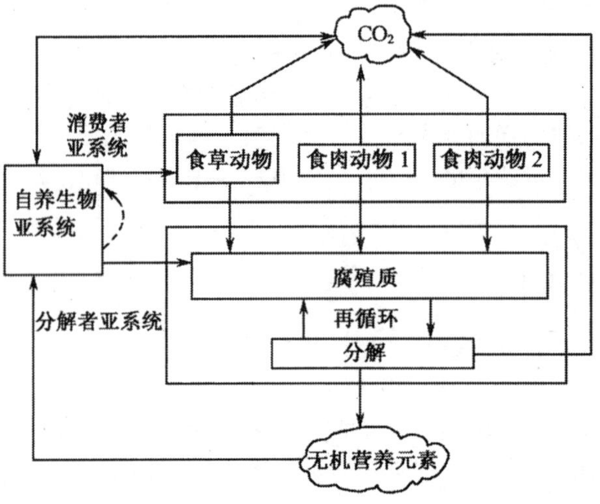

图 5-16-3　生态系统划分为三个亚系统（引自 Anderson J M 1981）

系统要素内部结构及主要功能等。充分表明生态系统是个功能单元（functional unit），体现出它的专一性（obligatory relationship）、相互依存性（interdependence）和因果关系（causal relationship）。

Anderson，J. M.（1981）从环境科学的视野描绘出一个生态系统模型（图 5-16-3）。图显示出生态系统是一个开放系统，外界环境中的 CO_2、无机营养元素可以不断地输入和输出；生态系统划分为三个亚系统（subsystem），即自养生物、消费者和分解者亚系统；三个亚系统之间，每个亚系统内部及其与环境间都有一定的关连。

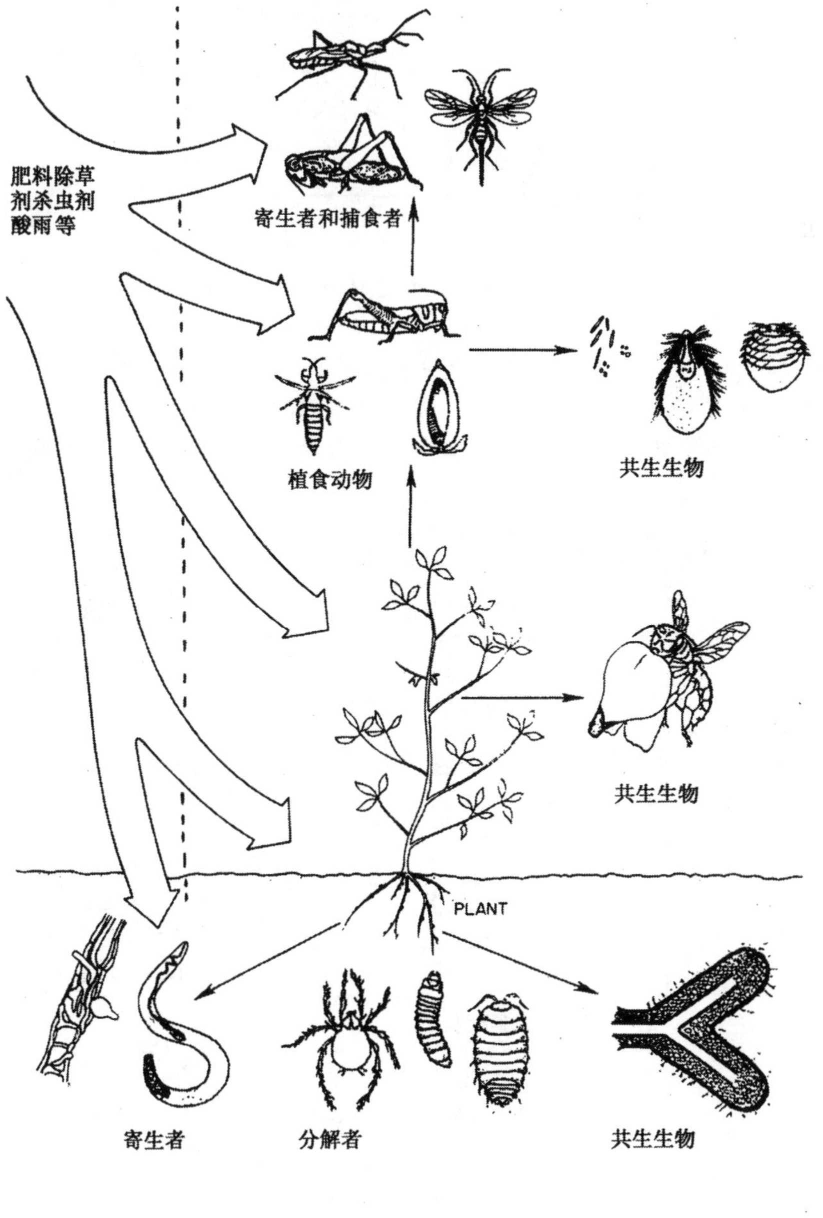

图 5-16-4　一个以昆虫为主的生态系统（Price P W　1997）

Price, P. W. (1997) 从昆虫生态学的视野描绘出一个生态系统模型（图 5-16-4)。图中显示各种昆虫扮演着不同角色：有的昆虫在为植物传花粉；有的寄生在蝗虫体内；有的是些植食者，如叶甲、蓟马；还有的是寄生者和捕食者等等。

Odum H. T. (1983) 从农作物的视野描绘出农田生态系统模型（图 5-16-5)。图中显示一个人工生态系统的特点；适量资源的投入。

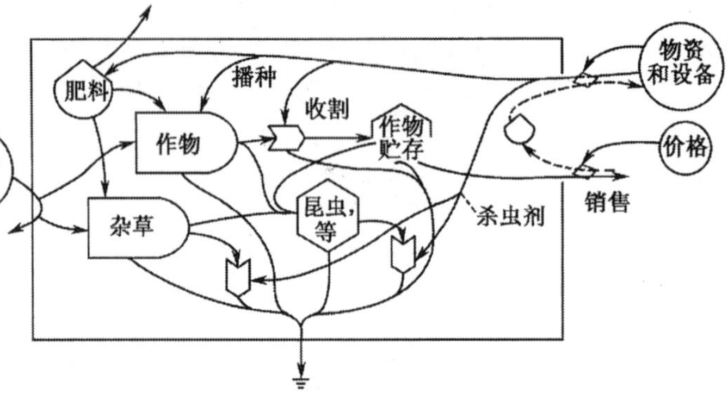

图 5-16-5 农田生态系统（引自 Odum H T 1983）

Leemans, R. (1997) 从大尺度的视野描绘出全球生态系统模型（图 5-16-6)。图中显示作为地球生命支持系统的生物圈是一个高度复杂的动态系统。全球生态系统是在人类活动产生巨大和深刻影响的背景下形成的。涉及全球范围的大气圈、地圈、水圈和生物圈等。

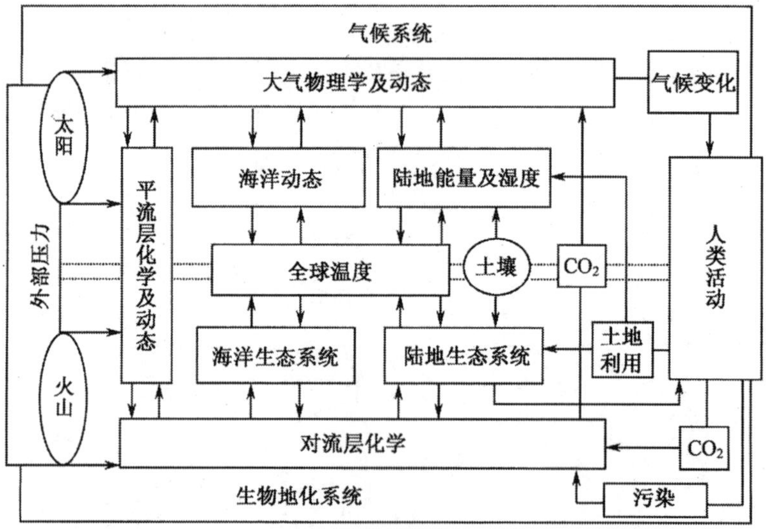

图 5-16-6 全球生态系统（引自 Leemans R 1997）

第四节　生态系统研究的发展趋势

一、基础理论研究

围绕生态系统结构、功能及动态机制的研究中，着重于提高生态系统生产力和自然生态系统稳定性的研究。自然生态系统是目前地球上保持最完整、较少受到干扰的生态系统。它作为一个整体保持废物降至最少，具有和谐、高效和健康的共同特点。一个健康的生态系统比一个退化、脆弱的生态系统更有价值。研究中以寻求这类生态系统合理性的机制、研究生态外界环境之间关系及其作用规律、系统的内在规律性等等，为有效保护自然资源合理利用和生态系统恢复提供科学依据。

把经济发展与环境保护协调发展，对生态系统必须进行科学管理。要加强生态系统资源分类、配置、替代及其自维持模型的理论研究；加强高新技术研究，探索资源利用的新途径；研究生态系统管理的原理和方法；把生态规划、生态设计与系统管理的原理结合起来，为创建可持续发展的生态系统提供正确理论指导。

二、系统空间格局研究

生态系统空间有大有小。传统的生态学限定于一个小的空间格局。而现代生态系统生态学要从生态系统、区域以及全球等不同层次，要着重于全局性，点面结合的研究。

当今人类面对全球性生态环境恶化的挑战，全球变化对各类生态系统的影响已动摇人类生存的基础。为此研究要扩展到气圈、水圈、岩圈在内的空间，要对全球生态系统进行跟踪监测和研究。研究全球变化对生态系统不同类型的影响及其反应；研究建立适应全球变化的生态系统发展模型，为人们在全球变化中提供正确的对策。

三、研究方法的改善

以野外调查工作为基础，与实验室工作相结合；开展以宏观与微观相结合的方法，把卫星遥感（RS）、全球定位系统（GPS）、地理信息系统（GIS）以及中国生态系统研究网络（CERN）研究与“三微”，即微气候（micro－climate）、微环境（micro－environment）和微宇宙（microcosm），还有原子吸收分光仪、红外与紫外吸收光谱等方法结合，开展生态系统定量化研究，建立优化的生态系统模型。

四、促进自然科学与社会科学的结合

生态系统生态学已突破了生物学范畴，与数学、物理学、化学、地理学等自然科学相结合。在发展中又突破了自然科学范畴，与社会科学相结合，出现了生态经济学、生态法学、生态哲学等边缘学科。这意味着扩展了生态系统生态学的范围、内容和概念。促进交叉科学的发展，并要进一步打破立于自然科学和社会科学间的樊篱，跨越其鸿沟，共同合作。

思考题

1. 什么是生态系统？生态系统概念有些什么新拓展？

2. Tansley、Lindeman、Odum、Carson 等对生态系统生态学发展都作出了哪些贡献？

3. 为什么说 Odum E P 提出的生态系统模型是较为完善、内涵丰富？

4. 生态系统有哪些基本特征？

5. 生态系统研究中有哪些主要特点？

参考文献

孙儒泳. 1992. 动物生态学原理（第二版）. 北京：北京师范大学出版社

蔡晓明. 2000. 生态系统生态学. 北京：科学出版社

Carson R. 1962. Silent spring·Houghton Mifflin, Boston

Evans F C. 1956. Ecosystem as the basic unit in Ecology. Science, 123：1127～1128

Golley F B 1993. A history of the ecosystem concept in ecology. Yale university press, New Hauen, CT

Kerr R A. 1988. No Longer Willful, Gaia becomes respectable. Science, 240：393～395

Lovelock J E. 1979. Gaia：A new look at life on earth. Oxford university press, New York

Lubchenco, J. et al. 1991. The sustainble biosphere initiative：an ecological research agenda. Ecology, 72 (2)：371～412

Molles M C. Jr. 1999. Ecology：concepts and applications. McGraw Hill

Odum E P. 1971. Fundamentals of Ecology. W. B. Saunders, Philadelphia（该书首次以生态系统为框架编著而成。已有数十种文字译本）

Odum E P. 1989. Ecology and endengered life-support system. Sinauer Associates Inc

Odum E P. 1997 Ecology：A Bridge between Science and Society. Sinauer Associates, Inc

Odum E P. 1992. Great ideas in Ecology for the 1990s. Bioscience, 42 (7)：542～545（该文全面总结了 20 世纪 90 年代生态学中重大观念）

Odum H T. 1983. Systems Ecology, An introduction, J. Wiley & Sons, New York（是一本创立系统生态学的力作。书中有能量符号语言的系统介绍）

Odum H T and Odum E C. 1976, 1980. Energy Basis for man and Nature. 2 and ed. McGraw-Hill. NewYork（该书被誉为能量研究方面的经典著作）

Tansley A G. 1935. The use and abuse of vegetational concepts and terms. Ecology, 16：284～307

Tilman D, Widen D, and Knops J. 1996. Productivity and sustainability in grassland ecosystems. Nature, 379：718～720

第十七章　生态系统的组成要素、结构及原理

学习要点

1. 学习生态系统组成要素、作用及其相互间关系的理论。

2. 学习生态系统的结构与功能的辩证关系。

3. 运用生态系统结构与功能的辩证关系，开放、整体性原理分析和解决有关生态问题。

基本概念

1. 生态系统的组成要素：由生命支持系统（非生物环境）、生产者、消费者和分解者四种基本成分组成。

2. 食物链（food chain）：就是生态系统内不同生物之间在营养关系中形成一环套一环似链条式的关系。

3. 食物网（food web）：生态系统中食物链彼此交织形成网状结构

第一节　生态系统组成要素与作用

作为生态系统来说，生物和非生物成分是缺一不可的。如果没有非生物环境，生物就没有生存的环境和空间。多种多样的生物在生态系统中扮演着重要的角色。根据生物在生态系统中发挥的作用和地位，可划分为生产者、消费者和分解者，即三大功能类群。生态系统的成分都可以概括分为：生命支持系统（非生物环境）、生产者、消费者和分解者四种基本成分（图 5-17-1）。

- 生态系统
  - Ⅰ. 非生物部分（生命支持系统）
    - 1. 非生物环境
      - 能源——太阳能、其他能源
      - 气候——光照、温度、降水、风等
      - 基质和介质——岩石、土壤、水、空气等
      - 物质代谢原料
        - CO_2、H_2O、O_2、N_2 等
        - 无机盐（矿物质原料）
        - 腐殖质、脂肪、蛋白质、碳水化合物等
  - Ⅱ. 生物部分
    - 2. 生产者——绿色植物、光合细菌、化能细菌等
    - 3. 消费者（动物）
      - 食草动物——一级消费者
      - 一级食肉动物——二级消费者
      - 二级食肉动物——三级消费者
      - 杂食动物——杂食消费者
      - 腐食消费者、其他消费者
    - 4. 分解者（还原者）——微生物（细菌、真菌等）

图 5-17-1　生态系统的组成成分

多种多样的生物在生态系统中起着重要作用。根据生物在生态系统中发挥的作用和地位而划分为生产者、消费者和分解者，即三大功能类群。

一、生产者及其主要功能

生产者（producer）包括所有绿色植物和某些细菌，是生态系统中最基础的成分。它们是利用简单的无机物制造有机物的自养生物（autotroph）。除绿色植物外，还有绿色硫细菌、紫色硫细菌和紫色非硫细菌等能营自养生活的细菌，统称光合细菌（photosynthetic bacteria）。这类细菌的光合作用可用下式表示：

$H_2A + CO_2 \longrightarrow (CH_2O) + A$

H_2A 代表氢供体，在绿色植物中 H_2A 为 H_2O。

此外，还有硝化细菌和氧化硫的细菌等化能自养细菌。它们能氧化无机化合物，并以二氧化碳作为惟一碳源而生活的细菌。如氧化亚硝酸成硝酸盐；氧化氨成亚硝酸盐等取得能量，进行细胞合成。

植物在生态系统中，除能量固定的光合作用外，至少还有两个主要作用：一是环境的强大改造者。缩小温差、蒸发水分、增加土壤肥力等，并以其他多种方式改变环境。因此，植物在一定程度上决定了生活在该生态系统中的生物物种和类群。二是有力地促进物质循环。在生物圈中生命所需的碳、氧、氮、氢、钙等许多元素，主要存在于大气和土壤等介质中。人或者动物是没有能力从土壤中释放和吸收矿物分子和离子的。植物则是生态系统中活有机体所利用的一切必要的矿质营养的源泉。是植物借助光合作用和呼吸作用，从而促进了氧、碳、氮等元素的生物地球化学循环。

二、消费者及其主要功能

消费者（consumer）是不能用无机物直接制造成有机物，直接或间接地依赖于生产者所制造的有机物的生物，称为异养生物（heterotroph）。根据取食地位和食性的不同，可分为以下几类：

植食动物（herbivore）又称草食动物。是以植物为营养的动物。是初级消费者（primary consumer），如昆虫、啮齿类、马、牛、羊等。

肉食动物（carnivore）是以植食动物或其他动物为食的，又可分为：

一级肉食动物，又称二级消费者（secondary consumer），是以植食动物为食的捕食性动物。

二级肉食动物，又称三级消费者（third consumer），是以一级肉食者为食的动物。有的还有四级、五级消费者等。

将生物按营养阶层或营养级（trophic level）进行划分。居于最底层的生产者属于第一营养阶层，植食动物居第二营养阶层，以植食动物为食的肉食动物属于第三营养阶层，以次类推。

还有许多消费者是杂食动物（omnivore），如狐狸，既食水果，又捕食鼠类，还取食尸体等。它们可分成几个营养级。

消费者在生态系统中，不仅对初级生产物起着加工、再生产的作用，而且许多消费者对其他生物种群数量起着重要的调控作用。消费者在生态系统物质循环和能量流动中起着十分重要的作用。

三、分解者及其主要功能

分解者（decomposer）都是异养生物，是细菌、真菌、放线菌及土壤原生动物和一些小型无脊椎动物。这些微生物在生态系统中不断地进行着分解作用，把复杂的有机物质逐步分解为简单的无机物。最终以无机物的形式回归到环境中，主要成为自养生物的营养物质。因此，这些异养生物又称为还原者（reductor）。

第二节　生态系统结构的基本原理

一、结构是生态系统的基本属性

结构（structure）是生态系统内各要素相互联系、相互作用的方式，是生态系统的基础属性。

1. 空间结构

具有明显的分层现象（stratification）。

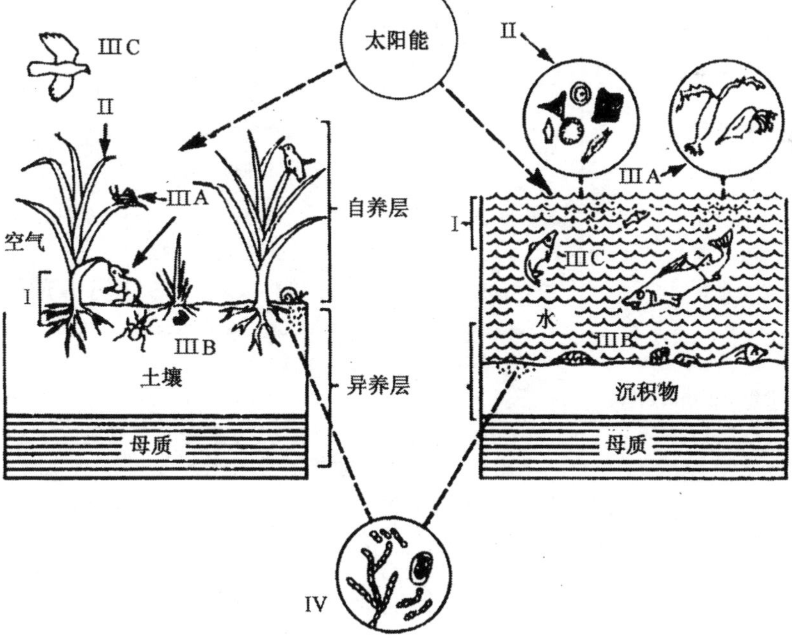

图 5-17-2　陆地生态系统（草地）和水域生态系统（池塘）的结构比较
Ⅰ. 非生物环境：太阳、水等；Ⅱ. 生产者：陆地是绿色植物，水域中是浮游植物；Ⅲ. 消费者：(A) 陆地的有蝗虫、田鼠等，水域中是浮游动物，(B) 食碎屑动物，陆地土壤有无脊椎动物，水域中多为底栖无脊椎动物，(C) 食肉动物（鹰或大鱼）；Ⅳ. 分解者：细菌和真菌（引自 E. P. Odum　1989）

各生态系统在空间结构的布局上有一致性（图 5-17-2）。上层阳光充足，集中分布着树冠或藻类，故上层又称为绿带（green belt）或称光合作用层。在绿带以下为消费者或分解者所居处，常称为褐带（brown belt）。

其次是生产者、消费者和消费者之间，以及它们与分解者之间的相互作用、相互联系彼此交织在一起形成了网络式结构（network structure）。

2. 时间结构

生态系统结构随时间的变动也反映出在时间上的动态。一般有三个时间度量，即一是长时间度量，以生态系统进化为主要内容；二是中等时间度量，以群落演替为主要内容；三是以昼夜、季节等短时间的变化。

生态系统短时间结构的变化，反映了植物、动物等为适应环境因素的周期性变化，而引起整个生态系统外貌上的变化。这种短时间的变化往往是反映了环境质量的变化。

然而，陆地和水域生态系统也有各自的特殊性。现对具有相近的、中等生产力的草地和池塘两个生态系统的生物、数量等进行比较（表 5-17-1）。

表 5-17-1　水域与陆地生态系统的生物种类、数量和生物量的比较

生态成员	池塘			草地		
	类群	数目/m^2	干重 ($g \cdot m^{-2}$)	类群	数目/m^2	干重 ($g \cdot m^{-2}$)
生产者	浮游植物（藻类）	$10^8 \sim 10^{10}$	5.0	草本被子植物（禾本科草、阔叶草）	$10^2 \sim 10^3$	500.0
自养层的消费者	浮游动物（甲壳类、轮虫）	$10^5 \sim 10^7$	0.5	昆虫和蜘蛛	$10^2 \sim 10^3$	1.0
异养层的消费者	底栖昆虫、软体动物和甲壳类①	$10^5 \sim 10^6$	4.0	土壤节肢动物、环节动物和线形动物②	$10^5 \sim 10^6$	4.0
大型消费者	鱼类	0.1～0.5	15.0	鸟类、兽类	0.01～0.03	0.3③ ～15.0④
小型消费者（腐食者）	细菌和真菌	$10^{13} \sim 10^{15}$	1～10	细菌和真菌	$10^{14} \sim 10^{15}$	10～100.0⑤

（引自 E. P. Odum　1983）

① 包含了介形虫大小的动物；

② 包含了小线虫和土壤螨类；

③ 仅包含了小鸟（雀形目的）和小哺乳动物（啮齿类、鼩鼱等）；

④ 包含 $10^4 m^2$ 内 2～3 头牛（或其他大型食草哺乳动物）；

⑤ 以 10^{13}细菌大约等于 1g 干重的生物量为基础

3. 主要差异

(1) 生产者个体的大小和数量：陆地上的绿色植物、草类和树木的个体数量比水域中的少，但个体较大，因而单位面积上的生物量也大。

(2) 代谢速率：陆地植物的代谢率远比水生植物的低。在代谢旺季，水域中的浮游植物，1 天内就可能更新自身。而陆地上的植物生活期长，1 天估计只能更新 1%。可见水域生态系统中自养生物代谢率很高，能流迅速，种群更新快。

(3) 分解者数量：陆地生态系统的地表微生物丰富。这是因为陆地植物的大量枯枝落叶积聚在地面。相反，水域中虽然也有动、植物尸体，但往往在水表层腐烂构成"腐屑雨"，但由于水域中浮游生物尸体易于分解，并为别的生物所利用。所以，到达水底层的数量不大。

二、结构与功能的辩证关系

1. 结构与功能是相互依存的

生态系统要素与结构是系统功能内在的根据和基础。功能是要素与结构的动态过程。一定结构表现一定的功能。一定的功能总是由一定系统的结构产生。

2. 结构与功能是相互转变的

系统的结构决定了系统的功能。一旦系统结构发生变化，系统功能也随之发生变化。森林生态系统是以乔木层为主体形成复杂系统。各个地区，由于系统内要素、种类和结构的不同，构成了地球上丰富多彩的生态系统。

另一方面，功能又具有相对的独立性，可反作用于结构。由于环境条件的变化，此时，结构尚未变化，而功能首先不断地发生变化，功能发生了的变化又反过来影响了结构。

3. 结构与功能关系的多种类型

生态系统结构与功能间存在多种类型。如系统的要素与结构的不同，系统的功能也就相应地不同；系统间组成的要素、结构不同，也能获得相同的功能（如不同的生态系统，都有生产力的功能）；系统间要素、结构相同，系统功能都不同。如衰老与成熟生态系统之间存在的差异。

第三节　营养结构

生态系统内各要素之间最本质的联系是通过营养来实现的。

一、食物链

食物链（food chain）就是生态系统内不同生物之间在营养关系中形成一环套一环似链条式的关系。食物链上每一环节，称为营养阶层（营养级，trophic level）。自然生态系统主要有三种类型食物链。

(1) 牧食食物链（grazing food chain）或捕食性食物链（predatory food chain）：是以活的绿色植物为基础，从食草动物开始的食物链，如小麦—蚜虫—瓢虫—食虫小鸟。

(2) 碎屑食物链（detritus food chain）或分解链（decompose chain）：是以死的动植物残体为基础，从真菌、细菌和某些土壤动物开始的食物链，如动植物残体—蚯蚓—动物—微生物—土壤动物。

(3) 寄生食物链 (parasitic food chain)：以活的动植物有机体为基础，从某些专门营寄生生活的动植物开始的食物链，如鸟类—跳蚤—鼠疫细菌。

牧食食物链和碎屑食物链在生态系统中往往是同时存在 (图 5-17-3)，相辅相承地起着作用。

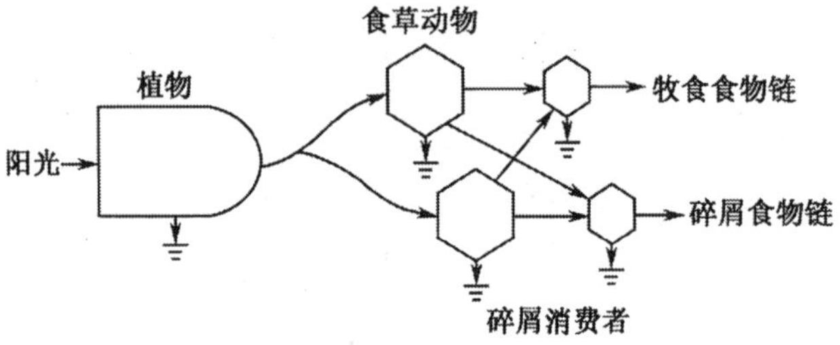

图 5-17-3 两大类型的食物链间的关系 (引自 E. P. Odum 1983)

二、食物网

在生态系统中，一种生物不可能固定在一条食物链上，而往往同时属于数条食物链。生产者如此，消费者也如此。实际上，生态系统中的食物链很少是单条、孤立地出现 (除非食性是专一的)，它们往往是交叉链索，形成复杂的网络式结构 (network structure)，即食物网 (food web)。它形象地反映了生态系统内各生物有机体间的营养位置和相互关系。生物正是通过食物网发生直接和间接的联系，保持着生态系统结构和功能的相对稳定性。

第四节 生态系统开放、整体性原理

一、生态系统是个开放系统 (open system)

1. 主要表现

生态系统是全方位的与系统的外界进行交流。即使是相对独立的池塘生态系统也是这样，它的四面八方亦都是与外界是相通的，不断有能量和物质的进入和输出。

生态系统的开放性也表现在熵 (entropy) 的交换。通过开放，生态系统不断地摄入能量，并将代谢过程中所产生的熵排向环境。生态系统本质上不同于孤立全封闭系统的行为，就在于同环境之间有熵的交换。

2. 开放的重要意义

(1) 有开放，才有输入：对一个系统而言，有输入 (input) 才有输出 (output)；输入决定了输出。如果没有输入，那么也就不存在输出。

(2) 开放，促进了要素间的交流：正因为开放的存在，使生态系统各要素间有了不断的交流，促使系统内各要素间关系始终处于动态之中。

(3) 开放，使系统得到发展：开放使得生态系统本身的结构和功能得到不断的、新的发生和发展。开放给生态系统提供了可持续发展的可能性。

开放性原理提示人们在研究生态系统时，应持开放动态的思维处理问题。要把研究的对象和生态系统一起放到周围环境之中，运用开放性原理就能更全面、深刻地揭示事物的本质。

二、整体性原理

整体性（holism）是生态系统最重要的一个特征。整体性是指系统的有机整体，其存在的方式、目标、功能都表现出统一的整体性。

任何一个生态系统都是个多要素结合而成的统一体（integrate unit）。这个系统不再是各要素结合前各自分散的状态，而是发生了巨大变化，集中表现在系统的整体性。整体性是生态系统要素与结构的综合体现，主要有三个论点：①整体大于它的各部分之和。当要素按照一定规律组织起来所具有综合性的功能，各要素相互联系、相互制约、相互作用下发生了不同的性质、功能和运动规律。尤其是出现了新质（emergent properties），这是各要素独立存在时所没有的。所以，一个生态系统由若干成分结合而成时，就意味着出现了一个新的整体。正如 Odum（1986）所指出的“在系统的水平，其主要特性和过程，并非起因于生物群落和非生物环境的总和，而是起因于他们之间的综合和协调进化。”② 一旦形成了系统，各要素不能再分解成独立要素存在。如果要硬性分开的话，那么，分解出去的要素就不再具有系统整体性的特点和功能。③ 各个要素的性质和行为对系统的整体性是有作用的，这种作用是在各要素相互作用过程中表现出来的。各要素是整体性的基础。系统整体如果失去其中一些关键性要素，那么，也难以成为完整的形态而发挥作用。

生态系统的整体性越强，就越像一个无结构的整体。在一定条件下，可以以一个要素的身份参加到更大的系统中去。这种整体性正是生态系统的实质和核心。

人类正面临着严峻的全球性挑战，生态环境遭受到一系列的损害。局部的行动已不能彻底扭转，迫切要以整体性原则来处理。它标志着人类认识自然界具有了革命性的进步。采用整体性原则生态系统某些特征会变得明显，一些行为变成可见，否则，这些行为不能被发现。

第五节　生态系统主要类型

(1) 按照生态系统的生物成分，生态系统可分为：植物生态系统（plant ecosystem）、动物生态系统（animal ecosystem）、微生物生态系统（microbe ecosystem）以及人类生态系统（human ecosystem）等。

(2) 按照生态系统结构和外界物质与能量交换状况，可分为：①开放系统，能量和物质都可进入或输出；②封闭系统（closed ecosystem）阻止了物质的进入和输出，但不能阻止能量的出入；③隔离系统（isolate ecosystem）与外界完全隔离，物质、能量都不能进出。

(3) 按照人类活动及其影响程度，生态系统可分为：自然生态系统（natural ecosystem)、半自然生态系统（semi-natural ecosystem）和人工生态系统（artificial ecosystem)。

(4) 按照能量为依据，生态系统可分为四种主要类型。

1) 自然无补加的太阳供能生态系统（natural unsubsidized solar-powered ecosystems)。

2) 自然补加太阳供能生态系统（natural subsidized solar-powered ecosystems)。

3) 人类补加的太阳供能生态系统（human subsidized solar-powered ecosystems)。

4) 燃料供能的城市工业生态系统（fuel-powered urban industrial ecosystems)。

(5) 按照生态系统的非生物成分和特征，从宏观上分为陆地生态系统（terrestrial ecosystems）和水域生态系统（aquatic ecosystems)。陆地生态系统主要根据其组成要素、植被特点等；水域生态系统主要根据物理和地理状况再进一步划分（表 5-17-2)。这种生态系统的分类在实际中常被采用。

表 5-17-2　地球表面生态系统主要类型

陆地生态系统	水域生态系统
荒漠：干荒漠、冷荒漠	淡水
苔原（冻原）	静水：湖泊、池塘、水库等
极地	流水：河流、溪流等
高山	湿地：沼泽
草地：湿草地、干草原	海洋
稀树干草原	远洋
温带针叶林	珊瑚礁
亚热带常绿阔叶林	上涌水流区
热带雨林：雨林、季雨林	浅海（大陆架）
农业生态系统	河口（海湾、海峡、盐沼泽等）
城市生态系统	海岸带：岩岸、沙岸

第六节　讨论与展望

人类已进入了 21 世纪。当今世界正处在一个高科技的新时代。生态系统生态学经过快速发展已成为一个用现代理论与高新技术武装起来的新兴学科。新时代赋予生态系统具有鲜明的“复杂性”(complexity)。生态系统结构和功能的复杂性主要在三个方面。

一是系统多成分的特征。任何生态系统都包括了生物及其生命支持系统。因为，生态系统是个开放系统。所以将输入环境和输出环境两者都应考虑为生态系统成分。各成分间相互联系，组成了络网结构。

二是系统的多功能的特征。功能间相互联系与制约形成多种关系：线性（line）和非线性（nonlinear）、确定性（certainty）和非确定性（uncertainty）、连续性（continuity）和非连续性（discontinuity）。

三是结构与功能是生态系统稳定性基础。一般地说，一个生态系统都包括了三个基本的系统：开放系统（open system），主要执行系统能量流量、物质循环等功能。具体是输入和输出。反应系统（reactions system），是生物体对外界环境的反应和适应。反馈系统（feedback system），是维持系统相对稳定和均衡状态。生态系统通过这三个系统进行协调和控制，以维持本身的动态平衡。事实表明，生态系统是迄今为止人类发现最复杂的系统之一。

探索生态系统复杂性乃成了科学研究主攻方向之一，日益受到重视。Kumar（1992）作3个三维生态系统模型时指出，生态系统是个超级系统，复杂性“通常是超越了人类大脑所能理解的范围。”这是非常重要。我们应该认识到生态系统是个复杂大系统，它的复杂性才是最完善地反映了客观世界。要在生态系统水平上研究物种变动对生态系统功能的影响，首先应明确其组成中的关键种（keystone species）、优势种（dominant spceies）、冗余种（redundant species）、指示种（indicator）等；对成分间营养结构所形成的食物网的研究；还有日益引起重视的“界面”及其相应的理论和方法论的研究等等。

关于人类活动对不同生态类型生态系统结构与功能的影响还有待深入全面的研究。这亦是由于对生态系统的复杂性以及复合生态系统进行有效的预测是非常困难的。随着科学研究工作的深入，在生物多样性和全球变化两个领域中，生态系统生态学将会作出应有的贡献。

思考题

1. 试述生态系统有哪些组成成分，有什么作用和地位？
2. 举例说明消费者在生态系统中不仅是起消耗的作用，而起着重要的积极作用？
3. 生态系统结构与功能的辩证关系是什么？
4. 试论生态系统开放性（open）原理的主要内容和重要意义？
5. 为什么说整体性（holism）原理是人们认识论上的一个革命性的发展？
6. 生态系统类型如何划分？生态系统有哪些主要类型？

参考文献

蔡晓明、尚玉昌. 1995. 普通生态学(下册). 北京：北京大学出版社

Allen T F H and Starr T B. 1982. Hierarchy: perspectives for ecological complexity. University of chicago press, Chicago

Cole J, Lovett G and Fiudley S. (eds). 1991. Comparative analysis of ecosystems. Springer-verlay, New York

Odum E P. 1977. The emergence of ecology as a new integrative discipline. Science, 195: 1289～1293

Odum E P. 1997. Ecology: A Bridge Between Science and Society. Sinauer Associates, Inc

Pomeroy L R and Alberts J J (eds). 1988. Concepts of ecosystem ecology: A Comparative review. Springer-Verlag, New York

Salt G W. 1979. A comment on the use of the term emergent properties. Am Nat, 113: 145～148

Wiegert R G and Owen D F. 1971. Trophic structure, available resources and population density in terrestrial and aquatic ecosystems. J Theor Biol, 30: 69～81

Wilson E O (ed). 1988. Biodiversity. National Academy press, Washington, D. C

第十八章　生态系统中的物种流[动]

学习要点

1．了解物种流动的基本概念、主要特点和生态学的意义。

2．了解生物入侵的生态过程及其成为全球变化的一个组成部分的意义。

3．学会以物种流［动］的动态观审视全球生态系统、生物入侵现象和未来全球变化。

基本概念

1．物种流（species flow）：是指物种在空间位置上的变动。

2．生物入侵（biological invasion）：指一种生物有机体进入以往曾分布过的地区，并能不断繁衍自己种群的过程。

第一节　物种流[动]的基本概念

一、物种流的含义

物种（species）是指一群相似生物个体的集合群。物种在形态上相同的有机体，是分类学的基本单元；个体成员间可正常交配并繁育有性生殖的后代，是生物繁殖的基本单元；物种以种群形式存在于自然界，受环境作用而发生变异，又是遗传学的基本单元。

物种流（species flow）是指物种在空间位置上的变动。这种变动既可以是个体的，也可以是种群、群落等多种形式。每个生态系统都有各自的生物区系，即是由不同的物种组成。

物种流主要有三层含义：①生物有机体与环境之间的作用所产生时空的变化；②物种种群在生态系统内/间格局和数量的动态，反映了物种关系的状态，如寄生、捕食、共生等；③生物群落中物种组成、配置、营养结构变化，外来种、本地种间的相互作用，生态系统对物种增加和空缺的反应等。

二、物种流的一些特点

(1) 有序性（order）：种群个体迁移有季节、时间和先后；有年幼、成熟个体的先后等。

(2) 连锁性（interlock）：种群向外扩散常是成群的。东亚飞蝗（*Locusta migratoria*）在发生基地，先是少数个体起飞，在地面上空盘旋，刺激地面蝗虫的起飞，逐渐扩大，然后带动巨大蝗群迁飞。据报道，非洲沙漠蝗（*Schistocerca gregaria*）在 1889 年中一次飞越红海的蝗群大约在2500亿只。

(3) 连续性 (continuation)：种群在系统内运动常是连续不断地，有时加速，有时减速日夜兼程地进行。

(4) 有规律和无规律移动：物种的空间变动可概括为：有规律的迁移 (migration) 和无规律移动的生物入侵 (biological invasion) 两大类。有规律移动多指动物主动和以自身力量进行扩散和移动的行为，一般多是生物固有的习性表现。有一定的时间、途径和路线，跨越不同的生态系统。而生物入侵是指生物由原发地侵入到一个新的生态系统的过程，入侵成功与否决定于多方面的因素。

第二节　物种流动对生态系统影响

一、物种的增加和去除的影响

(1) 物种新增，造成系统内物种的大量绝灭：如太平洋关岛鸟类发生大量死亡，是由于该岛新出现了一种黑尾林蛇 (*Boiga irreguturis*) 捕食了岛上的鸟类所致。

(2) 物种去除，造成系统内物种的猛增：如 Brown 等 (1990) 通过12年的实验研究证实，将生态条件相似的三种更格卢鼠 (*Dipodomys spectabilis*, *D. ordii* 和 *D. merriami*) 去除后，多年生草本植物 *Firagrostris lehmannian* 增加了20多倍，一年生植物 *Aristida adscensions* 增加了大约3倍。

二、增加物种改变了生态系统发展的方向

具有固氮作用的一种植物，杨梅 (*Myrica faya*) 进入了夏威夷后，占据了岛上大部分湿地和干树林。这些树每年使生态系统氮的总输入量增加到4倍。固定的氮进入土壤库，改变了该地区土壤中低含量氮的限制，导致了其他植物和土壤生物群落的结构改变，从而向非本地种占优势的方向发展。

三、改变生物地球化学循环

印度洋马里恩岛 (Marion Island) 上缺乏食草性哺乳动物，生态系统中食碎屑生物就是一些无脊椎动物。特有的本地种是马里恩无翅蛾 (*Pringleophaga marioni*) 乃成为处理系统中有机物的主要物种，平均生物量为 $9.3kg\cdot hm^{-2}\cdot a^{-1}$。Crafford (1990) 估算，这些无翅蛾每年处理分解的落叶为 $1500\ kg\cdot hm^{-2}$，为该岛最大初级生产量的50%。幼虫加强了落叶的矿化作用，氮提高到10倍，磷提高到3倍。这表明该蛾是岛上营养物质矿化作用中最主要的角色。1818年小家鼠 (*Mus musculus*) 偶然来到岛上。小家鼠每年取食无翅蛾占其食物总量的50%～75%，造成至少 $1000\ kg\cdot hm^{-2}\cdot a^{-1}$ 的落叶不能分解，强烈地改变了马里恩岛生态系统物质分解和循环进程。

四、物种流动改变了整个生态系统的结构和功能

北美东部落叶林是个复杂的森林生态系统，多年来，病虫害对它们形成了最大威胁，如舞毒蛾（*Lymantria dispar*）就吞噬了林中许多物种，改变了整个落叶林生态系统结构和功能。

真菌中一种病害 *Endothia parasitica* 就毁灭了东部森林里的美国栗树（*Castanea dentata*）和美国榆树（*Ulmus americana*）。

五、物种流动的间接影响

大洋洲岛屿上由于引入了外地草种，大大增加了落叶层积累的燃料，增加了火的发生频率，而原先的本地种几乎没有同火接触的机会。因此，区域内火燃烧后本地种的数量和盖度都急剧下降。夏威夷就是由于外地草 *Schizachyrium condensatum* 入侵了季节性干旱林地，使火灾发生频繁，面积不断扩大。从而使一些本地的优势树种 Metrosideros、Polymorpha 和林下优势灌木 *Styphie taniameal* 的消失（表 5-18-1）。

表 5-18-1　火未烧林地和燃烧林地中本地种多度和盖度

林 地	未燃烧	燃烧一次（20 年前）	燃烧过两次（分别在 20 年前、4 年前）
本地种平均数	7.8	2.9	1.2
范　　围	7~10	1~3	1~2
盖度（%）	155.5	51.2	6.2
SE	8.4	5.7	1.2

第三节　生物入侵生态学

一、生物入侵是全球变化的组成部分

一种生物有机体进入以往曾分布过的地区，并能不断繁衍自己的种群，即称生物入侵（biological invasion）。

20 世纪 80 年代以来，生物入侵所造成的不良效应逐渐引起人们重视。多年来，围绕生物入侵过程与机制进行了跟踪研究，对新物种的抵达（arriving）、定居（establishment）和扩散（spreading）有了新的认识，生物入侵生态学得到迅速发展。生物入侵的后果，必将产生值得关注的全球效应：降低地域性动植物区系的独立性和打破全球生物多样性的地理隔离（Lovei　1997）。入侵生物损害了地球上生物多样性。因此，生物入侵不仅是全球变化的一个重要组成部分，而且对全球生物多样性构成了威胁（方炜 2000）。这种从全局性观点看待生物入侵早在 20 世纪的 50 年代就已提出（Elton 1958）。事实上，生物入侵不仅本身是全球变化组分之一，而且和其他的全球变化现象

紧密相连（Vitousek et al　1997）（图 5-18-1），影响着全球气候变化和生物多样性丧失。

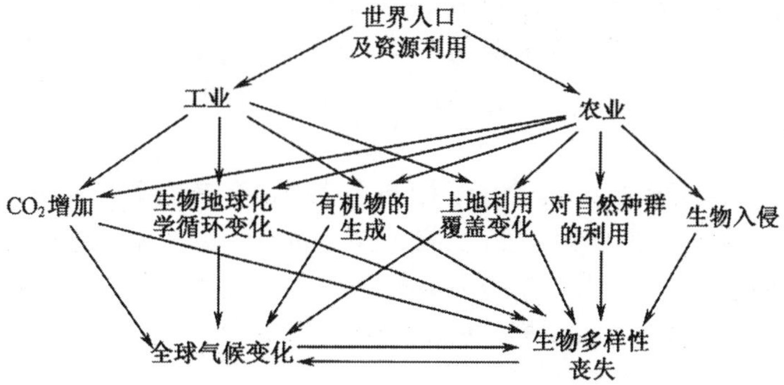

图 5-18-1　生物入侵是全球变化的一个组成部分，并对全球生物多样性构成威胁。（Vitousek et al　1997）

世界人口及其资源使用的增长可以体现在工业和农业（包括林业、牧业等）发展方面。由此引起了一系列相对有完整记录的全球环境变化：大气 CO_2 浓度升高，氮、硫及其他元素的生物地球化学循环的改变；新型、滞留化合物（如氯氟化碳合物和聚氯联苯 PCB 等）的产生与传播、土地利用和景观的改变，自然种群的收获及其引起的顶级捕食者从大多数陆地及海洋生态系统的消失，外来种的入侵等。这些变化组分相互作用，同时驱动着全球气候的变化与生物多样性的消失（Vitousek　1994）

二、生物入侵的基本概念

生物入侵是全球变化现象之一，目前有三种主要概念。

1. 生物学观点

以英国 Williamson (1996) 为代表，认为某物种进入一个进化史上未曾分布过的新地区，不管以后该物种永久定居与否，就构成了生物入侵。这种定义实际上等同于传殖（Inoculation，接种），是指一个物种的繁殖体传播到其产地以外的区域。这样的物种称为非本地种（non-indigenous；non-native species），外来种（exotic species；alien species）。

2. 经济学观点

以美国白宫（1999 年 2 月）发布的总统令为代表，将非本地种进入新生态系统中达到一定程度的优势。不仅定居，而且处于扩张状态的入侵物种定义为："已引起或很可能引起对经济、环境或人类健康产生危害的害虫、杂草等外来种。"这一定义广泛应用于农业、环境保护和资源管理等的实践领域。

3. 生态学观点

大多数生态学中应用这一概念。物种向近代史上不曾分布到的生态系统和区域，可以自由繁殖，不断扩张而永久性定居，这称为入侵种（invasive species）。

事实表明，生物入侵是非常广泛、普遍的。无论大陆、岛屿和海洋，温带还是热带，也无论是哺乳动物、鸟类、鱼类、昆虫等，生物入侵都不时发生。如豚草（*Ambrosia artemissifolia*）是世界性恶性害草，原产北美，约在 20 世纪 30 年代传入我国东南亚沿海地区，滋生之处常密集成单优群落，使原有植被结构和生物多样性遭到严重破坏。由于适应性广，种子具有二次休眠特性，迅速在东北、华北和华东等地蔓延达 15 个省市和地区。

海鲈（*Perca fluvitatilis*）是生活在欧洲和我国额尔齐斯河水系的肉食性鱼类。当入侵新疆南部的博斯腾湖之后，由于天敌缺乏而得到大量繁殖，鱼群大肆掠食其他鱼类，导致该湖特有的名贵鱼类，新疆大头鱼（*Aspiorhynchus laticeps*）和原来湖中生活的鲤鱼等其他鱼类的绝迹（陈宜瑜　1990）。

三、生物入侵过程

生物入侵是一个复杂的生态过程，可概括为以下四个主要阶段：

1. 入侵

生物离开原生存的生态系统到一个新的环境，是为入侵（introduction），绝大部分是由人类活动造成的。因此，生物的入侵完全可以看成是人类所造成的。

2. 定居

生物到达入侵地区后，经过对当地生态条件的驯化，能够生长、发育并进行了繁殖。至少完成一个世代，这称为定居（colonization）。

3. 适应

适应（naturalization）是指入侵生物已在新地区繁殖了几代。由于入侵时间短，个体基数小，所以，种群数量增长不快，但每一代对新环境的适应能力都有所增强。

4. 扩展

扩展（spread）是指入侵生物已基本适应于新生态系统中生活，种群已发展到一定数量，具有合理年龄结构和性比，并且有快速增长和扩散的能力。扩展根据种群在空间的变动一般有三个连续的过程：定殖期（establishment phase）、扩张期（expansion phase）和饱和期（saturation phase）。

定殖期存在以下情况：

(1) 在入侵种群数量非常低，而又有足够的生存空间，扩张只是在巢域变得拥挤时才出现。

(2) 入侵种群的个体对新环境有适应缺陷，它们几乎只能在刚入侵的定居区保持着低的密度。以后，如果后代具有较高生殖力或者种群在进化中提高了扩张能力才有所发展。

(3) 也许只有少量种群个体在局部点上开始释放就迅速地扩散以致不能被发现，直到该种群占有了全部区域。这表明只有种群达到一个足够高的水平时，扩张才成为事实。

至于扩张期入侵曲线则是决定于每年物种生活史的特征。不同类型物种就具有不同扩张过程的行为格局。例如，第一种类型的种群，其子代通常是安居在其亲代种群居住内（图 5-18-2a）。而第二、三种类型的种群则是长距离并辅以短距离的扩散。在第二种类型是从其定居的周边地区向外作短距离迁移，而那些长距离迁移者却以新的卫星式的定殖者与原来种群密切相连。卫星式定殖者先是单独连续地扩张，最终它们与其亲代种群连结（图 5-18-2b）。而第三种类型是从亲代种群处作长距离扩散并在长期扩散中，它们的居住地区与其它种群都是分离开的，(图 5-18-2c)。总之，第二种和第三种类型的扩张曲线有所不同，然而它们这种入侵物种到新环境促其扩散的遗传学适应却是共同的。

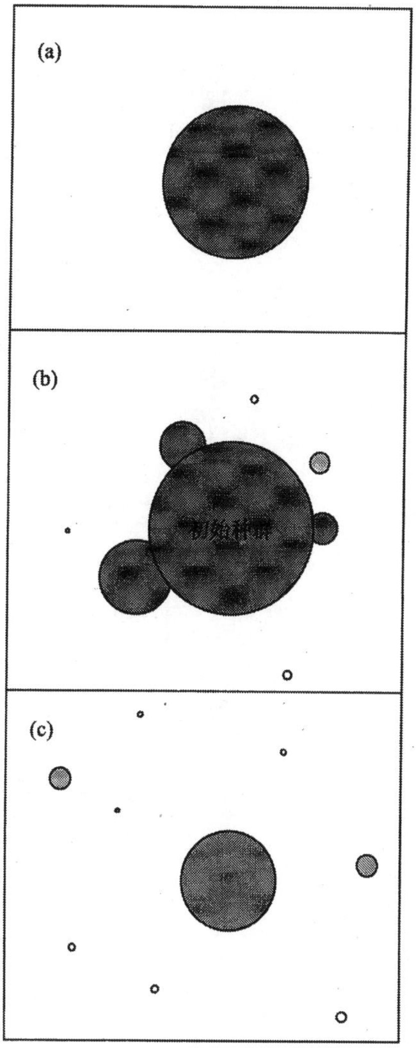

图 5-18-2　入侵生物扩张过程的行为格局
（引自 Shigesada et al　1997）

生物入侵到一个新的生态系统以后，迟早是要向四周外界环境扩展。根据其扩展距离与时间之间关系可以构成三种类型的曲线(图 5-18-3)。

(1) 直线型，如麝鼠、舞毒蛾等。

(2) 开始扩展缓慢，随之是高速率的直线型，如一种羚羊、欧洲椋鸟等。

(3) 扩展速率随时间连续上升型，如旱雀麦、稻根象等。

入侵生物要获得成功必须通过以上的四个阶段。显然，不是每个物种所能完成的。对于所有入侵物种而言，也存在一些共性，主要是：保持一定数量；具有向外扩散潜能；有较强的扩张能力；有一定抗干扰能力，适应性强的物种。对此，Brown (1989) 对生物入侵能获得成功，总结出五条法则。

(1) 隔离环境中具有低密度本地种，该物种对入侵具有不同的敏感性。

(2) 在大陆内的非隔离的生境，成功入侵的物种能像本地种式的连续地、广泛地扩散。

(3) 由于发生区和入侵地具有相同的物理环境，成功的入侵者可不断增殖。

(4) 在本地种没有占有相似的生态位，那么入侵的外来种是更易获得成功。

(5) 栖息在扰动的环境，并与人有紧密相处历史的物种在入侵人工改造了生境中易于成功。

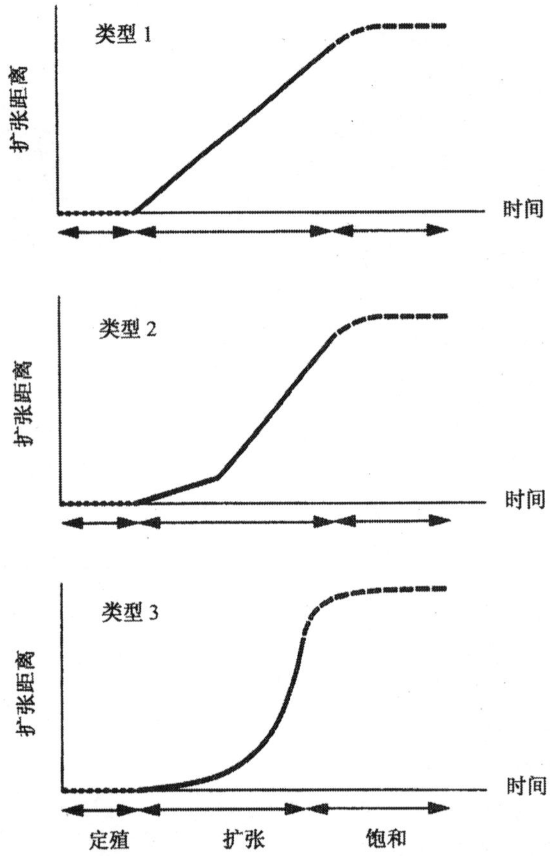

图 5-18-3 生物入侵时间与空间关系的三种曲线（引自 Shigesada et al 1997）

第四节 植物的种子流

一、种子雨

种子（seed）几乎是植物个体生活史中惟一具有迁移能力的关键阶段。植物种群的生活周期是从种子到种子。Harper 等（1971）创建了植物种群生活史模型。他们把母株上的种子向环境中传播（dispersal）的过程，常形象地称为“种子雨”（seed rain）。种子雨是单位时间内，一定空间中种子输入输出的流动量，故称为种子流（seed flow）。

植物通过个体、种子和繁殖体（propagule）的可动性得以传播。种子的传播是与种子量大小、重量、传播方式和传播能力（dispersibility）以及母株的集群性、地段、地表形态、传播能力等因素有关。

二、传播动力

风是植物传播的主要动力。靠风播（anemochory）的主要是微小的种子和果实。苋科、藜科和禾本科等许多植物的成熟果实可被风吹播得很远很远。

靠水散布的植物（hydrochory）的种子和果实，它们的重量相对较为轻，有气室或漂浮的构造，如椰子等。

植物浆果、肉质果等常被动物传播（zoochory）。有些植物的果实有钩、毛、刺以及有黏液的植物繁殖体。

植物在生态系统中借助不同的动力散播，具有明显的时空特征。有时，一个生态系统内种子释放的时间有重叠，有时先后分开了，这样，形成常年不断的种子雨。

第五节 动物的迁移

动物是靠主动和自身习性进行扩散和移动，统称为迁移（migration）。不过昆虫的迁移被称为迁飞；鱼虾类的迁移称为洄游，而鸟类、哺乳类的迁移称为迁徙。

一、昆虫迁飞

1. 昆虫迁飞的类型

昆虫迁飞可概括为三种类型。

第一种类型，是从发生地迁飞到其他新的地区去，在那里产卵、繁殖，随即死亡。不返回原来的发生地。如东亚飞蝗。

第二种类型，是从发生地飞到一适宜地点。生活一段时间，体内卵巢随之得到发育，它们又在同一季节内迁飞回原来地方或另一发生地再繁殖新的一代。如某些蜻蜓。

第三种类型，是从发生地迁飞到休眠地区越冬或越夏。在那里度过成虫滞育阶段。在一个季节又迁飞到发生地产卵、繁殖。如某些瓢虫。

2. 昆虫迁飞的生态学意义

迁飞是昆虫生活史的一个重要特征。迁飞是昆虫在多变环境里对空间在行为上、生理上的适应。分析表明，昆虫中迁飞和滞育两者都是它们生活史对策的组成部分。迁飞把昆虫带进一个新生境，而滞育使它留在原处。

其次，迁飞是昆虫一种特殊适应。迁飞不单是逃避原来不良生境，而且还能主动去开发新的生境进行生殖和定居。蝗虫、黏虫（*Mythimna separata*）有目的飞行，定向本身就会以某种方式使之能达到很远的一个新的食物供应目的地。

再从生物进化观点看，迁飞对昆虫繁殖有特殊意义。种群迁飞可防止虫口过剩和缺乏丰富的食物。迁飞到新地区比在原地的繁殖速率要快得多。迁飞是昆虫种族繁衍的特殊适应。

二、鱼类、虾类的洄游

有些鱼类、虾类在生命活动过程中，在一定的时期沿着一定的路线，进行集群的迁移活动，这种现象称为洄游，有生殖洄游、索饵洄游和越冬洄游三种类型。根据习性洄游不同情况分述如下：

带鱼（*Trichiurus haumela*）和中华对虾（*Penaeus orientalis*）是我国近海洄游的种类。

每年春季，个体群集从越冬场所，纷纷游动，向西北、北的黄海、渤海和东海进行生殖洄游。晚秋季节，海域受大风、寒潮影响，个体逐渐汇集成群，随着水温的继续下降，群体继续南下或游向外海进行越冬洄游。

鱼虾在生殖和越冬洄游过程中，还有索饵洄游。带鱼摄食以鱼类为主，种类很多；对虾是一种广食性虾类；食物组成因生长发育阶段和分布的海域而异。

中华鲟（*Acipenser sinensis*）和大马哈鱼（*Oncorhynchus keta*）等是溯河产卵洄游鱼类。在江河产卵、出生，然而入海，在海洋中生活、成长。

鳗鲡（*Anguilla japonica*）等是降河性产卵洄游鱼类。一生多在淡水中生长，在生殖时沿江河顺流而下，进入深海中产卵。为一次性产卵，孵化后一年鳗苗从江河河口溯河而上，进入淡水水域生长。

三、鸟类迁徙

大多数鸟类随着季节的变化，相聚集群，过着迁移性生活。鸟类这种具有鲜明季节性迁移习性，一般是在生态环境变化大的地区。鸟类迁徙的距离差异很大，从数公里至数千公里。北极燕鸥（*Sterna paradisaea*）以其远行而称著，俗称鸟王。它们繁殖于欧洲、亚洲、北美洲的极地部分。在秋季却飞越重洋，至南极浮冰上越冬。每年在南北极之间往返一次，行程大约 40 000km，这只是直线距离。有人发现一只北极燕鸥已经活了 34 年，这只体重只有 100g 左右的鸟，一生中要飞行 150 多万公里。

根据鸟类分布、迁徙途径等，我国可划分为三个鸟类主要迁徙区：① 东部候鸟迁徙区，有东北地区、华北东部的候鸟。它们常是沿海岸向南迁至华中区、华南区，有的还迁到东南亚各国、澳大利亚等地越冬。② 中部候鸟迁徙区，有内蒙古东部、中部草原、华北西部地区及陕西地区等的候鸟。冬季常会沿太行山、吕梁山，越过秦岭和大巴山区进入四川盆地和沿东部经大巴山东部迁向华中区或更南的地区越冬。③ 西部候鸟迁徙区，有内蒙古西部干旱草原、甘肃、青海、宁夏等地干旱或荒漠、半荒漠草原地带和高原中繁殖的夏候鸟。它们迁徙常沿阿尼马卿、巴颜喀拉、邛崃山等山脉向南沿横断山脉至四川盆地西部、云贵高原，有的甚至迁到印度半岛越冬。

第六节　物种流动研究的发展趋势

无疑，生物入侵已成为物种流动研究领域的关键和中心。D' Aantonio 和 Vitousek (1992) 首次指出，生物入侵应看作当代主要的全球环境变化之一，而与土地利用的改变和生境的丧失一样，生物入侵也是导致从局部到全球本地生物多样性丧失的祸首之一。当今研究热点集中于理论和实践两方面。

基础理论方面，英国生态学家 Williamson（1996）在《生物入侵》一书中提到的“十分之一法则”，他在书中广为应用。实际上，是一个粗略统计得出的概率：10%

(5%～20%）的外来种得以成功定居。这个数据（10%）尚不令人信服。

美国生态学家 D' Antonia（1993）在探索生物入侵普遍规律的研究中，是从入侵者和侵入地群落两方面为重点：① 估测成功入侵者种群生长和生理特性；② 什么特性的群落易受到外来种的入侵，而被入侵的生态系统的特性又有什么意义。

显然，基础性研究是紧密结合生物入侵机制和有关法则的建立。目前有关文献资料亦纷纷出版，主要的有：Groves 等（1986）主编的《澳大利亚的生物入侵生态学》、Mooney 等（1986）主编的《北美和夏威夷的生物入侵生态学》、Di Castri F 等（1990）著的《欧洲和地中海流域的生物入侵》、Mcknight（1993）主编的《生物污染：入侵外来种的防治与影响》和 Luken 等（1997）著的《植物入侵的评估与管理》等。

实践方面则着重于：

（1）入侵的经济效应。大多数外来种对生态系统的影响是中性的，只是少数造成恶劣的极端影响，如何加以评估。

（2）对入侵生物的生物防治。一种生物入侵的机制认为：外来种的入侵成功是因为新的生境缺乏天敌。由原产地引进天敌来制约外来种的生物防治手段的应用是否一定有效？如何加强生物防治工作需要加以评估。

（3）生物入侵与其他全球变化因素的相互作用。至今这一领域处于起始阶段。但是，我们知道，植物是初级生产力的代表，而森林则是全球变化和生物圈相互作用的重要环节。生物入侵对未来全球变化的意义有待加强研究。

思考题

1. 试述物种流动的基本概念及其共同特点，对生态系统产生什么影响？
2. 试述生物入侵的概念及其生态过程。
3. 为什么说生物入侵是全球变化的一个组成部分？
4. 举例说明生物入侵的重要一二事例，并对 Brown 的五条法则加以评说。
5. 植物传播动力有哪些？什么是种子流？
6. 昆虫迁飞有什么生态学意义？
7. 试述鱼虾洄游的三种类型。我国三个鸟类迁徙区。

参考文献

方　炜．2000．生物入侵与全球变化，全球生态学（方精云主编）．北京：高等教育出版社、施普林格出版社，43～70

林昌善、蔡晓明等．1990．粘虫生理生态学，北京：北京大学出版社

Di Castri F, Hansen A J, Debussche M. 1990. Biological invasions in Europe and the Mediterranean basin. Dordrecht : Kluwer

Elton C S. 1958. The ecology of invasion by animals and plants. Methuen, London(开创了入侵生态学的先河，是一部重要的经典著作)

Groves R H, Bardon J J(eds). 1986. Ecology of Biological invasions : some Australian case histories. Brisbane : John Wiley

Harper J L. 1977. Population Biology of plants. Academic Press, N. Y.（这是植物种群生态学的重要文献）

Harper J L, white J. 1971. The dynamics of plant populations. Proc Adv study Inst, Dynamics numbers population: 41～63

Kennedy J S. 1961. A turning point in the study of insect migration. Nature, 189: 785～791

Luken J O Thieret J W. 1997. Assessment and management of plant invasions. Cambridge: Springer-Verlag

Mcknight B N(ed). 1993. Biological pollution : the control and impact of invasive exotic species. Indiana Academy of sciences, Indianapolis, Indiana

Mooney H A, Drake J A(eds.). 1986. Ecology of biological invasions of North America and Hawii. Springer——Verlag

Rainey R C. 1976. Flight behaviors and features of the atmospheric, environment. Sump R Ent Soc Lond, 7: 75～112, 272～273

Shigesada N and Kawasaki K. 1997. Biological invasions : theory and practice. Oxford university press. Oxford

Williams C B. 1958. Insect migration. Collins : London

Williamson M. 1996. Biological invasions. Chapman & hall, London

第十九章 生态系统中的能[量]流[动]

学习要点

1. 了解生态系统中能流基本途径、特点和基本模式。
2. 了解生物生产力是生态系统的一项重要属性及其受多种生态因素的限制。
3. 运用能流基本原理，提高能源使用效率，改善和提高工农业的生产。

基本概念

1. 生产力或生产量（production）：指某一时间内、某个种群或生态系统所生产出的有机体的数量、重量或能量。
2. 总初级生产力（量）或总第一性生产力（量）（gross primary production，GPP）：指植物在单位面积、单位时间内，通过光合作用固定太阳辐射的总能量。
3. 能量金字塔（pyramid of energy）：是以各营养阶层所固定的总能量值来表示的一种类型金字塔。
4. 生态效率（ecological efficiencies）：是指生态系统中能量从一个营养阶层流转到另一个营养阶层，在不同阶层上能量各参数的比值。
5. Lindeman 十分之一定律：各营养层之间能量转化效率（I_{n+1}/I_n）约为 10% 的规律。

第一节 能流的通用模式

生态系统中能量主要有两种存在的状态，即动能和势能。动能（kinetic energy）是

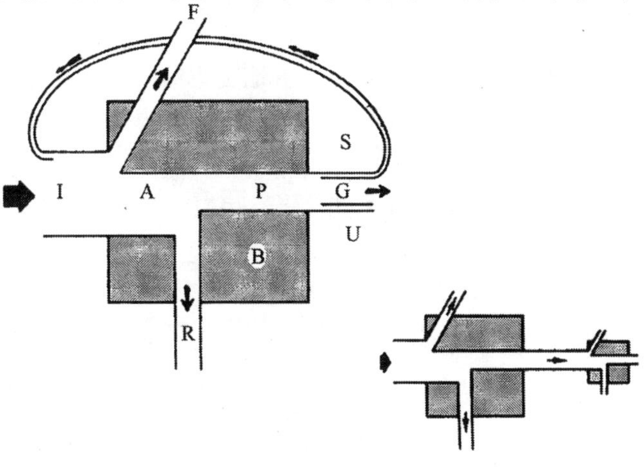

图 5-19-1 能量流动的通用模式

A. 同化的能量；B. 生物量；F. 未被利用的能量；G. 生物的生长；I. 输入或摄取的能量；P. 生产量；R. 呼吸消耗的能量；S. 贮存的能量；U. 排泄掉的能量（引自 Odum E P 1983）

正在做功的能量，是生物与其环境之间以传导和对流形式相互传递的能量，包括热和辐射。势能又称潜能（potential energy），是蕴藏在有机分子键内，处于静态的能量，它包涵着一种做功的能力和做功的可能性。生态系统中的一切能量最终都来自太阳。

能量的国际单位是Joule（焦耳）。过去常用的能量单位是卡（cal）或千卡（kcal＝1000卡）（1J＝0.239 cal；1cal＝4.1846J）。

生态系统能量流动可以概括为一个通用模式（图5-19-1）。它适用于个体、种群和群落等不同层次和动物、植物、微生物等不同生物。

第二节　能量流动的基本原理

一、生态系统中能量流动是严格遵循热力学定律

生态系统内能流，都遵循热力学第一定律和热力学第二定律。

热力学第一定律指出，自然界能量可以由一种形式转化为另一种形式；在转化过程中是按严格的当量比例进行。能量既不能消灭，也不能凭空创造。

热力学第二定律指出，生态系统的能量从一种形式转化为另一种形式时，总有一部能量转化为不能利用的热能而耗散。

二、生态系统能量是单向流

能量以光能的状态进入生态系统后，就不能再以光的形式存在；从总的能量流的途径而言，能量只是单程流经生态系统，是不可逆的。

三、能量在生态系统内流动的过程，就是能量不断递减的过程

生态系统中各营养级的消费总不能百分之百地利用前一营养级的生物量和能量，总是要耗散掉一部分。

四、能量在流动中，质量在提高

能量在生态系统流动中，是把较多低质量能转化为另一种较少的高质量能。从太阳辐射能输入生态系统后的能量流动过程中，能的质量是逐步提高和浓集的。

五、生态金字塔

能量流动以食物链为主线，形成错综复杂的营养关系。

能量金字塔（pyramid of energy）是以各营养阶层所固定的总能量值来表示的一种类型金字塔。三种类型生态金字塔是以能量金字塔所提供的情况较为客观和全面。能量

金字塔以热力学为基础，较好地反映了生态系统内能量流动的本质。但数量金字塔(pyramid of number)过高估计了小型生物的作用，而生物量金字塔(pyramid of biomass)又过高强调了大型生物的作用。以下列举6种初级消费者种群的密度、生物量和能量作一比较(表5-19-1)。

表5-19-1　6个初级消费者种群密度、生物量和能量的比较(据Odum，1983)

	密度	生物量	能流量
	($个\cdot m^{-2}$)	($g\cdot m^{-2}$)	($kcal\cdot m^{-2}\cdot d^{-1}$)
土壤细菌	10^{12}	0.001	1.0
海洋桡足类(Acartia)	10^{5}	2.0	2.5
潮间带滨螺类(Littorina)	200	10.0	1.0
盐泽地蝗虫(Orchelimum)	10	1.0	0.4
田鼠(Microtus)	10^{-2}	0.6	0.7
空齿鹿(Odocoileus)	10^{-5}	1.1	0.5

据Odum，1983。为尊重原著作者，能量单位未改动。1cal=4.1846J。下同

从上表可以看出：密度差别为17个数量级，生物量的差别为5个数量级，能流量的差别为1个数量级。能流说明相近6个种群均活动在一个营养阶层上，而数量与生物量的角度都没有指明这一点。

六、能量流动速率不同

生态系统中能量流动速率与生态系统类型和不同生物有密切关系。E. P. Odum和他的同事用放射性磷(^{32}P)对一个弃荒地的生物群落进行了深入研究。结果表明：植食动物在试验开始的头几天就积累了放射性磷。另外一些昆虫在2～3周时，积累才达高峰。捕食者直到试验后的第3周还没有出现同位素积累的高峰。

第三节　生态系统中的初级生产

一、初级生产的基本概念

(1) 生物量(biomass)或现存量(standing crop)：指某一时刻、某一空间范围内现有的个体数、重量、能量。用B表示，单位为g/m^2，J/m^2

(2) 生产量(production)：指某一时间内、某个种群或生态系统所生产出的有机体的数量、重量或能量。用P表示，$P=\Delta B+E$ 单位为$g/(m^2\cdot a)$

它与生产力(productivily)、生产率(production rate)同义。

(3) 周转率(turnover rate)：指特定时间内新加入的生物量占总生物量的比例。用θ表示，$\theta=P/B$。

(4) 周转期(turnover time)：为周转率的倒数，$1/\theta$。

(5) 初级生产(primary production)又称第一性生产：是指绿色植物和某些细菌的

生产。植物通过光合作用，吸收和固定光能，把无机物转化为有机物的生产过程。

可以用下列化学方程式概述：

$$6CO_2 + 12H_2O \xrightarrow[\text{叶绿素}]{\text{光能 } 2.8\times10^6\text{J}} C_6H_{12}O_6 + 6O_2 + 6H_2O$$

植物在单位面积、单位时间内，通过光合作用固定太阳辐射的总能量称为总初级生产量或总第一性生产量（gross primary production，GPP）、常用单位：$J\cdot m^{-2}\cdot a^{-1}$或$g^{DW}\cdot m^{-2}\cdot a^{-1}$。

植物的总初级生产量减去呼吸作用消耗的能量（R），余下的有机物质为净初级生产量或净第一性生产量（net primary production，NPP）。总初级生产量与净初级生产量之间的关系，可以用下列公式表示：

$$GPP = NPP + R \tag{19-1}$$

所以

$$NPP = GPP - R \tag{19-2}$$

二、影响初级生产力的主要因素

影响初级生产力的主要因素除阳光、水、营养物质等理化因素外，还有植物的类型、品系和消费者等。

1. 植物光合途径

绿色植物本身光合作用类型的不同，直接影响初级生产量。植物光合作用的同化过程有三种途径：①C_3途径；② C_4途径；③CAM途径。植物中三种光合途径的分化，具有重要的生态学意义。首先，充分利用空间资源上的差异，从而保证资源的有效利用；其次，三种光合途径的分化，从时间上有效地避免了种间资源的竞争，也保证了环境资源的充分利用；第三，光合途径的环境适应与资源分隔的重叠。C_4植物中也有某些种内饰变，可在C_3植物通常的生境中与之共存。

2. 污染

环境中污染物增多，引起初级生产量的下降。重度污染将使绿色生产者衰亡，使生态系统结构破坏。如硫是植物必需的元素，大气中含少量SO_2对植物生长有利，如果SO_2浓度过高就会引起伤害。氟化物对作物的生产影响大。大气污染主要为氟化氢（HF），它对植物的毒性很强。空气中的HF浓度超过了3 PPb，植物叶肉组织将发生酸型伤害。多种有毒重金属污染源对植物的生产也带来危害。石油和煤的燃烧所产生Pb、Hg微粒，焚烧矿石、冶炼金属所产生的Zn、Cu、Cd微粒等化合物均能使植物、浮游植物的光合作用减弱、生产量降低。

3. 消费者的影响

消费者对陆地和水域生态系统初级生产的速率有影响，许多有害生物对农作物产量有毁灭性影响，这是大家所熟知的。

非洲大草原上的有蹄类牧食系统（grazing system）在禾草被植食动物摄食过后，反而生长得更快，使地面草的产量有所提高。这就是 Mc Naughton（1976）称为的放牧促进（grazing facilitation）现象。水域捕食性鱼类通过降低取食浮游生物鱼类的密度，导致浮游动物上升，从而能间接地使湖泊初级生产量下降。这些事例充分表明消费者对初级生产量有重要作用和影响。

三、全球初级生产量估算

估算全球生态系统 NPP，大致有两种方法。一是根据实测数据计算生产量平均值，然后乘以此类型的分布面积，得到这一类型的总值。各类型生产量的总和为全球的估算值。另一种方法是用与气候因素相关联的生产量模型来估算，包括经验回归模型和较为复杂的机制性过程模型。

1. 实测数据为基础的估算

Liken 和 Whittaker（1975）根据全球主要生态系统的实测数据估算了不同生态系统的生产量和生物量（表 5-19-2）。结果表明，全球 NPP 约为 170×10^9t，其中约 115×10^9t 来自陆地生态系统。应该说 WhittaKer 等估算是比较偏低的。

表 5-19-2　地球上各类生态系统的净初级生产量和生物量

生态系统类型	面积/$\times10^6$km^2	单位面积的净初级生产量/（$g\cdot m^{-2}\cdot a^{-1}$）		全世界的净初级生产量/（$\times10^9t\cdot a^{-1}$）	单位面积的生物量/$kg\cdot m^{-2}$		全世界的生物量/$\times10^9$t
		范围	平均		范围	平均	
热带雨林	17.0	1000～3500	2200	37.4	6～80	45	765
热带季雨林	7.5	1000～2500	1600	12.0	6～60	35	260
亚热带常绿林	5.0	600～2500	1300	6.5	6～200	35	175
温带落叶阔叶林	7.0	600～2500	1200	8.4	6～60	30	210
北方针叶林	12.0	400～2000	800	9.6	6～40	20	240
疏林及灌丛	8.5	250～1200	700	6.0	2～20	6	50
热带稀树草原	15.0	200～2000	900	13.5	0.2～15	4	60
温带禾草草原	9.0	200～1500	600	5.4	0.2～5	1.6	14
荒漠及高山植被	8.0	10～400	140	1.1	0.1～3	0.6	5
荒漠与半荒漠	18.0	10～250	90	1.6	0.1～4	0.7	13
石块地及冰雪地	24.0	0～10	3	0.07	0.02	0.02	0.5
耕地	14.0	100～3500	650	9.1	0.4～12	1	14
沼泽与湿地	2.0	800～3500	2000	4.0	3～50	15	30
湖泊和河流	2.0	100～1500	250	0.5	0～0.1	0.02	0.05
陆地总计	149		773	115		12.3	1837
外海	332	2～400	125	41.5	0～0.005	0.003	1.0
潮汐海潮区	0.4	4000～10000	500	0.2	0.005～0.1	0.02	0.008
大陆架	26.6	200～600	360	0.6	0.001～0.04	0.01	0.27
珊瑚礁及藻类养殖场	0.6	500～4000	2500	1.6	0.04～4	2	1.2
河口	1.4	200～3500	1500	2.1	0.01～6	1	1.4
海洋总计	361		152	55.0		0.01	3.9
地球总计	510		333	170		3.6	1841

据 H. Lieth 和 R. H. Wittaker, 1975 年，生物量、生产量均以干物质重量计

2. 经验回归模型为基础的估算

(1) Miami 模型：这是第一个全球初级生产量模型。Lieth (1972) 根据自然生态系统温度、降水这两类因素计算全球初级生产量。他将世界五大洲约 50 个点的 NPP 实测数据及与之相应的年均温和降水资料，用最小二乘法建立以下植被净初级生产量模型：

$NNP_t = 3000\ [1 + e^{1.315 - 0.1196t}]$

$NNP_r = 3000\ [1 - e^{-0.000664R}]$

式中：NNP_t 为根据年均温计算的净初级生产力；

NNP_r 为根据年降水计算的净初级生产力，且都以干物质产量表示 ($g \cdot m^{-2} \cdot a^{-1}$)；

t 为年均温 (℃)；R 为年降水量 (mm)。

根据 Liebig 最小因素定律，最小因素控制着生产力水平。在选择温度和降水计算所得的两个植被净初级生产力中较低者即为某地的自然植被的净初级生产力 (NP_{tr})。而实际上还受到其他气候因素的影响，所以，用该模型估算的结果可靠性仅达 66%～75%。

(2) Thornthwaite Memorial 模型：于是，Lieth (1974) 在 Thornthwaite 关于可能蒸发资料基础上，提出了 Thornthwaite Memorial 模型。Lieth 根据与 Miami 模型相同的世界五大洲 50 个点的净初级生产力资料和实际蒸发资料采用最小二乘法建立了模型，表达如下：

$NNPe = 3000\ (1 - e^{-0.0009695(E-20)})$

式中 NNPe 为根据实际蒸散量计算的净初级生产力；E 为年实际蒸散量；蒸发散量包括蒸发与蒸腾的总和。

3000 是 Lieth 根据统计得到的地球上自然植物在每年每方平米面积上最高干物质的产量 (g)。

由于该模型中蒸发量受太阳辐射、温度、降水、饱和差、气压和风速等一系列气候因素影响，包含的因素较为全面。所以，该模型对植物初级生产力的估算亦较为合理。

(3) Chikugo 模型：日本内岛 (1985) 通过将辐射干燥度 (RDI) 与净辐射 (R_n) 统计分析拟定出 Chikugo 模型：

$NNP = 0.29e^{-0.216(RID)^2} \cdot R_n$

该模型是一种半理论半经验的方法，综合考虑了诸因素的作用，所以该模型是估算自然植被净初级生产力较好的方法。我国一些学者亦曾利用上述三种模型分别对我国自然植被的净初级生产力进行分析。贺庆棠 (1986)、张新时 (1990)、张宪洲 (1992) 等更多的选用 Chikugo 模型。

周广胜和张新时 (1995) 建立了自然植被净第一性生产力模型：

$$NPP = RDI \cdot \frac{r \cdot R_n(r^2 + R_n^2 + r \cdot R_n)}{(r + R_n) \cdot (r^2 + R_n^2)} \cdot \exp(\sqrt{9.87 + 6.25RDI})$$

式中：RDI 为辐射干燥度；R_n 为净辐射 (mm)；r 为年降水量 (mm)；NPP 为自然植被净第一性生产力 ($TDM/ha \cdot a^{-1}$)。

通过计算：可以了解我国自然植被第一性生产力的分布状况的趋势，是东南沿海最高，依次西北内陆递减，直至西北沙漠、荒漠区最低。自然植被的净第一性生产力在森林地带由北向南的递增十分明显。

四、全球初级生产量的空间分布格局

初级生产量在全球的分布是不均匀的。地球上不同生态系统的初级生产量和生物量因地区、气候而差异极大。图 5-19-2 表示了地球上主要生态系统的 NPP 在空间的分布。

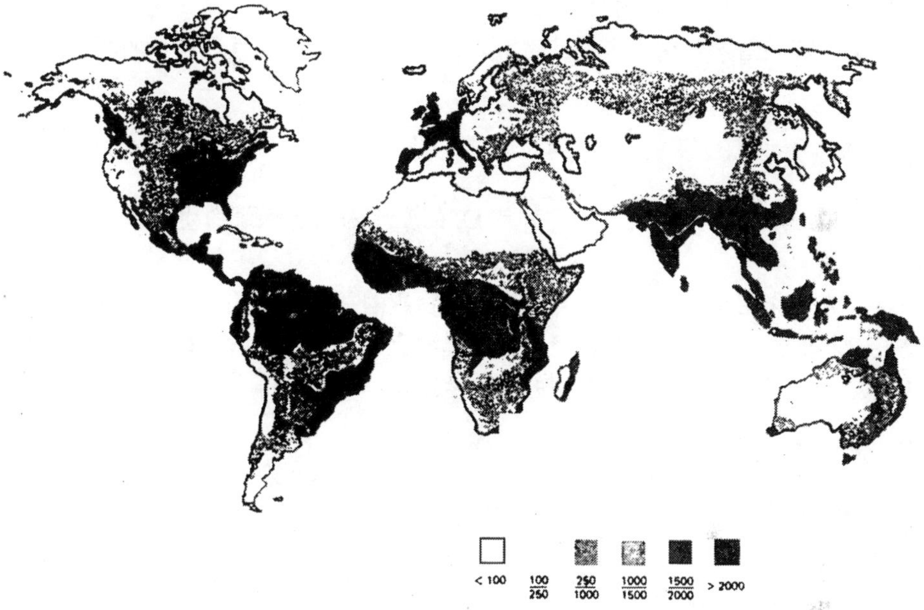

图 5-19-2　地球上初级生产量的分布（单位：$g^{DW}\cdot m^{-2}\cdot a^{-1}$）（引自 Smith 1980）

全球 NPP 的分布规律可以概括为以下四点：

(1) 陆地比水域的 NPP 大。陆地生态系统约占地球表面 1/3，而 NPP 约占全球的 2/3；水域生态系统正相反。陆地具有全球 NPP 最高的热带雨林生态系统。

(2) 陆地 NPP 有随纬度增加而逐渐降低的趋势，由热带雨林向温带常绿林、落叶林、北方针叶林、稀树草原、温带草原、寒漠和荒漠依次减少。主要是太阳辐射、温度和降水所决定。

(3) 海洋 NPP 由河口湾向大陆架和大洋区逐渐降低。主要原因是辽阔的海洋缺少营养物质，生产量平均为 $125g\cdot m^{-2}\cdot a^{-1}$，有“海洋荒漠”之称。

(4) 全球面积生产量可划分为三个主要等级。一是生产量极低的区域，生产量为 $2.09\times10^6\sim4.19\times10^6 J\cdot m^{-2}\cdot a^{-1}$ 或者更少，大洋和荒漠属于这类区域。二是中等生产量区域，生产量为 $2.09\times10^6\sim1.26\times10^7 J\cdot m^{-2}\cdot a^{-1}$，一些草原、深湖和农田属于这类中等水平区。三是河口湾、珊瑚礁、热带雨林、湿地和精耕细作农田和冲积平原等为高生产量区域，生产量大约为 $4.19\times10^7\sim1.05\times10^8 J\cdot m^{-2}\cdot a^{-1}$ 或者更多。这些区域不仅有太阳能还得到了额外的自然能量和营养物质。热带森林仅覆盖地球 5%的面积，其生产量几乎占全球生产量的 28%。

五、初级生产力的测定方法

1. 直接收割法

直接收割法（harvest mothod）是通过收割、称量绿色植物实际生物量来计算初级生产力。常用于陆地生态系统中农作物、牧草和森林等的研究中。主要优点是方便易行，测定的结果也相当准确。此法虽是较古老的传统方法（Odum　1960），但也是国际生物学计划（IBP）研究中采用的方法。

近年来，有些国家，在工作中已使用电测定仪进行非破坏性现存量的测定，其实用性有所提高。

2. 光合作用测定法

光合作用测定法实质上是利用 CO_2 或 O_2 的变化来估算系统的生产量。即，总光含量＝净光含量＋呼吸量

通常，光合作用释放氧的总量与生产有机物质的总量成正比。对于森林生态系统要通过测定森林的光合作用与呼吸作用，建立起适合于该系统的数学模式来确定植物群落光合作用总量，以此来估算单位面积的生物生产量。

3. 二氧化碳测定法

这是研究陆地生态系统初级生产力常用的方法。用二氧化碳吸收法测定叶子或植株光合作用强度，也可用此法估算整个群落的生产量。这种方法是用塑料篷将群落的一部分罩住，测定进入和抽出空气中二氧化碳的含量，减少二氧化碳的量就是进入有机物质中的量。

为了克服罩盖改变了群落微气候的缺陷，近年来，改用了空气动力学的方法，如采用了涡流关系法（Kaimal et al　1994）

4. 遥感和地理信息系统技术的应用

卫星遥感（RS）和地理信息系统（GIS）技术提供了传统观测方法所无能为力的手段。卫星遥感可以在大范围内辨别基本的植被类型。因为不同植被对红外波段的光谱反射率有明显的区别，因此，这些技术的应用提供了大尺度生产力和生物量的分布及其动态规律资料。

通过建立遥感信息与实测数据间的数学模式，可实现由可见光、近红外光多谱段颜色等资料直接推算群落的叶面积和净初级生产量，然后利用 GIS 的分析平台，将估算的净初级生产量的分布格局以最直观的图形表示出来。

5. 叶绿素测定法

叶绿素测定法主要依据植物的叶绿素含量与光合用量的光合作用率之间的密切相关。此法已被广泛地应用于研究水域生态系统的初级生产力。例如在研究海水生态系统

初级生产力时，是通过薄膜从已知体积的水中把藻类过滤出来，再用丙酮提取其中的叶绿素，并用分光光度计测定叶绿素的浓度，再通过计算，可以得出藻类的生物量。

第四节　生态系统中的次级生产

一、次级生产的基本概念

次级生产或称为第二性生产（secondary production）是指生态系统初级生产以外的生物有机体的生产。次级生产就是异养生物的生产。动物的肉、蛋、奶、毛皮、体壁、骨骼等都是次级生产的产物。

二、次级生产的特点

（1）次级生产最终是以初级生产为基础。初级生产的质和量对次级生产是有直接或间接的影响。

（2）从理论上讲，净初级生产量可以全部被异养动物所利用，转化为次级生产量。然而，任何一个生态系统中的净初级生产量总是有相当一部分不能被利用，在转化过程中要丢失一定的能量。因此，各级消费者所利用能量仅仅是被食者生产量中的一部分。次级生产可以用下式表示：

$$PS = C - Fu - R$$

式中：PS：次级生产量；C：摄入的能量；R：同化的能量；Fu：排泄物、分泌物、粪等。

三、次级生产模型

这是一个普适模型，它可应用于任何一种动物。二分叉是该模型的特点（图 5-19-3）。

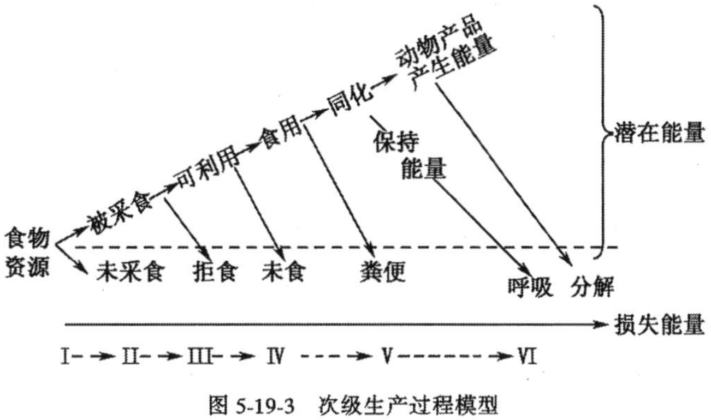

图 5-19-3　次级生产过程模型

四、全球各类生态系统的次级生产量

在各类生态系统中，次级生产量总要比初级生产量少得多。Whittaker 等（1973）依据 NPP 资料并参照不同地区动物取食、消化的能力，列出了全球各类不同生态系统中的次级生产量的估算值（表 5-19-3）。

表中一个明显的事实是，海洋生态系统中的植食动物有着高的摄食效率，约相当于陆地动物利用植物效率的 5 倍。这样，海洋的初级生产量约为陆地初级生产量的 1/3，但海洋次级生产量总和却比陆地高得多。所以，从人类的未来而言，研究海洋的次级生产量是具有重要的意义。

表 5-19-3　全球各类生态系统年次级生产量（引自 Whittaker et al 1973）

生态系统类型	净初级生产量 (10^9tC/年)	动物利用量 (%)	植食动物取食量 (10^6tC/年)	净次级生产量 (10^6tC/年)
热带雨林	15.3	7	1100	110
热带季林	5.1	6	300	30
温带常绿林	2.9	4	120	12
温带落叶林	3.8	5	190	19
北方针叶林	4.3	4	170	17
林地和灌丛	2.2	5	110	11
热带稀树草原	4.7	15	700	105
温带草原	2.0	10	200	30
苔原和高山	0.5	3	15	1.5
沙漠灌丛	0.6	3	18	2.7
岩面、冰面和沙地	0.04	2	0.1	0.01
农田	4.1	1	40	4
沼泽地	2.2	8	175	18
湖泊河流	0.6	20	120	12
陆地总计	48.3	7	3258	372
开阔大洋	18.9	40	7600	1140
海水上涌区	0.1	35	35	5
大陆架	4.3	30	1300	195
藻床和藻礁	0.5	15	75	11
河口	1.1	15	165	25
海洋总计	24.9	37	9175	1376
全球总计	73.2	17	12433	1748

第五节　能量动力学分析

一、水域生态系统

Lindeman (1942) 开创了定量描述生态系统能量动态的工作。他在美国塞达波格湖进行了深入的调查研究工作。他在《生态学的营养动态概说》一文中提出，生态系统营养动态的基本过程就是能量在生态系统中的转化过程。他揭示了生态系统营养动态的规律。

Lindeman研究结果由图 5-19-4 表明，进入生态系统的太阳辐射能为 5.0×10^5 J/(cm^2·年)，除去未吸收的辐射能 5.0×10^5J/(cm^2·年)外，总初级生产量为 465.7 J/(cm^2·年)。总初级生产量中能量的 21%用于呼吸的为 97.9 J/(cm^2·年)，被分解的 12.6 J/(cm^2·年)，还有 293 J/(cm^2·年)不能利用。剩下 63 J/(cm^2·年)作为下一营养级植食动物的食物而被利用。

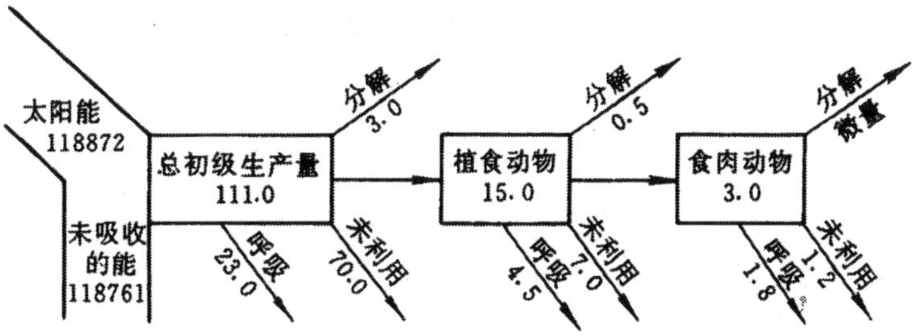

图 5-19-4　美国塞达波格湖生态系统的能量流动(据 Lindeman　1942)
[单位 cal/(cm^2·年)]

植食动物阶层也和总初级生产量类似，除分为呼吸、分解、未利用等部分外，余下13J/(cm^2·年)被食肉动物消化、吸收。

食肉动物阶层约有 7.5 J/(cm^2·年)的能量用于呼吸代谢。食肉动物呼吸消耗远比生产者或者初级消费者要高，这是一个显著的特点。其能量利用率亦较植食动物高。

Lindeman 研究的结果表明，当太阳辐射能进入生态系统后，首先为生产者所吸收的辐射能即成为总输入的能量。在通过植食动物、肉食动物等营养阶层时，能量在流动中有了转化。从总的看，这种能量流动和转化情况完全符合热力学第一定律和第二定律。

二、陆地生态系统

Golley (1960) 开创了陆地生态系统能量流动的研究工作。在美国密执安的弃耕地开展工作。生产者是早熟禾（*Poa compressa*）、植食动物是田鼠（*Microtus pennsylvanicus*）、肉食者是鼬，即黄鼠狼（*Mustela rixosa*）。从这一较为简单的食物链可以看到：生产者用于本身消耗的呼吸量（*R*），占总生产量的 15%，净生产量（*NPP*）占 85%；

而田鼠和鼬的 R 占总摄食量的 70%和 83%。只有 2%～3%的同化能量用于生长和繁殖后代。这是恒温动物能量分配上的特点。每一营养级所利用的能量与前一营养级所提供的可供利用的能量相比是很少的。例如：田鼠只利用了植物净生产力的 0.5%（99.5%未被利用），而鼬也只利用了田鼠生产量的 35%。鼬积累的能量仅仅是早熟禾光合作用固定能量的 1/440 000。

三、能量流动中的生态效率

生态效率（ecological efficiencies）是指生态系统中能量从一个营养阶层流转到另一个营养阶层，在不同阶层上能量各参数的比值。

生态效率反映出不同营养阶层、种群的组成、发展以及环境条件的变化。所以，生态效率是生态学中一个重要概念。有关能量流动、转化的生态效率概括为以下四类：

1. 同化效率

同化效率（assimilation efficiency，AE）是衡量生态系统中有机体或营养阶层利用能量和食物的效率。

$$AE = \frac{A_n}{I_n}$$

式中，A_n 为植物固定的能量，或消费者吃进的食物；I_n 为植物对光的吸收率，或消费者同化的食物。

2. 生长效率

生长效率（growth efficiency，GE）是指同一营养阶层的净生产量与同化量的比值。

$$GE = NPP_n / A_n$$

式中，NPP_n 为 n 营养阶层的净生产量，A_n 为 n 营养阶层的同化量。

3. 消费效率

消费效率（consumption efficiency，CE）是指 n 营养阶层摄食的能量与 $n-1$ 营养阶层的净生产能量的比值。

$$CE = I_n / NPP_{n-1}$$

4. 生态效率

生态效率是 Lindeman 最早提出，所以又常称为林德曼效率(Lindeman's efficiency)。这是指 n 营养阶层取食，吸收量与 $n+1$ 营养阶层取食、吸收量之比值。它相当于同化效率、生长效率和利用效率的乘积。

$$I_{n+1}/I_n = A_n/I_n \times NPP_n/A_n \times I_{n+1}/NPP_n$$

Lindeman 十分之一定律：各营养层之间能量转化效率（I_{n+1}/I_n）约为 10%。

第六节　应用稳定性同位素检测能流和物流的踪迹

一、同位素检测原理

用稳定性同位素（isotope）检测能流和营养结构的研究是一种较新的手段，具有准确、快速、灵敏和可定位等优点。它深刻揭示许多取食习性变化较大的动物食性，其结果证明一些常规分析物种营养结构的工作是不太可靠的。

大多数化学元素，包括一些稳定性同位素，例如稳定性同位素 C，包括^{13}C和^{12}C；稳定性同位素 N，包括^{15}N和^{14}N和稳定性同位素 S，包括^{34}S和^{32}S。这些稳定性同位素的相对浓度可用来研究整个生态系统的能流和物质流。因为，生态系统不同部分常存在着这些元素间的不同浓度。

稳定性同位素浓度比的差异往往比测定其绝对值更准确。不同的有机体包括轻、重稳定性同位素的比值。这是因为有机体利用了不同源的元素，或者是选择利用了不同的稳定性同位素，还有可能是利用了不同源和不同部分的元素。例如，N 的稳定性同位素^{14}N是有机体在蛋白质合成时优先被排出体外的。因此，有机体内^{15}N含量是比其食物更为高。当物质从一个营养阶层到另一个营养阶层时，往往是后者体内同位素^{15}N值更高。一个生态系统顶端的营养阶层就具有同位素^{15}N最高含量。稳定性同位素分析还几乎可以检测出一个物种的食物中 C_3 和 C_4 植物的相对量，这是因为 C_4 植物中^{13}C的含量高。

二、同位素检测的方法

稳定性同位素浓度一般都表现出较重同位素相对于与其标准的不同丰度。计算单位是千分之几（±‰）。可以用下列公式表示：

$$\delta x = \left[\left(\frac{R_{样本}}{R_{标准}}\right) - 1\right] \times 10^3$$

式中：δ：标准差；

x：重同位素相对浓度，如^{13}C、^{15}N或^{34}S是千分之几（‰）；

R 样本：样本中同位素比，如$^{13}C:^{12}C$；$^{15}N:^{14}N$；

R 标准：在标准状态下，同位素之比，如$^{13}C:^{12}C$；$^{15}N:^{14}N$等。

同位素的标准。在 N、C 和 S 同位素中作为标准分别是；大气中的$^{15}N:^{14}N$；石灰石中的$^{13}C:^{12}C$；陨石中$^{34}S:^{32}S$。

在计算一个样本中稳定性同位素丰度比，表明其比值是作为相对于同一标准状态下的差别。如果 $\delta x = 0$，那么表明样本和标准状态中同位素比是相同的；如果 $\delta x = -x‰$，表明样本中同位素（^{15}N）比标准状态低；如果 $\delta x = +x‰$，表明在样本中的同位素要比标准状态高。这些同位素丰度比值的重要意义是在通常情况下显示出生态系统中不同结构、不同部位和不同过程间的差别。

三、同位素检测实例

图 5-19-5 是应用同位素检测能源和能流的典型事例。Peterson 等（1985）用三种稳定性同位素研究了海洋湿地贻贝（*Geukensia demissa*）食物中的能量来源。结果表明，稳定性同位素丰度在浮游植物、C_3 植物和 C_4 禾草中是不同的：C_3 植物中的 ^{13}C 是最少的，为 $\delta^{13}C=-28.6‰$；而较少的是 C_4 禾草 $\delta^{13}C=-13.1‰$。而稳定性同位素 S 和 N

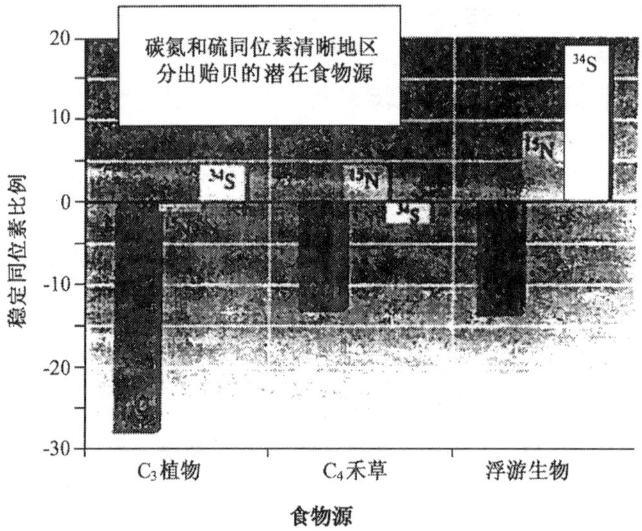

图 5-19-5　同位素含量显示海洋湿地贻贝的潜在食物源（Molles　1999）

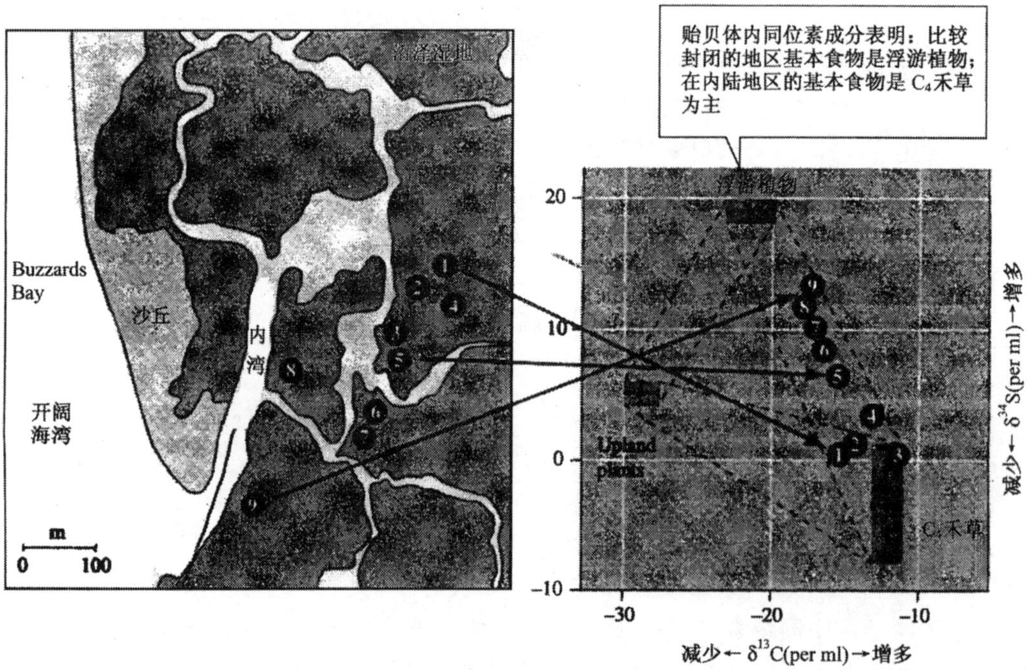

图 5-19-6　贻贝体内同位素变量在湿地中的不同分布（引自 Molles　1999）

在这些潜在能源中分布有明显差异：以浮游植物中^{34}S的丰度最高，为$\delta^{34}S=+18.8‰$；而在C_4禾草中浓度最低为$\delta^{34}S=-2.4‰$。

他们根据这些同位素的不同浓度进一步研究确定了该贝类取食的潜在食物源的分布状况（图5-19-6）分析表明海洋湿地贻贝体内的能量大部分来自浮游植物和C_4禾草植物。然而这两种食物源的分布都有局限性。湿地中心部位是C_4禾草植物，而在湿地边缘才是浮游植物。

第七节　当前研究热点

一、着力于生物生产力提高的研究

该研究是通过生态学多层次和不同调控途径研究，研究内容紧紧围绕气候、环境和资源等与人类生存密切相关的问题。研究方法上更注重多学科综合与新技术结合，以提高生物生产力。提高生物生产力是生态学工作者一项重要的任务，从生态学科特点出发，研究各种经济动、植物与环境条件的相互作用，种群增长和变动规律，生物群落中种群间相互作用以及生态系统内各物种、种群的合理配置和空间格局，各群落在生态系统中的合理配置等，即从生态学的不同水平上进行研究提出各项措施，提高生物生产力。

二、开发新能源和节约能源

随着人口增加、工业化和现代化的发展，人类对能源的需求日益增加，面临能源危机。因此，要利用生态学原理去开发新能源和节约能源。加强利用太阳能、生物质能、核能、风能、海洋能和地热能等的研究。注意能源的综合利用与燃烧技术的改进，达到节约能源，保护环境的目的。

三、生态农业建设的研究

要大力推行生态农业（ecoagriculture）谋求环境、生物与人类的协调，是发展可持续农业的重要途径。近年来结合生态工程（ecological engineering）学，充分利用“整体效应”、“循环再生”、“边缘效应”等原理，效益明显。研究内容也得到了扩张，如稻田养鱼、水产品立体养殖、作物与果林的间作、种植业与水产养殖业的结合以及废弃物资的回收、再生，增加了农业有机肥源等，建立农业生态效应的评价体系。

四、开发海洋生物群落研究

海洋占地球面积的70.8%，海水总量$137\times10^{16}t$。据估计，海洋每年可向人们提供2亿左右的鱼类和贝类。然而海洋生物生产的潜力远远没有发挥。为此，要深入研究海洋生物群落的组成、物种配置、生物群落稳定性与多样性。利用现代技术开发和保护海洋生物资源，建设“海洋牧场”，成为可持续发展的海洋空间。

IGBP（1995）就拟定了全球海洋生态系统动力学（GLOBEC）的研究，从海洋生态系统内部的相互关系出发，去揭示全球海洋生态系统及其亚系统的结构与功能，以提高海洋生产力和稳定性的能力。

思考题

1. 生态系统中能量流动有哪些基本规律?

2. 举例说明以下名词：

生物生产	生物量	现存量
初级生产	总初级生产量	净初级生产量

3. 有哪些因素影响初级生产力? 提高初级生产力有哪些途径?

4. 估算全球初级生产量的模式有哪些? 各有什么特点?

5. 全球初级生产力分布有什么规律? 陆地生态系统和水域生态系统初级生产力的主要限制因素是什么?

6. 次级生产的主要理论是什么? 次级生产的模式?

7. 初级生产力的测定方法有哪些? 各有什么特点?

8. 稳定性同位素在生态系统能量流和物质流研究中如何检测?

参考文献

方精云，刘国华，徐崇龄. 1996. 我国森林植被的生物量和净生产量. 生态学报 16:497～508

朱志辉. 1993. 自然植被净第一性生产力估计模型. 科学通报，38：1422～1426

李文华. 1978. 生物生产力的概念及其研究的基本途径. 自然资源，(1)：71～92

张宪洲. 1992. 我国自然植被净第一性生产力的估算与分布. 自然资源，1:15～21

周广胜，张新时 1995 自然植被净第一性生产力模型初探. 植物生态学报，19:193～200

周广胜，郑元润，陈四清等. 1998. 自然植被第一性生产力模型及其应用. 林业科学，34：2～11

贺庆棠. 1986. 中国植物的可能生产力——农业和林业的气候产量. 北京林业大学学报，2：84～97

Aber J D and Melillo J M. 1991. Terrestrial Ecosystems. Philadelphia: Saunders College Publishing(该书对生态系统学作了精要性论述)

Adey W H. 1987. Food production in low-nutrient seas. Bioscience, 37 : 340～348

Avery W H and Wu C. 1994. Renewable energy from the ocean: A guide to OTEC. Oxford university press, Oxford

Dyer M I et al. 1993. Herbivory and its consequences. Ecol. Appl, 3:10～16

Kaimal J C, Finnigan J J. 1994. Atmospheric Boundary Layer Flows: Their structure and Measurement. New York, Oxford University Press

Lieth H, Whittaker R H. 1975 (eds). Primary productivity of the Biosphere. NY: Springer-Verlag

Lindeman R L. 1942. The trophic dynamic aspect of ecology. Ecology, 23 : 399～418(这是篇有关生态系统能量流动和生产力研究的经典著作)

Lovins A B. 1991. Energy conservation. Science, 251 : 1296～1298

McNaughton S J. 1976. Serengeti migratory wildbeest: Facilitation of energy flow by grazing. Science, 191 : 92～94

Peterson B J and Fry B. 1987. Stable isotopes in ecosystem studies. Annual Review of Ecology and Systematics, 18 : 293～320(较为全面地介绍了在生态系统研究中应用稳定性同位素的方法和技术)

Shiva V. 1991. The green revolution in the PunJab. Ecologist, 21(2):57～60

Starr C M et al. 1992. Energy sources: A realistic outlook. Science, 256 : 981～987

第二十章　生态系统的物质循环

学习要点

1. 了解物质循环基本概念、特点并对水、碳、氮、磷、硫和有毒物质的生物地球化学循环的途径、速率和主要特点作较深入了解。

2. 有关生态系统营养物质输入和输出的主要途径和营养物质收支特点。

3. 学会应用生物地球化学循环理论，审视当今人类所面临的全球生态环境问题，要大力促进物质的良性循环。

基本概念

1. 生物地（球）化（学）循环（biogeochemical cycle）：指营养元素在生态系统之间的输入和输出、生物间的流动和交换以及它们在大气圈、水圈、岩石圈之间的流动。

2. 库（pools）：指某一物质在生物或非生物环境暂时滞留（被固定或贮存）的数量。可分为以下二类：①贮存库（reservior pool）容积大、活动慢，一般为非生物成分，如岩石、沉积物等；②交换库（exchanging pool）容量小、活跃，一般为生物成分，如植物库、动物库等。

3. 生物富集（放大）作用（biological magnification）：指某些物质某种元素或难分解的化合物通过食物链在有机体内逐级累积起来，并随着食物链中营养级越高，累积剂量越大的现象。

4. 富营养化（Eutrophication）：在人类活动的影响下，营养物质大量流入水体，使氮、磷含量增高，促使藻类和其他浮游生物种群数量激增、水中溶解氧耗尽、水质恶化，以致影响鱼类生存的水体状态。

第一节　生物地球化学循环概述

一、物质处于不断循环之中

生物圈是由物质构成的。这些物质主要由 109 种化学元素所组成。这些元素在生态系统中/间传递，在各营养阶层间传递并联结起来（图 5-20-1）构成了物质流。

营养元素在生态系统之间的输入和输出，生物间的流动和交换以及它们在大气圈、水圈、岩石圈之间的流动称为生物地（球）化（学）循环（biogeochemical cycle）。生态系统中流动着的物质有着双重使命，它既是贮存能量的载体，又是维持生命活动的基础。

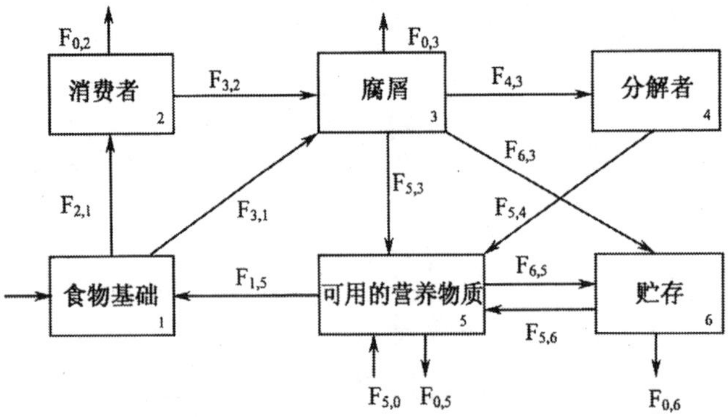

图 5-20-1 营养物质生物地球化学循环的模型

箭头表示营养物质流动的方向（F），方块中数字表示分室号数，零（0）代表环境；$F_{2.1}$表示营养物质由第一分室流向第二分室；$F_{0.2}$表示营养物质由第二分室流向环境，依次类推

二、循环是个复杂过程

生态系统中的生物地球化学循环是个复杂的过程，这是因为：

（1）介质多样。营养元素在陆地、水域或者大气中的运动有着明显的差别。

（2）涉及众多的元素，形态变化多样。营养物质在循环过程中与众多元素作用。在不同条件下，铜有 7 种形态。形态不仅与该元素在环境中的物理化学稳定性有关，而且，具有不同的生物学意义。

（3）发生多种化学作用。营养物在循环中不断发生氧化、还原、组合和分解，在过程中还常受到温度、湿度、酸碱度以及土壤母质等物理化学性质作用的影响。

三、几个基本概念

（1）库（pools）：某一物质在生物或非生物环境暂时滞留（被固定或贮存）的数量。可分为以下二类：

1）贮存库（reservior pool）：容积大、活动慢，一般为非生物成分，如岩石、沉积物等。

2）交换库（exchanging pool）：容量小、活跃，一般为生物成分，如植物库、动物库等。

（2）流通率（flow rate）：单位时间、单位面积（体积）内物质流动的数量（$kg/m^2 \cdot t$）。

（3）周转率 = 流通率/库中营养物质量。

（4）周转时间：周转率的倒数。

第二节 水的生物地球化学循环

一、水的生态学意义

水循环是最基本的生物地球化学循环，它强烈地影响着其他物质的循环。水的主要作用表现在：

(1) 水是物质的很好溶剂。事实表明，绝大多数物质都溶于水，随水转移。据统计，陆地上每年大约有 $36\times10^{12}m^3$ 的水流入海洋。这些水中每年携带着 3.6×10^9t 的溶解物质进入了海洋。

(2) 水运动带动了所有营养物质的循环。营养物质的循环和水循环不可分割地联系在一起。水运动还把陆地和海洋生态系统连接起来，从而使局部生态系统与整个生物圈联系成一个整体。

(3) 水是地质变化的动因之一。水循环带动了其他物质的循环。一个生态系统矿质元素的流失，而另一个生态系统矿质元素的沉积，都是通过水循环来完成。

二、水的生物地球化学循环

1. 水的属性

地球上的水（water，H_2O）时刻都在运动，不断地从一个系统输出，必然会进入另一个系统。陆地水、大气水和海洋水通过固体、液体和气体的三相变化，不停地进行着交换和运输，这种变换形成了水循环的独特性。

水的运动包括水平移动和垂直移动。水平移动，在地面是以液态水自高向低的流动，在空中以气态水随气流的移动。垂直移动主要是，①地面土层水分的蒸发；②植物从根部吸水，经叶面蒸发；③大气中水汽遇冷后的降落。

2. 水循环及其主要特点

从水循环（hydrological cycle）的能量动力学分析表明，是太阳能驱动了全球水循环。在上升环（up loop）和下降环（down loop）的共同作用下形成了水的全球循环（图 5-20-2）。

在自然状态下，水循环基本上是维持着全球平衡。如果把降落在地球上的水量看作 100 个单位，那么平均来说，海洋蒸发为 84 个单位，接受降水为 77 个单位；陆地蒸发为 16 个单位，接受降水为 23 个单位。从陆地到海洋的径流为 7 个单位。余下的 7 个单位作为高空环流的大气水分（图 5-20-3）。

水循环的主要特点如下：

(1) 生物发挥了巨大的作用：生物，特别是植物在水循环中作用巨大。生产 1g 初级生产量，植物差不多要蒸腾 500g 的水。据 Whittaker 和 Likens (1973) 估算，陆地生态系统初级生产量每年大约是 $1.1\times10^{17}g$。那么，陆地植物每年蒸腾大约 $55\times10^{18}g$ 的水。

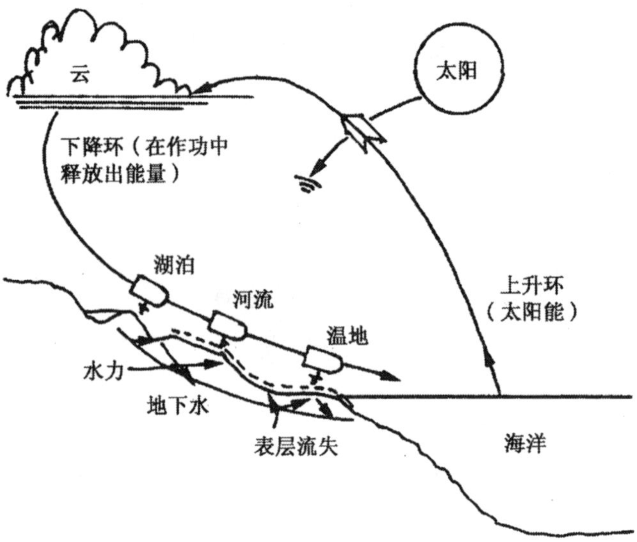

图 5-20-2　水循环的能量动力学模型（仿 Odum　1989）

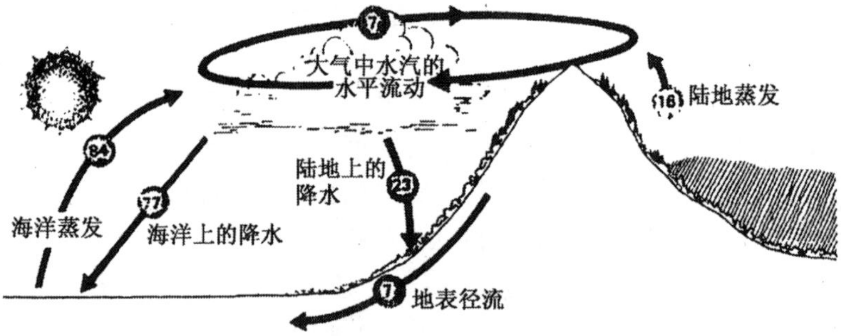

图 5-20-3　水循环的全球动态平衡

（2）水时空分布是不均衡的。低纬度地区多于高纬度地区。赤道低纬度地区是地球上最大的降雨区。

（3）地球上各种水体的周转期不同：各种水体，除生物水外，以大气中和河川水的周转期为最短，一般都在两周以内，这部分水可以得到不断的更替。停留在地表以下1m 的地下水，一般停留 10～100 年。大量的淡水以冰的形式贮存在南极和格陵兰冰层中，平均停留 0.1～10 万年。

第三节　碳、氮、磷和硫的循环

一、碳的生物地球化学循环

1．碳的属性

碳（carbon，C）是个非金属元素，它是构成生物体的主要元素。它与碳原子或其他元素，如O、H、N、P等相互结合成为紧密而稳定的碳链或共价键的能力，这些物质是构成生物体的主要成分。每年每平方米碳的固定量（g）就是生产力的一个重要指标。

最大量的碳被固结在岩石圈中，其次是在化石燃料的石油和煤中。这是地球上两个最大的碳贮存库，约占碳总量的99.9%（图5-20-4）。碳在岩石圈中主要以碳酸盐的形式存在，总量为2.7×10^{16} t。

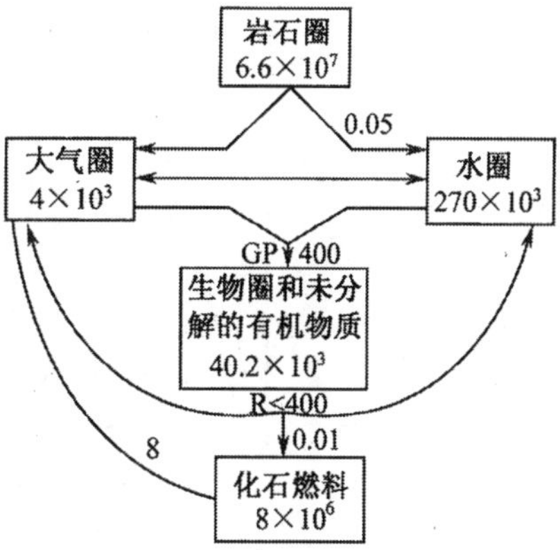

图5-20-4 碳的全球性循环

图中库（方框内）的单位为$g\cdot m^{-2}$，流通量（框外）的单位为$g\cdot m^{-2}\cdot a^{-1}$（仿MacNaughton and Woff 1973）

2. 碳循环及其主要特点

碳循环（carbon cycle）在生态系统中基本上是伴随着光合作用和能量流动的过程而进行的（图5-20-5）。

(1) 绿色植物通过光合作用将大气中的CO_2和水转化成有机物，构成全球的基础生产。通过食物链，碳水化合物转化成动物体。一部分通过呼吸作用回到大气，另一些排泄物和动植物遗体中的碳，由细菌等的分解作用也被返回到大气中，可被植物

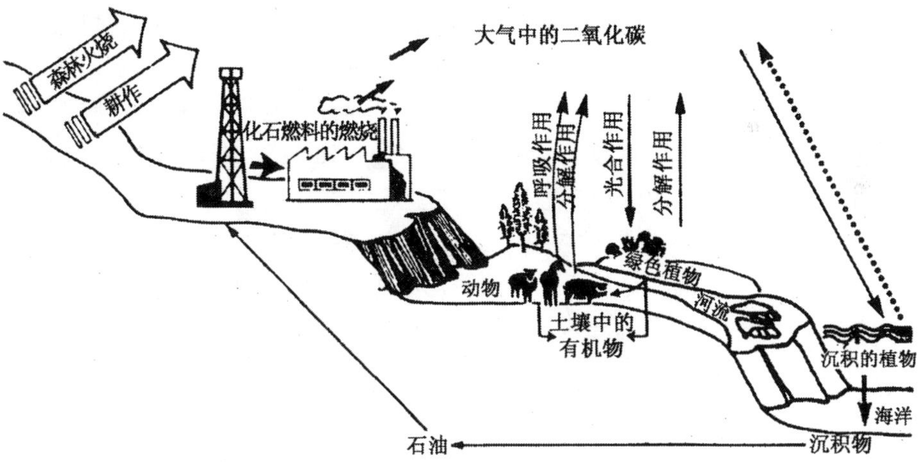

图5-20-5 碳在生态系统中的循环

表示三个亚生态系统，即陆地、水域和人工生态系统之间碳的循环（引自C. H. Southwick 1985）

再利用。

(2) 含碳分子中，二氧化碳（CO_2）、甲烷（CH_4）和一氧化碳（CO）是最重要的温室气体。而CO_2循环是生物地球化学循环最重要的核心之一。

(3) 各类生态系统固定CO_2的速率差别很大。热带雨林每年固定碳在1～2kg·m^{-2}之间，而北极冻原和干燥的沙漠区只能固定热带雨林区的1%。整个陆地每年可固定1.1×10^{11}t碳。

大气一昼夜的 CO_2 浓度是随着植物生活的状态而波动的（图 5-20-6）。水域生态系统亦有相似昼夜动态的格局。

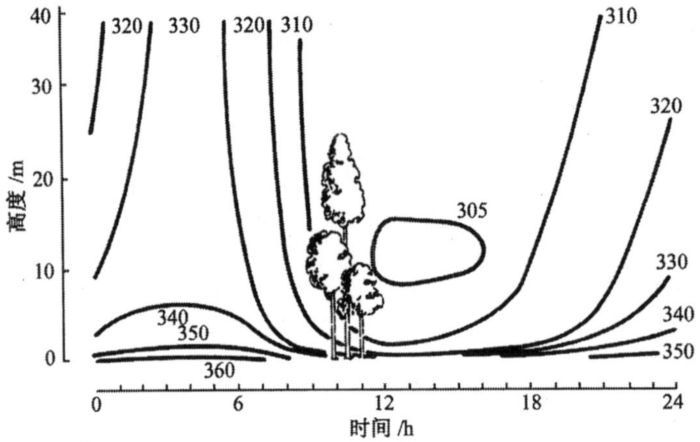

图 5-20-6 大气中 CO_2 浓度（$\times 10^{-4}\%$）在一昼夜中的动态格局（仿 Smith 1980）

二、氮的生物地球化学循环

1. 氮的属性

氮（nitrogen, N）是氨基酸的组成元素，主要以氮气（N_2）的形式存在于大气中，约占大气总量的 78%。但它在生物圈中仅占生物总量的 0.3%左右。然而，氮是不活泼元素，一般很难和其他物质化合。气态氮贮量虽然丰富，但不能直接被利用。据统计，全球陆地生态系统每年自然固氮量为 100Tg（$1Tg = 10^{12}g$），海洋固氮量为 5～20Tg，而闪电引起的固氮量只有 10Tg 或更少。而工业化生产化肥而固定的氮，每年在 80Tg 以上，另外还有工业上释放出的氮量 25Tg。农业生产中豆科作物每年固定的氮为 30Tg。这些数据表明，现在每年工、农业生产的固氮量已大于自然固氮的水平（图 5-20-7）。目前，人类对氮肥的需要量大约每年增长 8%～10%。

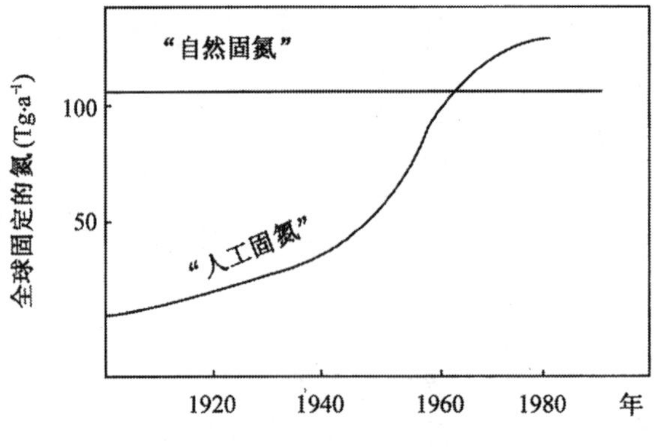

图 5-20-7 人类改变了世界固氮总趋势

"自然固氮"为陆地生态系统和雷电固氮的总和；"人工固氮"为化肥生产固氮、化石燃烧和豆科作物固氮的总和

2. 氮循环及其主要特点

自然界的氮总是不断地流动，称为氮循环（nitrogen cycle）（图 5-20-8）。氮的循环特点如下：

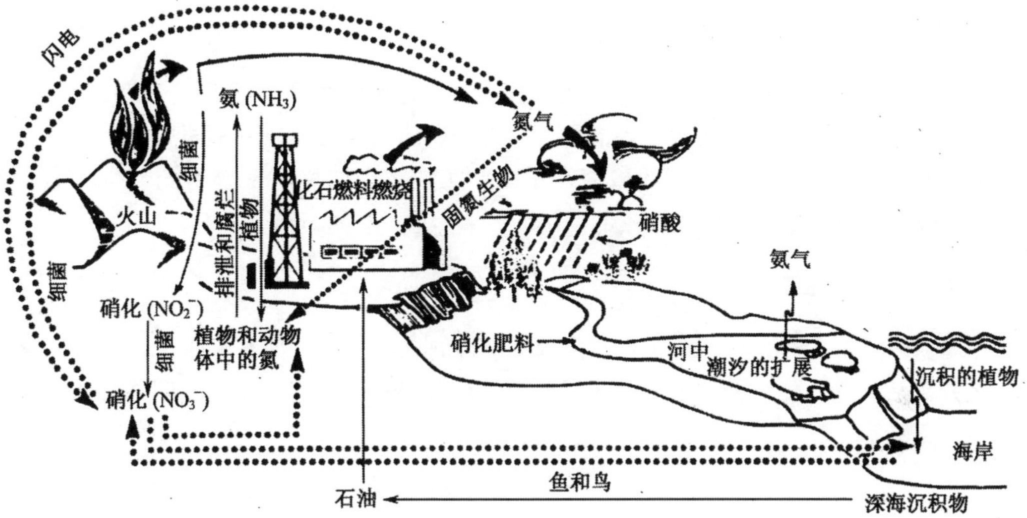

图 5-20-8　氮的全球循环（引自 Sowthwick C H　1985）

(1) 大气含氮为 3.9×10^{21}gN，是最大的氮库。

(2) 能产生固氮作用主要有三个途径，即高能固氮、生物固氮和工业固氮。

(3) 氮循环中有 4 种基本生物化学过程，概述如图 5-20-9。

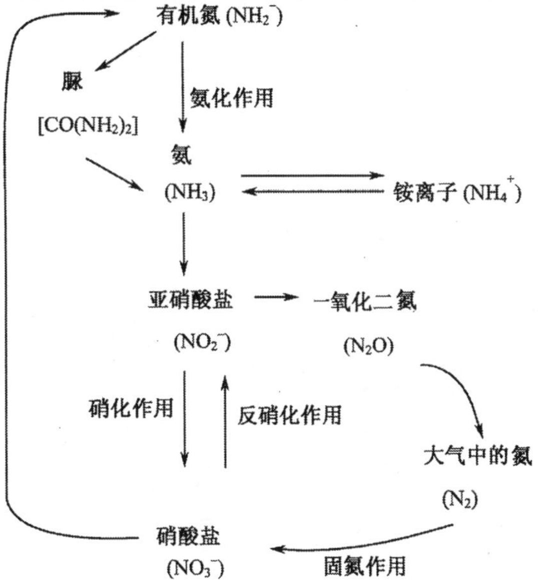

图 5-20-9　氮循环中的 4 种基本生物化学过程（仿 Ricklefs　1979）

(4) 由于人类活动把大量的氮排入水中形成水华和赤潮，这都是水域富营养化所造成的生态环境问题。

三、磷的生物地球化学循环

1. 磷的属性

磷（phosphorus，P）是生物不可缺少的成分。它是细胞遗传信息携带者DNA的构成元素。而且它是细胞代谢中三磷酸腺苷（ATP）的构成元素，在能量贮存、利用和转化方面起着关键作用。它还制约着生态系统，尤其是水域生态系统的光合生产力。因此，P循环是促进生物圈功能过程的基础。

2. 磷循环及其主要特点

磷循环（phosphorus cycle）主要依赖于缓慢的地质过程，如水流传带、岩石风化和人类开矿活动等。陆地上的磷会有一部分随水流入海洋，在海底沉积（图5-20-10）。

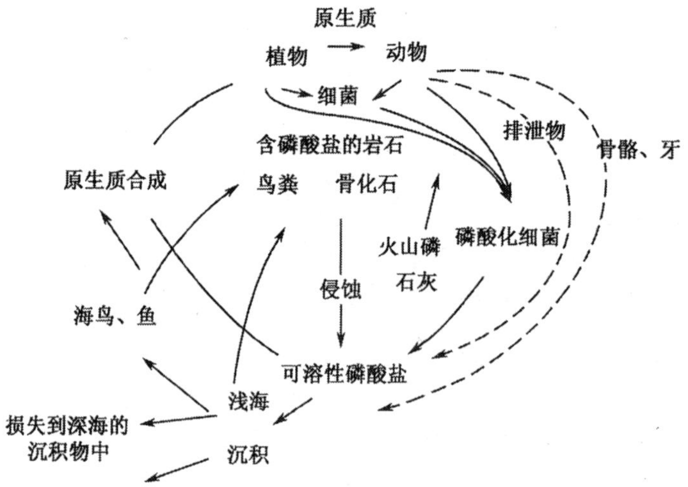

图 5-20-10　磷的全球循环

磷循环的主要特点：

(1) 磷的主要贮存库是沉积岩。此元素的循环主要是以固态进行，因而速度缓慢。它的循环都是起始于岩石风化，终于水中的沉积。

(2) 与其他主要元素循环的一个显著不同是几乎没有气体成分参与循环。

(3) 由于磷元素的匮乏和农业生产的需要，磷的循环就受人们的关注。从长远看，磷元素有可能成为农业生产的限制因素。而磷的库存量和迁移量会直接影响碳、氮等元素的循环。

四、硫的生物地球化学循环

1. 硫的属性

硫（sulfur，S）也是蛋白质和氨基酸的基本成分，但含量很低。硫有若干形态：元素硫、－2价亚硫酸盐、＋2价氧化硫、＋4价亚硫酸盐、＋6价硫酸盐。在自然界中主要是元素硫、亚硫酸盐和硫酸盐等三种。

硫在自然水体中存在大量的可溶态。因此，作为营养元素，一般很少成为限制因素。

2. 硫循环及其主要特点

硫循环（sulfur cycle）有一个长期沉积阶段和一个较短的气体阶段（图5-20-11）。

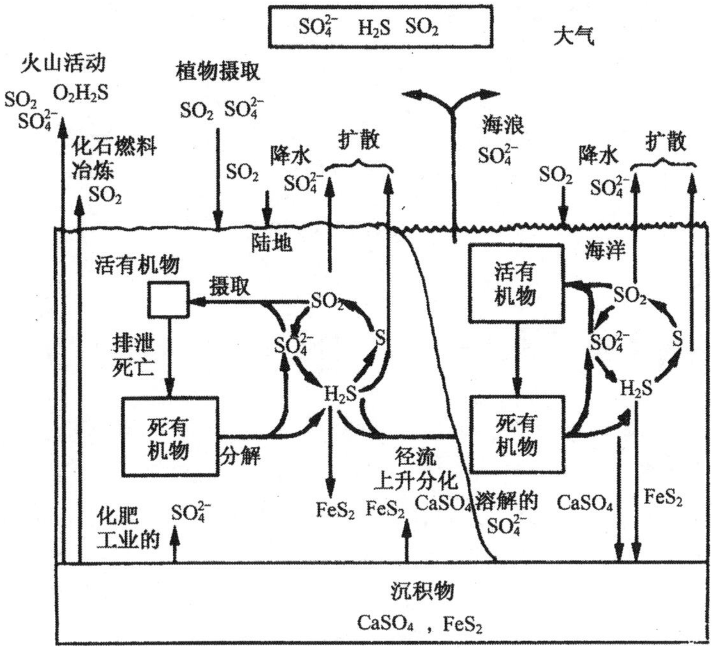

图5-20-11　硫的全球循环（引自Ehrlich et al　1987）

硫循环的主要特点：

(1) 硫的主要贮存库是岩石，以硫化亚铁（FeS_2）的形式存在。海洋也是巨大的硫库。

(2) 硫循环既属沉积型，也属气体型。沉积阶段的沉积物只有通过风化和分解才被释放出来；气体阶段可以在全球范围内进行流动。

(3) 硫的生物地球化学循环的研究甚为重要，这是由于酸沉降、温室效应乃至臭氧层耗损均与硫污染有关。

第四节　有毒物质的迁移和转化

一、有毒物质的基本概况

有毒物质种类繁多，包括有机的和无机的两类。它们进入生态系统的途径是多种多样的（图 5-20-12）。从生态系统生物地球化学循环的观点看，自然资源与污染物之间并没有绝对不可逾越的鸿沟。当某种物质在流动中处于一个合适的地位，而又处于适当的数量时，它就是有用的资源；当其处于不合适的位置，而数量过高时，便成为环境中无用而有害的污染物。

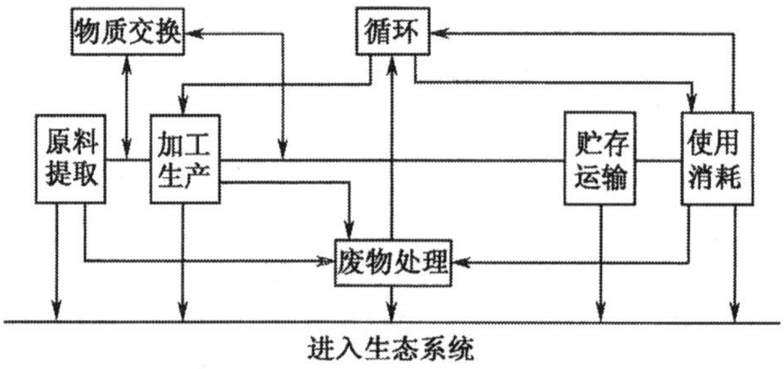

图 5-20-12　有毒物质进入生态系统的主要途径

二、生物富集（放大）作用（biological magnification）

某些物质某种元素或难分解的化合物通过食物链在有机体内逐级累积起来，并随着食物链中营养级越高，累积剂量越大的现象。如 DDT 通过海水—浮游植物—浮游动物—鱼类—燕鸥—银鸥，使原来在海水的浓度为 0.00005×10^{-6}ml/L 增加至银鸥体内的浓度为 75.5×10^{-6}ml/L，放大作用为 150 万倍。

三、汞的迁移和转化

1. 汞的属性

汞污染已造成日本的水俣病和瑞典野鸭突然灭迹的惊人事件。因而汞被认为是重金属污染的“元凶”。汞可分为无机汞（金属汞、汞的无机化合物）和有机汞（烷基汞、苯基汞等化合物）。汞在自然界分布很广，但丰度不高，受污染的水中汞的浓度却很高。

2. 汞的迁移、转化

汞循环（mercury cycle）是重金属在生态系统中循环的典型，汞以元素状态在水体、土壤、大气和生物圈中迁移和转化（图 5-20-13）。

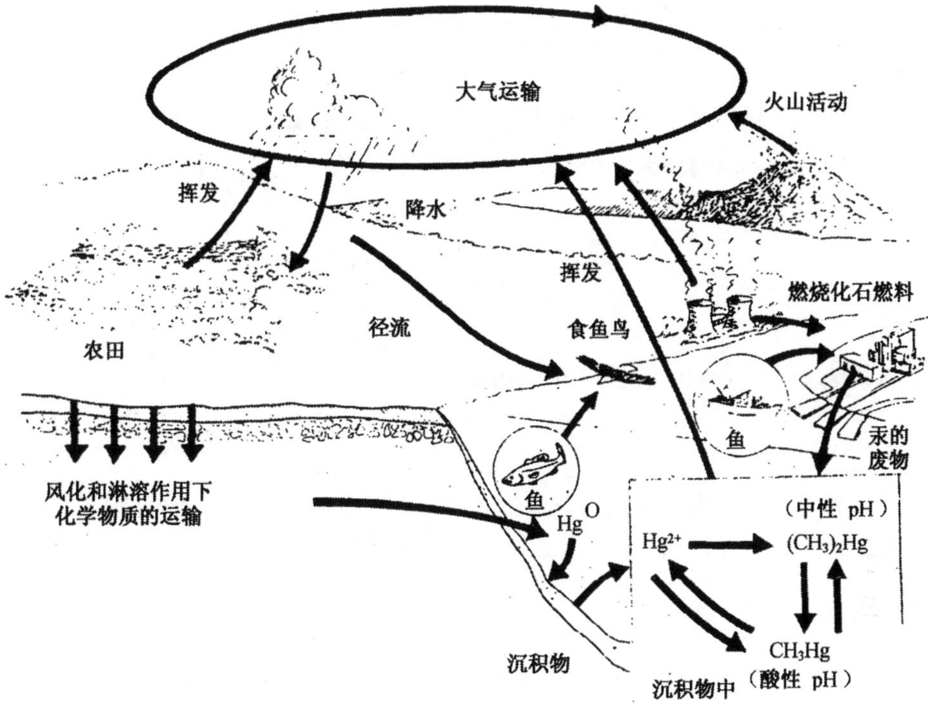

图 5-20-13　自然界中的汞循环（仿 Smith R L　1980）

3. 汞迁移、转化的主要特点

(1) 汞是在生态系统中能完善循环的惟一重金属。汞排入水中后，通过食物链，受汞污染水中的鱼体内甲基汞浓度可比水中高上万倍。

(2) 汞循环显示复杂过程包括：颗粒物的迁移；干、湿物的沉降；火山的挥发进入大气；入水沉积污泥中；在细菌作用下生成甲基汞；进入生物体；在生物体内积累。

(3) 生物甲基化：在微生物的作用下，金属汞和二价离子汞等无机汞会转化成甲基汞和二甲基汞，这种转化称为汞的生物甲基化作用（biological methylation of mercury）。其转化的反应式如下：

$$Hg^{2+} + 2R-CH_3 \longrightarrow (CH_3)_2Hg \longrightarrow CH_3Hg^-$$

$$Hg^{2+} + R-CH_3 \longrightarrow CH_3Hg \xrightarrow{+R-CH} CH_3HgCH_3$$

元素的生物甲基化是生命系统中重要的生物化学过程。铝、铂、锡、砷和硒等均可发生这样的反应，毒性也有增大。因此，金属和类金属的甲基化过程的研究，受到了广泛关注。

(4) 甲基汞易被人体吸收，排出慢，而且毒性大。这是因为甲基汞易溶于脂类中；汞在体内不易分解，由于其分子结构中有碳-汞键（C-Hg）不易切断；是高神经毒剂，多在脑部积累。

第五节　生态系统的营养物质收支

生态系统的营养物质可通过自然或人为的过程不断地输入和输出，营养物质不断从叶子、枝条、根系、动物排泄物和尸体返回到土壤。经过分解作用，营养物质又以元素的形式再次被利用。

一、营养物质的输入

生态系统营养物质主要通过三个方面输入。

1. 降水过程

尘埃、气雾、雨和雪等降水过程而带入许多元素。Ovington 等（1968）报道，在温带地区每年由于降雨而使 K、Ca、Mg、N、P 等元素的量都有所增加。

2. 固氮作用

通过固氮菌可把大气中的氮直接加以固定。豆科植物和根瘤菌形成根瘤，根瘤菌的固氮能力很强。Tisdale 等（1984）报道，豆科农作物的固氮量可达 100kg/hm^2。Bolin 等（1983）估算，每年以生物固氮输入到生物圈中的氮素可达 3 亿吨左右。

3. 直接吸收

植物根系扎入土壤直达母岩处，由于母岩的分解，多种元素得到释放，植物根可吸取所需的多种元素，并将这些元素送至地上部分的各器官。经过植物利用后，通过枯枝落叶又将这些元素中的一部分重新带到地面。

二、营养物质的输出

生态系统营养物质主要通过两个方面输出。

Viro 等（1953）报道，排水中营养元素损失的数据，在美国一个黄杉林中，每年每公顷林地输出的元素量为：N，0.6kg；P，0.02kg；K，1kg；Ca，4.5 kg。人为活动导致元素的损失是常发生的。在收割中等收成的小麦时，每年从土壤中带走营养元素就足以使土壤肥力下降。因此，要在收割后必须补充一定量的肥料。

三、营养物质收支实例

Witherspoon 等（1962）研究了营养物质的输入和输出。他们将放射性元素 7.4×10^5Bq 的^{134}Cs 注入白桦树然而进行追踪观测。4 月注入树中，6 月初约有 40%已转到叶子（图 5-20-14）。注入后，从第一次降雨时，放射性物质就开始从叶子上淋溶下来，到 9 月份损耗量达叶内最大浓度的 15%。雨淋下的^{134}Cs 有 70%进入了矿质土壤，剩下的

30%分别进入枯枝落叶和下层林木。一到秋季，树木开始落叶，落叶中含有的^{134}Cs量相当雨水从树冠淋溶下来的两倍。越冬期间，它们的一半又被淋溶到土壤中。

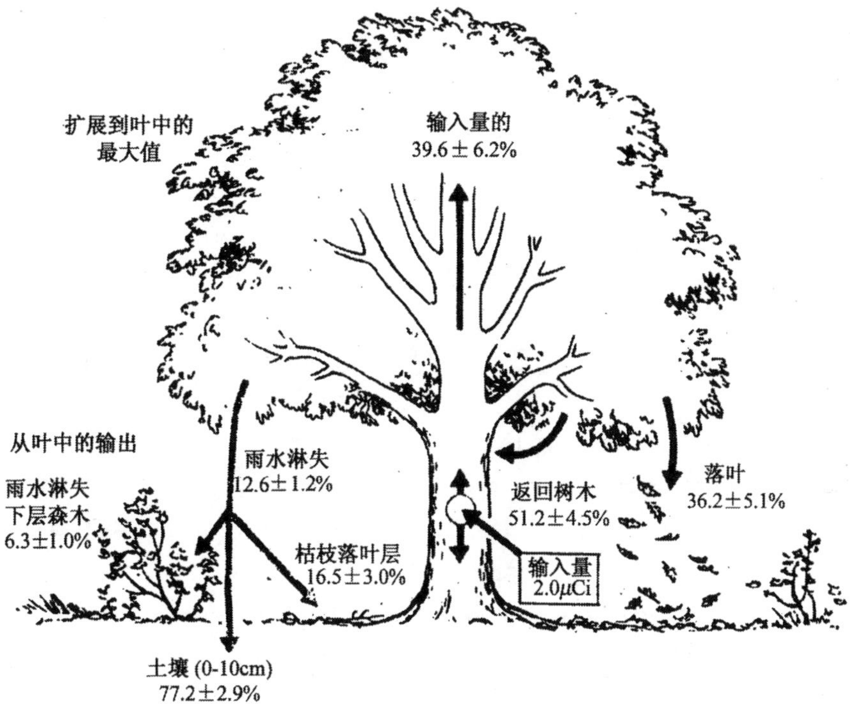

图 5-20-14　^{134}Cs在白栎树中的循环（引自 Smith　1980）

^{134}Cs到土壤中，在两年内有 92%是保留在土壤表层。其中 80%是集中在树冠范围以内，而树干周围就占了 19%。这表明土壤中^{134}Cs的分布是决定于雨水淋溶和径流。

第六节　当前研究热点

一、元素循环间的耦合作用

生物地球化学循环在全球变化的研究中极为重要，要研究元素在生物圈、水圈、大气圈和岩圈（包括土壤圈）各圈层之间的迁移和转化，一般多是研究单一元素的循环过程。然而，实际上，各元素在循环过程中彼此相互作用而会产生直接的影响。因此，元素间的耦合作用是不可忽视（Wollast　1993）。

近年来，研究发现碳、氮和磷循环可在多层次上发生耦合作用。如 Stock 等（1990）证实，磷素在分子水平上，对细菌的生物固氮有促进作用；Schlesinger（1997）在海洋生态系统研究中，常用浮游植物生物量的 C∶N∶P 来计算 NPP。这些研究表明，一种元素的循环或过程可影响着另一种元素的循环和过程，这体现了复杂的耦合关系。因此，人们开始对生物地球化学循环研究中既注意到多层次的时空布局中多种生态类型的研究，同时亦在不断加强元素循环间耦合作用的研究。

二、元素与人群健康

微量元素与人群健康的关系，近年来已成为重大课题。至今已确认有20余种微量元素是人体所必需的元素。但是，仍然有许多微量元素，诸如镉（Cd）、砷（As）、硒（Ce）和锌（Zn）等与人群癌症、心血管病以及衰老健康之间的关系，一直是人们十分关注的研究领域。

三、全球变化与物质循环

全球变化是一个复杂的、集物理、化学和生物过程于一体。作为生命支持系统的地球已受到巨大的破坏，生态环境恶化：大气二氧化碳浓度在升高、臭氧层空洞的扩大、全球温暖化在加剧、森林草原在减少等。

全球变化是如何在多层次的时空布局上影响了生物地球化学循环的？相反，这些物质在循环中又在多大 程度上影响了生态环境的变化？它们之间相互影响和作用机制是什么？这些已成为现代生态学的研究前沿。

元素循环的研究与20年前不同，当前元素循环常划分为热带、中纬度、寒带、海洋和极地5个不同区域开展研究，要抓住各区域具有的特点。

四、生物地球化学循环与可持续发展

半个世纪以来，人类对自然资源的不合理开发和利用，对地球生命支持系统以巨大破坏，全球生态系统的可持续发展受到严重威胁。水、C、N、S和P等的物质循环及可持续性与大气圈、水圈、岩石圈的相互关系是人类面临的又一重大挑战。

IGBP已确定的核心计划中就有：水循环的生物学方面研究、植被在地表和大气水文过程中的作用、沉渍生物圈对水循环的控制作用等。

思考题

1．从生物地球化学循环的概念出发，你认为生物地球化学循环有哪些主要特点？

2．水在物质循环中有什么独特的生态学意义？并请分析水循环的驱动力来自何处。

3．碳、氮、硫、磷的全球循环主要途径是什么？为什么要大力开展这些元素的生物地球化学循环研究？研究中有什么新发展？

4．汞的迁移、转化有什么主要特点？生物甲基化过程是什么？产生什么效应？

5．为什么说垃圾是放错了位置的资源？你是否同意“污染物与自然资源之间没有绝对不可逾越的鸿沟”之说？

6．微量元素与人群健康有什么关系？你能否通过一些地方病来阐明微量元素对人群健康的重要意义？

7．你认为人类应如何正确对待物质循环？

参考文献

华泽爱.1989.中国海域的赤潮及对策.海洋通报,(8):108～113

刘允芳.1995.农业生态系统碳循环研究.自然资源学报,10:1～8

许澄源.1982.大连湾赤潮生物的调查研究.水产学报,6:178～180

蒋有绪.1992.全球气候变化与中国森林的预测问题.林业科学,28:431～438

Brown K S. 1995. The green clean. Bioscience, 45:579～582

Coleman D C. and Crossley D A. 1996. Fundamentals of soil Ecology. Academic Press, New York.

Gates D C. 1993. Climate change and its biological consequences. Sinauer Associates, Sunderland, MA

Hall J V et al. 1992. Valuing the health benefits of clean air. Science, 255:812～816

Kitchell J E et al. 1979. Consumer regulation of nutrient cycling. Bioscience, 29:28～33

Likens G E, Bormann F H, Johnson N M Fisher D W and Pierce R S. 1970 Effects of forest cutting and herbicide treatment on nutrient budgets in the Habbard Brook watershed ecosystem. Ecological Monographs, 40:23～47(是一篇有关哈巴德布鲁克(Hubbard Brook)流域实验研究的详细报告,是一篇经典性论文)

Likens G E and Bormann F H. 1995. Biogeochemistry of a Forested Ecosystem. 2d ed. New York: Springer-Verlag(该书系统地总结了 32 年来哈巴德布鲁克(Hubbard brook)生态系统结构和功能的动态变化)

Peierls B L, Caraco N F, Pace M L and Cole J J . 1991. Hamman Influence on river nitrogen. Nature, 350:386～387(文章简介了人类对河流运输 N 的影响事例)

Schlesinger W H. 1991. Biogeochemistry: An Analysis of global change. New York: Academic Press(该书全面而精要地论述了营养物质循环的生态学,书中有许多新资料和新思想)

Sidey H. 1992. Revolution on the farm. Time, 139(26):54～56

Vitousek P M. 1994. Beyond global warming and global change. Ecology, 75:1861～1876

第二十一章　生态系统中的物质分解

学习要点

1. 物质分解过程与物质性质、生物分解者和环境理化状况之间的关系。

2. 理解全球不同气候带枯枝落叶的输入量和积累量上的特点。

基本概念

1. 分解作用（decomposition）：是指动、植物和微生物的残株、尸体等复杂有机物逐步分解为无机物质的简化过程。

2. 矿化作用（mineralization）：是有机物资源逐渐分解，最后转化成为简单的矿物质的过程。

第一节　物质分解的基本概念

一、物质分解作用

物质的分解作用（decomposition）是指动、植物和微生物的残株、尸体等复杂有机物逐步分解为无机物质的简化过程。这个过程正好与植物光合作用的情况相反，可以用方程式表示如下：

$$C_6H_{12}O_6 + 6O_6 \xrightarrow{\text{酶}} 6CO_2 + 6H_2O + \text{能量}$$

二、生物分解者

1. 微生物

微生物中细菌和真菌是主要的物质分解者。

2. 食碎屑动物

陆地生态系统的分解者动物主要是一些食碎屑（detritivore）的无脊椎动物。按其大小可分三个类群的动物区系。①微型动物区系（microfauna），体宽在 100μm 以下，包括原生动物、线虫、轮虫、体型极小的弹尾目昆虫和螨类等。田间试验证明，这些微型动物在分解过程中有明显的作用。②中型动物区系（mesofauna），体宽 100μm～2mm，包括原尾虫、跳虫、螨类、线蚓类、双翅目幼虫和一些鞘翅目昆虫，大部分都能侵蚀完整的落叶。但是，它们主要作用在于调节微型生物种群的大小和对大型动物区系粪便的处理加工。③大型动物区系（macrofauna），包括各种取食落叶层的节肢动物，如千足虫、等足目、端足目、蛞蝓和蜗牛以及较大型的蚯蚓。这些动物是碎裂植物残叶和翻动土壤的主力。它们明显地影响分解速率和直接改善土壤的结构。

陆地生态系统中对物质分解有重要作用的是无脊椎动物。它们的分布有随纬度变化的地带性规律（图 5-21-1）。低纬度地区起主要作用的是大型动物，其分解作用明显高于温带和寒带。高纬度地区中，小型动物为多，其分解作用较小。

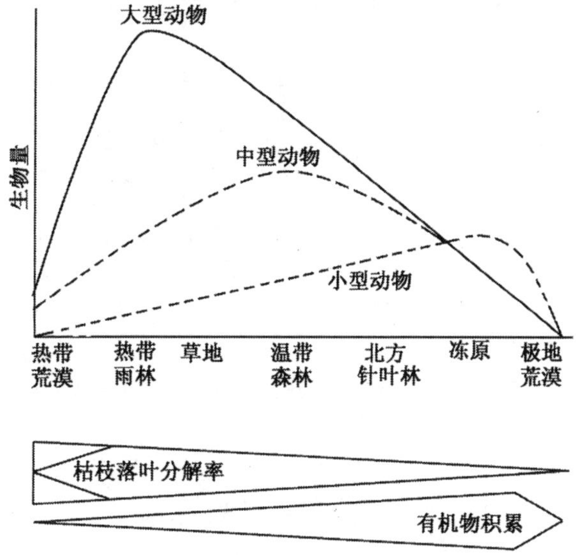

图 5-21-1　大、中、小型土壤动物区系对分解作用随纬度而变化的规律（仿 M. Begon et al　1986）

水域生态系统的分解者动物按其功能可分为以下 6 类：①碎裂者，能把枯落物咬断，切成大块片状物；②搜集者，粉碎并消化其他动物的粪便；③底栖者，栖息水底，取食沉积物；④滤食者，从水中滤出微小的悬浮物为营养；⑤植食动物，以水中的植物为食；⑥肉食者，是一些食肉动物。图 5-21-2 表明，淡水生态系统各类分解者的作用及其彼此之间的主要营养联系。

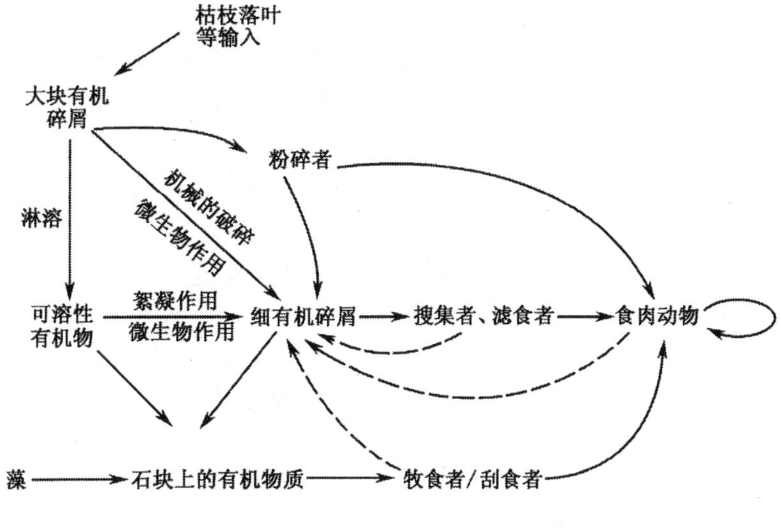

图 5-21-2　水域生态系统中各类分解者之间的营养联系

总之，一个分解者系统具有复杂的食物链系统，可概括为图 5-21-3。

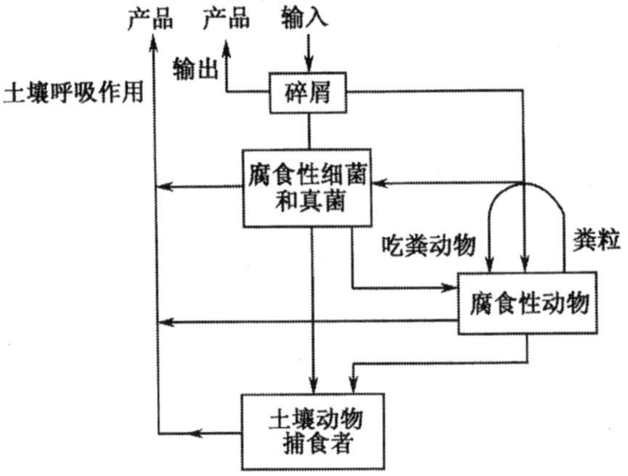

图 5-21-3 分解者亚系统中生物功能的整体性模型

三、分解作用的意义

全球生态系统的物质动态平衡是靠了解物质的生产和分解来实现的。据估计，全球通过植物光合作用每年大约生产 1000 万吨有机物质，而一年中被分解的有机物质大约也是 1000 万吨。如果没有分解作用，那么，一切营养物质都将束缚于残株和尸体之中，也就不可能产生新的生命。

资源、营养物质的分解有着极其重要的作用，主要有：

(1) 通过矿化作用，使营养物质得以再循环，给生产者提供丰富的营养物质。

(2) 维持大气中 CO_2 浓度。

(3) 排除生态系统中出现的种种物流障碍。如澳大利亚利用粪金龟子分解和清除了当地大量牛粪，使草原生态系统重新获得了良性循环，恢复了生机。

(4) 稳定和提高土壤中有机物质的含量，为碎屑食物链提供物质基础。

(5) 改善土壤物理性状、改造地球表面惰性物质，降低污染物危害程度。

第二节 有机物质的分解过程

一、分解作用的三个过程

生态系统分解作用的复杂过程是由三个主要环节所组成，即碎化、溶解和降解。

碎化（break down，C）是指块状和颗粒体物质的粉碎，是一种物理过程。碎化有生物因素，也有非生物因素的作用。如风化、结冰、解冻和干湿作用的交叉等。

降解（degradation，K）是在酶的作用下，将有机物质分解为单分子的物质，如纤维素降解为葡萄糖或葡萄糖降解为 CO_2 和 H_2O 等的生物化学的过程。

淋溶（leaching，L）是指水将资源有机物中可溶性成分解脱出来。淋溶的速率也会受到上述两个过程的影响。

分解作用（D）实际上是上述三个过程的乘积，即：

D＝KCL

分解作用的模型是包括了三个过程在一定时间中将物质资源从 R_1 状态转化为 R_2 状态。控制该过程的驱动变量是物质的性质（Q）、作用的生物有机体（O）及其环境（P）的理化条件。其整个过程可概括为图 5-21-4。

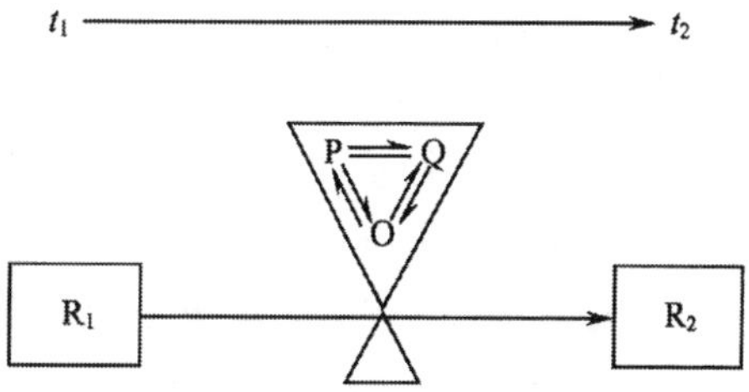

图 5-21-4　分解过程中资源随时间（$t_1 \rightarrow t_2$）变化的状态 $R_1 \rightarrow R_2$

分解作用中，物质资源分解的过程中伴随着分化和再循环，资源将以不同速率和过程被分解。分解早期显示其多途径的分化，而逐渐形成相同的产物、腐殖质。腐殖质可长期保留在土壤中。分解的主要产物有：淋出液、碳水化合物和多酚的化合物、分解后组织的再合成、未改变性质的颗粒和无机物质等。

二、影响分解作用的生态因素

陆地生态系统中土壤有机质的分解都是在微生物参与下进行的。影响土壤微生物活动的主要因素是：①土壤温度，活动的最适宜温度一般在 25～35℃之间。高于 45℃或低于 0℃时，一般微生物活动受到抑制。②土壤湿度和通气状况。水分直接影响土壤的通气，通气状况又直接影响有机物质转化的方向和速度。③pH 状况。各种微生物都有各自最适宜活动的 pH 值和可以适应的范围。pH 值过高、过低对微生物活动都有抑制作用。

土壤各层次理化条件有所不同，其分解过程也有差异。总的趋势是，有机物结构的复杂性随土壤深度而降低（表 5-21-1）。

表 5-21-1　松树（*Pinus sylvestris*）林土壤各层的耗氧率

层次	特点	有机质含量（%）	耗氧/（$\mu l \cdot 5h^{-1}$）	
			每克干土	每克有机质
D_0（L）	枯枝落叶层	98.5	2366.0	2406.0
O_1（F_1）	发酵层 1	98.1	1400.0	1428.0
O_2（F_2）	发酵层 2	89.3	245.2	274.6
O_3（H）	腐殖质	54.6	80.9	148.3
A_1	淋溶层	17.2	13.3	77.7
A_2	淋溶层	1.9	4.5	238.8
B_1	淀积层	10.6	9.8	91.9
B_2	淀积层	5.2	2.9	56.6
C	母质层	1.4	1.4	96.3

据J. M. Anderson，1981

气候对分解速率的影响也很明显。Olson（1963）提出了描述不同生态系统的分解指数（K）。生态系统中，死有机物质输入总量（I）对系统现存有机物质总量（x）之比的分解指数的关系表述如下：

$$K = I/x$$

K 是个很有用的指标。然而，在具体系统中植物的活根和死根往往难以区分。为此，常采用地面枯枝落叶输入量（I_L）和地面的现存量（X_L）之比例来计算 K 值。地球上各主要生态系统的 K 值见图 5-21-5。它大致与陆地生态系统净初级生产量分布特征相平行，这说明气候对生态系统有决定性的影响。

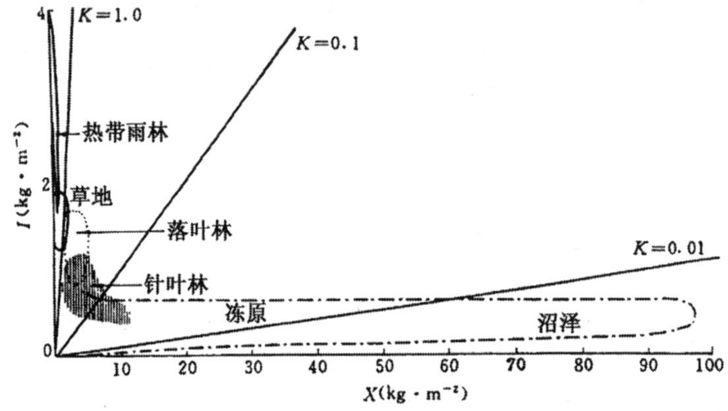

图 5-21-5　地球上一些生态系统的分解指数（K）

全球随纬度而变化的地带性是明显的。Whittaker 等（1975）曾对热带雨林、稀树草原等 6 类主要生态系统的分解过程结合其生产量进行了比较（表 5-21-2），反映出全球分解过程的地带性规律。

表 5-21-2　6 类生态系统分解特点比较（据 Swift et al 1979）

	冻原	北方森林	温带落叶林	温带草地	稀树草原	热带雨林
净初级生产（平均）/ ($t\cdot ha^{-1}\cdot a^{-1}$)	1.5	7.5	11.5	7.5	9.5	30
净初级生产（幅度）/ ($t\cdot ha^{-1}\cdot a^{-1}$)	0.1～4	4～20	6～25	2～15	2～20	10～35
生物量（平均）/ ($t\cdot ha^{-1}$)	10	200	350	18	45	500
生物量（幅度）/ ($t\cdot ha^{-1}$)	1～30	60～400	60～600	2～50	2～150	60～800
光合作用率（%）	13	7	1	17	12	8
林木（%）	12	71	74	0	60	74
根	75	22	25	83	28	18
输入枯枝落叶量 / ($t\cdot ha^{-1}\cdot a^{-1}$)	1.5	7.5	11.5	7.5	9.5	30
枯枝落叶现存量/ ($t\cdot ha^{-1}$)	44	35	15	5	3	5
$K_L\cdot a^{-1}$	0.03	0.21	0.77	1.5	3.2	6.0
$3/K_L\cdot a^{-1}$	100	14	4	2	1	0.5

据 M. J. Swift 等，1979

三、分解的资源质量

资源的物理和化学性质均对分解的速率有直接的影响。资源中各种化学成分的分解速率有明显的差异（图 5-21-6）。一般认为，植物枯枝落叶的残体的分解总量，可按各种化合物的分解速率进行估算。由于大部分物质资源被缓慢分解，所以，资源总和曲线（S）比预期的更慢（M）。Webster 等（1986）对淡水生态系统分解的评述中指出，淡水生态系统植物组织的分解是与成分有关。他们对 596 种木质和非木质植物在水中的分解作用进行分析，发现其日平均速率相差可超过 10 倍，有如陆地生态系统，它们的化学成分明显地影响了淡水生态系统的分解速率。Gessner 等（1994）试验了以下几种树叶在水中的分解速率：赤扬（*Alnus glutinosa*）、白蜡树（*Fraxinus excelsior*）、山毛榉（*Fagus sylvatica*）、野樱桃（*Prunus avium*）、榛树（*Corylus avellana*）、枫树（*Platanus hybrida*）和橡树（*Quercus ilex*），他们发现具有较高木质素成分的叶子，分解得慢。

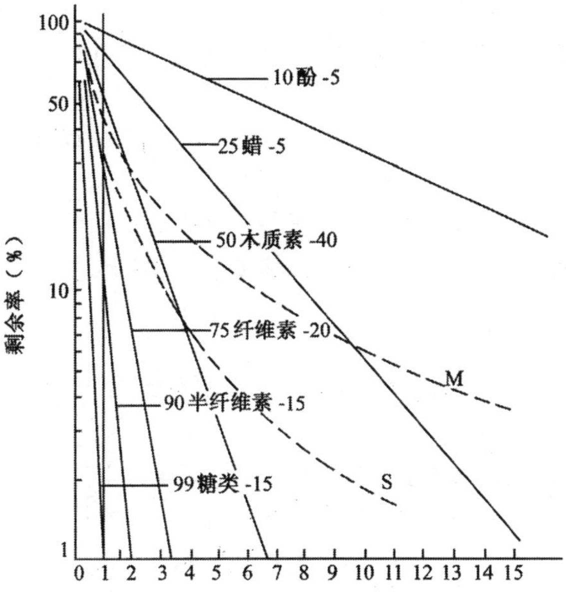

图 5-21-6　枯枝落叶各种化合物的分解曲线
各成分前数字系每年分解率，成分后面的数字系枯枝落叶各成分原重百分比；S 系总和曲线，M 系预测分解过程的近似值
（仿 J M Anderson　1981）

水域中营养元素含量亦能影响分解作用。Suberkropp 等（1995）用白杨（*Liriodendron tilipifera*）研究过水的化学性质对叶子分解作用的影响。他们把叶子置于不同水化学的几个小区中。叶子腐烂是随时间成指数增长，有如下关系：

$$M_t = m_0 e^{-kt}$$

式中M_t：叶子在 t 时间的物质

m_0：叶子在开始试验时的物质

e：自然对数的底

t：时间（天）

k：日损失物质速率

用特定环境条件下常数 K 作为指标。他们发现 K 在水域研究中的意义，河流的水中具有高浓度的 N，那么，K 较高，则腐烂得快。

第三节 研究热点与展望

一、不同生态系统中分解作用的研究

生态系统中分解作用研究的重点是在分解过程及其速率（decomposition rate）。Melillo 等（1982）在美国对两个地区森林生态系统的分解作用进行研究，发现树叶中木质素与氮含量之比高则分解较慢，树叶保留量亦多。

Gallerdo 等（1993）对西班牙两个森林生态系统的分解作用进行了 2 年以上的对比实验，发现两地树叶分解速率和当地 9 种树叶化学成分有明显的不同。Gessner 等（1994）和 Suberkropp 等（1995）分别研究了水域生态系统中水营养物质含量对树叶分解速率的影响和溪流中树叶的分解速率。

显然，生态系统中枯枝落叶的分解速率是涉及到氮、磷等多种重要元素，关系到生态系统的生产力和生态系统的规模以及在全球生态系统中的迁移、转化过程及其在不同类型的生态系统中分解作用的生态效应。

二、土壤动物在有机物分解中作用的研究

最近几年，土壤动物在有机物分解的作用引起了生态学工作者的关注。有机物质的分解是蚯蚓、线蚓、节肢动物、细菌和真菌等共同参与下的复杂过程。人们对细菌和真菌在有机物分解和养分循环中的研究起步较早（Swift et al 1979；Burns et al 1986；Paustian 1985），但对土壤动物的研究可以说处于起始阶段。

一般认为，土壤动物的主要作用是加快了有机质的分解和增加了养分的有效性，间接参与有机质分解与物质循环。其作用究竟如何尚待深入、系统的研究。

三、垃圾资源化研究

称为“固体废弃物”的垃圾已成为城市化的一个沉重的负担。1996 年我国城市生活垃圾清运量已达 1 亿吨，而且每年以 8%～10%的速度增长。堆积存量巨大，全国已有 200 多座城市陷入垃圾包围之中。

对垃圾必须加强管理。应该采取多种途径将垃圾资源化处理：科学分类收集；直接

回收利用，如啤酒瓶等；循环利用，如旧报纸等；综合利用，如将有机垃圾生产成复合肥等。

垃圾发电是近年来世界上一项新的能源技术，可使垃圾体积减少 90%，重量减少 80%，热量用于发电和供热，这样的管理运行机制还有待于国人的确认。

思考题

1. 试论什么是分解作用（decomposition）、什么是矿化作用（mineralization）？为什么有人说分解作用给生态系统提供了物质资源？
2. 试论述分解作用在建立全球生态系统动态平衡中有什么作用和意义？
3. 生物分解者是些什么生物，各有什么作用？
4. 试述影响有机物质分解过程的三类因素（Q、P、O）的作用及其相互间的关系？

参考文献

张小川，蔡蔚祺，徐琪.1989.草地土壤-植被系统的生产力及其营养物质循环.土壤学进展，17(6)：8～14

鲍新奎，赵宝莲，曹广民.1991.高山土壤有机磷的净矿化作用.高寒草甸生态系统(第3集)，北京：科学出版社

Flaig W(陈小萱译).1985.土壤有机质分解的动力学.土壤学进展，1：29～32

Anderson J M and Macfadyen A. (eds). 1976. The role of terrestrial and aquatic organisms in decomposition processes. Blackwell scientific publication, Oxford

Bray J R, Gorham E. 1964. Litter production in forests of the world. Adv Ecol Res, 2: 101～157

Buringh P. 1984. Organic carbon in soil of the world. In woodwell, G. M. (ed). The role of terrestrial vegetation in the global carbon cycle: measurement by remote sensing. N Y: John Wiley & Son, 91～109

Dickinson C H and Pugh G J F(eds). 1974. The biology of plant litter decomposition (Vol. 2). Academic Press, London

Gallerdo A and Merino J. 1993. Leaf decomposition in two mediterranean ecosystems of southwest spain: influence of substrate quality. Ecology, 74: 152～161

Gessner M O and Chauvt E. 1994. Importance of stream microfungi in controlling breakdown rates of leaf litter. Ecology, 75: 1807～1817

Melillo J M, Aber J D and Muratore J F. 1982. Nitrogen and lignin control of hardwood leaf litter decomposition dynamics. Ecology, 63: 621～626

Suberkropp K and Chauvet E. 1995. Regulation of leaf breakdown by fungi in streams: influences of water chemistry. Ecology, 76: 1433～1445

Swift M J, Heal O W & Anderson J M. 1979. Decomposition in terrestrial ecosystems. Blackwell Scientific Publications. Oxford (该书对陆地生态系统的分解作用作了全面而深刻的论述)

第二十二章 生态系统的信息流动

学习要点

1. 学习生态系统中信息的特点、信息数值的度量方法。

2. 了解植物和动物亚生态系统信息传递过程。

基本概念

1. 信息素（pheromone 或称外激素）：从原生动物到哺乳动物都能分泌的一些化学信号物质。

2. 他感作用（allelopathy）：由生物体分泌到体外的化学物质，能对其他个体生长、发育产生作用的现象。所分泌产生的物质称为“他感作用物质”。

第一节 生态系统信息的特点及流动环节

一、生态系统信息的特点

1. 生态系统的信息多样性

生态系统中生物种类成千上万，它们所包含的信息量非常大。信息可来自植物、动物、微生物和人等生物类群；也有非生物信息，包括了物理的、化学的和生物的不同性质的信息。有液相、气相和固相三种不同状态的信息。信息可以是单个信号（signal）的，也可以是信息群落。

2. 信息通讯的复杂性

生物以不同方式进行信息通讯。有以体形显示其引诱或驱避作用；有以内部生理、生化方面蕴涵着抑制、毒杀信号；有的从行为方面进行交流和联系等。

信息通讯距离长短不一。有的近在咫尺，有的远至百公里、万公里以上。信道除空气、水域、土壤等自然因素外，还有不少是生物本身具有联系的机能。

3. 信息类型多、贮存量大

生态系统信息类型多。有生命物质信息和非生命物质信息；有宏观的，也有微观的。蛋白质基因结构和功能的研究表明都贮存大量信息。

如人类基因组由大约 3×10^9 碱基对组成，共编码大约 8 万个基因，分布在 22 个常染色体、2 个性染色体和 1 个线粒体上。

物种的信息贮存量很大。人们发现每个物种遗传密码中都有大约 100 万到 100 亿比特的信息，都是几百万年进化过程中形成的（Wilson 1990）。

二、生态系统信息处理的过程

生态系统信息流动是一个复杂过程：一方面信息流动过程总是涉及到生产者、消费者和分解者亚系统，每个亚系统又包含着更多的系统；另一方面信息在流动过程中不断发生着复杂的信息交流和转换，归纳起来可有以下基本的过程：

1. 信息的产生

系统中信息的产生过程是一种自然的过程。只要有事物存在就会有运动，就具有运动的状态和方式的变化，这就是生态系统中的信息。属本体论的信息。

2. 信息的获取

是指信息的感知和信息的识别。信息的感知是指对事物运动状态及变化方式的知觉力，当然，仅有知觉还是不够的，还要有识别能力，对信息加以分辨。它必须同时考虑到事物运动状态的形式、含义和效用三个方面因素。这就是信息科学中的“全信息”。仅计及其中的形式因素的信息部分称为“语法信息”(syntax)，计及其中含义因素的信息部分称为“语义信息”（sematic)，而把计及其中效用因素的信息部分称为“语用信息”(pragmatic)。换句话说，到主体人利用信息的层次就把语法信息、语义信息和语用信息都包含在内了。

对比较高级的信息的获取常采用机械工具，机器学习从环境中自动提取。为了获取更丰富的有用信息，不仅要获取和利用语法信息因素，同时还需要语义信息和语用信息。

3. 信息的传递

包括信息的发送处理、传输处理和接收处理等过程环节。发送信息不仅包括信息在空中的传递，也包括信息在时间上的传递。前者称为通信，后者称为存储。生态系统信息传递实质性过程可描述为这样的模型（图 5-22-1)。

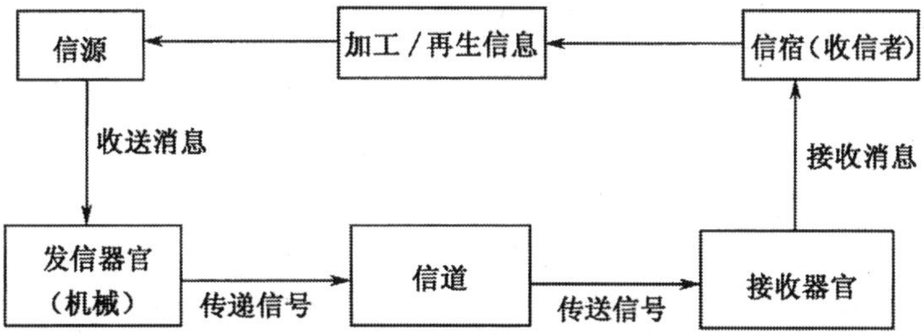

图 5-22-1　信息传递系统模型

(1) 信源：称为信息源（source)，它产生要传输的信号。

(2) 发送器官（或机械)：发送器官（sender）要把传递的消息变换成为适合于信道上传输的信号。一般由编码器按照信道类型进行编码。

(3) 信道：信道（channel）是连接发送端与接收端的信息媒介。传递的信号通过此媒介从一个有机体到另一个有机体；从这一种群到另一种群；从一个群落进入另一个群落。空气、水域、导线和光纤维等都是一些典型的信道。一个信息的传递有时仅通过一种信道，而有时要经过多种信道。

(4) 接收器（官）：接收器（receiver）执行与发送器官（或机械）相反的功能，把通过信道后的信号接收，或再加以变换成能被接收者所理解的消息或信号。

(5) 信宿（收信者）：信宿（recipient of information）即为收到信息者，是信息传递的目的地。信息传递的目的就是要使接收端获得一个与发送端相同的复现消息，包括全部内容和特征。然而，在实际中不可避免的会产生噪声（noise）的干扰。所以，接收信息和发送信息之间总会有差别。

4. 信息处理系统（information processing systems）

是指为了不同目的而实施的对信息进行的加工和变换。针对不同的目的和背景而进行的，如提高抗干扰性而进行纠错编码处理、为了提高效率而进行的信息压缩和信息加密处理等。一般分为浅层的信息处理和深层的信息处理。前者基本上是对信息的形式化所作的处理，如匹配、压缩、纠错和加密等等。而后者不仅仅利用语法信息的因素，而且还要考虑全信息的因素，特别要与优化、决策等联系的信息因素等。凡是信息处理的层次越深，越是要充分利用全信息的因素。

5. 信息再生

信息再生（regeneration）是利用已有的信息来产生信息的过程。它在整个信息过程中起着十分重要的作用。信息再生表明它是一个由客观信息转变为主观信息的过程，是主体思考升华转变的过程。决策（decision making）是一个信息再生过程。

6. 信息施效

使信息发挥作用这是研究整个信息过程的目的。人们通过获取信息、传递信息、处理信息、再生信息等等，最重要的是利用信息，让信息发挥效益。其中包括控制、优化和增广智能。最终把信息和规律运用于实践中，造福人类。

三、信息的度量

1. Hartley 度量法

Hartley, L.V.R(1928)最早提出一种度量信息的方法。指出信息数量的大小仅与发信者在字母表中对字母的选择方式有关而与信息的语义无关。他首先考察了通讯过程中所涉及的一些因素。他发现，任何通迅系统的发信端总有一个符号表。发信者发出信息的过程是从这个符号表中选出一个特定符号序列的过程。假定这个符号表一共有 S 个字母，发信者选定符号序列一共包括 N 个符号（这是序列“长度”）。那么，

$$H = N\lg S = \lg S^N$$

即信息量 H 已与选择次数 N 成正比例关系。这就是 Hartley 所建立的信息度量公式。

Hartley 度量公式排除了主观上的因素，建立了纯粹形式化信息测量方法。这是认识上的一大进步。Hartley 把语法信息与符号选择联系起来。这个思想导致了概率论引入信息的度量；用对数函数表示信息度量的公式，为后人打下了良好的基础。

二、信息熵

Shannon 继承了 Hartley 关于排除主观因素的思想，并把他的信息度量公式进一步改进和推广。他强调指出，通讯的发生是以通讯者具有不确定性为前提的，通讯的作用和结果则是要消除这种不确定性。由此，Shannon 等就把信息定义为消除不确定性的东西，并提出了著名的 Shannon-Wiener 指数公式作为信息量公式：

$$H = -\sum_{i=1}^{s}(P_i)(\log_2 P_i)$$

式中 H 为样品的信息含量，为群落的多样性指数，S 为物种数，P_i 为样品中属于第 i 种的个体的比例，如样品总个体数为 N，第 i 种个体数为 ni 则 $P_i = ni/N$。

在这里，信息量公式中的量完全是统计量，因而常称为统计信息，或概率信息。此外，函数 H（x）与统计热力学中克劳修斯定义的熵公式是相同的。克劳修斯用熵表示一个系统的紊乱程度，这与不确定性的涵义正相通。信息是一种被消除了的不确定性，信息量等于熵的减少量。所以，信息可以看成是“负熵”。信息熵与热熵正从不同方面揭示了事物的不确定或无规则性的数值关系。

第二节 信息化的植物亚生态系统

生态系统中绿色植物为了维持自身的生存，要从外部获得各种各样信息；同时，植物本身亦要发出一系列的信息。以植物为主的各种信息协同有序、相互交流，在生物进化过程中发展成许许多多巧妙而有效的通讯信号。限于篇幅，仅以植物与光、植物与植物、植物与动物间的信息流作简要介绍。

一、阳光与植物间的信息

研究发现，植物的形态建成，即它的生长和分化的功能，是受阳光的信息控制的。光的信息作用是极其重要的，植物只需接受很短时间的光，就能决定植物的形态建成。但光信息对不同植物种子的作用也是不一样的。例如烟草和莴苣的种子，在萌发时必须要有光信息，这些种子常称“需光种子”。另外一类植物，如瓜类、茄子、番茄和苋菜的种子萌发，见光则受到抑制，这类种子称为“嫌光种子。”

由此可见，光作为信息对同一种植物种子的萌发作用有二重性：即有促进作用，又有抑制作用。

近代的研究还表明，光对开花反应和某些生物生长过程的控制亦有同样特点。在一些短日照植物中，红光在暗期间断中的作用可被随后的短暂的远红光光波信号所抵消。这种作用可反复逆转多次。

实验表明，在诱导暗期中，红光和远红光的信息交互作用下，短日照植物的开花决定于最后的光波信号。如果最后光波信号是远红光，则开花；反之，则不开花。

有意思的是，作为信息的光能与光合作用中的光能是有区别的，在量上，它比光合作用需要的量少得多，多数情况仅 $10^{-3} \sim 10^{-8} \mu W \cdot cm^{-2}$ 就够了。在质上，它的作用范围为 0.28～0.8 nm，超出了可见光的范围。在作用上，仅能启动植物发生和分化方式的转换。植物通过体内的光敏色素（phytochrome）接受外界的信息光能，以引起体内细胞的局部转化，进而扩大，最终引起植物体宏观上的变化。

二、植物与植物间的信息

生态系统中生产者之间同样发生着复杂的信息联系。常为人知的是植物的他感作用（allelopathy）。植物产生许多种次生代谢物质（secondary metabolites），在生长过程中抑制其他植物的生长、发育并加以排除的现象，常称为“异株克生现象”。已知结构的植物次生代谢物质的总数在 30 000 种左右，加上待鉴定的可能远远超过此数。如黄瓜（*Cucumis sativus*）中某些品系在化学物质的信息作用下，可以阻止 87%左右的杂草生长，维持其在农田生态系统中的优势。

这种情况，有时发生在同一个物种之内。如 *Helianthus anus* 和 *Leptilon canadense* 亦产生自毒化学物质，可能降低同一物种幼小个体的成活力。然而，当这种毒素在土壤中积累时，它们就能使植物自身死亡，减少生态系统内部空间的拥挤。

在寄生植物和寄主植物之间，还表现有另一种不同的情况。黄独脚金（*Striga hermonthica*）是玄参科植物，寄生于甘蔗、玉米或棉花上。向日葵列当（*Orobanche cumana*）是列当科植物，寄生于向日葵、蚕豆、烟草等植物上。这些寄生植物的种子细小如尘埃，随风扩散，它们并非在任何地方都可以发芽，而只有在接收到寄主植物根部分泌物的信号后，才萌动、发芽；若接收不到寄主植物的这种信息，寄生植物种子在土壤中呆上 10 年也不丧失其发芽的能力。后来分析出这种信息物是一种具有两个内酯的萜类化合物——独脚金酚（strigol）。在合适的条件下，$1\times10^{-6} mol \cdot L^{-1}$ 的浓度就能促使 50%的黄独脚金种子发芽。

三、植物与动物间的信息

植物和动物不同，它们是不会走动的，给人们表面的印象似乎只能呆在那里等待被吃掉。然而，事实并非如此。植物决不是软弱无能，处于完全被动受害的地位，而是通过形态、生理生化等各个方面，采取了多种行之有效的手段来保卫着自己。

有的植物在进化过程中长出各种荆棘和皮刺，形成了机械的防御手段。例如蓟属（*Cirsium*）植物的茎和叶上都有许多刺，这些棘刺成了“不可食”的信息，使食草动物望而生畏，不敢碰它。在放牧场地上，所有绿草几乎被吃到根部，而一些蓟草却能挺直生长，不受触动。

还有一些植物覆盖着多种细毛。这种毛状体在防御上起到积极作用。那些带钩和倒刺毛状体能刺伤昆虫或使之动弹不得。有些毛状体往往是植物化学防御的一部分。例如报春属（*Primula*）植物叶上的毛状腺分泌的刺激性化学物质能起到驱虫信息的作用。因为，它们能使那些植食动物感到发痒或疼痛。

构成植物-动物间交互作用的次生代谢物有萜类、酚类、甾类和生物碱类化合物等。其主要特点是形式多样，特性各异，分子结构差异大。其中最简单的毒素是氟乙酸，但多数次生代谢物的结构还是比较复杂的。次生物质常具有一定的色、香、味等，这就构成了它们生化交互作用中的化学信号。这些次生物质的存在常能影响其他生物的生命活动。即使属于同类次生物质也常具有不同的性质和生理活性；反之，属于不同类的化合物有时也可以具有相似或相同的性质和生理活性。例如苦味是个重要的信息，可对许多种的植食动物引起拒食作用，但对有些植食动物却又是引诱的信号。

植物每一种次生物质都可能产生特定的信号，成为植物-昆虫间交互作用的纽带。例如金雀花（*Cytisus scoparius*）中信号物质是有毒的生物碱——鹰爪豆碱（sparteine）。金雀花蚜（*Aphis laburni*）就以它为潜在的信息标志。由于鹰爪豆碱的含量随植物的生活周期而变动，因此，蚜虫在春季时以嫩枝汁液为食，夏季就转移到花芽和果荚上去。还有梓天蛾（*Ceratomia catalpae*）取食的信号是具有复杂的交互作用，涉及到包括梓醇在内的 15 种琉蚁萜苷。有意思的是，存在于唇形科的荆芥（*Nepeta cataria*）中的假荆芥内脂（nepetalactone）对家猫同样起一种嗅觉引诱剂信号的作用。由此可见，同样结构的化合物可以是植物-昆虫、植食动物-哺乳动物间多方位、多层次的多种类信号。这样信息联系所建立的关系，大大增加了生态系统信息传递中的多样性和复杂性。

众所周知，植物的花是植物-授粉动物间联系的极为重要的信息媒介，以此确立了二者的共生关系。有位生物学家曾对 2680 种花的色泽作了统计，结果表明，白花最多，占 1193 种；其次为黄花，占 951 种；红花占 307 种；绿花占 153 种；橙色花占 50 种；茶色花占 18 种；黑色花最少，只占 8 种。一朵花生成某种颜色，往往与能感觉到这种颜色信号的昆虫有关。例如，蜜蜂、黄蜂和丸花蜂偏爱粉红色、紫色和蓝色花；蝇类和甲虫喜欢暗黄色花朵。夜间蛾类活动时，开花的多数为白色。蝴蝶识别红色的本领最高。在热带、亚热带，开大红花的种类较多。植物不仅靠蝴蝶，也靠鸟类中的晨鸟、太阳鸟传播花粉。由于长期信息频繁的往返，使得花的开放、花粉的成熟、花蜜的分泌、花香的外溢等与授粉者活动的配合十分巧妙，促使二者形成了相互紧密的依存关系。

第三节　信息化的动物亚生态系统

动物间信息通讯常表现为一个动物借助本身行为信号或自身标志作用于同种或异种动物的感觉器官，从而“唤起”后者的行为。这种信息系统具有适应意义，大多是互利行为。

动物间的信息通讯主要的特点是：①信号的高效性。雌家蚕（*Bombyx mori*）分泌的蚕蛾醇（bombycol），只要有 $10^{-10}\mu g \cdot ml^{-1}$的浓度，就能引起雄家蚕的反应。雌舞毒蛾（*Porthetria dispar*）分泌的信息素可把远在 400m 以外的雄蛾吸引到自己身边来。②信息的特异性。每一个物种的通讯信号通常只有本物种的个体才可以接收、理解或作出相应的回答。如雨蛙属（*Hyla*）的两种雨蛙（*H. ewingi* 和 *H. verreauxi*），在重叠分布区内，它们的叫声明显不同。但在非重叠区内，它们的叫声却难以分辨。这一实例说明社会信号可作为近缘物种相互隔离的一种手段。③一个动物机体可以发出多种不同的信号。④种间通讯。通讯不但见于同种动物，也常存在于异种动物之间。如热带珊瑚礁中的小鱼取食大鱼身上的寄生虫和口内的食物残渣，大鱼并不吞食这些“清洁鱼”。它们之间的通讯方式是清洁鱼身上鲜明的条纹。小鱼在做清洁工作以前，常在大鱼面前流动、舞蹈一番，还分泌一种化学物质。如此之后，大鱼才认识它们，允许它们接近，并让它们取食。

一、视觉信号通讯

视觉信号具有一定作用距离，包括光的变化以及物体的形状、结构、移动等。这种通讯信号易于定位，但只能直线传播，常受光线强弱的影响。

萤火虫就是以光信号进行通讯的。已知萤火虫有2000多种，这给夏夜的生态系统增添了千万个信源。一般雄虫的闪光远较雌虫亮，但这并不意味着雌虫必受雄虫吸引而扑向雄虫。事实相反，雌虫仅仅呆在地上看着天空雄虫的闪烁信号，然后以闪光回应。

视觉信号通讯可在一瞬间完成。例如蛱蝶（*Aglais urticae*）休息时两对翅竖起合并，一但遇到捕食者的反应，便迅速放下双翅，露出光亮的眼斑，恐吓敌害。

二、声音信号通讯

以声音信号为通讯方式的特点是：①多方位。接受者不一定要面向信源，声音可绕过障碍物。②同步性。发出声音信号时，动物的四肢、躯干仍可活动。③瞬时性。声音信号可以在一瞬间发出，也可在瞬间停止。④多变量。声音有许多变量，包括强度、频率、音质、清晰程度和时间模式等。每个变量都提供一些信息。因此，声音的信息容量很大。

昆虫是用声信号进行种内通讯的第一批陆生动物。在直翅目、同翅目、鳞翅目、鞘翅目、双翅目和膜翅目中有不少种类是能发出声音信号的。用摩擦发出声信号，是昆虫中最常见的声信号通讯方式。但同翅目蝉是通过膜振动发出声信号的。

鸟类以用声音信息通讯而称著。动物界中还没有一类动物在种属分化上像鸟类那样和声音通讯紧密相联。鸟类声音信号可分为三类，即机械声、叫声和歌声。

哺乳动物也常用声音信号来报警。这种报警信号能传播到很远的距离。欧洲羚羊有一种特别的报警嘘叫声；许多灵长类动物在报警时会发出咆哮或尖尖的喊叫声。

三、化学信号通讯

化学通讯在动物界是非常普遍的。从原生动物到哺乳动物都能分泌一些化学信号物质。这些物质称为信息素（pheromone或称外激素）。动物中有很多分泌物是针对其他物种的，这种分泌物就称为异种信息素或种间外激素（allelochemic）。

1. 昆虫的信息素

昆虫的信息素是生态系统中广泛存在着的化学信息。依其行为反应将激素分为：

(1) 性信息素 (Sex pheromone)：是由性成熟的雌性或雄性昆虫分泌出的微量化学物质。

(2) 追踪信息素 (Trail pheromone)：可指引同一种群中的其他个体找到食物源。

(3) 报警信息素 (alarm pheromone)：昆虫受到惊扰时，释放出信息素以作警告信号。

(4) 聚集信息素 (aggregation pheromone)：这类信息素可诱集同种个体到一定取食地点或交配的场所。

2. 哺乳动物的信息

哺乳动物的信息与其复杂的生命现象相联系。它们发出的气味源就很多，尿和粪便常常有许多信息。皮肤腺被广泛地认为是哺乳动物的重要信息源。

四、触觉信号通讯

这种通讯方式要求在较近距离内进行，多为身体的直接接触。交配行为的完成有赖于触觉通讯。雄园蛛以弹网信号与雌蛛通讯。雄园蛛在生殖季节走近蛛网，在网边以前足按一定的力度和节律牵动雌蛛所结网外周的蛛丝。雌蛛立即作出反应，也像有美食一样冲了过来。此时，雄园株暂退却到网外。雄园蛛等雌蛛回到网中，它又一次弹起蛛网。雌蛛已确认系雄蛛求偶信号，然后做好交配准备，安静地坐在网的中央。雄蛛一面不停地拨动蛛网，一面爬向雌蛛，与之交配。

五、舞蹈信号通讯

社会性昆虫，如蜜蜂、白蚁等生活中基本的特点是信息的频繁传递，有分工、有协作、行动中有条不紊成为一个整体。蜜蜂除具有光、声、化学等信号通讯外，舞蹈行为是它们信息传递的又一个重要方面。

Von Frisch (1967) 研究并发现了蜜蜂 (*Apis mellifica carnica*) 舞蹈“语言”丰富的内涵。他描述了蜜蜂中主要的两种舞蹈：一种是圆圈舞，蜜蜂在巢脾表面兜着狭小的圆圈；另一种是摆尾舞，它们先是跳一个半圆，继而又做直线移动，然后朝反方向转一个半圆。在直线移动时，尾部向两旁极力摆动。圆圈舞是采集了花蜜的蜜蜂向同伴传达在蜂箱近距离内采蜜的信号。摆尾舞是招呼同伴到百米以外去采蜜的信号。其摆尾速度与蜜源距离有关。

蜜蜂舞蹈可向同伴指示方向。其舞蹈以太阳为罗盘。采集蜂飞行方向与左侧太阳交角为40°；当它飞回蜂房跳舞时，直线移动与太阳也成40°。

蜜蜂在舞蹈中又在摆尾移动方向上加多了信号。其移动方向朝上，是向同伴通告蜜源位于太阳的方向；移动方向朝下则表示与太阳相反的方向。移动方向向左偏60°，表示蜜源位于太阳方向的左侧60°。

第四节　生态系统信息研究的发展趋势

一、生态系统自我调控机制研究

生态系统是当今最为复杂多样的有序系统。它是一个包含着大量、多样、复杂的信息系统，既有系统内部的“内信息”，又有系统外部环境的“外信息”。要充分应用信息科学的理论和技术对生态系统信息进行分析处理，提高生态系统信息的数值化、网络化、图像化、最优化等，加强生态系统信息调控机制研究，进一步阐明生态系统的调控规律，认识生物与生物的关系、生物与环境的关系、人与生物及环境和社会的关系等等，这样才能有效、合理地对生态系统加以人工的力量进行调控。

二、生态系统信息研究与生命科学相结合

生命系统是一种非常复杂的优化系统。它不仅需要能量与物质的供应，而且生命本身就是一个由氨基酸组成的复杂信息控制系统。生命科学已成为新世纪的重大前沿学科。我国科学家在启动了水稻、家猪基因组的研究项目之后，又启动了鸟类基因组的研究。鸟类能够盲飞，能够自己定位磁场，可以在非常黑暗的夜晚辨别出方向，这些神秘的科学问题有待破解，通过深入研究有可能解开众多的谜团。生态系统信息研究中要与生命科学紧密结合，彼此渗透、相互促进，有利于提示不同层次信息传递、处理和利用过程，并且有利于揭示不同层次生物系统发育、进化的动态机制与内在本质。

三、生态系统信息的开发、利用

生态系统信息蕴含在多方面，有生产者的信息、有植食动物的信息、有肉食动物信息、有分解者的信息，还有来自环境的信息。生态系统是无处无时不存在信息。由于人类的干扰，生态环境亦日趋恶化，自然生态系统保护已成为人类面临的重大挑战。自然生态系统保护最基本的内容是既要保护生物多样性，亦要保护非生物环境。通过生态系统信息处理、图形分析、信息再生与模拟、反馈等环节，利用生态系统中众多的信息，对生态系统进行合理的管理，科学地减少和减轻环境污染，调控生态系统结构和功能，保持自然生态系统的永续发展和建立优化的人工生态系统。

四、化学生态学研究

研究生物与生物间化学联系的科学，重点是：①以植物学为基础的化学生态学，研究植物 间的相生相克问题，如他感物质、自毒素等，与农林业连作、间作、套作关系；②以动物学为基础的化学生态学，与动物的行为紧密联系，如信息素、利他素、利己素；③以动物-植物相互作用为基础的化学生态学与协同进化相联系，如植物对动物的

防御作用，动物对植物的选择适应。

思考题

1. 试论生态系统中信息的基本概念。信息有哪些主要特征？

2. 生态系统信息有哪些特点、有哪些主要环节？信息流动、传递的模型是怎么样的？

3. 信息如何度量？Hartley 对信息度量有什么贡献？

4. 光作为植物的信息与作为光合作用的能量有什么不同？什么是植物的次生代谢物（secondary metabolite）？有什么作用？有哪些主要类型？

5. 动物的信息化有哪些表现？有什么主要特点？通讯方式有哪些？

6. 什么是信息的定义？信息与物质、能量有什么关系？你认为信息难以取得一个共认的定义主要原因是什么？

参 考 文 献

冯国瑞. 1994. 信息科学与认识论. 北京:北京大学出版社

周炯盘. 1983. 信息管理基础. 北京:人民邮电出版社

钟义信. 1996. 信息科学原理. 北京:北京邮电大学出版社

蔡晓明、尚玉昌. 1995. 普通生态学(下册). 北京:北京大学出版社

盖　茨. 1996. 未来之路. 北京:北京大学出版社

Hartley R V L. 1928. Transmission of information, BSTJ, 7:535～536

Mansfield M F. 1983. The study of information: Interdisciplinary messages. John wiley & Sons, New York

Nicolis G & Prigogine I. 1979. Self-Organization in nonequilibrium systems. Wiley

Shannon C E, Weaver W. 1949. The methematical theory of communication. University of Illinois Press, Urbana

Wienet N. 1971, Cybernetics, of control and communication in the animal and the machine. MIT Press, Combridge

第二十三章　生态系统的发育、健康和管理

学习要点

1. 了解生态系统发育中的特征变化。

2. 运用生态平衡的基本概念和理论，审视我国生态环境问题的过去、现在和将来。

3. 了解生态系统健康和生态系统管理的新思想、新理论，加强生态系统的科学管理。

基本概念

1. 生态系统的发展（发育）（ecosystem development）：生态系统从幼年期到成熟期的发育过程。

2. “生态平衡”（ecological balance）：是指一个生态系统在特定时间内的状态，在这种状态下，其结构和功能相对稳定，物质与能量输入输出接近平衡，在外来干扰下，通过自调控能恢复到原初的稳定状态。

3. 自组织（self-organization）：自然界中广泛存在着由紊乱、不规则状态自发地转化为整齐、规则的状态，这种现象称为自组织。生态系统及其生物和非生物成分亦都存在着自组织现象。

4. 蝴蝶效应（butterfly effect）：初始值的极微小扰动而会造成系统巨大的变化现象。

第一节　生态系统的发育与生态平衡

一、生态系统的发育

生态系统与生物有机体一样，具有从幼期到成熟期的发育过程，这一过程称为生态系统的发育（ecosystem development）。各种类型的生态系统是长期发展、进化形成的。

生态系统的发育表明，它是一个动态系统（dynamic systems）。一般来说，生态系统发育进化的总趋势是复杂性和有序性的增加，对物理环境控制或内部稳定性的加大，以及对外界干扰达到最小的影响。

Odum 曾总结生态系统发育中结构和功能变化的特征（表 5-23-1）。生态系统从幼期到成熟期的过程主要特征变化归纳如下：

1. 群落结构的特征

生态系统发展过程中，群落多样性增加，某一物种占绝对优势的情况减少；物种均

匀性增大。食物联系亦发生了变化，幼期的食物链结构简单，多是直线状的，随后发展成为立体式网络结构。这种复杂的结构，使它对物理环境的干扰具有较强的抵抗力。

表 5-23-1　生态系统发育中结构和功能的特征变化趋势

（据 Odum E P 1969）

生态系统特征	发展期	成熟期
群落的能量学		
1. 总生产量/群落呼吸（P/R 比率）	大于或小于 1	接近 1
2. 总生产量/现存生物量（P/B 比率）	高	低
3. 生物量/单位能流量（B/E 比率）	低	高
4. 净生产量（收获量）	高	低
5. 食物链	线状，以牧食链为主	网状，以腐屑链为主
群落的结构		
6. 总有机物质	较少	较多
7. 无机营养物质的贮存	环境库	生物库
8. 物种多样性——种类多样性	低	高
9. 物种多样性——均匀性	低	高
10. 生化物质多样性	低	高
11. 分层性和空间异质性（结构多样性）	组织较差	组织良好
生活史		
12. 生态位宽度	广	狭
13. 有机体大小	小	大
14. 生活史	短，简单	长，复杂
营养物质循环		
15. 矿质营养循环	开放	关闭
16. 生物和环境间交换率	快	慢
17. 营养循环中腐屑的作用	不重要	重要
选择压力		
18. 增长型	增长迅速（r 对策）	反馈控制（k 对策）
19. 生产	量	质
稳态		
20. 内部共生	不发达	发达
21. 营养物质保存	不良	良好
22. 稳定性（对外扰动的抗性）	不良	良好
23. 熵值	高	低
24. 信息	低	高

2. 能量动力学的特征

幼期的生态系统生产量明显超过呼吸量，呈积累状态，$P/R>1$；而成熟期的生态系统生产与呼吸处于相对稳定状态，$P/R\sim1$。总生产量与现存生物量之比（P/B）也是呈幼期高而成熟期低的趋势。

3. 营养物质循环的特征

主要营养物质 N、P、K 等的生物地球化学循环，在生态系统发育过程中，趋向于更加封闭。在幼期生态系统内外间的交换是频繁而快速的，随着生态系统的发育逐渐形成完善而复杂的网络，具有较大的独立性，保持营养物质的功能加大，输入量和输出量接近平衡。

4. 稳定性的特征

生态系统幼期常处于物种数量少而不拥挤，具有较高负荷潜力的空间。所以，r 对策的生物有较大生存的可能性。到生态系统成熟期情况相反，此时系统接近于平衡的（饱和）状态，适宜于增殖潜力低、竞争力强的 k 对策的生物。因此，量的生产是幼期生态系统的特征，而质的改善和提高是成熟期生态系统的对策。成熟期生态系统内的生物之间、生物与物理环境之间的联系更加紧密，保持营养物质的能力较高，对外界干扰的抵抗力增大。此时，生态系统基本上处于自我维持的稳定状态。

二、生态平衡

所谓“生态平衡”（ecological balance），是指一个生态系统在特定时间内的状态，在这种状态下，其结构和功能相对稳定，物质与能量输入输出接近平衡，在外来干扰下，通过自调控能恢复到原初的稳定状态。简单地说，生态平衡就是生物与其环境的相互关系处于一种比较协调和相对稳定状态。

如何对持生态平衡，曾存在着两种不同的观点和态度。一种称为环境阻力论，认为生物与环境是割裂的，不承认生物与环境的相关性，看不到二者协调和相对平衡的关系。从这种观点出发，他们对待自然环境和资源的态度是开采再开采，利用再利用。只顾眼前利益，不顾及将来的后果。还错误地认为“旧的不去，新的不来”。

另一种观点持机械平衡论，把生态系统的平衡看成是绝对的状态，静止地看待生态平衡，一味地追求保持自然生态系统的原始状态，不去改造、利用，否定了生物与环境间的适应和进化的关系，这当然也不符合客观规律。

生态系统平衡的失调和破坏的原因是多方面的，主要的有三方面。

1. 生物种类成分的改变

在生态系统中引进一个新种或者某个主要成分的突然消失都可能给整个生态系统造成巨大的影响。有科学家估计，生物圈内每消灭一种植物，将引起 20～30 种依赖于这种植物生存的动物随之消失。破坏了生产者，不仅减少了固定太阳能的能力，而且系统中的消费者必将随之逃散或绝灭。

2. 森林和环境的破坏

人们往往从眼前的利益出发，大面积毁坏森林和其他植被，打乱生态平衡。通常，环境遭到人为急剧改变后随之而来的是生态灾害。这种灾害发生得很快，后果严重。如不合理开发利用自然资源、乱砍滥伐森林、乱捕滥杀野生动物等都会使生态系统失调、水土流失、气候干燥、水源枯竭，进而威胁到人类的生存。

3. 环境污染

污染物质不但直接危害有机体的生态环境，还常波及周围环境，使生物间信息系统失控。如石油污染海洋后，虾类经常集中到石油浓度最低的地区，石油改变了虾类行为。石油污染物还破坏鲑鱼（*Salmo* sp.）的栖息地，使它们不能到原有河流中去产卵。这些有毒物质，在生态系统中长期积累，起着极为不良的作用，破坏了原有的生态系统的结构和功能。

三、建立生态系统的优化状态

随着人们经济活动的发展，越来越强烈地干预着自然生态系统的发展过程。但是，自然生态系统的发展是有其固有的客观规律，应按照客观规律办事，否则要受到大自然的惩罚。主要表现在五个方面：①乱砍、滥伐森林，重采轻造，采育失调，使森林资源遭到很大破坏。森林是陆地生态系统的主干，都没有得到应有的保护。②工业生产中排放“三废”，农田滥施化学农药，造成严重的环境污染。有毒物质进入食物链，给生态系统带来危害。环境污染成为当前亟待解决的社会问题。③大量围湖造田，缩小了内陆的水面，给整个生态平衡带来了恶果。天然湖泊和大大小小池塘都是重要的自然生态系统。但是，长期以来，人们却提出“向湖要粮，与水争地”等不恰当口号。④滥垦草场，过度放牧，草原受到破坏。加速了草原的沙化。同时，优质牧草逐渐减少，造成草原退化。⑤ 农田灌溉排水系统不配套，加剧了土壤次生的盐碱化。

为此，应总结过去历史的经验和教训，认识自然，了解生态规律，将生态平衡的理论应用到生产实践中去。特别要注意：① 正确处理保持生态平衡与开发资源的关系。二者要处理得当。② 正确安排供需的关系。再生是生物资源的特点，应保持对环境供与需的相对平衡。③ 注意维持生物间的制约关系。④ 妥善处理部分与全局的关系，尽量使生态系统处于优化状态。

第二节　生态系统是开放的远离平衡态的热力学系统

一、在开放的远离平衡态中发展

生态系统的开放性是一切自然生态系统的共同特征。自然界不存在孤立的生态系统（isolated ecosystem）与外界环境既无能量又无物质的交换，而与外界环境只有能量交换的封闭生态系统（closed ecosystem）也属罕见。生态系统的开放性促进了生态系统要素间的交流，保证了生态系统具有生命的活力，保持着生态系统结构和功能的不断发展。

远离平衡态（far-from-equilibrium）的区域中，系统中的各要素间的关系不是单一的线性组合，这是因为系统内各要素之间存在着极为复杂的联系和相互作用。如负反馈和熵产生率随时间出现流动和涨落等，都是具有非线性特点。而在平衡态和近平衡区域内要素间关系呈一定规律性变化，是确定性的关系或者说是线性关系。

二、要素间的非线性关系

系统内要素间存在非线性关系。它的各种性质和关系不同区域中可能出现迥然不同的情况。那么，各种性质只有通过局部来研究。它的特点是有孤立点。这个点的性质与周围点完全不同，称为“奇异点”。生态系统各要素间并不存在完全简单的因果关系或者是线性的依赖关系，而是既存在着正反馈的倍增效应，也存在着限制成员增长的饱和效应，即负反馈。

非线性方程的解表明，初始条件的微小变化可造成结果的巨大差别。Lorenz E N (1961) 提出了“蝴蝶效应”(butterfly effect)，形象地表述了这样的事实。蝴蝶效应的提出给长期统治物理学的“确定论”以极大的冲击。生态系统研究中所出现的种种矛盾：确定性和随机性（不确定性）、平衡与非平衡……正是生态系统所具有的两重性，是客观世界的真实情景。Prigogine I 指出，“未来并不完全包含在过去之中。”生态系统中生命系统的一切活动都是以能量为基础。能量不仅在生物有机体内流动，而且也在物理环境中流动。生态系统中生命系统和环境系统在相互作用过程中，始终伴随着能量运动与转化。生态系统能量的不断代谢是遵循着热力学定律。所以，生态系统是开放的热力学系统。同时，生态系统也是远离平衡态的耗散结构。

第三节　生态系统健康和管理

一、生态系统健康是生态系统管理的目标

生态系统健康（Ecosystem health）是生态系统管理的目标。一个生态系统的生物群落在结构、功能上与理论上所描述的很相近，那么，这个系统就是健康的，否则，就是不健康的。也就是说，生态系统健康是具有综合特性，它具有活力、稳定和自调节的能力；对干扰具有弹性（resilience），保持内稳定性（homeostasis），能抵制疾病。一个不健康的生态系统往往处于衰退、病状、逐渐趋向于不可逆的崩溃过程。

生态系统管理的目的：合理利用和适度开发生态系统，保持生态系统健康和服务（ecosystem service），创建和谐、高效、永续的生态系统。

二、生态系统健康管理的原理

1. 动态性管理（axiom of dynamism）

生态系统总是随着时间而变化，并与周围环境及生态过程相联系。生态系统动态，在自然条件下，总是趋向物种多样性、增加结构复杂化和功能完善化的方向演替。只要有足够的时间和条件，系统迟早会进入成熟的稳定阶段。生态系统管理中要关注这种动态，注意阶段性，不断调整管理体制和策略，以适应系统的动态发展。

2. 层级性原理（axiom of hierarchy）

生态系统内部有多个层级。许多生态过程并不都是同等的，有高层、低层之别；也有包含型与非包含型之分。这是由于系统形成时的时空差别所造成的，管理中时空背景应与层级相匹配（表 5-23-2）。

表 5-23-2　不同尺度上的生态系统过程评价分析所需数据类型

（据 Vogt et al　1997）

尺　度	数 据 类 型
地带性生物群落	气候、地形、植物类型（草本、木本等）、时间尺度、经常而不相关的时间
景观水平	气候、地形、群落和生态系统类型、土壤物理特性、生态系统类型的空间分布、时间尺度：年与年之间比较
生态系统	气候（微气候）、地形（微地形）、物种组成和优势种，土壤物理、化学特性，消费者水平、植物组织转化率和分解率、活的有机物和死的有机物的空间分布以及土壤类型和质地的空间分布，植物对水、营养物的需要在形态上的适应，共生物、营养物质和水的获得能力、时间尺度：每年、几年
植物及其种群	气候（微气候）、地形（微地形），微生境的土壤物理、化学物性，消费者水平、固氮和营养获得在生理上的适应、植物碳的固定格局：地上叶的形式和地下须根的形式，植物遗传性、共生物、营养物质和水的获得能力、时间尺度：每时、每年、多年

3. 创造性原理（axiom of creativity）

系统的自调节过程是以内部生物群落为核心，具有创造性。创造性的源泉是系统的多种功能流。这是生态系统本质的特性，必须得到高度的尊重，从而保证生态系统提供充足的资源和良好的系统服务。

4. 有限性原理（axiom of limitation）

生态系统中的一切资源都是有限的，并不存在“取之不尽，用于不竭”。因此，对生态系统的开发利用必须维持其资源再生和恢复的功能。生态系统也有一定限量的承受能力，因此，污染物是不允许超过该系统的承载力或容量极限的，否则功能就会受损，严重时系统就会衰败，甚至崩溃。为此，对生态系统各项功能指标（功能极限、环境容量等）都应加以认真分析和计算。

5. 多样性原理（axiom of diversity）

生态系统结构复杂性和生物多样性对生态系统是极为重要的，它是生态系统适应环境变化的基础，也是生态系统稳定和功能优化的基础。维护生物多样性是生态系统管理计划中不可缺少的部分。

6. 两重性原理（axiom of human）

人类地位有两重性，包括人对其他对象的管理和人自身接受管理。管理是靠人去推动和执行的。管理过程是一种社会行为，是人们相互之间发生复杂作用的过程。关键的是人的悟性、人的素质。提高全人类的环境意识和可持续发展的意识是当前的长远的重要任务。要规范人类的行为的法规、政策和制度，这是管理生态系统的重要内容。

三、生态系统健康的监测指标

Rapport 等（1985）和 Vogt 等（1997）分别提出了生态系统健康的若干指标。现引入有关土壤健康的指标（表 5-23-3）为例，以见一般。

表 5-23-3 土壤健康指标一览表

（据 Vogt et al 1997）

土壤健康视觉指标	土壤健康物理指标	土壤健康化学指标	土壤健康生物指标
1. 附近的沉积作用 2. 裸露板块 3. 土块	1. 通气的 2. 凝聚稳定性 3. 粗粒成分	1. 酸碱度 2. 阳离子交换能力 3. 碳 a. 循环 b. 不稳定的碳	1. 活性炭 2. 活性氮 3. 生物活动性
4. 外部包裹的 5. 沙丘 6. 浸蚀 a. 分级 b. 水流和沟渠数目 c. 相 d. 流量	4. 水的利用能力 5. 容量密度 6. 外包的	4. CO_2 演化 5. 污染物 6. 可交换的钙	4. 抗病性 5. 麦角甾醇含量 6. 菌丝长度
7. 沉积事例	7. 潜在的风和水的浸蚀	7. 可交换的镁	7. 无脊椎动物种群——数量、生物量、密度和多度
8. 植物生长 a. 作物颜色 b. 非四季生长	8. 水的传导作用	8. 可交换的钾	8. 微生物生物量
9. 滑溜点	9. 渗透性	9. 可交换的钠	9. 生物——线虫、蚯蚓、蚂蚁、步行虫
10. 土壤覆盖 11. 土壤利用	10. 大孔洞 11. 机械强度	10. 可交换的硫 11. 离子交换能力	10. 残余的分解作用 11. 呼吸作用

续表

土壤健康视觉指标	土壤健康物理指标	土壤健康化学指标	土壤健康生物指标
12. 下层土壤的曝露	12. 穿透抵抗力	12. 金属氧化	
	13. 渗透性	13. 微量生测	
	14. 孔大小分布	14. 矿化作用	
	15. 孔洞	15. 氮 a. 循环 b. 可矿化的氮 c. 矿化氮：碳 d. 状况 e. 总氮	
	16. 重建容量	16. 营养物质 a. 可利用的 b. 淋溶的 c. 现状	
	17. 残余孔洞	17. 有机物质 a. 分布 b. 质量 c. 数量 d. 有机物粉碎速率	
	18. 生根限制	18. 磷 a. 可交换的 b. 有机磷 c. 总量	
	19. 土壤含水量		
	20. 结构	20. 含盐度	
	21. 孔洞结构	21. 黏土类型和数量	
	22. 结构弹性		
	23. 土层中通气孔洞		
	24. 温度		
	25. 组织纹理		
	26. 表层土厚度		
	27. 水潜在的侵蚀		
	28. 持水能力		
	29. 供水能力		
	30. 风潜在的侵蚀		

这里列举已被公认为生态系统敏感性指标：

(1) 生态系统中某些经济植物防御性次生代谢物减少，处于患病、鼠害和虫害严重、光合作用受阻、生长速率下降的濒危境地。

(2) 物种生态对策改变和多样性的下降。生物多样性贫乏，极端的例子是转变成单一优势物种或物种组分向具有忍受更多压力的，或向 r 对策者转变。

(3) 生态系统净初级生产量和生物量下降。

(4) 植物根系互惠共生微生物的减少，对生物生长不利的微生物增多。

(5) 外来种的入侵，造成系统波动及稳定性的变化。

(6) 污染物排放：湖泊的富营养化、海洋的赤潮、大气和固体废弃物的负效应。

(7) 生态系统中限制植物生长的营养物的流失量增加，因此，系统无法利用和保护。

(8) 植物体或生物群落的呼吸量有明显增加。

(9) 系统内产品转化变低和分解速率增加，枯枝落叶层的积累明显下降。

(10) 系统中水和营养物质的瓶颈效应及土壤的物理化学条件的变劣、生态平衡失调，以非良性循环为主。

四、加强生态系统管理

1. 整体性管理

整体性是生态系统最重要的基本原理之一，管理工作中要特别予以重视。自然生态系统有其自身整体运动规律，切忌人为切割。

例如，我国大江大河大湖几乎都是跨行政省区的，它们的开发利用、保护和管理却都是以行政省区为单位，划片负责，这就使流域固有的水文、气候、时空变化等的整体性得不到体现。淮河流域的恶化就是一个只顾本地，不顾流域；只顾眼前不顾长远的例子。开展黄河、长江等七大流域的综合治理应既考虑中、下游，又兼顾上游，走全流域可持续发展之路。

2. 加强生态恢复与重建工作

所谓生态恢复（ecological restoration）就是使这些受损害生态系统（damaged ecosystem）从远离其初始状态的方向回到干扰、开发或破坏前的初始状态所作的努力。

受损害系统的生态恢复和重建一般可采用两种模式（图 5-23-1）：当生态系统受损害没有超负荷并且是可逆的情况下，干扰和压力被解除后，恢复可在自然过程中发生。如由于过度放牧引起草场退化，在进行围栏保护，几年之后草场即可恢复。另一种是超负荷的，并发生不可逆变化，仅靠自然过程是不能使系统恢复到初始状态的，必须加以人工措施才能迅速恢复。

生态系统 ↗ 没有超负荷 → 消除压力 → 自然恢复过程 → 恢复

生态系统 ↘ 超负荷、不可逆的 → 消除压力 →人工措施和自然恢复过程 → 恢复

图 5-23-1　受损害生态系统恢复的两种模式（引自 Patt　1977）

3. 实行清洁生产

20 世纪 80 年代初期已经提出这种概念，当时有称之为“无公害工艺”、“无污染生产”和“废料最少化”等，后来统称为“清洁生产”（clean production）。

实行清洁生产包括三个方面主要的内容：采用清洁的能源、生产过程中无或少废物

以及生产对环境无害的产品。这样，就需要在原料规格、生产路线、工艺条件、设备选型和操作控制等方面加以改造，特别加强生态的技术措施和工艺设备，消除污染物的产生。

4. 资源化管理

在生态学家眼中，“废物”与资源之间不存在鸿沟，固体废弃物的垃圾就是一例。对垃圾必须加强管理。首先扭转将垃圾作为废物的传统观念，把垃圾作为一种资源来对待。采取资源化管理：科学分类收集；直接回收利用，如啤酒瓶等玻璃器皿的重新利用；循环利用，如利用废纸、废塑料的再生利用；综合利用，如将有机物垃圾生产成复合肥；利用垃圾中可燃性物质燃烧产生热能，实现热电联供，建立垃圾资源化管理的运行机制。

5. 少量化、循环利用型管理

遵循经济生态规律，进行管理。要将宏观的工、农生产系统工程和生态工程技术结合起来。如协调水资源供需矛盾，可采用少量化和再生循环等多种途径，解决水资源问题。

6. 绿色工程

要大力开展植树种草的生态环境绿色工程：① 切实做到抚育与更新相结合，实行森林采伐限额制度，提倡全民搞绿化；② 建立和完善自然保护区网络、典型的多种生态系统就地加以保护，防止进一步恶化；③ 荒漠化和水土流失的治理。长江、黄河中上游的植树种草和森林保护有特殊意义，要从根本上扭转长江和黄河流域生态系统退化趋势。

近年来提出的生态系统健康和生态系统管理的新概念不是偶然的，它是人们醒悟的标志。它告诫人们要像维护人类健康般地维护生态系统的健康，要像对待人类健康般地管理生态系统。“只有一个地球”！为了全人类的生存和发展，我们要积极开展科学研究，加深对生态系统的全面认识，为改善和保护各类生态系统的永续发展作出贡献。

第四节　发展趋势

一、生态系统形成、进化过程的研究

面对全球生境多样性、生态过程多样性和生物多样性的惊人丧失，人们从来没有像现在这样需要增进对生态系统形成和进化过程原理的理解：支配生物有机体与其环境之间的相互关系的因素；调控生态系统结构和功能的机制；生态系统对逆境以及全球变化反应及其规律等。

生态系统形成、进化过程和物种形成使得生态系统生态学的研究既迷人又困难。有些问题需要进行比较研究的方法才能解决，而且不总是可用实验来检验的。如系统中包含多少个物种为合适？物种在生态系统中如何分化为先遣种、优势种、关键种和冗余

种？是如何作用和再分化的？脆弱生态系统如何衰退而丧失其稳定性，一个生态系统又如何排除自然和人为干扰而不断向前进化？

二、退化生态系统恢复的研究

过去10年中，对受损水域生态系统恢复的研究虽取得一定的进展（Cairns 1988），然而，人类仍然面临着生态系统恢复的巨大挑战。据Daily（1995）报告，全球有$20\times10^8hm^2$的土地退化，荒漠化有$36\times10^8hm^2$以上土地。退化生态系统恢复的最实质性的问题是恢复其必要成分和功能及其自调节能力。有关恢复的理论、技术体系及恢复成功的标准等尚待完善和深入。尤其是生态恢复过程和机制中的不确定性。

三、生态系统健康的研究

众多自然和人为因素干扰下，全球生态系统已不堪重负，地球出现了不健康的症状。Costanza（1992）首次全面论述了生态系统健康的新思想引起了广泛关注。Kristin（1994）、Samson（1994）、Yazvenko（1996）、Rapport（1998）和Rapport等（1999）结合各自的工作，在基本概念、原理、健康标准及其评估指标等方面加以扩大和充实。然而，生态系统健康的兴起还不到10年，还有许多基本问题有待解决：生态系统健康的状态仍然有许多不确定性；生态系统本身的复杂性导致生态系统健康难以有简化的具体指标和评估方法；保持生态系统健康的措施和策略，生态系统健康能持续多长时间。总之，生态系统健康新思想的框架已经构建，尚须进一步的充实和研究。

四、生态系统服务的价值评估研究

Holdren和Ehrlich（1974）首次提出生态系统服务的新概念，就引起了生态学界的高度重视（Westman 1977；Ehrlich et al 1983；Cairns 1997）。显然，生态系统服务具有十分重要的意义，它众多的功益性服务，是无法替代的。离开了生态系统服务，全人类的生存就会受到严重威胁；全球经济的运行，将会停滞。那么，生态系统服务究竟给人类提供了多少价值呢？这个问题，到1997年Costanza等13位生态学家共同努力才作出了第一篇生态系统服务价值的评估报告，这是全球生态系统综合性研究的新成果。这只是初步结果，还存在一定局限性，主要原因是：① 空缺一些项目，荒漠、苔原等生态系统目前没有可靠的数据；② 价值是根据当前人们愿意支付作出的，带有主观性；③ 依据局部数字推算全球总价值是会有差误的；④ 所采用的估计是用一个静态的快照（snap shot）来代表复杂的动态系统，忽略了要素间复杂的相互依存关系。

应该说，这是个粗略的概算。人类对生态系统的认识还很肤浅，其中尚有大量自然的价值未被发现，特别是千千万万生物的研究还很差。展望未来，自然生态系统的潜在价值的被开发利用，必将给人类文明带来新转机。

五、生态系统管理

生态系统受到人类活动的干扰和影响日益增加。过度开发造成的破坏和环境的恶化已危及人类自身的生存。生态系统管理是合理利用和保护生态系统健康最有效的途径。生态系统管理对象包括了自然和人为因素两个方面。虽然受到了重视，但有关生态系统管理的具体目的、内容和方法尚不大清楚，存在着分歧：有人认为生态系统管理仅是宏观控制；有人认为要大量数据和理论；又有人强调，生态系统管理不必有明确的定义；还有的只要求可操作性就可以了。这些情况表明，生态系统服务还要进一步加以研究，统一认识。

思考题

1. 什么是生态系统的发育？其中结构和功能的特征变化有哪些趋势？

2. 试论生态平衡的概念，如何正确认识？你认为建国以来生态建设的主要失误和问题是什么？应如何改进？

3. 为什么说生态系统是开放的热力学系统？

4. 试论生态系统健康的概念、管理的原理是什么？你认为生态系统健康的敏感性指标有哪些？

5. 试论生态系统管理的概念，你认为应如何加强我国的生态系统管理？

6. 你认为对生态系统健康和服务在未来科研工作发展的趋势是什么，请多加论述。

参考文献

蔡晓明. 2000. 生态系统生态学. 北京:科学出版社

任　海,彭少麟. 2001. 恢复生态学导论.北京:科学出版社

赵跃龙.1999. 中国脆弱生态环境类型分布及其综合整治. 北京:环境科学出版社

章家恩,徐　琪. 1999. 恢复生态学研究的一些基本问题探讨,应用生态学报,10(1) : 109～112

牛文元. 1997. 可持续发展导论. 北京:科学出版社

Cairns J Jr et al (eds). 1988. Rehabilitation damaged Ecosystems. Boca Raton : CRC Press

Costanza R R et al. 1997.The value of the worlds ecosystem services and natural capital. Nature, 387 : 253～259(这是第一篇论文,它较系统地概述了全球生态系统服务价值)

Costanza R R et al. 1992.Ecosystem health: New goals for Environment. Washington, DC:Island Press

Cairns J Jr (ed).1992.Restoration of aquatic Ecosystems. Washington, D.C:National Academy Press

Daily G C (ed). 1997.Nature's services – social dependence on natural ecosystems. Island Press(该书为研究生态系统服务热潮兴起的一个标志)

Daily G C. 1995.Restoring value to the worlds degraded lands. Science,271 : 1362～1363

Lovelock J E. 1979.Gaia: A new look at life on earth. Oxford university press

Lovelock J E. 1988.The ages of Gaia. Norton, New York

Odum E P. 1969.The strategy of ecosystem development. Science,164 : 262～270

Prigogine I. 1980.From being to becoming:time and complexity in the physical Sciences. Freeman

Rapport D J. 1998.Ecosystem health. Oxford: Blackwell Science, Inc

Rapport D J, costanza R & Mc Michael A J. 1999.Assessing ecosystem health. Trends in Ecology & Evolution,13:397～402

Vogt K A et al. 1997. Ecosystem: Balancing science with management. New York, Spinger-Verlag
Westman W E. 1977. How much are nature's service worth? Science, 197 : 960～964
Yazvenko S B. 1996. A framework for assessing forest ecosystem health. Ecosystem Health, 2 : 41～55

第六篇　景观生态学

第二十四章　景观生态学

学习要点

1. 了解景观生态学学科的内容与任务，熟悉景观生态学的形成与发展过程。

2. 了解景观格局的形成、结构和功能特征。

3. 掌握景观格局分析方法。

基本概念

1. 景观生态学：景观生态学通常认为是研究景观单元的类型组成、空间配置及其与生态过程相互作用的一门学科。其核心是空间格局、生态过程及其相互作用。

2. 斑块、廊道、基质

斑块是指与周围环境不同的空间实体，是构成景观的基本结构和功能单元。

廊道是指线形的景观单元，景观中的廊道通常具有通道与阻隔的双重作用，一方面几乎所有的景观都会由廊道分割，另一方面景观要素又被廊道连接在一起，成为功能的整体。

基质是面积最大、连通性最好、对景观总体动态支配作用最大的景观类型。

3. 景观异质性：景观异质性是指景观要素在空间分布上和时间过程中的变异与复杂程度。它主要反映在景观要素多样性、空间格局复杂性以及空间相关的动态性。

4. 景观结构与格局

景观结构：研究景观组成单元的类型与空间关系及其形成机制。如构成景观的生态系统类型、面积分析方式及其综合特征，如多样性、破碎化、连通性、优势度等。不同的尺度，景观往往表现出不同的结构特征。

景观格局是指景观斑块在空间上的配置，景观格局是景观异质性的具体表现，同时又是包括干扰在内的各种生态过程在不同尺度上作用的结果。

5. 尺度：尺度通常是指研究一定对象或现象所采用空间分辨率或时间间隔，同时又可指某一研究对象在空间上的范围和时间上发生频率。

第一节　景观和景观生态学

一、景　　观

景观一词最初多用来描述森林、草原与湖泊的美丽景色，或一定地理区域的综合地貌特征，这时景观的含义往往是景色、风景的同义词。在地理学中，景观是一定空间单元自然地理过程的总体。在生态学中，景观是一定空间范围内，由不同生态学系统所组成的，具有重复性格局的异质性地域单元（Forman　1986）。生态学的景观通常具有如下五个方面的特征：① 景观由不同空间单元镶嵌而成，具有异质性；② 景观是具有明显形态特征与功能联系的地理实体；③ 景观既是生物的栖息地，更是人类的生存环境；④ 景观是处于生态系统之上，区域之下的中度尺度；⑤ 景观具有经济、生态、文化的多重属性（傅伯杰等　2002）。

二、景观生态学及其发展

景观生态学通常认为是研究景观单元的类型组成、空间配置及其与生态过程相互作用的一门学科(邬建国　2000)。其核心是空间格局、生态过程及其相互作用。

景观生态学起源于欧洲，其产生可以追溯到20世纪初。景观生态学一词最早是由德国区域地理学家Troll创立的，用以分析某一景观中生物与其自然环境之间的相互关系。他当时认为景观生态学不是一门新的学科，而是综合研究的一种观点与思路，Troll的贡献在于开拓了由地理学与生态学交叉的新领域（傅伯杰等　2002）。与此同时，前苏联生态学家发展了生物地理群落学，其分析方法与内容与欧洲早期的景观生态学相似。荷兰生态学家Zonneveld和以色列生态学家Naveh继承并发展了欧洲景观生态学的传统，Zonneveld认为："景观生态学是地理学的一个内容，它注重的是由相互作用的空间单元所组成的整体。"Naveh和Lieberman更进一步指出："景观生态学是基于系统论、控制论和生态系统生态学之上的跨学科的生态地理科学，是整体人类生态系统科学的一个分支"（Naveh，Lieberman　1984）。欧洲景观生态学是从地理学中发展起来的，它的重要特点是强调整体论和生物控制论，并将人类活动作为景观生态学研究的一个重要方面。同时，欧洲景观生态学十分重视景观生态学在土地利用、土地管理和景观规划与保护中的应用。

在北美，景观生态学直到20世纪80年代才受到生态学家的重视。在1981年至1983年间，Forman通过文章介绍了欧洲景观生态学的发展状况，强调景观生态学与生态学的其他分支学科不同，并认为景观生态学是着重研究较大尺度上不同生态系统的空间格局与相互关系，并提出了"斑块-廊道-基质"的景观模式。1983年在美国伊利诺斯州召开的景观生态学会，该研讨会被认为是美国景观生态学发展的奠基性会议。会上分析了景观生态学发展的现状和问题，讨论了景观生态学的定义和研究内容，这次会议的纪要对美国景观生态学的发展方向和进程起到了重要的指导作用（邬建国　2000）。1986年Forman与Godron（1986）出版了美国第一本景观生态学著作。Forman与Godron认为景观生态学是研究森林、草原、湿地、村庄等生态系统的异质性组合、相互作用与变化的生态学分支。其研究重点主要包括景观要素或生态系统的空间格局，景观要素之间动植物种、能量、物质和水分的交换与流动以及景观要素及其格局的动态变化。美国的景观生态学是从生态学中发展起来的，把景观生态学建立在生态系统生态学与现代科学技术之上，强调景观的多样性、异质性与景观生态学过程与功能的研究。逐步发展形成了景观格局、景观功能与景观动态研究以及景观管理的一系列理论与方法。

虽然欧洲的景观生态学与北美的景观生态学在学科起源与发展历程上显著不同，但随着对研究对象认识的不断深入以及学术交流，两个学派之间的差距不断缩小，景观生态学已逐渐成为一个走上成熟的生态学分支学科。

三、景观生态学研究对象与研究内容

景观生态学是一门研究一定地域范围内不同生态系统或景观发展所形成的功能整体的结构、过程与动态的生态学分支学科，其研究对象是由不同生态系统与景观要素组成的异质性景观，研究景观要素间的物质流、物种交流、能量流、景观要素的空间格局与生态过程的关系以及景观格局与生态过程的动态变化。因此景观生态学的研究内容可以概括为四个方面。

（1）景观结构：研究景观组成单元的类型、空间关系及其形成机制。如包括构成景观的生态系统类型、面积、空间分布方式及其综合特征，如多样性、破碎化、连通性、优势度等。不同的尺度，景观往往表现出不同的结构特征。

（2）景观生态过程：研究景观要素之间的相互联系方式与相互作用，如景观要素之间的动、植物的物种迁移，扩散规律，物质流、能流与信息流等。

（3）景观动态：研究景观结构与景观生态过程随时间的变化特征与规律。

（4）景观生态学与资源管理：景观生态学为生态学原理应用于土地等自然资源管理提供了桥梁，景观生态学的起源就与土地管理、自然保护、区域规划密切联系在一起。现代景观生态学也一直保持其强烈的应用科学特色，寻求为区域规划、土地可持续管理与自然保护提供生态学基础。

景观生态学研究内容的四个方面是相互联系在一起的。景观结构与景观生态过程是相互依赖、相互作用的，通常景观结构决定景观生态过程，而景观结构的形成又受景观生态过程的影响。景观结构与景观生态过程以及两者之间的相互关系均是随时间而变化的。同时，对景观结构过程及其动态的认识，有助于人们规划与设计生态合理的人类活动、设计可持续的土地管理和自然资源利用方式。而区域可持续发展与自然资源管理的要求也推动了景观生态学的发展。可以说正是 20 世纪 60 年代以来的区域性与全球性的生态环境危机推动了景观生态学的发展。

四、景观生态学的一般原理

景观生态学作为一门日臻成熟的学科，许多生态学家对其一般原理进行了大量的探索与分析（表 6-24-1）。概括起来，景观生态学的一般原理包括景观整体性原理、景观异质性原理、景观等级性原理、景观尺度效应原理、景观格局与生态过程相互关系原理及景观动态变化原理等。

表 6-24-1　不同作者提出的景观生态学的一般原理*

Forman 1995	Risser 1984	Farina 1995
1. 景观与区域	1. 空间格局与生态过程	1. 格局与过程的时空变化
2. 斑块、廊道、基质	2. 空间与时间尺度	2. 系统的等级组织
3. 大自然植被斑块	3. 异质性与干扰的作用	3. 土地分类
4. 斑块形成	4. 格局变化	4. 干扰过程
5. 生态系统间的相互作用		5. 土地镶嵌的异质性
6. 碎裂种群动态		6. 景观破碎化
7. 景观抗性		7. 生态交错带
8. 粒度大小		8. 中性模型
9. 景观变化		9. 景观动态与演进
10. 镶嵌系列		
11. 外部结合		
12. 必要格局		

* 根据傅伯杰等（2002 年）修改

（1）景观整体性原理：景观生态学认为景观是由不同生态系统或景观要素通过生态过程而联系形成的功能整体。景观生态学要求应从景观的整体性出发研究其结构、功能及其演变过程。

（2）景观异质性原理：景观异质性是指景观要素在空间分布上和时间过程中的变异与复杂程度。异质性是景观的基本属性，几乎所有的景观都是异质的。它主要反映在景观要素多样性、空间格局复杂性以及空间相关的动态性。景观异质性及其测度一直是景观生态学研究的核心问题之一，认识景观异质性是了解景观过程与动态的基础。

（3）景观等级性原理：等级理论认为任何系统只属于一定的等级，并具有一定的时间和空间尺度。由于景观是由不同生态系统的空间集合与镶嵌构成的，等级性原理就规范了景观生态学研究的对象应是景观的不同生态系统或景观要素的空间关系、功能关系以及景观整体的性质与动态。

（4）景观尺度效应原理：尺度通常是指研究一定对象或现象时所采用的空间分辨率或时间间隔，同时又可指某一研究对象在空间上的范围和时间上的发生频率。景观生态学认为景观在不同研究尺度表现出不同的性质与属性，即景观的空间格局与生态过程是随尺度的不同而异。因此在景观生态学的研究中，必须根据研究对象的性质与研究目的确定适当的空间与时间尺度，以便能真实地了解研究对象景观性质的真象。景观研究中不同尺度的转换是当前生态学研究的前沿课题。

（5）景观格局与生态过程的关系原理：与生态系统与过程的关系相似，在景观中，景观格局决定景观生态过程，而景观生态过程又影响景观格局的形成与演化。景观格局与生态过程的关系及其相互作用规律是景观生态学研究的又一核心问题。

（6）景观动态性原理：景观生态学认为景观格局与生态过程及其相互作用的关系均是随时间而变化的，各景观要素的时间变化是不一致的，而且不同尺度的表现也是不同的，景观动态性原理反映了景观演化的不平衡观和尺度效应。

第二节　景观结构与生态过程

景观结构是指不同生态系统或景观要素的斑块特征及其在空间上的配置规律。同一景观单元，在不同尺度，景观结构是不同的。景观结构的基本组成要素包括基质、斑块、廊道以及要素的空间配置形式（Forman and Godron　1986）。

一、斑　　块

在景观生态学中，斑块是指与周围环境不同的空间实体，是构成景观的基本结构和功能单元。

（1）斑块形状：由于环境与人类活动的干扰影响，斑块的形状可谓是千姿百态，通常可归纳为圆形、多边形、长条形、环形与半岛形五大类。不同形状的斑块具有明显不同的生态效应。如相同面积的圆形斑块比长条形斑块有更多的内部面积和较少的边缘，而半岛形斑块有利于物种迁移。

（2）斑块类型：斑块的形成原因是环境异质性、自然扰动与人类活动干扰。根据斑块的起源，可以将斑块分为四种类型（Forman and Godron　1986）

环境资源斑块：即由于环境条件如气候、地形、土壤、水分、养分等在空间上分布不均匀而形成斑块。如沙漠上的绿洲、河流下游地区的湿地等。环境资源斑块通常是比较稳定的。

干扰斑块：由局部性干扰，如泥石流、风暴、雪崩、病虫害的爆发以及人类活动干扰而形成小面积斑块。干扰斑块通常具有高的周转率、持续时间短的特征。在某些特殊的周期性干扰的情形下，干扰斑块也可以长期存在。

残存斑块：由大范围干扰活动，如大范围的森林砍伐、农业活动、森林火灾等造成的局部范围内幸存或残存的自然与半自然生态系统片段。

引进斑块：由人类引入新的植物，或人类活动所形成的斑块，如农田、人工林、果园、高尔夫球场，以及城市与人类居住点。引进斑块通常由人管理，而且往往对其他斑块与基质有较大的影响。

（3）斑块结构特征与生态学效应：斑块的类型形状、大小及边界特征往往决定了景观生态过程，从而具有显著的生态效应。

资源分布的斑块化：由于资源的有效性和分布格局不仅影响生物个体的能量平衡，而且与物种的分布共同作用使斑块分化成不同的生境，因此生物的分布与生态系统的结构在很大程度上取决于资源的时空分布格局。

斑块的边缘效应：是指斑块的边缘部分由于受相邻斑块或周围环境的影响，表现出与斑块中心部分不同的生态学特征的现象。许多研究表明，斑块的周边部分通常具有较高的物种丰富度与初级生产力。有些物种适应较稳定的环境条件，往往集中分布在斑块的中心部分，而另一些物种适应多变的环境条件，主要分布在斑块的边缘部分，在景观生态学中，前者称为内部种，后者称为边缘种。斑块的形状与大小是斑块边缘效应的物质基础。

斑块与生物多样性：根据岛屿生物地理学理论，斑块中的物种丰富度与斑块面积成正比，即在理论上，斑块面积越大，物种数量越多。但在现实景观中，各种大小的斑块往往同时存在，在生物多样性保护中具有不同的作用。大斑块有利于生境敏感种的生存，为景观中其他部分提供种源，为大型动物以及需要大生境范围的物种提供适宜的栖息地。小斑块通常是一些边缘种、稀有种的栖息地，还能作为物种传播的"踏脚石"。

斑块与异质种群：异质种群是指在斑块生境中，空间上具有一定距离，但彼此间通过扩散个体能相互联系在一起的小种群或局部种群的集合（傅伯杰等 2002）。景观中的斑块是异质种群存在的生态学基础。一般认为，由于生境破碎化将大的生物种群分割成为小的局部种群，会增加种群的绝灭风险。但也有认为斑块化的生境可提高生境的异质性，降低种内的竞争，降低干扰及疾病导致种群灭绝的风险。

斑块与干扰：干扰是斑块形成的主要原因之一，但斑块又可直接控制一些干扰的扩散，提高景观整体的稳定性。一般认为，斑块的大小、形状、边界结构和斑块的距离等斑块结构特征会影响干扰过程，而且在某些条件下存在着一种与干扰类型相对应的斑块结构与景观格局的亚稳态。例如，一般情况下，不同年龄的林分斑块对火的扩散有不同的阻滞作用，林斑的大小、形状和距离都直接影响火的行为。用 Weibull 函数描述林火周期性明显与火烧面积、火烧频率和不同年龄林木的斑块有关。火周期为 26～113 年产生的是少于 200 年的不同龄林木的格局，而火周期为 343 年则产生于大于 1000 年的不同龄林的斑块镶嵌（伍业钢，李哈滨 1992）。

二、廊　　道

廊道是指线形的景观单元，景观中的廊道通常具有通道与阻隔的双重作用，一方面几乎所有的景观都会由廊道分割，另一方面景观要素又被廊道连接在一起，成为功能的整体。

（1）廊道的类型：在景观中，廊道通常有 3 种基本类型，即线状廊道、带状（窄带）廊道与河流廊道。

线状廊道是指全部由边缘物种占优势的狭长条带，相邻的斑块与基质的环境条件，如土壤、水分、物种以及人类活动均会对线状廊道的内部环境与物种构成较大的影响。典型的线状廊道，如公路、铁路、沟渠、树篱等多为人类活动的产物或直接由人类活动维持。

带状廊道是指含有较丰富内部种和内环境的条带景观单元。带状廊道应有一个较稳定和一致的内部环境。我国的三北防护林带应是这一廊道类型的代表。

河流廊道是指由于河流分布而不同于周围基质的植被带，通常可包括河流边缘、河漫滩、河堤和部分高地。河流廊道在营养物质流动、物种迁移、控制洪水泛滥方面有重要的作用，同时河流廊道还是许多边缘物种如河狸等的重要栖息地，在生物多样性保护区具有特殊的意义。

（2）廊道的形成与起源：廊道的起源与形成和斑块的形成相似。环境资源在景观中呈带状分布，如河流是河道廊道形成的环境基础。人类活动干扰是道路廊道、林带廊道形成的原因。除河流廊道外，其他类型的廊道均在不同程度上与人类活动相关。

（3）廊道的结构特征与生态功能：廊道的结构特征主要表现在廊道的曲度，即廊道曲折程度、廊道宽度、廊道连通性以及廊道的内环境。廊道在景观生态过程具有十分重要的作用，不同的廊道的生态作用差异较大，如森林廊道是景观内物质、能量流动，动植物种迁移扩散的通道；道路廊道则是景观中不同要素物质能量交流的障碍，或是景观的影响源；河流廊道不仅是物质流动与物种扩散过程的通道，还往往是一些重要物种的栖息地。

三、基　　质

景观是由不同类型的景观要素组成。其中基质是面积最大、连通性最好、对景观总体动态支配作用最大的景观类型。

（1）基质的判定：根据基质的定义，通常通过比较各景观要素的相互面积与连通性来判断基质；通常基质的面积超过景观其他要素面积的总和。运用景观功能指标来判断基质通常是比较困难的，只有用结构指标无法确定基质时，运用功能指标进行野外观测或获得有关物种组成和生活史特征信息来估计哪一种景观要素对景观动态的控制作用最大（傅伯杰等　2002）。

（2）孔隙度：孔隙度是指单位面积斑块的数目，是景观斑块密度的量度，与斑块大小无关；孔隙度大小与边缘效应密切相关，对基质的生态功能有重要影响。

四、景观格局

景观格局是指景观斑块在空间上的配置，景观格局是景观异质性的具体表现，同时又是包括干扰在内的各种生态过程在不同尺度上作用的结果（伍业钢，李哈滨　1992）。景观格局分析的目的是在似乎无序的斑块镶嵌的景观上发现有意义的规律性，确定空间格局的形成机制，认识不同景观格局及其生态效应，了解空间格局的尺度性质。

从结构上，景观格局可以分为点格局、线格局、网格局（Wiens　1988）。点格局是指特定景观类型的斑块大小相对于它们之间的距离要少得多的一种景观类型；线格局是指景观要素呈长带状的空间分布形式；网格局是点格局与线格局的复合体。还可以从景观要素的空间分布关系上分为均匀分布格局、聚集型分布格局以及特定组合分布格局。均匀分布格局是景观要素的面积、距离以及空间布局相对一致，而聚集型分布格局则反映的是一些景观要素相互集中地分布在一定范围。有的景观类型或景观要素总是相伴重复出现（Forman and Godron　1986）。

景观格局是环境资源空间异质性的具体体现，也反映了干扰，尤其人类活动干扰的长期效应。同时，景观格局决定景观生态过程的速率与强度。景观格局具有强烈的尺度效应，任何格局均是特定空间尺度上的格局，没有尺度就无法定义景观格局。

现代景观生态学研究很大程度上是研究景观格局及其与生态过程的关系。

第三节　景观生态学数量研究方法

景观生态学数量方法是景观生态学的重要组成部分，是认识景观结构、过程与动态的工具和手段。作为一门新兴的以研究生态系统空间规律为核心的生态学分支，景观生态学数量研究方法具有明显的空间分析特征。随着地理信息系统与遥感技术的普及，景观研究方法得到迅速发展。受篇幅的限制，本节就景观指数、景观格局分析以及景观模型的基本方法作一简单的介绍。

一、景观指数

景观指数通常包括景观单元特征指数与景观异质性指数两个类别。景观单元特征指数是指用于描述斑块面积与周长等特征的指标。景观异质性指数主要包括多样性指数、镶嵌度指数、距离指数和景观破碎化指数。景观指数的合理应用可以定量地描述景观的结构、过程以及相互关系。感兴趣的读者请参阅文献（McGarigal and Marks　1995）。

1. 景观单元特征指数

（1）斑块面积：可以用斑块平均面积、斑块面积方差、斑块面积的统计分布规律、最大斑块指数等指数来反映景观斑块面积特征。

（2）斑块数：可以用斑块数量、斑块密度以及单位周长的斑块数来度量斑块的数量特征。

（3）斑块周长：斑块周长是景观单元结构的重要参数，可以用边界密度，即景观总周长与景观总面积的比，以及形状指数，即周长与等面积的周长之比等指数度量。

2. 景观异质性指数

（1）多样性指数：生态学的多样性指数通常用于描述群落中不同种群的空间分布规律，多样性指数大多可以用来描述景观，尤其以信息理论为基础的多样性指数，在景观生态学中应用很广泛。景观多样性指数与群落多样性指数的主要差异是：群落多样性指数使用种及个体密度进行计算，景观多样性指数则用生态系统（或景观要素）类型及其在景观中所占面积比例进行计算。景观多样性还可以用丰富度、均匀度、优势度等指数来描述（李哈滨，伍业钢　1992）。

丰富度：丰富度主要反映组成区域景观的要素类型与其空间量的分布，可以采用（24-1）式估计。

$$R = \left(\frac{T}{T_{\max}}\right) \times 100\% \tag{24-1}$$

式（24-1）中，R 为相对丰富度指数；T 为景观丰富度或景观中生态系统类型的总数；$T_{\max}$为最大景观丰富度。

均匀度：均匀度用以描述景观里不同生态系统的分配均匀程度，可以用 Romme 的相对均匀指数（24-2）估计。

$$E = \left(\frac{H}{H_{\max}}\right) \times 100\% \tag{24-2}$$

$$H = -\lg\left[\sum_{i=1}^{T} P^2(i)\right]$$

$$H_{\max} = \ln(T) \tag{24-3}$$

式（24-2），（24-3）中，E 为均匀度指数；P（i）为 i 景观要素在景观里的面积比例；T 为景观要素总数。

优势度：即分析比较景观要素在景观中所占的空间大小，由于每一要素都有其特定的功能，因此景观优势度，反映了景观的功能特点。景观优势度可以用面积优势度与功能优势度来测度。

$$RD = 100 - \left(\frac{D}{D_{\max}}\right) \times 100\% \tag{24-4}$$

$$D = -\lg\left[\sum_{i=1}^{T} P^2(i)\right]$$

$$D_{\max} = \ln(T) \tag{24-5}$$

式（24-4）、（24-5）中，RD 为相对优势度指数；D 为 Shannon 多样性指数。

优势度与均匀度呈负相关，它描述景观由少数几个生态系统控制的程度。优势度由 O' Neill 等（1988a）首先提出并应用于景观生态学。显然，优势度和均匀度从本质上讲是一样的，它们的差异是其生态学意义不同，实际上可以任选其一。

（2）镶嵌度指数：镶嵌度描述景观相邻生态系统的对比程度。可以用修正的 Romme 相对镶嵌度指数计算公式（24-6）来估计（Li　1989）：

$$PT = \frac{1}{Nb}\sum_{i=1}^{T}\sum_{j=1}^{T} EE(i,j)DD(i,j)x100\% \tag{24-6}$$

式中，PT 是相对镶嵌度指数（百分数）；EE（i，j）是相邻生态系统 i 与 j 之间的共同边界长度；DD（i，j）是生态系统 i 和 j 之间的相异性量度；Nb 是景观中不同生态系统间边界的总长度。

聚集度：聚集度用以描述不同景观要素的团集程度，通常聚集度大表明景观由少数团聚的大斑块组成，反之，聚集度小则反映景观由许多小斑块组成，聚集度可用下列公式估计：

$$RC = 1 - \frac{C}{C_{\max}} \tag{24-7}$$

$$C = -\sum_{i=1}^{T}\sum_{j=1}^{T} P(i,j)\log[P(i,j)] \tag{24-8}$$

$$C_{\max} = 2\log(T) \tag{24-9}$$

式（24-7），（24-8），（24-9）中，RC 为聚集度指数，C 为复杂性指数，$C_{\max}$为 C 的最大可能取值，P（i，j）为景观要素 i 与 j 相邻的概率，T 为区域景观要素总数，在实际计算中，P（i，j）可由（24-10）式计算：

$$P(i,j) = \frac{EE(i,j)}{Nb} \tag{24-10}$$

式（24-10）中，$EE(i, j)$ 为相邻斑块 i 与 j 之间的共同边界长度；Nb 为景观里不同要素斑块间边界的总长度。

（3）距离指数：斑块间的距离是指同类斑块间的距离，用斑块距离来构造的指数称为距离指数。距离指数有两种用途：一是用来确定景观中斑块分布是否服从随机分布，二是用来定量描述景观中斑块的连接度或隔离度，可以用最小距离指数和连接度指数来估计。

最小距离指数用来检验群落里一个种的个体是否服从随机分布，我们把其计算式中的个体间最小距离换成斑块间最小距离，即可用于景观研究。

$$NNI = MNND/ENND \tag{24-11}$$

式（24-11）中，NNI 是最小距离指数；$MNND$ 是最近邻斑块间的平均最小距离；$ENND$ 是随机分布条件下的期望值。

（4）连接度指数：连接度是指景观斑块之间的联系程度，通常斑块之间的网络越发达，斑块之间的物质、能量及信息的交换也越频繁。连接度用（24-12）式估计：

$$N = \frac{L}{L_{\max}} = \frac{L}{3(V-2)} \tag{24-12}$$

式（24-12）中，N 为连接度指数；L 为斑块之间的连接数目；V 为区域景观斑块总数。

（5）破碎化指数：景观破碎化是现存景观的一个重要特征。破碎化主要表现为斑块数量增加而面积减少，斑块的形状趋于不规则，景观内部生境面积缩小，作为物质、能量和物种交流的廊道被切断，景观斑块彼此被隔离，形成岛屿。景观破碎可用如下（24-13～22）指数评价（李哈滨，伍业钢　1992）：

$$FN_1 = (Np - 1)/Nc \tag{24-13}$$

$$FN_2 = MPS(Nf - 1)/Nc \tag{24-14}$$

式（24-13）和式（24-14）中，FN_1 和 FN_2 是两个景观破碎化指数；Nc 是景观数据矩阵的方格网中格子总数；Np 是景观中各类斑块（包括森林、采伐迹地、灌丛、农田和居民区等）的总数；MPS 是景观中各类斑块的平均斑块面积（以方格网的格数为单位）；Nf 是景观中斑块总数。

森林斑块形状破碎化指数：

$$FS_1 = 1 - 1/MSI \tag{24-15}$$

$$FS_2 = 1 - 1/ASI \tag{24-16}$$

$$MSI = \sum_{i=1}^{N} SI(i)/N \tag{24-17}$$

$$ASI = \sum_{i=1}^{N} A(i)SI(i)/A \tag{24-18}$$

$$SI(i) = P(i)/4\sqrt{A(i)} \tag{24-19}$$

$$A = \sum_{i=1}^{N} A(i) \tag{24-20}$$

式（24-15）与式（24-16）中，FS_1 和 FS_2 是两个景观形状破碎化指数；式（24-17）中 MSI 是景观斑块的平均形状指数；式（24-18）中 ASI 是用面积加权的景观斑块平均形状指数；$SI(i)$ 是景观斑块 i 的形状指数；$P(i)$ 是景观斑块 i 的周长；$A(i)$ 是景观斑块 i 的面积；A 是景观总面积；N 是景观斑块数。注意，$SI(i)$ 的计算是以正方形为标准的形状指数，因为我们使用的数据是栅格化的，即正方形斑块的形状指数为 1，其他形状均大于 1。

森林内部生境面积破碎化指数：

$$FI_1 = 1 - A_i/A \tag{24-21}$$

$$FI_2 = 1 - A_1/A \tag{24-22}$$

式（24-21）与式（24-22）中，FI_1 和 FI_2 是两个景观内部破碎化指数；A_i 是景观内部生境总面积；A_1 是最大斑块面积；A 是景观总面积。景观内部生境是指不受边缘效应影响的生境（Forman and Godron　1986）。所以，A_i 是景观斑块总面积减去受边缘效应影响的景观面积。

二、景观格局分析模型

景观格局分析主要目的是定量研究景观的组成和结构、景观中斑块的性质和参数的空间相关性与空间相互作用、景观格局在不同尺度上的变化（即格局的等级结构）以及景观格局与景观过程的相互关系（Turner and Gardner　1991）。针对不同的研究目的，很多在数学、物理和化学等学科中成熟和新兴的方法都可以借鉴应用到景观空间格局分析之中，因此景观空间格局分析模型非常丰富，新的分析方法层出不穷。目前应用比较广泛的模型主要包括：空间自相关分析、变异矩和相关矩、聚块样方方差分析、空间局部插值法、趋势面分析、地统计学、波谱分析、小波分析、分维分析、亲合度分析等。

（1）空间自相关分析：空间自相关分析是用来检验空间变量的取值是否与相邻空间上该变量取值大小有关，如果某空间变量在一点上的取值大，而同时在其相邻点上取值也大的话，则我们称之为空间正相关；否则，则称为空间负相关，空间自相关分析的数据可以是类型变量（如颜色、种名和植被类型等）、序数变量（如干扰级别）、数量变量或二元变量等。变量在一定单元的取值可以是直接观测值，也可以是样本统计值。变量应满足正态分布，并由随机抽样获得。

（2）地统计学方法：地统计学是统计学的一个新分支，由于它首先在地学（采矿学、地质学）中发展和应用而得名为地统计学，其最初的目的在于解决矿脉估计和预测等问题。现在，地统计学的应用已被扩展到各种自然现象的空间格局分析之中，是研究空间变异的有效方法。地统计学的理论主要是由 Matheron（1973）归纳和发展的。地统计学以区域化随机变量理论为基础，研究自然现象的空间相关性和依赖性。区域化随机变量与普通随机变量不同，普通随机变量的取值按某种概率分布而变化，而区域化随机变量则根据其在一个域内的位置取不同的值，换句话说，区域化随机变量是普通随机变量在域内确定位置上的特定取值，它是随机变量与位置有关的随机函数。区域化随机变量考虑系统属性在所有分离距离上任意两样本间的差异，并将此差异用其方差来表示。地统计学仅在近几年里才被应用到生态学研究中，然而它已显示出很大的潜力。

（3）空间局部插值法：空间局部插值法利用变异矩或相关矩分析的结果，估计空间未抽样点上区域性随机变量的取值。显然，如果变异矩和相关矩分析的结果表明空间相关性不存在，则空间局部插值法不适用。空间局部插值法可分为三大类：点局部插值法、小区局部插值法和通用局部插值法。

(4) 波谱分析：波谱分析是一种研究系列数据的周期性质的方法。波谱分析先是用于时间系列，现已用于空间系列分析。Carpenter 和 Chaney (1983) 认为，波谱分析适用于小尺度空间格局规律性的研究。波谱分析的实质是利用傅里叶级数展开，把一个波形分解成许多不同频率的正弦波之和，如果这些正弦波加起来等于原来的波形，则这个波形的傅里叶变换就被确定了。从广义上来说，波谱分析反映了数据系列的周期性。如果景观空间格局存在某种周期性，即有规律的波动，则可以用波谱分析检验出来 (Kenkel 1988)。

(5) 聚块样方方差分析：聚块样方方差分析法是在不同大小样方上的方差分析方法，它是一种简单和有效的生态学空间格局分析方法。这种分析方法要求景观上的样方在空间相互连接。随着聚块所包含的基本样方数目从 1，2，4，8，…… (指数级数) 不断增加，聚块的方差值常常随之改变。通过确定这种不同大小聚块的方差值的变化，我们可以了解斑块的性质及其随尺度的变化。

(6) 趋势面分析：趋势面分析是用统计模型来描述变量空间分布的一种方法。趋势面分析最早应用于地质学，是一种构造等值线图和三维曲面图的工具。现在，趋势面分析已被用于任何空间数据的数量分析。趋势面分析最常用的计算方法是多项式回归模型。通常，所用数据的观测点在空间分布是等距离的。

趋势面本身是一个多项式函数，而趋势面分析一般则从一次多项式开始，然后不断地增加多项式的次数，如二次、三次和四次等。虽然一般说来趋势面多项式的次数越高，其拟合程度也越高，但是随着多项式次数的提高，其通用性和预测性也就越低，计算也越来越复杂，所以趋势面分析通常只应用到四或五次多项式，只要具有一定的拟合程度就可以了。

由于景观受大尺度上的环境因子（如降雨量、土壤性质等）的控制，其分布格局在大尺度上也表现某种趋势或规律性。同时，景观也受局部地区因子的影响，在小尺度上某些缺乏规律性的分布格局也很常见。这种局部因素有时会使大尺度的总体趋势变得模糊不清，趋势面分析能排除局部的“干扰”，揭示大尺度格局的趋势。

(7) 分维分析：分形理论是非线性科学的重要理论之一，形成于 20 世纪 70 年代后期。分形理论首先被引入生态学研究中是在 80 年代初，最先的研究对象是生态格局问题，获得了新奇的结果，引起生态学家的广泛关注 (Frontier 1987)。由于它能够将不同尺度上景观格局的特征有机地联系起来，为多尺度、跨层次系统性地研究景观格局提供了新的途径。

分形几何学的基本研究对象是维数，欧几里德维数是空间的坐标数，成为确定空间内一个点所需的实际参数的最少个数，均为整数。非欧几何的诞生将维数推广到了非整数中，为描述自然界千姿百态的复杂现象提供了数学工具。数学家认为，分形是“其 Hausdorff 维大于拓扑维的集合”。可以从维度意义出发简化分形的定义：即某一物体如果存在 $Q \propto LD$ 的所谓幂律关系，其中 Q 为描述物体特征的一个参量，L 为尺度，它可以是长度、面积或者体积等，则所得 D 值为该物体的分形维数，进而该物体为分形体（车后强，汪富泉 1993；Barnsley 1988）。但通俗地说，分形是指“其局部结构放

大后以某种方式与整体相似的形体”，

将分形维数、自相似性和尺度三者有机地结合起来，更能显示出分形理论对于景观格局研究的适用性和优越性。景观生态学中对斑块结构动态的研究发现，如果限制边界具有一个固定的分维数，当一个斑块在其中扩散时，只有当二者的边界维数相等时才达到稳定状态。尺度、自相似性和分形维数三者紧密联系相辅相成。

三、景观模型

景观生态学研究的对象通常是大空间尺度和空间异质性，还要考虑景观格局和过程的相互作用。由于在景观水平进行野外控制性实验，在许多情况下是不可能实现的，许多景观实验不得不在计算机上模拟。因此，景观模型是帮助我们建立景观结构、功能和过程之间的相互关系，预测景观未来变化的有效工具。

景观模型大致可以分为两类，即空间模型和非空间模型。其差异是：在空间模型里变量的空间位置也是变量，即它考虑空间结构；而非空间模型则不考虑景观的空间结构，景观非空间模型多数是从其他生态学分支引用过来的。本节将介绍四种景观空间模型：零假设模型、景观空间动态模型、景观个体行为模型和景观过程模型。

(1) 零假设模型：零假设模型作为一种研究方法，最早是由 Palmgren 引入生态学的（Gardner 1987)。零假设模型又可称为中性模型、随机模型或基线模型。零假设模型的基本思路是，在假定某一特定景观过程不存在的前提条件下建立期望格局，然后将其与实际数据比较，以揭示景观过程与实际数据间的关系。例如，如果经验数据表明某种过程控制某一景观格局，则我们可以检验过程 A 控制格局 B 这个假说：我们先排除过程 A，进行实验模拟，若格局 B 在没有过程 A 的情况下仍然出现，则格局 B 并不受过程 A 制约，因此可以拒绝零假说。零假设模型既是一类模型，又是一种方法论，也是一种简易和有效地检验科学假说的工具。

零假设模型在景观生态学研究中的意义在于：可以帮助我们调试和简化模型。在错综复杂的景观现象前，需要确定如何构造模型，明确哪些变量和参数应包括在模型里。零假设模型可以作为一种模型调试的手段，可以用来确定模型组分的取舍。零假设模型还可以用于检验生态模型的有效性，帮助选择模型的构造和流程，以及检验数据的可靠性程度。

渗透模型是一个重要零假设模型，它是由 Gardner 和他的同事们应用于景观生态学中的（李哈滨，伍业钢 1992)。模型假定景观格局不存在的条件下，即零假设，利用二维渗透网格来模拟随机景观格局。它可以用来研究火、病虫害和物种在景观中的传播、景观中斑块的集聚性状和空间结构、资源在不同尺度上的可利用性等。渗透模型很有启发性，为景观生态学理论的发展做出了很大的贡献。然而，渗透模型有两个局限性：一是它仅适用于二元景观（只有两个组分的景观)；二是对于给定网格类型临界渗透概率是固定不变的。

(2) 景观空间动态模型：景观空间动态模型研究景观的格局和过程在时间和空间上的整体动态。景观的动态特征表现在其空间结构在不同时空尺度上的变化。随着景观生态学的发展，人们越来越重视对景观空间动态的研究，许多景观空间动态模型也因此得以发展。

大多数景观空间模型都把所研究的景观网格化，即把景观划分为许多格子，每一格子表示一个具有一定空间体积的景观基本空间单元，每个单元所代表的空间面积大小跟所用尺度和精度有关。不同数量单元组成大小不同的景观斑块，每一单元的变化影响斑块的性质，甚至影响景观空间格局。景观空间动态就是通过这些空间基本单元的变化体现出来的。

马尔柯夫链模型是一种常用的景观空间动态模型。它采用转移矩阵来模拟景观斑块从一种类型转变为另一种类型的动态规律，如果转移概率不随时间而改变，且这种转移概率仅与斑块的前一时间点的状态有关的话，那么这种动态可以用马尔柯夫链模型来表示。这种马尔柯夫链模型的缺点在于景观空间动态并不是一个真正的马尔柯夫过程。首先，斑块的变化不仅受其前一时间点上状态的影响；而且还同时受其相邻斑块的性质和变化的影响；其次，斑块的转移概率通常要随时间而变化。此外，这种简单的转移概率模型，没有包括人类经济活动因素。这种转移矩阵模型通常忽略了景观空间的动态的机制，而把复杂的变化和控制机制简化。

(3) 景观个体行为模型：景观个体行为模型以生物个体为基本单位，模拟每一个体的行为及个体间和个体与景观之间的相互作用。在这种模型里，景观的功能和结构动态是通过个体的行为和作用来体现的。

景观个体行为模型的特点是：它具有对多尺度的功能、过程和现象的解释能力。在个体水平上，它模拟个体的生长、繁殖、习性和活动规律等；在群体水平上，它着重于种内竞争、种群大小和年龄结构以及种群在空间的分布；在群落和生态系统水平上，它则模拟种间竞争、种类组成、演替、生产力、能量流动和物质循环以及系统的稳定性；在景观水平上，它则主要研究资源的空间分布格局、种群对不同空间格局的反应及个体迁移的规律等。必须强调的是，这种在不同水平上模拟的模型，需要模型各组分在时间和空间尺度协调一致。

模型中的景观空间结构是以网格形式来表达的。每一个单元的生境类型和性质影响动物和植物个体行为。植物个体的生物量和组成直接影响景观格局，同时景观异质性也控制植物个体的生长和分布，动植物个体间的相互关系是通过摄食和移动来实现的。此外，景观异质性对动物个体的作用可通过不同空间尺度表现出来。在小尺度范围内，个体对单元内的资源数量和质量具有强烈的反应和作用；但在大一点尺度上，个体只有资源类型的信息，而没有量的信息，这些信息可能是过去的经验，或者是在一定的视野范围内动物个体之间差异的表现。总之，景观个体行为模型同时提供个体、种群、生态系统和景观等不同水平的信息，具有高度的时间和空间尺度协调性要求。此外，模拟个体间的差异是这类模型的特点，也是它的难度所在（李哈滨，伍业钢 1992）。

(4) 景观过程模型：景观过程模型研究某种生态过程，如干扰或物种扩散，在景观空间里发生、发展和传播。这一类模型主要模拟干扰现象或物质在景观上的扩散速率、景观空间异质性和其他因素对扩散的影响，以及不同干扰现象或物质扩散所产生的景观格局的异同性。与其他空间模型一样，景观过程模型把景观视为一个网格，而干扰现象或物质在景观上的扩散是在空间单元里逐个进行的。所模拟的扩散可以是单向性的，如火，只能向外扩散，而不能回到原来的空间单元。也可以是双向性的，如养分，对一个空间单元来说同时存在向外扩散的“输出”和向内扩散的“输入。

景观过程模型假定其基本空间单元内部是同质的，而单元之间则可以是异质的。单元所含面积的大小，直接影响模型的精度。单元格面积大，则单元内同质性假设就可能不成立；反之，单元格面积小，则景观所包含的单元数越多，模拟所需的计算时间也就越长。

影响干扰现象或物质在景观上扩散的因素很多。一般认为，在模拟过程中至少要考虑下列四种因素：一是干扰或物质在每一空间单元内的扩散能力大小；二是相邻空间单元的性质（不同空间单元具有不同的扩散阻力，其大小直接影响扩散的速率和方向）；三是影响扩散的环境因素（如坡度、坡向、地形、风速和风向等）；四是时间因素，影响扩散的因素常常随时间变化，不同时间某种因素的作用大小也不一样，因此，模拟过程本身就是一种动态过程。

建立景观过程模型应注意如下几个问题：首先，景观过程模型强调空间异质性对扩散的影响，因此要尽量保证每一空间单元资料的精度。其次，扩散速率通常是一种确定性方程，这要求合理地确定扩散速率与各种因素之间的关系，以及这种关系随时空变化的规律。再次，由于景观空间异质性的存在，扩散速率在景观上也是异质的，即每一空间单元内的扩散速率不同，而从某一单元向另外一单元的扩散速率也可能不同。因此，空间单元扩散的发生时间在景观过程模型中是很重要的。景观空间结构从扩散过程一开始就产生变化。例如，各空间单元上物质密度的变化、信息的变化、种群的消长、资源的改变甚至环境条件的变化等。这种动态的时空统一，是景观过程模型的主要特征之一。

思考题

1. 景观格局的形成机制。
2. 景观格局与尺度相关。
3. 景观生态学的基本原理。
4. 景观格局及动态的分析方法。
5. 景观生态学在自然保护与土地管理中的应用方法。

参 考 文 献

车后强，汪富泉．1993．分形理论及其在分子科学中的应用．北京：科学出版社

伍业钢，李哈滨．1992．景观生态学的理论发展，当代生态学博论（刘建国主编）．北京：中国科学技术出版社

刘建国（主编）．1992．当代生态学博论．北京：中国科学技术出版社

邬建国．2000．景观生态学格局、过程、尺度与等级．北京：高等教育出版社

李哈滨，伍业钢．1992．景观生态学的数量研究方法，当代生态学博论（刘建国主编）．北京：中国科学技术出版社

傅伯杰等．2002．景观生态学原理及应用．北京：科学出版社

Barnsley M F. 1988. Fractal Everywhere. London: Academic Press

Carpenter S R, Chaney J E. 1983. Scale of spatial pattern: Four methods compared. Vegetatio, 53: 153～160

Forman R. T., Godron M. 1986. Landscape ecology, New York: John Wiley & Sons.

Frontier S. 1987. Application of fractals theory to ecology. In: Legendre P and Legendre L eds: Developments in Numerical Ecology. Heidelberg: Springer-Verlag

Gardner M et al. 1987. Neutral model for the analysis of broad scale landscape pattern, Landscape Ecology, 1: 19～28

Kenkel N C. 1988. Spectrum analysis of hummock-hollow pattern in a weakly minerotropphic mire. Vegetatio, 78: 45～52

Li H. 1989. Spatio-temporal Pattern Analysis of managed Forest : Landscape: A Simulation Approach. Ph. D Dissertation, The Oregon State University, Corvallis, Otegou, USA

Matheron G. 1973. The intrinsic random functions and their applications. Advanced Applied Probability, 5: 439～468

McGarigal K, Marks B J. 1995. FRAGSTATS: Spatial Pattern Analysis Program for Quantifying Landscape Structrure, Report No. PNW-GTR-351, USDA-Forest Service, Pacific Northwest Research Station, Portland

Monica G. Turner, Robert H. Garden (ed). 1991. Quantitative Methods in Landscape Ecology, New York: Springer-Verlag

Naveh, Lieberman. 1984. Landscape Ecology: Theory and Application, New York: Springer-Verlag

O' Neill R V, Krummel J R, Gardner R H, Sugihara G, Jackson B, DeAngelis D L, Milne B T, Turner M G, Zygmunt B, Christensen S W, Dale V H and Graham R L. 1988a. Indices of landscape pattern. Landscape Ecology, 1: 153～162

Turner M G. 1989. Landscape ecology: The pattern on Process, Review of Ecology and systematic, 20: 171～197

Wiens J A. 1988. The analysis of landscape patterns: interdisciplinary seminar in ecology. Colorado State University

第七篇　系统生态学

第二十五章　系统生态学

学习要点

了解系统生态学的概念和发展历史，掌握生态系统建模方法，能对生态系统模型的稳定性、灵敏性和最优控制问题进行分析。

第一节　概念和定义

什么是系统？按照 H. T. Odum 在系统生态学（Systems ecology）中的定义：系统是“由一组按照某种过程相互作用的部件所组成”，直观上可以看作是一些由方框图表示的部件相互联结而成的（如图 7-25-1）。

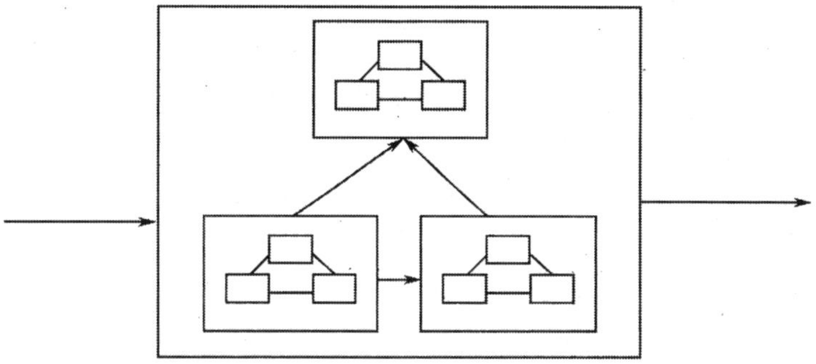

图 7-25-1　系统示意图

系统是由一组相互作用的部件所组成，而每一部件又可能由另一组更小的部件所组成

系统又可分为开放系统、封闭系统和孤立系统。如果一个系统和外界既有能量交流又有物质交流，那么这个系统是开放系统；如果一个系统和外界只有能量交流而无物质交流，这叫封闭系统；如果一个系统和外界既无能量又无物质交流，则该系统是孤立系统。

自 1948 年维纳出版了《控制论——或动物体与机器中控制与联系的科学》以来，用系统论方法研究生物各部分的相互联系及其各级整体功能已成为发展趋势。20 世纪 60 年代中期，当时科学技术和人类社会发展的两个趋势刺激了生态模型和系统分析的发展：一个是计算机技术的迅速发展，另一个是战后各国工业的发展导致严重的环境和生态问题。面对这些复杂生态系统的研究，只有借助于系统分析及计算机模拟才能解决诸如预测系统的行为及提出治理的最佳方案等问题，这时一门新兴的生态学分支学科

——系统生态学诞生了。

系统生态学就是“把系统分析的方法应用于生态学”（E. P. Odum 著，生态学基础。孙儒泳等人译。270）。它是用一种整体的形式体系化的研究方法，来研究生态学问题。生态学的系统可以很大，也可以很小，大的系统可以包括有很多生物群落组成的复杂生态系统，小的系统可以是两种群组成的捕食-被捕食系统。生态系统分析是以数学模型为中心的。用数学模型来描述一个生态系统一般可以分成以下的几种类型：

1. 线性系统与非线性系统

线性系统是系统的数学模型满足叠加原理的。例如，服从欧姆定律的简单电路中，电阻两端电压与其中通过的电流成正比，这就是线性系统。

非线性系统是系统的数学模型不满足叠加原理或其中包含非线性环节者。例如上例中，当电阻中电流大大增加时，电阻值将由于电阻发热而发生变化，这时，欧姆定律就不成立了，系统成为非线性的了。

2. 时不变（定常）系统和时变系统

时不变系统中的参数是不随时间改变而改变的。如果系统的性质是因时间的改变而改变的，则是时变系统。

3. 分布参数系统与集中参数系统

集中参数系统是系统数学模型中的变量和参数与空间位置无关，系统方程常为常微分方程；分布参数系统中数学模型的变量与参数是空间位置的函数，因此系统方程常为偏微分方程。

4. 连续系统与离散系统

连续系统的输入输出信号均为连续量，而且系统内的联系也是连续函数。而离散系统则相反，它的输入或输出，其变化只发生在特定的瞬时（采样时间），其他时间（采样瞬时之间）变量保持常数或无定义。

5. 确定性系统与随机系统

确定性系统是输入信号、系统的结构与参数都是确定的，输出也是确定的；随机系统是系统的输入、输出及干扰有不确定的随机因素，有时系统本身也带有某种随机性。

系统分析的经典方法是分别在两个域上来研究系统：一个是时间域，另一个是频率域。在时间域上，输入信号通常是没有周期的，而输出则是时间的函数；在频率域上，输入信号通常是正弦曲线，而输出则是输入的频率和振幅的函数。这两种方法的基本原理是一样的，都是把系统对某一种试验（test）函数的反应特征化。而系统对典型试验输入信号的响应特性，与系统对实际输入信号的响应特性之间，存在着一定的关系。因此当一个生态学家研究一个系统的实际输入信号时，就可以依靠这些典型试验输入信号的响应特性，来得到关于一般输入信号的响应特性的信息。

现代控制理论中的状态变量法在生态系统分析中有广泛的应用。这是因为利用状态变量法建立生物系统的数学模型比较方便，系统的计算与分析比较规范，便于建立计算机程序，而且还能由此实现对生态系统的最佳控制。

第二节　生态系统建模及分析

生态系统的研究涉及面很广，诸如森林、草原、荒漠、农田、海洋等资源的合理开发、利用和管理、环境的保护、人口的控制、城市的发展和规划、有害和有益动植物、微生物的防治和利用等，都包含着复杂系统的物质、能量和信息的流动、转换和传递关系。只有系统科学的产生和发展，才使得对这些系统的预测、控制成为可能。

生态系统分析的主要步骤见图 7-25-2。在开始分析生态系统之前，必须划分系统的边界和确定系统。每一个研究者都有自己的目标，例如对同样一块棉田，昆虫学家可能感兴趣的是棉田的害虫和天敌的种群动态关系，而病理学家可能考虑的是各种病原体，及其引起的作物病害，传病昆虫的分布和种群密度等。因此研究者首先应明确要解决什么问题，然后按照系统-环境两分法（李典谟等　1983）把所研究的对象抽象组成系统，把系统以外的其他一切称为系统的环境，并划定所要研究的生态系统在时间、空间上的界限和范围。

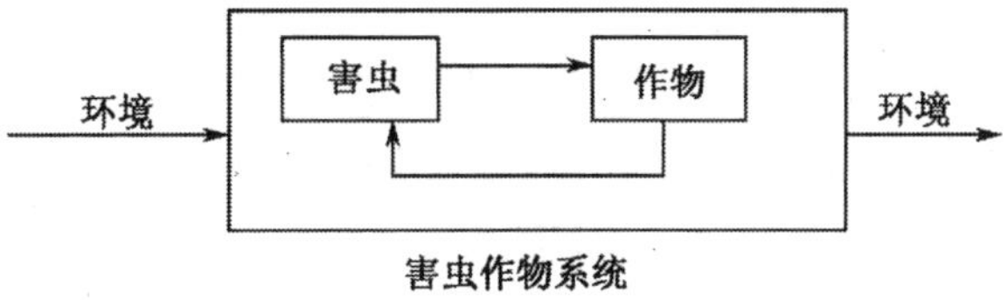

图 7-25-2　系统环境两分法

第二步是选择系统模型的分量（或分室），确定状态变量。这是很关键的一步，由于这种选择确定了实际系统和模型系统之间的关系，而这种关系将影响其后的模型分析及预测系统的行为。我们称这样的问题为“聚集问题”（aggregation problem）。

Wiegert（1975）研究了一个水藻-蝇相互作用的热泉生态系统。他用了五种不同的聚集方法，得出聚集度最小的模型，产生最可信的结果。Halfon 和 Keggiani 则讨论了选择最优复杂性模型的标准，这标准既考虑了模型行为和实际系统行为的差异，又考虑了模型的生态现实性。他们运用步骤法，逐次筛选出最优复杂性模型。

第三步则是研究各分室之间的关系，建立正确的模型结构，以及通过实验和观察资料估计模型的参数，这类问题叫做“系统的识别及参数估计问题”。正如 Hal Caswell 等人（1945）指出的：与力学和电学相比，生态学中建模的困难性在于没有如牛顿定律、欧姆定律那样一些公认的法则可循。但是，A. G. Ivakhnenko（1979）提出的数据处理组合法，简称 GMDH（Group Methods of Data Handling），为生态系统这样复杂系统的识别提供了一种有用的途径。这种方法，只要向计算机提供选择准则和变量表，就可由有限的观测数据，通过计算机得到惟一的最优复杂性的系统模型。

下面以一个简单的害虫-作物系统来说明系统模型建立的步骤。

(1) 系统、环境两分法（图 7-25-2）：我们把研究感兴趣的对象害虫和作物，抽象出来组成系统，那么除系统以外的我们就称之为环境。这样我们就确定了我们要研究的系统的边界。

(2) 由系统分析的目标，确定系统组成成分及系统的状态，建立系统的自由体模型。

如果在讨论本系统的时候，不考虑天敌和其他成分的影响，那么系统的组成成分就是作物和害虫，它们的状态分别是作物的生长情况以及害虫的数量。对每一个分量，我们又必须先建立它的自由体模型。所谓自由体模型就是先把这个分量从系统中隔离开来，不考虑各分量之间相互作用关系，建立它本身的动态模型（见图 7-25-3）。

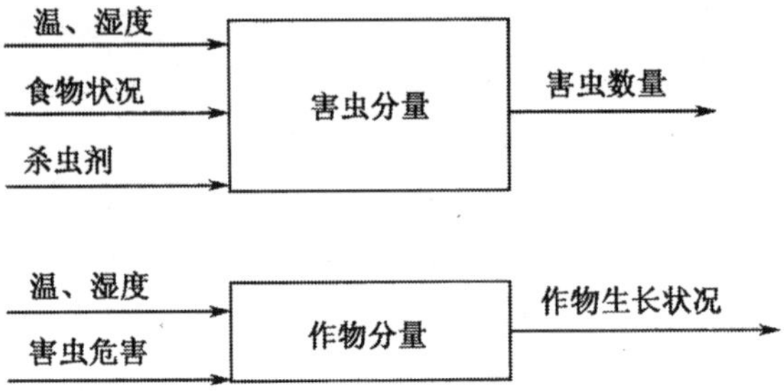

图 7-25-3　各分量的自由体模型

（3）研究系统组成成分相互作用关系：这是有机建立系统各组成成分之间关系的重要一步，例如在研究害虫-作物系统中，我们必须建立害虫危害与作物损失模型，才能把害虫的数量和作物最终产量联系起来。

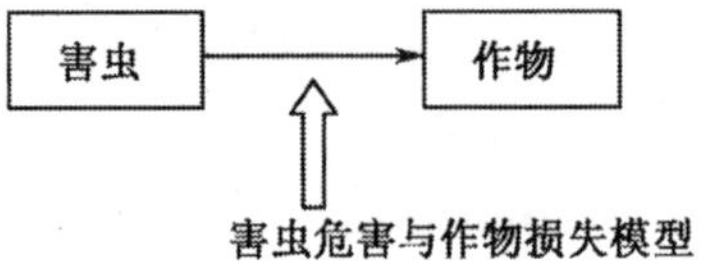

图 7-25-4　研究各分量之间相互作用关系

（4）联结各组成成分的关系，构成系统模型（如图 7-25-5）。

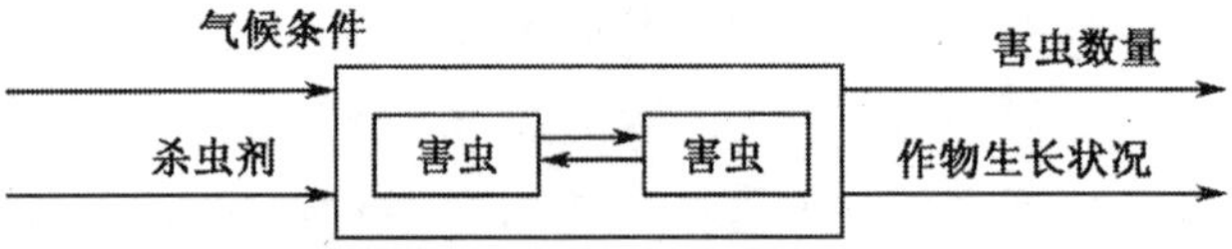

图 7-25-5　联结各成分，构成系统模型

第三节　几种不同的建模方法

生态学中的建模没有一成不变的法则和规律。但就建模的策略来说，至少可以认为有两种明显不同的对策，一种是分室系统方法（compartmental system approach），另一种是实验组成成分法（experimental component approach）。分室系统方法主要研究生态系统中各分室的物质与能量的动态变化，而实验组成成分法主要是研究生态过程，如捕

食、竞争等问题，它把复杂的生态过程，分解成若干简单过程，对每一个简单过程通过实验研究得到模型及参数，然后组装成复杂的生态过程。

一、分室系统方法

分室系统方法的产生可以追溯到20世纪30年代至40年代，当时在脊椎动物生理学和医学研究中，发明了一种示踪物方法。这种方法是把一种示踪物注射到动物体内，然后测定这种示踪物在有机体各部分的转换，来推测血液流动的情况。生态系统中能流和物流在系统各组成成分之间的流动，和这种示踪物在有机体内动态有很类似的地方，这是最初生态学家建立分室系统方法的思想基础。第二次世界大战以后，放射生态学的发展为研究生态系统中能流和物流提供了技术手段，促进了分室系统方法的形成。分室系统方法建模一般有以下几个步骤：

(1) 研究者按照预定的研究目标把系统分成若干个分室，并确定各分室物流或能流的走向。

(2) 对各分室逐个作充分的生态学研究（观察、测量、分析和综合）得到各分室的行为特点，以 x_i (t) 与 x_j (t) 分别表示第 i 分室与第 j 分室的能量密度或物质密度，并作为系统的状态变量。

(3) 以 F_{ij} (t) 表示从第 i 分室流入第 j 分室的物流率或能流率。i 分室称为给予者分室，j 分室称为接受者分室（如图7-25-6）。

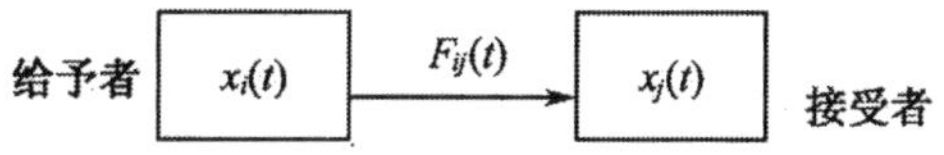

图7-25-6 分室之间能流、物流示意图

(4) 确定 F_{ij}的基本控制形式。一般说在生态学中有三种控制形式。

①给予者控制：

$$F_{ij} = \Phi_{ij} x_i$$

②接受者控制：

$$F_{ij} = \Phi_{ij} x_j$$

③给予者和接受者共同控制：

$$F_{ij} = \Phi_{ij} x_i x_j$$

这时流率 F_{ij}就成为非线性函数。

(5) 连结各分室，构成系统模型。

下面以Child等（1972）研究镁在东巴拿马热带森林生态系统的动态为例说明分室系统模型建立的方法。首先他们根据生态学的研究，把镁在热带森林生态系统中的循环主要和六个分室有关：植物、草食动物、食肉动物、枯枝落叶层、食碎屑的微生物以及土壤等（见图7-25-7）。

六个分室稳定状态的镁含量测量如下：

$$x_1 = 5.63 \times 10^4, \quad x_2 = 4.30, \qquad x_3 = 1.10$$

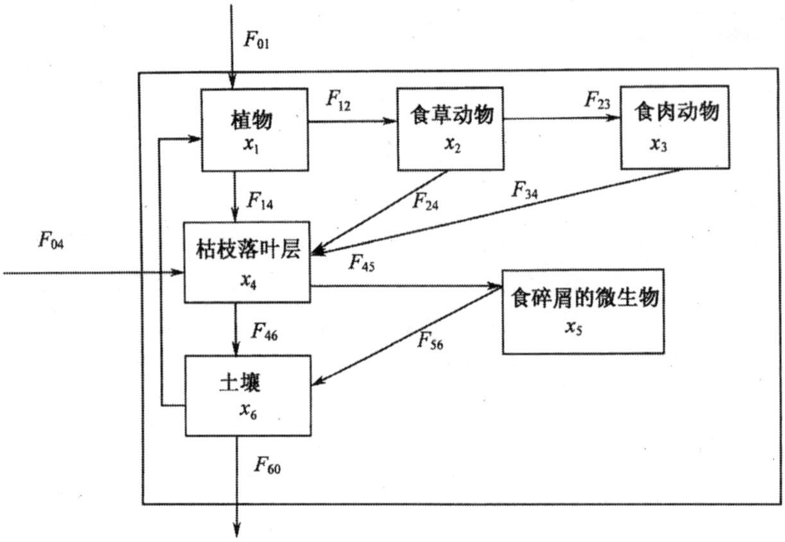

图 7-25-7 热带森林生态系统的镁循环

$$x_4 = 4.54 \times 10^2,\quad x_5 = 2.86 \times 10,\quad x_6 = 1.75 \times 10^5$$

单位：mg/m²

系统的输入是通过降雨，这些输入的一部分被树叶挡住了（F_{01}），余下的一部分降到枯枝落叶层（F_{04}），经测量

$$F_{01} = 2.25 \times 10^{-1},\quad F_{04} = 1.10$$

单位：mg/m²

系统的输出，是以雨水流失的形式出现。

$$F_{60} = 1.321 \qquad \text{单位：mg/m}^2$$

分室间的流率，经测量

$$F_{12} = 1.379,\quad F_{23} = 6.80 \times 10^{-2},\quad F_{14} = 1.1514 \times 10$$
$$F_{24} = 1.311,\quad F_{34} = 6.8 \times 10^{-2},\quad F_{45} = 1.275 \times 10$$
$$F_{56} = 1.275 \times 10,\quad F_{46} = 2.714,\quad F_{61} = 1.2668 \times 10$$

单位：mg/m²

按照给予者控制的原理

$$F_{ij} = \Phi_{ij}x_i$$

于是得到系统的分室模型：

$$dx_1/dt = F_{01} + \Phi_{61X6} - \Phi_{12X1} - \Phi_{14X1}$$
$$dx_2/dt = \Phi_{12X1} - \Phi_{23X2} - \Phi_{24X2}$$
$$dx_3/dt = \Phi_{23X2} - \Phi_{34X3}$$
$$dx_4/dt = F_{04} + \Phi_{14X1} + \Phi_{24X2} + \Phi_{34X3} - \Phi_{45X4} - \Phi_{46X4}$$
$$dx_5/dt = \Phi_{45X4} - \Phi_{56X5}$$
$$dx_6/dt = \Phi_{46X4} + \Phi_{56X5} - \Phi_{60X6} - \Phi_{61X6}$$

其中：

$\Phi_{12} = 2.44 \times 10^{-5}$, $\Phi_{23} = 1.58139 \times 10^{-2}$, $\Phi_{14} = 2.044 \times 10^{-4}$

$\Phi_{24} = 3.0488 \times 10^{-1}$, $\Phi_{34} = 6.18181 \times 10^{-2}$, $\Phi_{45} = 2.48074 \times 10^{-2}$

$\Phi_{56} = 3.94231 \times 10^{-2}$, $\Phi_{46} = 5.9713 \times 10^{-3}$, $\Phi_{61} = 7.256 \times 10^{-5}$

$\Phi_{60} = 7.56 \times 10^{-6}$

二、实验组成成分法

Holling（1964）最初创导了一种建立复杂生态过程模型的方法，这种方法把生态过程分解为较简单的亚过程或“实验组成成分”。然后对各组成成分进行实验研究，然后分别建立它们的模型，把这些组成成分的模型，按照生态学或生物学的过程，逻辑地联结在一起，组合成一个完整过程模型，这种组合在计算机上是较易实现的，这种建模的方法叫“实验组成成分法”，用这种方法很容易描述时滞、间断、阈值反应和进行参数的灵敏性分析。这样的模型，由于建立在实验基础上，具有生物学意义明确、易被生态学家接受等优点，并且可以在计算机上模拟各种生物学实验。

下面以棉蚜为例，说明如何应用实验组成成分法建立复杂生态过程的模型。蚜虫的生活周期如图 7-25-8。

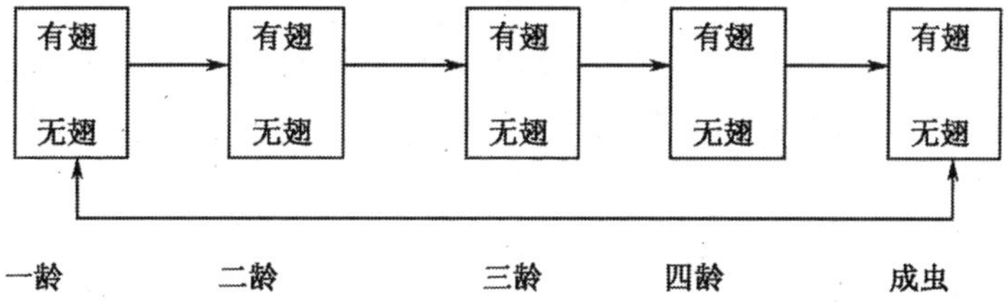

图 7-25-8 蚜虫的生活周期

其中每个龄期又按照历期长短分成不同的计算机模拟单位，一个单位约等于 5 度日（degree day）的生理学时间，例如一龄由 6 个模拟单位组成（如图 7-25-9）。二龄、三龄、四龄分别由 3 个、3 个和 4 个模拟单位组成。成虫的整个历期约等于 27 个模拟单位。模型中的实验组成成分有以下几种，这些组成成分都是在实验基础上得到的，有的建立了各成分的数学模型，有的甚至没有数学模型，而是表格化的模型。

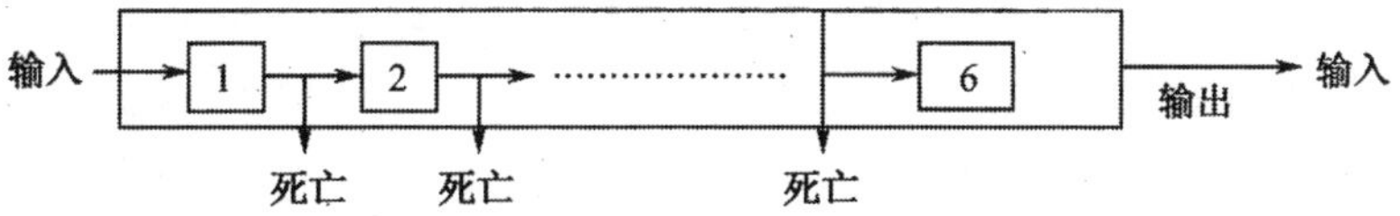

图 7-25-9 蚜虫一龄的模拟结构

1. 不同龄期的成活率

按李典谟等（1990）报道，他们通过野外试验，应用改进的 Southwood 方法得到一龄、二龄、三龄、四龄的存活率分别是 0.8230、0.7108、0.5015 和 0.2。成虫的成活率是通过室内试验得到的，平均每模拟单位成活率为 0.882。

2. 不同年龄下成虫的相对生殖率及不同密度下的生殖率

按李典谟等（1990）报道，通过室内试验，并把天文学时间换算成生理学时间，并用计算机模拟单位表示，可得下表（表 7-25-1）：

表 7-25-1　成虫相对生殖率表

相对生殖率（%）	0	7.5	9.05	11.02	10.19	9.36	8.65	8.37	8.67
计算机模拟单位	1～10	11	12	13	14	15	16	17	18
相对生殖率（%）	6.9	5.88	4.33	3.75	2.92	2.07	1.5	0.55	0.5
计算机模拟单位	19	20	21	22	23	24	25	26	27

从表中可以看到，棉蚜在羽化成成虫后，1 至 10 模拟单位为生育前期，一旦棉蚜进入生育期，很快就达到生育高峰（13、14 单位），然后棉蚜生育能力将延续很长的一段时间，直至 27 单位。

棉蚜的繁殖率是受密度制约的，即在低密度下个体有较高的繁殖率，而在高密度下由于拥挤、对食物的竞争等因素引起繁殖率下降，一般繁殖率和密度之间有负指数关系（N Gillert et al 1976）。

李典谟等（1990）通过对 10 个罩笼野外试验的数据，用最优化方法对负指数模型的拟合，得到如下公式：

$$y = (0.8713t - 13.2769)e^{-0.0015863\times(0.8713t-13.2769)\times D}$$

上述公式中：y 为每头成虫，每模拟单位所产的一龄幼虫数。

t 为当天的平均气温。

D 为种群密度，这里为 6 株棉株的总蚜量。

3. 有翅蚜的比

为了精确地了解蚜虫的动态，单知道蚜虫的数量是不够的，还应该知道蚜虫的种群结构，此外蚜虫又分有翅蚜和无翅蚜，有翅蚜羽化后就要飞走。Gillert 等（1976）认为：有翅蚜的迁出可以看作是种群失去的一部分。因此，估计有翅蚜的比率直接关系到种群的动态。

李典谟等（1990）综合文献报道及试验资料，认为在 35 个模拟单位前，由于温度、湿度、光照、作物幼嫩程度、营养丰富等原因，很少有有翅蚜产生；35 个单位之后，有翅蚜产生明显和密度有关。他们通过对 5 个野外试验的数据，用最优化方法拟合理论模型提出下述公式：

$$y = 0,\ t \leqslant 35\ \text{模拟单位}$$

$$y = 1 - e^{-ax},\ t > 35\ \text{模拟单位}$$

其中 y 是下一代的有翅蚜的比，x 是上一代平均每株的虫口密度。

最后按照蚜虫的生命过程，把各个实验组成成分所建的模型，通过计算机逻辑地联结在一起，组合成一个复杂生态过程模型（见图 7-25-10）。

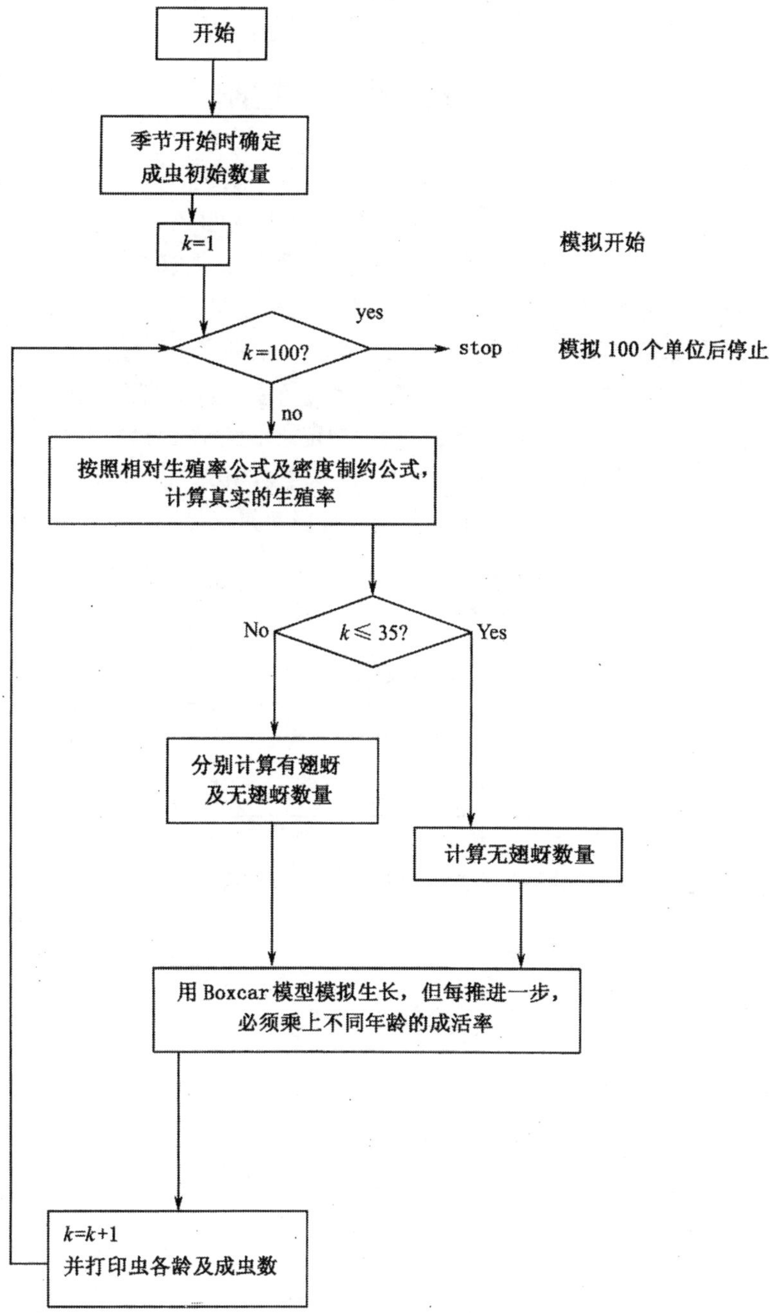

图 7-25-10　系统的结构框图

第四节　模型的特性分析

研究数学模型的特征，常常能推测现实系统的相应特征。在模型的特性分析中最有价值的问题是：反馈和控制、稳定性、灵敏性和最优控制问题。

一、系统的反馈和控制

系统可分为“开环”系统和“反馈”系统两种。开环系统的一个特征是：输出对输入有响应，但输入对输出没有影响。一个开环系统不能观察到自己的行为，并不能对它的行为有所反应。一个反馈系统（也称“闭环”系统）要受本身过去的行为所影响。在反馈系统中，有一个闭环回路结构，它能把系统过去的行为结果带回给系统，以控制未来的行动。生态学中的系统多半都是反馈系统。反馈又分为正反馈和负反馈，正反馈会产生增长的过程，在此过程中行动所产生的结果会产生更大的行动，负反馈正相反，正的输出会产生抑制增长，起调节作用。负反馈会导致系统的稳定，正反馈会导致系统的不稳定。

为了显示系统的这种动态特性，让我们假设一个初始有 10 个个体的种群系统，单位时间内平均个体的增长率为 0.5，那么其动态方程应是（见图 7-25-11）：

$$N_t = N_{t-1} + RN_{t-1}$$

$$N_1 = 10 + 0.5 + 10 = 15 \quad t = 1$$

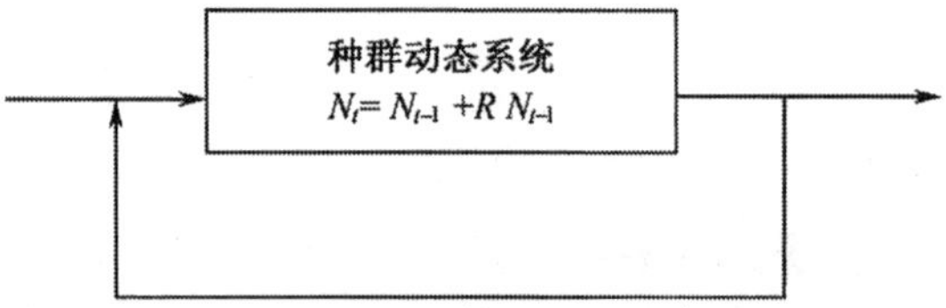

图 7-25-11　一个简单的正反馈的种群增长系统

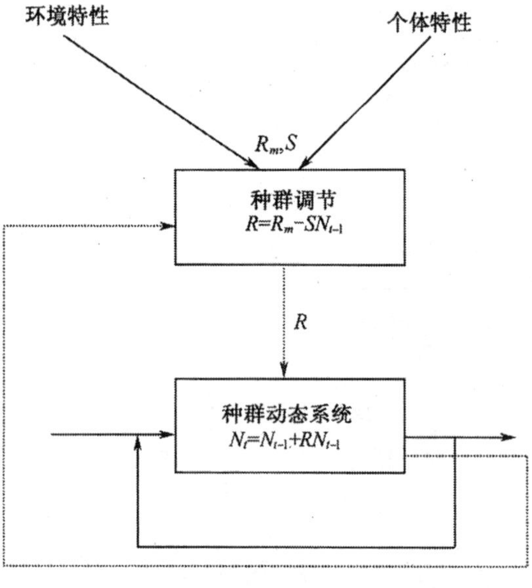

图 7-25-12　一个简单的负反馈种群动态系统：实线表示正反馈，虚线表示负反馈

假定 $R = R_m - SN$。这里 R_m 是最大的个体增长率，是由环境和遗传因素决定。$S = R_m/k$，k 是达到平衡时的种群密度。

二、系统的稳定性

系统的稳定性在系统分析中占据十分重要的地位。一个稳定的生态系统对维持生态系统的功能是至关重要的。生态系统的稳定性不仅与生态系统的结构、功能和进化特征有关，而且与外界干扰的强度和特性有关，是一个比较复杂的概念。这里我们先定义一般系统的稳定性，然后再讨论生态学中的稳定性。

如果一个系统受到环境的扰动后，能够回复到它原来的状态，这个系统就是稳定的。见图 7-25-13。

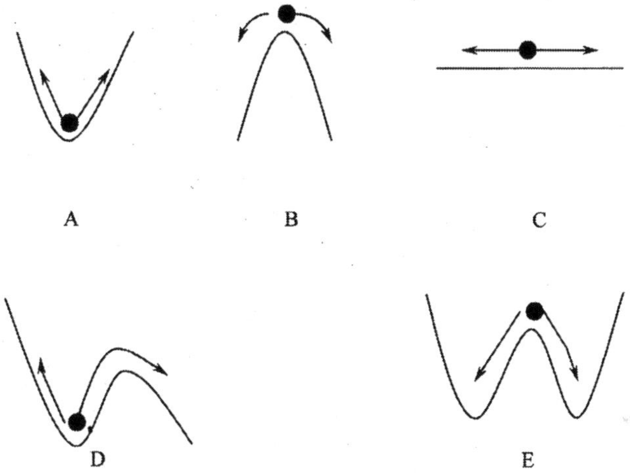

图 7-25-13　A. 是稳定的；B. 是不稳定的；C. 是中性稳定的；D. 是有一个平衡点的系统；E. 是有两个平衡点的系统

在这里我们必须区分两种稳定性：全局稳定性和局域稳定性。全局稳定性：是指系统所受的扰动不管大小，它总能回到原来的平衡位置；局域稳定性：是指只有在较小扰动下，系统才能回到平衡点。

生态系统中，稳定性有许多不同的含义，然而概括起来主要有四个方面的含义：①抵抗性：系统抵抗外界干扰的能力；②恢复性：系统受到某一干扰后，恢复到原来状态的能力；③持久性：系统或某些成分的生存时间；④变异性：系统某些特征的波动频率和幅度。但是，这四个方面的关系是比较复杂的，往往抵抗性与恢复性是相反的关系，即抵抗性高的生态系统，其恢复性低，且持久性较高，变异性低。而恢复性高的系统，在某种情况下，变异性低，而在另外一些情况下，变异性又高（Turelli　1978)。

三、灵敏性分析

灵敏性分析在系统分析中有很重要的作用，它对理解和分析一个系统的行为，以及在设计一个系统时确定系统的参数值都有很大的帮助。按照 Tomovic（1963）的定义：灵敏性是指系统的状态，对系统参数扰动的反应。从本质上说，灵敏性分析可以看作是使用确定性模式研究一类不确知问题的一种方法，而这些确定性模式得到的结果是依赖于参数的点估计，而不是依赖于随机分布。

灵敏性分析在生态系统分析中之所以重要，是因为生态系统的模型多半很复杂，由多个方程所组成，从直观上看不易理解某一参数的变化对系统行为的影响，需要通过灵敏性分析来洞察这些关系。此外，生态系统模型往往包含气象、环境等因素，而这些因素是随机的，且易变的，事先对这些参数的灵敏性分析，可以在预测系统的行为时，做到胸中有数。例如，经过灵敏性分析，发现参数甲对系统行为的影响极不灵敏，而参数乙对系统行为的影响极其灵敏，为了得到较准确的系统行为的预测值，我们必须花更多的人力和物力得到参数乙的较为精确的信息。

李典谟等（1987）研究橙足负泥虫种群系统的灵敏性分析。橙足负泥虫原分布于欧洲和中亚，1962 年首次在美国南密执安州发现，很快扩散到其他的几个州，变成了一种重要的经济害虫。在密执安州，成虫通常在 4 月份开始活动，产卵期大约要延续 45～60 天，在这期间，每个雌虫平均产卵 50～150 粒。过了几天后，卵即开始孵化，幼虫一共有四龄，四龄幼虫在地下 2.5～5.0 cm 深处化蛹，化蛹后几天，蛹即羽化为成虫，这些成虫直到来年的春天才产卵。对橙足负泥虫种群系统的灵敏性分析，主要研究在其生活期内早期、中期、晚期温度的变化，以及春天越冬成虫数量的变化对秋天成虫数量的影响。同时，也比较了在密度制约和非密度制约条件下，种群系统抗干扰的能力。

我们知道橙足负泥虫一龄至四龄的幼虫的成活率，依赖于卵期的密度。这种密度制约现象，尤其在燕麦寄主植物上更为显著（见表 7-25-2）。

表 7-25-2　橙足负泥虫种群系统的灵敏度分析

输入扰动或参数扰动			在 100 天末的种群密度		变化率	
			非密度制约	密度制约	非密度制约	密度制约
没有扰动时 早春成虫密度 TOT = 50			199.9	117.5	100	100
温度扰动	早期	TMAX（I）=1.2×TMAX（I） I=1，30	286.8	172.5	100　+43	100　+47.4
温度扰动	早期	TMAX（I）=0.8×TMAX（I） I=1，30	113.0	92.7	100　−43.5	100　−21.1
温度扰动		TMAX（I）=1.2×TMAX（I） I=31，6	225.3	132.5	100　+12.5	100　+12.8
温度扰动		TMAX（I）=0.8×TMAX（I） I=31，6	174.5	120.2	100　−22.7	100　+2.2
温度扰动		TMAX（I）=1.2×TMAX（I） I=71，100	200.1	118.0	100	100
温度扰动		TMAX（I）=0.8×TMAX（I） I=71，100	198.0	113.5	100　−1	100　−3.4
输入扰动		TOT = TOT×1.2 = 60	239.3	125.9	100　+20	100　+7
输入扰动		TOT = TOT×0.8 = 40	159.9	107.2	100　−20	100　−8.8

我们可以看到有密度制约的成活率时，系统显得比没有密度制约因素时更稳定。特别是对春天越冬成虫数量的变化，这种特性更加明显。在这里考虑的仅是种内竞争所引起的密度制约，在实际的情况下，各种自然天敌、种间竞争等等，将远比这复杂得多，因此我们在考虑害虫管理问题时，应充分认识这种调节机制是十分必要的。

第五节 发展趋势

“21世纪是生命科学的世纪”这一说法在20世纪末已被人们所公认。科学家们提出“20世纪生物学是分析的生物学，21世纪生物学将从分析重新走向综合”（邹承鲁 1999）。生物学家可能是生物学领域中最经常应用综合方法来研究他们的对象的，系统生态学的产生表明生态学的研究中，更强调整体观，更强调系统中各部分之间的相互作用关系。这正如诺贝尔奖得主朱棣文所预言：“在今后的几十年中，一部分物理学将会和一些生命科学结合起来——这意味着系统分析和数学模型将占有越来越重要的地位”。

系统生态学未来发展的方向。

1. 非线性动力学建模

耗散结构理论、协同学、混沌动力学和分形理论几乎都是创立于20世纪70年代。这些跨学科非线性理论的共同目标是探索自然界的复杂性和规律性，因而被称为是继量子力学和相对论两次重大科学发现之后的第三次科学革命。生态学的系统是一类复杂系统，May（1976）很早就揭开了生态学中非线性特性的神秘面纱，其后 Allen（1990）对 Lotka-Voltera 捕食者和猎物方程的研究，Logan（1992）对昆虫与天敌模型的研究都发现了混沌现象。混沌的研究对生态学的意义十分重大，它指出生态系统的波动可能是内在的而非源于随机振荡；初始条件的微小变动对系统未来演化的结果会产生巨大的影响；然而它又指出系统在混沌的外表下可能隐藏着良好的有序结构，虽然长期的预测是不可能的，但对短期行为的预测是可能的。

2. 系统结构动态模型

在本篇第一章论述系统模型建立步骤的时候，确定系统的组成（或结构）是最关键的一步，一旦系统模型建立后，它的结构就不再改变，这是物理学中刚性系统的特点。正如 Straskaba（1980）指出：生态系统和物理学中的刚性系统有本质的区别：生态系统的动态可以有4阶：第1阶动态相应于由于外变量的改变引起状态变量的变化，这是通常描述刚性系统的方法。我们已有的生态系统模型也多属于此类；第2阶动态相应于生物对环境的适应性，生物体都有适应环境的能力，因此系统的参数不是永远不变的，可能考虑系统的参数是外变量和状态变量的函数；第3阶动态对应于生态系统结构的变化，例如系统内物种组成的变化等；第4阶动态则是考虑到遗传的变化和进化。Jϕrgensen（1994）用图7-25-14描述了生态系统结构的变化，未来新一代模型应该是能用来描述生态系统的这种结构的变化。

图7-25-14说明：①箭头从“结构”到“外部因子”到“选择”表明物种可能改变环境和对它们自身的选择压；②箭头从“结构”到“基因库”表明在一定程度上物种有

可能改变自己的基因库；③生态系统从时间 t 到时间 $t+1$ 的结构变化主要来源于环境选择和内部基因的原因。

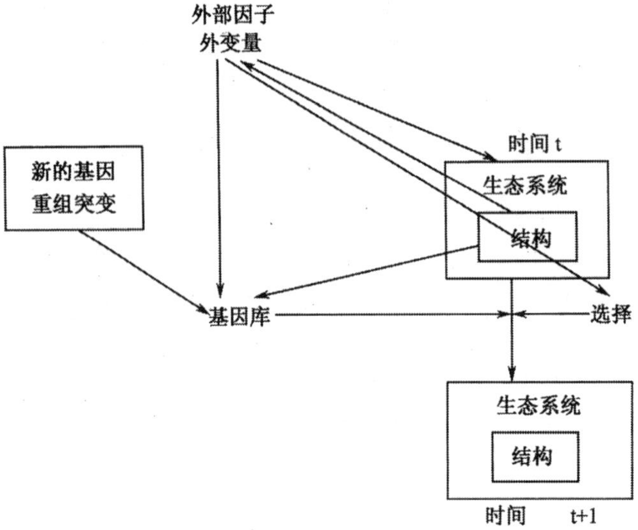

图 7-25-14 外部因子改变生态系统中物种组成的示意图
（仿 Jørgensen S E 1994）

3. 时、空动态模型

生态系统显示了高度的时间和空间的异质性，生态系统的所有组成，特别是生物组成总是在不断的变化，这也就是生态系统为什么从来不会重复过去的状态。

生态系统的这种高度异质性也说明了为什么世界上会有这么多的物种，也就是说每一个生态位只能适合于某些物种，而这些物种是最适合利用这些资源。

物种是组成生态系统的最重要的成分，种群动态的研究是经典生态学研究的核心问题之一，经典生态学研究的种群动态往往是在同质空间里进行的。然而现代生态学的研究更强调空间的异质性。生态学中的一个新的领域——空间生态学已经出现，种群的时空动态已成为未来生态学研究的热点。

集合种群，或集合种群（metapopulation）动态，是空间生态学中核心问题之一。集合种群是指由于栖息地破碎化后，在一相对独立地理区域内，各小生境上局域种群的集合。各局域种群通过一定程度的个体迁移而使之成为一整体。在这个领域，目前的热点在研究多物种的集合种群。在相互作用的集合种群中，灭绝与局域物种间的相互作用有很大关系；迁移率的增大导致了同步性的增加，从而可能破坏系统的稳定性（Lei G, Hanski 1998；Hanski 1998）。

源-汇理论（Source-sink theory）是空间生态学中另一个重要议题。它强调了种群结构和资源分布之间的联系。某些小生境是个体的净输出者，这就是源；而另外一些则是个体的净输入者，这就是汇。源-汇理论被广泛用于保护生物学模型、生态毒理学模型以及基于遗传的种群结构的评估模型。

集合种群动态和源-汇理论之间的联系是十分明显的，它们之间的结合可能会对未来种群生态学和种群遗传学的发展带来光辉的前景。

4. 基于个体的模型（Individual-based model）

系统生态学家长期以来试图在生态学中寻找类似于物理学中牛顿定律那样的基本定律，然而“混沌现象”告诉人们系统初始值的微小差异，会导致系统路径的千差万别，这意味着系统的历史对它的未来有决定性的作用，因此系统的某一特别行为的原因，很可能出自历史的偶然；因此要知道一个动态系统将如何运动，只有精确地模拟它，这也就是基于个体的模拟可能是仅有的发现这类动态系统本质的方法。目前建立基于个体的模型，有两种最重要的方法：一种是 i 状态分布方法（i-state distribution approach）。它主要依靠像 Leslie 矩阵模型和偏微分方程等分析工具来处理种群的特征分布；另一种是 i 状态结构方法（i-state configuration approach）。它基于对为数众多的相互作用的有机体的个体的模拟，依靠高速的计算机进行计算，以综合的形式提供结果（De Angelis DL et al 1992）。

5. 面向对象的模型（object-oriented models）

这种模型的思想是来源于面向对象的编程（object-oriented programming，OOP）的思想。OOP 与普通编程的区别是前者注重对象，而后者强调过程。OOP 的中心思想就是类别（class）的概念。类别描述对象的结构和一套程序使其初值化并在模型中使用它。生态学中最明显的类别的例子就是种群。每一类种群都有其特点，如平均大小、年龄、数量以及繁殖、生长、死亡等等。我们处理不同类型的种群只要按照需要加上各自的特点就能结合到整个模型中去。

6. 基于模糊知识的模型（fuzzy knowledge-based models）

生态学中由于很多的数据是不精确的，并缺乏对大量模型参数的充分的知识，所以模型的预测往往有很多不确定性的因素。因此建立基于模糊知识的模型来分析生态系统的行为，可能更具有真实性。

思考题

1. 什么是系统生态学，它的核心思想是什么？
2. 简述生态系统建模的主要步骤和方法。
3. 什么是生态系统的稳定性？什么是系统的灵敏性分析，它在建模和分析中的意义。
4. 你对未来系统生态学的发展有何认识？

参 考 文 献

李典谟，Tummala R，L，Haynes D，L．1983．论计算机化的病虫害管理系统的原理．生态学报，3（3）：252～261

李典谟，谢宝瑜．1990．棉花苗期棉蚜种群动态研究，Ⅰ．发育生理学时间及繁殖率研究，棉花病虫害综合防治及研究进展（陈其　李典谟等　主编）．北京：中国农业科技出版社

李典谟，谢宝瑜．1990．棉花苗期棉蚜种群动态研究．Ⅱ．成活率及有翅蚜比率的研究．棉花病虫害综合防治及研究进展（陈其　李典谟等主编）．北京：中国农业科技出版社

李典谟，Tummala R，L. 1987. 橙足负泥虫种群系统的灵敏度分析. 生态学报，7（2）

邹承鲁. 1999. 生物学发展趋势. 科学时报第3版，总1739期

E. P. Odum 著，孙儒泳等译. 1981. 生态学基础. 北京：人民教育出版社

Allen J C. 1990. Factors contributing to chaos in population feedback systems. Ecol Model, 51：281～298 DeAngelis D L and Gross L J eds. 1992. Individual-based Models and Approaches in Ecology：Populations, Communities and Ecosystems. Chapman & Hall

Caswell H et al. 1975. An introduction to systems science for ecologists, In "Systems Analysis and Simulation in Ecology" (B. C. Pattern, ed.), Vol. 2, Academic Press, New York

Gibbert N et al. 1976, Ecological Relatioship, W. H. Freeman and Company. Reading and San Francisco Hanski I. 1998. Metapopulation dynamics. Nature, 395 (5)：41～49

Holling. 1964. The Analysis of Complex Population Processes. Can Entomol, 96：335～347

Ivakhnenko A G et al. 1979. Identification of the mathematical model of a complex system by the self-organization method, In "Theoretical Systems Ecology" (Efraim Halfton, ed.) Academic Press, New York

Jrgensen S E. 1994. Fundamentals of Ecological Modelling (2nd Edition). Elsevier Amsterdam-London-New York-Tokyo

Lei G, Hanski I. 1998. Spatial dynamics of two competing specialist parasitoids in a host metapopulation J Anim Ecol, 67：422～433

Logan J A & Allen J C. 1992. Nonlinear dynamics and chaos in insect populations. Annu Rev Entomol, 37：455～477

Straskaba. 1980. Cybernetic-categories of ecosystem dynamics. ISEM-Jowcnal, 2：81～96

Tomovic R. 1963. Sensitivity Analysis of Dynamic Systems. McGraw-Hill, New York. May R M. Simple mathematical models with very complicated dynamics. Nature, 1976, 261：459

Turelli M. 1978. A reexamination of stability in randomly versus deterministic environments with comments on the stochastic theory of limiting similarity. Theor. Pop. Biol., 14：158～63.

Wiegert R G. 1975. Simulation modeling of the algal-fly components of a thermal ecosystem：effects of spatial heterogeneity, time delays, and model condensation. In "Systems and Analysis and Simulation in Ecology" (B. C. Pattern, Ed.), Vol. 3, 157～181. Academic Press, New York

第八篇 应用生态学

第二十六章 应用生态学概述

学习要点

了解应用生态学的应用范畴与特点。

一、前 言

E. P. Odum (1986) 在《生态系统理论与应用展望》一文中论述到：人类美好的未来，是对生态学与经济学结合的依赖，这种依赖比对新技术的依赖要大得多。

在基础生态学发展的同时，作为联结生态学与各生物生产领域和人类生活环境与生活质量领域的桥梁和纽带的应用生态学也受到人们的重视。应用生态学的命题给生态学基础研究提出许多新的任务，而生态学理论研究成果的积累，如对于生态现象、过程和规律的揭示，无疑又为应用生态学在解决实际任务时提供了坚实的理论依据和科学性及准确性。

应用生态学的发展可追溯到19世纪末叶。那时，农、林、牧各行业中的栽培、养殖生态学都已有相当成熟的发展，主要属于对生物资源的开发、利用和管理有关的个体生态学、种群生态水平，如德国、俄国的造林学（树木栽培生态学），美国的草原治理和放牧生态，前苏联与草原管理有关的草地学、草原学等都有长足的发展，农作物、家畜、家禽、鱼类的栽培学、养殖学、病虫害防治学的发展都得益于研究物种繁殖、生长发育与环境条件关系的生态学研究成果。

近20年来，应用生态学的发展有两个趋势，即经典的农、林、牧、渔各业的应用生态学由个体和种群水平向群落和生态系统水平的深度发展，如对所经营管理的生物集群注重其种间结构配置、物流、能流的合理流通与转化，并研究人工群落和人工生态系统的设计、建造和优化管理等等；另一个趋势是由于全球性污染和人对自然界的控制管理的宏观发展，如人类所面临的人口、食物保障、物种和生态系统多样性、能源、工业及城市问题六个方面的挑战，应用生态学的焦点已集中在可持续发展方面。可持续发展是既满足当代的需求而又不影响后代人的发展，它已成为应用生态学研究的主线。一些新的应用生态学分支的诞生与发展，如污染生态学、生态工程学、经济生态学、资源生态学、人类生态学、城市生态学等均与可持续发展密切相关。

现代生态学的基本特征是以生态系统为对象，以人-自然关系为基础，以高效和谐为方向，以生态工程目标与整体调控为手段，以可持续发展为目标。

二、应用生态学的定义与范畴

自20世纪40年代以来，生态学就有目的地应用于各个领域之中，但什么是应用生态学？它的范围和研究领域是什么？由于目前尚无统一的认识，因而也难以下一个确切的定义。以下为几个学者的定义。

（1）1963年A. H. Bunting和Vic. Wynne-Edward创办了第一部应用生态学杂志《Journal of Applied Ecology》。该杂志的创刊词未对应用生态学下定义，但其创刊原因在于“人类对环境和经济的关切使生态学已被广泛地应用，这便赋予了应用生态学的内涵”。

（2）F. Remade（1974，1978）出版了《应用生态学原理》（Elements d’Ecologie Appliquee）一书，该书的副标题为：人类对生物圈的影响。认为应用生态学是研究人类对生物圈的破环机制和合理利用自然资源的一门学科，其重点是研究生物圈环境污染和自然资源过度开发等。

（3）A.D. Hinckley（1976）的《应用生态学》一书中没有对应用生态学下定义，但该书涉及的范围相当广泛，即应用生态学内涵几乎无所不包。

（4）E.P. Odum（1971）的《生态学基础》中，虽然未对应用生态学下过定义，但从第三部分“应用和技术篇”中可看出，应用生态学的内容很丰富，如资源、污染与环境卫生、辐射、空间生态学、遥感生态学、空间生态学和微生物生态学等都属应用生态学范围。

（5）我国也在1990年正式出版了《应用生态学报》（Journal of Applied Ecology）。该学报由中国科学院沈阳应用生态学研究所与中国生态学会主办。从已出版的内容来看，应用生态学的内容较丰富，包括土壤、植物、动物、微生物生态学，但也没对“应用生态学”下定义。

该杂志第一期发表了沈善敏先生的一篇文章“应用生态学的现状与发展”，该文中认为应用生态学是一门研究协调人类与生物、资源、环境之间关系以达到和谐目的的科学；他认为应用生态学与经典生态学的差别在于“人类及其活动是否介入”；应用生态学不是生态学的一个分支，而是一个研究门类，即包括了所有与研究人类活动有关的生态学分支：如农业、渔业、林业、城市、资源等等。

一般认为，应用生态学是应用生态学的基本原理与方法解决自然、社会、经济中实际问题的一门学科。

应用生态学研究范畴较广，按所面临的问题分为：资源保护利用、环境污染治理、人口问题；按学科来分，有农业生态学、城市生态学等。按对象来分，有野生动物保护、害虫管理、生态系统管理学等等。本篇主要介绍可持续发展、生物多样性、生态系统管理与害虫生态控制四个方面的内容。

三、应用生态学的基本原理和规律

人们经常提到，必须要运用生态学原理合理利用资源。但哪些是生态学原理或规律？Walker（1982）在《应用生态学分析》中曾列举了应用生态学的32条原理，但绝大部分仅作为一些概念，且已确定的、贴切的、明确的生态学原理没有多少。本节也只讨论有关的生态学原理或规律。

1. 生态系统结构和谐原理

生态系统是生物群落与其环境之间由于不断地进行物质循环和能量流动而形成的统一整体。在自然生态系统中，系统结构与功能相协调，系统内生物与环境相和谐，生物亚系统内各组分间的共生、竞争、捕食等关系相辅相成，使系统内有机体或子系统大大节约物质和能量，以减小风险，获得最大的整体功能效益。

生态系统结构表现在：①空间结构（如分层现象）；②时间结构（如季节变化）；③物种结构（如多样性变化）。这一原理的应用，主要包括利用时空结构的作物套作、间作；利用空间的有鱼塘的鲢鱼、草鱼、鲤鱼混养；以及进行合理的生态规划与设计等。

2. 生态系统的能流功能原理

又称为生态系统能量充分利用原则。由于能流作为生态系统的生命线，系统内的所有生命物质都尽可能地抓住一切机会摄取一切可以利用的能量，使生态系统内的能量得以充分利用。

下图8-26-1中的秸秆的多级利用就是一个典型的能量充分利用例子。过去，不少农村有让“秸秆还田”的习惯，但秸秆还田需要较长时间才能发挥肥效，而且对其养分利用率也不高。按照生态系统能量充分利用原则，通过生态工程设计，对秸秆作糖化处理，用以饲养家畜，再取家畜之排泄物，用来培养食用菌，然后收集残留的食用菌碎屑，作为养殖蚯蚓的原料，最后，把蚯蚓利用过的残留碎屑，连同其排泄物一同送回农田，做到物尽其用。通过这种多层次、多级的利用工艺，使秸秆这种物质的生产潜力得到充分发挥，既利用了它的肥效，又增加了畜品、食用菌和蚯蚓等“额外”收入。这与直接让秸秆还田相比，后者的效益显然要高得多。这种生态工程设计，很符合自然生态

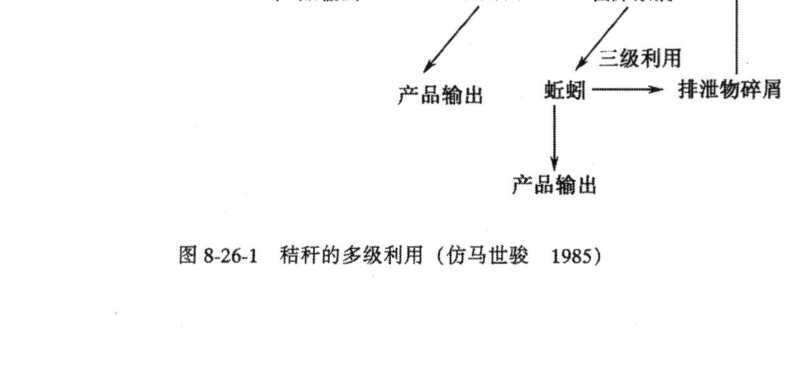

图8-26-1　秸秆的多级利用（仿马世骏　1985）

系统中生产者、初级消费者、次级消费者和分解者等多层次地利用物质和能流的基本原理。

3. 物质循环原理

系统内物质循环往复、充分利用，使系统内每一组分产生的“废物”成为下一组分的“原料”，无所谓“资源”与“废物”之分，构成了生态系统中营养物质的最佳循环。

我国珠江三角洲地区的人工“基塘”（如桑基鱼塘）就是一种符合生态系统物质流动规律的传统农业生产方式。所谓基塘，就是池塘，基则是把各个池塘隔开的土埂，基上栽桑的叫桑基，种蔗的叫蔗基。珠江三角洲中部有43万亩大大小小的鱼塘，密布于桑林、蔗林之间。桑基鱼塘基上的桑是有机物的生产者，它生产桑叶；蚕是第一消费者，它吃桑叶，生产蚕丝、茧、蛹，排出蚕沙（蚕粪）；塘里的鱼是第二消费者，实现有机物的转化。塘鱼又由于种类不同而各有分工，形成食物链的不同环节：蚕沙、蛹和各种青饲料首先供塘鱼的主角草鱼食用；草鱼粪和剩余的蚕沙及腐殖质等营养物质导致水生植物和浮游动物大量繁殖，其中的水生植物如藻类既是鲢鱼的主要食料，又可以在水中进行光合作用，释放氧气，供鱼类呼吸，而浮游动物则是鳙鱼的食品；鳙鱼和鲢鱼的粪便以及它们吃剩下的各种有机物，则由底栖的鲮鱼、鲤鱼、鲫鱼来收拾；底栖鱼类的排泄物和其他动植物的残骸，又被微生物分解为氮、磷、钾的简单物质，混入塘泥；这种塘泥肥力高，肥效长，又有抗旱和防止杂草滋生的作用，是施用于桑基的好肥料，从而进入新的循环。这样就构成了一个水陆相互作用、动植物相互作用、物质循环使用的人工生态系统，形成“桑茂、蚕壮、鱼肥大；鱼肥、泥好、桑茂盛”的有机联系，达到了很高的资源利用效率。物质循环原理是生态产业与生态产业园的设计的基础。

4. 群落的演替和生态系统发展理论

群落由一种类型转变成另一种类型的有顺序的演变过程，称为群落演替。群落演替在自然界很常见。例如，草原被破坏变成裸地后，一般都要经过杂草期→疏丛禾草期→密丛禾草期等阶段，大约要经历15～20年之久，才能达到相对稳定阶段。云杉林被砍伐之后，也要经过迹地→杂草期→桦树→山杨期→云杉林等阶段才能恢复。

根据这一原理，在进行生态系统恢复时，先种植一些杂草或速生的树种，重建先锋群落；然后再配置多种阔叶混交林，尤其要选择一些豆科植物种植，或对阳光、水分和养分要求差异较大的种类进行混交，从而使不毛的荒裸地转变成为提高相当生物生产力和具有保护生态环境功能的人工生态系统。

有关生态系统发展的理论，对于指导人类利用和管理生态系统同样是很有用的。例如，人类在培育森林的过程中，森林也会由苗圃期成长到幼林和成熟林期，如果我们的目的只是取其木材，就不能等到森林进入成熟期再去砍伐，因为此时木材的生长量接近于零，正确的作法是在其比较年幼，每年净生产量相对较高时取材。在池塘中养鱼也有类似的问题，若到鱼儿都长成，体重很少增长，甚至基本不长的大鱼时再去捕捞就不合算，因为此时大部分饵料都用于维持大鱼的消耗。只有在鱼处于迅速增重阶段时，投进去的饵料才能获得高的效益。当然，具体的捕捞年龄，对不同的鱼来说是不一样的，但利用比较年轻生态系统的生物生产力可获得较高的净生产力的原理应受到普遍重视。

5. 食物链（food chain）原理

生态系统中不同生物之间通过取食关系而形成的链索式单向联系即为食物链。它包括捕食食物链、腐食食物链和寄生食物链三种类型。食物链与食物链相互连结成网状结构，成为食物网。在生态系统中，生物与生物之间通过营养关系而密切地联结成一个统一的整体，一旦某一个环节发生变化，就可能影响到整个生态系统的营养结构。如进行害虫防治时，农药在杀死害虫的同时，也将杀伤天敌，从而引起害虫的再次猖獗。因此，应从生态系统的水平来开展某一生物的管理。

Lindeman 通过对生态系统各营养级（层）的能量转化效率研究，认为各营养层之间能量转化效率（It/P_{t-1}）约为 10%，即十分之一定律。该定律说明食物链越短含消耗于营养级之间的能量就越少。人若以谷物等植物产品为始发，就要比以动物产品为食所损失的能量少。另一方面，某些物质（元素）或难分解的化合物通过食物链在有机体内逐级累积起来，并随着食物链中营养级越高，产生累积剂量越来越大的生物富集（扩大）作用（biological magnification）。如 DDT 经海水、浮游植物、浮游动物、鱼类、燕鸥、银鸥等浓度增加了 150 万倍。因此，要尽可能减少污染物对自然生态系统的作用。

6. 种群增长原理

（1）最大持续产量原理（maxmum sustained yield, MSY）：所谓最大持续产量指达到最大时而又不危害持续利用产量。按照种群增长的 Logistic 曲线，最大持续产量为当能提供最大持续产量的种群数量 $N_{MSY}=K/2$，即种群密度处于逻辑斯谛增长曲线的拐点 $N=K/2$ 时，dN/dt 为最大，$\mathrm{MSY}=rK/4$。因此，在种群数量 $N_{MSY}=K/2$，可获得最大持续产量。

（2）内禀增长率与人口控制理论：种群的内禀增长率 $r_m=\ln(R_0)/T$，其中，R_0 为净生殖率，T 为世代的平均长度。因此，人口控制的目的是使 r 变小。它可以通过二条途径来实施：①R_0 变小，即世代的增殖率降低，这就要求控制出生率，限制每个家庭的子女数；②T 值增大，延长世代时间，也就是推迟首次生殖时间，即晚婚。这就是，进行计划生育人口控制的理论基础。

（3）r，K 对策与害虫管理：有利于增大内禀增长率的选择为 r 选择，有利于竞争能力增加的选择称为 K 选择。处于两者之间的为 r-K 选择。根据不同的生态对策，对有害生物所采取的管理策略不同。

r 类害虫：采用化学防治或生物防治。

r-K 中间类型害虫：采用生物防治和耕作防治。

K 害虫：采用耕作防治、抗虫育种、遗传防治和化学防治。

7. 限制因子定律

生物的生长发育受多种因子的影响。在诸多的生态因子中，使生物的耐受性接近或达到极限时，生物的生长发育、生殖、活动以及分布等直接受到限制，甚至死亡的因子称为限制因子。它包括最小因子和耐受性两个定律。

最小因子定律是由德国化学家利比希（Liebing）提出，他在研究作物生产时发现，植物生长不是受需要量大的营养物质影响，而是受那些处于最低量的营养物质成分如微量元素、重金属等的影响，后来人们把这称为利比希最小因子定律。

耐受性定律则由美国生态学家谢福德（Shelford）提出，他认为生态因子在最低量时可以成为限制因子，但如果因子过量超过生物体的耐受程度时也可以成为限制因子。每种生物对一种环境因子都有一个生态上的范围的大小，称生态幅（ecological amplitute），即有一个最低点和一个最高点，两者之间的幅度为耐性限度，此即为谢尔福德的“耐受性定律”。生物在最适点或接近最适点才能很好生活，趋向这两端时就减弱，然后被抑制。接近有机体耐性限度的几个因素中的任何一个在质或量上的不足或过量，都可以引起有机体的衰减或死亡。死亡接近耐受极限，所以一种生物如果经常处于这种极限条件下，生存就会受到严重危害。

如对于干旱或半干旱地区，水就是一个限制因子，要解除水的限制，既要开源（如开发地下水、从外地引水等），又要节流，包括循环利用水、污水净化、节约用水等。又如，一些作物（如油菜）开花时，必须要有微量元素硼的存在，因此，喷施硼肥有利于作物开花结籽。而在矿山废弃地中，存在着如下的影响生物定居的限制因子：①尾矿仅是细砂粒状混合物，其物理结构不良，持水保肥能力差；②N、P、K及有机质含量极低，或是养分的不平衡，土壤极端贫瘠；③重金属浓度过高，微量元素过量，不仅直接伤害植物，还会抑制根的生长，从而加剧干旱的影响；④伴硫矿物废弃地中的硫由于长期氧化而形成硫酸等，严重时pH值接近2，pH值过低同时会加剧重金属的溶出和毒害；⑤尾矿废弃地还有松散易流动、风扬现象及表面温度过高等现象。这些因子都是矿山恢复的限制因子。可以通过各种手段（包括生物手段）使各限制因子转变为非限制因子，从而有利于矿山植物的生长发育和繁殖。

此外，还有一些其他的原理或原则，如生态位原理、等级理论、技巧循环原则、相生相克原则、最适功能原则、最小风险原则等，但高效和谐是整个应用生态学中的最基本原则。

思考题

如何理解应用生态学的基本原理与规律。

第二十七章　可持续发展

学习要点

1. 了解可持续发展概念的形成与发展过程，明确可持续发展的内涵与实施可持续发展战略是我国的必然选择。

2. 认识以人类活动为主体的社会-经济-自然复合生态系统结构与功能及控制论特征。

3. 了解促进城市、区域可持续发展的生态规划、生态工程与产业生态学途径。

基本概念

1. 可持续发展：在满足当代人发展需要的同时，不损害人类后代满足其自身需要和发展能力的发展方式。

2. 社会-经济-自然复合生态系统：是一类以人的行为为主导、自然环境为依托、资源流动为命脉、社会体制为经络的人工生态系统。

3. 生态规划：运用生态学原理与生态学知识，规划与设计区域或人类活动与资源利用方式，以实现人与自然的和谐共处与协同进化。

4. 生态系统服务功能：指生态系统结构与过程所形成的人类赖以生存和发展的条件与效用，它包括生态系统产品和生态系统的生命支持功能。

5. 生态敏感性：指生态系统对人类活动干扰的敏感程度，即产生生态系统结构、功能退化与生态环境问题的可能性大小。

6. 生态工程：应用生态系统中物种共存、物质循环再生以及结构与功能协调原则，结合系统工程的最优化方法设计的分层多级利用物质的生产工艺系统。

7. 产业生态学：是一门研究社会生产活动中自然资源从源、流到汇的全代谢过程及其与生命支持系统相互关系的系统科学。

第一节　可持续发展的概念与内涵

虽然人类在地球上的历史不过是数百万年，与地球上其他生命相比，只是短暂的瞬间。但人类在其进化过程中，获得了学习、思考及积累知识的天赋，并逐渐具备了改造自然的能力。尤其在最近几百年的时间里，农业、工业及科学技术的进步极大地扩大了食物及能量的来源，使人类改造环境的能力迅速增强，人类从整体上摆脱了饥饿及与其他生物竞争的状态。人类在生存与发展方面能力的迅速提高，使人类成为地球上最成功的生物之一。人类所具有的干预自然的能力，也并不能使之驾驭自然，相反，只会给自然造成巨大的干扰与破坏，并反过来通过复杂的生态网络反馈，给人类自身的生存与发展造成威胁。长期以来，尤其是近半个世纪以来的人类活动对自然的干扰，农业与城镇对资源的开发，如森林砍伐、环境污染等已导致自然环境的破坏及整个地球生命支持系统的退化。由此引起的森林破坏、土地退化、生物多样性的丧失、气候变化与臭氧层的损耗等全球性的环境问题，不仅造成大量野生生物的绝灭与自然系统的退化，而且还将引起整个地球生命支持系统的退化与破坏，危及人类未来的生存与发展。可持续发展生态学、全球变化、生物多样性保护是当今生态学研究的三大前沿领域与新世纪生态学发展的重要驱动力之一。

一、可持续发展概念的形成与发展

朴素的可持续发展思想由来已久，在古希腊的亚卡狄亚学派的与自然和谐共处，以及中华民族的农林业生产和社会发展的实践中，均可以找出这一思想的雏形，但是作为一科学术语，可持续发展概念是在1980年发表的世界自然资源保护大纲中首次给予系统阐述的。在世界自然保护大纲中改变了过去就保护论保护的作法，明确提出其目的在于把资源保护和发展有机地结合起来，即保护自然资源使其既能有利于经济的发展，以满足人类的物质文化需要，不断提高生活质量，又能保护人类及其他生物赖以生存的环境条件。大纲还提出了自然保护的三大目标，即维持基本生态过程和生命支持系统、保护遗传多样性以及保证生态系统和生物物种的持续利用。世界自然保护大纲所提出的可持续发展概念及其实现的途径，对20世纪80年代以来的可持续发展的研究起了重要的作用。

1987年由世界环境与发展委员会向联合国提交的《我们共同的未来》报告，对可持续发展的概念形成与发展，并使可持续发展成为当今社会关注的焦点起了十分重要的推动作用。《我们共同的未来》这一报告以可持续发展为主线，对当前人类在发展与环境保护所面临的问题进行了全面和系统的剖折，并指出在过去我们关心的是经济发展对环境带来的影响，而现在我们面临的是日益恶化的生态与环境危机的压力，以及森林破坏、土地退化、大气与水体的污染对经济发展所带来的影响。还指出："在不久以前，我们关心的是国家之间在经济方面相互联系的重要性，而现在我们则不能不关注国家之间生态学方面相互依赖的问题，生态与经济从来没有像今天这样互相紧密的联结为一个互为因果的网络之中"。

世界环境与发展委员会在《我们共同的未来》中，将可持续发展定义为："在满足当代人需要的同时，不损害人类后代满足其自身需要和发展的能力"。并提出了实现可持续发展目标所应采取的行动，包括如下七个方面：

（1）提高经济增长速度，解决贫困问题。

（2）改善增长的质量，改变以破坏环境与资源为代价的增长模式。

（3）尽最大可能地满足人民对就业、粮食、能源、住房、水、卫生保键等方面的需要。

（4）将人口增长控制在可持续发展的水平。

（5）保护与加强资源基础。

（6）技术发展要与环境保护相适应。

（7）将环境与发展问题落实到政策、法令和政府决策之中。

在《我们共同的未来》中，虽然只是指出了可持续发展的基本目标，而并没有界定其可操作的内涵，但在整个报告中，体现了对发展的一个全新的认识。如果说在《世界自然保护纲要》中将可持续发展视为解决全球性环境问题的一项措施，那么在《我们共同的未来》中，可持续发展已成为一种新的发展观和价值观，是人类面对未来的惟一选择。《我们共同的未来》于1987年为联合国第42届大会通过，成为联合国及全世界在环境保护与社会经济发展方面的纲领性文件。

《我们共同的未来》发表以后，可持续发展逐渐成为社会各界关注的焦点及科学界的重大课题，人们纷纷从各自的学科领域背景出发阐述可持续发展的概念、内涵与目标。

如Robert Goodland等强调可再生资源的利用，又不使其退化或消亡，也不削弱这些资源对子孙后代的"再生能力和实用性"。Edward Howe等认为：可持续发展就是"在保持自然资源生态功能的前提下，使经济发展的净利益增加到最大限度"。

生态学家从自然保护及生态学角度将可持续发展定义为"保护与增强（自然）环境系统的生产力和再生能力的发展模式"（1991，Intecol，IUBS），"是寻求一种最佳的生态系统，以支持生态的完整性和人类愿望的实现，使人类的生存环境得以持续"。世界自然保护联盟在其发表的《保护地球》中将可持续发展定义为"在生命支持系统的承载能力内，提高人类的生活质量"，并强调可持续发展是一个全球性的经济、社会、环境、技术等许多方面协调发展的过程。

经济学家从经济发展的角度定义可持续发展："在保持自然资源的质量和其所提供服务的前提下，使经济发展的净利益最大化"，并认为可持续发展意味着"今天的资源利用不应减少未来的实际收入"（Anil Markanya 1991），通过经济系统的调整和管理，使我们只是利用应该利用的那一部分资源，以保持并丰富这一财富基础。Pearce和Turner更是简洁地表达为可持续发展是"在维持动态服务和自然质量的条件下的经济发展收益最大化"。

社会学家从社会发展角度将可持续发展定义为"在不超过维持发展的生态系统承载能力的条件下，不断提高人类的生活质量"。并强调"真正的发展应该是提高人类健康水平，改善人类生活质量和获得必需资源的途径，并创造一个保障人们平等、自由、人权的环境"（WCU，UNEP，WWF，1991）。

还有的学者从技术的角度认为可持续发展"就是转向更清洁、更有效的技术，尽可能接近'零排放'或'循环'工艺方法，尽可能减少能源和其他自然资源的消耗"，"建立极少产生废料和污染物的工艺或技术系统"。

1992年在巴西召开了联合国环境与发展大会，大会通过了《关于环境与发展的里约热内卢宣言》、《二十一世纪议程》等一系列纲领性文件与公约，表明：日益加剧的全球性的环境问题及其生态后果，已迫使人们达成共识，并为维护与改善人类赖以生存的自然环境条件采取协调的行动，可持续发展已成为共同行动的准则。

二、可持续发展的内涵

综合20世纪80年代以来，可持续发展理论研究成果，可以发现可持续发展是对传统价值观和发展观的挑战与变革。其内涵反映在：

1. 可持续发展的系统观

可持续发展把人类赖以生存的地球及局部区域看成是由自然、社会、经济、文化等多因素组成的复合系统，它们之间既相互联系，又相互制约。可持续发展的系统观为人类活动与资源环境问题的分析提供了整体框架。环境与发展矛盾的实质，是由于人类活动和这一复杂系统各个成分之间关系的失调。一个可持续发展的社会，有赖于资源持续供给的能力，有赖于其生产、生活和生态功能的协调，有赖于社会的宏观调控能力、部门间的协调行为以及民众的监督与参与，任何一方面功能的削弱或增强都会影响其他组分，甚至可持续发展的进程。

2. 可持续发展的效益观

可持续发展开发与保护统一的生态经济观，为社会可持续发展提供了指导思想。可持续发展的概念，从理论上结束了长期以来把发展经济和保护资源相对立起来的错误观点，并明确指出二者应是相互联系和互为因果。发展经济和提高生活质量是人类追求的目标，它需要自然资源和良好的生态环境为依托。忽视了对资源的保护，经济发展就会受到限制，没有经济的发展和人民生活质量的改善，特别是最基本的生活需要的满足，也就无从谈到资源和环境的保护，因为一个可持续发展的社会不可能建立在贫困、饥饿和生产停滞的基础上。因此，一个资源管理系统所追求的，应该包括生态效益、经济效益和社会效益的综合，并把系统的整体效益放在首位。

3. 可持续发展的资源观

可持续发展强调对不同属性的资源采取不同的对策。如对矿物、油、气和煤等不可更新资源，要提高其利用率，加强循环利用，并尽可能用可更新资源代替，以延长其使用的寿命。对可更新资源的利用，要限制在其再生产的承载力限度内，同时采用人工措施促进可更新资源的再生产，要保护生物多样性及生命的支持系统，保证可更新生物资源的持续利用。

4. 可持续发展的体制观

可持续发展要求打破传统的条块分割、信息闭塞和决策失误的管理体制，建立一个能综合调控社会生产、生活和生态功能，信息反馈灵敏、决策水平高的管理体制，这是实现社会高效、和谐发展的关键。

5. 可持续发展的法制观

把可持续发展的指导思想体现在政策、立法之中，通过宣传、教育和培训，加强可持续发展的意识，建立与可持续发展相适应的政策、法规和道德规范。

6. 可持续发展的群众观

社会发展工作主要依靠广大群众和群众组织来完成。要充分了解群众的意见和要求，动员广大群众参与到可持续发展工作的全过程中来。

7. 可持续发展社会平等观

可持续发展主张人与人之间、国家与国家之间关系应互相尊重、相互平等。一个社会或一个团体的发展，不应以牺牲另一个社团的利益为代价。这种平等的关系不仅表现在当代人与人、国家与国家、社团与社团间的关系上，同时也表现在当代人与后代人之间的关系上。

8. 可持续发展的全球观

人类共居在一个地球上，没有哪一个国家能脱离世界市场而达到全部自给自足。当前世界上的许多资源与环境问题已超越国界和地区界限，并具有全球的规模。我们要达到全球的可持续发展，必须建立起巩固的国际秩序和合作关系。对于发展中国家，发展经济、消除贫困是当前的首要任务，国际社会应给予帮助和支持。保护环境、珍惜资源是全人类的共同任务，经济发达的国家负有更大的责任。

可持续发展的全球观还要求从局部、区域的角度出发，通过解决局部自然环境问题及可持续发展实现可持续的生物圈。

第二节　社会-经济-自然复合生态系统原理

一、社会-经济-自然复合生态系统

人类社会是一类以人的行为为主导、自然环境为依托、资源流动为命脉、社会体制为经络的人工生态系统。20 世纪 80 年代初，马世骏、王如松在总结了以整体、协调、循环、自生为核心的生态控制论原理的基础上，提出了社会-经济-自然复合生态系统的理论和时（代际、世际）、空（地域、流域、区域）、量（各种物质、能量代谢过程）、构（产业、体制、景观）、序（竞争、共生与自生序）的生态关联及调控方法，指出可持续发展问题的实质是以人为主体的生命与其栖息劳作环境、物质生产环境及社会文化环境间关系的协调发展。它们在一起构成社会-经济-自然复合生态系统（马世骏，王如松　1984）。

复合生态系统结构可以理解为物理环境（包括地理环境、生物环境和人工环境）、文化社会环境（包括文化、组织、技术等）的耦合。其功能包括系统的生产、生活、供给、接纳、控制和缓冲功能。复合生态系统的生产功能不仅包括物质和精神产品的生产，还包括人的生产，不仅包括成品的生产，还包括废物的生产；复合生态系统的消费功能不仅包括商品的消费、基础设施的占用，还包括了无劳动价值的资源与环境的消费、时间与空间的耗费、信息以及作为社会属性的人的心灵和感情的耗费。人类生产和生活活动是由生态服务功能支撑的，包括资源的持续供给能力、环境的持续容纳能力、自然的持续缓冲能力及人类的自组织自调节活力。正是由于这种生态服务功能，经济得以持续、社会得以安定、自然得以平衡（表 8-27-1）。

表 8-27-1　复合生态系统功能

	经　济	社　会	自　然
生 产	物质及精神产品生产	人的生产（劳力、智力、体制、文化）	可再生资源生产
消 费	生产资料、原材料的消费	商品的消费、信息及文化环境的享用	资源及环境的耗竭、空间的占用
流 通	物资与货币的流通	人与信息的流动	水、气及其他生态资产的流通
调 控	市场规律的调节	法规、体制、政治的调节	自然生态的反馈
还 原	废弃物循环再生	社会治安、保障，医疗、保健	自然缓冲、自净、人工治理、保育、恢复

二、复合生态系统动力学机制

复合生态系统的动力学机制来源于自然和社会两种作用力。社会力的源泉有三：一是经济杠杆——金融；二是社会杠杆——管理；三是精神杠杆——文化。经济杠杆刺激竞争，社会杠杆诱导共生，而精神杠杆孕育自生，三者相辅相成构成社会系统的原动力。自然力和社会力的耦合导致不同层次复合生态系统特殊的运动规律。

能量是地球上一切地质、地理、水文、气候乃至生命过程的基础，生态系统在其形成、发育、代谢、生产、消费及还原过程中，始终伴随着能量的流动与转化。能量流经生态系统的结果并不是简单的生死循环，而是一种信息积累过程，其中大多数能量虽以热的形式耗散了，却以质的形式储存下来，记下了生物与环境世代斗争的信息。围绕能量环境、能量代谢、能量生产及能量流动开展的生态能（ecological energy）及全球变化研究，自 20 世纪 80 年代以来，在世界上十分活跃。它是进化生态学、生理生态学和系统生态学研究的核心议题（Odum 1989; Philipson 1966; Stoner 1985），也是污染生态学、经济生态学及城市生态学的热点议题。

经济杠杆是复合生态系统中一种奇妙的组合力，它是商品社会的产物。在自给自足的农业社会里，人们以土地为本，食物生产为纲，人与自然关系密切，货币的能动作用有限。工业革命以来的商品社会逐渐将人与自然分离，货币成为测度商品生产、消费效果以及全球性资产流通、支付和贮藏的手段。产值、利润、税收、收入分别成为企业、政府及个人活动的主要目标。自从马克思揭示了资本的剩余价值秘密以来，社会对产品中人的劳动价值及其交换过程的公平性给予了较大关注，而对产品中凝聚的自然“劳动”或生态价值及其开发利用的公平性却很少问津。后者正是导致当今全球资源枯竭、生态环境恶化、南北差距悬殊和世界贸易不公平性的根本原因。货币是调节复合生态系统生产、生活、生态功能的重要手段，怎样改革和完善一种包括劳动价值、生态价值及社会价值在内的价值体系，使其成为诱导全社会实现持续发展的积极动力，是当今生态经济学家所致力求索的重要目标。

社会杠杆是维持复合生态系统组织及功能有序度的必要工具。它通过组织管理、规章制度、政策计划及法律条令等形式体现群众的意志和系统的整体利益。权利的正确导向将导致生态关系的和谐及社会的发达昌盛。新加坡 20 世纪 70 年代以来的经济腾飞和生态建设是正确运用系统权力实施管理的成功例子。权力的滥用将导致系统的生态经济灾难乃至毁灭，希特勒第三帝国的崩溃及其对全球生态的破坏就是一例。权利的运作一般是通过管理及阈值控制法来实现的。被管理者的行为超过一定的阈限允许范围，权力就会通过一定形式的强制手段，如行政的、经济的、法律的甚至军事的手段进行抑制，使其就范，并起到罚一儆百的效果。当权力的运作不能有效地促进系统的可持续发展，系统的无序程度超过一定的阈值时，系统就会产生结构的重组和权力的更迭，使新权力机构恢复系统应有的职能。传统的权力一般只限于政治、军事、家庭等涉及人与人之间关系的社会权力，而复合生态系统的权力还应包括处理人与自然关系的生态权力。掌权的执法者所代表的不仅是选民的社会权益，还应代表自然生态系统持续生存发展并服务于后代人及其他地区人的生态权力。

同管理相反，文化是通过自觉的内在行为而不是外在的强制手段去诱导系统的自组织自调节的共生谐和力，推动系统的持续发展。人的精神取决于特定时间、空间内的文化传统、人口素质和社会风尚。一般通过伦理道德和宗教信仰两种方式所诱导，涉及人的自然、功利、道德和天地四种境界的不同耦合方式。20 世纪 70 年代以来，国际上文化生态学、伦理生态学、环境伦理学等方兴未艾，其核心就是要倡导一种与自然和谐共处的世界观，增强人的生态责任感，诱导一种生态合理的生产观、消费观及环境共生观。

自然杠杆、经济杠杆、社会杠杆、精神杠杆的合理耦合和系统搭配是复合生态系统持续演替的关键，偏废其中任一方面都可能导致灾难性的恶果。当然，这种灾难性的突变本身也是复合生态系统负反馈调节机制的一种，其结果必然促进人更明智地理解自己的系统，调整管理策略，但其代价是巨大的。

三、复合生态系统控制论原理

复合生态系统不仅遵从自然界的“道理”，也遵从人类活动的“事理”和人类行为的“情理”。生态控制论不同于传统控制论的一大特点就是对“事”与“情”的调理，强调方案的可行性，即合理、合法、合情、合意。合理，指符合一般的物理规律；合法，指符合当时当地的法令、法规；合情，指为人们的行为观念并为习俗所能接受；合意，指符合系统决策者及与系统利益相关者的意向（王如松　1987)。

考察各类自然和人工生态系统，可以发现如下控制论原理：

1. 适应原理

任何一企业、地区或部门的发展都有其特定的生态位，由主导系统发展的利导因子和抑制系统发展的限制因子组成。资源的稀缺性导致生物的改造环境、对外开拓、提高环境容量的能力和适应环境、调整需求、改变自身生态位的能力。成功的发展必须善于拓展资源生态位和调整需求生态位，以改造和适应环境。优胜劣汰是自然及人类社会发展的普遍规律。

2. 共生原理

系统的资源承载力、环境容纳总量在一定时空范围内是恒定的，但其分布是不均匀的。差异导致竞争，竞争促进资源的高效利用。持续竞争的结果形成生态位的分异。分异导致共生，共生促进系统的稳定发展。生态系统这种相生相克作用是提高资源利用效率、增强系统自生活力、实现持续发展的必要条件，缺乏其中任何一种机制的系统都是没有生命力的系统。

3. 自生原理

当整体功能失调时，系统中某些组分会乘机膨胀成为主导组分，使系统疯长或歧变；而有些组分则能自动补偿或代替系统的原有功能，使整体功能趋于稳定。系统调控中要特别注意这种相乘相补作用。要稳定一个系统时，就应使补胜于乘；要改变一个系统时，就应使乘强于补。

4. 循环再生原理

世间一切产品最终都要变成废物，世间任一“废物”必然是对生物圈中某一组分或生态过程有用的“原料”或缓冲剂。人类一切行为最终都会以某种信息的形式反馈到作用者本身，或者有利、或者有害。物资的循环再生和信息的反馈调节是复合生态系统持续发展的根本动因。

5. 反馈原理

复合生态系统的发展受两种反馈机制所控制，一是作用和反作用彼此促进，相互放大的正反馈，导致系统的无止境增长或衰退；另一种是作用和反作用彼此抑制，相互抵消的负反馈，使系统维持在稳态附近。正反馈导致发展，负反馈维持稳定。系统发展的初期一般正反馈占优势，晚期负反馈占优势。持续发展的系统中正负反馈机制相互平衡。

6. 生态发育原理

发展是一种渐近的、有序的系统发育和功能完善过程。系统演替的目标在于功能的完善，而非结构或组分的增长；系统生产的目的在于对社会的服务功效，而非产品的数量或质量。系统发展初期需要开拓与适应环境，速度较慢；在找到最适应生态位后增长最快，呈指数式上升；接着受环境容量 的限制，速度放慢，呈逻辑斯缔曲线的S型增长。但人能改造环境、扩展瓶颈，使系统出现新的S型增长，并出现新的限制因子或瓶颈。

7. 最小风险原理

系统发展的风险和机会是均衡的，高的机会往往伴随大的风险。强的生命系统要善于抓住一切适宜的机会，利用一切可以利用甚至对抗性、危害性的力量为系统服务，变害为利；善于利用中庸思想和半好对策避开风险、减缓危机、化险为夷。

以上这些原理可以归结为三类：一是对有效资源及可利用的生态位的竞争或效率原则；二是人与自然之间、不同人类活动间以及个体与整体间的共生或公平性原则；三是通过循环再生与自组织行为维持系统结构、功能和过程稳定性的自生和生命力原则。

第三节　生态规划

一、生态规划的产生与发展

通过生态规划的途径来协调人与自然及资源利用的关系，可追溯到19世纪末的生态学思想家与区域规划的先驱者 George Marsh，Patrick Geddes 及 John Powell 的著作及规划实践，并曾在二战前得到较大的发展。20世纪60年代以来，随着环境问题的加剧，生态规划重新受到人们的重视，尤其 I. McHarg 及其同事的杰出工作，推动了生态规划思想与方法的广泛应用，80年代以来，随着全球性生态环境问题的加剧，以协调人与自然为中心的持续发展理论与实践已成为当今社会关注的焦点及科学界研究的重大课题，生态规划作为实现持续发展的一条重要途径，而得到新的发展。生态规划的产生与发展过程恰恰反映了近100年来人类对自然的认识和对自然的处理方式的变迁。

1. 生态规划的产生

生态规划的产生可以追溯到19世纪末叶 George Marsh，John Powell 及 Patrick Geddes 等为代表的生态学家、规划工作者及其他社会科学家的规划实践与著作。正是他们的工作，标志着生态规划的产生和形成。Marsh 在其1864年出版的"Man and Nature: Physical Geography as Modified by Human Action"著作中，首次提出合理规划人类活动，使之与自然协调，而不是破坏自然，并呼吁与自然共同设计。Marsh 的这个规划原则，直至今日仍是生态规划的一个重要思想基础。John Powell（1879）在他的"Report on the Lands of the Arid Region of the United States"中指出："恢复这些土地（指不适当耕作而导致的沙化地与废弃地）需要广泛而且综合的规划"，规划"不仅要考虑工程问题及方法，还应考虑土地自身的特征"。苏格兰植物学家与著名规划学家 Patrick Geddes，强调周密地分析地域自然环境潜力与环境限制对土地利用与地方经济体系的影响及相互关系，根据自然的潜力与制约制定与自然和谐的规划方案。

2. 20世纪初的生态规划的发展

在20世纪之初，生态学自身已完成其"独立"过程，形成了一门年轻的学科，并在植物生态学、群落生态学、生态演替、湖沼生态学、动物行为学等分支领域发展很快（McIntosh　1985；孙儒泳　1992）。同时，生态学思想也更广泛地向社会学、城市与区域规划以及其他应用学科渗透。在生态学史上盛极一时的芝加哥人类生态学派，也促进了生态学思想的发展与应用。生态规划在这生态学自身大发展与生态学思想传播的氛围中得到发展。20世纪初生态规划的繁荣，还与规划实践的要求、规划方法的发展直接相关。

（1）理论研究的繁荣：这个时期人们开始认识到动植物的美学价值与功能价值，以及保护自然景观对城市发展与城市生活的重要性。Ebenener Howard 在他的《明日的田园城市》中，描绘了"明日"理想的城市，这种由人工构筑物与自然景观（指包围城市的绿带与农村景观、及城市内部大量的绿地与开阔地）组成的所谓"田园城市"，实质上就是从城市规划与建设中寻求与自然协调的一种探索。Howard 的田园城市运动对城市与区域规划以及 McHarg 等生态规划工作均产生了深远的影响。当时，具有很大影响的芝加哥成员中的两位成员，景观设计师 Jens Jensen 与芝加哥大学的生态学家 Henry Cowles 也曾携手探索如何在不断扩展的城市区保护自然景观（Zube 1986）。

如果说从 Marsh 到 Howard 及 Jensen 等学者的理论探索与规划实践，是一批具有远见的生态学家与规划师自发地将生态学思想应用于规划之中，那么，到 20 世纪 20 年代美国区域规划协会的成立则明确宣布规划与生态学之间的密切关系。

美国区域规划协会于 1923 年成立，其主要成员 Benton Mackaye，Lewis Mumford 等均强烈支持以生态学为基础的区域规划。Mackaye 曾巧妙地将区域规划与生态学联系起来，并指出："区域规划就是生态学，尤其是人类生态学"（Mackaye 1940）。后来，McHarg，Steiner 及 Young 等继承这一观点，将生态规划称之为人类生态规划（McHarg 1981），或应用人类生态学（Odum 1953；Young 1974；Steiner et al 1979，1987）。

野生生物学家、森林学家 Aldo Leopold 在他著名的有关土地利用的著作中指出"生态学反应与条件规定并制约着所有依赖于土地的企事业，无论是经济的，还是文化的"（Leopold 1935）。在这里 Leopold 首先注意到自然生态过程与人类活动的相互关系。他还指出：运用生态学理论与方法意味追求"广泛与土地共生"（Leopold 1933），适当的规划意味着向"人与土地和谐相处的状态努力，通过土地与地球上所有的东西（生物）和谐共处"（Leopold 1935），并警告"人与土地的相互作用是极其重要的，不可抱侥幸心理，而必须通过十分仔细的规划与管理"（Leopold 1933）。

在这个时期，生态规划理论与方法的探讨还涉及许多论题，如生态规划的最佳单元；城市交接带的生态功能；如何为环境保护运动明确对象与目标；怎样通过规划方法论的建立，将生态规划作为管理与规划的理论方法；如何实现与自然共同规划与设计，而不是破坏自然。

(2) 生态规划实践：在生态规划的先驱思想家们从理论、方法上构筑生态规划的同时，生态规划的实践已悄然开展起来了，并在规划实践中丰富与发展了生态规划的理论与方法。在 19 与 20 世纪之交，美国的中西部与东北部许多城市公园与开阔地的规划，或许可视为生态规划的开河之作，在这些规划中，规划师们开始有意识地协调处理自然景观、自然过程与人工环境的关系。田纳西流域的综合规划与实施将二战前的生态规划推向高潮，在罗斯福新政的立法下，产生了包括 3.9 万平方英里，涉及 7 个州的规划方案。这个方案充分认识到，作为基本资源的水在恢复流域经济的重要性及潜力。方案的三个基本目标是防洪、发展航运及开发水电，后来扩大到植被恢复、水土保护、新社区建设、农田肥力恢复等多个目标。田纳西流域成为区域整体综合规划的成功代表，也是后来E.P.Odum 称流域为生态规划最优单元的经典例证。

在规划方法上，这个时期的显著贡献是创立了地图叠合技术及其在规划中的运用，为综合分析社会经济及自然环境信息提供了一个有效、便利的方法。Warren Manning 似乎是这一方法的首创者，1913 年，他首先用这种方法规划作 Massachusetts 的 Billerica 的规划（Steiner et al 1987；Zube 1986；Simpson 1989）。地图叠合技术，今天已成为地理信息系统、资源与环境空间分析技术以及生态规划的方法与技术基础。

3．20 世纪 60 年代以来生态规划的复苏与繁荣

（1）环境运动与生态规划的复苏：20 世纪 60 年代以后的生态规划更多地从生态学理论和方法中吸取营养，使用的语言也开始生态学化，尤其强调生态规划应是以生态学为基础的规划。许多具有远见卓识的生态学家都曾致力于将生态学理论与方法应用于规划之中。如，E.P.Odum 是现代生态学代表人物之一，他在论述生态学与人类社会的关系指出："通过强调自然过程，人类生态学可以将一般生物学应用于社会科学，然而，由于人类社会许多特征使得人具有与其他生物不具备的性质，首先人的行为多变性以及人控制其环境的能力远大于其他生物；其次，人类社会文化的发展是其他生物所不具备的，因此人类生态学必须是由其生存所必需的自然环境与其社会文化环境共同决定的"（Odum 1953）。这些理论研究成果对生态规划的理论与方法的发展具有重要意义。

在 20 世纪 60 年代生态规划的复苏与发展中，McHarg 的"Design With Nature"及其规划实践起到了推波助澜的作用。在"Design With Nature"中，McHarg 建立了一个城市与区域规划的生态学框架，并通过案例研究，如海岸带管理、城市开阔地的设计、农田保护、高速公路的选线以及流域综合开发规划等的分析，对生态规划的工作流程及应用方法作了较全面的探讨。McHarg 的生态规划框架对后来的生态规划影响很大，成为 70 年代以来的生态规划的一个基本思路，以后许多工作大多遵循这一思路展开的，并将这个框架称之为 McHarg 方法（Steiner et al 1987）。

20 世纪 60 年代环境运动之初，生态规划在理论与实践上主要是生态决定论，要求人类活动服从于自然的特征与自然过程，而对人类本身的价值观及文化经济特征注意不够，显然，这与当时环境运动的主流相适应，以至于后来人们将生态规划视为"生态保护"的同义词。自 80 年代以来，开始注意到生态规划不只是"生态学概念在城市区域规划、资源开发中的应用，它应该真正能从协调人与自然的关系的高度来认识，必须综合自然经济、文化的特征及其相互作用关系来指导规划实践"。McHarg 指出："我们必须能将区域（规划对象）描述成一个自然-生物（包括人）-文化相互作用的系统，能用资源及其社会价值重新构筑区域"（McHarg 1981），并称生态规划为人类生态规划。还指出："人类生态规划应该是自然科学、生物科学与社会科学相互交叉的学科"，并遵从这些"学科的普遍规律"。在规划过程中，"必须综合考虑自然过程及其发展和生物进化与文化的发展"（McHarg 1983）。Rose，Young，Steinet 等认为："规划关心的是有机体与生物的相互关系，在这个意义上，规划是生态学的，但规划主体是人的活动，因此它是人类生态学。若重新定义生态规划，那么它是应用生态学概念、生态学方法对人类环境的安排（Ordering），因此，生态规划的最终表达方式应该是应用人类生态学"（Rose et al 1979；Young et al 1983；Steiner 1987）。

（2）生态规划方法与实践：20 世纪 60 年代以来，尽管不同作者及规划工作者乃至政府部门在其生态规划研究与实践中，其方法有各自的特点，但总的来说是以 McHarg 方法作基础的。McHarg 方法的核心是，根据区域自然环境与自然资源性能，对其进行生态适宜性分析，以确定利用方式与发展规划，从而使自然的利用与开发及人类其他活动与开发及人类其他活动与自然特征、自然过程协调统一起来（McHarg 1967）。

在生态规划方法论上，除 McHarg 方法外，许多生态学家、城市区域规划学家也作了大量探索。德国科学家F. Vester 及 A. von Hesler 将系统规划与生物控制论相结合，建立城市与区域规划的灵敏度模型（sensitivity model)。灵敏度模型也可以说是生物控制论与计算机技术相结合及其在规划上应用的产物，在灵敏度模型中，将规划对象（一个城市或一个区域）描述成由相互联系与相互作用的变量构成的“反馈图”，可以通过对构成变量状态的改变，模拟整个系统的行为。灵敏度模型将规划由传统的“野外”工作搬进了实验室，并将规划成为可测试和可验证的过程。灵敏度模型重点关心的是系统结构与功能的时间动态，对空间关系与空间格局的动态过程则难以反映出来。

在生态规划实践上，20 世纪 60 年代以来，生态规划已扩展到传统规划的许多方面，如区域发展规划、城市规划、旧城改造、土地及自然资源的保护、自然保护区的规划设计、海岸带的保护等等。如 McHarg 及其同事作的 New Jersey Pinelarelin 规划，Woodland（位于 Texas）规划均为生态规划的经典之作，以及 Vester 等用灵敏度模型对 Frunkfurt 的规划尝试。

4. 我国生态规划的研究与应用进展

尽管生态规划的研究与实践在我国起步较晚，但它一开始就汲取了现代生态学的新成果，并与我国区域，尤其是城市、农村发展，生态环境问题以及持续发展的主题相结合，无论是理论与方法的研究，还是规划实践均已形成自己的特色，有的方面已达到国际领先水平。

在理论上，马世骏、王如松提出的复合生态系统理论，认为以人的活动为主体的城市、农村实际上是一个由社会、经济与自然三个亚系统，以人类活动为纽带而形成的相互作用与制约的复合生态系统（马世骏等 1984；王如松 1987)。生态规划的实质就是运用生态学原理与生态经济学知识调控复合生态系统中各亚系统及其组分间的生态关系，协调资源开发及其他人类活动与自然环境与资源性能的关系，实现城市、农村及区域社会经济的持续发展（王如松等 1990；欧阳志云等 1993)。

在方法上，吸取系统规划及灵敏度模型的思想，建立了自己生态规划程度与步骤，即辨识-模拟-调控的生态规划方法（王如松等 1991)。还在数学方法引入生态规划作了成功的探索，创立了泛目标生态规划方法（王如松 1987)。

在方法论上，还在运用现代生态学理论与方法，以及地理信息系统技术于生态规划之中进行了尝试。如欧阳志云等根据持续发展理论的要求，探讨了区域资源环境生态评价的理论与方法，即生态过程分析、景观格局、生态敏感性、生态风险以及土地质量及区位的生态学评价方法，并根据区域资源性能与自然环境特征，及其与区域发展的关系，建立了生态位适宜度模型，借助于地理信息系统进行空间模拟，对定量分析区域资源与环境的生态适宜性进行了探索，为建立生态学合理的区域资源开发与区域发展策略提供生态学基础。

二、生态规划方法

生态规划的目标是建立区域可持续发展的行动方案，通过怎样的方法与途径达到这一目标正是生态规划方法的任务。这里主要探讨生态规划的方法，分别就生态规划的流程与步骤、生态调查的内容与方法、区域资源环境性能分析与生态评价以及生态适宜性分析等方面进行讨论，尝试建立区域可持续发展的生态规划方法体系。

生态规划方法实际上是一个规划工作流程，在这个工作过程中，要求明确规划的目标与范围，充分了解规划地区与规划目标有关的自然系统特征与自然生态过程，以及社会经济特征、人群价值观等。在此基础上，根据规划目标对资源的开发利用要求，进行适宜性分析，并提出规划方案，然后对规划方案进行经济效益、社会效益及环境效益分析，以确定出满意的方案。生态规划方法也是一个动态过程，它要求不是一个最终蓝图，而是将规划当作对某一地区的发展施加一系列连续管理和控制，并借助于寻求模拟发展过程的手段，使这种管理和控制得以实施。因此，生态规划的方法与流程可以包括生态调查、生态评价与生态决策分析三个方面，六个步骤。

1. 明确生态规划目标

生态规划目标的建立是规划的第一步。目标的产生可能是多种形式的，它既可以来源于区域（与城市）社会经济发展的要求，如促进区域的发展，提高居民的生活质量，在一定期限内，如 5 年、10 年甚至更长期的目标，使经济发展、环境质量达到一定水平，也可以直接从区域的现状问题出发，提出规划目标，如为了缓解城市拥挤，新的卫星城的布局与规划、交通布局的选线以及土地资源的保护与持续利用、水资源开发与水污染问题的解决等。传统规划的课题均可用生态规划方法进行。明确规划范围及规划目标也意味着在区域持续发展的总目标下，将区域规划分解成具体任务，如区域社会经济发展规划、土地利用规划、工农业发展规划以及区域城镇发展及交通规划等。

2. 生态调查

生态规划中，强调在规划过程中充分了解区域的自然环境特点、生态过程及其与人类活动的关系。因此，调查的主要目标是调查收集规划区域的自然、社会、人口、经济的资料与数据，为充分了解规划区域的生态过程、生态潜力与制约提供基础。尽管规划目标千差万别，但在生态规划过程中，生态规划的理论与实际工作者均应很仔细地研究及建立生态调查清单，以求通过收集现状、历史的资料、遥感资料，以及实地考察，取得第一手资料，为制定生态合理的规划方案奠定可靠的基础。

3. 区域社会经济特征分析

主要目的是运用经济学及生态经济学分析区域农业、工业及其他经济部门的结构、资源利用与投入-产出效益等以及经济发展的地区特征，评价区域经济部门生产活动的生态环境影响，寻找区域社会经济发展的潜力及社会经济问题的症结。还可以结合区域生态区划结果，对区域进行生态经济区划，对区域的生态经济区位进行综合评价。

4. 自然环境及资源的生态评价

这个阶段，主要运用生态学、生态经济学、地学及其他有关学科的知识，对区域与规划目标有关的自然环境与资源的性能、生态系统服务功能、生态敏感性及区域生态潜力与限制因素进行综合分析与评价。如果涉及的区域范围较大，还往往综合评价结果对区域进行生态区划，根据区域内自然环境及自然资源及生态过程的分异特征，将区域划分为生态功能不同的地区，为制定区域发展策略提供生态学基础。

（1）区域生态系统生产潜力分析：区域生态系统生产潜力是指在单位面积土地上可能达到的第一性生产水平。它是一个能综合反映区域光、温、水、土资源特征及其配合效果的一个定量指标。在特定的区域，光照与热量条件在相当长的时期内是相对稳定的，这些资源组合所允许的最大生产力通常是这个区域农业与林业生态系统生产力的上限。根据这四种自然资源的稳定性和可调控性，生态系统生产潜力可以分为四个层次，包括光合生产潜力、光温生产潜力、气候生产潜力及土地承载力。

（2）区域生态服务功能评价：区域生态系统不仅为人类提供了生活与生产所必需的食品、医药、木材及工农业生产的原材料等生态系统产品，还在形成人类生存所必需的环境条件起着重要的作用，如土壤形成与肥力的维持、水土保持、气候调节、洪水控制、物质循环与大气组成、环境净化与有害有毒物质的降解、害虫控制、昆虫传粉等，并为野生动植物提供生境等许多方面。在生态规划中，生态系统服务功能的评价，重点关心的是各生态系统单元对城市或区域社会经济发展中的作用，分析其对区域与城市生态安全的影响。

（3）区域生态敏感性分析：生态敏感性指生态系统对人类活动影响的敏感程度，即产生生态失衡与生态环境问题的可能性大小。在复合生态系统中，不同生态系统要素或景观斑块对人类活动干扰的反应是不同的，有的生态系统对干扰具有较强的抵抗力，有的则恢复能力强，即尽管受到干扰后，在结构或功能方面产生偏离，但很快就会恢复系统的结构和功能。然而，有的系统却很脆弱，即容易受到损害或破坏，也很难恢复。生态敏感性分析的目的就是分析与评价区域内各系统对人类活动的反应，明确产生生态环境问题的风险。在区域尺度往往关心水土流失敏感性、沙漠化敏感性、盐渍化敏感性、生境敏感性、酸雨敏感性等方面。

5. 生态适宜性分析

区域资源环境的适宜性的目标是根据发展要求与资源利用要求，以及区域自然资源与环境性能及其潜力与制约性，划分资源与环境的适宜性等级。在生态适宜性分析中，一般首先进行单项资源的适宜性分析，明确其潜力与限制。然后，综合各单项资源的适宜性分析结果，分析区域发展或资源开发利用的综合生态适宜性空间分布特征，为制定规划方案提供基础。

生态适宜性分析是生态规划的核心，是制定规划方案的基础，因此，生态规划工作者对适宜性分析的方法有较多的研究，并根据不同规划对象与规划目标，发展了多种适宜性分析方法，归纳起来，可分为形态法、因素叠合法、线性组合法、逻辑组合法、生态位适宜度模型五大类。

（1）形态法：形态法是最早使用的适宜性分析方法，主要用于土地利用规划。其工作过程可以包括四个步骤，即首先，根据实地调查或遥感资料，将规划区域划分成不同的同质小区。由于划分同质小区的标准通常是根据地形、植被、土壤性质等地表特征，因此，也有人称之为景观分类法；第二步是根据土地利用要求，制定资源利用的适宜性评估表，并定性描述每一小区的潜力与限制；第三步是分析每一小区对某特定土地利用的适宜性级；第四步是根据规划目标将不同土地利用的适宜性图叠合成区域综合适宜性图。

（2）因素叠加方法：地图叠加在20世纪初就有人运用于规划之中，但将其首先用于生态规划，并发展成为一较为完善的适宜性分析方法当推 McHarg，故此也称之为 McHarg 适宜分析方法。因素叠加法主要特点表现在：首先根据各相关因素的潜力与限制分别分析其适宜性等级，然后将各因素的适宜性叠加，以得到综合适宜性图。由于在实际操作过程中，通常先绘成单因素的适宜性等级图，再叠加适宜性等级图，再叠加到地图上，故也称地图叠加法。

（3）线性组合与非线性组合：线性组合法评价资源环境的适宜分析方法的流程与因素叠合法相似，首先也是分析不同方案或措施与资源环境的关系；第二步是根据自然因素的属性建立适宜性评价准则，区别在于适宜性等级是用一定的度量值来表示，而非用颜色的深浅或序号来表示，并给每一因素依重要性给一权重值；第三步是将自然因素不同属性适宜性等级值与其他因素的权重相乘，其值则表示该因素不同属性的适宜性值；第四步就可以综合各因素的适宜性值的空间分布特征得到综合适宜性值。

（4）生态位适宜度模型：区域的发展必须有资源为基础，在这里资源的定义为广义，即包括区域发展所要求的自然环境、社会经济条件因素以及物质资源，从而构成一个多维的资源需求空间。为了描述的方便，不妨称区域发展对资源的需求所构成的多维空间为区域发展的资源需求生态位，简称为需求生态位。而区域现状资源也可以构成对应的资源空间，不妨简称之为供给生态位，两者之间的匹配关系，则反映了区域现状资源条件对发展的适宜性程度，其度量可以用生态位适宜度来估计。

区域发展的资源需求生态位是一个多种资源所构成的多维空间。根据谢尔福德限制性定律，在区域发展的需求生态位中，任何资源因素的现状条件，在数量或质量上的不足，即当接近其可利用的限度时，就会成为区域发展（严格意义上，应是某种发展途径或措施）的制约因素。生态位适宜度指数的大小反映了区域现状资源条件对发展需求的生态位适宜程度，从而可以根据生态位适宜值的大小建立初步的区域发展方案与措施。

（5）逻辑规则组合法：规则组合法系指运用逻辑规则建立适宜性分析准则，再以准则为基础进行判别分析适宜性的过程。其工作流程主要包括：①确定规划方案及其有关的资源环境因素；②对资源环境因素进行分等定级；③制定适宜性评价规划；④根据规则确定综合适宜性。由于规划对象与目标不同，其规则也殊异。Westman 在评价坡地对住宅建设的适宜性时，以滑坡风险为主要衡量指标，在分析其适宜性时，主要关心影响滑坡风险的有关因素，即坡度、土壤排水性以及土壤质地三个因素。根据这三个因素与滑坡风险的关系，分成二个等级，然后再根据住宅建设对上述因素的要求建立评价规则，最后以评价规则为标准，评价三个因素不同组合的适宜性。逻辑规划组合法通常适用于规划方案所涉及的因素不多时的情形，而且方案对资源环境的要求明确，这是因为当考虑的因素较多时，因素组合数将以几何级数迅速增加，显然是难以通过建立规则来评价适宜性的。

6．确定规划方案与措施

根据发展目标，以综合适宜性评价结果为基础，制定区域发展与资源利用的规划方案。区域规划的最终目标是促进区域社会经济的发展、生态环境条件的改善以及区域持续发展能力的增强。因此，还应对初步的方案进行评价，方案评价主要包括三个方面，即能否满足规划目标的要求；投入-产出效益；对区域生态环境的影响及区域可持续发展能力的综合效应。

必须强调的是，由于生态规划涉及的问题与知识十分广泛，因此在规划过程中要求是一个包括规划学、生物生态学、经济学、社会学等多学科组成的规划小组，多学科的交叉与合作在生态规划中至关重要。

第四节　生态工程

一、生态工程的提出与发展

生态工程是近年来发展起来的一门着眼于复合生态系统持续发展的整合工程技术。它根据整体、协调、循环、自生的生态控制论原理去系统设计、规划和调控人工生态系统的结构要素、工艺流程及信息反馈关系，在系统范围内实现经济效益和生态效益。生态工程强调资源的综合利用、技术的系统组合、学科的边缘交叉和产业的横向结合，是生态学原理与现代技术有机结合的产物。

生态工程概念是著名生态学家H. T. Odum 及马世骏于 20 世纪 60 及 70 年代分别独立提出来的（Odum　1962）。Odum 认为生态工程是“人类轻微干预的生态系统的自组织设计”，强调环境效益和自然调控。马世骏将生态工程定义为“应用生态系统中物种共生、物质循环再生以及结构与功能协调原则，结合系统工程的最优化方法设计的分层多级利用物质的生产工艺系统。”（马世骏　1979，1987），追求经济和生态效益的统一和人的主动改造与建设，被认为是发展中国家可持续发展的方法论基础。马世骏教授根据中国大量朴素的生态工程实践，归纳出“整体、协调、循环、再生”的生态工程原理，并明确其研究对象为社会-经济-自然复合生态系统（马世骏　1984），为生态工程成为一门新兴学科奠定了基础。国际生态工程学会主席 W. Mitsch 综合这两派思潮，将生态工程总结为“使人与自然双双受惠的可持续的生态系统的设计”，1989 年在美国出版了 Mitsch 和 Jorgensen 主编，中、美、加拿大、丹麦、日本等国学者合著的《生态工程》一书，明确提出其研究对象为生态系统，较系统地初步归纳一些基本原理，总结其方法论及若干应用实例。自此，生态工程才在国际学术界公认为可持续发展领域以及产业革命的一门新兴学科。

二、生态工程类型与特点

20 世纪 70 年代以来，我国生态工程理论和实践研究取得长足进展，成为我国生态学领先国际前沿的少数几个领域之一。有关我国生态工程的论文在国内外已发表了近千篇，其中国际上发表的逾百篇，并已出版了多本中文生态工程专著（马世骏　1987；云正明等　1998；钦佩等　1998）和一本英文农业生态工程专著（王兆骞等　1999）。目前发展比较成熟的生态工程类型包括如下几个类型：

（1）农业生态工程：农业生态工程在中国有较广较快的发展，可分为农田、农业及农村生态工程三个层次。农田生态工程的对象是农田。其中综合的内容有选择优良品种；间种、套种、轮种，池塘养殖的混养，基塘系统等分层多级利用空间、时间及营养生态位；节水、节能、节肥，合理施肥，应用有机无机复合肥，养地用地相结合、长效速效相结合；生物防治，生境调控和遗传工程多方面的综合防治病虫害；生产绿色食品。农业生态工程包括各个农户的庭院经济及农村的大农业等生态工程，它将种植、养殖、水产、园艺与林业、副业、加工业以及农业废物的转化、再生及资源化等综合成相互联系、相互促进的网络系统，它促进物流、能流、货币流、信息流的畅通，人及生物与环境和谐共生，经济、生态环境和社会效益的同步发展。农村生态工程则是在前两个层次基础上的进一步扩大。它主要强调不同产业之间废弃物的转化、再生、资源化的处理和利用，工业及商业的密切结合。

（2）节水和废水处理与利用生态工程：利用生态过程将废水回收、再生、回用、再循环等，寓废水处理于利用中的生态工程有较快发展。如糖厂设计的以废糖蜜制酒精，处理了这一废物并实现第二次增值，制酒精后废液好氧发酵再生产饲料酵母，其滤液回流，封闭循环用以稀释糖蜜，可节约2/3的用水，经反复回用，可减少90%以上的废水排放量。而停止回流后的生产酵母滤液，用以厌氧发酵，生产沼气，作为供蒸馏酒精用热源。再如用造纸黑液回收糖矿粉、钙粉、亚硫酸钠、碱性木质素、木质素磺酸钠。

（3）生物质循环利用生态工程：如将生活垃圾中有机部分、人畜粪便转化、生产成优质生态复合肥。许多地方将秸秆过腹还田，发展养殖业，并利用畜禽粪便与秸秆培养食用菌后，再培养蚯蚓，蚓粪残渣则作为肥料，既减少或避免田间烧草污染及破坏环境，又增加产值。蔗渣、玉米芯等生物质用于生产纸、纤维板、糠醛、木糖醇、木质素磺酸钠等。各类食品工业的废弃物深层利用、循环再生，为社会提供生态合理的饲料、燃料、肥料和工业原料的系列服务。

（4）山区小流域综合治理与开发生态工程：在治理恢复小流域生态环境、培植小流域自然资源的基础上，低耗、高效、可持续利用小流域类自然资源，如治坡、治沟、修梯田及发展草业、牧业、林业等结合起来，并将小流域农村经济引向商品经济道路。目前我国正进行的三北、长江中上游防护林生态工程是当今世界上面积最大的流域治理与保护生态工程。

（5）清洁及可再生能源系统开发组合利用工程：将可利用的太阳能、生物能、风能及矿物能在不同用户尺度上组合利用、系统优化，为全社会提供能效高而环境影响小、可持续利用的能源服务。

（6）生态建筑及生态城镇建设工程：充分利用本地生态资源建设，能耗低、绿量高、废弃物就地资源化的，方便、舒适、和谐、经济的生态住宅、生态小区和生态城镇。其要求包括对健康、自然保护、物质循环及生境四方面，所用建材、室内装饰、服务设施、建筑结构要对居住者或使用者的生境健康及所在环境的健康无害而有利，使人居其中方便、舒适，有利人的身心健康，保温、隔热效率高，通风采光好，所用设施在运转中所用动力少，节能、节水，尽可能应用再生能源和动力，如太阳能、风能、生物质能，垃圾及污水能就地处理与利用，其中有机质和营养盐能在庭院内和附近的园艺农业中能方便、完全利用，形成良性循环。其中的植物及绿化区要尽可能靠近建筑，屋顶及外墙尽可能绿化以增加绿化面积和量，不仅便于生活废水、废渣的就地净化与利用，而且有利于美化及改善小气候。选址要按生态学原则，人与包括生物群落在内的自然环境和谐、互利共生，环境不仅包括自然的还包括人为的基础结构、资源的利用与发展。

(7) 废弃地及遭破坏的水、陆生态系统的生态恢复生态工程：在荒山、荒坡、滩涂、湿地及矿山废弃地等未被利用的退化生态系统，根据当地生态条件，利用生态工程与技术恢复植被，发展草业、牧业或林业，恢复其生态服务功能及经济效益。

第五节　产业生态学与生态产业

一、产业生态学概念与发展

产业生态学是一门研究社会生产活动中自然资源从源、流到汇的全代谢过程及其与生命支持系统相互关系的系统科学。产业生态学是生态产业的学科基础，它被列为美国21世纪环境科学研究的优先领域。

产业生态学起源于20世纪80年代末R. Frosch等人模拟生物的新陈代谢过程和生态系统的循环再生过程所开展的“工业代谢”研究。“工业代谢”名称是将“生态学”的生物代谢的概念引进到产业生态学中来所创建的新名词。工业代谢是模拟生物和自然生态系统代谢功能的一种系统分析方法。与自然生态系统相似，产业生态系统同样包括四个基本组分，即生产者、消费者、再生者和外部环境。通过分析系统结构变化，进行功能模拟和分析产业流（输入流、产出流）来研究产业生态系统的代谢机制和控制方法。通常采用的方法有“供给链网”分析（类似食物链网）和物料平衡核算。他们认为现代工业生产过程就是一个将原料、能源和劳动力转化为产品和废物的代谢过程。他们与N.Gallopoulos等人进一步从生态系统角度提出了“产业生态系统”和“产业生态学”的概念。1991年美国国家科学院与贝尔实验室共同组织了首次“产业生态学”论坛，对产业生态学的概念、内容和方法以及应用前景进行了全面、系统的总结，基本形成了产业生态学的概念框架。贝尔实验室的C.Kumar（1991）认为：“产业生态学是对各种产业活动及其产品与环境之间相互关系的跨学科研究”。

二、生态产业特点

1. 生态产业

传统环境工程的末端治理方法走的是“治标未治本”的路，结果只是废弃物资源从一种介质向另一种介质的时间或空间的转移或“无害化”，并没有从源头上解决污染问题，无法解决复杂的系统生态问题。20世纪70年代兴起的清洁生产是关于产品生产过程的一种新的、创造性的思维方式，通过对生产过程和产品持续运用整体预防的环境战略以达到降低人类和环境的风险的目的。但是清洁生产只关注产品的生产工艺过程，而不能从复合生态系统角度出发考虑不同生产过程、不同产业部门之间以及与自然生态系统之间的生态耦合和资源共享，其经济效益有限，不足以引起产业界的足够重视。作为对清洁生产的一种升华和补充，产业生态学在 80 年代末迅速发展起来。可以说，清洁生产是生态产业的初级阶段，而产业的生态转型或生态产业则是清洁生产技术的系统组装和延伸。

2. 生态产业特点

（1）企业和行业间的横向共生：自然生态系统是一个稳定、高效的系统，通过复杂的食物链和食物网，系统中一切可以利用的物质和能源都能够得到充分利用。传统的产业生产过程是互相独立的，物质流动是线形的，即从原材料-产品-废物的过程，因此造成废弃物的过量堆积，产生严重的环境污染问题。产业生态学是在与自然生态系统比较的基础上提出的，强调实现产业生态系统中物质的闭环循环，其中一个重要的方式就是建立产业系统中不同工艺流程和不同行业之间的横向共生。通过不同工艺流程间的横向耦合及资源共享，为废弃物找到下游的“分解者”，建立产业生态系统的“食物链”和“食物网”，可以实现物质的再生循环和分层利用，去除一些内源和外源的污染物，达到变污染负效益为资源正效益的目的。

三菱电机在 20 世纪 90 年代以来，先后建立了 46 个废弃物和副产品再循环中心，并开发了一系列产业代谢和为环境而设计的分析软件，还推出了一个从摇篮到坟墓的产品反思计划，将质量管理和环境管理合而为一，公司效益与规模成倍增加。由于他们在产业可持续发展的实践中作出的突出成绩，联合国授予该公司人居环境奖。

（2）从摇篮到坟墓的纵向闭合：生态产业区别于传统产业的一个重要方面是物质的生命周期全循环，即产业系统内要综合地考虑产品从“摇篮”、“坟墓”到“再生”的全过程，并通过这样的过程实现物质从源到汇的纵向闭合，实现资源的永续循环利用。传统产业一般将废弃的产品（或材料）看成是无用的、等待处置的东西，因此来源于自然环境的原材料经过一次生产过程后，就变成了废弃物排放到环境中。这样的线性过程打破了自然界的物质平衡，一方面从自然界获取的太多，造成了一些资源的枯竭（生态耗竭）；另一方面将有大量的废弃物排入环境和生态系统，造成生态系统功能失调（生态滞留）。因此目前许多国家纷纷制定政策，要求将产品进行回收利用，目的就是实现物质的“封闭循环”。这些政策是根据产业生态学的原则制定的，因为产业生态学认为自然界并没有真正的“废物”，任何一种有潜在利用价值的物质都可能作为“原料”被利用。产业生态学要求从产品的设计阶段起，就须考虑产品使用期结束后的处置和再循环问题。产品的废弃物处置问题同产品的设计和加工制造过程一样重要（见图 8-27-1）。

（3）在区域生态系统范围内组织生产：产业生态学不仅仅研究产业系统本身，更重要的是关注产业系统与自然系统的相互关系。产业生态学要求从区域的角度出发，在自然系统的承载能力内，充分利用各种自然资源。通过对一定地域空间内不同工业企业间，以及工业企业、居民和自然生态系统之间的物质、能源的输入与输出进行优化，从而在该地域内对物质与能量进行综合平衡，形成内部资源、能源高效利用，外部废物最小化排放的可持续的地域综合体。具体来说，就是指通过企业之间、企业与社区之间的密切合作，合理、有效地利用当地资源（信息、物质、水、能量、基础设施和自然栖息

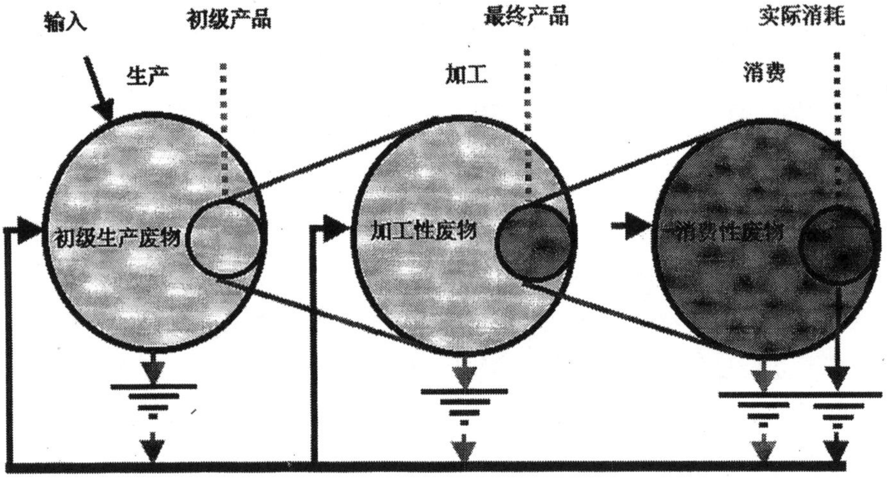

图 8-27-1　生态产业的串联耦合

地）以达到经济获利、环境质量改善和人力资源提高的目的，这就是产业生态学中的生态产业园概念的基本框架。

（4）根据环境保护的要求变化随时调整生产和工艺结构：产业生态学所倡导的功能经济与传统的工业经济的区别在于前者的经济价值来源于产品的表现和实际使用价值，而后者的经济价值来源于以物质形式存在的产品的交换。因此，在功能经济条件下，生产商生产的目的是为消费者提供某种功能，而不是某种固定的产品，因此有利于企业建立灵活多样、面向功能的生产结构与体制，并且可以随时根据环境保护要求的变化调整产品、产业结构及工艺流程，实现产品的升级换代。

3. 生态产业设计原则

新一轮生态产业革命将为我国产业转型、企业重组、产品重构提供方法论基础；促进企业的转轨升级；创造新的社会就业机会；从根本上扭转产业发展中环境污染的被动局面；为全球环境变化、生态产品推广和生态企业孵化提供数据和信息支持。根据产业生态学原理及工农业生产过程的特点，生态产业的组合、孵化及设计原则主要有如下十个方面：

（1）横向耦合：不同工艺流程间的横向耦合及资源共享，变污染负效益为资源正效益。

（2）纵向闭合：从源到汇再到源的纵向闭合，集生产、流通、消费、回收、环境保护及能力建设为一体，第一、二、三产业在企业内部形成完备的功能组合。

（3）区域耦合：厂内生产区与厂外相关的自然及人工环境构成产业生态系统或复合生态体，逐步实现废弃物在系统内的全回收和向系统外的零排放。

（4）柔性结构：灵活多样、面向功能的结构与体制，可随时根据资源、市场和外部环境的随机波动调整产品、产业结构及工艺流程。

（5）功能导向：以企业对社会的服务功能而不是以产品为经营目标，谋求工艺流程和产品的多样化。

(6) 软硬结合：配套的硬件、软件和心件研究开发体系，决策咨询体系，管理服务体系及人才培训体系，配合默契的决策管理、工程技术和营销开发人员。

(7) 自我调节：以生态控制论为基础，能自我调节的决策管理机制、进化策略和完善的风险防范对策。

(8) 增加就业：合理安排和充分利用劳力资源，增加而不是减少就业机会。

(9) 人类生态：工人一专多能，是产业过程自觉的设计者和调控者而不是机器的奴隶。

(10) 信息网络：内外信息及技术网络的畅通性、灵敏性、前沿性和高覆盖度。

思考题

1. 当前世界上所面临的主要生态环境问题。
2. 可持续发展概念与内涵。
3. 实施可持续发展战略是我国的必然选择。
4. 我国实施可持续发展的途径。

参考文献

马世骏，王如松．1984．社会-经济-自然复合生态系统，生态学报，4 (1)：1～9

马世骏，李松华主编．1984．中国农业生态工程．北京：科学出版社

马世骏主编．1991．中国生态学发展战略研究．北京：中国经济出版社．315～343

王如松，欧阳志云．1996．生态整合-人类可持续发展的科学方法．科学通报，41 (增刊)：47～67

王如松．1988．高效、和谐-城市生态调控原则与方法．长沙：湖南教育出版社

中国二十一世纪议程．1994．中国二十一世纪人口、环境与发展白皮书。北京：环境科学出版社

杨建新，王如松．1998．产业生态学基本理论探讨．城市环境与城市生态，11 (2)：56～60

杨建新．1999．产品生态设计的理论与方法．环境科学进展，7 (1)：67～72

欧阳志云，王如松．1995．生态规划的回顾与展望．自然资源学报，10 (3)：203～215

张坤民主编．1999．可持续发展论．北京：环境科学出版社．

钦　佩，安树青，颜京松主编．1998．生态工程学．南京：南京大学出版社

Allenby B R. 1999. *Industrial Ecology: Policy Framework and Implementation*. Prentice Hall, New Jersey

Costanza R, et al. 1997. The value of the world's ecosystem Services and natural capital, Nature, vol. 387, 15 May

Daily G G, Alexander S, Ehrlich P R et al. 1997. Ecosystem Services: Benefits Supplied to Human Societies by Natural Ecosystems, *Issues in Ecology*, 1997, **2**, the Ecological Society of America

Earth Summit'92, 1992. The United Nations Conference on Environment and Development Rio de Janeiro

Ecological Society of America. 1991. Sustainable biosphere initiative——an agenda for ecological research. Ecology, 85: 297～412

Frosch R A. 1992. Ihdustrial ecology: A philosophical introduction. Proc. National Acad. Sci. USA, 89: 800～803

Frosch, R A, & Gallopoulos N E. 1989. Strategies for manufacturing. Scientific American, 261 (3): 94～102

Graedel T E, Allenby B R. 1995. Industrial Ecology. New York: Prentice Hall Press, 108～109

Hardin Tibbs. 1991. Industrial Ecology: An Environmental Agenda for Industry. New York: Arthur

ISO. 1997. Environmental management-Life cycle assessment-Principles and framework. ISO/FDIS 14 040

IUCN-UNEP-WWF: 1980. World Conservation Strategy

IUCN-UNEP-WWF: 1991. Caring the Earth-A Strategy for Sustainable Living

Lewis Hopkins. 1977. Methods for generating land suitability maps: a comparaive evaluation," Journal of the American

Institute of Planners, 43 (4): 386～400
Ma S. 1985. Ecological engineering: Application of ecosystem principles. Environ Conservation, 12 (1) 331～335
Ma, S J & Yan J. 1989. Ecological engineering for treatment and utilization of wastewater. In: Mitsch, J. W. & S. E. Jorgensen (Eds.), Ecological Engimeering: An introduction to Ecotechnology. John Wiley & Sons, New York pp. 185～217
McHarg I. 1969. Design with Nature, Natural History Press, Garden City, N. Y
Mitsch W J. 1993. Ecological Engineering: A friend, Ecological Engineering, 3 (20): 112～115
Mitsch W J & Jorgensen S E. (eds.). 1987. Ecological Engimeering: An introduction to Ecotechnology. John Wiley & Sons, New York
Mohan Munasinghe and Jeffret Mcneely. 1996. Key Concepts and Terminology of Sustainable Development, Defining And Measuring Sustainability, The Biogeophysical Foundations, New York, 19～56
Odum E P. 1997. Ecology: A Bridge between Science and Society, Sinauer Associate, Inc
Odum H T. 1989. "Ecological engineering and self organization", Ecological Engineering: An Introduction to Ecotechnology, W. J. Mitsch etc., eds., Wiley, New York, 79～101
Paul Harrison. 1992. The Third Revolution-Environment (WCED), 1987, Our Common Future, Oxford University Press
Staw B W et al. 1981. Threat rigidity effects inorganizational behavior: a multilevel analysis. Admin Scil Quart, 26, 501～524
United Nation's Conference on Environment and Development, 1992, 21 Agenda, 1992
Vester F, Hesler A V. 1980. Sensitivitatsmodell. Okologir und Plomung in Verdichfungsgebieten, UNESCO Man and Biosphere Project 11 Report. Frankfurt: Regionale Planungsgemeinwchaft Untemain
WCED. 1987. Our Common Future. Oxford University Press, Oxford
Wang Rusong and Jens Krause. 1996. Towards a Sustainable City: Methods of Urban Ecological Planning and Its Application in Tianjin, China, UNESCO, Imprimerie Jouve, Mayenne

第二十八章　生物多样性

学习要点

了解生物多样性的概念和发展历史，理解生物多样性的价值，掌握生物多样性价值的分析方法，把握生物多样性研究的发展趋势，知晓如何开展生物多样性研究。

第一节　生物多样性的概念

根据联合国“生物多样性公约”，生物多样性的定义是：“生物多样性是指所有来源的形形色色的生物体，这些来源包括陆地、海洋和其他水生生态系统及其所构成的生态综合体；这包括物种内部、物种之间和生态系统的多样性。”生物多样性是概括性的术语，一般来说有三个水平，即遗传多样性、物种多样性和生态系统多样性。遗传多样性指生物体内决定性状的遗传因子及其组合的多样性，生物遗传的物质基础是脱氧核糖核酸（DNA）或核糖核酸（RNA）。遗传多样性的表现形式是多层次的：在分子水平，可表现为核酸、蛋白质、多糖等生物大分子的多样性；在细胞水平上可体现在染色体结构的多样性以及细胞结构与功能的多样性；在个体水平，可表现为生理代谢差异、形态发育差异以及行为习性的差异等。遗传多样性的检测方法从形态学水平、细胞学（染色体）水平，逐渐发展到分子水平。从形态学或表型性状上检测遗传多样性是最经典也是最简便易行的方法；利用染色体多态性及蛋白质多态性来检测遗传多样性则是更进一步的方法。遗传变异是生物进化的内在源泉，因而遗传多样性及其演变规律是生物多样性及进化生物学研究中的核心问题之一。

物种多样性是指有生命的有机体即动物、植物、微生物物种的多样性。世界上到底有多少物种，还没有人能作出精确的估计，目前已记录的生物物种为140～170万种，据E. O. Wilson 1992年统计，目前全球已记录的生物为141.3万种，其中昆虫75.1万种，其他动物28.1万种，高等植物24.84万种，真菌6.9万种，真核单细胞有机体3.08万种，藻类2.69万种，细菌等0.48万种，病毒0.1万种。物种是遗传信息的载体，是生态系统中最主要的成分，因此，物种多样性在生物多样性研究中占有举足轻重的地位。如果说，遗传多样性的丧失常常是人们不易察觉的，那么物种的绝灭，特别是大型动物的绝灭，常会引起人们的警觉，唤起公众的关心。物种多样性测度的最一般方法是物种丰富度指数（species richness index），即一定区域内物种的数目。然而，在研究某一地区的物种多样性时，我们更主要的是要估算其种以上的高级分类单位属、科、目和门等的丰富程度。此外，对该地区的特有种、特有属，在研究中也应给予特别的关注。

生态系统多样性是指生物圈内生境、生物群落和生态系统的多样性以及生态系统内生境差异、生态过程变化的多样性。生态系统是由各种不同生物群落所组成的，生物群落一般具有垂直结构和水平结构，由于这些结构的不同，导致生态系统的千变万化；此外，生态系统是由具有不同营养特点的生物所组成，植物是第一性生产者，昆虫是草食动物，鸟类和小型哺乳类是食肉动物…….它们构成了生态系统复杂的食物网，形成了生态系统中能流、物流的多样化过程，以及生物之间复杂的相互作用关系。生态系统多样性是生物多样性的一个重要组成部分，是生物多样性研究的重点。它体现了生物多样性研究的特点：高度综合性。这正如生物多样性公约序言中指出：保护生物多样性的基本要求就是“保护生态系统和自然生境，维持恢复物种在其自然环境中有生存力的种群”。

第二节　生物多样性的价值

生物多样性是人类赖以生存的生物资源。“生物多样性公约”明确生物多样性像其他资源一样为所在国所有。据 1997 年“Nature”杂志估计，生物多样性每年为人类创造了约 33×10^4 亿美元的巨大价值，美国为 3×10^4 亿美元，中国约为 4.6×10^4 亿美元（据 1997 年中国生物多样性国情研究报告）。

生物多样性的价值估算最近以来一直是生物多样性研究热点之一。很多人提出各种不同的估算框架，本书将着重介绍经济合作与发展组织（OECD，1995）出版的《环境项目和政策的评价指南》里的框架（见图 8-28-1）。

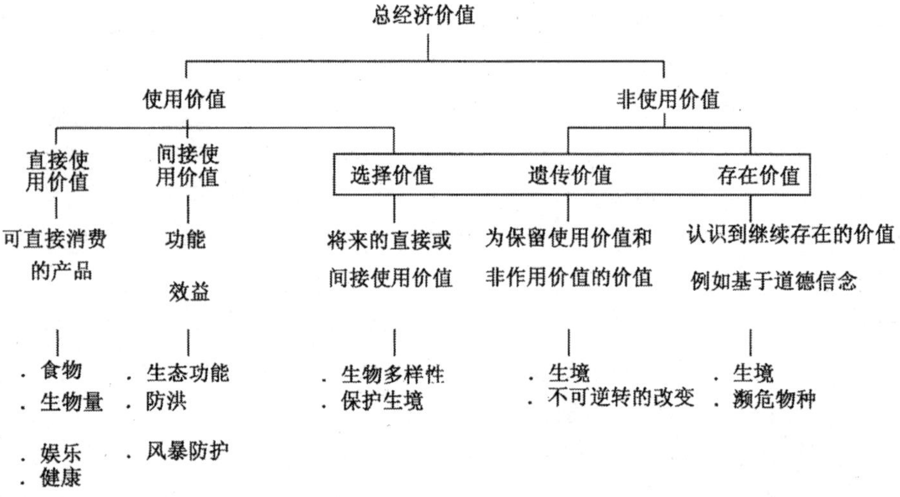

图 8-28-1　OCED 生物多样性经济价值分类

它把总经济价值分成使用价值和非使用价值。使用价值中又分为直接使用价值和间接使用价值。直接使用价值指那些直接利用的资源如薪炭、野味等，以及利用这些资源做成产品在市场上出售。间接使用价值常常指生态系统的服务功能所带来的价值如地面植物通过光合作用固定太阳能，使光能通过绿色植物进入食物链，又如涵养水源、保护土壤、调节气候等。

生物多样性的选择价值是指个人和社会对生物多样性潜在用途的将来利用，这种利用包括直接利用、间接利用、选择利用和潜在利用。例如昆虫学家为了防治某种害虫，可以到大自然中去寻找它的天敌；微生物学家寻找能帮助进行生物化学制造过程的细菌；药物学家试图从野生植物中寻找抗癌的物质等。

生物多样性的存在价值是指人们对野生动、植物的关注，愿意捐献大笔的经费以确保它们的存在。例如，某些特殊的物种，如大熊猫、狮子、大象、猪等，被称之“有超凡魅力的动物”，人们喜爱它们，通过参加和捐助方式，以一种直接的方式来表达对它们的关爱之情。在西方每年有数以几十亿美元捐献给环境和野生动物保护组织，这表明了物种和群落的存在价值——人们愿意付出，以避免物种灭绝和生境被破坏。

第三节 生物多样性的危机及研究热点

地球上的生物多样性是30亿年进化的结果，是人类宝贵的财富。然而，自1600年以来，已有2.1%的哺乳动物，1.3%的鸟类灭绝（见表8-28-1）。

表8-28-1 1600年以来的灭绝记录（引自 Richard Primack，季维智 2000）

分类阶元	灭绝记录[a]				大约的物种数	灭绝所占比例
	大陆[b]	岛屿[b]	海洋	总计		
哺乳类	30	51	4	85	4000	2.1
鸟类	21	92	0	113	9000	1.3
爬行类	1	20	0	21	6300	0.3
两栖类[c]	2	0	0	2	4200	0.05
鱼类[d]	22	1	0	23	19 100	0.1
无脊椎动物[d]	49	48	1	98	1 000 000	0.01
显花植物[e]	245	139	0	384	250 000	0.2

资料来源：仿 Reid 和 Miller 1989；数据来源于各种渠道。

a. 大量的额外物种甚至没有被科学家记录到就可能已经灭绝了；

b. 大陆地区指那些面积达到100平方千米或更大的陆地（等于或大于格陵兰）；小于该面积的陆地被认为是岛屿；

c. 两栖类的种群数量在最近的20年已经有令人震惊的减小；一些科学家相信许多两栖物种正处于灭绝的边缘；

d. 给出的数字仅仅代表了北美和夏威夷；

e. 显花植物的数字也包括灭绝的亚种和变种

生物多样性丧失的直接原因主要是生境丧失和破碎化、外来种的入侵、生物资源的过度开发、环境污染以及全球气候变化等。但究其根本，人类活动是造成生物多样性以空前速度丧失的根本原因。

人口数量的增长，导致对自然资源需求的增加，在最近的150年中，人口数量由1850年的十亿增加到2000年的65亿。与此相应的物种的灭绝速率也大大增加，在1600～1700年间，鸟类和兽类的灭绝速率大约是每10年1种，但在1850～1950年间却上升到每年1种。

全球经济发展导致大规模工业和商业行为，而这些活动是引起生境破坏的最重要的原因。在热带亚洲，至少有65%的森林的野生生物生境已经消失。中国的海南，20世纪 50 年代初尚有天然森林 1300 万亩，森林覆盖率为 25.7%，到 1979 年仅余 497 万亩，森林覆盖率降为 9.8%；西双版纳在 50 年代初期有森林约 1730 万亩，森林覆盖率为 60%左右，而到 1985 年，森林面积存 780 万亩，覆盖率降到 27%.

外来种的入侵是引起生物多样性危机的另一个原因。全球经济活动促进了贸易和交通系统的发展，也引起了外来种入侵的问题。例如小花假泽兰（*Mikania micrantha*）原产热带美洲，20 世纪 70 年代入侵香港，80 年代传入广东南部。在深圳内伶仃岛，该种植物像瘟疫般的滋生，攀上树冠，使大量树木因失去阳光而枯萎，从而危及岛上 600 只猕猴的生存。

生物多样性的研究早在 20 世纪 80 年代就已开始，最初唤起人们警觉的是那些大型的濒危动物，当时世界自然保护联盟（IUCN）提出的保护都是针对这些大型动物的。后来人们逐渐认识到保护一个物种，首先要保护它的栖息地和它所在的生态系统，于是保护的重点逐渐由单纯保护物种转移到保护关键地区的生态系统。国际生物多样性科学研究规划（DIVERSITAS），是由 6 个国际组织于 1996 年 7 月提出（赵士洞　1997）。该计划提出了 5 个核心研究计划和 5 个特殊研究领域。其核心研究计划是：①生物多样性对生态系统功能的影响；②生物多样性的起源 、维持和变化；③系统学研究、生物多样性编目和分类；④生物多样性的监察；⑤生物多样性保护、恢复和可持续利用。其特殊研究领域是：①土壤和沉积物中的生物多样性；②海洋生物多样性；③微生物生物多样性；④淡水的生物多样性；⑤与生物多样性有关的人文因素（见图 8-28-2）。从 DIVERSITAS 框架图来看，生态系统的功能列为核心研究计划之首，表明了它的重要性，其他的四个核心研究计划都将围绕生物多样性对生态系统功能的影响来开展，这一国际科学研究规划向我们展示了当前生物多样性研究的热点及未来若干年的研究方向。

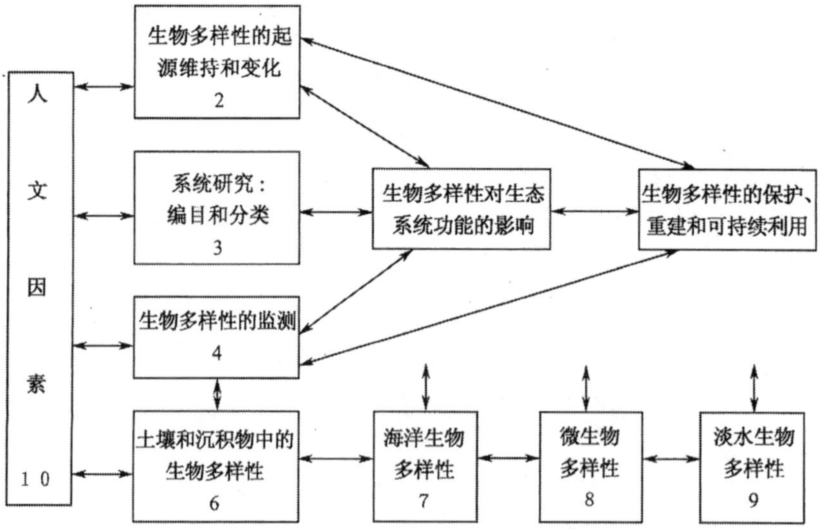

图 8-28-2　生物多样性科学的各个组分和相互间的关系（仿赵士洞　1997）

思考题

1. 什么是“生物多样性”，它包含了哪些层次？

2. 生物多样性价值的意义，它是如何分类的？如何理解选择价值和存在价值？

3. 简述当前生物多样性研究的热点问题。

参 考 文 献

赵士洞. 1997. 生物多样性科学的内涵及基本问题——介绍“DIVERSITAS”的实施计划. 生物多样性，2：1~5

OECD（经济合作与发展组织）编. 1995.（施涵，陈松译 1996）环境项目和政策的经济评价指南. 北京：环境出版社

Richard Primack，季维智主编. 2000. 保护生物学基础. 北京：北京林业出版社

Wilson E O. 1992. The Diversity of Life. The Belknap Press of Harvard University Press, Cambridge, MA

第二十九章　生态系统管理

学习要点

了解生态系统管理概念提出的背景和意义，掌握生态系统管理的概念和发展历史，理解生态系统管理的基本原理，把握生态系统管理研究的发展趋势。重点理解生态系统完整性与生态学边界和时空尺度，生态系统的结构、功能与生态系统整体性，生态系统动力学特性与系统演化的阶段性，生态系统多样性与可持续生态系统，生态系统的复杂性、信息的不确定性与生态系统模型等生态系统管理的基础理论问题。

第一节　生态系统管理概念的提出与发展历史

20 世纪后半期以来，在世界经济高速发展过程中，地球温暖化、臭氧层破坏、大气污染与酸雨、土地退化和沙漠化、森林资源退化、陆地水域和海洋污染、生物多样性破坏、发展中国家的公害等环境问题对全球生态系统和自然资源更新构成了极大的威胁。同时伴随着全球经济一体化和环境问题国际化进程的加速，使宏观生态学的研究热点转向了如何科学地管理地球生态系统和自然资源，建立全球经济新秩序，维持生物圈的良好结构、功能和全球经济的可持续发展，提出了生态系统管理的新概念。生态系统管理概念的提出是科学家对全球规模的生态、环境和资源危机的一种响应，它作为生态学、环境学和资源科学的复合领域，自然科学、人文科学和技术科学交叉的新型学科，不仅具有丰富的科学内涵而且具有迫切的社会需求和广阔的应用前景。20 世纪 90 年代以来生态系统管理的概念越来越受到科学界和社会公众的关注，目前已经成为研究不同空间尺度（从斑块生态系统到全球生态系统）的生态、环境和资源问题的基础理论之一。

1960 年以后应用生态学由种群水平发展到了生态系统水平，开始应用生态系统理论研究农业、森林、草原和渔业等经营管理问题，这意味着生态系统管理学作为应用生态学的分支科学已经诞生。可是直到 20 世纪 90 年代前后，应用生态学才开始关注区域或全球环境问题，研究人类对区域或全球生态系统的控制管理。回顾生态系统管理思想（概念）的发展史，它大致经历了以下 3 个阶段：

（1）生态系统管理思想的萌芽阶段（20 世纪 30～60 年代）：根据 Grumbine（1994）的报道，30～40 年代，一些空想生态学家就预见性地提出了现代生态学中的许多问题。早在 1932 年，美国生态学会的植物与动物委员会就提出了“综合自然圣地计划”。该计划中提出了保护生态系统和特殊生物种，正确处理生态波动性（自然扰动），建议自然保护区设计采用“核心保护区 + 缓冲带”的思想。该委员会还认为机构间的合作对计划成功很重要，生态学家有必要采取一切手段去说服和教育公众，让他们认识“圣地计划”的价值。Wright 和 Thompson（1935）通过观察指出，由于边界和面积大小的限制，美国的黄石国家公园（世界第一个保护区国家公园，1872 年建立）不是一个完整的生态系统，Wright 极力游说政府官员，要求扩大黄石国家公园的规模，从新划定能够反映大哺乳动物生物需求的公园边界。1950 年美国生态学会的植物与动物委员会又提出了实施“自然圣地目录”的建议。可惜，这些早期将资源管理与生态学、景观尺度相联系的系统管理思想，未能在实践中得到应用和实现。

（2）生态系统管理的早期研究阶段（20 世纪 70～80 年代）：1970 年美国的政策分析家 Caldwell 提倡公共土地管理政策的制定应该放弃现行的政治框架而采用一种新的方式，应该把生态系统作为土地管理政策制定的依据。1971 年，人与生物圈计划（MAB）开始启动，极大地推动了保护生态学的发展。Craighead（1979）通过对大灰熊种群生态学研究得出结论，仅仅黄石国家公园是不能满足大灰熊种群的需求，他建议保护区面积设定必须能够满足维持最大的食肉动物栖息地的要求，为生态系统管理的定界问题奠定了一个基本标准。80 年代，用生态系统的理论和方法管理土地的思想得到了许多科学家、经营者的支持，大量关于生态系统管理的论文出现，生态学研究开始强调长期定位，大尺度和网络研究。与此同时，生态系统管理与保护生态学、生态系统健康和恢复生态学相互促进和发展（曾德慧等　1999）。1988 年 Agee 和 Johnson 出版了第一部关于生态系统管理学的专著《公园和野生地的生态系统管理》。在该书中，作者给出了生态系统管理的理论框架，讨论了生态系统管理要有适当的边界划定、明确的目标、管理机构间的合作、管理效果的监测以及政府决策层的参与等问题。

（3）生态系统管理学的发展阶段（20 世纪 90 年代以后）：Agee 和 Johnson（1988）的专著出版以来，关于生态系统管理的论文涌泉般地发表出来。在 1991 年度美国科学发展协会（AAAC）年会上，美国生态学会（ESA）提出了“可持续生物圈建议(SBI)”（Lubchenco et al　1991），美国农业部森林局（USDA）提出了“关于自然森林系统管理的新设想”（Kessler et al　1992）。这两个倡议对生态系统管理科学的发展起到了十分重要的推动作用，提出了通过对生态系统的基础研究来达到合理管理自然资源，实现保持地球-生物圈持续性的设想。SBI 认为生态学优先研究领域应该是全球变化、生物多样性和可持续生态系统，并且强调了生态学基础研究在可持续发展中的重要地位(Lubchenco et al　1991)。1993 年 Ludwig 等指出“人类的短视和贪婪总是导致对资源的过度开发和消耗，依据科学数据对生态系统的管理，必然要受到自然过程的大尺度，高度的自然变异性，复杂的生态系统和人类行为所固有的不可预测性所制约”。因此，他主张：①应该把人的动机和响应作为研究和系统管理的组成部分；②在取得科学的一致性之前，我们就必须对生态系统采取相应的管理行动；③要依靠科学去认识问题，但是不可能依赖科学去医治它们；④不可轻信所谓的“持续性宣言”，人们所寻求的应该是对资源开发过程中所遇到的问题如何解决；⑤如果我们面对不确定性，放弃“科学和技术能够提出资源可持续利用方案”这一幻想，那么，制定出有效的政策是可能的，但是我们必须考虑不确定因素。基于这种考虑，追求当前理论上的精确是没有必要的，我们必须考虑多种合理的假设，各种可能的策略，用以支持抵御不确定性的行动，通过探索、试验和监测，不断地修正相应的管理政策。Grumbine（1994）在“何为生态系统管理”一文中，论述了生态系统管理概念的历史演变，结构框架以及 10 个主要议题（Box 1），同时他认为这些主题构成了生态系统管理工作的基础。1996 年美国生态学会(ESA）发表了“关于生态系统管理的科学基础的报告”（Christensen et al　1996），报告中全面地论述了生态系统管理的定义、生态系统管理的生态学基础、人在生态系统管理中的作用、生态系统管理原则和基本科学观点以及行动步骤等科学命题。

Box 1 生态系统管理的主要议题

Ⅰ. ● 生态系统的等级关系（hierarchical context）

Ⅱ. ● 生态学的边境（ecological boundaries）

Ⅲ. ● 生态学的整体性（ecological integrity）

1. ◆ 人口承载力（viable populations）
2. ◆ 格局与过程（patterns and processes）
3. ◆ 生物种的更新（speces reintroduction）

Ⅳ. ● 生态系统的数据收集（data collection）

Ⅴ. ● 生态系统监测（monitorting）

Ⅵ. ● 管理者的协作（interagency cooperation）

Ⅶ. ● 管理组织变化（organizational change）

Ⅷ. ● 生态系统的适应性管理（adaptive management）

Ⅸ. ● 人类与自然的关系（humans as part of nature）

Ⅹ. ● 价值观（values）

第二节 生态系统管理的基本原理

1. 生态系统管理的概念

生态系统管理（ecosystem management）的概念已经有10多年的发展过程，可是其定义和理论框架尚处在争议之中。关于什么是生态系统管理，当然因科学家们的研究对象、目的和专业角度的不同，他们各自所提出的定义相差很大，有待于今后的发展和完善。任海等（2000）和于贵瑞（2001）对生态系统管理的定义作了比较全面的总结。我们认为生态系统管理是把复杂的生态学、环境学和资源科学的有关知识融合为一体，在充分认识生态系统组成、结构与生态过程的基本关系和作用规律、生态系统的时空动态特征、生态系统结构和功能与多样性的相互关系基础上，利用生态系统中的物种和种群间的共生相克关系、物质的循环再生原理、结构功能与生态学过程的协调原则以及系统工程的动态最优化思想和方法，通过实施对生态系统的管理行动，以维持生态系统的良好动态行为，获得可持续的生态系统产品生产（食物、纤维和能源）与环境服务功能产出（资源更新和生存环境）(图 8-29-1)。

生态系统管理可以理解为一种对具体生态系统的管理策略、管理方式和管理过程(行动计划)，也可以理解为一种管理生态系统和资源的理论和方法。作为与生态系统管理相似的概念，还有生态系统保育（ecosystem health)、生物多样性管理（bio-diversity management）和适应性管理（adaptive management）等术语也被广泛地使用。任何一个新生的学科，在它的发展过程中，其完善的定义都是难以确立的。但是不容质疑，生态系统管理学是多学科的交叉科学，主要研究为了保障人类社会的可持续发展，如何通过有效的管理政策、技术和行动计划来建立可持续生态系统，以维持良好的生态系统结构、维持生态系统服务功能的可持续性，保护自然景观、生态系统和生物多样性，实现自然资源的最低消耗和有效更新等科学问题。

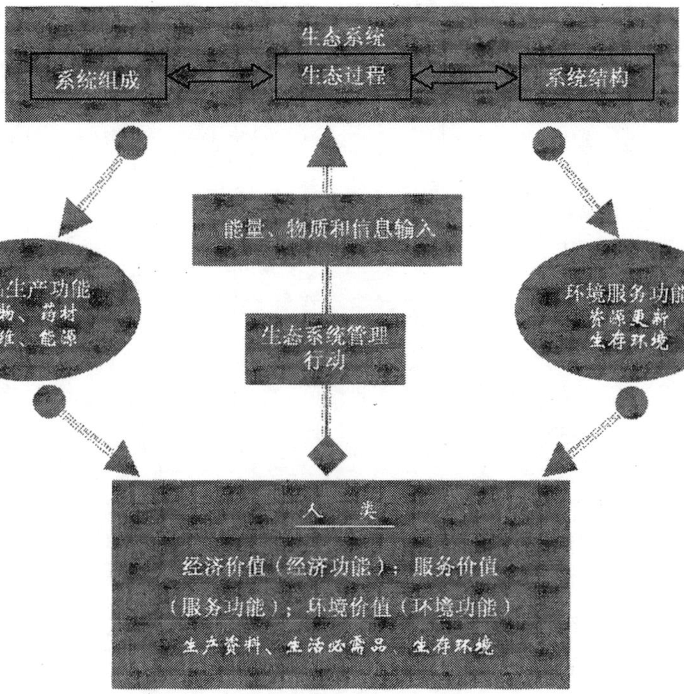

图 8-29-1　生态系统管理概念示意图（引自于贵瑞　2001b）

2. 生态系统类型与管理目标

自然界的生态系统因其生态功能类型、环境条件及其时空尺度大小，可以对其做出多种不同的分类。因为人类对不同生态系统干预能力和利用目的差异，各种生态系统的管理目标以及管理强度也就大不相同。我们要对生态系统进行管理，其首要的问题就是应该确立一些明确的管理目标（objectives）。这些目标必须是比较容易测度和可以操作的，它们可以说明达到生态系统持续性所要求的过程和结果。表 8-29-1 列举了不同对象生态系统的管理目标、输入和输出的概念框架。

表 8-29-1 中所示的各类生态系统，自上而下其系统的空间尺度、生态学过程的时间尺度、系统的复杂性越来越大，同时人类对它们控制管理的难度也越来越大，系统的管理强度就也相对地越来越小。可以说，现代的生态学知识对集约管理型（甚至包括一些适度管理型）的生态系统已经有了比较充分的理解，人们可以按照一定的目标来制定管理计划。可是现代的生态系统管理对象则主要是指适度管理型和低度管理型的景观尺度生态系统，甚至干预调节型的区域生态系统以及全球生态系统。我们对这类生态系统的了解还很少，对它们的管理能力也是十分有限的。可是对这类生态系统的管理却是人类社会可持续发展的迫切需要。尽管自然界的生态系统类型和具体的管理目标多种多样，但是总体来说，我们认为生态系统管理的目的是：①维持现有天然生物种的活性群

表 8-29-1 不同类型生态系统的管理目标与其输入和输出的概念框架（引自于贵瑞 2001a）

类别	生态系统类型与人类利用	管理的目标	输入	输出
集约管理型	城市生态系统 城郊生态系统 公园生态系统 农田生态系统 渔场生态系统 林地生态系统 草地生态系统	供给食物、生活用品、生活空间	大量投入能源、物质和人类劳动	食物和水、生产产品、污染物质和有毒物质
适度管理型	森林生态系统 草原生态系统 湖泊生态系统 湿地生态系统 河湾生态系统	维持自然资源生产力与生态学过程的整体性和半自然型	适量投入能源、物质和人类劳动	自然资源、木柴、水、矿物、燃料、生态系统服务
低度管理型	各类天然景观 各类自然保护区 野生动物栖息地 野生植物栖息地	维持生物及其生存空间的多样性、自然生态系统过程的整体性和美学价值	维持近乎自然状态的生态环境所必需的少量能源、物质和劳动力	自然资源、娱乐利用、生态系统服务
干预调节型	区域生态系统 流域生态系统 海洋生态系统 陆地生态系统 全球生态系统	维持地球圈、生物圈和大气圈生态过程学的完整性和区域，国家和人类社会的可持续发展	区域、国家和国际合作的生态环境监测，制定环境对策和人口、社会发展政策	人类生存环境、生态系统服务

体；②保护自然范围内的所有天然生态系统、自然景观和自然资源；③维持正常的系统演替和生态学过程（扰动、水文过程和养分循环）；④维持生物种和生态系统的良性演化；⑤可持续地提供物品和生存空间及环境服务功能。

Box 2 生态系统管理的主要科学问题

1）为什么要对生态系统进行管理，不管理或管理不当的后果如何？
2）什么是可持续生态系统，它通过怎样的生态学机制来维持其可持续性？
3）可持续生态系统应具有怎样的结构、功能和生态学过程特征？
4）生态系统怎样对环境变化和人类活动做出响应和反馈？
5）怎样科学地监测、预测生态系统的演替态势？
6）怎样评价和预警生态系统的质量变化？
7）怎样精确评价生态系统可持续的生产力和环境服务功能容量？
8）如何定量评价生态系统对人类经济开发的承受能力？
9）我们应怎样对生态系统实施有效的适应性管理？
10）如何评价生态系统管理的预期效果？

3. 生态系统管理的实施体制和管理方式

生态系统管理是一个庞大的系统工程，它要求自然科学家、社会科学家和政治家的通力合作，更需要生态系统内的政府、科学工作者的有效协作以及人民群众（公众）的认同和参与。生态系统管理的研究将涉及到自然地理学、气候与气象学、水文与水利学、植物与动物学、农学、草原学、沙漠学等众多自然科学，同时也涉及到政治学、经济学、社会学、人口学、教育学和法律学等社会科学（图 8-29-2）。

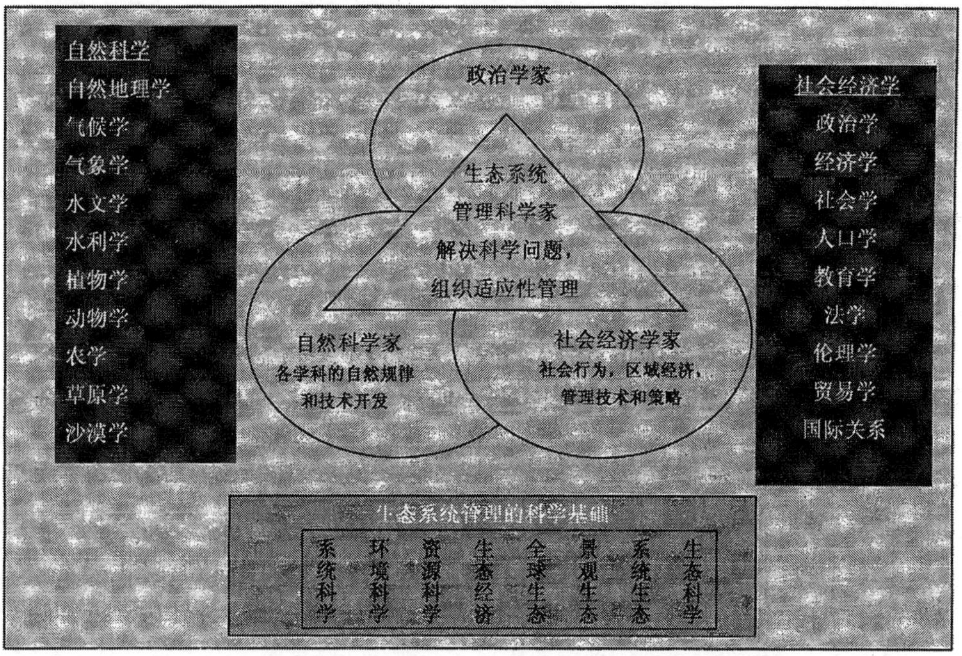

图 8-29-2　生态系统管理的科学基础与其他学科的关系（引自于贵瑞　2001b）

生态系统管理的实施体制由科学家、政策制定者、经营管理者和公众所组成。作为生态系统管理学的科学家其主要任务是通过数据收集、系统监测和综合性的科学研究来回答与生态系统管理有关的众多科学问题（Box 2），同时还要担当起生态系统管理综合研究和实施管理的组织任务，组织有政策制定者、经营管理者和公众广泛参加的科学讨论，研讨生态系统管理模式的可行性、制定相应的管理目标和管理策略、组织实施生态系统的适应性管理。政策制定者主要是制定相关政策和法律，保障生态系统管理的有效实施，组织区域经济和人口政策研究和规划。经营者是生态系统的直接管理者，应保证对生态系统管理计划的充分理解，对雇佣人员进行教育和培训，培养有关的专业技术人才。生态系统管理还必须得到公众的支持和参与，应对公众进行生态文化、环境意识的教育，使他们能够支持和参与生态系统管理计划，发挥他们的监督作用。

适应性管理是被广泛倡导的生态系统管理方式。生态系统事件的发生不可能是确定的，而是具有不确定性和突发性。适应性管理承认它只能依赖于我们对于生态系统临时的和不完整的理解来进行，允许管理者对不确定性过程的管理保持灵活性和适应性。适应性管理计划的提出必须经过广泛的民主讨论和科学分析，以增加政策制定者、经营管理者和公众对于因不确定性而可能引起的诸多问题的了解，还要通过对公众的宣传教育，使他们理解和参与我们的适应性管理行动。

生态系统管理是要把生态学的理论和方法应用于自然资源管理之中，要完成这种从概念走向实践的转化需要采取相应的步骤和行动：①定义可持续的、明确的和可操作的管理目标；②收集适当的数据，在对生态系统复杂性和系统内各种要素相互作用关系充分理解的基础上，提出合理的生态系统模型，分析并检测生态系统的动态行为；③明确被管理生态系统的空间尺度和空间边界，尤其是要合理确定生态系统管理的等级系统结构，以核心层次为主，考虑其相邻层次的内容；④分析和整合生态系统的生态、经济和社会信息，制定合理的生态系统管理政策、法规和法律；⑤确定管理的时间尺度并制定年度财政预算和长期的财政计划；⑥履行生态系统适应性管理和责任分工，注意协调管理部门与生态系统管理者、公众的合作关系；⑦发挥科学家的科学研究和组织实施作用，及时对生态系统管理的效果进行正确的评价和提出生态系统管理的修正意见，真正实现生态系统的适应性管理计划。

4. 生态系统管理的几个理论问题

（1）生态系统完整性与生态学边界和时空尺度：生态系统的完整性决定于系统内部生态学过程的完整性。生态系统管理所关心的生态学过程主要包括：水文学过程、生物生产力、生物地球化学循环、有机物的分解、生物多样性维持等（Christensen et al 1996）。通常情况下，这些生态学过程往往是跨越很大的空间和时间尺度，跨越行政/政治上的边界（省界、国界），并且不同生态学过程的空间和时间尺度差异很大。所以在生态系统管理和研究中，对应于某个特定生态学过程所定义的生态学边界（ecological boundaries）和时空尺度（space-time scale），对于其他的生态学过程而言往往并不一定适合。正因为这种生态学过程间的空间区域变异所在，要想确定一个对所有生态学过程都适合的、完美的空间尺度是非常困难的。因此，生态系统管理的研究必须具有一个广泛的视野，科学地定义适当的生态系统空间界域（context），以保证生态学的完整性，达到便于研究、使管理决策能够有效地调控生态学过程的目的。通常，生态学完整性的边界定义应该以与保护总的自然多样性和维持生物多样性有关的生态学格局和生态学过程为依据（Grumbine　1994）。

生态系统管理要求把长时间的可持续性作为基本价值观，它不是把注意力集中在当前问题的“解救”，而是以注意解决代际间的可持续性为前提。生态系统管理的时间尺度，可以分为5～10年的短期、10～100年的中期和大于100年的长期尺度，相应的管理政策也包括短期、中期和长期政策（Grumbine　1994）。生态系统管理的时间尺度和空间尺度是相关联的。通常，管理对象的空间尺度越大，其所要求的时间尺度也就越长（表8-29-2）。

（2）生态系统的结构、功能与生态系统整体性：生态系统作为一个特定的地理空间单元，具有特定的结构和功能。生态系统结构（structure）是指系统内各组成因素（如生物组分与非生物环境）在时空连续空间上的排列组合方式（如种群结构、植被地理）、相互作用形式以及相互联系规则（如食物链、食物网、种间互作和协同进化等），是生态系统构成要素的组织形式和秩序。生态系统功能（function）是系统在相互作用中所呈现出来的属性，它表现了系统的功效和作用。生态系统所具有的功能是支持系统存在的原因，它体现了生态系统的目的性，一旦其功能丧失，该生态系统也就失去了它存在的意义。作为生态系统的总体功能，尤其与人类生存发展密切相关的功能主要表现为它的物质生产功能（经济价值）和环境服务功能（环境价值）。近年来随着全球性环境问题的日趋严重，生态环境工程的产业化趋势加快，人们已经开始更多地关注生态系统服务（ecosystem services）价值。生态系统服务也被称之为自然服务（nature services）或环境服务（environmental services），是度量生态系统对人类生存环境贡献的经济学指标（欧阳志云等 1999；谢高地等 2001）。

任何生态系统都是作为一个相对独立的整体存在于特定的环境之中，系统内的诸要素构成了一个生态学的有机整体（ecological organization），各个组成要素仅仅是作为整体的一个特定部分而存在，当把它从整体中割离出来时，它不可能完全保持其原来的特性、性质和意义。因此，生态系统内部的要素之间是相互关联的，其中的任何一个要素的变化必然会以不同的方式和程度影响其他要素甚至整个系统。同时各要素特定状态的最佳组合秩序构成了生态系统整体的最优化，在这种整体最优化状态下，维持生态系统健康，表现出最佳的功能状态。但是，通常情况下的生态系统功能状态，往往会受到一个或几个关键因子的制约，它们质和量的特征会对生态系统起到限制作用。

生态系统的功能决定于它的结构、多样性和整体性。生态系统的总体功能取决于生态系统结构以及不同层次的生态学过程。所以生态系统管理只能通过影响系统组成、结构和生态学过程而发挥其作用，以获得生态系统功能的输出。生态系统管理效果取决于我们对于生态系统有机整体的所有层次的科学了解程度。

（3）生态系统动力学特性与系统演化的阶段性：任何具体的、现实的生态系统都是存在于特定的环境之中，它必然与外界环境发生着物质、能量和信息的交换。外界环境的变化自然会影响整个系统及其部分的行为，但是生态系统对环境变化具有一定的适应能力，在一定的临界条件之内，系统不会发生质的变化，当环境作用超过系统适应能力界限时，系统就会发生质变或解体。决定生态系统特征的要素和驱动力，虽然在一定的时间范围内，具有相对的稳定性，但是随着时间的变化是不间断的。因此，使生态系统表现出它的系统动力学（system dynamics）特征。生态系统的结构、功能和生态学过程以及景观都是经常变化的，在一个十年或者百年的时间尺度上，很多景观可能被自然分配所改变，它导致了不同阶段系列板块的镶嵌，表现为生态系统演化的阶段性。生态系统在没有受到大于临界量的环境胁迫或扰动时，具有保持原来平衡状态的倾向，具有一定的弹性（或保守性）；当系统因受到大于临界量的环境胁迫或扰动而发生质变时，也不可能是对过去的彻底否定，总是会继承其相应的成分，保留一定程度的历史痕迹。生态系统对于环境胁迫或扰动的响应特征通常可以用系统维持稳定状态的程度或吸收干扰的能力（抵抗力，resistance）、受到干扰后系统返回干扰前状态的速度（恢复力，resilience）和系统在某种状态下所延续的时间长度（持续力，persistence）来表示。生态系统恢复力又可以用受干扰生态系统恢复到干扰前状态所需要的时间（弹性，elasticity）、受干扰前后的状态差异程度（振幅，amplitude）以及干扰移走后的恢复时间（滞后性，hysteresis）和系统恢复后的状态与干扰前状态的差异程度（可塑性，malleability）来表征（Westman 1985）。

生态系统管理必须承认系统的变化和进化是生态系统持续性所固有的属性，管理就是企图动态地调控生态系统的演化进程和演化方向，避免它冻结在某个特定的状态或结构上。生态系统调控管理要求我们必须对生态系统内的生态学过程机制有深入理解，寻找控制生态系统动态的关键因素，阐明系统对外界环境胁迫的反应方式。

（4）生态系统多样性与可持续生态系统：自然生态系统或景观的结构形式和复杂程

度差异很大，结构复杂的生态系统或景观，一般可以实现分级控制，提高控制的效率。生态系统结构越复杂，系统的自我修复和维持能力也越强，越有利于抵抗外来干扰。生物多样性和自然景观多样性构成了生态系统多样性。生物多样性（biological diversity）在控制各种生态学过程中起着关键性作用，相反生态学过程影响着生物多样性格局。生态系统多样性是生态系统结构复杂性的基础，是决定生态系统稳定性和可持续性的重要因素。生物多样性和结构复杂性能够强化生态系统抗御环境扰乱的能力，能够为生态系统适应环境变化、未来的人类生存发展提供必需的基因资源储备。

为了人类的生存和发展，我们必须制止或逆转生物圈资源的退化，建立可持续性生态系统（sustainable ecosystem），这是生态系统管理学的最终目标。生态系统的可持续性决定于系统结构的复杂性、多样性和整体性，保护和维持生态系统多样性（特别是生物多样性）是提高生态系统抵抗干扰和环境胁迫的有效途径（Grumbine 1994；Christensen et al 1996）。生态系统可持续性的评价目前还没有共识的方法和指标体系，但是我们可以从退化生态系统的特征中得到启示，寻求出可能的答案。

（5）生态系统的复杂性、信息的不确定性与生态系统模型：任何特定场所的生态系统的行为都会强烈地受其周围环境系统的影响和制约，同时生态系统的行为也会对其周围环境产生深刻的影响。自然生态系统的环境条件受大气循流、地质运动所控制，具有极大的地理分异性。生态系统内部的物质循环、能量转换和信息流的关系错综复杂，也经常会受到一些外界的随机扰动，并且生态系统对环境的响应和反馈多表现为非线性关系。此外，生态系统的社会经济环境在区域间发展极不均衡，人类对生态系统功能的要求，也因价值观和生活水准而多种多样。这些因素决定了生态系统的复杂性和人类对生态系统认识的有限性和不确定性。

生态学的发展虽然使我们对某些简单生态系统的理解和把握取得了很大的进步，但是对于复杂的大系统而言，还是难以真实地把握它们的系统动力学特征，这必然导致我们对生态系统管理的盲目性，甚至是无效和经常性的失败。生态系统管理必须承认，它只能依赖于我们对于生态系统的现有理解和生态系统机能的一些典型论证来进行，而这些了解和典型论证是临时的、不完整的，是被变化所左右的（Christensen et al 1996）。因此，生态系统管理策略必须被看作为一种假设，是一种有待于通过研究和监测来检验和修正的假设，是对生态系统的一种适应性管理。

生态模型是对现实生态系统的抽象化、简单化和公式化表述，是揭示和预测生态系统中的各种现象，分析生态系统适应性管理策略的有效工具。最简单的模型可以用语言和图形表达，可是要进行定量地分析和预测生态系统行为、评价适应性管理策略的效果，就必须构建以统计学和数学为基础的动力学模型。数据收集（data collection）和监测（monitoring）是构建生态模型的基础工作，生态系统管理的效果取决于生态学模型对生态系统有机整体所有层次的科学概括程度。同时，构建不同尺度的生态学模型所必要的数据或知识及时间尺度也不同（表 8-29-2）。

表 8-29-2　不同类型生态系统管理的生态学模型与其所必要的数据或知识及时间尺度

（引自于贵瑞　2001a）

生态系统类型	生态学模型	数据和知识	时间尺度
个体及种群	动植物的生理生态模型 个体或种群生长模型 种群竞争模型 土壤/植物/大气系统的物质和能量交换模型	气候与群落微气象、生物气象；地形与微地形、土壤的理化特性；动植物的遗传、生理、生态特性；植物营养和水分吸收、分配与环境的交换；种群动态	秒，分，小时，天，月，年
群落与生态系统	生态系统生产力模型 生物化学循环模型 食物链模型 物种迁移与分布格局模型	气候与微气候与气候变化；地形地貌、土壤的理化特性及其异质性；动植物的生理生态特性与环境适应性；物种组成与多样性，消费者的层次构建；物种互作关系	年或几年
景观生态系统	区域经济和社会发展模型 土地利用与资源变化模型	气候、地形和土壤理化特性的空间分布；群落与生态系统类型，生态系统的空间格局	几年或几十年
生物圈与地球生态系统	地球化学循环模型 中层大气大循环模型 植被格局与演替模型 陆地生态系统演替模型	气候变化与植被类型演化；地形、地貌与地质变化，人类活动与资源利用	几十年，几百年以上

（6）人类在生态系统管理中的作用：人类作为生态环境的破坏者，同时又是生态系统的管理者。作为生态系统组成的人类不可能从自然中分离开来，人类介入自然界会从根本上影响生态格局和生态学过程。人类的价值观在生态系统管理目标的策划中发挥着主导作用，为了达到可持续管理目标，应该有效地发挥人的作用，重视发挥人对环境的有利影响，最大限度地减小（克制）人对环境的破坏作用。

第三节　生态系统管理的发展方向

国内外关于生态系统管理的研究，多是以脆弱的，以及经济和生态意义重大的生态系统为重点，可是目前的一些研究工作还大多停留在自然保护区（或国家公园）生态系统管理的生态经济学和政策的论理性探讨阶段。当前，需要我们综合利用环境科学、资源科学、经济学和社会学的知识，从实验生态学和理论生态学研究方法有机地结合的角度，以生态系统定位观测资料、常规气象数据库以及资源环境数据库为依托，利用遥感和地理信息系统等技术手段为辅助，对重点区域生态系统管理的科学问题开展专题和综合研究，阐明决定区域尺度生态系统行为的关键生态学过程的理论机制和特征，构建高产、高效和可持续的生态系统管理模式，探讨区域可持续发展战略和资源管理策略（于贵瑞　2002）。

中国作为世界上最大的发展中国家，近 20 多年来社会经济有了突飞猛进的发展，在其高速的经济增长为世界关注的同时，发展中所带来的一系列生态和环境问题也同样为世人所瞩目。中国的生态环境既有全世界所面临的共同问题，又有它的特殊性（于贵瑞 2002)。当前，动态解析我国（或特定区域）的自然资源和环境质量的时空演化、生态系统对全球气候变化和经济开发的响应特征及其环境质量预警，综合评价生态系统对社会经济发展的承载能力，探讨环保型农业经营和不同类型生态系统的可持续管理模式、退化和受污染生态系统的恢复与重建，研究以水土资源为中心的自然资源再生（更新）和持续利用政策和技术等问题，都是与国民经济和国家安全密切相关的重大战略命题，也是将生态系统管理学研究成果直接为国家决策、区域社会经济发展服务的重要环节。

从科学研究的学术意义来说，我国的长江流域和黄河流域生态系统、青藏高原生态系统、北方农牧交错带生态系统、西部干旱半干旱农业和草地生态系统在世界上具有独特的生态系统多样性和生态环境问题的复杂性，对其开展综合研究不仅可以对世界生态学发展做出重大贡献，更重要的是这些都是与我国的可持续发展和区域内人民生活密切相关的重大科学问题。

思考题

1. 阐述生态系统管理概念的理论和实践意义。
2. 论述生态系统管理应遵循的原则和生态学基本原理。
3. 分析生态系统的完整性、整体性、动力学特性、复杂性、不确定性、多样性与生态系统可持续性之间的关系。
4. 阐述生态系统适应性管理的理论依据和实践程序。

参 考 文 献

于贵瑞. 2001a. 生态系统管理学的概念框架及其生态学基础. 应用生态学报, 12 (5): 787~794

于贵瑞. 2001b. 略论生态系统管理的科学问题与发展方向. 资源科学, 23 (6): 1~4

于贵瑞, 谢高地, 于振良, 王秋凤. 2002. 我国区域尺度生态系统管理中的几个重要生态学命题. 应用生态学报, 24 (7) (in press)

任海, 邬建国, 彭少麟, 赵利忠. 2000. 生态系统管理的概念及其要素. 应用生态学报, 11 (3): 455~458

欧阳志云, 王如松, 赵景柱. 1999. 生态系统服务功能及其生态经济价值评价. 应用生态学报, 10 (5): 635~640

曾德慧, 姜凤岐, 范志平, 杜晓军. 1999. 生态系统健康与人类可持续发展. 应用生态学报, 10 (6): 751~756

谢高地, 鲁春霞, 成升魁. 2001. 全球生态系统服务价值评估研究进展. 资源科学, 23 (6): 5~9

Agee JK and Johnson DR. 1988. Ecosystem management for parks and wilderness. University of Washington Press, Seattle, Washington

Christensen NL, Bartuska A M, Brown J H et al. 1996. The Report of the Ecological Society of America Committee on the Scientific Basis for Ecosystem Management. Ecological Applications, 6 (3): 665~691

Grumbine R E. 1994. What is ecosystem management. Conservation Biology, 8 (1): 27~38

Kessler, W B, Salwasser H, Cartwright C W and Caplan J A. 1992. New Perspectives for sustainable natural resources management. Ecological Applications, 2 (3): 221~225

Ludwig D, Hilborn R and Walters C. 1993. Uncertainty, Resource Exploitation, and Conservation: Lessons from History. Science, 260: 17, 36, and Ecological Applications, 3 (4): 547~549

第三十章　有害生物生态控制

学习要点

认识到害虫防治的实质是一个生态学问题，理解有害生物生态调控的生态学基础，掌握害虫生态调控的原理与方法 。

第一节　有害生物是影响农业可持续发展的重要因素

有害生物作为生态系统的重要组成成分，对生态系统中物质循环和能量流动起着非常重要的作用。但对于人类来说，由于有害生物与人类共同竞争农林资源，引起了农业生产的损失，被视为人类的“敌人”。据联合国粮农组织（FAO）估计，世界粮食生产平均每年因虫害损失10.87%，因病害损失9.65%，因草害损失12.73%，总损失率为33.25%（表8-30-1）。为此，全世界因有害生物所造成的经济损失为1200亿美元，相当于中国农业总产值的1/2强，美国的1/3强，日本的2倍，英国的4倍多。

表8-30-1　世界农作物病虫草害造成损失的估计

名称	虫害损失率	病害损失率	杂草损失率	总损失率
美洲	9.4	8.0	11.3	28. 7
南美洲	10.0	7.8	15.2	33. 0
欧洲	5.1	6.8	13.1	25.0
非洲	13.0	15.7	12.9	41.6
亚洲	20.7	11.3	11.3	43.3
大洋洲	7.0	8.3	12.6	27.9
平均	10.87	9.65	12.73	33.25
中国	12.3	9.7	11.8	33.8

我国病虫害所造成的损失也是十分严重的，平均每年因虫害损失12.3%，因病害损失9.7%，因草害损失11.8%，总损失率为33.8%（表8-30-1）。以1993年为例，病虫发生面积率为1.56，即每单位农作物面积内病虫发生的频次为1.56次。若不进行病虫防治，该年粮食损失率将达10.4%，粮食损失443.27亿kg，相当于1.11亿人（中国一个大省人口）的一年口粮；该年棉花损失率高达52.20%，棉花损失19.53亿kg。

因而，人类一直在与有害生物进行着不懈的“斗争”。从人类防治有害生物的历史来看，已由原始防治、化学防治进入到有害生物综合防治或综合治理阶段。有害生物综合治理（integrated pest management）作为有害生物管理系统，它是根据有害生物的种群动态及其环境的关系，尽可能地使用各种适当的技术和方法，使有害生物种群控制在经济允许水平之下。自20世纪60年代以来，一直被世界各国公认为解决有害生物的惟一途径，并在某些作物上获得了成功。近年来，随着可持续发展的需要，有害生物综合管理更强调以生态学为基础的有害生物生态调控。

第二节　害虫生态调控的生态学基础

1．有害生物在生态系统中的作用地位

在自然生态系统中，生物与生物之间相互作用、生物与环境之间相互适应，从而使某一物种在生物群落种维持一定的种群密度，这种密度称为种群的平衡密度，这种现象称为自然控制。据估计，自然界中97%的昆虫均处于平衡状态中。而种群维持在平衡密度的过程称为自然调节过程，它是生物密度制约因子的结果。因为非生物密度制约因子（如气候等）只能限制或消灭种群密度，使种群密度无规则地变动，而不能像生物密度制约因子（如种间竞争、天敌的捕食寄生作用和植物的抗性等）使种群围绕着平衡密度而波动。即当种群密度高时，植物（食物）、天敌的作用加强，种群下降；而当种群密度低时，它们的作用减弱，种群上升。

在半人工的农田生态系统中，由于围绕增产为目的，使系统环境极大改变，加上害虫的生态适应，致使某些种群迅速上升，其平衡密度处于很高的水平，往往超过了害虫防治的经济水平，统称为害虫。所谓经济损害允许水平（economic injury level，EIL）是建立在农业技术经济中的边际费用相等时的害虫密度。换言之，当害虫危害所引起的经济损失超过其防治时所要花费的费用（药费、人工费等）时，害虫才是真正害虫，才需要进行防治。为此可将为害植物的害虫分为四类。

第一类是害虫种群平衡位置永不超过经济阈值，对作物不造成经济损害。这类害虫并不是真正有害种类（图8-30-1a）。

第二类是偶发性害虫，当受到异常气候条件或杀虫剂作用不当的影响时，其种群密度才超过经济阈值（图8-30-1b）。

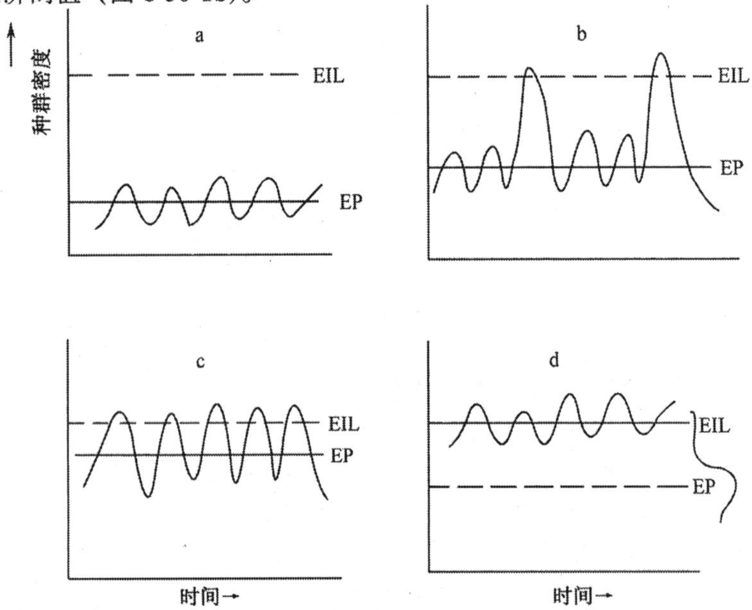

图8-30-1　害虫种群平衡密度（EP）与经济损害允许水平（EIL）的关系

第三类害虫的平衡密度常在经济阈值水平上下变动，属于主要害虫，必须密切注意，否则将造成经济损害（图 8-30-1c）。

第四类是害虫种群波动水平始终在经济阈值之上。这是最严重害虫（或称为关键性害虫），每种作物上多数有一至数种（图 8-30-1d）。

对害虫的管理应是通过系统内外的因素降低其平衡密度，使其在经济允许水平下的平衡密度周围波动。

目前我们的防治对策大都是强调系统外的因素作用，即通过人为的因子（如化学农药）来限制（消灭）或控制种群，这种作用类似于自然生态系统中非密度制约因子的作用，将使种群无规则大幅度变动，往往易再猖獗、再爆发。

事实上，只有通过害虫生态调控才能有效地控制害虫。这里所强调的调控（regulation and management）实际包括二个部分，即调节（regulation）和控制（management）。所谓调节是发挥农田系统内部的生物因素，通过作物-害虫-天敌食物链的作用，使害虫种群始终围绕着某一低的平衡密度波动，它是生物密度制约作用的结果；所谓控制是发挥农田系统外的生物因素与非生物因素，通过引进新的有益生态元（如天敌、Bt、NPV）、去除有害生态元（如性引诱剂、某些选择性杀虫剂）、改变现有的生态元（如间套作、作物布局），使种群降至某一平衡密度之下。它是人为的生物密度制约因子与非生物密度因子作用的结果。

调控中的调节与控制二者是相辅相成。没有控制作用，种群不可能尽快地下降到某一低平衡密度（统称为经济允许水平）之下；反之，没有调节作用，种群不可能持续地维持在低平衡密度波动。这二者（内因与外因）必须有效地结合起来。片面强调控制（如目前的化学防治）易使种群激烈波动，易再猖獗；片面强调调节（如某些自然生态系统或不防治区内）易使种群持续在某一高平衡密度危害，造成损失。此外，根据不同的有害生物生态对策，对有害生物所采取的管理策略不同。

r 类有害生物：采用化学防治或生物防治。

r-K 中间类型有害生物：采用生物防治和耕作防治。

K 类有害生物：采用耕作防治、抗虫育种、遗传防治和化学防治。

2. 作物与害虫的协同进化

由于长期协同进化的结果，作物受到害虫的攻击后，它不是被动地受害，而是积极主动地改变其物质与能量的分配形式，表现出作物的耐害、补偿与抗逆的功能，以寻求最适的生存对策。

业已证明，害虫的危害能引起作物的营养器官与繁殖器官物质和能量的补偿。就农作物来说，其繁殖器官（产量）的物质补偿可分为三种类型：一是不足补偿，即一定程度受害后造成一定的减产；二是完全补偿，即一定程度受害后不影响产量；三是超补偿，即一定程度受害后不但不减产，而且还增产。如在肥力较高的棉田，通过人工摘除早期一定数量的棉蕾，可以使棉花的产量增加。

可见，害虫的危害是相对的，害虫作为作物的生理调节库，可以调节作物体内物质的分配形式，利于作物的生存繁衍。因此，在害虫管理之中，一方面要充分利用作物的耐害补偿功能，适当地放宽害虫的防治指标；另一方面要变害为利，即通过人为模拟害虫的危害，诱导作物的超补偿功能，增加作物的产量。这在棉花作物上已有成功的例子。

此外，作物为适应生存，本身含有某些遗传抗性物质，如棉花中的棉酚，玉米中的丁布等。近年来的研究表明，作物还存在着另外一种诱导性抗性，即作物受到害虫的胁迫作用后，将产生酚、丹宁、生物碱、萜烯等次生代谢物质以防御害虫的攻击。这些次生代谢物质具有改变害虫取食选择性和抑制害虫生长发育等特性，从而控制了害虫的发生。如戈峰等（1999）发现松树受害后，其体内的必需氨基酸和次生代谢物质（酚、单宁）增加；当马尾松毛虫取食这些被害的松针后，其发育速率减慢，死亡率增加，产卵量减少，其种群数量下降。

由于植物次生代谢物质非常丰富，且是植物代谢的最终产物，因而可以模拟害虫的胁迫作用，或从植物体内筛选出某些诱导因子，或通过嫁接转换技术，诱导和活化作物的抗虫机制，也可通过 DNA 重组技术，把已诱导产生的抗性物质转入作物体内，使其获得免疫抗性机制，达到预防农业虫害的目的。它被认为是害虫管理中最有潜力的措施之一，受到了国内外的普遍重视。

3. 害虫的生态系统管理

在农田生态系统中，作物-害虫-天敌相互制约、相互联系而形成一个有机的整体。作物除对植食性害虫直接作用外，还间接地为天敌提供避难所、中间寄主、食物和引诱物质等，以增加天敌的控害功能。作物的种类与数量的变化势必影响害虫的危害与天敌的作用。从已有的研究来看，大面积种植单一作物，降低了生物的多样性，是导致害虫暴发的重要原因。Andow（1990）通过对大量的实例统计表明，52％的多样化作物系统中害虫发生数量偏少。戈峰等（1997）通过对间套作棉田害虫、天敌种群动态的研究，发现多样化的棉田生态系统保护天敌能力较高，但控害能力较弱。因而通过适当地间作、套作、种植诱集作物，增加天敌的丰富度和捕食作物，抑制害虫发生，减少作物的被害性。

近年来，随着当前农业耕作制度和栽培措施的改革，农区的生态系统发生了极大的变化，如在华北地区一个以四周防护林为边界的范围内，通过连作、套作、间作等方式，由过去单一的农田生态系统，发展成为麦田、棉田、玉米田为主所组成的农田景观。一些多食性害虫（如棉铃虫）在农田景观中多种作物（小麦、玉米、棉花和蔬菜）上辗转发生与为害；而景观区域内的多种天敌又辗转于作物之间，控制着它们的发生与危害。显然，过去依单一作物田（如棉田）开展研究，是难以了解当前这种由多种作物田所组成的景观区域内的害虫及其天敌发生动态。因此必须从景观生态学的角度，从空间上注重害虫及其天敌在不同作物上的转移扩散动态，从时间上强调各代害虫及其天敌在主要寄主作物不同发育阶段上发生的全过程，从技术上着重发挥以生物因素为主的综合措施，设计和组装出控害保益的害虫区域性生态调控技术体系，即害虫管理又必须扩大到区域性的农田生态系统。

第三节　害虫防治的生态学问题

化学防治是指应用化学农药（杀虫剂、杀菌剂、除草剂）防治有害生物的一种方法。它作为防治有害生物的一个重要手段，在有害生物治理中发挥着重要作用。对全国主要病虫害发生与防治面积的统计表明，1985～1994 年化学防治面积占总防治面积的比例为 75.35%～95.22%，10 年的平均值为 86.10%。说明化学防治仍是目前害虫防治中的一个重要手段。

从 1973～1994 年全国主要病虫害发生面积及挽回损失量（图 8-30-2）可知，病虫为害造成的潜在损失量逐年迅速增加，经过防治后仍造成的损失在各年间也略有增加，这样两者之间的差即防治所挽回的损失逐年增加。1985～1994 年病虫害防治年挽回的粮食 2077.35 万吨～3789.35 万吨，10 年平均年挽回粮食 2907.50 万吨，相当于 7268 万人的年口粮，表明病虫害防治（其中 86.10%是化学农药防治）在夺取农业丰收中起着非常重要的作用。

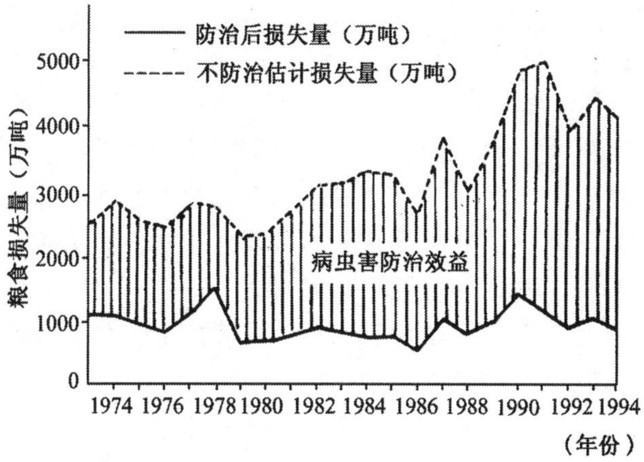

图 8-30-2　全国 1993～1994 年病虫害防治效益图

与此同时，化学农药的使用量剧增。从建国以来，我国农药产量的增长变化如图 8-30-3所示。它由 1950 年的 457 吨（原药，下同），增到 1960 年的 16.23 万吨，1970 年的 31.81 万吨，1980 年的 53.21 万吨；之后由于有机氯（666）的停产，农药产量锐减，至 1987 年下降为 15.23 万吨；此后又逐年上升，到 1990 年为 22.66 万吨，1992 年为

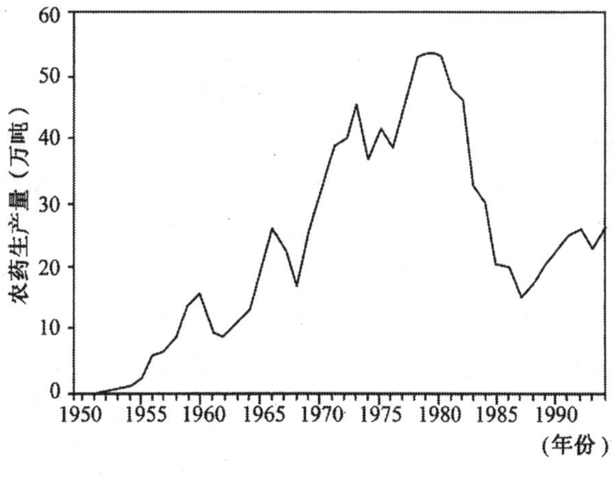

图 8-30-3　我国农药生产量的年变化

26.2 万吨，1995 年为 26.8 万吨。目前，我国农药产量占世界总产的 1/10 左右，仅低于美国（53.57 万吨），超过了前苏联（20.5 万吨）、法国（12.54 万吨）和日本（8.01 万吨），排在世界第二位。

在农药的产量中，杀虫剂占 70% 左右，杀菌剂占 15%，除草剂占 12%，植物生长调节剂 3%。农药的品种也由解放初期的几种，增至 1983 年的 101 种，1992 年的 162 种，1994 年的 171 种，其中杀虫杀螨剂 80 种，杀菌剂 46 种，除草剂 51 种。但大量、不合理地使用化学农药，引起一系列的生态环境问题，主要表现在：

1. 有益生物被杀伤

在农田生态系统中，害虫与天敌相互依存、相互制约，处于一个相对平衡的状态。农药在杀灭有害生物的同时，也杀伤了有益生物（天敌、蜜蜂、野生生物等），即使没有被农药杀死的天敌，也将因害虫虫口密度暂时降低得不到食物而饿死，或者被迫迁移到其他田块觅食，或者因食物短缺繁殖下降，降低了它们对有害生物的控制作用。而害虫失去了天敌的控制，很快就迅速爆发起来。如我国稻飞虱 *Nilarparvata lugens* Stal 在 20 世纪 60 年代以前，每 5～10 年甚至更长时间爆发 1 次，大发生频率为 10%～20%，70 年大发生频率上升到 50%，1980 年至 1995 年的 15 年中，有 11 年重发生，即平均每 3 年就有 2 年猖獗发生，大发生频率达 70% 以上。即由于有益生物被杀伤，引起了害虫再增猖獗，使害虫的发生频率增加。

2. 害虫抗药性日趋严重

使用化学农药后，有害生物将产生并获得对化学农药的抗性，并将这种抗性遗传给它的后代。若重复使用药剂处理，这些具有遗传抗性的害虫个体日益发展为一个具有遗传抗性的害虫种群，从而使药剂防治的效果降低以至无效。目前全世界已有 504 种害虫与螨类对农药产生了抗性，我国至少已有 30 种农业害虫对农药产生了抗药性。有的害虫如棉铃虫（*Helicoverpa amigera* Hubnes）在我国 1980～1990 年 10 年内对菊酯类农药的抗药性甚至增加了 108 倍。它的防治次数由 20 世纪 80 年代初每年平均 3.5 次增加到目前 7.8 次。由于害虫抗药性的产生，防治时化学农药浓度猛增，导致防治成本增加和环境污染的加重。Archibald 研究表明，由于实夜蛾属（*Heliothis*）害虫对有机磷农药产生了抗性，从而在 1981 年比 1979 年增加了 74% 的农药使用量，使害虫防治的效益比下降了 16%。Carasco-Tauber 对美国加州棉田害虫防治费用的分析表明，由于棉田害虫的抗药性，每万平方米棉田每年增加成本 45～120 美元，由此整个加州损失 3.48 亿美元，相当于美国当年棉花产值的 10%。害虫抗药性已成为害虫防治中的一大难题.

3. 污染大气、土壤和水体

每年大量的农药使用后，只有 0.1% 左右的农药到达目标害虫，而 99.9% 的农药或附在作物与土壤上，或漂散在大气中，或通过降雨等经地表径流进入地表水和地下水，污染着水体、土壤和农业生态系统。再通过食物链的富集作用，使原来只有 1×10^{-5} ml/L的 DDT 浓度上升到 75×10^{2} 的浓度，二者增加了 150 万倍。在我国的长江、黄河、珠江和松花江等主要河流均能检测到农药，其中 1980 年长江携带的有机氯农药为该流域上游农药使用量的2.51%。在湖北省天门县棉区，由于大量使用化学农药，导致当地饮用水中农药1605含量达1.125mg/L，超标375倍；DDT含量在0.44mg/L，超标1.25倍。农药的污染也影响着我国农业的生产。据初步估计，我国受农药污染的农田面积达1300万公顷，粮食因此减产500万吨。

此外，化学农药的使用还引起了蜜蜂及野生动物的损伤、地下水的污染等。为了进一步分析农药污染的严重性，Pimentel等（1989）对农药的环境与社会代价进行了定量的分析（表8-30-2），结果表明农药的使用，使美国农户每年造成的直接损失（天敌杀伤、抗性增加、作物损伤）近30亿美元；引起社会与环境的总代价高达81亿美元，相当于美国化学农药效益值162亿美元的50%。即说明化学农药所产生一份经济效益的同时，还产生半份的环境负效益。可见农药的污染及其引起的损失是相当严重的。

表8-30-2 化学农药引起的环境与社会代价（引自Pimentel et al 1989）

影响因子	代价值（百万美元/年）	影响因子	代价值（百万美元/年）
杀伤自然天敌	520	野生动物损失	2100
害虫抗药性	1400	地下水污染	1800
作物药害	940	影响人类健康	787
蜜蜂与传粉损失	320	家畜中毒	30
鱼类	24	政府补贴费用	200
		总价值	8123

第四节　害虫生态调控的原理与方法

1. 害虫生态调控的基本原理

在农田生态系统中，作物-害虫-天敌及其周围环境相互作用、相互制约，通过物质、能量、信息和价值的流动构成一个有序的整体。因此，进行害虫的管理必须从这个整体出发，根据生态学、经济学和生态调控论的基本原理，强调充分发挥系统内一切可以利用的能量，综合使用包括害虫防治在内的各种生态调控手段，对生态系统及其作物-害虫-天敌食物链的功能流（能流、物流、价值流）进行合理的调节和控制，变对抗为利用，变控制为调节，化害为利，将害虫防治与其他增产技术融为一体，通过综合、优化、设计和实施，建立实体的生态工程技术，从整体上对害虫进行生态调控，以达到害虫管理的真正目的——农业生产的高效、低耗和持续发展。开展害虫的生态调控，应遵循以下的四项基本原则：

（1）功能高效原则：根据生态系统内物质循环再生和能量充分利用的原理，从整个农田生态系统功能出发，充分发挥系统内一切可以利用的能量，综合使用包括害虫防治在内的各种措施，如作物的区域性布局、轮作、套间作、合理的肥水管理等，调控生态系统和作物-害虫-天敌食物链的功能流，使系统的整体功能最大。

（2）结构和谐原则：根据生态系统结构与功能相协调，系统内生物与环境相和谐，生物亚系统内各组分的共生、竞争、捕食等作用相辅相成的原理，合理地调整作物的布局和结构，因势利导地利用系统内作物的耐害补偿功能与抗逆性功能、天敌的控制作用和其他调控因子，变对抗为利用，变控制为调节，为系统的整体服务。

（3）持续调控原则：根据生态系统具有自我调节与自我维持的能力，以及朝着系统功能完善方向演替的特性，在掌握生态系统结构与功能的基础上，对作物的生长发育、害虫与天敌的种群动态及土壤肥力进行监测，设计和实施出与当地生物资源、土壤、能源、水资源相适应的生态工程技术，将害虫管理寓于整个农田生态系统功能完善的过程中，最优地发挥系统内各种生物资源的作用，提高系统的负反馈作用和调控能力，将系统内主要害虫持续控制在经济允许水平之内。

（4）经济合理原则：根据经济学中的边际分析理论，要求害虫生态调控所挽回的经济收益大于或等于其所花去的费用。

2. 害虫生态调控的指导思想

（1）系统观：即必须从农田生态系统整体功能出发，从作物-害虫-天敌相互作用系统来考虑。

（2）综合论：即综合使用系统内外一切因素，变对抗为利用，变控制为调节，化害为利，为系统的整体功能服务。

（3）区域观：即从单一农田生态系统扩展到区域性农田生态系统，提高害虫防治整体性水平。

（4）可持续观：即一方面将害虫持续调控在低平衡密度；另一方面尽可能少用化学农药，减少生态风险性，造福于子孙后代。

3. 害虫生态调控的一些特征

为了更好地说明害虫防治的发展历程，我们从对作物-害虫-天敌信息的了解程度、化石能（农药）投入程度、生物技术投入程度和自然因素调控程度高低等四个方面对害虫防治不同阶段进行描述。该图表明：原始防治仅是利用自然因素的调控作用；化学防治仅仅是化石能投入程度高，而其他的均低；综合防治则是在了解一定的作物-害虫-天敌相互作用关系基础上，利用一定的自然因素的调控作用，合理地使用生物技术；害虫

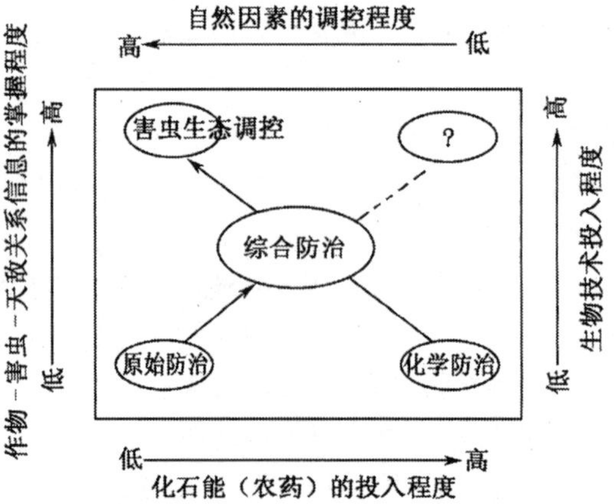

图 8-30-4　害虫生态调控的一些特征

生态调控具有如图 8-30-4 所示的一些特征。

4. 害虫生态调控的主要方法

(1) 充分发挥农田生态系统中自然因素的生态调控作用：自然因素对有害生物的发生与危害起着重要的调控作用。据 Pimentel 等（1989）报道，在农田生态系统害虫的控制作用中，天敌的控害作用在 50% 以上，作物抗性和其他生态因素的调控作用占 40%，天敌与抗性的综合控害作用超过 80%。因此，在害虫生态调控中，非常强调发挥农田生态系统中自然因素的生态调控作用。

发挥自然因素对害虫的调控作用，必须从农田生态系统中的作物-害虫-天敌的相互作用关系出发。要求：一是强调作物本身的抗逆作用，通过抗虫品种、栽培措施、水肥管理和放宽防治指标，将作物防御、耐害、补偿和诱导抗性调整到最佳状态；二是强调天敌的控害作用，通过作用布局、间套作、使用选择性农药和生物合理防治制剂，创造天敌生存与繁殖的最适条件，将天敌调节到充分发挥控害作用的状态；三是强调采用多种调控措施，破坏害虫栖息生境，恶化其取食与生存的条件，将害虫持续控制在经济允许水平之内。

(2) 少用化学农药，发展生物合理防治制剂：随着人类对环境的日益重视，要求减少化学农药使用量的呼声高涨。在美国，60% 的人对农药污染问题的关注大大强于 5 年前，其中，92% 的人愿意使用相对无害的农药，71% 的人希望少用农药，66% 的人则赞成严惩滥用农药者。为此，美国和欧洲国家均制定了相应的农药法规，严格限制农药的生产和使用。目前，瑞典已成功地实施了减少农药使用量 50% 的计划；丹麦和荷兰也分别制定了到 1997 年和 2000 年减少农药使用量 50% 的“行动计划”和“长期作物保护规划”。美国克林顿政府 1993 年发布公告，要求在农业部的指导下，尽最大努力减少使用危险性较大的化学农药。

与此同时，对人畜及生态环境相对安全的生物合理防治制剂产量每年以 10% ～ 20% 的速度递增，年销售额由 1980 年的不足 2 千万美元增加到 1993 年的 2 亿多美元，预计到 2010 年，它在世界农药市场中达到 20% 左右的销售额。在我国，利用 Bt 杀虫剂防治农作物害虫已由 20 世纪 80 年代的 5×10^4 kg 发展到 1994 年的 5×10^7 kg，仅 1993、1994 年用于防治棉铃虫的面积就都已达到 2×10^6 hm 以上；每年利用病毒制剂和白僵菌防治农林害虫的面积分别在 10^5 hm 和 66.7×10^4 hm 以上，防治效果达 70% ～85%，它们已经成为害虫综合防治中不可缺少的一项重要措施。

近年来，用来诱杀和干扰昆虫正常行为的昆虫性信息素也已成为害虫管理中一个重要手段。如巴基斯坦通过使用棉红铃虫性信息素防治棉红铃虫（*Penctinophora gossypiella* Sounders），达到 100% 干扰交配，节省农药 50% 的效果。中国科学院动物研究所应用棉铃虫性引诱剂大面积防治棉铃虫，可使雌蛾交配率下降 40% ～70%，棉田卵量减少 50% ～70%，效果十分显著。据估计，全世界现已合成昆虫性信息素化合物 1000 多种，已商品化的 280 种，其中用于干扰交配的 18 种，诱杀防治的 28 种，在害虫防治中具有很好的前景。此外，植源性农药、昆虫生长调节剂、昆虫拒食剂等新一代调控型农药在害虫防治中发挥重要作用。

(3) 强调高新技术在害虫管理中的应用：近年来，生物技术、遗传工程的发展，为害虫管理提供了广阔的前景，同时也为尽可能地少用化学农药奠定了基础。目前主要从作物-害虫-天敌食物链的相互作用关系出发，着重研究以下三个方面内容。一是利用遗传工程技术，将抗虫基因导入作物体内，使作物对害虫产生抗性。最为典型的是将苏云金杆菌（*Bacillus thuringins* Berliner）的有杀虫活性的结晶蛋白（ICP）基因转入作物体内，使其具有苏云金杆菌的杀虫作用，这已在番茄、玉米、烟草、水稻等作物上获得成功。二是利用基因工程技术，修饰微生物（Bt 和杆状病毒）本身基因以提高其对害虫的感染力，或与异源病毒重组以扩大其宿主范围，或将外源激素、酶和毒素基因导入杆状病毒基因组以增强其致病作用。如美国 Ecogen 公司通过基因工程技术，将 Bt 的 Aizawai 变种 HD191 菌株与它的 Kurstaki 变种 HD135 菌株重新接合成新的 Bt 菌株 GV91，它具有很高的杀虫效果。又如，将一种昆虫利尿激素基因重组到家蚕核多角体病毒（BmNPV）中，用它感染昆虫幼虫，可使其血淋巴的含量比野生型病毒感染的下降 30%，死亡时间也缩短一天。目前，科学家们还正在利用遗传工程方法，将杀虫剂的抗性基因转移到天敌中去改善天敌的基因组成，使其产生抗药性，提高其在田间的竞争能力。三是利用基因工程手段，以昆虫转座因子 P 因子作为载体，将显性不育基因，如调控基因、结构基因导入雄虫体内培养出不育雄虫，与田间正常雌虫杂交后产生不育雌虫和带显性不育基因雄虫，从而达到遗传防治害虫的目的。

综上所述，自 Stern (1959) 提出害虫综合防治概念以来，害虫综合防治的理论与方法得到极大的发展。20 世纪 50 年代的害虫综合防治主要致力于几种防治措施（如化学防治、生物防治）的综合和协调；60 年代围绕着以生态学为基础的害虫综合防治研究；70 年代开始运用系统观念和系统分析指导害虫管理；80 年代开展以农户（农场）整体综合效益的害虫管理，发展了综合的作物管理（integrated crop management)；90 年代致力于社会、经济可持续发展的综合的资源管理（integrated resource management)，开展了害虫的生态调控研究；进入 21 世纪，随着以基因工程和信息技术为代表的第二次农业技术革命的到来，以及农业可持续发展的需要，害虫管理又有一些新的进展和特征。主要表现在，认为未来的害虫管理是以作物的控害作用为中心，以农田生态系统或区域性生态系统为对象，以大量信息管理为基础，以发展新技术（转基因作物和昆虫性信息素）为重点，以农民参与为起点，以生态调控为手段，以持续发展为方向。从而使害虫管理提高到一个新的境界。

思考题

1. 如何开展害虫的生态调控？
2. 如何理解害虫防治的实质是一个生态学问题？

参考文献

戈峰，李典谟. 1997. 可持续农业中的害虫管理问题. 昆虫知识，1 (1)：56～70

戈峰，1993. 棉田生态系统结构、功能及其调控. 中国科学院动物研究所博士论文. 110～167

戈峰，丁岩钦，马世骏. 1993. 棉田害虫生态调控的理论和方法. 全国首届新学说、新观点学术讨论会论文集（中国科协主编）. 北京：中国科学技术出版社. 214～217

刘炳海，张寿江，于建垒. 1994. 济南市郊蔬菜上几种杀虫剂的污染状况与评，农药学术讨论会论文集（中国植保学会农药专业委员会编）. 北京：化学工业出版社. 64～67

李典谟，张知彬．1993．我国农业虫鼠害的研究状况．中国科学院院刊．35～42
陶思明．1996．加强对化学农药环境安全的监督管理工作．农村生态环境，2（3）：36～38
彭小平．1994．农药对社会的影响．环境保护，(10)：41～42
颜夕生．1993．江苏省农业环境污染造成的经济损失估算．农业生态环境，12（4）：158～160
戴小枫，郭豫元．1995．棉铃虫的抗药性与治理．北京：中国农业出版社．28～31
魏子昌．1998．湖北省水资源开发利用现状及其保护问题浅谈．水资源保护，(4)：96～101
Mattenson P C. 1995. The "50% Pesticides Cut" in Europe: A glimpse of our future? American Entomologist (4): 210～220
Pimente D.; Mclaughlin L.; Gallahan D et al. 1993. Environmental and Economic Impact of U.S. Agricultural Pesticides Use. Agriculture; Ecosystems and Environment, (46): 273～288
Pimental D.; Acquay H.; Biltonen M. et al. 1992. Assessment of Environment and Economic Impacts of Pesticide Use. Bio Science, 42 (10): 750～760
Yepkaco Ba, A. A. (程之文译). 资本主义国家农药消费的趋势．农药译丛，6（4）：33～42
Zillberman et al. 1997. 农药使用和法规的经济分析．农药译丛，14（4）：33～35

附　　录

中国科学院研究生院“生态学”课程考试试题

1997 年（A 试题）

一、名词解释（每题 5 分，共 40 分）

1. 种群（population）
2. 生态位（niche）
3. 功能反应（functional response）
4. 群落演替（community succession）
5. 香农-威纳指数（Shannon-Wiener's diversity indices）
6. 生产力（量）（production）
7. 碎屑食物链（detritus food chain）
8. 生物富集（扩大）作用（biological magnification）

二、简述题（每题 15 分，共 60 分）

1. 简述 $dN/dt=rN[(k-N)/k]$ 模型中参数 r，K 的生物学意义及其 r，K 对策者的主要特征。

2. 简述两个物种种间相互作用的主要类型及其作用特点。

3. 简述生物群落和生态系统的基本特征。

4. 已知 Fij 是从分室 i 到分室 j 的流率，0 表示环境，X1，X2，X3，X4 表示各分室的现存量，假设 Fij 是给予者控制的，试建立下图示系统的分室模型。

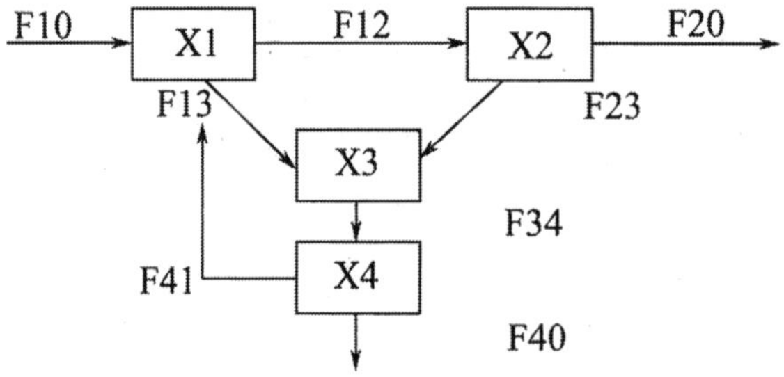

1997 年（B 试题）

一、名词解释（每题 5 分，共 40 分）

1. 种群内禀增长率（intrinsic rate of increase）
2. 高斯竞争排斥原理（competitive exclusion principle）
3. r，K 对策者（r-strategist and k-strategist）
4. 食物链（food chain）
5. 边缘效应（edge effect）

6. 优势（dominant species）种

7. 生态系统（ecosystem）

8. 能量锥体（pyramid of energy）

二、简述题（每题15分，共60分）

1. 解释Lotka-volterra种间竞争模型，并说明它可能的几种结局。

2. 简述种群调节的几种主要学说及其争论焦点。

3. 简述群落演替的主要类型及其特点。

4. 试论系统模型建立的几个步骤。

1998年

一、填空（每空0.5分，共20分）

1. 与生理生态学相关的名称还有______，______，______等。

2. 种群空间分布型主要有______，______和______三种类型。

3. 种群调节机制的内源性学说包括______、______、______，外源性学说包括______、______和______。

4. 群落结构的基本特征有______、______、______、______、______、______。

5. 生态系统发育到成熟期时表现出______、______、______、______、______、______的特征。

6. 系统模型建立的步骤有______、______、______、______、______。

7. 动物适应环境的行为主要有______、______、______等。

8. 生态学的发展过程可分为______、______、______三个阶段。

9. 应用生态学中的基本原理包括：生态系统中结构______和功能中的______、______。

10. 能量流动或C循环主要渠道（或途径）有______、______、______。

二、名词解释（每题3分，共30分）

1. 基础代谢率（basal metabolic rate）

2. 贝格曼法则（Bergmann's law）

3. 内禀增长率

4. 功能反应

5. 顶级群落（climax）

6. 优势种（dominant species）

7. 边缘效应（edge effect）

8. 生态效率

9. 生物多样性

10. 生态系统稳定性

三、问答题（第1题20分，其他每题10分，共计50分）

1. 写出种群指数增长、逻辑斯谛曲线增长模型和两个种群间的竞争作用、捕食作用、寄生作用模型，并说明其中的r、K、α、ε、a五个参数的生物学意义。

2. 绘出生态系统的能流模式图，并写出初级和次级生产者的能量收支方程。

3. 简述演替的分类及特征。

4. 简述可持续发展的定义及其内涵。

1999 年

一、填空（每空 0.7 分，共 20 分）

1. 生态学的发展过程可分为__________、__________、__________三个阶段。

2. 与生理生态学相关的名称还有__________，__________，__________等。

3. 动物适应环境的行为主要有__________、__________、__________等。

4. 种群空间分布型主要有__________，__________和__________三种类型。

5. 种群调节机制的内源性学说包括__________、__________、__________，外源性学说包括__________、__________和__________。

6. 能量流动或 C 循环主要渠道（或途径）有__________、__________、__________。

7. 生态系统发育到成熟期时表现出__________、__________、__________、__________、__________、__________的特征。

8. 应用生态学中的基本原理包括：生态系统中结构的__________原理和功能的能量__________原理、物质__________原理。

二、名词解释（每题 4 分，共 40 分）

1. 驯化（acclimation）

2. 适应（adaptation）

3. 最小因子定律

4. 内禀增长率（intrinsic rate of increase）

5. 功能反应（functional response）

6. 同资源种团（guild）

7. 生物群落

8. 生态系统稳定性（ecosystem stability）

9. 自由体模型（free body modeling）

10. 经济学捕捞过度

三、问答题（每题 10 分，共计 40 分）

1. 写出种群指数增长、逻辑斯谛曲线增长模型和两个种群间的竞争作用、捕食作用、寄生作用模型，并说明其中的 r、k、α、ε、a 五个参数的生物学意义。

2. 举例说明群落演替的过程特征、类型，并论述演替理论对退化群落恢复的指导意义。

3. 绘出生态系统能流模式图，并写出初级生产者和次级生产者能量收支方程。

4. 已知 F_{ij}是从分室 i 到分室 j 的流率，0 表示环境，X1，X2，X3，X4 是表示各分室的现存量，假设 F_{ij}是给予者控制的，试建立下图示系统的分室模型。

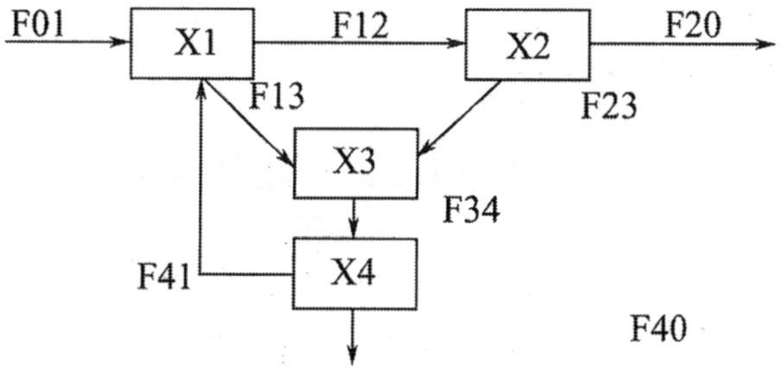

2000 年

一、名词解释（每题 4 分，共计 40 分）

1. 内禀增长率（intrinsic rate of increase）
2. *r*，*K* 对策者
3. 生态位（niche）
4. 碎屑（腐屑）食物链（detritus food chain）
5. 群落演替（community succession）
6. 香农-威纳指数（Shannon-Wiener's diversity indices）
7. 生物富集（扩大）作用（biological magnification）
8. 边缘效应（edge effect）
9. 最大持续产量（MSY）
10. 可持续发展（sustainable development）定义与内涵。

二、问答题（每题 12 分，共计 60 分）

1. 写出种群指数增长、逻辑斯谛曲线增长模型和两个种群间的竞争作用、捕食作用、寄生作用模型，并说明其中的 r、k、α、ε、a 等五个参数的生物学意义。

2. 简述种群调节的几种主要学说及其争论焦点。

3. 简述群落多样性与群落稳定性的定义及其二者的关系。

4. 绘出生态系统能流模式图，并写出、说明初级生产者和次级生产者能量收支方程。

5. 试简述建立系统模型的步骤，并举例说明。

2001 年

一、名词解释（每题 5 分，共 50 分）

1. 适应（adaptation）
2. 贝格曼法则（Bergmann's law）
3. 最小因子定律
4. *r*，*K* 对策者（r-strategist and k-strategist）
5. 种群外源性调节学说
6. 群落稳定性（community stability）
7. 同资源种团（guild）
8. 生态系统（ecosystem）

9. 生态效率（ecological efficiency）

10. 生态工程（ecological engineering）

二、问答题（每题 10 分，共计 50 分）

1. 何谓生命表（life-table）？它可分为哪二种类型？如何通过生命表估算内禀增长率（intrinsic rate of increase）？

2. 简述两个物种种间相互作用关系的主要类型及每种类型的作用特点。

3. 举例说明群落演替的过程特征、类型，并论述演替理论对退化群落恢复的指导意义。

4. 绘出生态系统能量流动模式图和物质循环的模式图，并比较生态系统能量流动和物质循环的特点。

5. 已知 F_{ij}是从分室 i 到分室 j 的流率，0 表示环境，X1，X2，X3，X4 表示各分室的现存量，假设 F_{ij}是给予者控制的，试建立下图示系统的分室模型。

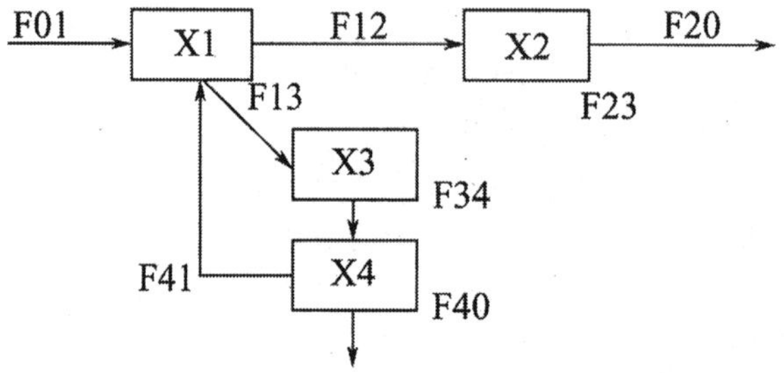